中华成语故事

朱立春————编著

江西美术出版社
全国百佳出版单位

图书在版编目（C I P）数据

中华成语故事 / 朱立春编著 . -- 南昌 : 江西美术出版社 , 2018.5
ISBN 978-7-5480-4288-4

Ⅰ . ①中… Ⅱ . ①朱… Ⅲ . ①汉语 - 成语 - 故事
Ⅳ . ① H136.31

中国版本图书馆 CIP 数据核字 (2018) 第 026198 号

出 品 人：周建森
责任编辑：陈军 廖静
责任印制：谭勋

中华成语故事 朱立春 编著

出 版：江西美术出版社
社 址：南昌市子安路 66 号 邮编：330025
电 话：0791-86566274
发 行：010-88893001
印 刷：北京时尚印佳彩色印刷有限公司
版 次：2018 年 5 月第 1 版
印 次：2018 年 5 月第 1 次印刷
开 本：850mm × 1180mm 1/32
印 张：22
ISBN：978-7-5480-4288-4
定 价：39.80 元

前言

成语是中国汉语言文化中的一朵亮丽奇葩。在浩如烟海的典籍中，成语作为语言的精华、文明的积淀、历史的缩影、智慧的结晶，成为传承中华文明的重要纽带。历经漫长的岁月变迁，在典籍文献中，在人们的口口相传下，成语不断地产生、发展和演变，并逐步走向成熟。大到治国安邦，小到个人处世，中华五千年的历史文化，无不在一条条简短的成语中得到了充分体现。

时至今日，大量成语仍然在现代人的行文中被广泛使用，散发着永恒的魅力。在写诗作文中，若恰当运用成语，可以使作品熠熠生辉；在说话、议论中，恰当地运用成语，则可以增强说话、论证的说服力和感染力。因此，熟练掌握和运用成语，不仅能达到言简意赅、字少情长的语言功效，同时也是衡量一个人的文字功底、文化素养以及语言表述能力的重要标尺。

成语故事一般都深具历史性、趣味性或哲理性、艺术性，为人民群众所喜闻乐见。学习成语，若从生动有趣的故事入手，则有寓教于乐、事半功倍之效。阅读成语最原始的故事，了解它的来龙去脉，不仅可以感受故事的精彩，也有助于加深对历史文化的理解，增强学习的趣味。成语背后的故事或大气磅礴，或快乐活泼；或血雨腥风，或诙谐幽默；或振聋发聩，或润物无声……它们将古代中国的政治军事、日常生活、文学艺术、文化习俗、道德风尚和理想志趣等浓缩成一个个深刻隽永的片段，集中展现了古人的人生智慧和思想光芒。

本书收录的成语故事，兼顾知识性、趣味性、实用性。根据成语内容，将其分门别类，分成国计民生篇、战略战术篇、智谋韬略篇、巧谏高论篇、世相百态篇、品格节操篇、奋斗践行篇、人生况味篇、士林趣话篇、奇闻逸事篇等。除了讲述故事，更点明每条成语的出处并准确释义，让读者既明其义、会使用，又知其源，了解其中所蕴含的丰富文化内涵。配上深具历史韵味和艺术感染力的精美插图，使故事顿时生动活泼起来，引人入胜。

全书搜罗宏富，出处广博，可谓触及了几乎所有的历史文化典籍，经史子集无所不包，令读者眼界大开。所有故事虽系摘选，但皆独立成篇，使读者对成语的由来一目了然。故事的可读性强，使读者能于兴致盎然中轻松获益。让我们翻开本书，一起走进成语故事的清雅世界，去品味中华语言文化的博大精深和妙趣横生吧。

目录

国计民生篇

战略战术篇

智谋韬略篇

世相百态篇

人生况味篇

远见卓识篇

奇闻逸事篇

士林趣话篇

品格节操篇

巧谏高论篇

慧言妙语篇

奋斗践行篇

说情解意篇

丑行劣迹篇

笑林杂记篇

传奇传说篇

国计民生篇

一鸣惊人

【释义】比喻平时不动声色，却突然做出了惊人之举。

【出处】汉·司马迁《史记·滑稽列传》。

淳于髡，战国时齐人，滑稽多辩，身材矮小，但屡次出使诸侯，未尝受过屈辱。那时，齐威王荒淫无度，常常通夜饮酒作乐，不理国事。因此，局势混乱，诸侯都来侵伐，国家危在旦夕，而没有人敢于进谏。

一天，淳于髡进宫，见臣子们恭立在殿下，便大声地向齐威王禀奏政事，齐威王正与座后的侍者竞猜谜语。夜深人静，齐威王喝得酩酊大醉，和旁边的宫女嬉闹着，一会儿哼曲子，一会儿胡说八道。他故意投其所好，请齐威王猜一则谜语："我国有一只大鸟，它栖息在大王的庭院里，三年不飞也不叫，大王猜得到这是一只什么鸟吗？"

齐威王知道淳于髡是要用谜语来劝谏自己，意味深长地说："这只鸟，要么不飞，一飞冲天；不鸣便罢，一鸣惊人！"

齐威王说了这样的话以后，就开始改变了作风，并召见了各县长官七十二人，赏了一人，杀了一人；还整顿兵马，加强国防，抵抗侵略。诸侯都畏惧起来，纷纷把侵夺的土地，归还给齐国。

一匡天下

【释义】匡：匡正，改正。纠正混乱局势，使天下安定下来。

【出处】春秋·孔丘弟子《论语·宪问》。

公元前686年，齐国发生了内乱，齐襄公被害。

齐襄公有两个兄弟，一个叫公子纠，一个叫公子小白。他们两人的身边都有师傅辅佐。公子小白的师傅叫鲍叔牙；公子纠的师傅是管仲。

两位公子听到齐襄公被杀的消息，都心急火燎地赶回齐国争夺国君的位子。管仲对公子纠说："公子小白在莒国，离齐国很近，万一让他先进了齐国，事情也就麻烦了，请公子允许我先带一支人马去截住他。"

果然不出管仲所料，公子小白正匆匆忙忙往齐国赶。路上，遇到管仲的阻挠。管仲张弓搭箭，瞄准公子小白射去。只见公子小白大叫一声，倒在车里。管仲以为公子小白已被射死，就不慌不忙地护送公子纠返回齐国，他哪里知道，他射中的不过是公子小白的钩带罢了。待到公子纠等人兴冲冲进入齐国国境的时候，公子小白早已当上了齐国国君，这就是齐桓公。

齐桓公即位后，下令杀死了公子纠。管仲经鲍叔牙的举荐，加之齐桓公宽大为怀，不计前嫌，竟委以他掌管国政的重任。

管仲尽心尽职地辅助齐桓公治理国家，齐国变得越来越富强了。

这时候，管仲又替齐桓公出主意，让他借周天子的名义，向各诸侯国发号施令，代替周天子召开诸侯国的会议；若有不听从的，就打着周天子的旗号去讨伐。这样一来，齐桓公就成了霸主，各诸侯国纷纷向齐国进贡，齐国成了当时最强大的国家。

有一次，孔子与他的弟子子路、子贡谈起了管仲，师生双方各抒己见，褒贬不一。

子路说："齐桓公杀死了他的哥哥公子纠，公子纠的师傅管仲却活下来了，如此看来，管仲怕不能算有仁德吧？"

孔子说："不能这么看，管仲还是有仁德的，是他使齐国强大起来的。"

子贡提出异议："管仲怎么能算仁人呢？公子纠被齐桓公杀了，

作为师傅的管仲按礼节按情理都应该以身殉难，可他非但不死，反而去辅佐仇人，对齐桓公忠心耿耿，这能叫‘仁’吗？”

孔子耐心地解释说：“看一个人，仅仅盯住他的小节是不行的呀。你们好好想一想，假如没有管仲，齐国会强盛起来吗？管仲辅佐齐桓公，使他称霸于诸侯，一匡天下，老百姓不是因此也受益了吗？”

一言九鼎

【释义】九鼎：古代象征国家政权的传国之宝。一句话抵得上九鼎之重，形容言语极有分量，能起决定性的作用。

【出处】汉·司马迁《史记·平原君虞卿列传》。

秦昭王十五年，秦军攻打赵国都城邯郸，赵国派平原君到楚国请求援助。楚王不肯答应。最后，平原君手下一向被人瞧不起的、自愿前往的门客毛遂仗剑上殿，为楚王分析时局，说明利害之所在，终于说服了楚王。毛遂因此立了大功。

平原君称赞毛遂说：“毛先生一至楚，而使赵国重于九鼎大吕。毛先生三寸之舌，强于百万之师。”

这段话的意思是：“毛先生一到楚国，就使我们赵国的地位提高到像九鼎大吕般的重要。毛先生的三寸不烂之舌，比百万军队的力量还要强大。”

一言兴邦，一言丧邦

【释义】形容关键人物的一句话能影响大局。

【出处】春秋·孔丘弟子《论语·子路》。

一天，鲁定公见到孔子，就问他说：“凭一句话就可以使国家昌盛，有这样的话吗？”（一言而可以兴邦，有诸？）

孔子回答说：“这话也太机械了，怎么能靠一句话治理国家呢？不过，人们常说，‘做君主难，做臣子也不容易’（为君难，为臣不易）。如果君主知道了治理国家的艰难，那么，他将励精图治，爱护百姓。这样一来，国家不是昌盛了吗？”

鲁定公听了，觉得很有道理，又接着问道：“凭一句话就可以使国家灭亡，有这样的话吗？”（一言而丧邦，有诸？）

孔子回答说：“这话也太偏激了，一句话又怎么能使国家灭亡呢？不过，人们常常谈论道：‘做国君并没有别人快乐，无非是他们的话没人敢违抗罢了。’但我们可以反过来想想，如果所说的话正确，没有人违抗，固然是好事；如果所说的话不正确，也没有人违抗，那么久而久之，国家不也就接近灭亡了吗？”

从这段话中可以看出，对于“一言兴邦，一言丧邦”的说法，孔子虽然做了某种保留，但基本上是持肯定态度的。他认为，对于国君这类主宰历史命运的大人物来说，“一言”可以起到“兴邦或丧邦”的作用。

一言为重百金轻

【释义】言出必行。形容取信于民的重要性。

【出处】宋·王安石《临川集·商鞅》。

王安石是北宋时期著名的政治家、文学家。神宗当政时他任宰相，大力推行改革，因遭到特权阶层的反对，没有取得成功。他在政治上几度浮沉，最后罢相归家。王安石写了许多揭露时弊的诗文，抒发自己的抱负。他有一首题为《商鞅》的七言诗，诗中写道：

自古驱民在信诚，
一言为重百金轻。
今人未可非商鞅，
商鞅能令政必行。

诗中说的是商鞅在秦国帮助秦孝公变法的事情。商鞅制定的新法公布以后，为了让人们相信革新必定施行，他在城南门外立下一根三丈高的木柱，声称谁能将此木柱搬到北门去，赏给黄金二百两。

许多人不相信这是真的，没人响应。商鞅又宣布给搬木柱的人赏金一千两，于是有个年轻人壮着胆子把木柱搬到北门去，他竟意想不到地真得了一千两黄金。这件事引起轰动，百姓们都相信了新法，认为商鞅说话算数。

王安石借古人商鞅来抒发自己的改革决心，认为要像商鞅那样言行一致，才能取信于民，成就大业。

十羊九牧

【释义】九个人牧十只羊，浪费人力。原比喻官多民少，后用于比喻政令不一，无所适从。

【出处】唐·魏徵等《隋书·杨尚希传》。

南北朝时的杨尚希，在北周历明帝、武帝、宣帝三朝，长期担任要职。

隋文帝取代了北周政权后，杨尚希对隋文帝也是忠心耿耿。隋文帝一切恢复汉制，完全改变北周鲜卑族政权的统治办法，以适应广大汉人的愿望。其中有一项是重新划分行政区域，设立州郡。

但是，隋朝设立的州郡比秦汉时期多了一倍，有些地方甚至方圆不到百里，就设几个县，不满千户人家的一块地方，却要分属两个郡来管辖。这样，官府机构当然也相应增多，官员和吏卒也成倍增加，这简直使国家不胜负担。

杨尚希对这种情况深为忧虑，向隋文帝报告了自己的意见："这种州郡过多的情况好比十羊九牧，完全没有必要。当务之急是把重要的州郡保留下来，闲置的州郡撤并掉。这样对国家来说，地域、人口还是这么多，每年的租调、粮食、布匹等项收入，不会减少，而开支却可以大大节省。并且还可以把能派用场的贤才能人，安排到最需要的地方去，办事效率可望明显提高。"隋文帝于是按照杨尚希的建议，撤销、归并了许多州郡，收到了良好的效果。

人人自危

【释义】由于残酷的统治，人人都感到危险。

【出处】汉·司马迁《史记·李斯列传》。

公元前 210 年，秦始皇巡行出游，随同前往的有丞相李斯和中车府令兼符玺令赵高，还有他的小儿子胡亥。这年七月，秦始皇到达沙丘（今河北省广宗、平乡一带）就生了病，病得非常严重，命赵高写诏书给守卫边疆的大儿子扶苏说，把军队交给蒙恬，立即到咸阳去主持葬礼。诏书已经封好，还没有交给使者，秦始皇就死了。

这时，诏书、印玺都在赵高手里，只有胡亥、李斯、赵高以及五六个亲信宦官知道秦始皇去世，其余群臣都不知道。赵高阴险地对胡亥说："皇帝去世了，他没有留下诏书立继承人，而只赐给扶苏一封诏书。扶苏一到，就可以登位做皇帝，而您连尺寸的封地也没有。这怎么办呢？"

胡亥认为这是无可奈何的事，赵高却说："并非如此，当今天下的大权，无论谁生谁死，都在您我和李斯三人手里掌握着，希望您好好考虑考虑。"

胡亥经不起赵高一再诱惑，终于决定篡夺皇位。于是，赵高代替胡亥去和丞相李斯商量。一开始，李斯不同意这样做，但经不起赵高软硬兼施，他终于依从了赵高。接着，三人一起伪造了秦始皇给扶苏的诏书，内容是赐剑要他自杀，将军蒙恬不能纠正扶苏的错误，为人臣而不尽忠，应一起自杀。

使者把诏书送到上郡后，扶苏哭泣了一阵后想去自杀，蒙恬对诏书表示怀疑，但在使者连连催促下，扶苏还是自杀而死。蒙恬不肯自杀，使者便立即将他扣押起来。

胡亥当皇帝后，称为秦二世。赵高为他出主意说，只有实行严峻的法律和残酷的刑罚，把犯法的和受牵连的人统统杀死，才能巩固政权。胡亥听信了他的话，重新修订法律。接着，下令杀死了掌握兵权的将军蒙毅等人，又把十二个兄长在咸阳街头斩首，将十个姐姐分裂肢体而死，他们的财物全部没收，归皇帝所有，连带一起治罪的更是不计其数。

司马迁在《史记·李斯列传》中这样记叙道："法令诛罚日益深刻，群臣人人自危，欲畔（即叛）者众。"秦二世对百姓的横政暴敛更不用说了。这种苛政最后终于激起人民的反抗，秦王朝也因此而覆灭。

人心所向

【释义】众人都有共同的向往。

【出处】唐·房玄龄等《晋书·熊远列传》。

晋朝人熊远，是个很有志向的年轻人，很有名望。县令召他到县衙做功曹，他辞谢不从。别人强行拉着他去县衙，他才勉强从命。熊远到县衙十多天，就被提拔到郡里做官。他请求太守说："我还是回去吧，辞退大官不能辞退小官，我仍回到县衙去吧！"

熊远后来成为琅玡王、丞相司马睿的主簿。当时晋朝执政的是愍帝司马邺。有一年新年，朝廷要举行盛典庆祝，还要歌舞奏乐，熊远认为这样做太过分了，与国家的危难局面太不相称。他上书劝谏愍帝说："上古时候，尧帝死后四海之内都停止音乐。现在晋怀帝刚死不久，天子应与百姓同忧，人心所归，惟道与义。我劝天子应该提倡忠孝之仪，宣扬仁义之统，不要搞那些娱悦耳目的玩意！"司马睿对他的建议十分赞同，便劝愍帝听从了。

人浮于事

【释义】原指人的才能超过所得的俸禄。后比喻人员太多超过了工作的需要。

【出处】汉·戴圣《礼记·坊记》。

《礼记·坊记》有这么一段话："故君子与其使食浮于人也，宁使人浮于食。"注："食谓禄也，在上曰浮。禄胜己则贪，己胜禄则近廉。”

其大意是说：俸禄和职位超过了自己的能力和贡献，那就类似于贪污；自己的勇力和贡献超过了俸禄和职位，就近似于廉洁。因此，古时的“君子”宁肯让自己浮在俸禄的上面，也不愿让俸禄浮在自己的上面。

“人浮于事”这个成语是从“人浮于食”演化而来的，而且今义和原义也有了很大的差别。

三户亡秦

【释义】原指楚国虽然只有几户人家，但定能灭掉秦国。比喻暂时弱小的正义力量，有消灭暴力的必胜信心。

【出处】汉·司马迁《史记·项羽本纪》

秦朝末年，陈胜、吴广等人在大泽乡率先起义反秦。项梁和侄儿项羽在会稽郡起兵响应。

这时，陈胜攻打广陵失败，陈胜的部下邵平就来找项梁，假传陈胜的命令，让他发兵攻打秦军。项梁欣然领命，率兵渡江西进，势不可挡。各路义军纷纷投入，项部迅速壮大。

居巢有位老人名叫范增，满腹才略。一天，范增去拜见项梁，劝说项梁道：“当初秦灭六国，楚国无罪被灭，是最冤枉的。当年楚怀王受骗入秦，被秦人扣押下来，屈死在秦国。因此楚人无不同情怀王，时刻想着报仇雪耻，所以楚南公说过的‘楚虽三户，亡秦必楚（三户亡秦）’的话，楚人至今念念不忘啊！这次陈胜虽率先起义反秦，却没有立楚王的后代为王，而自立为王，便失去了楚人的支持，所以他的势力不可能长久。将军您在江东起事，楚国将士之所以蜂拥而起，响应您、支持您，只是因为您的先人都是楚将的缘故，楚人都盼望您能扶立楚王的后代，复兴楚国呀！”

项梁于是找到楚怀王的孙子心，把他扶为楚王，以顺民意。项梁自己则自封为武信君，一时间声势更加无人能比了。

三顾茅庐

【释义】三次到草屋来。表示诚心地邀请。

【出处】明·罗贯中《三国演义》。

汉朝末年，逐渐形成了曹操、刘备、孙权三大势力。其中刘备势力最小，既无地盘，又无兵力，但他礼贤下士，很尊重人才。刘备听说诸葛亮极有才能，便恭恭敬敬地亲自去寻访。诸葛亮，字孔明，原籍山东琅玡，当时隐居在隆中（今湖北襄阳附近），人称“卧龙先生”，并称他住处一带的高冈为卧龙冈，他就住在冈前的茅庐里。刘备经由徐庶的介绍，曾前后三次专程拜访他。头两次，他故意避而不见，最后一次才见了面。刘备请求了半天，诸葛亮答应出山相助。从此，诸葛亮为刘备出谋划策，打了很多胜仗，奠定了蜀汉的国基。后来，刘备称帝，诸葛亮做了丞相。

因为刘备当时访求贤才是那样的虔诚，所以后人比喻多次专程拜访，叫“三顾茅庐”。又因为刘备当初请出诸葛亮，是那样的不容易，所以讽刺某些人摆架子，一次两次请不来，也叫“三顾茅庐”，或“三请诸葛亮”。

三衅三沐

【释义】衅，用香料涂身；沐，沐浴。多次沐浴并用香料涂身，这是古代的一种礼仪，对人极其尊重的表示。

【出处】春秋·左丘明《国语·齐语》。

春秋时候，齐国曾发生了一次内战，国君襄公被杀。齐襄公的两个弟弟公子小白和公子纠分别逃到莒国和鲁国避难。齐国一些贵族准备拥立公子小白为国君，他们就派人到莒国去迎接公子小白回国。鲁国却希望公子纠当国君，所以也准备护送公子纠回齐国。辅佐公子纠的管仲认为不除去公子小白，公子纠难以当上国君。所以就去暗杀公子小白，但未能成功。后来，公子小白当了国君，这就是齐桓公。

齐桓公即位以后，想任命鲍叔牙为相国。鲍叔牙却向齐桓公推荐管仲："你想成就霸业，必得管仲辅佐才行。"齐桓公还记着一箭之仇，想起来还恨恨不已。鲍叔牙劝解他说："这是各为其主，您如果宽宥他，委以重任，他也会对您忠心不二。"

鲁国在齐桓公的要求下迫于压力，只得把管仲装在囚车里，押送去齐国。囚车刚进齐国境内，鲍叔牙就来迎接。齐桓公准备了隆重的欢迎仪式，多次沐浴，并用香料涂抹在身上。这"三衅三沐"在当时是少有的礼遇。齐桓公还亲自到国都临淄的郊外迎接管仲，管仲感激钦佩齐桓公的气度，从此尽心辅助他，使齐国日益强盛，终于称霸于诸侯。

与民同乐

【释义】君王与百姓一同欢乐。

【出处】战国·孟轲《孟子·梁惠王下》。

有一天，齐宣王在自己的离宫里盛情款待孟子。在酒宴上，他很得意地问孟子说："像您这样道德高尚的贤者，也会享用这种人间老百姓的快乐吧？"

孟子回答："是的，如果他们得不到快乐，就会怨恨国君。国君以百姓的快乐为自己的快乐，百姓就会以国君的快乐为自己的快乐。反之，国君以百姓的忧愁为自己的忧愁，百姓也会以国君的忧愁为自己的忧愁。国君如果能够和天下的人同忧同乐，就能使天下的人归服于自己。"

齐宣王连声夸奖说："这真是圣人之见哪！"

不得人心

【释义】形容得不到人民的拥护和支持。

【出处】后晋·刘昫等《旧唐书·哥舒翰传》。

唐玄宗时，范阳节度使安禄山谋反，领兵十万，侵占中原一带。

朝廷派封常清、高仙芝去征剿，但由于当时太平时间已很久，兵士缺乏操练，缺少战斗能力，交战之后，一败再败，只得退守潼关。玄宗又召早已因病在家休养的西平郡王、河西节度使哥舒翰抵挡来势汹汹的敌人。

哥舒翰认为，安禄山名义上是为除去奸贼杨国忠，实际是阴谋抢夺大唐江山，不得人心，所以应采取分化瓦解的对策，先不出战，待他内部离心离德，然后选择有利时机，出城一举歼灭他。

可是玄宗听信了“叛军没有防备”的话，加上杨国忠见哥舒翰兵权在握，唯恐对自己不利，屡次奏请玄宗催促哥舒翰出兵。玄宗一个接一个派出使者，责令哥舒翰开关御敌。哥舒翰万般无奈，只得领兵出关，结果大败，连他自己也不幸被俘。

不教而诛

【释义】诛：重的刑罚，即杀人。对人事先不加管教，此人一旦犯了错就严加惩处。

【出处】春秋·孔丘弟子《论语·宪曰》。

孔子有个弟子，名叫颛孙师，字子张。有一次他问先生：“怎么样才可以治理好国家的政事？”

孔子说：“尊奉五种美德，除掉四种恶政，就可以治理好国家。”

子张又问：“五种美德是哪五种呢？”

孔子说：“君子给人们以好处，而自己却没什么耗费；让百姓劳作，百姓却不怨恨；自己的欲望仅限于仁义，别人不能说是贪婪；安逸持重却不骄傲；威严但不凶猛。”

子张又问：“那四种恶德又是些什么呢？”

孔子说：“不加以教育到时候就杀人（不教而杀），这叫虐；平时不督促到时候就要成绩，这叫暴；开始懈怠，又突然限定期限，这叫贼；给别人财物，出手又悭吝，这就叫小家子气。这就是我说的四种恶德！”

“不教而杀”后演化为“不教而诛”的成语。

不可救药

【释义】药：治疗。疾病严重，无法用药救治，比喻人或事物坏到无法挽救的地步。

【出处】春秋·佚名《诗经·大雅·板》。

西周后期，奴隶主贵族日益腐朽，他们不断发动战争，给百姓加重了负担。周厉王即位后，政局更加动荡。

当时朝廷上有位老臣，名叫凡伯。他极力劝谏周厉王不要太暴虐，力修德政，挽救国家。可是周厉王哪里肯听，朝廷上的一些权臣都嘲笑凡伯，说他不识时务。凡伯气愤至极，挥笔写成一首长诗《板》，诗中有一节的大意是：

老天正在行暴虐，
不要这样来喜乐。
老夫谆谆将你劝，
小子骄傲意轻薄。
说话非我老昏了，
是你有意来戏谑。
你的气焰如此盛，
真是不可再救药。

果然不出凡伯的预料，西周在公元前841年爆发了“国人暴动”，平民和奴隶手拿武器，打进王宫，周厉王仓皇而逃。

分崩离析

【释义】形容国家或集团等分裂离散，不能保持团结统一。

【出处】春秋·孔丘弟子《论语·季氏》。

春秋末期，季氏把持着鲁国的朝政，要征伐鲁国的附庸国颛臾。

一天，辅佐季氏的冉有、子路告诉孔子说："先生，季氏对颛臾国发兵讨伐了……"

孔子说："我看这是你们的过错！"

冉有辩解说："这是季氏自己的主意，我们两人本来是不赞成的……"

孔子说："盲人遇到了危险，他的助手不去搀扶，那么还要助手干什么？你们是季孙氏的辅佐人，为什么让他这样做？"

冉有说："颛臾的城池坚固，力量很强，而且离季孙氏的邑地又近，不趁早将它征服，日子久了会给季氏留下祸患呀！"

孔子狠狠地斥责说："不承认自己贪婪无厌，硬要找个借口，这是最叫人讨厌的。你们二人辅佐季氏，不能够使用仁德让远方的人归服，又不能使国内和平团结，国家支离破碎而不能保全，反而想在国内使用武力征伐。我看季孙氏的忧虑不在颛臾国，而是在鲁国国内吧！"

"分崩离析"就是出自此处，原文是："今由与求也，相夫子，远人不服，而不能来也；邦分崩离析，而不能守也；而谋动干戈于邦内。吾恐季孙之忧，不在颛臾，而在萧墙之内也。"

为富不仁

【**释义**】形容富人刻薄成性，唯利是图。

【**出处**】战国·孟轲《孟子·滕文公上》。

战国时候的滕国是一个弱小的国家，滕文公去请教孟子，如何能让国家富强起来。

孟子告诉他说："实行仁政是最要紧的，国家的弱或强，关键在百姓。做国君的一定要认真管好国家，节省用度，尤其是征收赋税要有固定的制度，不能随便向百姓要东西。而想发财的人是不会喜欢仁政的，从前鲁国的阳虎，就说过这样一句话：'要发财致富便不能仁爱，要仁爱便不能发财致富（为富不仁，为仁不富）。'他的财产多了，势力大了，曾挟持鲁国正卿季氏专政鲁国，后来失败了，只好逃到国外去。讲仁德的君主，征收赋税要有限制，夏、商、周都是抽十分之一的税。少收赋税，让百姓生活有保证，然后再对他们进行教育，滕国就有希望了……”

滕文公听了，点头称是。

水深火热

【释义】形容人民生活极端痛苦。

【出处】战国·孟轲《孟子·梁惠王》。

战国时，燕国爆发内战。于是，齐国乘虚而入，齐宣王派大将匡章率兵十万攻燕。燕国百姓对内战不满，不愿出力抵抗齐军，有些地方燕国百姓反而给齐军送饭递水表示欢迎。匡章只用了五十天工夫，就攻下燕国国都，但匡章不管束军队，士卒欺凌百姓，于是燕人纷纷起来反抗。

这时，齐宣王向正在齐国游说的孟子请教，问道：“有人劝我不要吞并燕国，有人劝我吞并它，到底该怎么办？”孟子回答说：“如果吞并燕国，当地百姓反而很高兴，那就吞并它。古人有此先例，周武王便是。”这是指周武王讨伐商纣，救民于水火之中，灭商而建立西周王朝。

孟子又说：“如果吞并燕国，当地百姓并不高兴，那就不要吞并它，古人也有先例，周文王便是。”这是指周武王的父亲文王，当初虽已三分天下有其二，但他认为商王朝还没有丧尽人心，仍侍奉商朝，不急于灭掉它。孟子接着指出：“当初齐军攻入燕国，燕人送饭递水表示欢迎，那是因为燕国百姓想摆脱苦日子；而今如果齐国进而并吞燕国，给燕人带来亡国灾难，使他们陷入水深火热之中，那他们必然会转而盼望别国来解救了！”

齐宣王不以为然，一心要吞并燕国，结果不但引起燕国反抗，其他国家也表示要救助燕国。齐宣王被迫从燕国撤军。

功亏一篑

【释义】功：所做的事。亏：缺少。篑：土筐。堆一个土山，只差一筐没有完成。比喻事情只差最后一点就把它放下，没能完成。

【出处】春秋·孔丘《尚书·旅獒》。

周武王任用能人治理国家，周朝很快强大起来。四方各国都来朝拜，甚至离周朝很远的小国西戎，也派使臣来朝贺，使臣还带来了西戎特产的一种大狗献给武王，武王很高兴。

太保召公对武王说："这是您的圣德呀，四方都归服于您，无论远近，都把当地的土特产贡献给您。您也应该对他们分封赏赐，以表示信诚。赏赐的物品是无所谓贵贱的。无德，物也不值钱；有德，物才显得贵重。德行要靠自己修养，圣主不可以沉浸在声色之中。把人当作玩物加以戏弄，会丧失德行；把稀罕物件当作玩物加以赏玩，会丧失志气，这就是玩人丧德，玩物丧志。犬马这类东西不是本地所产的，不应畜养它；珍禽异兽没有什么用途，也不该养它；远来的宝物不要那么珍爱它，不收人家的东西，人家才会归服你。最要紧的是珍爱能人，这是国家安稳的根本大计呀！明主应该随时积累德行，大德都是从小德积累而来的。您如果从这些方面加以注意，就可以世代稳坐天下了。"

武王听从了召公的劝谏，从此以后专心治理朝政。

以人废言

【释义】因人的地位低下，其意见不被人采纳。

【出处】晋·陈寿《三国志·吴书·吴主传》。

三国时，吴主孙权告示天下："为了保卫祖国，青壮男子外出征战，致使夫妻父子不能照顾，农田无法耕种，如今，中原战火暂息，要充分利用时机使家人团聚，发展农业生产。"

当时，辅国将军陆逊领兵驻守荆州，命将士开荒种地，以资军粮，孙权对此大为赞赏。

陆逊进而上书，建议吴主多听忠信之言，包括那些位卑职小的小官之言。孙权回答陆逊说：“爱卿所言很有道理，倘若小官吏之中有可以采纳的意见，孤怎么会以人废言不加采纳呢？”

归马放牛

【释义】把战马和驾车的牛放归山野牧养，表示不再打仗。比喻不再用兵。

【出处】春秋·孔丘《尚书·武成》。

商纣王时，周武王率领着大军向商朝的都城朝歌进发，沿途不断有人加入进来，甚至商纣王军队的士兵也带了武器加入讨纣的队伍中。大军开到朝歌南郊的牧野时，举行了庄严的誓师典礼。几万人的怒吼声响彻天宇，商纣王在朝歌城里听了心惊胆战，忙调兵遣将去迎敌。可是，商朝的将士们眼见商纣王的末日已到，谁也不愿为他卖命；而周武王的军队个个奋勇争先，有的还载歌载舞，欢笑上阵。所以，两军一接触，商纣王的军队很快就土崩瓦解了。

商纣王见大势已去，知道义兵抓住了他定不会饶他，就穿上宝玉做的衣服，登上鹿台，自焚而死。

周武王灭了商朝，凯旋而归，以镐（在今陕西西安市西南）为京都，建立了周朝。

因为战争结束了，不再需要打仗，周武王就宣布归马放牛，让它们拉犁耕地。周武王又将府库的粮谷分给贫困人家，救济他们；把囚犯也放出来，让他们自由；又在百姓中提倡道德、忠义、孝廉；对有功劳和有才能的人，分别封官加爵。从此天下安定下来，百姓也安居乐业了。

令行禁止

【释义】命令一下，立即执行；禁令一下，立即停止。比喻法令严正，雷厉风行。

【出处】战国·佚名《逸周书·文传》。

商朝有三个德高望重的诸侯，在朝中位居三公，他们是九侯、鄂侯和西伯侯姬昌（即周文王）。一次，九侯因一件小事触怒了纣王，纣王就叫人将他剁成肉酱。鄂侯与纣王争了几句，当场就被处死。事后，姬昌仅仅为此叹了口气，被纣王知道后，就把他抓起来送进监狱。姬昌是周族的领袖。部下知道他下狱后，赶紧物色了一名美女和几十匹好马献给纣王，并为姬昌求情。纣王这才释放姬昌。

姬昌知道纣王的日子不会太长，回到周地后，求访贤才，积蓄力量，团结各地诸侯，做好推翻商朝统治的准备。经过九年的经营，国力大增，归附他的诸侯愈来愈多。但不幸的是，他患了重病，卧床不起。姬昌自知不久于人世，便把儿子姬发（即周武王）叫到床前，谆谆教导他说："我一生的意愿是创建周的王业，你能切实做到令行禁止，那就是王业的开始，望你实现我的意愿（令行禁止，王治也）！"

姬昌去世后，姬发继承其父灭商的遗志，在弟弟姬旦（即周公旦）和军师姜子牙的辅佐下，加紧灭商的各种准备。纣王调集七十万大军与周军决战。由于商军在阵前倒戈，商军全线崩溃。纣王见大势已去，自焚而死。

付之一炬

【释义】付：给。炬：火。形容一把火烧掉。

【出处】唐·杜牧《阿房宫赋》。

秦始皇夺取天下以后，花费巨大财力、物力和人力，在咸阳修筑阿房宫。阿房宫建筑规模十分宏大，宫内收藏了无数的奇珍异宝和数不尽的金银、美女。秦末项羽领兵占领咸阳后，先杀死秦王子婴，抢走阿房宫内的财宝、美女，然后把还没有建完的阿房宫付之一炬，大火烧了三个月还没有熄灭。

到了唐朝唐敬宗执政的时候，朝廷也在大修宫殿，不顾百姓劳苦，挥霍国家财力，给人民带来极大痛苦。大诗人杜牧看到这种情况，十分气愤，便写了一篇《阿房宫赋》，借古讽今，以揭露秦王朝的荒淫无道、最终遭到灭亡的史实来警告唐朝的统治者。

民为邦本

【释义】邦：国家。人民是立国之根本，必须依靠人民群众才能治理好国家。

【出处】春秋·孔丘《尚书·五子之歌》。

夏朝的国君太康，本是禹的孙子，他在继任国君后荒淫无度，老百姓因此十分怨恨。有一次，太康到洛水的南面去打猎，一连一百天不回京城。有穷国的君主羿趁机篡夺了夏国的政权。

太康有五个弟弟，当羿起兵反叛时，他们用车载着母亲从京城逃了出来。后来，太康的五个弟弟一起作了一首歌，追述大禹的功劳，谴责太康的荒淫，其中一段歌词是："英明的祖先告诫我们：人民不可鄙视而只能亲近，国家有了人民，好比大树稳固了根。一个人统帅着万民，就好比用腐朽的绳索驾驭着快马的奔驰，随时要战战兢兢。"

太康死后，弟弟中康立为国君。后来，羿也荒淫无道，老百姓起来反抗。中康和弟弟们趁机起兵，恢复了夏国。

民不聊生

【释义】聊：依赖的意思。比喻人民毫无依赖，生活极端痛苦。

【出处】汉·司马迁《史记·春申君列传》。

战国末期，各大诸侯国互相争夺霸权，战争连绵不断。秦昭王派大将白起，在伊阙（今属河南）大破韩、魏两国军队，斩杀二十四万人。此后几年，秦军又频频攻打韩、魏两国，成千上万的人丧失了性命。后来白起的大军攻入楚国，楚地的百姓又遭到一次浩劫。楚国便派使臣黄歇到秦国去求和。黄歇到秦国后，给昭王上书说，现在威胁秦国的不是楚国，而是韩国和魏国。这是因为韩、魏两国的百姓不知被您杀了多少，活着的人民不聊生，流离失所，到处都是被迫当仆人和小妾的人，他们同秦国的冤仇不共戴天。

奏文中又说，如今，大王竟然联合这两个对您有仇的诸侯国来攻打我们楚国，等于是让他们强大起来。再说，大王的军队要借道韩、魏，一旦他们的军队倒戈一击，秦军就会遭到灭顶之祸。因此，我们两国应结成联盟，消灭韩、魏，这才是正确的战略。

秦昭王觉得黄歇的话很有道理，决定与楚国结成联盟。黄歇在上书中用“民不聊生”来概括百姓受苦受难没有什么可以依赖为生的情况。

民无噍类

【**释义**】噍类：生活。意思是老百姓无法生活。

【**出处**】元·脱脱等《宋史·岳飞传》。

岳飞从小就立下为国家效力的宏伟志向，在背上刺上“尽忠报国”四个大字，以此来表示自己的决心。后来，岳飞统率宋朝兵马抵抗金兵，取得节节胜利，眼看就要打到金国的都城黄龙府，获得全面胜利，可是宋高宗赵构和宰相秦桧决心与金兵讲和，一天之内下了十二道金牌，命令岳飞撤军。

岳飞眼看收复的失地又要丧失，心中痛苦万分。他泪如雨下，朝东方拜了两拜，悲愤地说：“我们将士花了十年时间，用性命和血汗换来的胜利，想不到废于一旦啊！”

岳飞只好服从皇帝的命令，下令军队撤退。老百姓知道岳飞要走，都围在他身旁，拉住兵士的衣袖，哀求地说：“你们不能走呀，我们都是拿着粮草、端着香盆迎接你们的，金兵都是知道的，你们一走，我们是没有活路喽（民无噍类）……”

百姓的哭声惊天动地，岳飞也伤心地哭起来。岳飞不忍心叫百姓受难，他命令部队留下五天，让百姓快快逃亡，又奏请圣上拨出汉上六郡空闲土地，安顿难民。

岳飞被朝廷召回以后，不久便被害死了。

民以食为天

【释义】百姓把粮食看作赖以生存的最重要的东西。表示粮食对于民众的重要性。

【出处】汉·班固《汉书·郦食其传》。

秦朝灭亡以后，刘邦和西楚霸王项羽之间为了争夺全国政权，又展开战争。彭城一战，刘邦军队损失严重，退至荥阳、成皋以守为攻。但是汉军的军粮渐渐不足。荥阳西北的敖山上，有一座秦时建筑的小城，城内有许多储粮的仓库，因此称为敖仓。敖仓是关东最大的粮仓，因此占领这个粮仓对打仗极为重要。

项羽的猛攻，使荥阳岌岌可危，万般无奈之下，刘邦打算割让成皋以东地方给项羽，退守巩、洛一带，一方面可以缓口气，另一方面能组织力量，再与楚军决战。

谋士郦食其知道了刘邦这个主意，反对说："做帝王的人靠的是人民作为他的后盾，民以食为天，敖仓是藏粮丰富的要地，而大王你却要放弃它，失去了这么有利的粮仓，对军队来说将造成极大的不利啊！"

刘邦沉思片刻，觉得郦食其之言有理，忙问："那么按照先生的高见，我应如何做呢？"

郦食其说："在这种情况下，千万不可退兵，大王只有组织力量，坚守荥阳，保住敖仓，丰粮足食才能振奋士兵精神。"

刘邦按郦食其的话去做了，果然取得了胜利。

立锥之地

【释义】只有插下锥子的地方，可见其小。形容没有立足之处。

【出处】汉·班固《汉书·食货志上》。

秦朝末年，汉楚相争。一年，项羽的兵马把刘邦围在荥阳，刘邦惊恐万分，谋士郦食其献计道：“秦为啥失败了？就因为它灭掉六国后，使人家六国的后人无立锥之地，它失德弃义，才遭到反对。您如能把六国的后人复立君位，发给他们印鉴，那么六国的君臣百姓必定会拥护您，您就可以称霸天下。”

刘邦立即下命令：“马上去刻印鉴，你带上印鉴去六国为我办理此事！”

这事让张良知道了。张良气冲冲地来见刘邦，一进门就喊：“陛下，是谁替你出的这个坏主意？如果这样做下去，您的一切希望就全完了！”

刘邦惊讶地问：“有这么严重吗？”

张良冷静地给他分析利害得失的关系：“现在天下的游士离开自己的故乡，远离家人、亲戚，遗弃祖先的坟地，跟随你东征西战，日夜都想回到故乡去，盼望重立旧国，你若是果真复立了韩、魏、赵、齐、楚、燕，那天下的游士都要回国去为他的国君效力，你还依靠谁去打天下呀！况且如今项羽强大，六国都会依附于他，你的大业不就全部付诸东流了吗？”

刘邦又下命令，把刻制的印鉴全部销毁。

同仇敌忾

【释义】忾：仇恨、愤怒。对共同的敌人，抱着同样的仇恨与愤怒。

【出处】春秋·左丘明《左传·文公四年》。

秦穆公能够礼贤下士，广用人才。

有一回，卫国的宁武子跑到秦国来，想谋份差事。秦穆公设宴招待他。席间，穆公命令乐官为宁武子演奏一支曲名叫《湛露》的欢迎曲，还向他赠送了大红色的雕弓。按照礼节，主人给客人这么隆重的待遇，客人应该作诗赋答谢才对。可是直到宴席结束了，宁武子也未作任何表示。

席散后，秦穆公以为自己还有什么不周到的地方，派人从侧面去问宁武子。

宁武子告诉来人说："过去，诸侯去觐见天子，为的是接受天子的教导；天子设宴款待诸侯，在席间才演奏《湛露》曲子。那意思是说，天子就好比太阳，诸侯就好比露水。诸侯于是按照天子的命令，回去各自率领军队，把天子的敌人当作自己的敌人，把天子的仇恨当作自己的仇恨，同仇敌忾，奋勇杀敌。打了胜仗后，天子向诸侯颁发雕弓和箭支，以示表彰。今天，我不过是个陪臣，没想到秦穆公给我这么高的礼遇，我实在是不敢当啊！否则，岂不是辱没了你们的君主吗？"

秦穆公这种不拘一格、不分尊卑的态度，吸引了更多的人才投奔秦国。

网开三面

【释义】把捕捉鸟兽的网打开三面，指给予生路，对罪犯从宽处理。

【出处】战国·吕不韦《吕氏春秋·异用》。

夏朝的末代天子夏桀，是个暴虐无道的昏君。在夏的东面，有一个称为商的诸侯部落国，国君汤非常贤明能干。他团结邻近的诸侯部落，准备灭掉夏朝。

一天，商汤出外巡游，见一个猎人在一个树林的四面都张上网，准备捕捉禽兽。只见他拱手对天祷告道："从天上飞下来的，从地下往上爬的，从四面八方来的，统统进入我网里来！"

商汤听了，对猎人说："唉，你这样做太残忍，禽兽要被你捉光了！快撤掉三面网，只留下一面便够了！"

猎人不理解，问："只在一面张网，怎么能捕到禽兽呢？"

商汤回答说："你留下一面网后，就祷告说，'禽兽啊！你们愿意往左就往左，愿意往右就往右，实在不想活的，就进到我网里来！”

商汤对猎人讲的话，很快就四处传开。诸侯们听后都感动地说：“商汤真是一位很了不起的大王，他对禽兽都这么仁慈，对人一定更仁慈了，我们应该拥护他！”

不久，有四十个诸侯部落来归顺他。后来，商汤出兵灭掉夏朝，建立了商朝。

多难兴邦

【释义】 一个国家多灾多难往往激发这个国家兴旺发达起来。

【出处】 春秋·左丘明《左传·昭公四年》。

春秋时期，楚灵王对内屠杀异己，对外还想争当霸主。他派大夫伍举前往晋国，要晋平公跟他一起召集诸侯会盟，并且在会盟中要推他当霸主。

晋平公却想自己当霸主。但是，晋国大夫司马侯认为晋国跟楚国争霸还要等待一段时间。他说：“楚王虽然倒行逆施，但还不到垮台的程度，可能上天要等他干尽坏事后才给他降下惩罚，楚国的臣民也会抛弃他。那时候，霸主的地位我们将不争而得。”

晋平公说：“楚国内部不团结，多灾多难，能当霸主吗？”

司马侯说：“一个国家多灾多难，当然不是好事；不过，有时候，多灾多难也能反过来成为他们振兴自己国家的力量。譬如，齐国内乱，国君被杀，公子小白平定内乱，击退了鲁国的入侵，取得政权，这就是齐桓公，他任用贤相管仲进行改革，国力逐渐强盛，成为第一个霸主。晋公子重耳被国君长期驱逐流亡国外，历经困难，终于回国即位，这就是晋文公。他整顿内政，加强兵力，使晋国成为第二个霸主。所以有时候多难兴邦。但如果楚灵王看不到他自己的危机，就算他当了霸主，日子也不会长的。”

晋平公觉得言之有理，就在当年六月会盟，让楚灵王当了霸主。结果正如司马侯预料的那样，楚灵王当上盟主以后，骄傲自大，不图本国的强盛。过了几年，他的三个弟弟联合起来发动兵变，楚灵王被迫自杀。他没能像齐桓公和晋文公那样，在多灾多难中振兴自己的国家，而在灾难中让危机进一步发展，结果葬送了自己。

安国之道，先戒为宝

【释义】保障国家的安全，首先应做足够的戒备。

【出处】佚名《吴子·料敌》。

春秋时代，魏国大将吴起建立不少战功。魏文侯任命他为西河守。

有一次，魏文侯的儿子魏击与吴起讨论治国安邦的事情，魏击说："眼下的形势对魏国不利啊，你看，秦国威胁我们西边，楚国挨着我们南边，赵国冲着我们北边，齐国邻着我们东边，燕国阻绝我们后边，韩国又盘踞在我们大门口。这六个国家的军队从四边包围我们，我真担心魏国的前途呀！"

吴起毫不悲观地说："保障一个国家的安全，最有效力的法宝就是戒备和警惕。如今您已经考虑到这一点了，战争的灾祸离我们魏国就远了。"

《吴子·料敌》一书中的原文是："夫安国家之道，先戒为宝。今君已戒，祸其远矣。"

接下去，吴起分析敌我双方的形势说："您别只看六国包围我们，其实六国的情形很不相同呢！齐国阵势虽然强大，但不坚固；秦国阵势分散但能各自为战；楚国阵势严整，但不持久；燕国阵势能守，但不能机动进攻；韩、赵两国的阵势虽然治理得法，可是军士打仗不用力气，贪生怕死。我们了解了敌国的弱点，就可以设法战胜它。比如齐国，因为国家富足，君臣骄奢，百姓士卒待遇不均，作战三心二意，阵势就不能坚固。我们可以兵分三路，袭击它的左右，就能破坏它的阵势；秦国的军令十分严厉，赏罚也分明，士卒都拼命作战。对付秦兵要用钱财去吸引他，士卒贪财就会离开将官，然后我们设下伏兵，可以取胜；楚国地广政乱，百姓愁苦不堪。它的阵势不会持久，只用轻兵去袭击它的营房，使他们疲累、失去战斗力，就不战自败了；燕国士卒勇敢但没有智慧，只能防守而不能攻战。我们可以用兵去诱惑他，然后俘虏他的将领；韩、赵的军队都讨厌战争，缺乏拼命的精神，只要他打来我们就抵挡他，他退却我们就追击他，让他们疲不能战，我们就能取胜。此外，我们对自己军队中的能人，例如疾走如飞的、力气大得可以举鼎的、战场上能扛旗跑在前面的，都要给予优待，封官加爵，对他们的父母妻子也要给予奖赏。这些都是加强我们军队战斗力的有效措施呀，如果能做到这些，魏国就能够击退成倍的敌人！”

魏击听了吴起这番议论，说：“这样，我就不必为魏国担忧了！”

庆父不死，鲁难未已

【释义】庆父：古代人名，是一个经常作乱的人。不把制造内乱的人除掉，大难就不会止住。

【出处】春秋·左丘明《左传·庄公三十二年》。

庆父是春秋时鲁庄公之兄。鲁庄公共有兄弟四人，除庆父外，还有两个兄弟：叔牙和季友。庄公和季友是同一个母亲生的亲兄弟，庆父和叔牙是另一个母亲所生的。兄弟四人，就此分成两派。

庄公病得快要死的时候，考虑了谁继任国君的问题，他先征求叔牙的意见，叔牙说：“庆父有才，让庆父继任的好。”庄公又问季友，季友表示：誓死扶持公子般为国君。

公子般是庄公的大儿子。庄公共有四个妻子，其中一个没有生儿子，其余三个各生一子：般、申和开。

等到庄公一死，季友怕叔牙支持庆父，便假传国君的命令，派人把叔牙扣押，并且送药酒给他，叫他自杀，叔牙就这样死了。季友随即立了般为国君。

鲁庄公死后不到两个月，庆父就派马夫荦把般暗杀了。季友听说般被害，知道是庆父干的，但是自己没有力量对付庆父，只得躲避到陈国去。庆父为了掩人耳目，暂不登上君位，却让年龄最小的开（那时只有八岁）当个傀儡。于是开继任国君，后称鲁闵公。

鲁闵公的舅舅是齐国的国君齐桓公。齐桓公当然支持鲁闵公，而且帮助季友回鲁国做了国相。闵公元年冬天，齐桓公派大夫仲孙到鲁国访问，探探情况。仲孙在鲁国了解到：庆父的野心还没有死，鲁国的祸害还没完。所以他回国向齐桓公报告道："不去庆父，鲁难未已。"第二年，鲁闵公果然又被庆父杀害了。季友就带着申暂往邾国躲祸。

鲁国人一向信服季友，憎恨庆父，这时便一致起来反对庆父。庆父见形势不妙，逃到莒国去了。

庆父一走，季友就带着申回国，请齐桓公来定君位，立了申为鲁国国君，即鲁僖公。鲁僖公按照季友出的主意，派人送礼物到莒国去，请莒国国君代为惩办庆父。庆父走投无路，终于自杀。鲁国的内乱才算平定。

防民之口，甚于防川

【释义】川：河流。不让老百姓说话，造成的灾祸比河水泛滥还可怕。现用来比喻压制言论自由造成的危害。

【出处】春秋·左丘明《国语·周语上》。

西周的周厉王是一个暴君。老百姓对他恨透了，大家遇到一起就讲他的暴行。有一个大臣叫召公，见人民对周厉王越来越不满，很忧虑，就劝周厉王说："大王，到处都在议论你。"

周厉王一听，吼道："谁敢议论我，立即处死。"他从卫国找来了一个巫师，让他整天在街上转悠，不知有多少人因为说了对周厉王不满的话而送被巫师告密后掉了性命，这样一来，老百姓都不敢议论国君了，甚至连一起讲话也不敢了，两个熟人在街上偶尔遇见，只能互相递个眼色，谁也不敢张口。从此再也没有怨恨之声传到周厉王耳朵里，他得意地对召公说："你看，我能禁止百姓发议论，现在没人敢说我坏话了吧？"

召公叹气说："你这是用堵的办法呀！防民之口，甚于防川。所以治理河流的办法是疏导，治理国家的办法呀是让老百姓说话。古代圣贤的君主为政，总要让公卿大臣甚至士大夫发表自己的意见，还要广开言路，让天下百姓都有议论政治的机会，老百姓嘴里讲的都是心里所想，怎么可以不让他们说出来呢？"周厉王根本听不进召公的劝导，反而更加变本加厉地镇压百姓。三年后，他终于激起民愤，被流放到国外去了。

社鼠猛狗

【释义】社鼠：社庙里的老鼠和凶狗都是难惹的。比喻政权内部作恶多端的人。

【出处】战国·韩非《韩非子·说林上》。

春秋时，齐桓公曾经是各诸侯国的霸主，他的宰相管仲也很有贤名。君臣合力，齐国十分强大。

有一次，齐桓公和管仲闲谈，问管仲说："你看国家最担忧的是什么？"

管仲想了一想，回答说："社鼠猛狗。"

齐桓公不理解，便问："什么是社鼠猛狗？"

管仲便给齐桓公作了解释，说："社庙里的神像是用木头和泥巴做的，老鼠寄居在神像里面，被称作社鼠。社鼠噬咬神像，毁坏社庙中的东西，但你却无法消灭它。因为在社庙中，你既不能用火烧，也不能用水浇，水浇、火烧都会损坏社庙。至于猛狗，据说从前有个酿造美酒的人，酿了很多美酒要出卖。可是年复一年，他却一点也卖不出去。这是什么原因呢？因为他养了一条凶猛的狼狗，买酒的人一进院子，那猛狗就出来咬人，把买酒的人都吓走了。"

管仲最后说："大王，对于一个国家来说，国君身旁的奸臣，就是国家的社鼠，那些掌权的小人，就是国家的猛狗。所以国家最担忧的是社鼠猛狗。”

齐桓公听了，点点头说：“噢！我懂了！”

近悦远来

【释义】邻近的人由于受到恩惠而喜悦，远方的人也闻讯赶来归附。形容国家治理得好，远近都有人来。

【出处】春秋·孔丘弟子《论语·子路》。

春秋时楚国大夫沈诸梁，字子高，其封地叫叶，因此自称为“叶公”。

当时，鲁国的孔子周游列国，先到卫国、曹国、宋国、郑国、陈国和蔡国，又辗转来到了当时属于楚国的叶邑。叶公接待了孔子，同他谈了话，并且向他请教：怎样搞好一个地方的政治。

孔子的回答却只有六个字：“近者悦，远者来。”

这六个字的原意是说：要使近处的、境内的人民欢悦无怨，还要使远处的、境外的人民向往，愿意前来。也就是说：执政者要普遍关心四方人民的生活，使不论远近的人民心服。至于怎样才能做到这样？他根本没有说。不过，他这句六个字的话，后来人们倒把它简化为四个字的成语“近悦远来”。

金瓯无缺

【释义】金瓯：金质的或金属的盛酒器皿。借指国土。比喻国土完整。

【出处】唐·李延寿《南史·朱异传》。

南北朝梁武帝时，侯景占据着魏一带的许多土地。梁武帝常希望收复中原，以至梦中都见到中原平定、举国庆贺的情景。他对侍中朱异讲：“我生平很少做梦，只要做梦，就一定有真事发生。”

不久，侯景派人送信给武帝，要求投降，梁武帝召集大臣们商议。尚书仆射谢举等认为侯景不可信。皇帝心里希望接受侯景投降，听了谢举的话，又有顾虑，因而难以决定。

一天，武帝清早起来，走到武德阁口，自言自语地说：“我们国家好比一只金瓯，应该没有伤缺（金瓯无缺）。像现在这样太平时候，是不是接受降地的时机？倘使导致战乱，后悔就来不及了。”

朱异揣摩皇帝的意思，就顺着皇帝的心意说：“如果不接纳侯景归附圣朝，恐怕绝了以后想投降的人的希望。”

皇帝终于接受了侯景投降。不久，侯景反叛，梁武帝只得自食苦果。

视民如子

【释义】形容爱民，把老百姓当儿子一样看待。

【出处】春秋·左丘明《左传·昭公三十年》。

春秋后期，吴王寿梦死后，王位几经传让，结果公子僚当上了吴王。公子光不服气，他认为自己是先王的长孙，照嫡出长子继位的老传统，这王位该是自己的。所以公子光暗暗下了决心，一定要夺取王位。

终于，有一天，公子光设宴请吴王僚吃饭，让专诸扮作厨师，让他把预先在鱼肚里藏有短剑的菜肴送上酒席时，取出短剑刺杀了吴王僚。

公子光得遂心愿，成了吴王阖闾。但是他用这种阴险的手段夺取了王位，未免心虚理亏。此后，他就非常注意树立自己的形象。

他任用伍子胥为相，协助治理国家，任孙武为将军，靠他训练军队，旨在富国强兵。此外，还特别注意一举一动，做出仁君的样子来。

他的个人生活极其俭朴，吃饭只就一个菜，卧室只铺一层席，居住的宫室不加豪华装饰，外出的车船也不用美丽的纹彩，所有器物都很朴素；衣被服饰，都挑又厚又牢、经久耐用的，以节省开支。

遇到天灾瘟疫，他必定亲自巡访慰问孤寡百姓，给予救济帮助解困；到军队视察，又严格自律，与士兵吃同样的饭食，劳军的食品必定分赏到每个兵士手中。他还抽空与百姓一起劳动，以亲近百姓，与他们同甘共苦，真正是爱民如子。很快地，他就得到了百姓的认可和拥护。

吴王僚被杀后，他的两个弟弟逃到楚国避难，楚昭王收留了他们。楚昭王的庶兄子西很不以为然，他对昭王说："阖闾当上国君不久，就大受拥护，可见他的手腕不同寻常。他既把百姓看作自己的儿子，与百姓休戚与共，百姓也一定会替他出力，你收留他的仇人，恐怕会引火烧身的。"

果然，几年以后，吴国实力大增，在百姓全力支持下，阖闾出兵攻打楚国，五战五胜，灭了楚国。

放虎归山

【释义】放走敌人，后患无穷，就像把老虎放回山林一样危险。

【出处】明·冯梦龙、清·蔡元放《东周列国志》。

秦穆公三十三年，秦国三名大将孟明视、西乞术和白乙丙率领军队讨伐郑国，回师时，在崤山这个地方（今河南陕县东），被晋军军师先轸率军打败而俘虏。

晋襄公打算将孟明视等三人献于太庙，然后施刑，以表战功。

晋襄公的后母文嬴听说娘家秦国的大将被俘，便对襄公说："秦晋两国世为婚姻，相交很厚，何不放他们回国，让秦国去处置他们？"襄公不听，文嬴继续劝说道："当年楚国的成得臣打了败仗，回去后被楚王杀了。秦国难道没有军法吗？再说我们的先君惠公也曾被秦国逮住过，秦国国君以礼相待，并把他放回来了。别人对我们这么有礼，我们为什么一定要杀掉这三个人呢？这岂不是显得我们太无情了吗？"

襄公听了母亲的话，终于把孟明视等三人放了。那时，先轸正在家里吃饭，听到这个消息，怒不可遏地把刚吃进嘴里的饭吐了出来，立即去见晋襄公。他怒冲冲地问襄公道：“秦国的囚犯在哪里？”

襄公回答说：“母亲请求放他们回国，让秦国去处置他们。我已遵照母命把他们放了。”

先轸听了，十分气愤，“呸”的一声，吐了襄公一脸口水，大声说道：“你这小子，竟不懂事到如此地步。我们辛辛苦苦才把他们捉住，你竟听妇人的只言片语而把他们放了，这叫放虎归山。将来，你后悔就太迟了。”

听了先轸一番话，晋襄公马上派人去捉孟明视等三人，可哪里还能追得到呢！

孟明视等三人被释放回国后，秦穆公并没有责备他们，仍旧叫他们掌握兵权。过了三年，孟明视等终于打败了晋国。秦国成了西方的霸主。

驷马难追

【释义】驷马：共拉一辆车的四匹马。四匹马拉的车子，跑得很快。比喻既成事实，无可挽回。

【出处】宋·欧阳修《五代史记·晋书·高祖皇后李氏传》。

五代时期，石敬瑭起兵反唐，请求北方契丹的支援，契丹主耶律德光亲自率军大败唐兵，册立石敬瑭为皇帝，国号为晋。

天福七年（公元942年），高祖石敬瑭去世，他的儿子石重光即位，史称出帝。石重光不善治理国家，又遭遇严重的旱灾和蝗灾，民不聊生，饿殍遍野。皇太后李氏多次训诫出帝，出帝都听不进去，等到外族入侵，晋国已是不堪一击。

开运元年（公元944年）春，契丹进犯晋国，出帝石重光率军抵御，又派人致书耶律德光，请求重修旧好，被耶律德光拒绝。双方屡屡交战，晋军节节败退。耶律德光派降将张彦泽率领先锋骑兵二千人进入京城，屯兵于明德门外，京城陷入一片混乱。石重光召来学士范质，对他说："昔日先帝起兵太原时，想选择一个儿子留守太原，契丹皇帝看中了我，他们应该比较了解我。你为我草写降表，说说过去的事，也许能让我们母子活下来。"

范质草写降表，石重光自称"孙臣"，称呼耶律德光为"翁皇帝"，表示自己全家低头认罪，等待处理。

范质又为太后草降表，自称"晋室皇太后新妇李氏妾"，上表说："张彦泽率军进城，承蒙皇帝阿翁降书安抚，先皇帝当年处于危难时，皇帝阿翁亲自征战，挽救了石氏，立了我晋朝社稷。不幸先帝去世，嗣子继位，没有好好治理国家，兵结祸连，终于到今天这个地步。过去的事已经发生，驷马难追。今蒙皇帝阿翁的抚慰，对我们有再生之恩，今上表请罪。"

耶律德光接到出帝和太后的降表，回信说："你们不必忧虑，保证你们有一个吃饭的地方。"

耶律德光降石重光为光禄大夫，封为"负义侯"，命人将他们举族遣送到黄龙府去。

哀鸿遍野

【释义】鸿雁找不到安栖之地，没有目的地飞着，悲哀地叫着，形容流离失所的难民呼救的悲惨景象。

【出处】春秋·佚名《诗经·小雅》。

《诗经·小雅》有一篇题为《鸿雁》的诗，其中有两句道：

鸿雁于飞，
哀鸣嗷嗷。

诗的意思是说：鸿雁找不到安栖的地方，没有目的地飞着，悲哀地叫着。形容流离失所的难民呻吟呼救的凄惨景象。

由于这两句诗，后来人们就把不得安居的难民，叫做"哀鸿"；形容受难的人民极多，几乎到处有，就说是"哀鸿遍野"或"遍地哀鸿”。

原诗“哀鸣嗷嗷”的“嗷嗷”两字，后来还常常用来形容啼饥叫饿的嘈杂之声，例如，“嗷嗷待哺”就是哭哭嚷嚷地急切盼望给点吃食的意思。

怨声载道

【释义】埋怨的声音布满街市，形容对统治者强烈不满。

【出处】南朝·宋·范晔《后汉书·李固传》。

东汉后期，在统治阶级内部，外戚和宦官之间的斗争十分激烈，政治上越来越腐败黑暗。有一年，汉顺帝下诏，让各地有才能的人都到都城洛阳参加考试，皇帝亲自主持。李固参加了这次考试，发表了他对当时政治的分析和改革的意见。汉顺帝很欣赏他的才能，让他做了议郎。但是，汉顺帝的奶娘和宦官们却害怕李固为人正直，会对他们不利，就极力对他加以排斥和迫害。李固被派到边远的四川做县官，对此，李固非常不满。当他走到陕西汉中的时候，一气之下便回到老家南郑，闭门谢客，不去赴任。当时，梁皇后的父亲、大将军梁商请李固出来担任从事中郎，李固想依靠梁家的势力与宦官对抗，于是给梁商写了一封信。

信中写有这样一些内容：“从前汉安帝在内部信任奶妈王圣的女儿伯荣和中常侍樊丰等人，在外部又重用周广、谢恽等人。这帮人接受贿赂，贪污腐化，侵吞公款，巧取豪夺。人们对他们议论纷纷，怨声载道。我希望朝廷记取历史上的经验教训，杜绝奢侈浪费，注意节省国家开支。”

梁商看了以后，无动于衷，不以为然。

举足轻重

【释义】脚下一动，就会影响两边的平衡和均势。形容实力强大，地位重要，能够左右形势。

【出处】南朝·宋·范晔《后汉书·窦融传》。

王莽当政时，窦融任波水将军。后来降归起义军首领刘玄，当巨鹿太守。刘玄失败后，他联合酒泉、敦煌（均在今甘肃省）等五个郡割据河西，担任河西五郡大将军。

汉光武帝刘秀取得政权以后，窦融有意归附，于是派长史刘钧向光武帝上书并献上马匹。刘秀见窦融有归顺之意，非常高兴，封他为凉州牧，赏赐黄金两百斤，还颁发一道诏书让刘钧捎回。

在这道诏书中，刘秀赞扬窦融治理河西五郡的政绩以及对窦融的思慕之情，并且分析了当时的政治、军事形势。刘秀特地指出，在他与窦融相隔之间，尚有益州的公孙述和天水的隗嚣，他们都想争夺天下，在蜀汉相攻的形势下，就会影响西边的轻重（举足轻重）。

窦融接到刘秀的信之后，决定一心一意归顺光武帝。当时隗嚣反叛朝廷，窦融积极出兵，与汉军东西呼应，把隗嚣打败。光武帝得到窦融的支持，实力大增，灭掉盘踞在益州称帝的公孙述后，很快就将陇、蜀平定了。

唇亡齿寒

【释义】彼此依存，利害相关，像唇齿的关系一样。

【出处】春秋·左丘明《左传·僖公五年》。

春秋时期，晋国想攻打虢国。但是它们两国中间隔着一个虞国，要攻打虢国就得向虞国借路。晋国的大夫荀息向晋献公献计说："请您把那块垂棘出产的宝玉和屈产出产的骏马，作为礼物送给虞王，然后提出借路的要求，他一定会答应的。"

献公说："垂棘的玉石是我祖传的宝贝；屈产的那匹马，是我最喜爱的好马啊！如果虞国收下这两件礼物，又不借路给我们，那可怎么办呢？"

荀息回答说："如果收下我们的礼物，一定会借路给我们的，否则他们就不会收下的。即使他们收下了礼物，那块玉石，那匹骏马，也是暂时属于他们罢了。把玉石放在虞国，就好比把它从内室移到外室，把宝马送给虞国，就好比把马从圈里牵出来养在圈外一样，仍是我们的，您还有什么可忧虑的呢？”

献公听从了荀息的话，就派他把礼物送到虞国去。虞王贪图美玉和宝马，就准备答应晋国的借路要求。

这时虞王身边的一个大臣，名叫宫之奇，劝阻虞王说：“我们不能答应晋国的要求！虢国是我们的友邻，和我们的关系如同嘴唇和牙齿一样，互相关联。前人曾经这样说过：‘唇亡齿寒’。虢国所以没被灭掉，是靠虞国的支持；虞国所以没被灭掉，是靠虢国的支持。如果我们把道路借给晋国，那么虢国早晨被灭掉后，虞国在当天晚上也就会跟着被灭掉。我们怎能把道路借给晋国去使用呢？”

虞王没有采纳宫之奇的意见，把道路借给晋国。

于是，荀息带领兵马，进攻虢国，很快把它消灭了。晋军得胜返回晋国的时候，又背信弃义进攻虞国，把虞国消灭了，虞王当了晋国的俘虏。当然美玉宝马仍归晋公所有。

晏开之警

【**释义**】比喻敌人入侵的警报。

【**出处**】南朝·宋·范晔《后汉书·耿国传》。

汉建武十二年，黄门侍郎耿国的父亲、麇侯耿况病故。按国制规定耿国可以继承父亲的爵位。可是耿国坚决上奏，认为父亲在世时最喜欢的是小儿子耿霸，一定要把父亲的爵位让给小弟。对此，光武帝十分赞赏，征召耿国为五官中郎将。

一日，光武帝升殿谈到匈奴呼韩邪单于诚恳上书汉王朝称臣并保证协助汉王朝抵御北方乌桓、鲜卑的入侵一事，让大家讨论。大家认为匈奴反复无常，不能答应。唯独耿国有不同意见，他说：“想当初，汉宣帝时呼韩邪单于入朝称臣，先帝特地派两千名骑兵远道迎接。现在，既然匈奴前来归附朝廷，臣以为应该效仿先帝做法接纳他；同时命令他们东御鲜卑，北拒乌桓，率领四方少数民族保卫我边郡，使我国边境不再出现一旦警急而嫌开门晚的情况（晏开之警）。这可是千秋万代安宁之良策也！”

光武帝采纳了耿国的建议，同意了匈奴单于归附的要求。

自此以后，乌桓、鲜卑保塞自守，中原就少事了。

神州陆沉

【释义】神州：指中国。陆沉，指国土沉没。比喻国土被敌人占领。

【出处】南朝·宋·刘义庆《世说新语·轻诋》。

西晋时，司马氏皇族内部争权混战，这就是著名的“八王之乱”。最后，东海王司马越占了上风，他毒死了晋惠帝，扶立晋怀帝，成为西晋的实际统治者，朝政大权被他及其僚属王衍为首的士族把持。

当西晋皇族混战之时，北方的匈奴贵族刘渊乘机举兵，司马越虽控制了皇帝，专擅朝政，却受到许多朝官的反对。这时，刘渊的部将石勒来攻洛阳，司马越率领精兵四万前去迎战，令王衍率朝官名士随军同行。

公元 311 年，司马越病死，王衍被推为首领。当王衍等人护送司马越灵柩返回东海国时，半路上被石勒的军队包围，王衍所部十几万人马全军覆灭，王公大臣被俘，王衍马上屈膝投降，还向石勒献媚，劝石勒做皇帝。但是，这些做法并没有挽救这群无耻懦夫，当天晚上，王衍等人全部被处死。不久，西晋都城洛阳被攻陷，晋怀帝被俘，都城洛阳被夷为一片平地。

到了东晋明帝时，大将桓温率军收复被异族占领数十年的故都洛阳。有一天，桓温与几个僚属登上洛阳的平乘楼，眺望中原的满目疮痍，不胜感慨地说：“中国大地好像沉没了（神州陆沉），变成了一片废墟，王衍等人真是罪责难逃！”

离心离德

【释义】心：心意，想法。德：意念、思想。没有共同的信念和思想。形容各怀异心，思想不统一，行动不一致。

【出处】春秋·孔丘《尚书·泰誓》。

商朝末年，周军接连打败和消灭了纣王的镇压大军，纣王的军队元气大伤。周武王看到决战的时机已到，便率领讨伐大军向商王朝的都城朝歌进发。渡过黄河后，他在北岸举行了一次誓师会。在誓师会上，周武王向全军发表了庄严的誓词。他首先宣布了纣王的罪状，随后分析了形势，当他分析到商军必败、周军必胜的道理时说：“受（纣）有亿兆夷人，离心离德。予有乱臣十人，同心同德，乃一心一德，丘定厥功。”

意思是说：“纣王手下虽有无数兵将，但他们都是些平庸无能之人，没有共同目标和统一的思想。我们虽只有十个大臣，但都是善于治乱的能手，有着共同的思想目标，只要全军团结一致，这次伐纣战争必定胜利。”

周武王这些话，鼓舞了全体将士的斗志，坚定了他们对战争的必胜信念。

从这个故事中，人们又引申出了“同心同德”和“一心一德”这两个成语，意思和“离心离德”相反。

家有敝帚，享之千金

【释义】敝帚：破旧的扫帚。自己的东西即使不好，但看得非常贵重。

【出处】汉·刘珍《东观汉记·光武帝纪》。

刘秀虽然创建东汉，成为光武帝，但当时天下还很不太平，在巴蜀地区（在今四川省）的原蜀郡太守公孙述，据有益州之地称帝。

光武帝派大司马吴汉和征南大将军岑彭率军征伐公孙述。

岑彭节节胜利，迅速推进，公孙述大惊，派刺客潜入汉军营中，刺死了岑彭。

吴汉得知岑彭被刺，立即率军西进，经过艰苦奋战，逼近到了成都城郊。经过多次激战，吴汉进逼到成都城下。公孙述出城交战，身受重伤，当夜不治身亡。第二天早上，公孙述的大将延岑打开城门，向汉军投降。

吴汉因以很大的伤亡代价才拿下成都，所以进城后马上实施报复，他不仅下令将公孙述、延岑的全家人处死，而且允许士兵纵火抢掠。结果，成都的宫城被焚毁，城内一片瓦砾，百姓流离失所。

刘秀接到攻取成都的消息，一方面高兴，一方面也十分生气。他马上派使臣到成都去，制止这种屠城的错误，并在诏书中斥责吴汉的副将刘禹说："敌人开城投降后，老老少少的百姓数以万计。一旦放任士兵抢掠、纵火，所产生的严重后果听了也令人心酸，家里破旧的扫帚价值也等于千金（家有敝帚，享之千金），你刘禹是汉朝宗室的子孙，对汉家的百姓怎么能忍心这样做？"

不久，光武帝命吴汉率领军队还都。接着，又派人到巴蜀地区察访，表彰了一批德行卓著的人士；对公孙述手下有才干的文武官员，也照样予以任用。这样，那里的民心才渐渐安定下来。

得不酬失

【释义】做一件事所得少而损失大，不值得。

【出处】晋·陈寿《三国志·吴书·陆逊传》。

三国时，一天孙权聚集臣僚在朝中议事，准备派一支军队攻取夷州和珠崖一带。大臣都没有反对意见，但大将军右都护陆逊，却说："这样做，看不到有什么好处。万里奔袭，风波难测；军队不习水土，一定会染上疾病。我军到了那种不毛之地，要想获益反而受损，要想得利反而受害。”

见孙权面无表情，陆逊又进一步申述理由，说：“况且，珠崖是险绝之地，老百姓野蛮得如同禽兽一般。得到了那里的老百姓，不足以成就大事；得不到那里的军队，对我军也毫无损失。我们江东实力已很强大，足以成就大事，关键在于积蓄力量，待时而动。过去我们桓王开创基业，军队并不很多。现在陛下继承父兄基业，已经占有了辽阔的江东，可以说今后大有希望。”

最后，陆逊强调说：“我听说，讨伐乱臣贼子当靠强大的军队，也离不开老百姓农桑衣食的基本劳作。现在的形势是战端未开，民有饥色。因此，我以为应该让百姓休养生息，放宽他们的租税，在和平生产与平时的教育中培养他们为国为王的勇力。如能这样，那么黄河、渭河一带可平定，九州也可统一。”

孙权没能采纳陆逊的正确主张，派兵远征夷州，虽然在军事上取得一定胜利，但整体上却是“得不酬失”。

“得不酬失”又演化为另一意义相近的成语“得不偿失”。

矫枉过正

【释义】矫：扭弯为直。枉：弯曲。过正：超过了正常限度。把弯曲的东西扭直，超过了正常限度，反而变向另一边。比喻纠正谬误超过了应有的限度。

【出处】汉·董仲舒《春秋繁露》。

周武王灭掉商朝以后，总结了夏、商两朝灭亡的经验教训，把王族和功臣按公、侯、伯、子、男五个等级分封到全国各地，成为诸侯，进行分区管理，以维护周王朝的统治。当时共封了八百个诸侯国。

但是，随着时间的推移，诸侯国的后代并不一心扶助周王室。他们之间因为利害关系的冲突，你争我夺，互相攻打，长期进行争霸战争，周王朝则日趋衰落。

公元前221年，秦始皇统一中国，建立了秦王朝，他废除诸侯分封制，将天下分为三十六郡，以便加强中央集权，巩固统一。但是，由于秦王朝对人民实行极其残酷的压迫和剥削，激化了地主和农民之间的阶级矛盾，终于爆发了以陈胜、吴广为首的农民大起义。

刘邦建立西汉王朝以后，认为秦王朝所以灭亡，是因为没有分封诸侯，造成处境孤立。于是，他改变这种局面，恢复分封制，刘邦设立王、侯两级爵位，大封功臣。但是，后来诸侯又纷纷叛乱。

汉景帝在镇压了吴楚七国叛乱后，下令把诸侯王任免官吏的权力收归朝廷；王国的行政由朝廷任命官吏处理，以巩固中央集权。东汉史学家班固在撰写《汉书·诸侯王表序》时，对此评论说：西汉初年恢复分封制，大的诸侯王国跨州兼郡，拥有几十座城池，宫室百官的制度同京都的朝廷一样，真可说是矫枉过正。

鹿死谁手

【释义】鹿：所猎取的对象，比喻政权。比喻双方旗鼓相当，最终谁能取得胜利还难以预料。

【出处】汉·司马迁《史记·淮阴侯列传》、唐·房玄龄等《晋书·石勒载记》。

东晋时，匈奴、鲜卑、氐、羌、羯这五个少数民族，先后起兵作乱，分别占据了中国北部，历史家称它做“五胡乱华”。那时，有个羯族人名叫石勒，他起初住在并州（今山西省太原市附近），后来那地方闹起饥荒来，石勒因生活实在难以维持，便卖给别人做奴隶。他的主人见他仪表不凡，对他另眼相待，后来竟免除了他的奴籍。石勒恢复了自由之后，投到匈奴酋长刘渊的部落里。刘渊后来称帝，建立汉国，传到刘曜的时候，又改国号为赵（史称后赵），后赵的国势在五胡十六国中最为强盛。石勒是一个自命不凡的人物，他曾在人前夸耀着说：“倘使我和汉高祖生在同一个时代，我自认不敢和他争高下；但倘使我遇到汉光武帝，我当和他在中原角逐，比一比高下，那时不知道鹿死谁手哩！”

最早把鹿比作政权的文章是《史记·淮阴侯列传》，原文是：“秦失其鹿，天下共逐之。”

量入为出

【**释义**】根据收入多少再来考虑支出，不要超支。

【**出处**】晋·陈寿《三国志·魏书·卫觊传》。

公元200年，曹操在出兵征伐军阀袁绍的时候，派属官卫觊前往巴蜀之地，联络益州牧刘璋。卫觊因道路不通，只得留在关中。

关中这地方本来很富裕，前几年因为战乱，数十万关中人逃亡在外。现在这里局势安定，人们又先后返回故居。当地一些将领趁他们返回后一时找不到生计，就招为私家的士兵，借以扩大自己的势力。

卫觊敏锐地感到，地方势力强大，会威胁到曹氏势力的集中和朝廷权力的巩固。于是他写信转告曹操，建议加强关中地区的控制和管理，削弱地方将领的权力。曹操采纳了他的建议。不久，关中地区的局面有所改观。

公元227年，魏文帝曹丕去世后由曹叡继位，史称魏明帝。明帝生性残暴，生活奢侈，大兴土木，营造宫殿。卫觊对这种状况极为忧虑，就上奏章给明帝说，如今国家还未统一，战争没有结束，陛下再不重视开源节流，国家就会衰败，再也不能复兴起来了。奏章最后写道：“目前最需要做的事，就是君臣同心协力，出谋划策精确地计算国库的财力状况，并且根据收入情况来确定它的支出（量入为出）。”

但是，明帝没有采纳卫觊的正确意见，照样奢侈享乐。随着政权的日益腐朽，司马氏逐渐掌握了朝政大权。到265年，司马炎终于代魏称帝，开始了西晋王朝的统治。

“量入为出”这个成语，就取自卫觊向魏明帝上的奏章。原文是："当今之务，宜君臣上下，并用筹策，计较府库，量入为出。"

赏罚分明

【释义】分明：严正分明。赏与罚做到严正、分明。

【出处】汉·王符《潜夫论·实贡》。

晋文公打下了曹国，发下一道命令，大小三军不许动僖负羁家里的一根草，否则，就砍头。僖负羁是晋文公的恩人，所以要报答他！但是，晋文公的两个大将，魏犨和颠颉偷偷地跳上屋去，想把僖负羁捉出来杀了。不料屋瓦一塌，人便翻下来，跟着一根大梁压住魏犨的胸膛。幸好颠颉赶到，才将他救了出去。晋文公知道这件事，认为两人不听他的号令，擅自行动，要杀魏犨和颠颉的头。

大臣赵衰觉得不妥，便对晋文公说："他们都立了功，杀了太可惜吧！"

晋文公说："功是功，过是过。赏罚必须分明。"

他又说："魏犨看来是残废了，就杀了他吧！"

赵衰说："让我去看看，如果没有残废，还是让他戴罪立功吧！"赵衰走后，晋文公便下令杀了颠颉。

魏犨听说赵衰来看他，便忍着痛楚，爬起来装着没什么事的样子迎接赵衰。赵衰问他觉得怎么样，魏犨一口咬定说没什么，说着还施展功夫，跳上屋去又跳下来。赵衰回去报告了晋文公。晋文公说："他没残废是好事，但他犯法却不能不办。"便下令革去他的军职，叫他戴罪立功。上下三军全知道了国君赏罚分明，谁也不敢擅自行动了。

一不做二不休

【释义】不做则已，做了就做到底。

【出处】唐·赵元一《奉天录》。

公元755年，唐朝的节度使安禄山起兵叛乱。朝廷发兵平叛，在一次交战中，大将王思礼坐骑被箭射中倒毙，正在危急时，骑兵张光晟把马让给王思礼，结果使他脱险。

叛乱平定后，王思礼升了高官，不忘张光晟的救命之恩，和张结为兄弟，并一再向朝廷保举，从而使张的官越做越大。

后来，一支军队在京师长安哗变。唐德宗帝仓皇出逃奉天（今陕西省乾县），叛军推立太尉朱泚为帝。张光晟依附了朱泚，做了他手下的节度使。

朱泚自称大秦皇帝，领兵进逼奉天，张光晟当了他的副将。不料出师不利，围城一个多月未能攻克，而各处来援救德宗皇帝的军队纷纷赶来。在这种情况下，朱泚、张光晟只能退回长安。

次年，朱泚又改国号为汉，自称汉元天皇，封张光晟为宰相。这时，唐军将领李晟等已迫近长安。张光晟见朱泚大势已去，便暗中派人与唐军将领李晟取得联系，希望归降朝廷，李晟表示欢迎。

张光晟作为内应，劝朱泚赶快离开长安，并亲自护送他出城。待朱泚逃远后，张光晟再返回长安，率领残部向李晟投降，李晟答应奏告朝廷，减免他叛变投敌的罪行。

但是，后来德宗皇帝却颁下诏书，处死叛逆张光晟。李晟无法再为张光晟说情，只好执行。

临死时，张光晟悲哀地说："把我的话传给后世的人：第一不要做，第二做了就不要罢休！"

后人把他的话简化为"一不做二不休"的成语。

三人成虎

【**释义**】谣言一再重复能被人信以为真。

【**出处**】汉·刘向《战国策·魏策二》。

魏王为了与赵国友好，决定将太子送到赵国的都城邯郸（今属河北省）去当人质，并派大臣庞葱陪同前往。

庞葱是魏王的宠臣。他怕离开魏国后，别人说他坏话，魏王不再信任他，因此，临行时有意问魏王："大王，如果有人向您报告说，街上有只老虎，您信不信？"

"我当然不信，街上怎么会有虎呢？"魏王说。

"如果又有个人向您报告说，街上有只老虎，您信不信？"

魏王迟疑了一下，说："我对此将信将疑。"

"如果第三个人向您报告说，街上有只老虎，您信不信？"

魏王点点头，说："大家都这样说，我当然相信了。"

庞葱说："街上并没有老虎，这是非常明显的。但接连三个人都说街上有虎，大王便认为有虎了。如今，我要陪太子到赵国的邯郸去，那都城离我国的都城大梁（今河南省开封市西北），比王宫离大街要远得多，而背后议论我、说我坏话的恐怕不止三人。但愿大王今后能对别人对我的议论加以审察。"

魏王不以为然地说："我明白你的意思了，你就放心吧。"

庞葱去邯郸后不久，果然有人在魏王面前说他坏话。开始魏王不信，后来说他坏话的人多了，竟也相信了。等庞葱从邯郸回来后，魏王再也不去召见他了。

三十六计，走为上计

【释义】打不过就走，这是上策。

【出处】宋·司马光《资治通鉴·齐记七》。

南北朝时期，齐高帝萧道成取得皇位，大将王敬则功不可没，因此很受朝廷上下的敬重。萧道成死后，皇室发生内讧。萧鸾靠阴谋登上皇帝宝座，史称明帝，他猜疑兄弟和后辈中有人企图推翻他的帝位，便残忍地杀掉了萧道成的二三十个儿孙。一些老臣旧将也被他除掉。王敬则也是被猜忌的对象。当时王敬则任会稽太守，离朝廷很远，萧鸾极不放心。他派张瑰为平东将军、吴郡太守，领兵秘密防备王敬则。王敬则听到这个消息，十分气愤，领叛兵向京都建康进发。王敬则率一万兵马，渡过钱塘江，冲散张瑰的三千名守兵。跟随王敬则的百姓有十几万人，直逼京口。

这时萧鸾正生病卧床，听说王敬则起兵反叛，十分惊骇，满朝文武大臣也无不失魂落魄。萧鸾的儿子萧宝卷，叫人爬上房顶瞭望，只见征虏亭上火光冲天，以为叛军已到，吓得连衣服都顾不上换就要逃跑。王敬则听说此事后，他得意地说："嘿嘿，三十六计，走为上计，我料他萧鸾父子唯有逃跑这条路啦……"

可是不久，王敬则因寡不敌众，军队又被河水所阻，遭到失败，自己也被守军杀死。

大逆不道

【释义】原指犯上作乱、破坏封建秩序的言行。现用来形容罪大恶极。

【出处】汉·班固《汉书·高帝纪》。

楚汉相争时，一次项羽率领的楚军和刘邦的汉军在广武城相遇了。项羽提出要和刘邦单独较量，就在阵前喊话："刘邦听着，我们二人纷争，扰得天下百姓不得安宁，今天咱们俩在阵前比试一下，谁赢，谁就得天下！"

刘邦自知不是项羽的对手，就回答说："你不配向我挑战，你已经是个十恶不赦理该诛杀的罪人。"接着他数说了项羽的十条罪恶："第一，你违背了我们的约定，我先攻下关中，按约应该为关中王，你却自己称王；第二，你杀死卿大夫，自己称霸；第三，你违抗怀王命令，擅自带兵入关；第四，你烧毁秦宫，掘开秦皇坟墓，搜刮财物；第五，你杀死已投降的秦王子婴；第六，你活埋二十万秦国百姓；第七，你封王封地，赶走原主，弄得天下不宁；第八，你占有了彭城，夺取韩国之地，又强占梁国和楚国的大片土地；第九，你阴谋杀害义帝怀王；第十，你作为臣子却杀死君主，为天下所不容，大逆不道。你犯下如此十条大罪，还有何面目来向我挑战啊！"

项羽一听，气得脸色铁青，拉开劲弓就射，刘邦躲避不及，被一箭射中胸口，跌倒在地。汉军将士赶紧抬起刘邦退回广武城中，再也不敢应战了。

大失所望

【释义】希望全部落空。

【出处】宋·薛居正等《旧五代史·汉书·李守贞传》。

在五代时期的后晋、后汉两代交替期间，有一个河阳人叫李守贞，从军后当牙将，被晋高祖赏识，地位逐渐升高。

有一次与契丹交战，李守贞兵败投降，以后便为契丹卖命。他在接受契丹指令，带兵赴汶阳途中，正巧遇到了进驻汴州的晋高祖，内心恐惧，不得不来朝见，并假意表示归顺。

不久，晋高祖死了，李守贞变本加厉，愈来愈不安分守己，他暗中收买权臣，并不断加固城郭，扩充军队，随时做好反叛准备。这时有一个和尚，懂得占卜和看相。他看了李守贞的面相后，说他有国君的尊贵。这使他的狼子野心更快地膨胀起来，他就私下勾结盗贼，发兵占据潼关，公开亮出了反旗。

不久，朝廷派白文珂带兵前去征讨。李守贞自以为官兵中有不少人都曾做过自己的部下，这次用不到多动刀枪，他们就会大开城关，迎接自己。谁知在两军对阵时，昔日的旧部，根本不买他的账，都厉声喝骂反贼，历数他的种种罪状。这一切使李守贞大失所望。

大功毕成

【释义】巨大的工程或伟大的功勋完成了。

【出处】汉·班固《汉书·王莽传》。

西汉末年，外戚掌握朝政。汉元帝皇后一个侄子叫王莽，先后被封为新都侯、安汉公，权重一时。

一年，王莽上奏皇帝，提议模仿周公建造明堂，设立雍灵台，集中天下学者讲学和著作，目的无非想借此抬高身价，标榜自己是当时的周公。当时王莽为那些求学和研究的人盖了不少房屋，还提供必要的物资和设备，建立一定的制度，配置了有一定专长的教师，广泛收集了天下各类书籍。对于那些有特殊本领的人，则用公府车马将他们请来。这样，先后被网罗到这里的各种人才达几千人。这些人来了之后，便让他们按照王莽的意思著书立说，并纠正对他不利的所谓“异端邪说”。

不少大臣纷纷上书讨好王莽说：“当年周公辅政，制定制度尚且用了七年时间，后来明堂毁坏，雍灵台倒塌，千年以来未有人重新兴建。现安汉公辅佐陛下，仅仅四年时间，就功德非常突出了。”

以后，王莽又集中各地书生乃至平民十万多人，写诗文为他歌功颂德，经过近二十天的奋力写作，这些诗文才全部完成，亦即所谓“大功毕成”。从此王莽的野心越来越大：先是毒死汉平帝，自称“假皇帝”；最后干脆自己称帝，改国号叫“新”朝。但十几年之后，他被赤眉、绿林等农民起义军所杀。

才疏意广

【释义】志向很大，但才干不足。

【出处】南朝·宋·范晔《后汉书·孔融传》。

东汉末年的孔融，字文举，孔子第二十世孙，幼年时就被人称为奇才。

孔融成年后，声望确实很高，志向也不能说不远大，可惜缺乏治政、治军的实际才干。因此，《后汉书·孔融传》称他“才疏意广”。

当时，黄巾军起义声势浩大，一连占领了好几个州。孔融因为触犯了董卓，被派到正当黄巾军要冲的北海郡为相。孔融到北海后，一方面表彰儒家，厚待儒生，一方面集合民众，迎击黄巾将领张饶，可是很快被张饶打败，只好收拾残兵败将，退保朱虚县。不久，黄巾再次攻打北海，孔融不能抵抗，移兵都昌县，又被义军包围，情势万分危急，只得向当时任平原相的刘备求救，刘备派出三千人马，替他解了围。

以后，袁绍、曹操势力越来越大，孔融揣摩这两人有图谋汉室的野心，因而立志为国家平定这两股势力，但是最终竟然一点成效也没有。建安元年，袁绍的儿子袁谭攻打孔融，最后，孔融部下仅剩下几百人。孔融自己却依旧凭桌读书，谈笑自若，直到夜间城被攻破，才仓皇逃到东山，妻儿全部被俘。后来，孔融死于曹操之手。

飞沙转石

【释义】沙土飞扬，石块滚动。形容风力极大。

【出处】晋·陈寿《三国志·吴书·陆凯陆胤传》。

三国时东吴的御史陆胤和东吴太子孙和关系非常好。正巧吴国的鲁王孙霸与太子争权，而全寄、杨竺等人则依附于鲁王。

有一次，孙权召见杨竺，问他孙霸的才能如何？杨竺一再替孙霸讲好话，认为他有文有武，应当立为嫡嗣。孙权听后准备立孙霸为太子。哪知有人暗伏于床底下，将听到的话，偷偷地都告诉了太子孙和。

此时，陆胤欲去武昌，太子便微服来到陆胤的车子上，与他一起商议对策，最后的意见是由大将陆逊出面，上表谏阻孙权撤换太子。陆逊上表后，孙权怀疑此事乃杨竺泄密所致，便责问杨竺。杨竺说自己并未泄密。孙权又追问陆逊怎么知道此事，陆逊回答说是陆胤所言，于是陆胤被抓了起来，再三拷问之下，陆胤不肯出卖太子，只说是“杨竺告诉我的”。于是，杨竺也被捕下狱，因受不了严刑毒打，最后杨竺不得不承认是自己将此事通报给陆胤的。孙权把杨竺杀死了，而陆胤反而活了下来。

永安元年，陆胤为西陵督，封为都亭侯。此年，中书丞华覈上表举荐陆胤说：“陆胤天资聪颖，富有才干，又注意廉洁。在交州时，奉宣朝恩，流民一一归附，边疆太平。在苍梧、南海时，当地每年都有暴风和瘟疫为害，暴风则折木，飞沙转石，毒气则雾郁，飞鸟不至。而陆胤到那里后，暴风和毒气绝迹，商旅平安，百姓中不再瘟疫流行，农田丰收。州治靠海，水是咸的，陆胤又蓄水造了水库，老百姓从此不再吃咸苦的食物。陆胤在那里当了十多年的官，‘内无粉黛附珠之妾，家无文甲犀象之珍’，这在当今官员之中，实在是非常难得的。”

文中所说的“飞沙转石”现在一般都说成“飞沙走石”。

及锋而试

【释义】趁着锋利的时候试用。原指乘将士锐气正旺时用兵。后指抓住有利时机及时行动。

【出处】汉·司马迁《史记·高祖本纪》。

秦朝末年，项羽自立为西楚霸王。他封刘邦为汉王，其他诸侯、将军也被封了王。诸侯各自领着自己的军队到被封的地方去。

汉王刘邦也领着军队去汉中。项羽派了 3 万人给他，楚军及诸侯中倾向于刘邦的人也跟了去。但到达南郑（今陕西南郑）后，刘邦随身的将领及士兵很多都逃走了，因为兵士都想东归。

这时，韩信便向刘邦说：“你被霸王派居南郑，是被贬谪了。兵士们都是崤山以东的人，他们日夜想回东方的故乡，应该及锋而试，才可以成大功。如等到局面安定后，人人都想安宁，就不能再用了。我看你不如决定向东出兵，和项王争夺政权。”

刘邦听从了韩信的话，便违约偷袭项羽，终于获得成功。

不能自拔

【释义】形容自己不能使自己从某种困境中解脱出来。

【出处】南朝·梁·萧子显《南齐书·刘善明传》。

南北朝宋明帝泰始初年，徐州刺史薛安和青州刺史沈文秀背叛了朝廷。当时青州州府设在东阳城，镇北将军刘怀珍一族就住在东阳。沈文秀一反，刘氏全族人都陷于城中不能自拔。

于是刘氏族人想方设法逃出东阳。刘怀珍的族叔刘弥之，假装愿意为沈文秀效力，沈文秀就交给他五千人马，让他援助薛安。刘弥之趁机出城，到了下邳，马上宣布反对沈文秀。刘家另一族人刘怀恭当时担任北海太守，刘怀珍的族弟刘善明就暗中聚集了族中子弟和旧部下等三千多人，乘黑夜斩夺东阳城关，奔到北海会合。刘姓另一支刘乘民则在渤海一带聚集了一帮人，响应朝廷攻打叛军。由于刘氏族人和朝廷互相配合，迫使沈文秀投降。

不越雷池一步

【释义】不逾越一定的界限和范围。

【出处】唐·房玄龄等《晋书·庾亮传》。

东晋时候，政局十分混乱，当时皇太后的哥哥庾亮担任中书令，掌握朝廷的行政大权。有好些大臣对庾亮不满。大将苏峻率兵攻打国都建康城，任江州都督的温峤是庾亮的亲信、挚友，他担心国都和庾亮的安全，就准备率部向东进发，援救庾亮。

庾亮分析了国内的形势，认为西部边境更为重要，所以他急忙给温峤送去一封信，说：“你驻守的西部边陲更是不可疏忽的，我担心它胜过苏峻的历阳郡，你一定要坐镇原防，不要跨过雷水到京都来呀，越过一步也不行啊（无过雷池一步）！”

不久苏峻带兵攻入京都。皇帝命令庾亮征讨叛将，双方在京都城内的建阳门外厮杀起来，结果庾亮大败，只带着少数卫兵往西逃跑。后来，庾亮跑到温峤的防地，重新部署兵马，围剿叛军。

不谋而同

【释义】不经事先商量而见解和行动一致。

【出处】晋·陈寿《三国志·魏书·钟繇传》。

东汉末年，关中地区大乱，军阀韩遂、马腾等各拥强兵相互争战。曹操就派钟繇督守关中各路军马。钟繇到长安后，写信劝和了韩、马，韩遂、马腾还分别送一子到京城，名为侍卫皇上，实为人质。建安十三年，因马腾年老，曹操就拜马腾儿子马超为偏将军，统领马腾部下，却将马腾和他的两个儿子迁到邺地，仅马超一人留下。其实曹操对关中各将是怀有戒心的。

后来，曹操又命钟繇攻打占据汉中的张鲁，调夏侯渊与钟会合。这时马超、韩遂、杨秋、成宜等关中将领怀疑钟繇要袭击自己，惶惶不安，于是决定合兵反对曹操，推举韩遂为都督。韩遂的部将阎行劝阻韩遂，不要与马超一起反叛，韩遂说："现在关中各将领不谋而同，好像老天命定如此！"他带兵与曹军在华阴打了一仗，结果大败。韩遂留在京城的子孙全部被杀死。

心怀叵测

【释义】叵：不可。测：测定。心里藏有不可测度的险恶用心。比喻害人的奸诈心计。

【出处】明·罗贯中《三国演义》。

赤壁大战以后，曹操兵败退回北方。几年后，刘备再次与东吴孙权结成联盟，准备北上进攻曹操。曹操急忙召集手下的谋士商议对策。

谋士荀攸说："与其坐等刘备和孙权两家打上门来，不如我们主动出击。"

曹操皱着眉头说："可是万一西凉王马腾在我南下远征时乘虚而入，我们的后方岂不要危险了？"

荀攸又献上一条计策，说："丞相的担忧很有道理，不除掉马腾，终究是个后患。不如封他为征南将军，下诏书诱骗他进京，然后见机下手……"曹操照计行事。

马腾接到诏书后犹豫不决，他的侄儿马岱极力劝阻他应诏入京。

马岱说："曹操假借皇帝的名义，下诏书给你，完全是心怀叵测，你千万去不得。"马腾的儿子马超则主张将计就计，在京城寻找机会，杀了曹操。马腾权衡再三，决定让马超留守西凉，自己带五千兵马赶赴京城。

马腾到达京城许昌后，派人暗中与曹操的侍郎黄奎联络，密谋杀掉曹操。谁知消息走漏了，曹操正愁找不到除掉马腾的理由，便抢在马腾动手之前，把他和黄奎一齐抓获斩首。

以古非今

【**释义**】用古事非议当今的政事。

【**出处**】汉·司马迁《史记·秦始皇本纪》。

秦始皇当上皇帝以后，有一年在咸阳宫庆贺自己的寿辰。

酒宴开始以后，仆射周青臣大肆称颂秦始皇的功绩。博士淳于越原来是齐国人，对秦始皇本来就怀恨在心，听了周青臣的话很是反感，嘲弄地说："我听说古时传至千岁的圣君都是封子弟、功臣为王，互为辅政，可是陛下统一了天下，而子弟仍是匹夫，这是违反先君的古法的，然而周青臣还一味地阿谀奉承，这不是加重陛下的过失吗？我看他不是忠臣！"

这时，丞相李斯冷冷地说："五帝不相复，三代不相袭，因为形势不同了。今陛下开创大业，建立万世之功，淳于越所说的古法是不必效仿的，那时诸侯并争，所以厚招游学之士。今天下已定，法令出一，百姓应当为农、为工，士应该学习法令。现在有些人不学今而效古，以古非今，这是扰乱民心。我以为导致天下混乱的原因就是以古害今的那些学说、私学。我建议陛下下令禁止那些诗、书、百家之言，不是秦朝的典籍全部烧光，只留下医药、卜筮、种树的书册。谁私藏那些书就办他的罪；谁用诗书里的话来诋毁当今就杀掉他；谁以古非今就诛灭九族，官吏知情不举也同样受诛，下令后三十天不烧掉违法书册的要判重刑……"

后来，秦始皇听信了李斯的话，下令焚书坑儒。

冲锋陷阵

【释义】深入敌人的防线，攻破敌人的阵地。形容作战勇敢。

【出处】唐·李百药《北齐书·崔暹传》。

北魏末年，发生内乱，分裂为西魏和东魏两个政权。东魏军政大权掌握在丞相高欢和他的儿子高澄、高洋手里。高欢手下有个长史名叫崔暹。由于忠于高欢，后来官职节节高升。他不畏权贵，敢于揭发重臣的罪状。

高欢对崔暹的做法是很满意的，觉得他可以为自己卖力，所以见到他常常握着他的手，友爱地说："从前朝廷不是没有法官，可是大臣权贵徇情枉法，无人弹劾，可是你尽心为国，不避豪强，使得国家远近都很清净，群公奉法。看样子冲锋陷阵是大有其人呀，那就是你崔暹呀，为官清正我今天才开始见到。对你的功劳，我高欢父子无以相报呀！"高欢赠送一匹良马给他，并亲自为他牵着缰绳。

一天，孝静帝在华林园宴请高欢，酒过三巡，静帝说："我朝上下百官之中，多有贪暴，侵削下人，如果臣之中有秉公执法、直言弹劾、不避亲戚的人，我今天亲自为他敬酒！"

这时高欢走下台阶，当着众位大臣的面，大声说："唯御史中尉崔暹一人可以接受陛下敬酒！"

皇帝十分高兴，称赞说："崔暹为法，严峻公正！"

从此，崔暹威名日盛。

东窗事发

【释义】在东窗下密议的事败露了。后多用来形容密谋败露。

【出处】明·田汝成《西湖游览志余》卷四。

北宋后期，岳飞率领岳家军对金兵进行了顽强的抵抗，打了好几个胜仗。可是秦桧却不同意抵抗金兵，主张议和，竭力在宋高宗面前宣扬议和的好处。宋高宗同意了，岳飞就多次上书，要求罢和议抗金兵。秦桧要想议和，就要把岳飞除掉。一天，秦桧坐在东窗下，正为无法除掉岳飞发愁，夫人王氏进来，说：“这有何难，你找几个罪名安在岳飞头上不就行了。”

秦桧说：“罪名不难找，难找的是告发岳飞的人，这个人一定要是岳飞的部下才能使天下信服。”

王氏说：“我听说岳飞手下的都统制王贵，在一次战斗中胆小怕死，岳飞要将他斩首示众，后经众将求情，岳飞才免他一死。他肯定怀恨在心，你何不让他告发呢？”

秦桧大喜，两人又将陷害岳飞的细节密谋一番。秦桧派人找到王贵，要他诬告岳飞“谋反”。王贵不愿意，秦桧一伙就严刑拷打他，王贵只好屈从了。秦桧终于把岳飞杀了。

后来，秦桧病死了。死后七日，王氏请来道士为他做道场。道士恨秦桧杀害忠良，就装模作样做了一会法事，然后对王氏说：他看见秦桧，正在地狱受阎王、小鬼的拷问。道士又说，“秦大人对我说，‘麻烦你告诉我的夫人，东窗事发了。’”

生生世世

【释义】原为佛教用语，指每次生在世上的时候，即一辈子。现借指一生一世，世世代代。

【出处】唐·李延寿《南史·王敬则传》。

南朝宋、齐交替的时候，王敬则充当了帮助齐高帝逼迫宋顺帝逊位的角色。王敬则尽心竭力地为齐高帝效劳，因此齐高帝让他当“知殿内宿卫兵事”，就是负责皇帝的安全保卫工作。

当齐高帝将要取宋顺帝而代之的时候，那个宋顺帝却留恋着皇帝的宝座，不肯出宫逊位。让谁把这个不知趣的末代皇帝轰出去呢？王敬则这时候就身当其任，他带了一辆木轮车，来到宫里，找到宋顺帝，向他宣读了齐高帝要他逊位的命令，读完，对宋顺帝说：

“那么，请自己上车吧。”

宋顺帝还不肯上车，问王敬则：“这就要去杀我吗？”

“让你出去住在别的宫里，你们宋家老皇帝当年代替司马家（晋朝）的时候也是这样的。”

宋顺帝知道让位已是定局，流着眼泪说：“我只希望生生世世不要再跟王家有关系！”

他这一说，宫里所有的妃嫔、宫女都跟着哭起来，哭声响得宫门外都听见了。

王敬则最后也没有好结果。王敬则后来发现齐明帝不信任他了，就带了一班旧时的将官起事谋反，没有几天就被官兵追捕，杀死后还被砍下头颅。

司马昭之心，路人皆知

【释义】司马昭为三国时魏国权臣，处心积虑要夺取政权。比喻人所共知的阴谋和野心。

【出处】晋·陈寿《三国志·魏书·三少帝纪》。

三国鼎立时期，魏国的相国司马昭权盖朝野。魏帝曹髦眼看自己成了傀儡皇帝，十分愤怒。一天，他秘密召来亲信大臣王沈、王经和王业，商量如何除掉司马昭这个心腹大患。曹髦愤愤地说：“司马昭之心，路人皆知。我早晚要被他废掉，不如先下手除掉他！”说完，他写了一份讨伐司马昭的诏书。

王经等人知道曹氏王权大势已去，就劝阻曹髦。曹髦哪里肯听，他把诏书朝地上一抛，坚定地说：“我决心已下，死不改变！”说着，拔出宝剑，召来宫中侍卫三百多人，准备前往司马昭官邸，去与司马昭决一死战。王经等人见此情景，唯恐祸及自身，忙去给司马昭通风报信。司马昭即刻命亲信贾充带卫兵杀向王宫，不一会儿工夫，就把曹髦的人马杀得四散而逃。

曹髦见势不妙，高叫：“我是天子，你们想造反吗？”

卫兵一听，都停步不前了。贾充也大喊了一声：“司马相国养你们何用？就是为了除掉曹髦啊！谁杀了曹髦，赏金万两！”于是众兵一齐挥戈向前，眨眼工夫就将曹髦剁成了肉浆。

司马昭除掉曹髦后，自封为晋王。他死后，他的长子司马炎终于建立了司马氏的西晋政权。

发蒙振落

【释义】指揭掉物件上的蒙罩物，振掉将落的树叶，这都是极容易的事。用以比喻轻而易举。

【出处】汉·司马迁《史记·汲郑列传》。

西汉时，掌管封爵事务的主爵都尉汲黯，是位忠正耿直的大臣。武帝即位不久，采纳了董仲舒向他提出的“罢黜百家，独尊儒术”的建议，到处表示要以仁义治天下。但汲黯觉得武帝这种表示是言不由衷的。有一次，他当着许多儒生的面批评武帝说：“陛下内心的欲望很多，嘴上却说要以仁义治天下，这哪里像古代圣贤唐尧、虞舜的样子呢？”

武帝听了无言以答，非常难堪地离去。

大臣公孙弘善于玩弄权术，时常弄虚作假，讨取武帝欢心，因而很受武帝信任。汲黯很讨厌他的奸诈行为，时常当面揭露他口是心非，经常弄得他狼狈不堪。为此，他便要寻找机会报复汲黯。

过了一段时间，公孙弘当了丞相。一天，他对武帝说，现在右内史（掌管京都地区的行政长官）多数由陛下亲族担任，不太合适，还是派一位有威望的大臣来接任好，并建议让汲黯担任这个职务。

原来，右内史这个官容易得罪京城内的权贵，很难当；再说当了这个官，就不能过问朝政。武帝也讨厌汲黯时常直言相谏，弄得自己难堪，便同意把汲黯调职。不料，汲黯在右内史任上干得很好，公孙弘无法抓住他的把柄。

不久，淮南王刘安准备反叛，他对公孙弘并不放在眼里，怕的倒是汲黯。为此，特地告诫手下人千万不要在汲黯那里露了马脚。他说，汲黯此人爱好直言进谏，能为节义而死，很难迷惑他。至于丞相公孙弘，对付他就像揭去蒙盖在眼睛上的障碍，振落树上的枯叶那样容易。

后来，刘安由于阴谋败露，被迫自杀。尽管如此，他对汲黯和公孙弘的不同评论，倒是符合实际情况的。刘安说的对付公孙弘很容易的那句话“发蒙振落”，也就成为成语。

百无聊赖

【释义】聊赖：指凭借、依托。形容生活或感情无所依托，孤寂无聊，感觉什么都没有意思。

【出处】晋·陈寿《三国志·魏书·公孙瓒传》。

东汉末年，军阀公孙瓒原先盘踞在蓟州。

蓟州流传一首童谣：燕南陲，赵北际，有此中可避世。

北方的鲜卑、乌丸，南方的袁术、袁绍，不断侵扰蓟州，公孙瓒为此找来术士，询问童谣的含义。

术士说：“古燕国的南疆，赵国的北边，有时归入燕国版图，有时归入赵国版图，那块土地就是易州，该州城建在山坡上，后枕大山，发生战事，来者只能仰攻，是固守的好去处。”

公孙瓒听了，决意迁都。

公孙瓒在易州城外挖了十道壕堑，每道壕堑后都筑一道城墙，中建一座十余丈高的城堡，藏有米粮三百万斛，称为易京，自己就驻守其间。他踌躇满志地说：“兵书上说的，攻打拥有百座堞楼的城池是自讨苦吃，现在易京有堞楼千座，哪个能奈我何？”

其实公孙瓒上了袁绍的当，袁绍派人散布童谣，目的就是要公孙瓒困守孤城，消磨斗志，少了一个与他争天下的对手。

袁绍大军围困易京，公孙瓒据险而守，虽然一时不怕敌兵攻城，但是老待在城里，士兵无斗志，米粮日渐减少，日子也不好过。另外，袁绍的军队日日夜夜在城外挖掘地道，通向城内，准备上下夹攻。

公孙瓒憋不住了，先派遣儿子突围外出讨救兵，然后率领士卒，打算出城跟袁绍决战。可是援兵总是不来。公孙瓒写信让人快速送到儿子手里，信上说："袁绍的军队，像神又像鬼，鼓声角声在地道下响起，云梯檑石在我军头上飞舞，困守孤城，无所聊赖。你急率轻骑前来救援，来时在北方山头燃起烽火，为父得讯后，开门击贼，出其不意，打垮袁军。"

可是，这封书信被袁绍截获，袁军如期在北山点起烽火，公孙瓒士兵倾巢而出，中了袁军埋伏，待败退返城时，发现袁军早已挖通地道，占领了易京。公孙瓒只得自杀。

"无所聊赖"后来辗转沿用，又作"百无聊赖"。

权宜之计

【释义】权：姑且。宜：适宜。指应付某种需要，暂时采取的措施。

【出处】南朝·宋·范晔《后汉书·王允传》。

东汉末年，豫州刺史王允被朝廷派去讨伐黄巾起义的部队，他在一次作战中，从敌俘身上搜出一封朝廷中常侍张让给黄巾军将领的亲笔信，王允将这件事报告了皇帝，皇帝骂了一通张让，最后却不了了之。然而后来张让借故把王允关进牢狱，决定处死他。司徒杨赐派人告诉王允说："你犯在张让手上，看样子活不成了，别受罪了，还是设法早点结束自己的生命吧！"一些同僚好友，捧着毒药流着眼泪送给王允。王允把药碗猛地摔在地上，愤然喊道："我是朝廷的臣子，今日获罪，就应该服刑以谢天下，岂有自己喝药求死的道理！"大将军何进、太尉袁隗、司徒杨赐一块儿去请求皇帝免他一死。王允获赦后怕再遭厄运，便改换姓名，迁居到远离京城的地方。

汉献帝即位后，朝廷又封他为太仆、尚书令。他与大将军何进等一起，利用美人计收买吕布，借吕布之手杀掉了董卓。除掉董卓以后，王允觉得大患已消灭，天下可以太平了，就不去考虑下一步的行动，后来被董卓部将杀害。

《后汉书·王允传》中说：“允性刚棱疾恶，初惧董卓豺狼，故折节图之。卓既歼灭，自谓无复患难，及在际会，每乏温润之色，杖正持重，不循权宜之计，是以群下不甚附之。”

仰人鼻息

【释义】依仗别人的呼吸，才能活着。比喻自己没有办法，必须依仗别人才能生存。引申为看人脸色，不能自主。

【出处】南朝·宋·范晔《后汉书·袁绍传》。

汉献帝时，渤海太守袁绍听从了部下谋士逢纪的献策，阴谋并吞冀州刺史韩馥统治的地区。逢纪替袁绍想出了一条巧计：一面写信给北平太守公孙瓒，鼓动他引兵南下，进攻冀州；一面派荀谌、高干等到冀州去见韩馥，对他说：“公孙瓒南下，袁绍也有所行动，看来你已经处在十分危险的境地了！为你着想，不如主动把冀州让给袁绍，那样，既可以获得让贤的美名，又可以保住身家性命，实在是两全之策。”

无能的韩馥听了觉得有理，竟表示同意。可是韩馥的部下耿武、闵纯等，看出袁绍也是没有什么能力的人，于是一致反对归附他。耿武等对韩馥说：“冀州有百万之众，可支持十年之饷，袁绍孤客穷军，仰我鼻息，譬如婴儿在股掌之上，绝其哺乳，立可饿杀，为什么要把我们的地盘拱手送给他呢？”

“仰我鼻息”后转化为成语“仰人鼻息”。

成也萧何，败也萧何

【释义】指帮助他的和败坏他的是同一个人。

【出处】汉·司马迁《史记·淮阴侯列传》。

韩信是汉初的名将，发现韩信具有将才的是萧何。

韩信原来在项羽手下当一名侍卫官，不受重用，便投奔刘邦。开始刘邦只派他做一名管军粮的小吏。可是萧何偶然与他谈了一次话，发现韩信才能出众，胸怀韬略，是难得的人才，便想举荐他。可是，韩信见刘邦长期不理睬他，感到失望，就逃走了。萧何发现韩信走了，连夜追赶，总算把韩信追了回来。

刘邦对萧何的行为不理解，问："逃跑的将士有几十个，你不去追，为什么就追韩信一人？"

萧何向刘邦解释："逃走几个将领没什么要紧，还可以招来。可是韩信是天下无双的将才，你想将来与项羽争夺天下，非此人不可呀！我劝你快下决心任用韩信吧！"

"好吧，我叫他做将军！"刘邦听信了萧何的话。

可萧何却不满意，说："做将军？不行，不行，这样留不住他，大材小用啊！"

"那就任命他为大将军，怎样？"刘邦说，"派人把韩信叫来吧！"

"不行，不行，"萧何焦急地说，"你总是那样轻慢无礼，如今大将军怎么能像招呼小孩子那样呢？你要选择一个吉利日子，带上礼物，举行盛典，郑重其事地任命人家为大将军，韩信才会心悦诚服，全军将士也会服从！"

韩信后来为刘邦出谋划策，率兵征战，屡建奇功，使刘邦统一天下，建立了汉朝。

刘邦做了皇帝以后，对韩信很不放心，担心他会谋取自己的皇位，就借故解除了他的兵权。韩信也觉得自己受人怀疑不受信任，不如反叛。韩信和陈豨秘密结为同盟，相约起事。韩信的密谋让吕后知道了。吕后找萧何商量，萧何想出一条计策，叫人去通知韩信，说有人刚从刘邦那里来，报告陈豨已被诛灭，朝廷要庆贺一下，请韩信务必到场。

韩信没有料到这是一个骗局，他刚入宫，就被武士捆绑住，拉进长乐宫的钟室，将他斩首了。

因为韩信能为汉朝建立功勋，是与萧何的举荐分不开的；韩信最后失败被杀，又是与萧何分不开的。所以人们说韩信“成也萧何，败也萧何”。

自相鱼肉

【释义】鱼肉：当做鱼、肉一般任意宰割。比喻内部自相残杀。

【出处】唐·房玄龄等《晋书·刘元海传》。

西晋末年，八王混战，社会上极不安宁。匈奴的左贤王刘宣与将领们密谋道：“虽然汉高帝刘邦与我们的祖先修好，匈汉和亲，我们这些匈奴人也都改姓‘刘’，但是，经过魏、晋两个朝代，我们却没有了自己的尺寸土地，只留下一个单于后代的虚名。不如趁现在司马氏发生内乱、自相鱼肉之际，兴邦复国，建立我们匈奴人自己的天下。”大家都觉得这个主意好，一致推举统帅五部匈奴军队的刘渊为大单于。

这时晋惠帝被鲜卑人赶到了洛阳，刘渊准备率部去救驾，刘宣却极力反对，劝他说：“如今司马氏父子、兄弟之间自相鱼肉，这是上天欲灭晋朝、兴我邦族的旨意，我们不能违背，否则会受到惩罚的。”

于是刘渊听从刘宣的意见，于公元304年集中了五万兵马，先帮助晋朝打鲜卑兵，然后，就宣布自己是汉王，后又自称皇帝，国号为汉。他曾两次攻打洛阳，均遭到洛阳军民的顽强抵抗，不得不退兵。六年之后，刘渊死去。

先入为主

【释义】以先听到的话为主，并抱有成见，不再听后来的话。

【出处】汉·班固《汉书·息夫躬传》。

汉哀帝时，董贤、孙宠、息夫躬这三个人得到哀帝的宠信。哀帝下诏书封他们为侯。丞相王嘉劝哀帝说："董贤权势太盛，孙宠和息夫躬二人是奸佞之臣，恐日后扰乱朝廷，生出祸患，所以不可任用。"可是皇帝不听王嘉的话。

后来，息夫躬看到董贤权势日益扩大，想取代他。于是哄骗哀帝说："陛下，匈奴的单于今年没来朝见天子，恐怕要引兵侵扰边境，陛下应当赶紧想退兵之计……"原来息夫躬事先已派人通知单于，不让他入塞朝拜天子，所以单于没有入塞。

大臣们不肯信息夫躬的话，王嘉说："天子应该推诚行善，百姓万民才能安居乐业。息夫躬的话分明是一派谎言，想借天子出兵之际图谋不轨。陛下万不可信以为真，恐生后患，决不能因为息夫躬的话陛下先听到了，就以为他的话为真（先入为主），作出错误的决定啊！"哀帝还是相信了息夫躬的话，打算派军队出征，但又遭到董贤的反对，没能实现。不久，息夫躬的计谋露了馅，结果被关进大牢，死在狱中。

《汉书·息夫躬传》中王嘉的原话是这样的："唯陛下观览古戒，反复参考，无以先入之语为主。"成语"先入为主"就是由此而来。

先下手为强

【释义】抢先动手，掌握优势，便可成为强者。

【出处】唐·李延寿《北史·元胄列传》。

南北朝时北周大将军元胄，深得丞相杨坚的器重。北周的赵王招，预谋杀害杨坚，篡夺帝位，他设宴请杨坚吃饭，不准侍从进入。元胄料到赵王招心怀叵测，便强行跟随入内。酒过三巡，赵王招用佩刀刺瓜递给杨坚吃，想乘机刺杀杨坚，元胄已看出他的用心，便对杨坚说："相府有事，请丞相回府！"

赵王招气愤地斥责他说："我正在与丞相谈论朝政大事，你这是干什么？！你给我滚开！"

元胄瞪圆了眼睛，手扶着刀柄，一脸怒气。赵王招马上换了一副面孔，满脸堆笑地对他说："哈，你不必多心，别瞎猜疑，来，来，请入席饮酒……"

元胄仍站立不动。赵王招又想出一个招法，装模作样地央求元胄说："我嗓子干得厉害，请你去厨房给我弄些水来！"元胄还是不动，这时正巧又来了一位客人，杨坚起身下阶迎客，元胄乘机对杨坚耳语："赶快离开这里，赵王招要行刺！"

杨坚惊道："不会吧，他没有兵马呀，怎么能反叛呢？"

元胄说："他是先下手为强啊！"说罢扶着杨坚便走。赵王招从屋内追出，元胄用身子挡住门户，杨坚顺利地逃回相府。

后来杨坚诛杀了赵王招，做了皇帝，称为隋文帝。元胄升为右卫大将军。

水火不相容

【**释义**】彼此互不相容。

【**出处**】晋·陈寿《三国志·魏书·魏延传》。

魏延是三国时期蜀国的一员大将，因为屡立战功，刘备不断给他升官晋爵。谁知魏延渐渐骄傲起来，连诸葛亮也不放在眼里，常对部下说："诸葛亮胆子太小，不敢给我兵马去打潼关。如果我领五千精兵，带粮五千担，循秦岭而东，不用十天可到长安。敌兵听说我到了必然会逃跑，那么不出二十日，咸阳以西一举可定……"

人们看到魏延这般骄傲，都让他几分，故意躲开他。唯有长史杨仪不迁就他，经常争吵，两人如水火不相容。

有一次，魏延做了一个梦，觉得有些奇怪，便问占梦人赵直："我梦见头上生出角来，是吉还是凶？"

赵直骗他说："是吉象呀，麒麟有角而不用，这是预兆着敌人不用打就会自败呀！"

魏延听了满心欢喜，自庆自贺，以为成功在望。赵直却偷偷告诉别人说："角字上边是'刀'，下边是'用'，头上用刀，必有凶事，大家瞧着吧!”

这年秋天，诸葛亮病危，便找长史杨仪、护军姜维等人作身后安排。叫他们不要为他死后发丧，先撤兵回蜀，免得遭敌兵追击。不过几日，诸葛亮死去，蜀军秘不发丧，杨仪按诸葛亮临终部署，叫魏延领兵断后，迅速回师，可魏延一听，火冒三丈，大叫:“丞相死了，我自健在，你们尽可扶丞相灵柩还葬，我当率诸军击贼。难道一个人死了就荒废了天下大事?我魏延何人，竟听你杨仪的指挥，做断后的将军?!”

魏延拒不听从丞相遗命，举兵击杀杨仪。杨仪早有准备，率兵迎战，最后打败魏延，将他斩首。

时移事改

【释义】随着时间的流逝，世事也发生变化。

【出处】宋·薛居正《旧五代史·武帝纪下》。

唐朝末年军阀混战之后，出现了五代十国。

李克用是唐末较强的割据者之一，本是沙陀人朱邪赤心的儿子。朱邪赤心帮助唐懿宗平定了叛乱，被赐国姓为李，改名李国昌，并被委为唐朝的大国军节度使。李克用也因镇压黄巢起义有功，被任为河东节度使，后来唐昭宗封他为晋王。李克用为了控制唐朝廷，与另一军阀朱温展开了一连串的恶战。

朱温本是农民起义军首领黄巢的部将，在起义军遭到镇压、形势不利的时候，投降了唐朝，被赐名朱全忠，当了同华节度使。不久，朱全忠挟持了唐昭宗，受封为梁王，完全控制了唐朝政权。到了公元907年，朱全忠终于当上了后梁皇帝。

当时，割据四川的军阀王建(五代时前蜀国的建立者)派人送了一封信给李克用，劝他继续当他的晋王，等待时机打败朱全忠，再寻访原来唐朝的宗室继承帝位。李克用写了一封回信给王建，表示不接受他的建议，信上说:“君臣无常位，陵谷有变迁，或棰塞长河，泥封幽谷，时移事改，理有万殊。”

言下之意，谁该当皇帝，谁该是臣子还说不定，时间过去了，世事会改变，其中的道理是千变万化的。这充分地暴露了李克用不甘心俯首称臣、只想当皇帝的野心。可是，不到一年李克用就死了，没能实现他的野心。

虽死犹生

【释义】人死了还像活着一样。形容死得有价值，有意义。

【出处】北朝·北齐·魏收《魏书·咸阳王禧传》。

北魏孝文帝元宏有个弟弟，名叫元禧，曾被封为咸阳王，任过冀州刺史，很有政绩。

元宏是北魏历代君主中最富有改革精神的人物。他摒除鲜卑族的旧有陋习，提倡学习汉族文化，还鼓励鲜卑族人与汉人通婚。元禧坚决支持元宏的改革，将各项革新措施不折不扣地推行下去。

元宏对他的几个弟弟都怀有深深的手足之情。弟弟元禧身居要职后，元宏总是教导他要谦虚谨慎。元宏死后，元禧接受遗诏辅佐少主元恪。他不再像当初跟随元宏那样兢兢业业了，慢慢地居功自傲，身边拥有美女数十个，仍不满足，还派人到处搜罗女人。元恪对他的所作所为非常反感。

公元501年，元恪宣布亲自执掌朝政。元禧深感不安，便勾结一些人准备谋反。一日，元恪出城办事，元禧乘机集合人马，但准备不充分，没来得及起事就泄密了。元恪接到密报，派人去捉拿元禧。

元禧仓皇出逃，只有一位随从尹龙虎跟随身边。为了缓和紧张的情绪，尹龙虎出了一则谜语让元禧猜：“要睡则一起睡，要起则一齐起，贪婪的样子就像豺狼，但自己从来不把东西据为己有。”

元禧想了一阵，因心乱如麻，猜不出是什么，尹龙虎告诉他是筷子。元禧看着忠心耿耿的部下，感慨地对他说：“你可要做好与我一起去死的打算啊。”

尹龙虎神色严峻地回答："承蒙您咸阳王一向待我很好，能与您同命运、共患难，我虽死犹生。"

后来他们终于被捉住了，元禧被赐死于家中。

图谋不轨

【释义】不轨：越出常轨。形容暗中策划违法或叛乱的活动。

【出处】晋·陈寿《三国志·吴书·虞翻传》。

吴主孙权死后，年仅十岁的幼子孙亮继位，大将军诸葛恪、会稽太守滕胤共同辅政，偏将军孙綝密谋害死滕胤、朱异等朝廷重臣，升任为侍中武卫将军（掌管内外一切军务），势力逐渐增强，利用权势，胡作非为，引起朝廷上下一致怨恨。

孙亮长大后，亲自过问政事。因为孙綝专横放纵，孙亮决定除掉他，就与公主鲁班、太常全尚、将军刘承商议，要诛杀孙綝，不料走漏了消息。孙綝得知后，连夜带兵包围了皇宫擒拿全尚，又派孙恩在苍龙门外杀死刘承，并把孙亮废为会稽王，迎立琅玡王孙休为皇帝。孙楷携带文书前去迎接孙休。

孙休还没有到建业，孙綝就想进入宫室，图谋不轨，召集群臣议论，大臣们不敢说什么，只是唯唯诺诺，只有虞翻的儿子虞汜对他说："现在迎接琊邪王的队伍还没有到，你就想进入宫内，这样的话，恐怕会谣言四起，老百姓就迷惑不解了，这不是忠孝之道啊。"孙綝听了很不高兴，但终究不敢造次，带领兵士千人亲自去迎接孙休。

孙休登帝位后，孙綝升为丞相，孙据、孙恩等也都封侯，一门五侯，大权在握，然而孙休坐稳江山后，便设法来对付孙綝一家。

贪财好色

【释义】贪爱财物，喜好女色。

【出处】汉·班固《汉书·高帝纪》。

公元前 209 年，项羽和刘邦分别在吴县和沛县举兵起义，共同攻打秦军。

刘邦率军西行，一路所向披靡，进入关中。秦王子婴向沛公投降。刘邦以前做小官吏的时候，喜欢饮酒，贪恋女色，常常喝得醉卧在地。打败秦军后，樊哙、张良都劝谏他眼光放远一些，他便封存了秦宫中的珍贵宝物和财物，废除秦朝的严刑峻法，自己又率军返回霸上。

项羽率领诸侯军队西来，刘邦早有防备，已关闭了关门。项羽听说沛公已平定了关中，大为恼怒，派人攻破函谷关，长驱直入，到达鸿门，沛公没有拜见项羽。

沛公部下曹无伤听说项羽要攻打沛公，想讨好项羽，得到封赏，就派人传话给项羽说："沛公要做关中王，宫中的财物都被他据为己有。"项羽听后更加愤怒。

范增也鼓励项羽攻打沛公，他说："沛公的志向恐怕不仅仅是在关中为王。沛公在山东的时候，贪财好色。现在他进了关，宫中珍宝应有尽有，但他反而不掠取财物，不亲近美女，他是胸怀大志啊！趁现在他立脚未稳之际赶快攻击他，不要错过机会。"

项羽于是犒劳士卒，准备与沛公决战。

临深履薄

【释义】面临深渊，脚踏薄冰。比喻十分小心谨慎。

【出处】南朝·宋·范晔《后汉书·杨终传》。

东汉明帝刘庄的皇后马氏，是开国功臣马援的小女儿，她知书达礼，宽厚待人，朝中上下对她十分敬重。明帝有个儿子刘炟，是贾妃所生，马氏对他视同亲生，尽心抚育，后来明帝去世，刘炟即位，史称章帝。

章帝即位后，为了报答马氏的养育之恩，就尊她为皇太后，并多次提出要加封她的三个哥哥马廖、马防和马光。而马太后认为他们不该无功受禄。后来，马廖的母亲去世，三兄弟把坟墓造得比较高，超过了当时礼制的规定。马太后知道后，立即派人传话，要三个哥哥重修坟墓，不得特殊。

在太后的督促下，马廖比较注意自己的言行，但儿子马豫却行为放荡，一心希望父亲仗太后的恩惠飞黄腾达，有一些不好的言论和行动。当时，马廖的好友杨终写信劝告马廖说：“本朝初年，有许多诸侯王对子弟不加管教，子弟触犯了刑法，以致国破人亡，你怎么能不临深履薄，把他们的结局引以为戒呢？”

但杨终的劝告并未能提醒马廖。不久，马太后因病去世，马氏兄弟开始渐渐失势。马豫非常怨恨，竟背着父亲写了一封信诽谤朝政。事发后，马廖三兄弟被迫从京城返回封地。

马廖回到封地后，对儿子马豫严刑拷问，倔强的马豫不肯服罪，伤重而亡。过了几年，马廖也忧郁去世。

临危自计

【释义】指临到危险时刻，只为自己着想。

【出处】后晋·刘昫等《旧唐书·吴溆传》。

唐朝中叶，淮宁节度使李希烈叛唐，自称天下都元帅、建兴王，并派兵围攻襄阳。唐德宗命令泾原节度使朱泚去解襄阳之围。泾原兵途经京都长安时，因朝廷不给犒赏，发生哗变，占领长安，朱泚被拥立为帝，国号为秦。

唐德宗从长安逃到奉天，看到自己眼前的处境，食不甘味，寝不安席。宰相卢杞安慰他说：“这次兵变原是为了犒赏而起，并非蓄意谋反，只要派个大臣去给朱泚加官晋爵，安抚泾原兵，我看朱泚还是可以归顺朝廷的。”

德宗看了看跟他一起逃出来的大臣，问：“谁愿意去？”

大臣们都知道，此一时彼一时，现在朱泚已称帝，再给封赏恐怕也无济于事，如果去长安，怕被朱泚杀了，于是都默不作声。

大将军吴溆说：“我去！”

退朝后，有人问他："朱泚心怀叵测，此去必定凶多吉少，你为什么不为自己和家人着想呢？"

吴溆说："现在皇上有难，如果我临危自计，就不是忠臣。我知道我这次去必死无疑，但是，为了皇上我还是要去冒这个险。"

吴溆带着诏书当天出发，到了朱泚那里，向朱泚申明大义，劝他归顺朝廷，果真被朱泚所杀。

重蹈覆辙

【**释义**】不吸取经验教训，再犯以前的错误，好像再次走上翻车的老路。

【**出处**】南朝·宋·范晔《后汉书·窦武传》。

东汉桓帝初年，外戚专权，大将军梁冀执掌了朝政，他飞扬跋扈，简直不把桓帝放在眼中。汉桓帝为此也深感忧虑，便与宦官单超等合谋，杀了梁冀，把朝政大权夺了过来。但是，单超等宦官见汉桓帝才能平庸，便勾结起来，在朝廷中广树党羽，把持朝政，形成了宦官专权的局面。宦官们的所作所为引起了一些正直文人的极端不满。当时，司隶校尉李膺在知识界很有声誉，他和太学生的领袖郭常一起发难，经常发出反对宦官专权的言论，对单超等宦官给予毫不留情的抨击。公元 166 年，单超等向桓帝大进谗言，诬陷李膺等结党诽谤朝廷，将李膺、郭常等逮捕入狱。

面对宦官如此嚣张的气焰，桓帝皇后的父亲窦武站出来仗义执言，给桓帝上一道奏章，痛斥宦官祸国殃民，为李膺等忠贞之士鸣冤。窦武在奏章中写道："如果不吸取过去宦官专权祸国的教训，重蹈覆辙，那么大汉的江山，就会像秦二世那样，葬送在赵高那样的宦官手里，而且这样的局面不是早晨，就是晚上即会出现。"

桓帝看了奏章，知道窦武一向为人正直，便听从了窦武的意见，赦了李膺他们的罪，对单超等宦官逐步疏远起来。

秋风过耳

【释义】比喻对某种事物漠不关心，像秋风过耳一样。

【出处】汉·赵晔《吴越春秋》。

春秋时，吴王寿梦有四个儿子：长子诸樊，次子余祭，三子余昧，四子季札。其中季札最为贤良，而且很有才能，因此吴王寿梦最宠爱季札。公元前561年，寿梦得了重病，临终前要改变传位给长子的制度，把王位传给季札，但季札坚决推辞。于是寿梦对长子诸樊说："我想把君位传给季札，但他不愿破坏旧制，你即位后，希望不要忘了我的遗愿。"

寿梦死后，诸樊继承了王位，他和余祭、余昧立下誓约：今后王位由兄弟依次相传，最后务必让季札继位。果然，诸樊死后，传位给余祭；余祭死后，又传位给余昧。季札忠心耿耿地辅佐兄长处理朝政，贤名远播。

余昧临死时，按誓约要传位给季札。但季札还是坚决不从，他说："父王离世前，我曾明确表过态度，不继承王位。做人只要行为正派，品格高尚，至于荣华富贵，不过就像秋风过耳，没什么值得留恋的。"为了彻底表明自己的心迹，他索性前往自己的封地隐居起来，直到余昧的儿子僚继位后，他才回到朝中，协助吴王僚治理朝政。

十二年后，诸樊的长子公子光刺杀了吴王僚，假意请季札继位。季札不但严词加以拒绝，而且对他严加痛斥。公子光即位后，季札逃回封地延陵，在那儿隐居到老，再也没回过吴都。

亲痛仇快

【释义】亲人痛心，仇人快活。

【出处】汉·朱浮《为幽州牧与彭宠书》。

东汉光武帝刘秀登基后，大封功臣，但渔阳太守彭宠却没有受封，为此，彭宠心里不服。

渔阳受幽州牧朱浮管辖。一次朱浮向渔阳征收银米，彭宠居功自傲，不肯发送，并且口吐怨言。朱浮大怒，写信去斥责了他一顿。于是，彭宠怀恨在心。

不久，朱浮向光武帝密告彭宠行为不轨，说不定会造反。光武帝得知后，召彭宠到京都来，彭宠怀疑这是朱浮在搞名堂，进京不会有好事，便要求和朱浮同去京都，但光武帝不许，这样一来，彭宠更加怀疑并且畏惧起来了。彭妻平时就经常干预丈夫的公事，她劝彭宠干脆不去京都，自己独立。彭宠听从了她的话，拒绝应召入都，并出兵两万准备攻打朱浮。

朱浮听说彭宠发兵来攻，便写了一封信规劝他。信上说："现在国家刚刚太平，文武百官不管本领大小，都在为国家建功立业，而你却发狂地自暴自弃。你应该懂得，凡是做事情，决不能使亲人感到痛心，而使仇敌感到高兴（凡举事无为亲厚者所痛而为见仇者所快）。"

彭宠看了这封信后，没有听从朱浮的劝告，仍然发兵去攻朱浮所在的蓟城。彭宠夺取了蓟城以后，自称燕王。但是，他最后被府里的管家杀死了。

迷途知返

【释义】借指犯了错误的人要及早改正，以免越陷越深。

【出处】晋·陈寿《三国志·魏书·袁术传》。

东汉末年，朝政衰败，董卓乘机率军占据京师，专揽朝政。袁术为了躲避祸乱，从京师逃奔南阳郡。这时正值长沙太守孙坚杀死南阳郡太守张咨，袁术便乘机占据南阳。袁术占据南阳郡后，骄奢淫乱，胡作非为，百姓十分不满。不久，袁绍和曹操共同攻打袁术，袁术败走，率军割据扬州，想乘天下大乱之际，浑水摸鱼，做上皇帝。他写信给少年时的好友陈珪，希望陈珪能够支持他，帮助他完成称帝大业。

陈珪反对袁术称帝，他在信中劝诫袁术说："我以为你会同别人齐心协力，救助汉室；不料你却要走上邪路，自称皇帝。如果你迷途知返，尚能避免一场祸患。"

袁术没有听从陈珪的劝告，终于在寿春（今安徽省寿县）做起皇帝。后来，他被吕布、曹操先后打败。

党同伐异

【释义】偏袒同党，攻击异己。

【出处】南朝·宋·范晔《后汉书·党锢传序》。

汉武帝时，采用董仲舒"罢黜百家、独尊儒术"的建议，规定只有精通儒家学说的人，才能被举荐做官。汉武帝将《诗》、《书》、《礼》、《易》、《春秋》等五部儒家著作奉为经典，称为五经，并在当时的太学中设立五经博士，专门向太学生教授五经。学生考得好的可以做官，太学生人数最多的时候达到三千人。

到汉宣帝刘询的时候，儒家学说更为盛行。刘询自己身受儒家学说熏陶，又召请名儒萧望之进宫教授太子。但由于当时儒生们对"五经"有各种不同的解释，汉宣帝决定组织儒生对五部经典中有争议的部分进行一次大规模的讨论。

在讨论过程中，儒生们把和自己意见相同的人看成是自己的同党，把和自己意见不同的人称为异党，同党们团结起来，一起对异党进行讨伐。所以，《后汉书》的作者范晔在评论这种现象时，称之为"党同伐异"。

监守自盗

【释义】偷盗自己管理的公家的东西。

【出处】后晋·刘昫等《旧唐书·杨炎传》。

唐德宗时的宰相杨炎，人长得很有气派，文章雄丽而有风格。杨炎当宰相后，确实做了好几件有利于国家的大事。但是，他将私人恩怨看得很重，因而引起朝中大臣的怨恨。与他同时担任宰相的还有卢杞。杨炎因为卢杞人长得丑而常轻视他，因此卢杞也对他怀恨在心。

后来，杨炎改任左仆射，卢杞就寻找机会报复。杨炎原来在洛阳有一所私宅，托他的心腹——南尹赵惠伯代为出售，赵惠伯就将他的私宅买做官署。杨炎罢相后，御史弹劾他“强迫官吏代卖私第，高估房价，多收钱币。”卢杞趁机火上浇油，诬他监守自盗，应判绞罪。德宗皇帝此时也不喜欢杨炎了，终于将他发配崖州，又在距崖州百里远的地方“赐死”。

舐糠及米

【释义】舐：舔。舐完了外面的糠，舐到了里面的米。比喻由外到里逐步侵入。

【出处】汉·班固《汉书·吴王濞列传》。

汉初，汉高祖刘邦，听从了一些人的意见，认为秦朝所以灭亡，是因为没分封诸侯，患难时，无人相助。所以，他把一些刘家的子弟和功臣，分封各地为诸侯，成立若干王国，其中较大的王国，兼有五六郡的地盘，而中央直辖的只有十五郡。汉高祖死后，诸侯各国就渐渐不听号令。到汉景帝时，御史大夫晁错主张削减各国的领地，加强京师的权力和威信，以巩固汉朝的统一。

当时诸侯中，吴国是个大国，吴王刘濞的野心也最大。他早有篡夺帝位的阴谋，便趁此机会，挑拨和煽动其他诸侯，联合起兵反抗。他说：“现在皇上任用邪臣，听信谗言，侵削诸侯，一天紧似一天，正如古语所说：‘舐糠及米’，其结果恐怕不仅是削减领地而已！”（“里语有之，‘舐糠及米’。”）

“舐糠及米”，也称作“舔糠及米”，比喻逐步地侵入。糠，是米的外层，先舔食外层的糠，渐渐地就要吃到米了。刘濞引用这句成语的意思是：今天削减领地，以后难保不进一步取消诸侯。

这样，历史上所谓的“吴楚七国之乱”或“七国连兵”的事件，就爆发了。

称王称霸

【释义】王：古代的帝王。霸：古代诸侯联盟的首领。比喻专横跋扈，凭借势力压制别人。

【出处】三国·魏·曹操《让县自明本志令》。

东汉末年，曹操在镇压黄巾起义中，逐步扩充了军事力量。公元192年，占据兖州，分化、诱降青州黄巾军的一部分，编为“青州兵”。公元196年，曹操在战乱中把汉献帝迎接到许昌，他受封为大将军及丞相，执掌东汉军政大权。他以天子名义发号施令，致力于统一战争。他先后讨伐了董卓，消灭了吕布、袁术、袁绍、刘表等豪强割据势力，基本上统一了北方广大地区。

与曹操抗衡的孙权和刘备两大敌对势力，不断抨击曹操，说他想篡夺帝位，于是，曹操写了《让县自明本志令》一篇公文，在这篇公文中，他述说了自己主要的政治、军事经历，表明了本心，决定将所受封的四县退还三县，以此反击政敌的攻击。他表明，自己最初并无很大的志向，后来由于军阀混战、豪强割据、天下混乱，才不得不担负起统一全国、结束割据势力，称帝称王局面的重任，他本人并无称帝野心，虽然有人建议他废除汉献帝，但是他并没有这样做。文中有一处表白自己说：“如果国家没有我，不知道会有多少人自称为帝，多少人自称为王。”

“称王称霸”的成语即由此演变而来。

战略战术篇

一发千钧

【释义】钧：古代的重量单位，合30斤。一根头发吊着千钧重物。比喻极其危险或形势非常危急。

【出处】汉·班固《汉书·枚乘传》。

公元前151年，汉景帝刘启即位。第三年，吴王刘濞因不满中央政权削减诸侯王封地的措施，便联合吴、楚、赵、胶东、胶西、济南、淄州等诸侯王起兵叛乱。这就是历史上的“八王之乱”。

当时在吴王刘濞宫廷里任郎中的枚乘反对刘濞叛乱，曾进行过劝阻，呈上《谏吴王书》，书中采取比喻的方法暗示刘濞不要冒险。他说：“形势危急就像一根细线在高空中悬挂着千钧的重物，下垂的地方又是深潭，非常危险。在这生死存亡的紧急关头，您如果能倾听忠言相劝，国家就可以转危为安了。”

可是刘濞根本听不进去，终于联合其他诸侯反叛了。事实正像枚乘所预计的，“八王之乱”很快被平定了。他对吴王劝谏的比喻，成为“一发千钧”的成语，这个成语也可作“千钧一发”。

一以当十

【释义】一人抵十人之用。

【出处】汉·司马迁《史记·项羽本纪》。

秦朝末期，各地反秦义军纷起，自立为王。秦国大将章邯打败了赵王的大将张耳。张耳保护赵王歇逃往钜鹿。章邯分兵再去围攻钜鹿，紧追不放。眼看着秦兵压境，情况十分紧急，赵王连连派遣使者向楚怀王求援！

怀王闻讯，赶紧派主帅宋义、副帅项羽、末将范增率领二十万人马浩浩荡荡向钜鹿出发。

部队来到安阳，探子来报，秦军兵力强大。宋义不由心生畏惧，不敢前进，部队滞留了四十六日。项羽为此焦急不安，极力劝谏宋义立即出兵。但宋义不听，以各种理由来推诿。项羽不禁大怒，挥刀杀死宋义父子，急遣两万兵马渡漳河为钜鹿解围。但楚兵连连失利，损失惨重。项羽只得率领全体士卒渡过漳河以挽回败局，他明白置之死地而后生的道理，于是面对全体将士，深情地看了几眼后严肃而果断地说："沉掉全部船只，砸碎一切饭锅炊具（破釜沉舟），烧掉所有的帐篷，我们的成败将在此一举。"

轻装的部队已经义无反顾，当楚军与秦军再次相遇，楚兵个个奋不顾身，如入无人之地，没有一个不是"一以当十"的。双方大战九个回合，楚军终于战胜了秦兵，班师而回。"破釜沉舟"的成语也出自这个故事。

一衣带水

【释义】相邻很近，仅一水间隔。比喻江流狭窄，彼此之间极其邻近，不足为阻。

【出处】宋·司马光《资治通鉴·陈纪》。

隋文帝杨坚独霸中原后，想消灭长江中下游以南地区的陈国，统一中国。

他秘密派遣兵士装扮成行路人，来到陈国，偷偷顺风放火。江南多是茅屋竹舍，一处着火，便会成片烧光；储积在房屋里的粮食也随之全部烧成灰烬。等陈国人重新修建好后，他们又去烧。几年时间过去了，陈国财力损失巨大。同时，在南方农作物收获的时节，杨坚又派遣一些人马南下，佯装要袭击他们。陈国恐惧万分，迅速召集全部军队，兵分六路，沿长江南岸各个战略要地一线铺开，准备决一死战。这时隋文帝却又把自己的部队召回，从而使陈国成熟的农作物全部烂在田里。

公元 587 年，后梁尚书令萧岩等一帮人投降陈国。隋文帝非常气愤，对众官说：“陈国人生活在水深火热之中，我作为百姓的父母官，怎么能被一条衣带那样宽的江水（一衣带水）阻隔而坐视不管呢？”于是下令大造战船，把造船余下的木片都投到江里去。

陈国知道了这些情况，想想现在又是农作物即将成熟的季节，一定是杨坚故伎重演，也不做什么准备。结果隋军压境，陈国被打得措手不及，终于灭亡了。

一鼓作气

【释义】原意是，打仗靠的是军士们的勇气。擂响第一次战鼓，军士们正振作起精神，勇气最旺盛。后来用来比喻抓住时机，一股劲儿把事情办成。

【出处】春秋·左丘明《左传·庄公十五年》。

公元前 684 年，强大的齐国派军队进攻弱小的鲁国。双方军队在鲁国的长勺摆开了阵势。

鲁国国君庄公亲临前线指挥军队作战。他还请了谋士曹刿同坐一辆战车，随时听取他的意见。

阵势刚摆开，鲁庄公就想命令鼓手擂起战鼓发动攻击了。曹刿连忙制止他说：“现在发动攻击还不行，得等待一下时机。”

齐国军队先擂起了战鼓。但他们的指挥官发现鲁国军队没有什么行动，心有疑虑，不敢发动攻击。过了一会，齐国军队擂起了第二次战鼓，看看鲁国军队还是坚持不动，依然没有发动攻击。

齐国军队不得不擂起了第三次战鼓。这时候，曹刿才对庄公说：“可以立即擂鼓进攻！”鼓声一起，鲁国军队向敌阵发动攻击，果然打败了齐国军队。

齐国军队撤退了，庄公打算马上追击。曹刿忙说：“且慢，等一下。”他先下车察看了敌军车轮留下的痕迹，又登上车子前面的横木瞭望敌军的情况，才说：“下令追击吧！”结果，在追击中大获全胜。

战后，庄公向曹刿请教克敌制胜的道理。曹刿说：“两军交战，军士们的勇气常常是取胜的关键。擂第一次战鼓可使军士们振作起精神，此时勇气最盛；擂第二次战鼓，士气就低落了；到擂第三次战鼓时，士气就衰竭了。当时敌方军队已萎靡不振，我方军队正振作起精神，勇气最旺盛，所以能打败他们。再说，齐国是个大国，大国在战争中可能有难以预料的行为，他们虽说败退了，也可能是以退为进，我看清他们车轮的痕迹乱了，旗子也倒了，断定他们确实败退了，才请您下令追击。”

一败涂地

【释义】涂地：指血肉涂抹满地。比喻失败到无法收拾的地步。

【出处】汉·司马迁《史记·高祖本纪》。

汉高帝刘邦，江苏沛县人，年轻时任泗水亭长之职。朝廷征募建造秦始皇陵墓的工人，他奉命带领着一批农人前往骊山。可是，途中不断有人逃走，刘邦心里想：“再这样下去，恐怕还未到骊山，民工都将逃得无影无踪，身为带队和亭长，将获罪责，与其如此，还不如现在将他们都放了，自己也逃吧！”刘邦这样向众人一讲，众人都非常感动。有些不愿逃走的，便追随刘邦躲进荒山中。

不久，陈胜、吴广起义，刘邦的好友、在沛县任小官吏的萧何和曹参建议说：“目前局势，何不请刘邦回来帮助呢？”县令即派樊哙前去邀约刘邦，不料当率领百余部众的刘邦到达城下时，县令因见人数众多，心生后悔之意，下令关闭城门，并打算暗杀萧何、曹参。萧何、曹参获知情况有变，便连夜逃到刘邦营中。刘邦来到城下，写了封鼓动民众造反的信，用箭射入城里。城中县民响应，杀掉县令，大开城门迎接刘邦军队，并共同推举他为领袖。刘邦谦让道："目前天下局势仍是混乱不平，如果你们选错了统率者，将会使起义之事一败涂地。"

最后萧何、曹参和众人极力推崇拥护，刘邦只得接受，以沛县为根据地，展开了推翻暴秦的起义斗争。

八攻八克

【释义】屡次攻击，屡次胜利。

【出处】后晋·刘昫等《旧唐书·娄师德传》。

西藏在唐代叫做吐蕃。它本来和中原有着不可分割的血缘关系。历史上就有唐宗室文成公主嫁给吐蕃王松赞干布这件联姻的事情，那时候双方很亲善。松赞干布死后，因其子已死，就让孙子做了吐蕃王，新王因为年纪小，政事完全操纵在国相禄东赞的手里。

这时吐蕃和吐谷浑（国名，在今青海及四川边界）起了争执，吐蕃侵占了吐谷浑的土地。唐高宗降玺书责备吐蕃，不应侵略别国的土地。可是吐蕃军的统帅钦陵非但不接受，反而继续侵占别国土地。唐政府不得不出兵征讨，唐军先胜后败，幸而军中有一位河南原武人，名叫娄师德，智勇双全，他收集了散游部队，阻止了吐蕃军。后来，吐蕃又进攻大唐的河源（今青海南）军。镇守的唐军主将就是娄师德。娄师德在白水涧这个地方和吐蕃军展开了大战，打一仗，胜一仗，一连进攻吐蕃八次，均获全胜（八攻八克），打得吐蕃望风而逃，不敢再图侵犯。五六年间，边境上没有发生过战事。

八面威风

【释义】无论从哪一面看都威风十足。形容声势显赫，威望极盛的样子。

【出处】明·董穀《碧里杂存·满江红》。

元朝末年，各地农民纷纷起义，朱元璋率领的起义军基本上扫平了中原，想继续南下进攻江南。在过年那天，他与大将徐达同乘一条小船，从长江北岸渡过长江。船主是一对老夫妻，知道船上坐着的是大名鼎鼎的朱元璋，便高声喊着号子向他庆贺说：“圣天子六龙护驾，大将军八面威风。”朱元璋明白这是祝贺帝王的话，心里非常高兴，便和徐达轻轻地踢着脚，互相表达庆贺之意。

人微权轻

【释义】地位低，说话不受人重视，威权不足以服众。

【出处】汉·司马迁《史记·司马穰苴列传》。

田穰苴在齐国危难之时，出任统帅，准备指挥齐军反击晋国、燕国的入侵，在被任命时，他曾推辞说：“微臣行伍出身，人微权轻，恐怕不能服众。”但齐景公鼓励他，让他大胆行使职权。齐景公为了使田穰苴能服众，派遣自己的亲信庄贾任监军，与田穰苴一块出征。他们约定第二日中午在军营相会。

田穰苴作战英勇，治军严明，天刚亮他就列队在营门，恭候监军庄贾。可庄贾是君王的宠臣，一向狂妄骄横，根本没把田将军瞧在眼里。这天，他很晚才起床，忙着接待为他送行的达官贵人、亲朋好友，一直拖到傍晚才趾高气扬地来到军营。

田穰苴迎面厉声喝问：“庄大人为何来迟？”

庄贾顺口回答：“哈哈，亲朋为我饯行，刚刚脱身……”

田穰苴正言厉色地喊道：“大将从受命时起就应忘掉家庭，军士到了营地就应忘掉亲朋，士卒听见战鼓就应忘掉自己。时下敌军入侵，国家动荡不安，百姓生死存亡都系在你我身上，你竟然为酒宴而耽误了时间，这是违犯军法，该当何罪？”

庄贾挑衅地说：“你算什么？敢拿军法吓唬我？！”

田穰苴怒不可遏，大叫：“立刻斩首！”

庄贾被处死了。田穰苴这一举动威震三军，全军上下心悦诚服，冒死杀敌，不久便击退敌军，频频告捷。

万众一心

【释义】千万人一条心。形容团结一致。

【出处】南朝·宋·范晔《后汉书·朱儁传》。

东汉末年，爆发了黄巾大起义。汉灵帝派出军队镇压。朝廷派出的朱儁率部在宛城城外堆了一座比城墙还高的山丘。朱儁登上土丘细细观察宛城城内起义军将领韩忠的军事部署，发现城东北的守备比较空虚。第二天，朱儁让一支兵马佯攻宛城西南，故意把战鼓擂得震天响，吸引韩忠增兵西南，自己却带领主力急攻城东北，乘虚拿下了外城。

朱儁不理会韩忠的谈判要求，加紧围攻内城，可一连几天都遭到了起义军的有力抵抗。攻城屡屡受挫，朱儁又登上外城城墙向内城眺望，接着，下命令叫部队后撤几里。撤退后不久，城内守军纷纷冲出城外，试图突围，朱儁的兵马乘机从侧翼杀过来。韩忠不备，再退回内城已来不及，起义军只得四散而逃，伤亡很大。

事后，朱儁的部下问他用的什么计谋，他得意地说："我从高处看得很清楚，内城十分坚固，城内尽是守兵。他们想谈判谈不成，想突围又出不去，这不是逼着他们万众一心跟我军拼命吗？一万个人齐了心尚且势不可挡，何况他们有十万人马呢！倒不如先缓一缓，暂且松动一下包围圈，让他们产生突围的念头，然后乘乱杀上去，那他们的士气也就瓦解了。"

土崩瓦解

【释义】像土的崩溃，瓦的分解一样。形容彻底崩溃，无法收拾。

【出处】汉·班固《秦纪论》。

秦朝末年，刘邦、项羽的兵马逼近京都咸阳，秦二世为此谴责丞相赵高。赵高恐惧不安，暗中与弟弟赵成、女婿——咸阳令阎乐密谋，决定杀了二世。于是，阎乐带了一千多名官兵冲进王宫内室。秦二世知道难逃一命，只得自杀。

接着，赵高将秦二世的侄子、公子婴立为秦王。公子婴和他的两个儿子商议说：“赵高杀了二世，害怕大臣们杀他，才立我为王。他早晚要害我，我们不如先下手！”第二天，赵高让子婴到宗庙去拜祖先，子婴托病不去，赵高亲自来请，子婴乘机刺死赵高。子婴当了四十六天秦王，刘邦就攻入咸阳，秦朝灭亡。后来项羽又进入咸阳，把子婴杀死。

贾谊与司马迁在评论这段历史时说，如果子婴有一般君主的德行才能，任用忠贞贤能的人，为天下的苦难而忧，改正先帝的过失，以及采取各种方法减轻百姓的痛苦，天下人就会归附他。由于他没有这样做，最后自身也不免被杀。

东汉史学家班固则对子婴失去天下一事，表示了不同的评论。他在《秦纪论》一文中说：

秦之积衰，天下土崩瓦解，虽有周旦之材，无所复陈其巧，而以责一旦之孤，误哉！

大意是：“秦朝的衰弱是积久而成的，当时天下已像土倒塌、瓦破裂，即使有周公旦那样的才能，也无法施展他的良策。而贾谊与司马迁竟拿秦朝的灭亡来责备登位几天的子婴，是错误的啊！”

马首是瞻

【释义】原指作战时，士卒看主将的马头行事。后比喻服从指挥或依附某人。

【出处】春秋·左丘明《左传·襄公十四年》。

公元前559年，晋悼公联合了12个诸侯国攻伐秦国。指挥联军的是晋国的大将荀偃。联军开到泾水边，先后渡过了河。秦景公事先在泾水上游投了毒，结果联军许多士兵被毒死。大家心里害怕，不肯行军了。亏得郑国的公子命令自己的队伍前进，才带动其他国的军队行进。大军到达秦地棫林后驻扎下来。

荀偃原以为十二国联军攻秦，秦军一定会惊慌失措。不料秦景公已经得知联军军心不齐，士气不振，所以毫不胆怯，不想求和。荀偃只得准备打仗。他向全军将领发布命令说：“明天早晨，鸡一叫就开始驾马套车出发。各军都要填平水井，拆掉炉灶。作战时，全军将士都要以我的马首是瞻，我奔向哪里，大家就跟着奔向哪里。”

想不到荀偃的左右手、下军主将反感地说：“晋国从未下过这样的命令，为什么要听他的？好，他马头向西，我偏偏要向东！”这位主将不仅这样说，而且确实这样做了。他带着自己的人马，朝东返回晋国去。主将的副手说，他是我们下军的头，我听他的。于是也率领自己的队伍朝东而去，这样一来，全军顿时混乱起来。荀偃只好下令撤回全军。

千军万马

【释义】形容兵马很多或声势浩大。

【出处】唐·姚思廉《梁书·陈庆之传》。

陈庆之是南北朝时梁朝的著名战将。有一年，梁武帝授命陈庆之率军进攻北魏。陈庆之一路攻城占池，所向披靡，率军赶到荥阳城下，立即对守城的魏兵发动猛攻。但由于荥阳城防守坚固，梁军连攻数天都被击退。

这时，北魏的大批援军相继赶到，梁军腹背受敌，形势万分危急。陈庆之见部下士气低落，就召集起三军将士，鼓舞大家说：“我自北伐以来，攻克魏城数十座，而诸位将士们杀死的魏兵也不可计数。现在，魏兵有三十多万，都把我们看作不共戴天的仇敌。可我军才七千人，我们只有与敌人拼死一战，才有可能获救啊！否则，大家的身家性命就难保了。”

陈庆之的一番话使梁军士气大振，结果荥阳城一下子就被梁军攻克了。陈庆之乘胜杀到洛阳城下，洛阳守军不战而降。当时，陈庆之麾下的将士一律身着白色战袍，在洛阳城中往来驰骋，显得十分威武。魏人见了，无不感慨，就编了一首民谣：

名师大将莫自牢，
千军万马避白袍。

不自量力

【释义】不衡量自己的力量，过高地估计自己。

【出处】春秋·左丘明《左传·隐公十一年》。

春秋时，息国攻打郑国。郑国被迫应战，终于将入侵者打得大败。当时人们评论这件事情，说道："息国犯了五不韪，所以要失败，而且，恐怕不久就要灭亡了。"不韪，即"不对"或"不是"，也就是错误的意思。

息国所犯"五不韪"是哪五条呢？根据《左传》的记载，就是："不度德，不量力，不亲亲，不征词，不察有罪（不估计自己的威德是否比对方高，不衡量自己的力量是否比对方强，两国国君出于同姓、本是亲属而不亲爱，对双方争执的言辞不分析是非曲直，不认识自己的错误）。"又说："犯五不韪，而以伐人，是以知息之将亡也（犯了这样五条不是，而还要去攻打别国，由此可以判定息国快要亡了）。"果然，不过几年，息国就被楚国所灭。

这个故事，说息国所犯"五不韪"之一的"不量力"，即成语"不自量力"的出处。

不翼而飞

【释义】不张翅膀而能飞动。比喻事物突然失踪或事物传播迅速。

【出处】汉·刘向《战国策·秦策三》。

战国时期，秦国大将王稽受命攻打赵国的都城邯郸，一连打了十七个月，也攻不下城池。一天，军士中有个姓庄的人，进帐向王稽建议说:“你如果犒赏秦军的官兵，鼓舞将士的斗志，邯郸是能够攻下来的……”

王稽不耐烦地打断他的话:“算了吧，我是大将，我就知道服从秦王的命令，别的情况我管不了……”

姓庄的军士又恭敬地说:“这样讲也不对呀，就是父亲给儿子下的命令，有的可行，有的就不可行。比如说，父亲叫儿子退掉妻子、卖掉爱妾，儿子能够执行。但父亲不准儿子想念她们，这就难以做到了。秦军士卒虽然地位低贱，可是还懂得这点人情的。我看你媚上欺下已经相当严重了。你听说过吧，如果一连有三个人谎报老虎来了，人就会信以为真的；如果有十个人合力揉压一个木椎，这个木椎就会弯曲的，如果人们众口一词，要求改变你的做法，这消息不用翅膀也会飞得很远（毋翼而飞），将士们的力量是极大的呀，你还是奖赏他们为好……”

王稽还是不接受他的意见，结果几天以后秦军发生叛乱，王稽因此被秦王处死。

“毋翼而飞”后演变成“不翼而飞”这句成语。

天之骄子

【释义】汉时指匈奴民族。即匈奴是上天所娇宠的儿子，故极其强盛。后指能力非凡或地位优越的人。

【出处】汉·班固《汉书·匈奴传》。

匈奴是我国北部的游牧民族。从秦朝末年到汉朝初年，征服了中国北部、西部和东北部许多少数民族，并屡次侵犯汉族地区。汉武帝在位的几十年间，先后派韩安国、卫青、霍去病等大将征伐匈奴，屡次取得胜利。公元前90年，匈奴单于狐鹿姑又入侵汉族地区。武帝派贰师将军李广利领兵七万，御史大夫商丘成领兵三万，重合侯莽通领兵四万，前去反击匈奴。

汉军三支队伍进入匈奴控制区后，商丘成的人马与匈奴兵交战九天，互有死伤；莽通的人马因匈奴兵自行退去，未曾交战；李广利的人马则大败匈奴兵，并乘胜向北追赶。狐鹿姑亲自率领五万骑兵，袭击李广利的队伍。结果，汉军大败，李广利投降，狐鹿姑把女儿嫁给他为妻。就这样，武帝派出的三支军队遭到了严重损失，并未达到反击匈奴的目的。为此，单于派出使者，致书武帝说："南方有大汉，北方有强胡，你们知道我们胡是什么吗？胡，是上天的宠儿啊（天之骄子）！"

单于要求武帝开放关口，让匈奴人方便出入；允许他们娶汉女为妻，并每年给匈奴若干美酒、粟米、绸缎布帛。这样，他们就不再在边境骚扰。武帝经过这次较量，知道这"上天的宠儿"一时难以攻灭，于是有了和谈的意思。

无人之境

【**释义**】形容没有人居住的旷野之地。

【**出处**】晋·陈寿《三国志·魏书·邓艾传》。

三国时期，魏国的尚书郎邓艾筹划有方，英勇善战，数度击败蜀国名将姜维，升任征西将军。

魏元帝时，朝廷下诏命令诸军征讨蜀国。姜维败退，回守剑阁。钟会率军进攻姜维，没有攻克。邓艾上奏建议道："如今贼兵遭受重创，应当乘势进取。如果从阴平小路进兵，经过蜀汉德阳亭，直取剑阁以西百里的涪县，离成都仅有三百余里。发奇兵突入蜀国的腹地，那么剑阁的守军必然回师解救涪城。这样，钟会就可以加速进军；如果剑阁的守军不回师救援，那么涪城的守军就寡不敌众。兵法上说'攻其不备，出其不意'。如今乘其腹地空虚没有防备，我军挥师进兵，必然会大获全胜。"元帝很赞成他的建议。

于是，邓艾率军从阴平小路进兵，沿途山路七百余里，是一片无人之境。一路山高谷深，极为艰险。又因粮草将尽，全军将士濒临绝境。邓艾身先士卒，用毛毡裹住身体，翻滚而下，将士们则依次攀树缘崖，鱼贯前进。邓艾的队伍突然兵临江由，蜀军守兵毫无防备，守将马邈投降。接着，邓艾攻占绵竹，杀死了守将诸葛瞻。魏军乘胜推进，到达雒城。蜀后主刘禅派使者拿着皇帝的印玺和自己的亲笔信向邓艾投降。

止如斩足，行如流水

【释义】形容军队纪律严明，停止时，就像脚都被砍去一样，一动也不动；行走时，就像流水一样冲向前方。

【出处】战国·商鞅《商君书·赏刑》。

春秋时，晋文公当上国君后，许多人不服他。晋文公想，只有实行严厉的刑法，否则，就不可能在晋国建立威信。一天，晋文公下令所有的大臣到宫中集合待命。到了规定的时间，老臣颠颉姗姗来迟，并对晋文公说："据我所知，大王此次召集大臣来，并没有什么事。无事召集，所以我迟到了！"

晋文公说："只要是君王相召，就是有事。如果君王每次召集臣子，臣子都打听清楚才来，一旦有紧急情况，岂不误了大事！"晋文公问执法官道："根据法律，迟到者应如何处置？"

执法官回答说："应该腰斩。"晋文公于是当场把颠颉腰斩示众。各位大臣都吓得胆战心惊。

从此，晋文公只要下达命令，晋国的人没有不服从的。他率领晋国的军队攻打曹国和五鹿等地；又拆毁了郑国城上的墙垛；命令将卫国的田垄一律改成东西向，以便晋国的军队随时进攻；还在城濮击败了楚国的大军。这一系列的胜利，使晋文公在国内建立了威信，只要他下达停止的命令，三军将士就像砍去双脚那样，一动也不敢动；下达前进的命令，将士就像流水那样一直向前（止如斩足，行如流水）。

长驱直入

【释义】军队以不可阻挡之势，深入敌人阵地。

【出处】三国·魏·曹操《劳徐晃令》。

三国时，刘备取得西蜀后，曹操和孙权联合，妄图夺取由关羽驻守的荆州之地。诸葛亮为了解荆州之危，指示关羽率先向驻守襄阳的曹仁发起攻击。

关羽很快攻占襄阳。曹仁被迫退守樊城。关羽设计水淹七军，活捉了曹军主将于禁，并将樊城围困起来。

曹操得知樊城危在旦夕，又派大将徐晃率兵救援，徐晃考虑到自己兵力不足，设计轻取偃城，和樊城成犄角之势。

不久，曹操派出的其他几路援军赶到，统归徐晃指挥。徐晃见兵力大增，便开始部署战斗。徐晃知道关羽的主力在围头和四冢两个地方，便故布疑兵，做出要向围头进攻的样子，而实际上却亲率大军去进攻四冢。等关羽发现中计，徐晃已率军长驱直入，击败了四冢的守军，直达樊城，樊城之围遂解。

曹操接到徐晃的捷报，立即发了一份慰劳令即《劳徐晃令》送到军中。劳令说："我用兵三十多年，所知古代善于用兵的将领中，没有一个人能像你这样长驱直入，冲入包围的！"

从天而降

【释义】比喻出人意外地突然来临或出现。

【出处】汉·班固《汉书·周勃传》。

汉文帝时，有一年匈奴侵犯边境。汉文帝命周亚夫为将军，陈兵细柳。

汉文帝带领大臣们去慰劳军队。到了细柳周亚夫的驻军营地，见军士全部铠甲在身，手执兵刃，严阵以待敌军。皇帝的侍骑先驰到军营，守卫营门的士兵说："将军有令，不能随便进入军营！"侍骑重新拿着皇帝的令牌来到营门，守门兵士才放他们进营 。但军吏又拦挡车骑，说："军内有规定，营内骑马不得奔驰！"汉文帝只好按辔缓行。皇帝一行人来到中营，周亚夫将军才出来，他向皇帝作了一个揖说："铠甲在身，不能叩拜，请允许我以军礼拜见！"皇帝离营后，大臣们就议论纷纷说："周亚夫太傲慢了，对陛下也不恭敬……"汉文帝却赞扬周亚夫说："他是真正的将军。"不久汉文帝便提升周亚夫为中尉。

汉文帝生了重病，临终前告诫太子说："记住，国家有了危险要任用周亚夫，这个人可以安定朝廷的。"

汉景帝即位后，任命周亚夫为车骑将军。汉景帝执政才三年，吴王和楚王就开始谋反。周亚夫受命带兵去平叛。

周亚夫领兵出征，走到霸上，赵涉拦住他诚恳地说："你这次去平叛吴王和楚王，事关重大呀！吴王刘濞很强，他养了许多勇士，组成了敢死队。他知道你率兵去打他。他预先必有伏兵，你最好走右边的路线，过蓝田，出武关，到雒阳，迟不过一二日，可以直入武库，击鼓鸣金，诸侯听见了会以为将军从天而下，必然惊慌失措……"

周亚夫接受了赵涉的意见，派精兵去断绝了吴王、楚王军队的粮道。吴、楚军内缺乏粮食，将士恐慌。周亚夫趁机击败吴军。吴王刘濞逃跑到江南，一月后被越人斩首了。

此成语出自《汉书·周勃传》，原文是："涉曰：'……将军何不从此右去，走蓝田，出武关，抵雒阳，间不过差一二日，直入武库，击鸣鼓。诸侯闻之，以为将军从天而下也。'""从天而下"后演变为成语"从天而降"。

计日可待

【释义】形容等待的日子可以扳着手指数了，比喻为时不远。

【出处】晋·陈寿《三国志·魏书·明帝纪》。

魏明帝曹叡当政时，公孙渊占据着辽东，不听中央号令，曹叡命令太尉司马懿率领军队讨伐辽东。

出发前，明帝问司马懿："这次出征，估计来回要多长时间？"

司马懿回答："来去各一百天，攻打一百天，中间休息六十天左右，算起来，一年足够了。"

明帝便决定发兵四万，不少大臣认为四万兵太多，战事所需的物资难以供应。魏明帝果断地说："迢迢四千里路程，虽然耗费很大，也应当供给，不可过分计较时间和费用。"

司马懿率四万大兵到达辽东后，正遇上大雨连绵，不能及时攻打。朝中大臣议论纷纷，认为公孙渊不可能马上击垮，应该及早召回司马懿。长此以往，军队不仅难以供应，而且也会被拖垮。明帝不听，说："司马懿足智多谋，一定可以随机应变，克服危难，抓住公孙渊计日可待。"

不久，天气转好，司马懿果然打败了公孙渊，并把公孙渊的首级派人送到了京都，辽东终于平定了。

以逸待劳

【释义】采取守势，养精蓄锐，当敌人疲劳之后，乘机出击，以取得胜利。

【出处】唐·姚思廉《梁书·陈庆之传》。

南北朝时期，有一年梁军准备攻打北魏境内的涡阳，魏国征南将军元昭率领十五万兵马援救涡阳。梁朝的将领陈庆之准备迎战，可是大将韦放却提出反对的意见，他说："敌人的前锋必是精锐部队，我们与他交战即使胜了，也不算什么大功劳，一旦失败就会挫伤我军士气。兵法上说'以逸待劳'，我看先不要与敌人交锋……"

陈庆之却坚持自己的意见："魏军远来，必然疲倦，离我军那么远，就不会警惕我们，我军趁他们的大军还没有聚集的时候，出其不意地打他一下，一定会得胜的。我已探听明白，魏军扎营的地方树木稠密，料他夜里肯定不会出来。这些都是我军袭击他的有利条件，千万不可错过战机呀，你们假若再犹豫，我就一个人干了。"

韦放和其他几位将领担心失败，不愿意同陈庆之一道出战。陈庆之独自率领自己的部队二百骑兵，当夜奔袭魏军前锋，获得胜利。接着梁军连营而进，占据了涡阳城。

出奇制胜

【释义】奇：奇兵、奇计。制：制伏。用奇兵、奇计制伏敌人，取得胜利。比喻用出人意料的办法取胜。

【出处】汉·司马迁《史记·田单列传》。

春秋时期，燕昭王派大将乐毅攻齐。五年之间，燕军接连攻下齐国七十余城，最后只剩下即墨还在齐人手中。

齐国人田单精通兵法，足智多谋。开始的时候他在齐国的临淄当一名小吏，没有引起人们的注意。当乐毅率燕军攻入齐国时，他逃往安平（山东临淄东），让家人把车轴两端突出部分锯掉，在轴头包上铁皮。不久，安平又被燕军攻破。齐人争先恐后出城逃亡，路上拥挤不堪，许多车子的轴头都被撞断，于是当了燕军俘虏。唯有田单家的车子，因为经过改装加固，安全地逃到了即墨城。这时，乐毅又将即墨团团围住，即墨大夫战死，守军就推举田单为将军，领导即墨的抗燕斗争。

公元前279年，燕昭王去世，燕惠王即位。惠王当太子的时候，与乐毅曾有过隔阂，彼此成见很深，又受到田单所放的流言影响，便立即派大将骑劫接替乐毅的职务，调乐毅回国。

乐毅被无故撤职后，燕军士气低落。田单又派人混进燕军内部，散布流言说："齐军最怕的是被燕军割下鼻子，如果燕军进攻时，把割去鼻子的齐兵俘虏摆在队前，即墨城一定不攻自破。"

骑劫听了，不知是计，就照着做了。守城的齐兵看见自己的同胞被割去鼻子，非常气愤，他们生怕被燕军俘虏，守城的意志更加坚决。接着，田单又派人散布流言说："我们最怕燕国人掘我城外的祖坟，糟蹋我们的祖先，我们时刻提心吊胆。"燕国人信以为真，把城外所有的坟墓都挖开，把尸骨堆在一起焚烧。即墨军民目睹燕军的暴行，无不咬牙切齿，一致要求与燕军决一死战。

田单看到齐兵的士气高昂，又使用骄兵之计，使燕军战斗意志更加松懈。

这天夜里，齐军向燕军发动进攻。田单把城里的一千多条老牛集中起来，给它们穿上大红色的衣裳，上面画着五颜六色的蛟龙图案，又在牛角上捆绑锋利的尖刀，尾巴绑上浇满了油的芦苇，然后点着火，将牛从暗中凿穿的几十个城墙洞口赶出去，并派五千精兵跟在牛群后面，很快牛的尾巴烧着了，发起牛脾气，吼叫着直往前面燕营冲去。朦胧中，燕军被这突如其来的怪物吓得手足无措。跟随牛群的五千名齐兵，一声不响地冲入燕营，大刀阔斧地勇猛冲杀。齐军又在城上擂起战鼓，喊杀声惊天动地。燕军毫无思想准备，突然遭到这么猛烈的袭击，一下子溃不成军。齐兵趁乱杀死燕将骑劫，燕军没有了主帅，成了惊弓之鸟，四处奔逃。田单率兵奋力追击，一路收复失地，被燕军占领的七十多座城池全部收回。接着，田单又拥立襄王为齐君，恢复了齐国的政权。田单被襄王封为安平君。

司马迁在记述了田单火牛破燕军的事迹后，高度评价了他的“出奇制胜”战术。

号令如山

【释义】发出的号令像山一样威严，不可更改。

【出处】元·脱脱等《宋史·岳飞传》。

岳飞曾跟随周侗学习射箭，由于他刻苦练习，能左右开弓，百发百中；向宗泽学习作战阵图，勤学好问，终于青出于蓝。岳飞作战有勇有谋，敌军听到“岳家军”吓得闻风而逃。

但是，令敌人丧胆的更重要的原因，是岳飞带兵号令严明。宗泽死后，接任他职务的南宋将领杜充投降了，部将们竟纵容部下大肆抢掠。岳飞那时也在杜充部下，只有他的军队对百姓秋毫无犯。

他的将士们宁可忍饥挨饿也不敢扰民。因此百姓称赞岳家军“冻死不拆屋，饿死不掳掠”。

岳飞是个对皇帝十分忠心的人。绍兴（宋高宗赵构年号）五年，他奉旨征剿杨么农民起义。杨么的部下黄佐说：“岳节度（当时岳飞任荆湖南北襄阳路节度使）号令如山，如果和他对敌，万无生理，不如投降。”就率领下属投降了。

四面楚歌

【释义】四面都是楚国的歌声。后用来形容到处受敌、孤立无援的困境。

【出处】汉·司马迁《史记·项羽本纪》。

项羽在垓下被汉军打得大败。这天，项羽躺在床上，辗转反侧，思绪万千。突然，远处飘来了一阵凄楚的歌声，那么深沉，那么悦耳，那么动人心弦，那么熟悉，这不是楚地的歌曲吗？项羽听得心魄摇动，眼前浮现出家乡山山水水那明媚的风光，父老乡亲那熟悉的面孔，又想到自己正被刘邦和诸侯的军队包围，兵少粮尽，正陷入困境，不禁叹了口气。

外面的歌声越变越近，东面唱过西面唱，南面唱过北面唱，此起彼伏，哀怨的音调充满耳朵。项王大吃一惊，说：“莫非刘邦已经把楚国全部占领了吗？为什么他军队里楚人这么多呢？”他从床上爬起来，默默地到案边喝酒解闷。

这时，绝色佳人虞姬走到项王身边，一杯又一杯地为他倒酒，骓马的嘶鸣声断断续续地传进来。项王心有所动，拿起筷子敲碗打拍，慷慨悲愤地唱道：

力拔山兮气盖世，
时不利兮骓不逝。
骓不逝兮可奈何，
虞兮虞兮奈若何。

唱了几遍，虞姬也忧伤悲切地唱歌应和：

汉兵已略地，
四面楚歌声。
大王意气尽，
贱妾何聊生。

歌未尽，而项王的泪水已一行行落了下来，左右的人放声痛哭……

生灵涂炭

【释义】生灵：指百姓。涂：泥沼。炭：炭火。比喻生活困苦不堪。

【出处】唐·房玄龄等《晋书·苻丕载记》。

前秦苻坚，经过淝水之战后，一蹶不振。公元385年，后燕、后秦攻打前秦，国都长安被困，苻坚退到五将山。后来苻坚被后秦活捉处死。

前秦的幽州刺史王永听说苻坚已死，便拥立他的儿子苻丕到晋阳，当了皇帝。苻丕当上皇帝后，封王永为左丞相。王永写了一篇通告，号召前秦各地军队联合起来，共同讨伐后秦和后燕。通告中说："苻坚被害，长安沦陷，国家凋败，生灵涂炭，各地官员接到通告以后，要派出兵马到临晋会师，准备作战。"

因为后秦军队强大，王永无法取胜。394年，前秦终于被后秦所灭。

用兵如神

【释义】用兵作战，料事如神。形容善用谋略，常能打胜仗。

【出处】明·罗贯中《三国演义》。

东汉建安十八年（公元213年），刘备留诸葛亮等镇守荆州，自己领兵进攻益州。第二年，诸葛亮也出兵进攻雒城支援刘备。诸葛亮得知张任是益州名将，极有胆略，不可轻敌，于是定下计策：先捉张任，然后取雒城。叫黄忠、魏延埋伏在雒城东面的金雁桥附近，以便诱敌来此，活捉张任。

调遣已定，诸葛亮亲自去引诱张任。他带着一队不整不齐的士兵跑过金雁桥来，与张任对阵，诸葛亮指着张任说："曹操虽有百万大军，听到我的名字也望风而走。你还不快投降？"

张任看见诸葛亮的队伍不齐，在马上冷笑说："人们都说诸葛亮用兵如神，原来有名无实！"说着把枪一抬，军卒齐杀过来。这时，诸葛亮退过桥去。张任不知是计，从背后追赶而来。过了金雁桥，张任中了埋伏，急回军时，桥已拆断了，最终被张飞活捉。

外强中干

【释义】干：枯竭、空虚。形容表面强大而实质虚弱。

【出处】春秋·左丘明《左传·僖公十五年》。

春秋时期，晋惠公亲自率兵和秦军交战。他命令手下人把他战车上的本国战马卸下，套上郑国进贡来的高头大马。大臣庆郑对晋惠公说："自古以来，各国打仗都是使用本国出产的马匹来驾战车。晋国的马看起来似乎瘦弱一些，可是它适应本国的水土，熟悉道路，又经过训练，驾驭起来得心应手，靠得住。郑国的马虽然外貌很中看，可实际上外强中干，打起仗来万一受了惊，它就会不听指挥，乱踢乱跳，僵立原地，不知所措。如今您要驾驭这样的战马去和秦国打仗，非吃亏不可。一旦在战场上陷入进不能进、退又不能退，根本无法与敌军周旋的境地，您后悔可就来不及啦！"

晋惠公不听庆郑的忠告，仍然使用郑国的马驾车作战。结果，战斗一打响，战鼓齐擂，战场上惊天动地的喊杀声吓坏了郑国的战马。晋惠公的战车陷入了泥坑，无计可施，只能束手就擒，当了秦军的俘虏。

机不可失

【释义】指时机难得，不可错过。

【出处】后晋·刘昫等《旧唐书·李靖传》。

唐高祖李渊当皇帝后不久，大将李靖上书建议攻打在长江中游地区称帝的萧铣。唐军开抵夔州（治所在今四川省奉节）。萧铣以为正值秋汛期间，江水上涨，唐军不敢贸然进犯，因此不作任何防备。

唐军中许多将领认为，在水涨时渡江太危险，但是李靖认为，兵贵神速，机不可失。经过几个回合的战斗，最后，李靖率军把萧铣包围在江陵城里，萧铣只好投降。

唐太宗李世民接位后，又派李靖率领十多万大军，分六路讨伐背叛唐朝的东突厥首领颉利可汗。颉利可汗被唐军打败，派使者向唐太宗求和。唐太宗看出他不是真心想投降，而只是企图取得喘息的机会，因此假意应允讲和，并派人到东突厥的军营中去抚慰。

李靖对唐太宗的想法心领神会，请副将张公谨来商量，准备采取突然袭击的方法，一举消灭颉利可汗的军队。张公谨表示，皇上已经应允讲和，并派人到他们军营中去抚慰，怎能再去袭击。李靖回答说："用兵在于变幻莫测，行动迅速，机不可失，当年韩信抄项羽的后路破齐，就是最好的例子。"

于是李靖亲率一万骑兵，远道奔袭，大破东突厥兵，歼敌一万多，俘敌十余万，其余的四散逃窜，颉利可汗也被生擒。

尔虞我诈

【释义】尔：你。诈：诈骗。形容互相猜疑和欺骗。

【出处】春秋·左丘明《左传·宣公十五年》。

春秋时期，强大的楚国有一次去攻打弱小的宋国，楚庄王亲自率兵，把宋国的都城包围起来。宋国的将士在华元率领下，同仇敌忾，坚守不懈。

几个月以后，被围的宋军士兵，粮食吃光了，人们不得不把死人骨头当柴烧，甚至交换死掉的孩子当饭吃！但是，他们守城的决心却没有动摇。

楚军情况也不妙，由于长期围城，士兵疲劳，粮食紧张，楚庄王准备退兵。他的一个部下建议，叫士兵们盖房子、种地，装作长期住在这里，这样，宋国就会害怕而投降。楚庄王采纳了他的意见。

一天夜里，宋将华元单身出城，摸进楚营，潜入楚军统帅子反的营帐中，把子反从床上拉起来，喝道："我们的粮草已经用光了，现在老百姓交换着孩子杀死充饥，把尸骨劈开当柴烧。可是我们宁愿死去，也决不屈膝投降。你赶快下令退兵三十里，同我们订立和约。"

子反在华元的威逼下，只好答应退兵。子反将此事报告楚庄王，庄王也同意了。

第二天，楚庄王下令退兵三十里，宋国就同楚国讲和了。华元又到楚国兵营同楚国订了盟约。盟约上写着这样的话："我无尔诈，尔无我虞。"

"尔"就是"你"，"虞"是欺骗，"诈"是欺诈。它的原意是，互相守信，不欺骗对方，我不欺骗你，你也不欺骗我。后来人们把"我无尔诈，尔无我虞"这句话，演化成"尔虞我诈"或"尔诈我虞"一句成语。

师直为壮

【释义】师：军队。直：理由正当。壮：壮盛，有力量。出兵有正当理由，士气就旺盛，战斗力就强。

【出处】春秋·左丘明《左传·僖公二十八年》。

春秋时期，有一年，楚国起兵围攻宋国。当时，宋国是晋国的附属国，因而宋王就派使臣去向晋文公求援。

晋文公派大军开赴宋国的边境，但晋军始终避免与楚军交战，因为不出兵就保不住宋国，而正面与楚国交战，又可能引起齐、秦等大国反对。楚王见晋军赶到，忙命令楚军火速从宋国撤回。楚军将领子玉好大喜功，拒不服从楚王的命令，率领军队对晋军穷追猛打。晋军的统帅按晋文公的吩咐，领军后撤。晋军将士对此很不满意，抱怨道："楚军的统帅是臣，晋军的统帅是君，国君躲避臣下是奇耻大辱啊！况且楚军已经疲惫困顿，我军应乘机一举歼灭它们，为何退而不战呢？"

晋军的统帅说："两军交战，出兵有正当理由，士气就旺盛，战斗力就强（师直为壮），我军先退却一段，是对楚军表示恩惠。如果楚军不知好歹，继续追杀我军，那么它就理屈了，士气必然低落，而我军则有足够的理由去击杀他们，到了那时，我军再反击也不迟！"

果然，楚军将领子玉仍一意孤行，率军追击晋军，结果在城濮遭到晋军的伏击，大败而逃。城濮之战，晋军取得全胜。此后，晋文公取得了诸侯霸主的地位。

师出无名

【释义】原指出兵没有理由。现泛指办事没有正当理由。

【出处】汉·班固《汉书·高帝纪上》。

楚怀王曾经跟起义军的将领们约定：谁先打败秦军、攻入咸阳，谁就当秦王。项羽虽然是后进咸阳的，但他倚仗自己兵马强大，所以自封为西楚霸王，而将先入咸阳的刘邦封为汉王，让他到人烟稀少的巴蜀之地去。同时，给了楚怀王一个徒有虚名的尊号——义帝。但不久，又暗中指使人把义帝杀死。

项羽的这些举动，引起了诸侯们的强烈不满。汉王刘邦领兵到了洛阳，董公对刘邦说："我听说顺德的昌盛，逆德的灭亡。没有正当理由，做大事就不能成功。项羽杀了君王，为天下人所怨。您乘此率军征战，四海之内都会仰慕你的德行。这样，您就同从前的周武王讨伐纣王一样，兴的是仁义之师。"

刘邦马上为义帝发丧，命令三军全都穿上白衣，自己则袒露左臂，放声大哭，接连公祭了三天。接着，刘邦又派使者给其他诸侯送信说：“天下共立义帝，我们作为臣子尊他为君。现在项羽杀害了义帝，实在是大逆不道。现在我要兴仁义之师，和你们一起去讨伐杀害义帝的人。”从此，刘邦与项羽开展了战争。

本成语出于《汉书·高帝纪上》：“至洛阳，新城三老董公遮说汉王曰：‘臣闻顺德者昌，逆德者亡。兵出无名，事故不成。’”“兵出无名”后演化为“师出无名”。

先声夺人

【释义】以自己强大的声势借以吓倒对方，威慑敌人，挫伤敌人的士气。

【出处】春秋·左丘明《左传·昭公二十一年》。

春秋时，宋国的司马华费遂，生下三个儿子，叫华貙、华多僚、华登。华多僚在宋国国君的面前，经常说两个兄弟的坏话，华登被逼逃亡到国外。华貙却杀死了华多僚，并召集逃亡的人一起反叛宋国。宋公请来齐国的乌枝鸣，帮助防守城池。

这年冬，逃亡在外的华登，率领吴国军队支援华貙。眼看华登的队伍朝宋国奔来，大夫濮对乌枝鸣说：“先前的兵书上有这样的话：先张扬自己的声威，可摧毁敌人的士气（先声夺人），后向敌人进攻，要等待他们的士气衰竭。现在华登的军队很疲劳，正是我们发动攻势的好时机。如果敌人稳住了，势头也足了，我们就难以打败他们，到那时后悔也来不及了。”

乌枝鸣于是派兵迎击华登，把他率领的吴军打得大败。华登领着残兵败将，拼命向宋公杀去，宋公招架不住想逃跑。濮拦住他说：“我是下臣，我可以为君王战死，但不能护送你逃跑，你应该坚持住！”说完，濮朝军士们喊：“是国君的战士都把旗帜挥舞起来！”军士们狠劲地舞动旗帜，士气顿时旺盛起来。这时宋公也壮起胆子，对军士说："国家若是败亡了，国君死去，也是大家的耻辱，而不仅仅是我个人的罪过，你们拼死战斗吧！"齐军和宋军一块攻击华登，华登最后被濮杀死。

各自为政

【释义】政：政务事情。各人都自己做主，不相互配合。

【出处】春秋·左丘明《左传·宣公二年》。

春秋时期，一次郑、宋两国交战。两军刚一对阵，宋军主帅华元的战车忽然离开了自己的阵地和队伍，单车匹马直向敌人密集的地方驶去。郑兵见了便一拥而上，活活地把华元从车上抓了下来。

原来在开战前，宋军主帅华元杀羊设酒，犒劳将士，却忘了留一块羊肉分给车夫羊斟。羊斟以为这是华元轻视他，心中十分怀恨，就打算在战场上给华元一个报复。

第二天，两军刚刚摆好了阵势，羊斟就对华元说："昨天分羊肉，是你华元做主；今天赶车，却要由我来做主了！"于是，就造成了前面所说华元被俘、宋军大败的后果。

此事载于《左传·宣公二年》。原文记载羊斟的话是："畴昔之事，子为政；今日之事，我为政。"后据此言演化为"各自为政"的成语。

如临大敌

【释义】把情况看得特别严重，好像碰到大批敌人一样。

【出处】后晋·刘昫等《旧唐书·郑畋传》。

唐朝末年，黄巢率众举行起义，南下攻占了广州以后，又北上攻占了唐朝的首都长安，唐僖宗仓皇出逃。

唐僖宗为了阻止起义军继续进军，任命进士出身的郑畋做凤翔节度使，他流着眼泪对郑畋说："凤翔地处要冲，你一定要给我坚守住！"

郑畋对僖宗说:“凤翔远离皇上，战事又千变万化，能不能给我见机行事的权力?”

僖宗说:“只要对朝廷有利，这仗就随便你怎么打吧。”

郑畋到了凤翔以后，修造战车，扩充军队，加固城墙，并把自己的家产分发给士兵，军队日日夜夜都如临大敌，常备不懈。

不久，黄巢手下的将军尚让率领五万大军进攻凤翔，尚让自以为势大，又以为郑畋是个读书人，不会用兵打仗，因而他行军不列行伍，轻敌冒进，结果中了郑畋的埋伏，大败逃回，损失了兵士二万多人。

如鸟兽散

【释义】好像受惊的飞鸟走兽四处逃散。形容军队打了败仗溃败逃散。

【出处】《汉书·李广苏建传》。

有一年，汉武帝派大将李陵去讨伐匈奴。李陵的部队到达浚稽山，与匈奴单于的部队相遇。单于用三万骑兵围住李陵，李陵命汉军在营外列阵。单于看汉军兵少，命令部将率八万骑兵一齐向汉军攻击。李陵寡不敌众，且战且退，退到一个峡谷里。汉军受伤的人很多，受轻伤的士兵仍然坚持作战。

单于将李陵堵在山谷中，用石头、木棒袭击汉军，汉军死伤惨重，已经无法前进。李陵下令放倒军旗，把珍宝埋入地下，然后对将士们说:“现在还剩下几十支箭，完全可以逃脱的，不要等待天亮以后被他们俘虏去。你们各如鸟兽般逃命去吧，能有几人回去报告皇帝也是好的。”

李陵给每个军士带上两升粮食、一块冰，冰是当水喝的。半夜之后，他让兵士们各自走开，他自己上马驰出山谷，单于用几千名骑兵追赶他，李陵一人被俘。

此成语出自《汉书·李广苏建传》，原文是:“陵叹曰:‘……今无兵复战，天明坐受缚矣！各鸟兽散，犹有得归投天子者。'”成语“如鸟兽散”就是从“各鸟兽散”演变而来。

迅雷不及掩耳

【释义】响雷声传得太快，来不及捂耳朵。比喻事情、事故突然发生，来势迅猛，使人不及防备。

【出处】战国·佚名《六韬·龙韬·军势》。

公元 211 年，曹操在潼关附近同韩遂、马超作战。

韩、马率兵七万占据了潼关，曹操感到威胁，就亲率大军西征。他一面将大队人马开往潼关附近，驱使马超主力军聚集潼关，一面又派大将徐晃偷渡黄河，筑起营寨夹击马超。当马超退据渭南以后，曹操为使他放松警惕，对马超一次又一次的挑战性的进击不但不还击，还假装着答应韩遂、马超割地议和的要求，使之毫不防备。然后千方百计离间马超与韩遂的关系，以削弱敌人力量，同时暗中积蓄自己的军力，等到一定时机集中力量突然向马超军发起猛攻。

战斗胜利以后，将士都称赞曹操的智谋，曹操说这就是《六韬》中所说的“疾雷不及掩耳”的战法。

后来，“疾雷不及掩耳”变为“迅雷不及掩耳”这一成语。

决一雌雄

【释义】雌雄原为动物的属性，这里引申为高低、胜负。指比试高低，决定胜负。

【出处】汉·司马迁《史记·项羽本纪》。

秦朝灭亡后，汉王刘邦与西楚霸王项羽进行了长达五年的楚汉战争。

有一年，楚汉两军在广武（今河南荥阳东北）对峙。刘邦和项羽分别驻守在广武的东、西两城。两城只相距二百步，中间只隔着一条广武涧。

一天，项羽亲自来到阵前，向刘邦喊话说："天下动乱不定已有多年，至今还不能平静，都是因为你我两人的缘故，今天咱们拼力决一雌雄，从此再不要让百姓们跟我们受苦了！"

刘邦笑着回答："我宁可跟你斗智，不愿跟你斗力。"

项羽下令让勇士们出阵挑战，一连去了三批人，都被汉军的一个神射手楼烦用箭射死。项羽大怒，亲自披挂上阵挑战。楼烦正待射箭，项羽瞪起双眼向他大喝一声，真个是声震大地，吓得楼烦不敢正眼看他，转身逃到汉军营垒里去了。

可刘邦还是坚持"斗智"，只管滔滔不绝地数起项羽的"十大罪状"来，就是不出阵应战。直到项羽的弓箭手从暗处向他射一箭，刘邦这才负伤退却。

劳师袭远

【释义】发动军队远征袭敌，多指冒险的军事活动。

【出处】春秋·左丘明《左传·僖公三十二年》。

春秋时，秦国在郑国的留守官员杞子派人告诉秦穆公："我现在负责郑国京城北门的防务，你要是派兵来偷袭，郑国就是秦国的了。"

秦穆公征求老臣蹇叔的意见，蹇叔说："让军队赶那么多路，疲劳地去袭击远方的国家（劳师袭远），犯了兵家大忌，我看是不会成功的。"

秦穆公不听劝告，派大将孟明视、西乞术、白乙丙领兵出发。蹇叔拦在路上哭着对孟明视说："你们再也回不来了！"

穆公听说蹇叔拦路，十分恼火，坚持要出兵。

蹇叔对随军出征的儿子说："秦军偷袭郑国要经过晋国的边界崤山，那里地势非常险恶，你们偷袭郑国不成，回来时一定会在那里遭到晋军埋伏的，我只好到那里去给你收尸了。"

果然不出蹇叔所料，秦军这次偷袭没有成功，回师途中在崤山遭到了晋军的伏击，秦军大败，孟明视等三员大将被活捉。

声东击西

【释义】在东边造成声势，却在西边行动。本是一种战术用语，现可以广泛使用。如比喻一个人当面一套，背后一套等等。

【出处】汉·司马迁《史记·淮阴侯列传》。

有一年夏天，刘邦在彭城被项羽的楚军杀得大败。本来已经归顺刘邦的魏王豹，这时看到楚军的势力强大，便借口回去看望生病的亲人，离开汉军，到达河关后，就与项羽和好，宣布反汉。刘邦便派韩信领兵去攻打魏王豹。

魏王豹得知汉军进攻的消息，就任命柏直为大将，率军扼守在黄河东岸的蒲坂，封锁黄河渡口临晋津，阻止汉军渡河。

韩信带领汉军来到前线，看到蒲坂地势险要，又有重兵坚守，经过反复考虑，想出一个“声东击西”的战术，他将军营扎在蒲坂对岸，军营四周插上旗帜，白天让士兵操练、呐喊，夜里掌灯举火，作出要从这里强渡黄河的架势。背地里却率汉军主力偷偷向北移动，选择了夏阳作为偷渡黄河的据点。

汉军开到夏阳以后，没有渡船，韩信便命令士兵赶紧做木桶，把几个木桶连在一起，上面拴着木排，倒扣在水面上，就成了渡筏。汉军乘着这些渡筏，偷偷渡到对岸。因为魏军在那里没有派兵防守，所以汉军顺利地渡过黄河，攻陷了魏军后方要地安邑。魏王豹毫无准备，慌忙领兵迎战，结果让汉军打得惨败，自己也被韩信活捉了。

兵贵神速

【释义】神速：极其快速之意。形容打仗要神奇快速，使敌人难以预料。

【出处】晋·陈寿《三国志·魏书·郭嘉传》。

东汉末年，天下大乱，群雄四起。出身名门的袁绍成为北方势力最强的军阀。200 年，袁绍和曹操在官渡（今河南中牟东北）大战。袁绍战败，不久病死，他的儿子袁熙、袁尚投奔北方的蹋顿单于。蹋顿支持袁氏兄弟。他经常派兵入侵，曹操深感忧虑。

207 年，曹操决定亲自领兵征讨北方三郡，消除北方边患。曹军人马、辎重太多，走了一个多月才到达河间的易城（今河北雄县西北），谋士郭嘉对曹操说："用兵贵在神速，使敌人难以预料。我们应当把大量辎重留下，派出轻兵昼夜兼程，深入敌境，出其不意发动进攻，这样才能取得胜利。"

曹操采纳了郭嘉的建议，亲率数千精兵轻装北进。他们翻山越岭，直奔蹋顿所在地柳城（今辽宁朝阳西南）。在距离柳城还有一百多里的白狼山，曹军与蹋顿的几万名骑兵相遇了。双方兵力相差悬殊，但曹操并不慌乱。他登上高处，见敌军队形不整，就立即下令先锋张辽率领部队猛冲过去。曹军将士以一当十，奋勇杀敌，勇往直前。蹋顿军队大败，蹋顿和许多将领死于乱军之中。

兵不血刃

【释义】兵：兵器。刃：刀锋。兵器上没占血迹。形容军事进展顺利，不战而胜。

【出处】战国·荀况《荀子·议兵》、三国·蜀汉·诸葛亮《诸葛亮集·为后帝伐魏诏》。

《荀子·议兵》篇中称颂上古时代的几次正义战争：尧伐驩兜，舜伐有苗，禹伐共工，汤伐夏，文王伐崇，武王伐纣。荀子说："他们皆仁义之兵行于天下也，故近者亲其善，远方慕其德，兵不血刃，远迩来服（远近都来归顺）。"

三国时，蜀国丞相诸葛亮为后主刘禅起草的关于讨伐魏国的一篇诏书中，也说到这句话，并且也以汤伐夏、武王伐纣为例，说："王者之兵，有征无战，尊而且义，莫敢抗也。故鸣条之役，军不血刃（商汤在鸣条最后战胜夏桀），牧野之师，商人倒戈（周武王在牧野一战取得了彻底打败商纣的决定性胜利）。”文中所谓“军不血刃”，跟“兵不血刃”的意思完全相同。

初生之犊不畏虎

【释义】犊：小牛。刚生下的小牛不害怕老虎。原比喻年轻人大胆勇敢，缺少经验。现比喻青年大胆勇敢，敢于创新。

【出处】明·罗贯中《三国演义》。

东汉末年，刘备占领汉中，自称汉中王，准备进攻中原。这时，曹操与孙权之间发生了冲突，于是刘备命令镇守荆州的关羽率兵北上，进攻襄阳与樊城。曹操部将曹仁领兵抵抗，被关羽部将廖化、关平打败。曹操接到战报，立即派大将于禁和先锋庞德统领七支人马，前去增援。

庞德率领先锋部队来到樊城，为了表示与关羽决一死战的决心，他让士兵抬着一口棺材，走在队伍前面。两军对阵，庞德耀武扬威，指名道姓要关羽出战。关羽欣然出阵，与庞德大战百余回合，不分胜负。

关羽回到营寨，对众将说：“初生之犊不畏虎，我看庞德年轻气盛，只可以用计赚他，不可凭恃武力取胜啊！”

这时正是秋季，樊城地区秋雨连绵，汉水漫上堤岸，樊城被围于大水中。关羽派人堵在水口，等到江水暴涨，扒开水口，洪水漫天遍地，汹涌而下，淹没了于禁率领的七支人马。关羽命令将士登上预先造好的船筏，向敌军发起猛攻。庞德率领部下奋勇抵抗，从早晨一直战斗到中午，最后落水被俘，因不肯投降被关羽所杀。

势如破竹

【释义】破竹：劈竹子时，开头的一节劈开后，下面几节，顺着刀势分开。形容兵力强大，像刀劈竹子一样无法抗拒。

【出处】唐·房玄龄等《晋书·杜预传》。

杜预是西晋的著名将领、学者。三国末期，蜀国被魏国吞灭，魏国被司马炎夺去帝位，改称晋朝，自立为晋武帝，准备出兵灭吴。公元280年，杜预奉命率领几路大军进攻吴国。杜预只用十来天的时间，就攻占了长江上游许多城镇，沅、湘两江以南一带的州郡，也都纷纷投降。

杜预想趁此有利时机，一举灭掉吴国。可是有人却认为，吴国是个历史很久实力雄厚的大国，很难把它一下子灭掉，况且时值夏季，雨水很多，河流泛滥，交通不便，气候炎热，疫病容易流行，不如暂时停止进兵，待到冬季进攻也不算晚。杜预不同意这种意见，他坚定地说："从前，燕国的乐毅凭借济西一战，就攻占了强大的齐国。现在我方士气旺盛，趁此大好时机攻打吴国，势如破竹。"

杜预坚定地按照自己的正确意见挥军作战。不久，晋军就攻占了建业，吴主孙皓投降。西晋终于统一了全国。

罗雀掘鼠

【释义】用网捉雀，挖掘老鼠。比喻想尽办法搜罗物资。

【出处】宋·欧阳修、宋祁等《新唐书·张巡传》。

公元755年，平卢、范阳、河东三镇节度使安禄山以讨伐奸臣杨国忠为名，发动"安史之乱"。他攻破洛阳，第二年称帝，进入长安。安禄山的部将史思明占有河北十三郡地。唐玄宗逃往四川。肃宗在灵武（今属宁夏）即位。叛军烧杀掳掠，非常残暴，人民纷纷起来反抗斗争。公元763年，叛乱被平定。

在"安史之乱"的过程中，唐将张巡与太守许远共同作战，防守睢阳（今河南商丘）。当时，睢阳守兵只有三千人，而叛军却有十几万人。叛军一方面猛烈攻城，一方面劝张巡投降，但张巡毫不屈服。睢阳被叛军一连围困了几个月，内无粮草，外无救兵。在极端困难的情况下，张巡令将士们网罗捕捉空中飞行的鸟雀，挖掘鼠洞寻找食物，把兵器上皮革解下煮吃（至罗雀掘鼠，煮铠弩以食），坚守几个月之后，终因弹尽粮绝，寡不敌众，睢阳被叛军攻破。张巡拒绝投降，惨遭叛军杀害。

所向风靡

【释义】风靡：草木随风倒下。比喻惧怕强敌，闻风溃败。

【出处】唐·房玄龄等《晋书·王濬传》。

晋武帝司马炎即位后，企图吞并吴国。命令王濬负责制造船只，做好进攻吴国的准备工作。

王濬受命后，在蜀郡益州制造战船。王濬在长江上游造船，木屑顺流而下，吴国太守吴彦捡到后，向吴主孙皓报告："晋国看来准备攻打吴国了，必须增加建平的兵马。晋国拿不下建平，就不敢渡过长江。"孙皓没有引起重视，只图自己享乐，不顾国家安危。

七年后，王濬已做好伐吴准备，他上书请求出战："吴主孙皓荒淫凶残，国内怨言四起，现在是伐吴的大好时机。我负责修造的那些船只，因为时间长了，有的已逐渐损坏，再说我年已七十，说不定哪天就死了，希望陛下不要错失良机。"

晋武帝终于下定了决心，公元 279 年，令水陆六路大军二十余万人同时出动，进攻吴国。

王濬率领一路大军从成都出发，顺江而下，吴国为了对付晋国，在长江险要地带用铁索拦住江面，又将一丈多长的大铁锥暗置江中，用来破坏晋国的战船。晋国早有防备，做数十个大竹筏，攻破了吴军的防线。王濬率军顺江直下，先后攻取吴国多座重镇，直抵建业三山。

公元 280 年，王濬率八万大军离船登陆，直入石头城，吴主孙皓投降，至此，魏、蜀、吴三国分裂的局面结束了。

起初，晋武帝下令灭吴，曾通知王濬说："进攻建业时，受安东大将军王浑指挥。"王濬攻下建平后，王浑却要他去江北讨论军事，王濬考虑到庞大的船队正顺风顺流而下，不宜停泊，就没有去见王浑，而是率军直捣建业，立下战功。这样一来，引起王浑的不满和妒忌，上书晋武帝说："王濬违反皇帝诏令，不接受我的指挥。"晋武帝不知道事情真相，责备王濬，王濬很委屈，上书辩解说："臣自率军进攻吴国以来，所向风靡，势不可挡。到达三山时，王浑在长江北岸，我军因顺风直指建业，没有机会去见王浑。我以为，事君之道，应当尽节尽忠，奋不顾身，随机应变，如果对国家有利，那么个人的生死可以置之度外。如果顾全自己，逃避责任，那么虽然对个人有利，但对国家不利。我为国家尽股肱之力，哪怕肝脑涂地，也在所不惜。"

晋武帝认为王濬说得有理，尽管王浑等人一再要求对他治罪，武帝始终没有答应，反而把王濬召进洛阳，封为辅国大将军。

知难而退

【释义】见到困难而退却。也指做不到的事，不去做，不打无准备之仗。

【出处】春秋·左丘明《左传·宣公十二年》。

春秋时期，晋国和楚国为了争夺霸权，相互之间不断进行战争。郑国是个比较弱小的国家，它有时依附晋国，有时依附楚国。

公元前 597 年初，郑国依附于晋国。不久，楚王领兵攻打郑国，将郑国都城围困了 17 天，郑国只得降顺了楚国。

晋国听说楚国攻打郑国，于是，派荀林父、士会、郤克、先縠、赵朔、栾书等领兵援救郑国。军队到了黄河边，听说楚国已经与郑国讲和，订立了盟约，荀林父就想撤兵返回。士会同意这个意见，他说："我听说，指挥军队作战，看到有机会取得胜利时，就要坚决进攻。如果没有胜利的把握，取得胜利有困难，那么就应当撤退回去（知难而退），这是善于治军的做法。现在楚国很强盛，我们还是退兵为好。"

先縠不同意荀林父和士会的意见，他单独率领自己的部队渡过黄河，准备和楚军决战。荀林父没有办法，也只好指挥军队跟进。交战结果晋军损兵折将，被楚军打败。

变化无方

【释义】善于变化而没有固定的方向和程式。形容行动不因循守旧，变化多端。有时也用于贬义。

【出处】晋·陈寿《三国志·魏书·袁绍传》。

袁绍和曹操从小就是好朋友，后来为了争夺天下，两人变成了不共戴天的仇人。起先，袁、曹的共同敌人是董卓，董卓要废汉自立，袁绍逃离长安，在渤海郡起兵，自号车骑将军，任义军盟主。曹操带领几千人马，成为袁绍辖下的奋武将军。

董卓出关向义军进逼，袁绍手下有十多万人，却不敢接战。曹操说："举义兵是为了诛暴乱，联军已经组成，董卓弃关中之险来攻，我们可以一战而平定天下，机不可失！"结果只有曹操带着几千兵在荥阳跟卓将徐荣交战，因众寡悬殊，打了个大败仗。

董卓死后，曹操力量日渐强大，中原出现袁、曹争霸的局面。曹操大本营在许昌，袁绍精兵十万，战马万匹，准备攻打许昌。

刘备占领徐州，响应袁绍，曹操东向攻打刘备，许昌空虚。谋士田丰劝袁绍急促进军。

袁绍说："我儿子正在害病，等他病好了再发军不迟。"

田丰说："处在战乱的年代，因婴儿生病丢失良机，可惜啊！"

等到曹操击败刘备，袁绍才率军从冀州出发，到达黄河边上的黎阳，派颜良为先锋渡河作战。沮授说："颜良虽勇，但遇事不会变通，不宜让他独当一面。"袁绍没有采纳他的意见，颜良遇上曹操主力，被斩于阵。

袁绍另一大将文丑沿河追击主动撤军的曹操，在延津被曹军杀个回马枪，文丑阵亡。

曹操军队继续撤退到官渡。两军在官渡初遇，袁军打了几次小胜仗，袁绍便骄傲地对沮授说："你们谋士就是怕冲锋陷阵，渡江之前，田丰也劝过我，说是曹操善于用兵，变化无方，人众虽少，不可轻视。曹操是善于用兵，但我也久经行阵，加上人多势众，压也压垮他。现在不是打了胜仗了吗？"

但是后来，由于袁绍屡次不听谋士的苦谏，再加上曹操确实善于用兵，变化无方，官渡之战，最后以袁军彻底失败告终。

艰难险阻

【释义】比喻前进的道路上有许多危险和障碍。

【出处】春秋·左丘明《左传·僖公二十八年》。

春秋时，晋文公执政后，励精图治，奋发图强，晋国便很快强大起来。当时的诸侯国中，楚国十分强大，控制着附近的几个小国，俨然是中原的霸主。

晋文公决定向楚国的霸权挑战。公元前632年，晋文公亲自率领大军，去攻打依附楚国的曹、卫两个小国。

楚成王派大将子玉率军去救援。子玉率军出发后不久，楚成王放心不下，便写信给子玉，告诫他说："晋文公在外流亡了十九年，才回国做了国君。他什么艰难险阻都经历过，人民的爱憎好恶也都很清楚，对于怎样治理国家，怎样领导人民，怎样打仗都很有经验，因此，你面临的是一个强大的敌人，千万不可掉以轻心。不然，便会吃大亏。"

子玉接到楚成王的信，并不以为然。结果，两军对阵，由于子玉轻敌骄傲，被晋军打得大败。

孤注一掷

【释义】孤注：把所有的钱并作一注。掷：赌钱时掷骰子。赌钱人输急了，把全部赌本都押上去，以决最后输赢。比喻在危急时用尽所有力量作最后一次冒险。

【出处】明·宋濂等《元史·伯颜传》。

宋末元初之际，元军中有一员大将名叫伯颜。他决策果断，善于用兵，率领元朝的大军攻克了宋朝许多城池，一直打到汉口附近。

当时，宋将夏贵率万余艘战舰据守在长江南岸的各个要隘处，又拥有长江天堑之利，元军无法渡江。伯颜先派部队围住驻守在汉阳的宋军，声称要攻下汉阳，由汉口渡江。夏贵果然中计，派兵增援汉阳。见宋军上当，伯颜立刻派兵占领沙芜口，同时派人挖开汉口大坝，元军的船队浩浩荡荡从沦河经沙芜口进入长江，直逼军事要塞阳罗堡。伯颜派人到阳罗堡去招降宋军，宋军将士们说："我们受大宋厚恩，应当拼死保卫大宋江山，怎么能当叛徒投降呢？我们已准备好了，要和你们决一死战。大宋的天下，究竟属谁，就看今日了。就像赌博把全部赌注都押上，输赢就看这最后一回了。"（孤注一掷）

伯颜见宋军守将坚决不肯投降，就下令向阳罗堡进攻。连攻三日，一点进展也没有。伯颜就与部下密谋说："宋人以为我们一定要攻克阳罗堡才能渡江，可此堡很坚固，强攻是徒劳的，你带三千名铁骑乘船往上游渡江，从南岸抄宋军的后路。"

第二天，伯颜领兵继续进攻阳罗堡，而部将阿术则趁机率军溯流而上四十里，乘着夜色登上了南岸。宋军没料到元军会突然从背后冒出来，虽然将士们英勇战斗，顽强抵抗，但终于经不住元军大兵前后夹击，猛烈进攻，被打得大败，将士们死伤无数。元军终于越过了长江天堑，为横扫江南扫清了道路。

按兵不动

【释义】本意为暂不行动，也指不按照指示行动。

【出处】战国·吕不韦《吕氏春秋·恃君览第八·召类》。

春秋末期，晋国东南的卫国是个弱小的诸侯国，名义上是晋国的盟国，实际上完全听命于晋国，后来任国君的卫灵公不愿长久处于屈辱的地位，便与齐景公缔结盟约，从而与晋国断绝了关系。

晋国执政的赵鞅（又称赵简子）立即调集军队，打算袭击卫国。在出发前，他先派大夫史默到卫国去暗中了解情况。过了半年，史默回来了。赵鞅问他为什么在卫国待了这么长时间，史默回答说是为了详细了解情况。他说："现在，卫国已任命受到过陷害的贤臣蘧伯为相国，这就使他在国内赢得了民心。"接着，史默又讲述了卫灵公为了激励国人反抗晋国的情绪而采用的方法：

卫灵公派大夫王孙贾向国人宣告说，晋国已命令卫国，凡是有姐妹、女儿的人家，都要抽出一人送到晋国去当人质。消息传开后，卫国到处是一片痛哭声和一片愤恨声。

为了使国人相信这是事实，卫灵公又让王孙贾抽选出一批宗室大夫的女儿，准备送往晋国。结果，出发那天，成千上万的百姓不让她们去晋国当人质，并愤慨地表示要和来犯的晋军打到底，宁死不屈。

史默还提供了一个动向：孔子已去卫国，他的弟子子贡给灵公出谋划策。最后史默说："卫国现在的贤臣很多，民气旺盛。国君非常重视贤臣的意见，并采纳他们的计谋。想用武力使卫国屈服，恐怕要付出很大的代价！"

赵鞅听了史默介绍的情况，认为进攻卫国的时机不成熟，于是下令按兵不动，等待时机再说。

草木皆兵

【释义】精神恐慌，疑神疑鬼，把风吹草动当作敌兵杀来。

【出处】唐·房玄龄等《晋书·苻坚载记》。

东晋时代，前秦皇帝苻坚发动了八十万大军迫临淝水，准备侵略东晋。

晋朝的大将谢石、谢玄等领兵八万前去抵抗。苻坚听说晋朝的军队很少，就采取了猛烈的攻势，想一下子把晋军歼灭。但却被谢玄的部下刘牢之独出奇兵，杀死了他的大将梁成和一万多名士兵。

这时，苻坚站在寿阴（今安徽省寿县）城上，见晋军的队伍十分严整，将士非常精锐，忽然变得胆怯起来。再远远看见八公山上长着的许多草和树木，以为都是晋兵（草木皆兵），竟用手指着那些树木对站在他身后的弟弟苻融说："这是强有力的敌人啊！怎能说晋兵少呢？"后来谢玄又在淝水（今安徽省寿县境内）把苻坚打得大败。淹死在淝水里的前秦军，简直把淝水阻塞了。苻融阵亡，苻坚也中箭受伤，带了残部仓皇往淮北逃跑。一路上听见风声鹤鸣，都以为是晋兵追来了。

这个成语也可作"风声鹤唳，草木皆兵"。

甚嚣尘上

【释义】甚：很。嚣：喧闹。尘上：尘土飞扬。原指人声喧闹，尘土飞扬，形容军队紧张地备战。现多形容某种言论十分嚣张（含贬义）。

【出处】春秋·左丘明《左传·成公十六年》。

春秋时期，楚晋两国争霸，经常爆发战争，但两国势均力敌，长期分不出胜负。

有一年，晋国又与楚郑联军交战，楚郑联军与晋军在郑国的鄢陵相遇了。楚共王求胜心切，乘晋军不备，利用夜色，抢占了有利地势，在逼近晋营的地方排兵列阵，气势咄咄逼人。

第二天清晨，晋厉王发觉晋军处于不利位置，立即召集各路将领商议对策，诸将议论纷纷，莫衷一是。这时，大将范文子年幼的儿子范匄力排众议，提出个高明的主张：先备足食物和水，然后填平炉灶，掩埋水井，腾出足够的地方列兵布阵，再与楚郑联军决一死战。晋厉王采纳了范匄的建议，立即命将士按此方案行动。

楚共王登上高高的侦察车，向晋营了望，眼前的情景让他大吃一惊，只见晋营内战车左右驰骋，人马纷纷往中央聚集，一派杀气腾腾的景象。正看着，晋军又开始在阵地上搭起帐篷来，可不一会儿，又撤掉了帐篷。楚共王心里十分疑惑，忙问这是怎么一回事。

伯州犁回复他：“晋军正在祭祀祖先，祈祷胜利！”

楚共王心里很不安。突然，晋军阵地上尘烟四起，人声喧闹。楚共王手指晋营，高声发问：“看，晋军阵地甚嚣尘上，他们在干什么呀？”

伯州犁解释道：“晋人在填灶掩井，腾出地方列兵布阵呢！”

两军交手了，晋军指挥得当，布阵有方，士气高昂。相反，楚郑联军配合失调，阵容不整，在晋军凌厉攻势下显得非常慌乱，楚共王眼看大势已去，只得率领残兵败将仓皇逃走了。

背水一战

【释义】背向河流，表示已绝退路，比喻做事有进无退，成败在此一举。

【出处】汉·司马迁《史记·淮阴侯列传》。

楚汉相争时，韩信率军数万攻打赵国。他探得对方在井陉布置了二十万重兵，便连夜精选两千名轻骑，每人持一面小红旗，火速赶到赵军营地。

次日天明，韩信亲率一万人背对大河列阵。赵军见此大笑不止，认为背水列阵是犯了兵家之大忌，不啻是自断退路，一旦败退就无处可走。于是，人人摩拳擦掌，想讨个便宜仗打。谁知韩信用的是诱兵之计，且战且退，一直退到大河边上。先前派去的两千名轻骑，则趁赵兵出营追赶之机依计占领了赵营，竖起了汉军小红旗。赵兵还在追击。汉军因退到河边，无路可走，便奋勇反击。赵军抵挡不住，准备掉头逃跑时，才发觉自己的营地早已落入汉军之手。

原来，韩信早想好了背水布阵使士兵置于死地而后生的战略方案，派两千名轻骑偷袭敌军，只是为了使这一方案实施得更完满而已。赵兵不知有时犯兵家之忌反而可以险中求胜的道理，产生轻敌思想，终于一败涂地。

星驰电发

【释义】形容速度极快。

【出处】唐·令狐德棻等《周书·段永传》。

南北朝北周时期，有一个官员名叫段永。有一年，有一个叛乱首领叫元伯生，带着几百名骑兵，在边关一带作乱。消息频频传到朝廷，魏孝武帝决定派遣京畿大都督匹娄昭去讨伐、平乱。匹娄昭感到这个任务很棘手，上朝时向皇上要求给他五千名精兵出征。

段永听了，感到不妥当，便向皇上上奏说："这伙匪徒以掠夺为本，没有事的时候，这帮人像一群蚂蚁聚在一起，如有风吹草动，就像鸟一样各自散开。因此，攻取这帮人的关键在于速度，而不在于人多势众。如果行动能像星驰电发般迅速、突然，完全做到出其不意的话，配备精良的骑兵五百名就足以平定且剿灭这批匪徒了。"

皇上听了觉得十分在理，便命令段永代替匹娄昭，拨给他五百名骑兵去完成这项任务。

段永领命后，先派人秘密地跟踪这帮匪徒，摸清了他们经常出没的地点，然后率领五百名骑兵日夜兼程，在对方未及预料、更谈不上设防的情况下，以迅雷不及掩耳之势，一举全歼了敌人，出色地完成了任务。

首尾相救

【释义】互相救援。

【出处】汉·刘向《战国策·魏策四》。

公元前 278 年，秦昭王准备出兵魏国，有人向秦王建议秦王重新考虑。因为，燕、赵、韩、魏、齐、楚六国都在华山以东，魏国处于六国的中间，就好像六国的腰部，"这如一条蛇一样，如果你打它的尾巴，它的头就要来救护；如果打它的头部，它的尾巴就来救护（首尾相救）。”如果秦国要攻打魏国，就等于秦国要腰斩山东六国的脊梁了，六国势必像蛇一样首尾都去救中身了。六国联合起来的力量是非常强大的，到时谁胜谁负，很难料定。

他认为出兵魏国不妥，不如向南方出兵，矛头对准楚国，楚国在六国中，兵力较弱，进攻楚国，其他诸侯国必定不能相救。

他还举出例证：“商汤伐桀以前，先出兵弱小的密须国，借以训练和整饬自己的武装力量，夺取了密须国，商汤就知道自己可以战胜夏桀了。秦国选择先进攻楚国是与汤伐桀的道理一样的。秦国若想征服诸侯各国，如果不先以弱小国家作为战斗训练的对象，而贸然进攻强大的，处于中间地位的魏国，必将损害自己的兵力。如果先对付楚国，其他国家不能相救，秦国就能取胜，土地扩大，国家富庶，兵力加强，国君也将受到天下人的尊崇。”

秦昭王听从谋士的建议，南出蓝田攻打楚国都城郢。

前徒倒戈

【释义】前徒：前面的士卒。倒戈：倒转矛头。比喻军队背叛，调转矛头攻击自己人。

【出处】春秋·孔丘《尚书·武成》。

商朝最后一位帝王叫纣，他是个十恶不赦的暴君。商的百姓生活困苦不堪，便纷纷起来反抗。商纣王为此制定了许多严刑酷法，以镇压人民的反抗。他还发明一种“炮烙”之刑，行刑时，在一个空心铜柱里烧上火，一直烧得通红，然后把犯人的身体缚在上面，直到烙焦为止。

商纣王的倒行逆施引起了诸侯王们的强烈反抗。公元前1046年，周武王率领数万名士卒，向东挺进，讨伐商纣王。列国诸侯纷纷起兵响应。

于是，周武王会合诸侯各国的兵马，指挥大军浩浩荡荡杀奔商朝京都朝歌。大军长驱直入，攻至牧野，距朝歌仅有七十里路。周武王在牧野召开了誓师大会，列举商纣王的种种罪行，鼓励将士们同心协力，奋勇杀敌，一举攻克朝歌。

两军交战后，商纣王的先锋部队纷纷倒转矛头，引导周武王的军队，向城内杀去（前徒倒戈）。结果，商军一败涂地。商纣王走投无路，逃到鹿台上，把他所有的珠玉宝器披戴在身上，然后自焚而死。

周武王攻占了朝歌，建立了西周王朝。

骄兵必败

【释义】骄兵：恃强轻敌的军队。骄傲的军队必定失败。

【出处】汉·班固《汉书·魏相传》。

西汉时期，汉宣帝为了平定边境，派侍郎郑吉带领军队去攻打车师国。车师国只好归顺汉朝。郑吉占领车师后，留下三百名士兵驻守下来，命令他们一边防守，一边种地。然后，他带领其余的部队回到北面的渠犁城，安营扎寨，长期驻防。

不久，匈奴派出大批的骑兵，浩浩荡荡袭击车师，汉军三百名士兵奋勇抗击。郑吉得到报告，急忙率领七千多名将士，马不停蹄赶往车师救援。可是敌我双方力量悬殊，郑吉终因寡不敌众，被匈奴大军围困在车师。郑吉派人冒死突围，给汉宣帝送去奏章，请求朝廷火速派兵支援。

汉宣帝见事情紧急，立即召集朝中大臣商议。将军赵充国认为，只要去攻打匈奴的右翼部队，匈奴就会从车师撤兵。这时，丞相魏相向汉宣帝劝谏说："匈奴近几年来没有侵犯我们的边境，而我们为了车师去攻打匈奴，毫无道理可言。边境的百姓生活困苦，无衣可穿，无粮可吃，怎能打仗？国内许多郡县连年遭灾，收成不好，一些官吏贪赃枉法，儿杀父、妻杀夫的现象时有发生。我认为首先应整顿朝政，任用贤人，处理好国内的事情。仗着国大人众对外炫耀武力，这队伍就是骄横的军队，骄兵必败啊！”汉宣帝采纳了魏相的意见，决定不出兵攻打匈奴，只派部队把郑吉的兵马救回渠犁。

破釜沉舟

【释义】釜：煮饭用的锅。表示下定决心，准备牺牲一切，去取得胜利。

【出处】汉·司马迁《史记·项羽本纪》。

秦二世时，大将章邯有一次在定陶（今山东省定陶县）把项梁打得大败，项梁战死。章邯乘胜派王离和涉闲去打赵王，一下子又把巨鹿（即今河北省平乡县）城团团围住了。项梁的侄子项羽派英布领二万兵去援救，一时没有获得胜利。

项羽就亲自率领部队去救钜鹿。当部队渡过漳河以后，项羽命令把所有的船只都凿破，沉到河底下去，再把饭锅完全打碎（破釜沉舟），把岸上的房屋全部烧光，每人只发三天的干粮，奔上战场。这无非是向大家表示：宁愿战死也不回来。战士们在这种有进无退的情况下，个个奋勇作战。经过九次的激烈战斗，终于歼灭了秦国军队，并且俘虏了王离，杀死了苏角，逼死了涉闲。项羽也就此成了各处诸侯的领袖。

此成语出自《史记·项羽本纪》中，原文为：“项羽乃悉引兵渡河，皆沉船，破釜甑，烧庐舍，持三日粮，以示士卒必死，无一还心。”

乘胜逐北

【释义】北：败。乘胜追击败兵。

【出处】汉·刘向《战国策·中山策》。

秦昭襄王十四年，韩国和魏国相继出兵攻秦，形势很危急，秦昭王就命打了许多胜仗的白起领兵，和韩魏两国的军队在一个叫伊阙的地方展开决战。

其实，韩魏两国并不齐心。韩国国君继位刚三年，国力还不够强，希望魏军先和秦国打，以便保存自己的实力；魏国呢，因为这次攻秦是韩国的主意，所以只想坐收渔翁之利而不愿冲锋陷阵。这样，韩魏两国为了各自的利益，坐失了良机。

白起就设法布下一支疑兵，迷惑韩军，使他们不敢出战，暗暗集中大股军队，出其不意打败了魏军。这时秦军士气很盛，只见旌旗猎猎，战鼓阵阵，呐喊声震动田野，把韩军吓得心惊肉跳，刚一接战，韩军就败下阵来，丢盔弃甲，仓皇逃命。白起指挥秦军，乘胜逐北，大获全胜。

疾风扫落叶

【**释义**】比喻力量强大、行动迅速得像暴风扫落叶一样。

【**出处**】宋·司马光《资治通鉴·晋纪·孝武帝太元七年》。

晋朝十六国时期，前秦皇帝苻坚，大力整顿国内政治，发展生产，使国家很快强大起来，统一了北方大部分地区。苻坚野心勃勃，一心要攻打东晋王朝，他把大臣们召集到太极殿，商议出兵讨伐东晋。他说，目前他有九十七万大军，准备亲自率军南下，一举攻下东晋，请大家谈谈各自的看法。

大臣们议论纷纷，各自说明进行这场战争的利害，除了一位官员表示赞成外，其他人都反对出战。苻坚很不高兴，立刻宣布退朝。但他决心进攻东晋，就再和弟弟苻融商量。谁知苻融也坚决反对进攻东晋。

苻坚勃然大怒说："连你都反对，我还指望谁呢？我有百万雄兵，军备充足，后继有援，屡次打胜仗，还怕打不胜东晋这个将要灭亡的国家吗？"

苻融说："东晋还很强大，还没有到灭亡的时候。再说，京城附近布满了鲜卑、羌、羯等民族的武装势力，他们都是我们的深仇暗敌，一旦大军出征，他们在京城叛变，我们可就危险了！"

苻坚听不进苻融的劝告，固执己见，决意进攻东晋，大臣们涌进太极殿苦苦劝谏，苻坚狂妄地说："我们百万大军去攻打弱小的东晋，犹如疾风扫落叶！"苻坚不顾群臣的反对，动员全国力量，率军进攻东晋，结果淝水一战，打了个大败仗。

唯命是从

【**释义**】唯：唯独。叫做什么就做什么，完全听从命令。

【**出处**】春秋·左丘明《左传·宣公十二年》。

春秋时，晋国和楚国为了争当霸主，经常发生争斗。在晋、楚两国之间，横着一个郑国。郑国小而穷，一直是晋、楚两国争夺和控制的对象。郑国只得两头讨好，谁都不得罪。

公元前608年，晋国出兵攻打宋国，这就引起了各国的不满。郑穆公决定倒向楚国，并同楚庄王订立了盟约。

第二年，晋国出兵攻打郑国。郑国不敌，郑穆公被迫与楚国断交而倒向了晋国。楚庄王对郑穆公背信弃义非常气愤，连续几年向郑国用兵；后来，又迫使郑国的新君襄公再和楚国结盟，但是到了结盟的那天，郑襄公又偷偷地逃回郑国去。楚庄王十分恼怒。

公元前597年，楚庄王亲自率领大军讨伐郑国。楚国兵强马壮，郑国根本不是它的对手。三个月后，楚军终于攻破了郑国的都城。

郑襄公出于无奈，只好脱光了上衣，裸露上身，牵着一只羊到大路上迎接楚庄王，向他求饶说："我没有承受天命不能很好地侍奉君王，这都是我的罪过，今后，我敢不唯命是从吗？如果承蒙大王顾念从前的友好，不灭掉郑国，让郑国像您的许多属国一样服侍您，这就是您的恩惠，也是我的心愿。"

楚王看到郑襄公的可怜相，便说："一个国家的君主能够自己表示顺服，一定可以取得百姓的信任。我们还是开发自己的国家，不去占有别的国家。"

于是，楚庄王命楚军撤出郑国都城，退兵三十里，允许郑国求和，并且订立了盟约。

此成语出自《左传·宣公十三年》，原文是："孤不天，不能事君，使君怀怒，以及敝邑，孤之罪也，敢不唯命是听！"成语"唯命是听"就来源于这段历史，也称"唯命是从"。

偃旗息鼓

【释义】偃：放倒。息：停止。指正在办的事情停止进行。

【出处】晋·陈寿《三国志·蜀书·赵云传》。

三国时代，黄忠在定军山杀死曹操大将夏侯渊，曹操亲率二十万大军来替夏侯渊报仇，并派张郃搬运粮草屯在汉水北山的脚下。黄忠和赵云奉命同去烧劫粮草。后来赵云见黄忠和张著被曹兵分开围住，不能脱身，就前往解救，经过浴血奋战，终于救出了黄忠和张著。

曹操在高山上看见赵云如此英勇善战，立即亲自带领大军下山助战。赵云的部将张翼看见后面有大军追来，就请赵云下令关紧寨门。赵云坚决不肯，反叫大开寨门，放倒旗帜，停止擂鼓；并在寨外战壕里面埋伏下弓箭手。他则独自骑马提枪，站在营寨的门口。

曹操赶到，下令急攻，可是看见赵云仍然威风凛凛地站着不动，便又向后急退。赵云趁势把枪一招，战壕里发出雨点般的箭矢。这时曹操不知道赵云究竟埋伏多少部队，首先拨马逃走，其余将领也都争着逃命。赵云和黄忠随即领兵在后面追杀，终于占领了曹军营寨，夺取了曹军粮草。

智谋韬略篇

一代楷模

【释义】楷模：榜样、模范。给一代人树立了榜样。

【出处】后晋·刘昫等《旧唐书·李靖传》。

唐朝初期，将领李靖武艺高强，兵法钻研很深，所以，打了许多胜仗。

李靖跟随唐高祖李渊南北征战，建立无数功劳，多次得到奖赏。唐太宗李世民即位以后，封李靖为刑部尚书，不久，又调任兵部尚书。有一年，突厥军犯境，李靖又率领骑兵三千人，就一举将敌军击退。后来，李靖又立下不少战功，官职升至尚书右仆射。

李靖觉得自己在朝廷任官多年，功劳不小，应该早点解甲归田，免生后患。一次，趁唐太宗派他访察民俗之机，呈上一份奏书，禀报说自己的脚生了毛病，请求退休归家。唐太宗见李靖的奏书写得十分恳切，便答应了他的要求，派中书侍郎去传他的旨意。

唐太宗认为，自古以来身居富贵而能知足者甚少，像李靖这样的有功之臣，能够识大体隐退，实在是可嘉呀！唐太宗对李靖说："朕今非直成公雅志，欲以公为一代楷模。"意思是说，我现在同意你的请求，并不是单单成全你的志向，而是想把你树立为一代人的典范呀！李靖如愿以偿。

二者必居其一

【释义】说明只能在两样中选择一样。

【出处】战国·孟轲《孟子·公孙丑》。

战国时，有一次孟子去齐国，向齐王提出许多建议，但齐王都不接受。孟子离开齐国时，齐王赠送给孟子一百金，他也不接受。到了宋国，宋君赠送给孟子七十金，他却接受了。到了薛国，薛君赠送给了孟子五十金，他又接受了。

孟子的学生陈臻向孟子说："如果说您不接受齐王的赠金是对的，那么，接受宋君、薛君的赠金就不对了；如果说接受宋君、薛君的赠金是对的，那么，不接受齐王的赠金就不对了。一个人前后的行为应当一致，您只能在这二者中选择一种（'夫子必居一于此矣'），怎么前后矛盾呢？"

孟子向陈臻解释说："我这样做是有原因的，在宋国，我将去很远的地方，路上要用钱，不接受钱能行吗？到了薛国，看见我住的地方有士兵站岗。薛君给我五十金，我接受了，但不是自己要，而是把它分给了士兵。至于齐国，齐王给我的赠金，我没有用处，没有用处而又要别人的赠金，那不是向别人借钱吗？天下哪有君子向别人借钱的呢？"

陈臻听了，觉得老师说得很有道理。

卜昼卜夜

【释义】形容昼夜相继，宴乐无度。

【出处】春秋·左丘明《左传·庄公二十二年》。

春秋时候，有一年陈国的国君杀死了太子御冠，陈国的公子敬仲逃亡到齐国。齐桓公对敬仲很恭敬，想拜他为齐国的卿士。可是敬仲婉言辞谢道："我是逃奔而来的客人，如果得到您的宽恕，在您宽厚的政治庇护下，得以免除罪过，这便是君王的恩惠，我已经感到满足了，怎么还敢接受卿士这样高贵的官位呢？如果我不知满足而应允下来，很快就会招来官员们的谴责，所以请您免了吧！"

齐桓公不勉强他，让他担任工正这个职务，负责管理各种工匠。

敬仲工作很是尽责。

齐桓公与敬仲经常在一块饮酒闲聊。有一天，敬仲请齐桓公到家喝酒，两人越喝越高兴，一直喝到天黑。齐桓公觉得还没尽兴，便吩咐仆人说："把蜡烛点上，再喝几杯！"

敬仲是很懂得礼仪的，他觉得再喝下去是不合礼仪的，便委婉地说："臣卜其昼，未卜其夜，不敢。"意思是说："我只知道白天招待君王，不知道晚上陪饮呀！实在不敢再留您喝下去啦！"

齐桓公只得告辞而去。

后人把敬仲的话引申出"卜昼卜夜"这一成语。

人心如面

【**释义**】人的思想如同人的面貌，各不相同。

【**出处**】春秋·左丘明《左传·襄公三十一年》。

春秋时期，郑国的子皮当上了执政官，就想任命年轻的尹何做自己封地上的大夫。但许多人认为尹何当时还是个乳臭未干的小伙子，又从来未做过官，没有治理政务的经验，一定不能胜任。

辅助子皮执政的郑国大夫子产也极力反对这件事，于是就去劝说子皮道："你把毫无管理才能的尹何一下子提拔为大夫，希望能给他带来好处，其实是害了他呀！"

子产还诚恳地对子皮解释道："你这样做，就好比叫一个还不会拿刀的人去割肉，恐怕他割不下肉，反而会将自己的手指头割掉的。再比方说，如果你有一匹上等的锦缎，你难道会把它交给一个从未裁过衣服的人去学习裁剪吗？你的锦缎尚且舍不得送给没有手艺的人去裁剪，难道大的官职反而能交给毫无经验的人去管理吗？"

此时子皮才心服口服，向子产深深作了一揖，感叹地说："要不是你提醒我，我还不知道自己干了糊涂事呢！我曾说过，国家大事你要多管，我家中的事由我自己来管。现在看来，今后我家中的事也得听你的！”

子产推让道：“人心如面，各不相同，我怎么敢替代你管理家务呢！”

大旱云霓

【释义】云霓：下雨的征兆。大旱的时候，人们渴望下雨，形容盼望殷切。也比喻渴望解除困境。

【出处】战国·孟轲《孟子·梁惠王下》。

战国时，有一年齐国出兵讨伐燕国获得全胜。可是不久，几个诸侯国就商议联合援救燕国，反击齐国。这很使齐宣王担忧。

一天，齐宣王忧心忡忡地问孟子说：“许多国家要联合来攻打我，我可怎么应付呀？”

孟子说：“这怪你自己呀！想想商汤那时候，率军征伐东方，西方百姓不高兴；征伐南方，北方百姓不高兴。为什么不高兴呢？他们说：‘我们盼望商汤的军队就像久旱盼望乌云和虹霓一样（若大旱之望云霓也），我们等不及了，快先到我们这里来吧！’因为商汤的军队是仁义之师，像及时而降的甘霖一样，老百姓怎么能不欢欣鼓舞呢？而齐国的军队就不是这样了，是掠夺和扩张，如此暴虐无道，燕国百姓怎能忍受下去，必然要赶走你，其他国家也会帮助他们来讨伐齐国。因为各国也怕你会这样待他们呀。”

“那我该如何对待呢？”

孟子说：“办法只有一个：遣散燕国俘虏，放他们回家；送回燕国的宝器，让燕国再立一个国君；最后把齐国的军队撤回。这样一来，各国的军队便不会来讨伐你了！”

大材小用

【释义】指人才使用不当，以致造成屈才和浪费。

【出处】南朝·宋·范晔《后汉书·边让传》。

东汉末年，陈留地方有一个叫边让的文士，名声很大。当时主持国政的大将军何进听说了，很想把他请来辅佐自己，怕他不肯从命，便以征兵的名义把他强行招来，但开始时并不重用，只让他做了一个小小的令史。

何进身边还有一个文士叫蔡邕，当时官居议郎，在与边让一起工作的过程中很佩服他的才华，认为何进不应冷落这样有才学的人，于是婉转地劝说道："将军，倘用煮牛的大鼎来煮鸡，想必一定会觉得不妥吧。因为这是很不容易把鸡煮好的，汁水多了就淡而无味，汁水少了又容易煮干，还不易把鸡煮熟。大器小用，本来就不太合适啊！还望将军不要用煮牛的大鼎来煮鸡，用人也当如此。"

何进当然懂得他的意思，于是重用了边让。

万事俱备，只欠东风

【释义】比喻一切都准备好了，只差最后一个重要条件。

【出处】明·罗贯中《三国演义》。

208年，曹操率领八十万大军驻扎在长江中游赤壁的北岸，企图一举打败刘备、孙权。于是，孙刘组成联军，共拒曹军。

曹军士兵多是北方人，很多人水土不服，陆续生起病来；没有病的士兵，也由于不习惯水上的风浪颠簸，晕船呕吐，失去作战能力。此时，有人献计把战船用铁链锁在一起，铺上木板，组成"连环船"，就可同陆地一样。曹操依计而行，兵船果然平稳多了。曹操十分高兴。

周瑜和诸葛亮得知此消息后，不禁拍手叫好，诸葛亮说："连环船虽然四平八稳，但有一个致命的弱点，最怕火攻。"

周瑜说："火攻是个好主意，可怎么放火呢？得有个人去诈降，挨近曹营，趁机放火才行。可这是件很危险的事情。"

周瑜的部将黄盖说自己愿意前去。

几天以后，曹操接到黄盖求降的密信。曹操以为孙权内部出现了分化，丝毫未起疑心，还和黄盖约好了受降的日期和暗号。

黄盖准备了十条插着青龙旗的小船，船上装满了浇上油的枯柴干草，外边盖上帷布，请周瑜下作战命令。

周瑜在视察军情时突然发现火攻曹军作战方案有一处极大的疏忽。原来，曹操的船只都停在大江的西北，而孙刘联军的船只靠在南岸。这时正值冬季，天天刮西北风，如果用火攻，不但烧不着曹操，反而会烧到自己头上。只有刮东南风才能对曹军实施火攻，可是到哪儿找东南风呢？他不禁急得口吐鲜血。

诸葛亮前去探望周瑜，问起他的病因，周瑜不肯说出实情，诸葛亮在扇子上悄悄写了八个字，递给周瑜，说："我这里倒有一帖药方，或许可以治好将军的病。"

周瑜接过扇子一看，脸色大变，只见上面写着："万事俱备，只欠东风。"周瑜说："既然先生全知道了，该怎么办？请指教！"

诸葛亮学识渊博，通晓天文，近几日他发现冬日阳气勃动，估计近期内肯定要调风向，而且不偏不斜，就该是东南风。他故弄玄虚地对周瑜说："实不相瞒，我有呼风唤雨的法术，借给你三天三夜的东南风，怎么样？"周瑜大喜。

总攻前夕，诸葛亮登坛烧香，口念咒语，装作呼风唤雨的样子。到了半夜三更，忽听风响旗动，果真刮起了东南大风，周瑜一声令下，黄盖率领火船向曹营疾驶，当靠近曹军水寨时，士兵们点燃了火船上的柴草，将其掷向曹军兵船。这时东南风刮得正紧，风助火势，火借风威，把曹军的战船烧得烈焰腾空。孙刘联军乘势渡江拼杀，曹军淹死烧死不计其数。曹操带着残兵败将，取小道狼狈逃回许昌。

干戈化玉帛

【释义】干戈：古代的两种兵器，这里表示战争。玉帛：瑞玉和束帛。帛是丝织品，古代诸侯会盟时的礼物。指变战争为友好相处。

【出处】春秋·左丘明《左传·僖公十五年》。

春秋时，秦穆公娶了晋献公的女儿为妻，两国非常友好。晋献公死后晋国发生内乱，秦穆公帮助晋献公的儿子晋惠公登上了王位；晋国发生了饥荒，秦国运粮去帮助他们渡过难关。可是，晋惠公对秦国却不很友好。有一年，秦国遭了灾，去向晋国借粮，晋惠公却不给。而且，他原来答应送给秦国的城市和土地，也赖掉不给了，秦穆公很气愤，就派兵攻打晋国。

晋军一触即溃，晋惠公带兵逃到韩地。秦兵追到韩地。结果晋惠公被俘，秦穆公打算把他带到秦国去。

秦穆公的夫人穆姬听说同父异母哥哥晋惠公被俘，认为晋惠公忘恩负义，现在又成了俘虏，是她的极大耻辱。于是，她领着几个儿女登上一座高台，台下堆满柴草。然后，她命令人们穿上丧服迎接秦公，并且让他们传话说："上天降下了灾难使得秦、晋两国国君不得用玉帛相见，而是大动干戈。我坚决不见晋惠公，如果大王把他带进国都，我立刻就自焚而死。"

秦穆公只好将晋惠公暂时安置在灵台。后来，秦穆公又和晋惠公讲和，把他送回了晋国，秦、晋两国终于干戈化玉帛。

尸居余气

【释义】人的躯体虽在，只不过比尸体多一口气。

【出处】唐·房玄龄等《晋书·宣帝纪》。

曹魏嘉平年间，大将曹爽掌握了全国的军权，骄奢无度，当时很多人向他规劝，他都不听，他所惧怕的只有太傅司马懿。因为他是大功臣，而且权势也极盛，皇帝也要让他三分。

那时河南尹李胜，是曹爽的亲信僚属，他被调任荆州刺史时，知道曹爽最惧怕的人是司马懿，便借向司马懿辞行之机，侦察司马懿的行状。司马懿知道自己的存在是对曹爽的威胁，特地装出生病的样子，叫两个婢女扶持着，衣服一半落在地上，用手指指口，表示口渴，婢女给他吃粥，他装出没有气力接碗的样子，就用口在婢女手上喝，粥都流在衣服上了。

李胜说：“你的身体怎么已衰弱到这个地步呢？”

司马懿有气无力说：“我年老多病，就要死了，你现在去并州，并州地方接近胡人，你要好好地防备，我恐怕不能再和你见面了，至于我的儿子，请你好好地照顾他们。”

李胜说：“我是去荆州，不是去并州。”

司马懿又故意胡言乱语一番。李胜回去报告曹爽说：“司马懿尸居余气，形神已离，即将死了，不必忧虑他了。”

曹爽终于放松了对司马懿的戒备，终于被司马懿所杀。不久司马懿的儿子司马昭、孙子司马炎夺取了曹魏政权，建立了晋朝。

不遗余力

【释义】指毫无保留地使出全部力量。

【出处】汉·司马迁《史记·虞卿列传》。

战国时，秦国与赵国在长平交战。赵军战败，孝成王忙召见大臣楼昌和虞卿研究对策。赵王说：“我要集中兵力跟秦军死战！”楼昌主张讲和。虞卿也主张停战，但反对求和。

虞卿说：“大王，您说秦国攻伐赵国，是想打败我们吗？”

赵王说：“是啊，秦军不遗余力地作战，看来是决心要灭亡我们啦！”

“那么，大王您听我的主张，咱们用贵重的礼物去联合楚国和魏国，楚国和魏国想得到大王的礼物，必然要接见我们的使者。这样一来，秦国就会以为我们有了联盟，一定会很害怕，到那时，再跟秦国讲和才能成功。”

可是赵王没有采用虞卿的策略，而是派特使去秦国求和，结果秦军趁机猛攻，包围了赵国的都城邯郸。后来，秦国因为力量不济，暂时从邯郸撤退，但是提出要赵国割让六个城池。

虞卿反对说：“大王，秦国要六个城池，您偏不给，您可以把这六个城池赠给齐国。因为齐国与秦国有仇，齐王得到六个城池，一定会出兵攻秦。这样，我看秦王恐怕要带着重礼，主动来向我们求和了！”

赵王终于采纳了虞卿的建议，派他出使齐国。

果然，秦国听到消息，立即派使者来赵国讲和。

无可奈何

【释义】奈何：怎么办。指毫无办法，无计可施。

【出处】汉·司马迁《史记·范雎蔡泽列传》。

范雎本是魏国人，曾被魏国的大臣须贾抓起来，打得半死。他后来逃到秦国，当上秦昭王的宰相。帮助他逃跑成功的人，是秦国的王稽。王稽奉秦昭王之命到魏国寻访搜罗人才时，有人将范雎介绍给他。王稽请范雎和自己一道乘车去秦国谋生路，走到秦国湖县时，远处驰来一辆马车。王稽观察了一会，告诉范雎那是相国穰侯的车。

范雎听说过穰侯很厉害，而且一直反对秦昭王到国外搜罗人才，害怕惹麻烦，就要求王稽把他藏在车里。穰侯果然把车子停下，盘问王稽：“你这次去魏国有没有带来宾客呀？他们只会乱人耳目，对秦国可没好处！”

王稽恭敬地回答说：“您说得对，我什么人也没带。”

范雎安全地进了咸阳城，拜见了秦昭王。范雎做了宰相后，王稽告诫他，说：“人世间有三件事是无法预见的：一是皇帝不知哪天突然驾崩了；二是你自己不知啥时候一命归天了；三是我自己不知哪天抛尸山洼里。还有三件事是无可奈何的：皇帝死了，他再恨我们也无可奈何；你死了，我再恨你也无可奈何；我死了，你再恨我也无可奈何……”

范雎听到王稽这番莫名其妙的话，知道他心里不痛快。不久，请求秦昭王提升王稽为河东郡守，了却了这笔人情债。

毛皮之附

【释义】比喻互相依赖、利害相关之意。

【出处】春秋·左丘明《左传·僖公十四年》。

春秋时代，晋国公子夷吾为要取得秦国支持他回国做国君，答应事成之后，一定割让五座城镇给秦国作为酬谢。可是后来自己当上了晋国国君（晋惠公）后，却没有履行这个诺言。

不久，晋国农业歉收，晋惠公和秦国商议买粮，秦国没有计较他背约失信，还是慷慨地答应了他的要求。

第二年，秦国年景不好，向晋国商议买粮。晋惠公却不愿意帮助。大夫郑庆劝他不要这样，说做国君的若不讲信义，便一定不能保住国家。

可是另一大臣虢射认为既然违背了诺言，没有割给秦国五座城镇，秦国对晋国的怨恨已经很深，纵然这时答应秦国在晋国买粮，秦国还是不满，不如不答应。并且打了一个譬喻对晋惠公说："皮之不存，毛将焉附？"意思说晋国不履行割给秦国五座城镇的诺言，这是根本问题；这个根本问题不解决，而答应卖粮食给秦国，仿佛只有毛而没有皮。既然没有皮，毛能依附在什么地方呢？光有毛而没有皮，毛又有什么用呢？

从善如流

【释义】听从高明的正确的意见和建议就像水从高处流下来一样顺畅。

【出处】春秋·左丘明《左传·成公八年》。

春秋时，一次楚军攻打郑国，郑国抵挡不住，晋景公就派大臣栾书率领大军去救援郑国。楚军见晋军来势勇猛，就退兵回国。

栾书很恼火，便领兵攻打楚国的盟国蔡国。楚国派公子申、公子成二人，率领申县、息县军队，前往救援。

栾书准备出战，这时部下知庄子、范文子、韩献子劝栾书说：

“楚军退而复返，很难对付。如果我们打胜，只不过打败楚国两县的军队，不足为荣；如果打败，那就耻辱极了，因此不能打。”

栾书听了，准备收兵。可是有人说：“元帅卿佐共有十一人，只有三人不主张打，可见主张打的人占多数。为什么不按多数人的想法办事？”

栾书回答：“正确的意见才能代表多数，知庄他们三位是晋国的贤人，他们的建议正确，能够代表大多数人。我应当采纳他们的意见。”于是，他下令退兵。过了两年，栾书趁楚国不备，再次出兵攻打蔡国、沈国，结果很快取得了胜利。

《左传》中有一句赞扬栾书的话：“从善如流，宜哉！”成语“从善如流”即由此而来。

风马牛不相及

【**释义**】两个或几个事物之间毫无关系。

【**出处**】春秋·左丘明《左传·僖公四年》。

春秋时期，齐国一度称霸，齐桓公便成为诸侯国的首领。鲁国、宋国、卫国、陈国、曹国都依附齐国，只有楚国距离齐国太远，又自以为是一个大国，不怎么理会齐桓公。齐桓公便召集各诸侯国的国君开会，决定一起征伐楚国。楚国的国君听到齐桓公亲自率兵来讨伐的消息，十分震惊，急忙派遣使臣前来与齐桓公谈判。

使臣对齐桓公说：“您的齐国在北方，我们楚国远在南方，咱们之间的距离是那么遥远，即使是公马、母马及公牛、母牛在发情的时候互相追逐、奔跑，跑得再快，驰得再远，也不会越过边境（风牛马不相及）。可是今天齐军却跋涉到楚国的土地上，不知这是为了什么？”

相国管仲说：“我们是以周天子的名义来讨伐楚国的。从前召康公曾命令我们的先君太公说：‘为了辅佐王室，五侯九伯你都可以征伐。眼下你们楚国轻视周天子，连天子祭祀用的包茅，你们也几年不进贡了，我们因此特来兴师问罪！”

楚国使臣慌忙解释说：“贡品没有如期送去，是楚国的罪过，今后岂敢不送呢？请齐军退回去吧！”

最后，双方还是僵持不下。齐桓公见楚军威武不屈，才同意订立盟约。

多行不义必自毙

【释义】作恶多端，必将祸及自身。

【出处】春秋·左丘明《左传·隐公元年》。

春秋时期，郑国的君主郑庄公的弟弟共叔段，深得母亲姜氏的喜欢。姜氏为他向庄公讨封京地，庄公答应了，于是共叔段就在他的京地修起都城，他把城墙修得很大，超过了规定。

郑国的大夫祭仲看到这种情况，便对庄公说：“共叔段的做法分明是要与国君分庭抗礼。”

庄公很为难地说：“这是母亲姜氏要这样做，我怎能避免这种祸害呢？”

祭仲说道：“姜氏哪里会有满足的时候？不如趁早设法不要让他滋长蔓延。”

“不！”庄公说，“他多行不义必自毙，你姑且等着瞧吧！”

不久，共叔段把京地西边与北边的百姓，都召过来归他管理，接着又将那里的土地收来，归为自己所有。后来，他胆子越来越大，他修好了城墙以后，又扩大了军队，制造了兵器，准备动手进攻郑国的都城。姜氏也秘密与他策划，作为内应，企图一举获胜。

可是共叔段与姜氏的计谋，庄公都看在眼里了。他得到了共叔段发动进攻的消息以后，便下令攻打京地，他派二百乘兵车包围了京城，京城内部的士兵也反叛过来，袭击共叔段。共叔段遭到惨败。

为虺弗摧，为蛇若何

【释义】虺：小蛇。指小蛇不打死，长大后即不可制。比喻敌人弱小时不予以消灭，必有后患。

【出处】春秋·左丘明《国语·吴语》。

春秋末年处于“南蛮之地”的吴、越两国，经常发生战争。吴王夫差起兵攻打越国，来势凶猛，越王勾践知道自己的力量敌不过吴国，就向吴国求和，作为缓兵之计。

吴王夫差便告诉手下诸大夫说：“我将要对齐国采取大的行动，所以我准备答应越国讲和，以便腾出手来向中原发展。”

大臣伍子胥劝阻说：“大王，千万不能答应讲和，因为越国并不是真心同我国和好。越国知道您是恃强好胜的人，所以言语上显得特别谦逊，纵容您过分乐观地去和中原诸国争霸，从而消耗我国的国力，然后坐享其成来占领我国。那越王勾践是一个能够苦干务实又爱护人民的君主，各地人心都向着他，这几年越国年成又好，大有蒸蒸日上的气势。要抓住我们还有力量战胜他们的时机，赶紧打败他们。小蛇不除掉它，等它长成大蛇了，我们将怎么对付它呢（为虺弗摧，为蛇若何）？”

吴王却不以为然：“您为什么这样看重越国？越国竟然值得这样忧虑吗？要是没有越国，我向谁炫耀我的武力呢？”于是吴王答应了越国讲和。

以后事情果然如伍子胥所料，越国不断发展自己，利用吴国进攻齐国而削弱国力之机，打败吴国，称霸于天下。

尺寸之功

【释义】功劳很小，微不足道。

【出处】汉·刘向《战国策·燕策一》。

战国时期，有一年齐王发兵征伐宋国，还指使燕国出兵。宋国为此十分恐惧，君臣商量之后，由大臣苏代写一封信给燕昭王，让他不要和齐国联合，而是同秦国联合反过来进攻齐国。信的大意是：

燕国也算是一个万乘之国，可是却依附齐国，名卑而且权轻。现在齐国进攻宋国，一旦获得成功，则齐国会更加强大，那么燕国就更加要听命于他了。你服从齐国的指挥，百姓白白花费气力，你也不会有尺寸之功。齐国照样不信任你，因为燕国和齐国是有冤仇的。因此，宋国的失败对燕国来说也是灾祸。我劝你不如联合秦国，趁此机会攻打齐国，你可以报仇雪耻，也不会再受齐国的欺负了。

燕昭王看信后非常兴奋，把苏代请来。苏代来到燕国，燕昭王以上宾的礼节接待他，虚心听从他的计谋，不久果然联合秦国、楚国和三晋，共同出兵讨伐齐国，获得全胜。

目不见睫

【释义】眼睛看不见自己的睫毛，比喻没有自知之明。

【出处】战国·韩非《韩非子·喻老》。

春秋时期，楚庄王准备进攻越国。有一天，大臣杜子来见楚庄王，说："大王，你决定征伐越国，有什么成功的把握呢？"

"当然有啊！"楚庄王很有信心地说："现在越国国家管理得很糟糕，社会上很混乱，它的兵马也十分软弱，不堪一击，我趁机去袭击它，是有成功把握的。"

杜子摇摇头说："大王，您想错了，您听说过乌获与离娄这两个人吗？乌获是著名的大力士，他能举起千钧的重物，却不能把自己举起来；离娄是视力最好的人，他能看清百步之外的细微的东西，却看不见自己的眉睫。请您仔细想一想，楚国的兵马曾经被秦国、晋国打败，失掉了大片土地，难道这不是楚国兵马软弱的表现吗？再比如像庄跖这样的大强盗，横行国内，而您却制止不了他，这难道不正说明国家管理得不好吗？因此我看楚国的软弱并不在越国之下，可您却自以为比越国强盛，这不是像目不见睫那样缺乏自知之明吗？"

楚庄王听了杜子的一番话，如大梦初醒，连连点头称赞："你讲得对呀，你讲得对呀！"于是取消了讨伐越国的计划。

四分五裂

【释义】形容国土被分裂，政权不统一的局面，也指家庭单位，不协调，不和睦，矛盾突出，危机四伏的现象。

【出处】汉·刘向《战国策·魏策一》。

战国时候，七国争霸天下，秦国最强，它想对另外六个国家进行分化瓦解，以便各个击破，统一天下。秦王派张仪先说服魏王依附秦国。

张仪见到魏王说："你们魏国地盘长不足千里，兵卒不超过三十万，国内没有险要的山川可以阻拦敌人，离边境最近的才一二百里，敌人不费力气就能攻进来。魏国的四面都与邻国相邻，南边挨着楚国，你倾向楚国则齐国攻击你东面；你东面挨着齐，如果倾向齐国，则赵国攻击你北面；如果不联合韩国，韩国又会攻击你西面，你如果不联合楚国，楚国又要攻击你南面。这不是要把魏国四分五裂了吗？所以从魏国的安全着想，你还是依附秦国吧。那时谁也不敢动你，请你赶快拿定主意吧！"

魏王说："我是个愚人，让我想想再说吧！"

百不当一

【释义】一百个也抵不上一个。形容人或物异常出众。

【出处】汉·班固《汉书·文帝纪下》。

汉文帝时，匈奴屡次入侵，简装轻骑，来去飘忽，弄得汉军疲于奔命，劳民伤财。朝廷上下为此伤透脑筋。

大臣晁错上书汉文帝，提出制伏匈奴的见解和主张。

他说："汉兴以来，胡虏屡次入寇，小入则小利，大入则大利。……克敌制胜之道，首先在于选良将，将士要善于审度形势。兵法说，阔丈五的沟渠，漫过车辆的河水，山陡林密，积石蔓藤，是步兵用武之地，骑兵两名抵不上步兵一名；土山丘陵绵延不断，平原旷野，这是骑兵用武之地，十名步兵抵不上一名骑兵；小丘间隔的原野，隔河相望的坡岸，居高临下，这是弓弩兵用武之地，执短兵器的步兵和弩兵相较量，百不当一；两军相逼，平地短草，可前可后，这是长戟兵用武之地，执剑拥盾的步兵与之相较，三不当一。……另外，中国的马匹比不上匈奴马的健壮，中国骑兵的箭术比不上匈奴人，匈奴人更比中国士兵吃苦耐劳。但是战车、强弩、坚甲、列阵、三军聚射而万箭齐发，匈奴人比不上我们。匈奴所长者三，中国所长者五，只要将士用长避短，匈奴是可以被我们平定的。”

晁错还提出以夷制夷、徙民屯边等主张，都为皇帝所采纳，使边事紧张形势得到缓解。

有恃无恐

【释义】恃：倚仗、依靠。恐：害怕。因有倚仗而无所顾忌。

【出处】春秋·左丘明《左传·僖公二十六年》。

春秋时期，有一年，齐孝公亲自率军攻打鲁国，鲁僖公十分惊慌，就派能言善辩的大夫展喜去与齐国讲和。

展喜拜见齐孝公后，恭恭敬敬地说：“我国的国君得知大王您光临，特派下臣前来迎接，并略备薄酒，慰劳贵军将士。”

齐孝公十分傲慢地说：“你们鲁国的君臣百姓见我亲自率军出征，都害怕了吧？”

展喜不卑不亢地说：“只有小人才害怕哩，君子是不会害怕的。”

齐孝公惊讶地说：“你们鲁国如此贫困，凭什么不害怕呢？”

展喜郑重地说：“我听说周天子与诸侯有过盟约，要求大家世世代代不要互相侵犯，齐桓公是遵守这个盟约的，所以他受到天下人的称赞。您即位以后，各国诸侯都称赞您定会继承桓公的功德，坚守盟约。所以，鲁国既不筑城，又不驻兵。这次，您率兵前来，我们鲁国人都不相信您会置先王的名誉而不顾，违反盟约来攻打我们，所以我们从君到臣都有恃无恐。”

齐孝公无奈，说：“回去告诉你的大王，明天我就撤兵。”

共为唇齿

【释义】彼此互相依存，像唇与齿的关系那样。

【出处】晋·陈寿《三国志·蜀书·邓芝传》。

三国时，刘备死后，诸葛亮为了修复与东吴的关系，共同抗魏，派邓芝出使吴国。邓芝到了吴国，孙权称病不见他。邓芝料到孙权变了心，不打算与蜀国友好，可能要依附魏国，就写了一封信，送给孙权。信上说：“我这次来不单是为了蜀国，也是为了吴国。”孙权这才召见邓芝。

孙权坦率地告诉邓芝：“我是诚心诚意与蜀国和亲，担心的是刘禅幼弱，国小势微，如果魏兵攻击，你们自身难保呀，我为这事忧虑啊，所以犹豫不决……”

邓芝说：“吴、蜀两国四州之地，这是成就王业的基础。诸葛亮乃当世英杰，蜀国有险要地势，十分牢固；吴国有三江之阻，也是固若金汤。如果把我们两国的优势合为一股，共为唇齿，进攻可以兼并天下，退却可以鼎足而立。这不是摆在眼前的事实吗？假如吴国屈服于魏国，那江南之地就不再是大王的了。”

孙权沉思良久，缓缓地说：“你说得很对，还是吴蜀联合为妙！”于是吴国拒绝了魏国的和谈要求，另派使臣到蜀国去商谈和约。

曲突徙薪

【释义】突：烟囱。曲突：把烟囱修得弯曲些。徙薪：把柴火搬离火源。意谓防患于未然的意思。

【出处】汉·班固《汉书·霍光传》。

西汉时，霍光死后，他的族人要谋反，汉宣帝便将霍氏一族诛灭，并对告发的人大加赏赐，然而有位事先劝告皇帝采取措施的徐福却被忘掉了。朝廷中有人为徐福感到不平，就向宣帝上书。他先讲了一个故事：

有人盖了一座新房，有一个客人，看到烟囱笔直地竖在厨房顶上，灶门口又堆着柴禾，就劝主人把烟囱重新砌得弯曲一些，柴禾要搬得远些，以免发生火灾。可是主人认为这位客人不会说吉利话，很不高兴，便没有听他的。

过了不久，这家果然失了火。幸亏左邻右舍赶来相救，才把火扑灭。主人为了酬谢前来救火的邻居，杀牛买酒，请那些被火烧得焦头烂额的人坐在上席，其余的人坐在旁边，就是没有请那位劝他改砌烟囱、搬走柴禾的人。席间有个客人说："如果当初您听从那位朋友的意见，根本不会失火，也就用不着今天杀牛打酒请客了。现在您请被火烧得焦头烂额的人坐在上席，却把那位朋友忘了，这岂不是：曲突徙薪无恩泽，焦头烂额为上客？"

汉宣帝听了这个故事，恍然大悟，赏了徐福十匹绢，并提升了他的官职。

回天之力

【释义】比喻挽回极难挽回的形势。

【出处】宋·欧阳修、宋祁等《新唐书·张玄素传》。

唐太宗时，朝廷有一位侍御史叫张玄素。贞观四年，唐太宗下诏重修洛阳宫乾阳殿，并且亲自去洛阳督察。张玄素大胆地上书劝谏唐太宗说："陛下曾经见过洛阳的宫殿，那时你下命令拆毁它，天下百姓都夸奖你做得对。可现在你又打算重修宫殿，这不是与你先前说的话相违背吗？目前国家尚无储备，百姓经过战争离乱，十家九穷，怎么受得了再去耗费钱财？况且造殿所用木材，要花费许多民力，从伐木开始运到洛阳要用几十万工。过去秦朝修阿房宫，阿房宫还没修成，秦朝就败亡了。如果陛下决意重修宫殿，那就比隋炀帝的过错还要大！”

太宗说：“你说我还不如隋炀帝，那我比桀、纣又怎样？”

张玄素说：“假如此殿修完，天下将同归于乱。臣记得洛阳刚刚平定时候，太上皇曾经下诏说：‘宫室过分奢侈者焚之！’陛下当时却说：‘砖瓦木料可用，拿去赐给穷人！’那里百姓都异口同声颂扬你的盛德。今天陛下又要重修宫殿，这不是重走隋炀帝的老路吗？不过五六年的时间，陛下变成另一个态度，让天下的百姓如何说你！”

太宗被说得心口皆服，只得下诏停修洛阳宫乾阳殿。满朝大臣都很佩服张玄素的胆识。连大名鼎鼎的魏徵都赞叹他：“张玄素论事真是有回天之力，可以说是仁人之言呀！”

杀一儆百

【释义】惩罚少数坏人，以警戒众多的坏人。

【出处】汉·班固《汉书·尹翁归传》。

汉代尹翁归担任东海太守时，经常考察郡内官民。凡有案件，他亲自断案，做到赏罚分明。

每年秋冬时间他总是召开课吏大会，会上召集群吏，考核政绩，发现贪官污吏即刻逮捕。他还经常巡行下县，考察地方行政，了解民情，如果发现为非作歹的土豪劣绅，就马上捉拿归案。对被捉拿的这些人，他也不是主观臆断，而是通过详细周密的调查，再判定罪行。他对照朝廷颁布的律令进行处罚，最严重的判处死刑。通过这种办法，除掉恶人，警戒其他的官民，起到杀一儆百的作用，一郡上下都心服口服。

东海郡郯县有个叫许仲孙的大土豪，为人奸诈狡猾，不守法度，扰乱治安，一县百姓深受其害。几任县令都因为他生性诡诈和善于勾结豪门势力，未能惩罚制裁他。翁归下车伊始，弄清情况，就逮捕了他，判处死刑。一县的官民因此都恐惧战栗，几年后，东海郡太平无事，人人安居乐业了。

行百里者半九十

【释义】一百里路走了九十里，只能算是走完了一半路程。比喻越接近成功，越不能松懈，要坚持到底，去争取最后的胜利。

【出处】汉·刘向《战国策·秦策五》。

秦王依靠秦国强大的实力、有利的地形，成功地实行了“远交近攻”的“连横”政策。几年来，六国或被攻破，或被削弱，眼看着大局已定，为此秦王逐渐放松了努力，把政事交给相国，自己在宫中饮酒作乐，恣意享受起来。

一天，侍卫向秦王报告说，有一个年近九十岁的老人，刚从百里路外赶到京城，一定要进宫求见秦王。秦王亲自接见了他。

秦王说：“老人家，你刚从远地赶来，路上一定很辛苦吧！”

老人说：“是啊！老臣从家乡出发，赶了十天，行了九十里；又走了十天，行了十里，好不容易赶到京城。”

秦王笑道：“老人家，你算错了吧？开头十天走了九十里，后来的十天怎么只走了十里呢？”

老人回答说：“起头十天，我一心赶路，全力以赴。待走了九十里以后，实在觉得很累，那剩下的十里，似乎越走越长，每走一步都要花出许多力气，所以走了十天才到了咸阳。回头一想，前面的九十里，只能算是路程的一半。”

秦王点点头，说：“老人家赶了那么多的路来见我，可有什么话要对我说呢？”

老人回答说：“我就是要把这走路的道理禀告大王。我们秦国统一的大业眼看就要完成，就像老臣百里路已经走了九十里一样。不过我希望大王把以往的成功只看做是事业的一半，还有一半更需要去努力完成。如果现在懈怠起来，那以后的路就会特别难走，甚至会半途而废，走不到终点呢！”

秦王谢过老人的忠告，再也不敢懈怠，而是把全部精力都放到统一六国的大业上去了。

先礼后兵

【释义】先以礼相待，如不能解决问题，再用武力解决。

【出处】明·罗贯中《三国演义》。

东汉末年，曹操攻打徐州，徐州太守陶谦派人请求刘备出兵解围。刘备率领关羽、张飞和赵子龙，冲入曹军，杀出一条血路，进入徐州城内。陶谦将刘备请入府衙，取出徐州太守官印让给刘备，说："目下国事纷乱，朝纲不振，你是汉室宗亲，正该力扶社稷，我已年老昏庸，情愿将徐州相让……"

二人推来推去，没有结果。府吏们相劝说："今日兵临城下，还是先商议退兵之计为好，让位之事可容日后再议。"

刘备答应说："我先给曹操写封信，劝他退兵，如果他不答应退兵，咱们再与他交战也不算晚，这叫做先礼后兵。"

曹操看完信，骂刘备说："刘备是什么人？胆敢来教训我！将送信的人给我斩首，全军上下马上攻城。"

曹操的谋士郭嘉劝谏说："不能这样呀，刘备远来救援，先礼后兵，这是很合乎礼节的。我们应该用好话去安抚他，松懈他们的斗志，然后再攻城，徐州城就可以顺利地拿下来。"

曹操于是盛情款待信使，又写回信给刘备。这时，忽然有流星探马报告说吕布的军队已经攻破兖州，正进攻濮阳。曹操顿时大惊道："兖州有失，我们无家可归了，马上撤出徐州！"

郭嘉对曹操说："我们可以卖个人情给刘备，就说看在他的面上我们退军了！"曹操点头，重新给刘备写了一封信。

先发制人

【释义】先行下手，采取主动措施制服对方。

【出处】汉·班固《汉书·项籍传》。

秦末，陈胜率先起义。会稽郡代理郡守殷通召项梁商量说："先生的才能远近闻名。对于起兵反秦，您有什么看法？"

项梁大声地说："现在大江两岸的人都起来反对暴秦统治了，这表明秦朝气数已尽了。这时候，先动手可以控制别人（先发制人），后动手会被别人控制。"

殷通说："听说你家世世代代都是楚国的将军，看来，起事只有靠你了！"

其实项梁对郡守的话是怀疑的，所以他走出门外小声地叮嘱侄儿项羽几句，又回来对郡守说："请你召见项羽。"

殷通刚叫到项羽的名字，就见门外进来一位高大粗壮的青年，手里拿着一把寒光逼人的长剑。殷通一边打量着，一边不住地称赞："一位勇士，真是将门虎子啊！"项羽走到他身边停住了，这时项梁对他使了个眼色，项羽马上一剑杀了殷通。项梁、项羽提着殷通的头，带了官印绶带，来到郡府，又杀了百来个大小官吏，其他的人吓得趴在地上，不敢起身。

接着，项梁四处派人召集自己的旧友和相识的豪强、官员，告诉他们已杀掉了郡守，最后说："我们现在要发动吴中的军队，攻打下属各县，建立自己的武装，对各县实施有效的统治。割据吴中，争取主动。"

并日而食

【释义】并：合并。两天合并起来只吃一天的饭。

【出处】南朝·宋·范晔《后汉书·陈敬王羡传》。

东汉末年，陈王刘宠箭术出众，他的绝技是十发十中，而且十箭都齐集靶心。刘宠定出规矩，乡民中如果有人能十发九中，就免除他的田赋，并吸收他为王家弓箭手。这样，陈王八百弓弩手远近闻名。后来，黄巾军义旗高举，淮南附近的郡国官员，纷纷弃城而逃，刘宠带着那八百弓弩手，日夜巡境。起义军顾忌刘宠的神箭，也就不来袭击了。附近兵荒马乱中的百姓，都逃到淮南来避难，刘宠借机扩军，最后拥有一支十万人的军队，打起"辅国大将军"的旗号。

袁术向刘宠借粮草，被拒绝以后大怒，他派了个术士张闿阳到淮南。张闿阳自称能行阴阳大法，祈天延年祛除灾邪，取得了刘宠的信任。

密室中，香烟缭绕，烛影幢幢，刘宠俯身神坛前，身边的张闿阳披着彩袍，手执宝剑，口中喃喃有词。

张闿阳大袍一扬，烛光全灭，他手起剑落，斩死了刘宠。

刘宠死后，群龙无首，弓弩手各奔东西，淮南郡因为富庶，成为四方觊觎的肥肉，几经侵凌，屋塌田荒，连王府中人也都挨饥受冻，只能并日而食，苟且度日。

最后，乌桓部族攻陷淮南，王府的青壮妇幼全被掳走当了奴隶。

兴师动众

【释义】兴：发动之意，原指发动大批兵马，后借以形容动用很多人力来办一件事。

【出处】佚名《吴子·励士》。

吴起在魏国担任西河太守的时候，有一次魏武侯魏击向他请教说：“一个国家是否刑法严厉、赏罚分明就可以战无不胜呢？”

吴起回答说：“关于这点，我从用兵作战这方面来谈谈看法。将军在战场上发号施令，军士愿意听从；将军兴师动众采取作战行动，士卒愿意出征；到了战场上与敌人交战，士兵不怕死。这三条是君王所倚仗的，有了这三条国家就不会受人侵犯。”

魏武侯又问：“君王如何才能实现这三条呢？”

吴起说：“说起来也并不难做到，你举拔有功劳的人然后奖赏他，对于无功劳的人你设法激励他、鼓励他，他们就会争着去立功。”

《吴子·励士》书中的原文是：“夫发号布令，而人乐闻，兴师动众，而人乐战，交兵接刃，而人乐死。此三者，人主之所恃也。”

魏武侯按照吴起的意见，在朝廷上摆上三排座席，请有大功的士大夫、将领坐在前排；有中等功劳的人坐在第二排；无功的人坐在后排，菜肴也分成三等。酒宴散席以后，魏武侯又把有功劳人的父母、妻子请到太庙门外，也给予奖赏。这样一来，人们都以立功为荣耀，以无功为耻辱，纷纷寻找立功的机会。

三年以后，秦国的军队侵扰魏国，魏军军吏和士卒不等上级部署，就主动抵抗秦兵，魏武侯见到这种情景，高兴地对吴起说："所以有今天这样的好形势，全是你教导的结果呀！"

如火如荼

【释义】荼：在古代是指茅草的白花。意思是像火一样红，像茅草的白花一样白，形容军容盛大。现在多用来形容气势特别旺盛，声势特别浩大。

【出处】春秋·左丘明《国语·吴语》。

春秋末年，吴国国力渐渐强盛，先后战败了楚、越、齐三国。公元前482年，吴王夫差率大军赶到卫国黄池，与各国君主会盟。晋定公一向是诸侯的盟主，他不甘示弱，就借两国君主出场先后的问题，与吴国争执不休，双方谁都不肯让步，黄池盟会一时成了僵局。

吴国谋士王孙雒献计把吴国的军队统统集合起来，威逼晋定公让出盟主地位，由夫差当诸侯的领袖。当天深夜，夫差突然命令全体将士手执兵器，身披铠甲，出营列阵。吴军共分左、中、右三路，每路一百行，每行一百人，共一万人组成一个方阵。三路组成三个方阵，共计三万兵马，浩浩荡荡。夫差摆好阵势，亲自高举斧钺，在熊虎帅旗的引导下，中路军马率先向晋营进发。

夜幕下，只见中军将士人人穿着白色战袍、白色铠甲，手执白色旗帜，腰里佩带有白色羽毛的箭矢，远远望去，就像漫山遍野盛开的白花。再看左路军马，将士们全都身穿红色的铠甲和战袍，高举红色的旗帜，佩挂着带有红色羽毛的箭矢，在灯笼火把的照耀下，远远望去，就好像一片正在熊熊燃烧的烈火。右路军马则一律身着黑衣，犹如天边一片乌云，充满着杀气！

三路军马在晋营附近摆开了阵势。这时，吴王夫差跃身下马，亲自给三军擂鼓助威。顿时，鼓号声、呐喊声连成了一片，响彻云霄，好似天崩地裂一般。

晋定公从睡梦中惊醒，他望见吴军如火如荼的阵容，听到吴军惊天动地的叫喊，早已闻风丧胆，连忙派人去见夫差，表示退让之意。吴王夫差终于如愿以偿，当上了盟主。

好整以暇

【释义】整：有秩序。暇：空闲，从容。形容办事严整而从容不迫。

【出处】春秋·左丘明《左传·成公十六年》。

春秋时期，有一年郑国背叛了晋国，晋厉公十分生气，派栾书为中军帅，郤锜率领上军，韩厥率领下军，向郑国进发。楚共王看到依附自己的郑国有危机，马上派子反率领中军，子重率领左军，子辛率领右军迎战晋军。楚军士卒的斗志很盛。双方交战以后，楚共王的眼睛被晋军射伤。楚军神箭手养由基搭弓发箭，将晋军射手射死。双方暂时僵持不下。

晋军中军帅栾书的儿子栾鍼，看到楚军左军子重的旗帜，便同子重搭话："我过去曾去过贵国，那时你问过我晋军的勇武表现在哪里？我当时回答你说'好整以暇'（喜好整齐、按部就班，并且从容不迫）。可是现在你我之间作战不交流使者，搞得很紧张，这是不符合先前咱们所讲的规矩。我现在就请求我的君王派人去给你进酒。"

晋军的使者走到子重面前，恭敬有礼地向他报告："寡君派我来向将军献酒。"

子重接过酒一饮而尽，感慨地说："栾鍼的记性真好呀，他在楚国说过'好整以暇'的话，现在还不忘，他又来提醒我，好吧，使者回去吧，我不难为你，现在我就击鼓与晋军交战。”

楚军和晋军交战，打了一天一夜胜负未见分晓，双方都在暗中谋划。楚共王担心楚军的命运，忙找中军帅子反商量，可是子反却在军营中喝醉了酒，无法拜见楚共王。楚共王见到这情景，悲叹地说：“这是上天叫我们楚国失败呀！作为统帅怎么能醉在军营？！”说完，他便连夜逃回楚国了。后来，子反感到羞愧而自杀。

杜口裹足

【释义】杜：堵塞。裹：缠扎。意为闭口不言，裹足不前。形容因为有顾虑或反感，不愿发表意见，也不愿走到一起来。

【出处】汉·刘向《战国策》。

秦昭襄王时，起初实权派是：昭襄王母亲宣太后的兄弟穰侯、华阳君，宣太后宠爱的儿子即昭王的兄弟泾阳君和高陵君。魏国人范雎了解这一情况后，先写信给昭襄王，要求面谈。昭襄王正想网罗人才，接到信后，就派车子把他接到宫里。

范雎进了宫门故意乱走，内侍见状喝道：“大王来了！”

范雎说：“秦国只有穰侯和太后，哪有什么大王？”

昭襄王恰巧出来，听到这话心中一动，知道范雎不是等闲之人，他吩咐左右的人都离去，跪在地上恭敬地对范雎说：“先生有什么见教？”范雎装着没听清，只“嗯，嗯”了两声。昭襄王连问三次，范雎都只说：“嗯！嗯！”昭襄王急了，长跪不起，恳求道：“先生终究不肯赐教吗？”

范雎这才开口说：“我寄居在贵国，和您关系很生疏，而我所要说的，却是关于君臣之间和骨肉至亲之间的事。今天说了，明天就可能有杀身之祸，死不可怕，我所顾虑的是：天下有才能的人，见我为秦国尽忠，反而被杀，那么恐怕他们从此就要‘杜口裹足’了！”接着，范雎就把四人专权的危害陈述了一遍。昭襄王觉得有理，夺了四人的权，拜范雎为宰相。

束手就擒

【释义】把自己的手捆起来，让人捉拿。比喻不作抵抗，甘愿被捉。

【出处】元·脱脱等《宋史·符彦卿传》。

后晋石重贵即位后，契丹君主耶律德光率军大举南侵，少帝石重贵亲自北征，双方屡屡交战，互有胜败。

公元945年3月，契丹十余万大军将后晋军队围困在阳城。后晋军的军需供应被切断，内外隔绝，生活发生困难，城中缺乏水源，开凿的井常常塌陷，士兵争着吮吸湿泥中的水分解渴，晋军一片混乱。

后晋将军符彦卿有勇有谋，善于用兵。他看到后晋军犹如一只困兽，就向统帅张彦泽、皇甫遇建议道："与其大家在这儿束手就擒，不如拼死战斗，或许能杀出生路来。"

张彦泽等人分析了天时、地利、人和等各方面的因素，一致赞同符彦卿的建议，决定出其不意，绕到契丹军的背后偷袭。

于是，后晋军悄悄转移到契丹军的后方，利用顺风的机会，发起进攻，契丹军措手不及，被杀得狼狈逃窜。后晋军缴获契丹军丢弃的武器、甲胄、旗仗数万件之多，凯旋而归。

远交近攻

【释义】指交际远国，而攻伐近邻之策略。

【出处】汉·刘向《战国策·秦策》。

战国时代，秦昭襄王有一次向宰相张禄（原名范雎）讨教治国方略。

张禄说："今日论起秦国的地位来，哪个国家有这么多的天然屏障呢？论起秦国的兵力来，哪个国家有这么多的兵车，这么强大的士兵呢？论起秦国的老百姓来，任何国家的老百姓也没有这么遵守纪律，爱护国家的！除了秦国，哪个国家能够号令诸侯，统一中国呢？大王虽说是一心想要统一天下，可是几十年来却没有大的成就，这就是因为秦国只知道一会儿跟这个诸侯订立盟约，一会儿跟那个诸侯打仗，根本没有一个一贯的政策。听说最近大王又上了武将们的一个大当，发兵去打齐国。”

秦王插嘴说：“这有什么不对的地方？”

张禄说：“齐国离秦国那么远，中间隔着韩国和魏国。要是出去兵马少了，或许会被齐国打败，让各国诸侯取笑；要是出去的兵马多了，国中也许会出乱子。就算一帆风顺地把齐国打败了，也不过叫韩国跟魏国现成捡利，大王又不能把齐国搬到秦国来。当初魏国越过赵国把中山打败了，没想到中山后来反给赵国并吞了去，为什么呢？还不是因为中山离赵国近，离魏国远吗？我替大王着想，最好是一面跟齐国、楚国交好，一面去打韩国和魏国。离着远的国家既然跟我们有了来往，就不会来管跟他们不相干的事情。把近的国家打下来，就能扩张秦国的地盘，打下了一寸土地就是一寸，一尺就是一尺。把韩国跟魏国兼并了之后，齐国和楚国还站得住吗？这种像蚕吃桑叶似的由近而远的法子叫‘远交近攻’，是个顶妥当的方法。”

秦王当时就接受了他的计策，照着他的计策去做，把攻打齐国的兵马都搬回来了。从此，秦国就单把韩国和魏国当做进攻的目标了。

围魏救赵

【释义】围攻魏国以解救赵国。比喻不直接与敌交锋，而是截其后路，从而达到目的。

【出处】汉·司马迁《史记·孙子列传》。

孙膑是鬼谷先生门下的子弟。后来孙膑被其师弟庞涓陷害，刖足刺面，由魏国逃到了齐国。魏惠王这时以庞涓为大将，图谋吞并赵国，便举兵征赵，围困邯郸。赵王求救于齐国。齐王即拜田忌为大将，孙膑为军师，兴师救赵。

孙膑献策说：“我们驻兵于中道，扬言攻伐襄陵（魏国城邑，在今山西），魏军闻我攻襄陵，必撤邯郸外围之兵而救之，我追击魏兵，必可大胜。”

田忌用其计，果然庞涓闻齐兵进攻襄陵，即撤邯郸之围往救。谁知魏军走到桂陵就和齐军碰上了。前锋交战了几十回合，齐军诈败而走，庞涓急率兵匆匆追赶。约行三十里，见齐军摆出阵势，庞涓乘马观看，宛然是孙膑的阵法，心想：“田忌如何懂得摆这个阵？难道孙膑已归齐国了吗？”正狐疑间，齐军中显出大将“田”的大旗，田忌全身披挂，手执画戟，站立战车之上。

庞涓知道田忌并不懂阵法，便催马入阵。刚入阵中，只见八方旗色，纷纷转换，认不出哪一个是生门，哪一个是死门，东冲西撞，铠甲如林，杀不出去。正在汗流浃背之时，忽闻金鼓声响，四下呐喊，八方竖起了旌旗，俱是“军师孙”字样。

庞涓大惊道：“这个刖夫果在齐国，我中计矣！”正在危急间，幸而偏将庞英、庞冲赶到，救出庞涓。可是冲入阵中的魏国兵将尽被杀绝。

当夜庞涓就率军队，撤退返回大梁。齐军未踏入赵国寸土，就把赵国救出来了。

坚壁清野

【释义】坚壁：坚固壁垒。清野：清扫田野。形容使敌人攻下城堡后一无所获。

【出处】晋·陈寿《三国志·魏书·荀彧传》。

东汉末年，军阀混战。曹操派人接父亲来兖州，结果他父亲在路上被徐州牧陶谦的部将杀死。于是，曹操与陶谦结下很深的怨仇。

公元194年，曹操亲率大军进攻徐州。曹操大军出征后，他的下属陈昌太守张邈等乘后方空虚，发动叛乱，暗中迎接军阀董卓的部将吕布来当兖州牧。曹操的谋士荀彧留守兖州，料到张邈作乱，立即布置军队，保住了下鄄城等三城。直到曹操率军从前线赶回，才陆续收复一些失地。

不久，徐州牧陶谦病死。曹操想先夺取徐州，回过头来再收拾吕布。他把自己的想法告诉荀彧。但荀彧却认为当务之急是先对付吕布，巩固根据地。他先对曹操说明巩固根据地的重要性：“从前汉高帝保住关中、光武帝占据河内，都是先建立巩固的根据地，从而控制天下。有了巩固的根据地，进可以胜敌，退可坚守，所以他们虽然有困难失败的时候，但最后还是完成了统一的大业。”

接着，荀彧分析了曹操目前的处境：“将军本来是凭借兖州起事，在这里打了不少胜仗，平定了山东的祸乱，老百姓无不心悦诚服。况且兖州是天下的战略要地，现在虽然受到破坏，但还是容易凭借它来保住自己。这里等于是将军的关中和河内，不能不首先使它平定。如果现在丢开吕布去东征徐州，多留兵则东征兵力不够，少留兵则要动员老百姓来保城。这样，老百姓连砍柴都不能去。如果吕布乘虚侵犯，民心会保不住。那时只有鄄城等三城可以保全，其余都不是自己所有，这样等于没有兖州。还要考虑到，如果徐州攻不下来，您将归向何处呢？”

荀彧见曹操皱起眉头在沉思，便有意停了一会儿，然后再说道：“再说，陶谦虽然已经死去，但不等于徐州就容易攻下来了。他们将吸取往年失败的教训，互相结盟依靠。现在徐州那里都已经收获麦子，他们一定坚壁清野，并以此来等待将军。将军进攻不得取胜，一无所获，用不了十天时间，十万大军不战自困！”

曹操听了荀彧的分析，决定停止东征徐州，而是先集中力量收麦子，然后再与吕布作战。不久，吕布失败逃跑，兖州也平定了。

何足挂齿

【释义】表示一点点小事，用不着放在心上。

【出处】汉·司马迁《史记·刘敬叔孙通列传》。

秦朝末年，陈胜、吴广揭竿而起，四方响应，很快攻下了蕲、陈等州县。秦二世闻报，召集叔孙通等三十余名博士入宫，问道："陈胜作乱，你们有何良策？"

博士们说："做臣民的不能聚众，聚众就是造反。造反者应该处死，望陛下赶快发兵征讨他们。"

秦二世听了勃然变色。叔孙通善于观言察色，上前说道："陛下，臣认为他们说的不对，今天下一家，先帝已下令销毁了所有兵器，并下令不准再用。况且有贤明的君主制定了完备的法令，人人遵法守职，天下一片太平景象，哪里有人敢造反呢？臣认为陈胜之流，只是一群行窃的盗贼罢了，何足挂齿？只要下令州、郡的官员缉捕他们，没有必要发兵去征伐！"

秦二世听了，高兴地说："说得好！"他让监察御史审查各人的话，凡是说聚众造反的，都交给官吏治罪；只有叔孙通受到嘉奖，赏赐了二十四帛和一件官袍，并升官一级。

叔孙通出宫后，被指责为阿谀奉承。叔孙通说："你们不知道，我不那样说，我们大家都难逃一死！"

于是，叔孙通连夜逃去，回到家乡薛地，投奔了项梁的起义军。后来，叔孙通又投顺汉王刘邦。刘邦建立汉朝后，叔孙通为刘邦制定了朝廷的各种礼仪，被刘邦封为太常之职。

坐山观虎斗

【释义】坐在山上观两虎相斗。形容旁观别人的争斗，从而坐收渔利。

【出处】汉·司马迁《史记·张仪列传》。

战国时期，有一年韩国与魏国打起仗来，打了很长时间，不分胜负。秦惠王打算派兵讨伐，想听听大臣们的意见，可是众说纷纭，莫衷一是。大夫陈轸回到秦国，秦惠文王就请他帮助谋划。陈轸没有直接回答秦惠文王的问题，他先讲了一个故事说："从前有个叫卞庄子的人，看见两只老虎，就想举剑刺杀它们。旁边的人劝他说：'你不必着忙，你看两只老虎正在吃牛，一会儿把牛吃光了，它们必然会争夺，由争夺而引起搏斗，结果大虎受伤，小虎死亡。到了那时候，你再将那只受伤的大虎刺杀，岂不是一举而得到两只老虎吗？"

秦惠文王恍然大悟，说："你的意思是说，先让韩国和魏国打一阵子，等一个失败，另一个受损时，我再出兵讨伐，就可以一次打败他们两个国家，就与那卞庄子刺虎一样，坐山观虎斗，一举两得，是吧？"

陈轸点头，说："正是这样！"

秦惠王采纳了陈轸的意见，真的获得了胜利。

从这个故事中还可引出一句成语：两败俱伤。

兵不厌诈

【释义】厌：排斥。诈：权术，智谋。打仗应善用计谋。

【出处】南北朝·宋·范晔《后汉书·虞诩传》。

东汉安帝时，羌军大举围攻汉朝的武都郡，情势危急，安帝任命虞诩为武都太守，率军抵抗。虞部到达陈仓、崤谷一带时，被羌军所阻。虞诩考虑敌众我寡，于是命令部队停止前进，并扬言说已奏请朝廷增兵，等援军到后再挺进。羌人不知是计，放纵军队四出抢掠。这时虞率部突然冲破羌军防线，日夜兼程，每天行军一百多里，并命令士兵第一天每人挖两个做饭的灶，以后逐日增加一倍。羌兵见汉军逐日增灶，以为汉军的兵力天天增加，因此不再追赶。汉军全都进入武都郡。

将士们问道："从前孙膑行军作战，每天减灶，而您却要增灶。兵法说每日行军三十里，前后照应，就可以保证安全。我们一天要走一百多里，这是为什么呢？"

虞诩说："羌兵人马众多，我军人少，如果行动迟缓就很容易被羌军赶上。只有迅速行动，才能不被敌人发现我们的行踪。孙膑减灶是为了佯装弱小；我们增灶是为了佯装强大，按照不同的情势，应采取不同的策略（兵不厌诈）嘛。”

当时守卫武都的汉军不足三千人，而羌兵上万。两军对阵时，虞诩下令只用弱弓射，羌兵见汉军射箭无力，就大胆猛冲。虞诩等羌军迫近，命令改用强弓射击。羌兵伤亡惨重，急忙撤退。虞诩又令精兵埋伏其退路上，羌军大败。

奇货可居

【释义】奇：稀奇。居：囤积。稀有的货物，可囤积起来，等待时机高价出售。

【出处】汉·司马迁《史记·吕不韦列传》。

战国时代，秦国阳翟（今河南省禹县）有个商人，叫吕不韦，常常往来各国经商。当他到了赵国都城邯郸时，听说秦昭王的孙子子楚，被派到赵国做人质，生活过得十分穷困。吕不韦不禁自言自语说：“子楚像一宗稀奇货物，可囤居以伺高价卖出（奇货可居）。”于是就去见子楚，表示要帮助他。后来两人合力去谄媚秦国的太子安国君及其宠妾华阳夫人，因华阳夫人无子，便说服华阳夫人立子楚为嫡嗣，请吕不韦来辅助安国君，子楚的声名也因而光耀显赫。等到子楚立为秦襄王时，便以吕不韦为丞相，并封他为文信侯，食邑河南洛阳二万户。

所向无敌

【释义】军威极壮，锐不可当。形容无往而不胜。

【出处】晋·陈寿《三国志·吴书·周瑜传》。

东汉末年，曹操将汉献帝挟持到许都，让汉献帝封他作了丞相。

从此，曹操挟天子以令诸侯，实力不断壮大，先后削平了吕布、袁术等割据势力。

这时，东吴的孙权继承了父亲孙坚、兄长孙策的事业，据有江东之地，实力也不弱。曹操知道自己缺少水军，而孙权又据有长江之险，暂时无力征伐，就一方面给孙权封官，一方面又威胁孙权把儿子送到许都当人质，以示臣服。

孙权一时不知该怎么决定。孙权的母亲吴国太知道后，说："你兄长曾有遗言：内事不决问张昭，外事不决问周瑜，你何不将周瑜召来询问？"

孙权于是召周瑜进京。周瑜坚决反对向曹操送人质，并力劝孙权不要屈服于曹操，说："现在大王继承了父兄开创的伟业，应该实现他们的遗愿。我们据有江东六郡之地，资源丰富，土地肥沃，物产富饶，兵精力足，人心安定，只要我们充分利用这些条件，励精图治，奋发图强，那么我们就所向无敌，如果把人质送给曹操，那就等于向曹操称臣，今后就只能听从他的摆布和要挟了。"

孙权听了周瑜的分析后，拒绝了曹操的无理要求。

相得甚欢

【**释义**】彼此相处甚为愉快。

【**出处**】宋·薛居正等《旧五代史·张全义传》。

五代后唐时，河南太守张全义性情勤劳节俭，善于领导军队安抚百姓。当时因战火连绵，人心惶惶，流寇、小偷很多。即使在这样的情况下，张全义仍然鼓励老百姓好好种地，种麦养蚕，如果农民家的麦子收成好、蚕养得很好，张全义就会召集他们全家进行慰劳，赏赐给他们酒、食物和茶等物。

由于张全义重视农耕，又善于做农民工作，因此仓库的粮食囤积得很充足。当时的另一个守将李罕之，贪污财物，对百姓施以暴力，军中常常缺乏粮食，每次都是从张全义那里索要部队的给养。当初，李罕之和张全义两人相得甚欢，到后来，因为李罕之总是向张全义索要东西，有时还动不动辱骂欺负张全义他们，张全义只得心里暗暗叫苦。

李罕之总是说，种田的人有什么了不起。对此，张全义很是看不惯他说这样的话。可每次李罕之与信来索要粮食和布匹时，张全义又说：“李太傅要，我不得不给他。”

对此，李罕之很是自鸣得意，以为张全义怕自己，因而对张全义从不防备。等到李罕之率领部队去攻打和收复怀、泽等地的时候，张全义悄悄地召集部队，趁着夜色奔袭李罕之，到了天明的时候，就攻占了原来李罕之占据的三座城池。

急人之困

【**释义**】着急地为别人解决困难。

【**出处**】汉·司马迁《史记·魏公子列传》。

战国时，魏国公子无忌，是魏安釐王的弟弟，被封为信陵君，是当时著名的“四公子”之一，门下有食客数千人。魏安釐王二十年时，秦昭王在长平打败赵括率领的四十万赵军，又进兵包围了赵国都城邯郸，赵国危在旦夕。赵国平原君赵胜的夫人，是信陵君的姐姐。平原君和夫人接二连三地派人送信给魏王和信陵君求救。但是，安釐王非常害怕秦国，下令军队驻扎在边境，名义上是救赵，实际上是持观望态度。

这时平原君派出的使者，一个接着一个赶到魏国都城大梁，责备信陵君说：“我所以和魏国结为姻亲，是因为仰慕您道德高尚，能急人之困，现在邯郸早晚之间就要被迫降秦了，公子您的急人之困表现在哪里呢？而且，纵使您看不起我赵胜，难道您就不怜惜您自己的姐姐吗？”

信陵君千方百计想说服魏王救赵，可魏王就是不听，万般无奈，只好接受了大梁监守夷门的隐士侯嬴的建议，请魏王宠爱的如姬从魏王卧室偷出兵符，假托魏王之命，夺得兵权，领兵解了赵国之围，赵国因此才能保全。

独当一面

【释义】独立负责，担当一方面的重任。

【出处】汉·班固《汉书·张良传》。

汉楚相争时，汉王刘邦趁项羽率领大军攻打齐王田荣的时候，采用谋士陈平的计策，率军东进，直捣项羽的根据地彭城（今江苏徐州），并很快攻下了彭城。项羽立刻率精兵回救彭城，结果，刘邦的汉军被楚兵打得大败，伤亡惨重。

刘邦逃到下邑（今安徽砀山西）才松了口气，他气呼呼地对张良说："这次战败，我军损失惨重，现在士气十分低落，我想只要有人能帮我出这口恶气，打败项羽，我愿意把函谷关以东的土地全拿出来封赏给他们，以此来鼓舞士气，你看怎么样？"

张良回答说："九江王黥布（即英布），作战非常勇猛，他虽然是楚国的将领，但他一向与项羽有矛盾，还有拥有1万多人马的大将彭越，不久前扯起反楚的大旗。对这两支力量，大王可派人去和他们联络，和他们联合起来。至于大王手下的将领，只有韩信能够担负起独当一面的重任。大王如果将关东的土地封赏给他们三个人，使他们全力帮你进攻项羽，那么项羽是一定可以打败的！"

刘邦采纳了张良的建议，依靠韩信、黥布、彭越的帮助，加上萧何为他建立了巩固的后方，张良不断为他出谋划策，终于取得了汉楚战争的胜利，建立了汉朝。

前功尽弃

【释义】以前的努力全部白费。

【出处】汉·刘向《战国策·西周策》。

秦昭王为了统一天下，重用大将白起，叫他经常带兵出征，先后打败了韩国和魏国。

公元前281年，秦昭王又派白起去攻打魏国的都城大梁。有个名叫苏厉的游说之士得知这个消息后，对周赧王说："如果大梁被秦攻占，周朝就将危险了。”

周赧王是东周的国王，名义上是天子，可是各诸侯国根本不把他放在眼里。赧王听苏厉这样说，惊恐万分，忙问他该怎么办。

苏厉献计道：“为今之计，应派人去劝阻秦将白起发兵。”

赧王赶紧向他请教，应该怎样劝说白起不发兵。苏厉胸有成竹地说：“可以派人这样对白起说：您大破韩、魏之师，杀了魏国的大将，又在北方夺取了赵国不少土地，立下的战功可以说够大够多的了。现在您又去攻打魏国首都，这样很有危险。如果一旦攻打失利，那么就会前功尽弃，所以劝您还是称病不出兵的好。”

白起最后的命运很可悲，他因与秦王和相国的意见不合，反对攻打赵国都城邯郸，结果被逼自杀。

闻雷失箸

【释义】形容惊慌失措，举止异常。

【出处】晋·陈寿《三国志·蜀书·先主传》。

东汉建安三年，刘备兵败于吕布，只得去投靠曹操。曹操把刘备引荐给汉献帝。汉献帝派人查了家谱，知道刘备是中山靖王刘胜的后代，还比自己大一辈，便尊他为皇叔，封为左将军。

当时，汉献帝因为曹操弄权，国家大事做不得主，心中一直闷闷不乐。一天，汉献帝给自己的岳丈、车骑将军董承下了一道密诏，要除掉曹操。董承和几个心腹一起商量后，认为刘备很重义气，又是皇叔，可以请他相助。于是，董承把刘备请到家里，给他看了密诏，刘备欣然同意和他们一起想办法诛杀曹操。

刘备知道曹操虽然把自己推荐汉献帝，但肯定对自己有所猜忌，便施出韬晦之计，每天在后园种菜，关羽和张飞很不理解，问：“大哥，你为什么不留心天下大事，却种起菜来？”

刘备说：“我难道是种菜的人吗？我是要使曹操感到我胸无大志，解除对我的戒心呀！”

一天，刘备正独自在后院种菜，曹操手下两员大将许褚和张辽突然闯了进来，说丞相有请。刘备心中暗暗吃惊。他硬着头皮，来到相府拜见曹操，曹操毫无表情地说："刘皇叔，你在家干的好事？"这原是一句模棱两可的话。刘备一听，以为曹操知道了他和董承等密谋的秘密，吓得面如土色，这时，只听曹操又说："你的菜种得很不错呀！"刘备这才松了一口气。

接着，曹操把刘备请进后园的一座亭子，说："我看到后园的梅子熟了，想起去年征讨张绣时，路上缺水，我说前面有座梅林，将士们望梅止渴的事，特备了些酒菜，请你来喝酒聊天。"

于是，曹操和刘备边喝边聊，聊着聊着，聊到天下大势和四方豪杰上去了。曹操对刘备说："你的见识很广，你说说，谁是天下的英雄？"

刘备先后说淮南袁术、河北袁绍、荆州刘表、江东孙策等人，曹操都摇头否定了。刘备便反问："那么丞相认为谁是英雄呢？"

曹操举起酒杯，望着刘备说："当今天下英雄，就是你和我两个罢了！"

刘备听曹操说自己是英雄，吓得魂也出了窍，不由得打了个寒战，连手里的筷子都落到了地上。他刚想去拾筷，突然，满天乌云的空中，"喀喇喇"一声响雷，慌得他连汤勺都掉到了地上。

在这紧急关头，刘备机灵地借着雷响，拾起筷子和汤勺，说："这雷响得可怕，把我的筷子和汤勺也震落了（闻雷失箸）。"

这样一来，他就把曹操瞒了过去。不久，刘备以带兵截击袁术为名，求得了脱身之计。而董承等因为计谋败露，却遭到了杀身之祸。

神机妙算

【释义】神：神奇。机：机智。算：谋划。比喻计谋高明。

【出处】明·罗贯中《三国演义》。

公元208年，曹操率领二十万大军南下，准备一举消灭孙权和刘备的势力，统一全国。刘备派诸葛亮去东吴联合孙权，共同对付曹操。

东吴大都督周瑜妒嫉诸葛亮的才能，总想借机把他除掉。有一次，诸葛亮接受了三天内造出十万支箭的任务，并且立下军令状，到时交不出十万支箭，就要被斩首。

但是，诸葛亮胸有成竹，自有妙计，他私下向东吴大将鲁肃要了二十只快船，每只船上配置三十名士兵；船上都用青布做帐幕，还扎放了一千多个草人。

诸葛亮趁江面上罩着大雾，下令将草船驶近曹军水寨。他和鲁肃一面在船中饮酒，一面命令士兵在船上擂鼓呐喊，装作攻打曹军的样子。

曹操听到江面上鼓声，呐喊声大作，以为敌军趁大雾前来袭取水寨，慌忙命令曹军不要出击，奋力用箭射向对方。霎时间，曹军水陆两军一万多弓箭手一齐朝江中射箭。

等到太阳初升雾散之后，诸葛亮下令各船迅速驶回。这时，二十只船的草人上已经挂满了箭，远远超过十万支，他又让各船士兵齐声高喊：“谢丞相赠箭！”曹操懊悔不已。事后周瑜大吃一惊，感慨万分地叹道：“诸葛亮神机妙算，我不如他。”

养虎遗患

【释义】比喻纵容敌人，给自己留下祸根。好像养了老虎，反被老虎伤害。

【出处】汉·司马迁《史记·项羽本纪》。

秦朝末年，汉楚相争，两军相持了很长时间。

汉王刘邦派人游说楚霸王项羽道：“项王您与汉王都受命于楚怀王，并曾结为兄弟。现在汉王地广兵多而且粮草充足，项王您士兵疲劳而且粮草也快用完了。在这种情形下，汉王很仁慈，派我来与项王商议停战事宜。”

项王本待发怒，但转念一想，汉使讲的确是实情，但又不甘心承认，就说道：“本王是具有文韬武略的大丈夫，刘邦不过是雕虫小技的奸诈之徒，想当初，我几次饶他性命。现在既然刘邦支持不住，要与本王媾和，那就再饶他一次，讲和吧！”

于是，中原一分为二，官渡水以西归汉，官渡水以东属楚。

汉王刘邦想西归休养生息。谋臣张良、陈平劝道：“现在天下一分为三，汉王已占三分之二；况且汉王顺天行事，各方诸侯都归顺我们，这是老天爷赐给我们击败项羽的大好时机呀！与其带领军队回蜀，倒不如抓住这个难得的机会，一举歼灭项羽。倘若汉王放项羽一马，等到项羽养兵囤粮，羽毛丰满之时，肯定再要来骚扰，岂不成了养虎遗患了吗？”

汉王刘邦采纳了张良、陈平的建议，命令韩信、彭越合力击楚，迫使楚霸王项羽在乌江自刎。

退避三舍

【释义】古时行军，三十里为一舍，退让九十里，表示主动退让回避，以免冲突。

【出处】春秋·左丘明《左传·禧公二十三年》。

公元前655年，晋国宫廷政变，太子申生被杀，他的弟弟重耳被迫逃离晋国，经过十八年的流亡，重耳来到楚国。

楚成王预见到，重耳有可能回国获得王位。他从楚、晋两国的长远关系考虑，对重耳热情接待。在一次宴会上，楚成王问重耳道：“公子如果能返回晋国主持国政，将用什么来报答我？”

重耳略假思索回答说：“贵国的美女和金银财宝应有尽有，我们晋国所有的，已经是君王的剩余之物了，我还能有什么东西来报答君王呢？”

楚成王笑说：“话虽如此，但你究竟用什么来报答我呢？”

重耳考虑了一下，说："如果托君王的福，我得以返回晋国获得王位，那一定不忘君工对我的恩德，若是将来晋、楚两国发生冲突，在中原相遇，我就退避三舍。"

楚国的大夫子玉听到重耳这样回答，觉得他是个很有抱负的人，建议楚成王趁早把他杀掉，免除后患。楚成王没有同意，派人护送重耳到了秦国。

第二年，前后流亡十九年的重耳，终于在秦国帮助下，回到晋国做了国君，史称晋文公。他一心一意治理国家，晋国逐渐强大起来。

后来晋楚两国果然在中原打仗。楚国领兵的大将是子玉，他非常骄傲，率领楚军气势汹汹地向晋军扑来。晋、楚两军相遇后，晋文公下令晋军后退九十里，以实现自己的诺言。

晋军中有些将领反对这样做。晋大夫子犯却非常拥护，他说："出兵作战，理直就能气壮，理亏士气就会低落。从前我们得到过楚国帮助，答应过他们打仗时我们先退避三舍，不实现诺言，就是我们理亏。如果我们退让了他们还不罢休，那就是他们理亏。他们理亏，我们理直，打起仗来，对我们有利。"

于是晋军后撤九十里，在城濮驻扎下来。楚帅子玉错误地认为，晋军撤退是害怕楚军。因此对方后退九十里，他就前进了九十里。

不久，晋、楚两军在城濮会战，晋军最终取得胜利。

乘虚而入

【释义】乘别人空虚不备之时进入。

【出处】宋·司马光《资治通鉴·唐纪》。

唐朝自安史之乱以后，中央权力日益削弱，有些藩镇割据一方，与中央政权分庭抗礼。淮西节度使吴元济就是其中之一。817 年，唐宪宗派有勇有谋的李愬为大将，领兵讨伐盘踞蔡州（今河南省汝县）的吴元济。

李愬首先用计设下埋伏，利用敌兵骄傲轻敌的弱点，活捉了吴元济的淮西骑将李祐。李愬对他以礼相待，诚恳劝他弃暗投明，为国出力。李祐被感召投降。

李祐向李愬献计说："吴元济把他的精兵强将都布置在外围边境上，守卫蔡州城的都是些老弱残兵。我们可以乘虚而入，迅速攻打蔡州城，一战取胜。"李愬决定采纳李祐的建议，乘机突然袭取叛军巢穴——蔡州城。

在一个大雪纷飞的夜里，李愬率领精兵九千名，分三路出发，出其不意突然袭击，攻破了蔡州城，活捉了吴元济。

借箸代筹

【释义】箸：筷子。筹：筹码。引申为筹划。原意是用筷子比画当时的形势，后指代替别人谋划。

【出处】汉·司马迁《史记·留侯世家》。

公元前204年冬，汉王刘邦坚守荥阳，反击进攻的楚军，双方相持不下。项羽的谋士范增对项羽说："刘邦能坚守荥阳，无非是靠了敖仓这个大粮库，只要切断了运粮的道路，拿下荥阳也就不成问题了。"于是，项羽大将钟离昧带领一万精兵，突袭了汉军的运粮队伍，取得了成功，使得荥阳的情况十分危急，一旦城内粮草用完，就很可能不攻自破。

刘邦眼看荥阳就要不保，马上召见郦食其共商对策。郦食其建议封六国的后代为王以孤立项羽。刘邦同意了。过几天，谋士张良入见。当得知分封六国后代的事后，张良大吃一惊，顺手抓起刘邦的筷子，说："大王请允许我用你面前的筷子来分析当前的形势（借箸代筹）。当初汤伐桀而封夏王朝的后代是因为汤能置桀于死地，大王你现在有把握置项羽于死地吗？"汉王摇头。张良用筷子一划说："这就是一不可。同样当初武王伐纣也是因为有必胜的把握，现在你确信能杀死项羽吗？"汉王又摇头。张良点头说："这是二不可。而且天下豪杰跟随大王南征北战，无非为了有利可图，而今你大王分封六国后代，人心一散，他们各归其主，你靠谁帮打天下？”

汉王一听如梦方醒，立即销毁了正在刻制的六国王印。

釜底抽薪

【释义】把锅底下的柴火抽掉，使之无法加热。比喻从根本上来解决问题。

【出处】北齐·魏收《为侯景叛移梁朝文》。

公元534年，北魏分裂成东魏和西魏。东魏的大权掌握在丞相高欢手中，他手下有个得力助手，名叫侯景，他向高欢吹牛说，只要给他三万兵马，他就可以打过长江去，把梁武帝萧衍活捉过来。高欢便交给他十万军队，让他镇守河南。

侯景向高欢辞行时，私下对高欢说：“我带兵在外，为防止意外，您有书信给我，请在上面加小点以便我识别真伪，防止奸人诈骗。”

尽管侯景受到高欢重用，但他非常瞧不起高欢的儿子高澄。公元546年，高欢患了重病。高澄知道侯景瞧不起自己，打算赶在父死之前夺回侯景的兵权，便用父亲的名义写信召他回来。他不知道侯景与高欢有密约，因此在信上没有加小点。

侯景接到信后，见上面没有加小点，心里疑惑起来，便找个借口不回朝。次年高欢病死，侯景知道高澄必定会杀他，便下决心反叛东魏。他先将河南十三个州的土地献给西魏，但不肯交出军队，只是伺机行事。

高澄发现侯景公开反叛，便命慕容绍宗率军向侯景进逼。与此同时，又命中书侍郎魏收写一篇文告，谴责侯景的反叛罪状，才思敏捷的魏收很快写好，高澄命人迅速张贴出去。

这样一来，侯景日子就很难过了，便索性向南面的梁武帝投降，并请求他派军队来援助。梁武帝马上答应并派兵北上。

高澄见梁武帝出兵援助侯景，便命魏收写了一篇《为侯景叛移梁朝文》。文中有一段写道：梁朝如果不援助侯景并且把他交出来，那就好像“抽薪止沸”、剪草除根一样，从根本上解决了问题。但梁武帝看了不以为然，照样出兵援助侯景。

于是，慕容绍宗率领的东魏军继续南下，与支援侯景的梁军交锋，结果梁军大败。接着，东魏军又去攻击侯景的军队，将它击溃，侯景带领少数部队投奔梁朝。

第二年，侯景又举兵叛变，攻破梁朝京都建康。不久，梁武帝愤恨而死。后来，侯景又自立为帝，不过没有多久就被部下杀死。

后来，魏收写的那一篇文告中的“抽薪止沸”，演化为“釜底抽薪”的成语。

高枕无忧

【释义】垫高枕头睡大觉。比喻身心安逸，无所忧虑。

【出处】汉·刘向《战国策·魏策》。

春秋时代，有一个名叫冯谖的人，在齐国相国孟尝君门下做食客。有一次孟尝君派他到薛地去讨债，他到达薛地后，不仅不讨债，反而把借契全烧掉了，并在薛地设宴招待欠债之人，以此说明孟尝君是很好的主人，他不在乎这些钱，所以借钱给大家，主要是帮助大家能过好的生活，故没钱的人就不需还钱。这样，薛地的人民大为高兴，对孟尝君非常感激。

后来孟尝君被齐王解除相国的官职，前往薛地闲居，受到薛地人民热烈的欢迎。这时冯谖对孟尝君说：“狡兔三窟，只能免除一死。现在你才有一窟，还不能把枕头垫得高高地睡觉，我再替你筑两窟。”于是他去游说梁惠王，说是若能请到孟尝君治理国事，定能国富兵强，梁惠王被说动了，便用重金去请孟尝君，请了三次，冯谖都叫他不要去。这事给齐王知道了，怕孟尝君为梁国所用，急忙用更隆重的礼节再请他做相国。冯谖又劝孟尝君向齐王请求赐给先王传下的祭器，放在薛地，建立宗庙，以保证薛地的安全。当宗庙建成时，冯谖对孟尝君说："现在三个窟已经建成，你可以'高枕为乐'了。"

"高枕为乐"后来演化为"高枕无忧"的成语。另外，这个故事中的"狡兔三窟"后来也变为成语。

推心置腹

【释义】指真心诚意地待人。

【出处】南朝·宋·范晔《后汉书·光武帝纪上》。

王莽篡汉后，发生了农民起义。后来，南阳著名的豪强，西汉皇族刘縯、刘秀兄弟也乘机起兵，加入了绿林起义军，准备夺取政权，恢复刘氏的天下。

王莽听说昆阳失陷，派四十二万大军前往镇压。起义军在刘秀的正确指挥下，以劣势兵力击败了王莽军。

接着，萧王刘秀主动要求去河北安抚各州郡，他在河北争取人心，扩充力量。接着，刘秀派出十四名将领，带领大批兵马，去消灭河北的铜马起义军。经过多次激战，刘秀终于击溃了铜马起义军，数十万人向他投降。

为了壮大自己的实力，扩大自己的影响，刘秀决定收编这一大批人马，并把投降的起义军首领封为列侯。但是，这些首领心存疑虑，不相信刘秀会信任他们。刘秀了解到他们的心思，就让他们各自回营，照样带领自己的部下；刘秀骑着马，只带几名随从，到各个军营去慰问他们。

这些投降的将领见刘秀这样毫无戒心地对待他们、关怀他们，感动地说："萧王如此推心置腹，我们怎能不为他卖命呢！"

刘秀见他们都已经打心里服了自己，就把他们分别安排为自己将领的部下。这样，他一下子就增加了数十万人马。关西那一带原来只知道铜马，现在都把刘秀说成是"铜马皇帝"。

唱筹量沙

【释义】筹：筹码。以沙当做米来计量，还高报数量。比喻制造假象迷惑敌人，安定军心。

【出处】唐·李延寿《南史·檀道济传》。

檀道济是南朝宋武帝、宋文帝时的名将，屡立战功。

有一年檀道济统率军队，征讨北魏，与北魏军队打了三十多仗，大获全胜。于是，南朝军队一直向前挺进，由于战线拉长，后援不及，军中作战的物资、粮草将要消耗完，檀道济只得指挥军队掉头向南撤退。

这时，南军中有人悄悄逃到北魏军中密告说，南军粮食将完。北魏人听了大喜，立即指挥大军从后面追赶南军。南军中情绪很不稳定。

檀道济也很担忧，经过苦苦思索，终于想出一条好计。他命令自己的心腹部下，乘黑夜搬来了许多沙子，然后一面量沙，一面大声报数（唱筹量沙），最后把少许剩米撒盖在沙堆上。月色中看上去，真像是一座座米山，南军士气大振。

天麻麻亮时，北军探子也看到了这些“米山”，以为南军粮食足够有余。北军就不敢再追，撤军回去了。

世相百态篇

一蛇吞象

【释义】亦作“巴蛇吞象”。巴蛇是传说中的一种神蛇，长八百尺，能吃象。比喻人心不足，贪得无厌。

【出处】佚名《山海经·海内南经》。

古代传说南海有一种蛇叫做巴蛇，它身长足有八百尺，能吃象。巴蛇把大象连骨头吞下肚里，三年以后才把骨头吐出来，被吐出的骨头可以医治腹内疾病。这个传说流传很广。屈原在《天问》中有“一蛇吞象，其大如何”的句子。

后来有人根据传说，改编成“蛇吞象”的故事。古代有个穷苦猎人叫阿象，他怜悯一条饿昏的小蛇，精心地把它饲养大。此后，阿象一再向青蛇索取，使自己变成了富翁。但由于他贪得无厌终于被青蛇一口吞掉了。这个故事是“人心不足蛇吞象”的形象描述。

“一蛇吞象”亦作“巴蛇吞象”。

一网打尽

【释义】比喻全部抓住或消灭，一个也不漏掉。

【出处】宋·魏泰《东轩笔录》。

北宋时，都城开封每年秋天都举行赛神会。一年，眼看赛神会的日子又到了，进奏院主官苏舜钦叫属下找点东西卖掉，弄点钱喝赛神酒。这进奏院是个清水衙门，找不出什么值钱的东西，就把积攒的一堆拆下的公文封套纸卖了，但也没有几个钱，苏舜钦就拿出十千钱资助。其他人也有出些钱的。结果，酒席置办得不错，大家喝得挺高兴。没想到，太子中舍官李定一向与苏舜钦有怨恨，这次酒宴又未邀请他参加，因此对苏舜钦极为不满。他到朝廷告苏舜钦卖掉公家东西，铺张浪费。接着，与苏舜钦素来不和的朝廷御史刘元喻奏请宋仁宗查办苏舜钦。宋仁宗不问青红皂白，免去了苏舜钦的官职，同时把那天参加宴会的人都给了处分，连大诗人梅尧臣也受到迫害。

不久，苏舜钦抑郁成疾死了。欧阳修惋惜地说："真想不到，因为赛神会的事，一时俊杰人物都举网而尽了。"

可干了这件缺德事的御史刘元喻还自以为有功，扬扬得意地到处炫耀说："我把他们一网打尽了！"

梅尧臣写了一首诗，辛辣地嘲讽李定、刘元喻之流：

客有十人至，共食一鼎珍。
一客不得食，覆鼎伤众宾。

一字千金

【释义】形容某些文字价值很高。

【出处】汉·司马迁《史记·吕不韦列传》。

秦始皇统一中国之后，由相国吕不韦当政，他感到战国时魏国信陵君、楚国春申君、赵国平原君和齐国孟尝君四大公子家里都有门客无数，声名远播天下，也想学一学，便花钱招募了三千个门客，给他们很高的待遇，让他们各显才学，并把知道的各种事都写出来。

当时天下已经一统，门客再无须替主人跑东到西，游说四方，更不需要为战争疲于奔命，所以他们很安心写作，没过多少时间，就各自把所知道的事及研究心得都写了出来。这样就集成了一部长达20余万字的巨著，分八览、六论、十二纪。因是吕不韦的门客所写，所以题名为《吕氏春秋》。

《吕氏春秋》内容涉及天地万物，上下古今，确是一部巨著。为此，吕不韦很得意。他命人把书的原稿运到国都咸阳公开展览，宣布道："有谁能指出上面的错误，删去一字或添加一字，立赏千金！"

可是，吕不韦的官做得那么大，谁敢评论他组织编著的文章呢？

一饭之报

【释义】受人一饭之恩而生死相报。

【出处】春秋·丘左明《左传·宣公二年》。

春秋时，晋赵宣子赵盾在首山打猎，住在翳桑，看见一人名叫灵辄，当时饥饿已极。宣子问他有什么病，他说："已有三日没吃东西了。"

赵盾就给他东西吃，他吃了一半，留下一半，赵盾问他为什么，他说："这一半留给老母。"赵盾让他吃完，并送他一筐饭和肉。

后来这个人成为晋灵公的禁卫兵，灵公要刺杀赵盾，而灵辄倒戈击退灵公的兵士，使赵盾免于一死。赵盾问他为何如此，他说："我乃翳桑之饿人也。"

三缄其口

【释义】缄：封闭。用三张封条贴在嘴上。形容其言谈相当谨慎，或一句话也不肯说。

【出处】佚名《孔子家语·观周》。

孔子一次到周国首都，去参观了周王的祖庙，看到在庙堂大殿右边的台阶前有一个铜人，铜人的嘴上封了三道封条，在它的背上还刻着字，写道："这是古时候说话最小心谨慎的人。"

此事载于《孔子家语·观周》。原文是：

> 孔子观周，遂入太祖后稷之庙，庙堂右阶之前有金人焉，三缄其口，而铭其背曰："古之慎言人也。"

亡戟得矛

【释义】亡：丢失。失掉了戟，得到了矛。比喻有失有得，得失相当。

【出处】战国·吕不韦《吕氏春秋·离俗览》。

齐国和晋国有一年发生了战争，双方打得很激烈。在混战之中，有一名齐兵丢掉了自己的武器——戟。但离他不远的地方，正好有一支矛，那是晋兵丢下的。于是他急忙捡起来，准备继续交战，心里却害怕起来，这样做，长官不会处罚我吗？小卒一时没有了主意，忙问道上的行人，行人说："戟是兵器，矛也是兵器，一件换一件，有啥不行的？"

这时防守高唐地方的齐国大夫骑马奔过来。小卒忙跑到马前，问道："大人，我在战场上丢了戟、捡到矛，可以平安归队吗？"

大夫训斥道："你这个笨蛋，戟不是矛，矛也不是戟，你丢了戟，得了矛，也是抵偿不了的。"

小卒害怕受到长官的处罚，回身又冲进敌阵，直到战死。

不可多得

【释义】形容非常稀少难得。

【出处】汉·孔融《荐祢衡表》。

东汉末年，著名文学家祢衡博学多才，善于论辩，只是相当自傲。当时的名士孔融非常欣赏他，特地写了荐表，把他推荐给汉献帝。此荐表中有"不可多得"之语。汉献帝便把荐表给了曹操去做主。但祢衡瞧不起曹操，在言语之间得罪了曹操。曹操心里冒火，便让祢衡当鼓吏，在自己大宴宾客的时候让他击鼓，借以当众侮辱。不料，祢衡竟利用这机会，击一阵鼓骂一阵曹操，结果，受辱的反倒是曹操。曹操本想杀祢衡，但又怕留下坏名声，便派他去荆州劝说刘表来降，企图借刘表之手杀他。不料，刘表把他奉为上宾。但日子久了，刘表无法忍受他的骄傲态度，将他派到江夏太守黄祖那里去当书记。

黄祖的长子黄射也是个官吏。一次，黄射欢宴宾客，有人在宴会上献给他一只鹦鹉。黄射非常喜爱，当场请祢衡作一篇关于鹦鹉的赋。祢衡略一思忖，便举笔疾书，不一会儿把赋写毕。这就是他的代表作《鹦鹉赋》。

尽管祢衡才学很高，记忆力惊人，但他狂妄自傲的表现没有丝毫收敛。一天，黄祖在船上宴客，他出言不逊。黄祖数说了他几句，他竟当众大骂黄祖。黄祖在盛怒之下，命人将他拉上岸去处死。过了一会儿，黄祖觉得自己这样做太过火，急得赤着脚上岸去救，但已经迟了一步。当时祢衡才 25 岁。

不名一钱

【释义】名：占有。没有一文钱。形容极其贫困。

【出处】汉·司马迁《史记·佞幸列传》。

汉文帝刘恒做过一个奇怪的梦，梦见自己往天上飞，可怎么也飞不上去，正在这时，来了一个戴黄帽子的年轻人，从后面轻轻一推，他就飞上天去了。回头一看，只见推他的那人从身后往前穿着衣服，带子系在后面。

第二天，汉文帝就到处寻找梦中那个年轻人，后来，终于找到一个名叫邓通的船夫，与梦中人一模一样，就封他做上大夫。邓通什么本事也没有，只会奉承巴结皇帝。

一天，汉文帝让相面人给邓通相面，相面人说："邓通命里很穷，将来会饿死。"汉文帝很着急，于是就将蜀郡的一座铜山赏给邓通，允许他自己铸钱。这下子邓通发了大财。

有一年汉文帝背上生疮，邓通觉得这是孝顺皇帝的极好机会，就天天进宫用嘴巴替皇帝吮吸脓汁。一次，皇太子刘启去问候皇父，正好汉文帝觉得疮口难受，就让皇太子替他吮吸。皇太子见疮口流脓流血，腥臭难闻，禁不住一阵恶心，但又不敢违抗父命，只得硬着头皮吮了一口。邓通却高兴地吮吸起来，脸上露出谄媚的奸笑。

皇太子心里恨死了他。

汉文帝死后，景帝刘启刚即位，就免去邓通的官职，让他回老家。不久又以邓通私自铸钱为由，没收他的全部家产。邓通转眼间成了一个不名一钱的穷光蛋，后来真的饿死了。

为人作嫁

【释义】空怀才华，为他人效劳。现多用来颂扬“甘为人梯”的精神。

【出处】清·彭定求等《全唐诗》卷六百七十。

唐朝有一位不大出名的诗人，名叫秦韬玉，但其写的一首题为《贫女》的七言律诗，却非常著名。全诗如下：

蓬门未识绮罗香，
拟托良媒益自伤。
谁爱风流高格调，
共怜时世俭梳妆。
敢将十指夸针巧，
不把双眉斗画长。
苦恨年年压金线，
为他人作嫁衣裳。

诗的大意是：我这个生在穷人家的姑娘，从小就穿着粗布做的衣裳，因为家境清贫，我都长成大姑娘了，还没人来替我说媒。如今，人们看重的只是衣着、打扮，有谁欣赏我的高尚情操呢？我有一双灵巧的手，针线活儿也在姊妹们之上。至于把眉毛画得长长的，去讨人家的喜欢，跟别人争妍斗丽，这种事情我是不愿意干的。你看我这样的脾气、性格，不随和如今的世态人情，即使有良媒相托，不也是难择佳婿吗？唉！我自己的亲事毫无指望，叫人心神不定。可是还要天天手按金线、银线刺绣绸衣罗裙，不停地为人家缝制出嫁的衣裳啊。

诗人在诗里，是借未嫁女子苦闷心情的倾诉，表达那些贫寒的读书人，因为出身贫贱、举荐无门的忧郁、哀怨。那些才智超群的寒士，终年为人家谋划、献策，自己却屈居门下，得不到朝廷的赏识、重用，这是多么叫人伤心啊！

以貌取人

【释义】以外貌来衡量人的才干。

【出处】汉·司马迁《史记·仲尼弟子列传》。

孔子的弟子中，有一个名叫宰予的。他能说会道，利口善辩，博得了孔子的好感，可是宰予逐渐地露出了真相，他既无仁德又十分懒惰。他白天不读书听讲，躺在床上睡大觉，孔子骂他是“朽木不可雕”。

一天，宰予问孔子说：“父母死了，儿子要服丧三年，这不是太长了吗？”

孔子生气地说：“君子服丧，吃饭不觉得香，听音乐不感到快乐，你却觉得时间太长，看来你是不仁不义的人。儿女从生下来开始，三年以后才能离开父母的怀抱，所以为死去的父母服三年丧，是从天子到百姓，天下通行的礼仪，你却以为不应该，我与你实在谈不出什么道理来。”

宰予后做了齐国大夫，因与田常合谋作乱而被诛灭九族。

孔子的另一个弟子子羽，鲁国人，相貌很丑，孔子开始认为他一定很笨，不会成才的，所以不喜欢他。然而子羽品德极好，办事公正，学习很用心。后来子羽在江南游学，跟随他学习的弟子有三百多人，声誉很高，各诸侯国都传诵他的名字。

孔子听说了这件事，感慨地说：“我只凭言语衡量人才，在宰予身上犯了错误；我只凭相貌衡量人才，又在子羽身上犯了错误！看来是不该以貌取人的呀！”

东涂西抹

【释义】原指妇女用脂粉打扮，也指随意提笔写字，后泛指从事笔墨工作。

【出处】五代·南汉·定保《唐摭言·慈恩寺题名游赏赋咏杂记》。

薛逢已年过半百了，可当的官还是秘书监。骑的是瘦马，仆人不过二三个，一二捆行李挂在马背上，晃来晃去，多么寒酸！

清晨，他照例骑着瘦马上朝去。瘦马踩着薄冰地面，“嘚嘚”地往前赶，路过进士榜下，看见一帮人马意气扬扬地奔过来，一时愣住。这时，对面开路的皂隶大喊：“闪道，回避新郎君（指新中的进士）!”可是路太窄，要闪道，就得回避到田里去。这时对面的人叫得更凶了，薛逢回头对仆人说：“你过去告诉他们：不要小看乞丐相。街上的阿婆颤巍巍的，当她是十五六岁的少女时，也曾东涂西抹，装饰打扮过。”

仆人过去大声传话，但新郎君正值得意时候，根本不理，只是恶狠狠地低声说：“瞧那模样，也曾写过文章、取过功名？”扬着头，在薛逢面前有意加鞭，目空一切地穿过去。

未可厚非

【释义】厚：过分。非：责难。不可过分加以责难。指还有一定的道理，不能全盘否定。

【出处】汉·班固《汉书·王莽传》。

在西汉与东汉之间，有一个短命王朝——新朝。新朝皇帝王莽推行过一些改革措施，如禁止土地买卖，废除蓄奴制等，也做过几件笼络人心的事。如称帝前在灾年捐款捐地救济灾民，曾亲自责令儿子自杀，为一个奴婢抵命，等等。

王莽即位后第二年，下令把汉室的诸侯王一律改为平民，派使者分别去收回他们王印；又派许多将军分头到匈奴、西域、西南各部族去，将王印换成侯印。汉家的诸侯早已失势，都乖乖交出了原来的印，而那些少数民族的首领就没那么听话了。句町（今云南）王首先不服从，说："汉武帝封我们家为王，新朝却把我降为侯，这太瞧不起人了。"他杀了使者，还派兵经常在边界骚扰。

王莽派廉丹和史熊去攻打句町。这两人是酷吏，他们强征民夫，加重捐税，备粮备战，弄得当地民不聊生，纷纷起来造反。就都大尹（职位相当太守）冯英也因此向王莽上书，劝他与其这样劳民伤财，纵容酷吏，不如罢兵屯田，分化句町部落，悬赏招降他们。王莽阅后大怒，罢了冯英的官职。过了不久，他觉得冯英的建议也不是没有一点道理，对别人说："看来，对冯英也未可厚非。"于是重新任命冯英为长沙连率。

打草惊蛇

【释义】打草时惊动了伏在草中的蛇。比喻做事不严密，反被对方察觉了。

【出处】明·朗瑛《七修类稿·卷二十四》。

在南唐时候，有个叫王鲁的人，做着当涂县的县令。他大肆搜刮民财，贪赃枉法。县衙里的官吏看见县令这样做，也学他的样子，对百姓敲诈勒索，作恶多端。

一天，百姓联名写了一份状子，控告县衙主簿营私舞弊，贪赃受贿。状子递到县令王鲁手上。王鲁一看，吓得浑身打战。因为状子上写的虽然是主簿的罪状，然而那些违法事件没有一宗与他无关。他预感到大祸临头。

王鲁一边翻看案卷，一边琢磨对策。如果受理此案，再往深查，那他自己便暴露无遗了。但又不能置之不理，否则，百姓还要上告。他就提笔在案卷上批了八个字："汝虽打草，吾已惊蛇。"

意思是说：你们虽然告发的是我的属下主簿，可是我已经感到事态的严重了，就像打草时候惊动了草里边的蛇一样啊！

目不识丁

【释义】连一个丁字都不认识。形容人不识字或没有学问。

【出处】后晋·刘昫等《旧唐书·张弘靖传》。

唐宪宗时，张弘靖任幽州节度使。

张弘靖来到幽州，他以为安禄山之乱发自幽州，便掘开安禄山坟墓，毁掉棺柩，因此当地人对他很是不满。

韦雍和张宗厚是张弘靖手下的两个官吏，他俩常常聚合一伙人去酒店喝酒，一直喝到半夜，喝得酩酊大醉。还叫士兵点燃灯笼、火把送他们回家，搞得满街通亮、闹闹嚷嚷，百姓十分讨厌。他俩平日里对军吏非常苛刻，稍不如意就用鞭子抽打，所以军士对他俩怀恨在心。

一天，韦雍又喝醉了酒，对军吏大发狂言："现在天下太平无事，你们目不识丁，只能挽开两石重弓，有啥用处？"听了他的话，连士卒也忌恨他俩。

前任幽州节度使回到朝廷以后，派人送来一百万贯钱犒赏军士，张弘靖却从中截留下二十万贯充作军府杂用开销，只拿八十万贯钱分给兵士。这件事引起众怒，加上他们本来就想报复韦雍、张宗厚，所以一呼而起，拿起刀剑杀了韦雍和张宗厚，把张弘靖抓起来囚在蓟门馆。

不久，张弘靖因为这件事受到朝廷的处分，被贬到抚州做刺史。

白首同归

【释义】表示两个老人同时而死。

【出处】南北朝·宋·刘义庆《世说新语·仇隙》。

晋代有一个大富豪叫石崇，他的爱妾绿珠貌美而且擅长吹笛。有权有势的中书令孙秀想霸占绿珠，就派了人去强行索要。石崇勃然大怒："绿珠是我最喜欢的，谁要也不给！"使者回报后，孙秀大怒，决心报复石崇。

后来，孙秀假传诏书去逮捕石崇。当抓人的军士到了石崇的别墅金谷园时，石崇正在楼上与绿珠饮酒，他对绿珠说："我现在因为你而获罪。"

绿珠流泪泣道："您因为我而获罪，我应当死在您面前，表白我的愧意。"说罢跳楼自尽。

石崇有个朋友叫潘岳（字安仁），年轻时曾用鞭子打过孙秀，孙秀一直怀恨在心。孙秀当了中书令后，就陷害潘岳。潘岳与石崇同一天被捕，也同一天被处死。

石崇被先押到刑场，他事先不知潘岳也被捕。潘岳被押到时，石崇问："安仁，你怎么也落到这个地步呵？"

潘岳说："这就是'白首所同归'呵！"

"投分寄石友，白首所同归"是从前潘岳赠石崇诗中的句子，谁知竟不幸而言中。

饥寒交迫

【释义】饥饿与寒冷一同迫来。形容穷困潦倒。

【出处】宋·王谠《唐语林·政事上》。

唐高祖李渊为人宽厚，较能体恤下情。他虽然军政事务繁忙，但常常亲自审阅、检查囚犯的案卷，遇到疑而不决的案件，还亲自提审犯人。

当时，武功有个叫严甘罗的人，在地方上因为抢劫犯了法，被官吏抓来关在监牢里。正逢高祖亲审囚犯，官吏将严甘罗押到高祖面前。

高祖见这个犯人衣衫十分破旧，难以遮盖全身，因为冷的缘故，拱着一副尖瘦的肩膀，瑟瑟缩缩地跪在地下，显得很可怜，不像作恶多端的人，就问他："你为什么要做强盗？"

严甘罗打着哆嗦回答："饥寒交迫，所以做强盗活命。"

高祖听了，动了恻隐之心，没有对他处重刑。

市道之交

【释义】指人与人只有利害的关系。比喻重利而忘义的交往。

【出处】汉·司马迁《史记·廉颇蔺相如列传》。

赵国名将廉颇，英勇善战，屡建功勋，赵王封他为上卿。一次，秦国发兵攻打赵国，双方兵马在长平交战，廉颇领兵据守长平，坚壁不战。秦国为了诱使赵国出兵交战，便派人到赵国宣扬："秦兵不怕廉颇，就怕赵括。"赵王竟派赵括担任将军，把廉颇撤下来了。廉颇因为丢掉了大将军的官职，过去的同僚、朋友也不来了，亲戚、部下也离他远远的。

赵括不会打仗，仅四十天就损失兵卒四十五万，大败而归。

赵国虽然得到楚国、魏国的救援，一时得以解围，但国力衰弱，很难对付强敌了。燕国又趁机来攻打赵国，赵王重新起用廉颇，命廉颇为大将军抵抗燕兵。结果廉颇打胜，赵王封他为信平君，地位不在相国之下。

廉颇名声又显赫起来，从前断绝来往的亲朋故旧，又重登门庭了。廉颇冷冷地对客人说："现在看我又有用处了，都来恭敬我，从前我遭冷落的时候你们都干什么去了？"

客人不感到羞耻，反而笑嘻嘻地说："老将军呀，天下的人不都是以市道交往吗（市道之交）？您有势力我们就跟从您，您没势力我们就离去，这是常理嘛，您别怨恨我们啊！"

"什么常理？全是势利眼！"廉颇气愤地把客人们都赶了出去。

死灰复燃

【释义】死灰：烧剩的余烬。指烧尽的灰又重新燃烧起来。形容坏人、坏事、坏思想重新抬起头来。

【出处】汉·司马迁《史记·韩长孺列传》。

韩安国是一位足智多谋、豁达宽厚的能臣，很得汉景帝的赏识。

他年轻时，因为一件案子的牵连被关进蒙县的监狱，狱里有一个看守官叫田甲，对待韩安国态度很蛮横。有一回，韩安国气极了，便与田甲吵起来："你不要以为我这一辈子就再也没出头的日子了，就不能死灰复燃吗？"

田甲嘲弄地说："没听说过死灰还能冒火的……就是真的冒出火苗来，我就撒泡尿，浇灭它！"

事情真巧，韩安国没过几天就被释放了。而且又当上了官，官位比从前还高。田甲听到这个消息，吓得赶忙逃跑了。

韩安国吩咐家人说："你去给田甲家里送个信儿，如果田甲不来见我，他全家人的性命就保不住！"

几天之后，田甲浑身颤抖地来向韩安国请罪。韩安国笑道："哈哈，田看守，怎么样呀，今天死灰真的复燃了，你来撒泡尿浇吧……"

韩安国没有惩罚田甲，找他来不过是开一个玩笑，借此教训他一顿罢了。

有天没日

【释义】 形容说话肆无忌惮。也指有法不依，有理难伸，十分黑暗。

【出处】 清·曹雪芹《红楼梦》第七回。

《红楼梦》中有焦大这样一个人物。焦大对贾府的祖辈有救命之恩，先前跟老太爷出征作战，曾经把他从死尸堆里背了出来。他们两天没喝到水，焦大弄来半碗水，却给主子喝，宁肯自己喝马尿。焦大因为有这些功劳，老少主子都对他另眼相待。焦大因此在贾府居功自傲，看不起其他奴才，喝醉了酒时常常骂人。

一天夜里，焦大又骂起人来，贾蓉骂了他几句，并吩咐管家："把他捆起来！"

焦大不把贾蓉放在眼里，朝着他大叫："蓉哥儿，你别在我身上使主子性儿，你们做官儿，享荣华，受富贵，到如今不报我的恩，反和我充起主子来了，别说咱们白刀子进去，红刀子出来……你们这群畜生，每日偷狗戏鸡，爬灰的爬灰，养小叔子的养小叔子，我什么不知道？”

贾府的奴才们听见焦大说了这些有天没日的话，吓得魂飞魄散，急忙将他捆起来，用马粪填了他一嘴……

曲高和寡

【释义】曲：乐曲。高：高雅。和：和谐地跟着唱。指曲调越高雅，跟着唱的人越少，原比喻知音难觅，现常指写文章不通俗，使人很难看懂。

【出处】南朝·梁·萧统《文选·宋玉对楚问》。

宋玉是战国时代楚国的文学家，也是楚襄王的大臣。

一次，楚襄王听到人们议论宋玉行为不好，就把他找来说：“别人对你很不满，在背后纷纷议论你，你应好好反省。”

宋玉回答：“大王，您先不要责备我，请您听我讲一个故事：在咱们楚国国都郢城，来了一个唱歌的人。开始他唱《下里》、《巴人》这样通俗流行的曲子，随着他一起唱诵的有几千人；后来，当他唱《阳河》、《薤露》这样比较文雅的曲子，跟随他一起唱的只有几百人；而当他唱《阳春》、《白雪》这样高雅的曲子时，能够跟随他一起唱的人不过几十人而已！这是什么原因呢？这是因为曲子的格调越高，能跟着唱的人就越少。那些平庸的人怎么能够理解我宋玉的行为呢？”

楚襄王觉得宋玉的话很有道理，就不再追究他了。

这个故事记载于《文选·宋玉对楚问》。文中说：“客有歌于郢中者，其始曰《下里》、《巴人》，国中属而和者数千人；其为《阳河》、《薤露》，国中属而和者数百人；其为《阳春》、《白雪》，国中属而和者数十人；引商刻羽，杂以流徵，国中属而和者，不过数人而已。是其曲弥高，其和弥寡。”

光彩夺目

【释义】形容光彩耀人眼目。

【出处】南朝·宋·刘义庆《世说新语·汰侈》。

西晋时的石崇，在荆州刺史任上，纵容官兵劫掠客商，夺取财宝，成了西晋有名的大富豪。而当时的后军将军王恺，是晋武帝司马炎的舅舅，也是个大富豪。

石崇和王恺都要争做第一富豪。于是，两人都竭力用最华丽贵重的东西来装饰自己的车辆和衣冠。

有一次，晋武帝把一株二尺多高的珊瑚树赐给了王恺。王恺得意非凡，一天，故意把这棵珊瑚树拿给石崇看，并不断地夸耀。石崇一笑，拿起一柄铁如意，猛地一击，把那珊瑚树打得粉碎。

王恺认为这是石崇妒忌自己有这稀世之宝才故意毁掉珊瑚的。于是，声色俱厉地嚷道："你这是干什么？这宝物是皇上所赐，看你如何赔偿？"

石崇不以为然地说："这样的珊瑚，有什么稀罕。我马上赔你一棵更好的就是。"说完，他命家人搬出几十棵珊瑚树，有高三尺的，有长四尺的，枝条、树干无与伦比，光彩夺目的就有六七棵，而跟敲碎的差不多的，那就更多了。

王恺看后，惘然若失，什么话也说不出来。

杀鸡骇猴

【释义】传说猴子怕见血，驯猴的人就杀鸡放血来驯服猴子。现用以比喻惩罚了一个人，惊吓其他人。

【出处】清·李伯元《官场现形记》。

清朝末年，有位姓文的制台非常害怕洋人的洋枪洋炮。文制台有一个脾气，就是在他吃饭的时候，不准任何人来打扰，总要等他吃过饭、擦过脸再说。否则，对禀报的下人，轻则责骂，重则拳脚相加。

这一天，文制台正在吃饭，一个外国领事要见制台。一听洋人来了，制台吓得六神无主，不但打破惯例，说“请进”，而且穿好衣帽，亲自来到滴水檐前迎接。

这个领事为什么事情来见制台呢？原来，制台新近处死了一名亲兵，谁知杀的地方不对，既不在校场，也不在辕门外，偏偏在这位领事的公馆旁边，所以领事前来问罪。

见了面，领事愤愤地把上述情形讲了一遍，责问制台，为什么在他公馆旁边杀人？制台临时编出一套理由，说：“这个亲兵原是拳匪，正因为拳匪专同洋人为难，这就对贵领事也有所不利，所以我特地想出一条计来，把这人杀在贵衙署旁边，好教他的同党惧怕。俗话说杀鸡骇猴，把鸡杀了，那猴子看到自然就怕。我这回虽说只杀一个亲兵，然而所有拳匪见了这个榜样，以后就不敢再和贵领事为难了。”

那领事听了制台的回答，称赞他办得好，告辞而去。

先斩后奏

【释义】斩：杀头。原意是指封疆大臣先将罪犯杀了再奏明皇帝。后泛指先采取行动，再向上报告。

【出处】元·关汉卿《窦娥冤》。

元代著名戏剧家关汉卿，写过一出名叫《窦娥冤》的戏，说的是寡妇窦娥善良而且正直，但遭受地痞流氓张驴儿的迫害，被诬告杀人。官府断案不明，威刑逼供，结果判窦娥死刑。临刑时窦娥在刑场上指天为誓，哭天喊地地说：“死后必定血溅白练，六月下雪，大旱三年，以表白自己的冤枉。”后来，窦娥的父亲窦天章当上了大官参知政事，奉旨访察民情，惩处贪官污吏，才替女儿窦娥鸣冤昭雪。

《窦娥冤》第四折中，讲的就是窦娥父亲窦天章，在京城一举中第，回到阔别十六年的家乡。他想念女儿窦娥，寻她不着，十分伤心哀愁，眼睛哭花了，头发愁白了，又见楚州地面三年大旱不雨，心中十分烦闷。夜间灯下观看案卷，遇上女儿窦娥托梦与他……

戏中有这样一段话：“只因老夫廉能清正，节操坚刚，谢圣恩可怜，加老夫两淮提刑肃政廉访使之职，随处审囚刷卷，体察滥官污吏，容老夫先斩后奏。”

后顾之忧

【**释义**】后顾：回过头来看。来自后方或事后的忧患。

【**出处**】北朝·北齐·魏收《魏书·李冲列传》。

李冲是南北朝时期北魏的宰相，他多才机敏，为官清廉，对朝廷忠心耿耿，博得君臣上下一片赞扬。

孝文帝打算把京都南迁，大臣都反对，可是皇帝不听劝谏。李冲便耐心地规劝皇帝，讲明利害得失，说服了皇帝。孝文帝几次领兵出征，朝内大事全交付李冲。李冲处理得十分周全、缜密。由于劳累过度，李冲才四十岁，鬓发已经斑白，身体衰弱，但仍然不辞辛劳，为朝廷深谋大计。孝文帝也将他看成不可缺少的助手。

当时有一个叫李彪的人，初到京都时投奔李冲。李冲对他很赏识，常在皇帝面前推荐他。李彪后来当上了朝廷的中尉兼尚书，成了皇帝的近臣，一改过去面孔，对李冲疏远而且无礼，大臣们对他很讨厌。在皇帝南征离开京都时候，几位大臣找李冲联合控告李彪。李冲亲自执笔，写到李彪忘恩负义的地方，气得大呼大叫，一拳击断书案。因此生出急病，药不能治，仅十余天便死去了。

孝文帝听到噩耗，悲伤不已，急忙回驾。他路经李冲坟墓，痛哭失声，对大臣们说：“李冲清俭居躬，身负重任，因为有他替我主持朝政，我出征才没有后顾之忧，如今他死了，我以后将依靠谁呢？”

如坐针毡

【释义】好像坐在插针的毡子上。意谓坐卧不宁，片刻都难以安定。

【出处】唐·房玄龄《晋书·杜锡传》。

晋朝时，杜预的儿子杜锡，被朝廷召去做文学侍从，经过几次升迁，最后做了太子舍人（掌管宫中一切事务的官），为愍怀太子服务。

而愍怀太子是个不肯上进的人，行为乖张，做事不合情理，杜锡日日在他身边工作，对太子这种作风很不满意，便时常向太子劝告，希望他能改进。杜锡的言辞非常忠实恳切，但愍怀太子却觉得他多事，很不高兴，便派人悄悄地在杜锡平日坐的毡中插上许多针，杜锡不知实情，坐下时被刺得流出血来。

过了几天，愍怀太子问杜锡说："前几天你做些什么呢？"

杜锡说："我喝醉了酒，什么事都不知道。"

太子一定要问到底，杜锡被问得狼狈不堪，哭笑不得。后人根据这个故事提炼成"如坐针毡"的成语。

好丑自彰

【释义】比喻人的本来面目，不容掩饰。

【出处】唐·段成式《酉阳杂俎·诺皋上》。

晋代泰始年间，临清郡（故城在今山东省临清县南）有位书生，妻子段明光是有名的醋缸子，就连丈夫念书也不许念一个美妇淑女之类的词儿，要不然，就要醋意四起。

一次，丈夫读《洛神赋》，不禁对洛神心醉神迷，恨恨不平地叹息道："要能娶她为妻，我终身无憾，死而瞑目了。"

段明光听见，自然又大发醋意，骂道："你这牛粪眼，真是没脸没皮没骨头，我好端端、活生生的美少妇，竟然比不上你那烂书破纸上的臭婆娘。我要死了，何愁成不了水神？"抓起他的书撕个稀巴烂，当夜就跳河自尽了。

段明光死后化作水神，托梦给丈夫说：“我已成水神，遂了你的愿，你快来吧！”书生惊醒后，再也不敢渡河。水神耐不得寂寞，从此恨起全天下的美人，美人过水就要兴风作浪，丑妇上船，就给她一面水镜照照尊脸。

后来，妒妇津的名声越传越远，南来北往的美女，为了不使妒妇兴风作浪，常以污泥涂面，披散秀发，撕破衣裳。丑妇们乘船，怕人家说她们丑，所以也学起美人的样子，掏起一把黑泥，东涂一点西抹一块，弄得像魔鬼一样，还得意地说：“今天要不是弄成这样子，准掉进河里淹死啦！”这一带人们相传一句话：要找漂亮妻子，让她立在渡口看江面，好丑自彰。

投鼠忌器

【释义】要扔东西打老鼠，又担心砸坏它旁边的物器。比喻有所顾忌，不敢放手做事。

【出处】汉·班固《汉书·贾谊传》。

汉代的贾谊主张改革政治，为此受到一些权贵的反对和打击，一再受贬，但他立志改革旧制的主张一直没有动摇。后来，贾谊写了著名的奏章《论政事疏》，呈给汉文帝。在这道奏疏中，他系统地说明了自己的政治见解。他的主张之一就是要求汉文帝坚决实行严格的等级制度。他认为，皇帝是至高无上的，皇帝下边的大小官吏，好比一级一级的台阶，应该界限分明，不可混淆，做到尊卑有序。百姓犯了罪，可用在脸上刺字、割鼻子、砍脚、鞭打等手段去惩治，而王侯大臣犯了法则不能采用这些刑罚，应当用“廉耻节礼”等封建道德进行约束。王侯大臣犯了天大的罪，也只可赐他们一死（命他自杀），因为他们是皇帝身边的达官贵人。在奏章中贾谊还引用一个谚语：“欲投鼠而忌器。”对于王侯大臣们的处罚也是这样。他们是皇帝身边的人，对他们施用惩治老百姓的刑罚，就会损害皇帝的尊严。

吠非其主

【释义】不是狗的主人，狗就要朝他乱叫。比喻人臣各为其主。

【出处】汉·刘向《战国策·齐策》。

汉景帝时，有个人叫邹阳，很有智谋。起初，他和严忌、枚乘等人同在吴王刘濞手下做官。后来，吴王刘濞阴谋叛乱，邹阳不愿参与其中，就同严忌、枚乘等一起出逃，投奔到梁孝王刘武那儿。但刘武的心腹羊胜、公孙诡等人并不欢迎他们去，在梁孝王面前讲了他们不少坏话。梁孝王信以为真，就不信任邹阳等人，还把邹阳抓起来准备杀死。邹阳深为自己的遭遇不平，就在狱中写了一封信，即闻名于后世的《狱中上梁王书》。

《狱中上梁王书》中讲道："当今的君王如果能去掉骄傲之心，对士人推心置腹，诚恳待人，不论贫穷达贵始终一个样，那么'桀之犬可使吠尧，跖之客可使刺由'，即'暴君'的狗可以听从主人的指使去咬尧那样的'圣王'，'大盗'跖一类的同党可以听从指使去杀许由那样的高士。"这段话引用了《战国策·齐策》中的话，后来简化成"桀犬吠尧"或"跖狗吠尧"的成语。

"吠非其主"，意思是狗总是只知道帮它的主人去咬那些不是主人的人。"吠非其主"，一般总是同"跖狗吠尧"连用，说成"跖狗吠尧，吠非其主"，亦说作"狗吠非主"。

身轻言微

【释义】形容地位低下的人，说话不被重视。

【出处】南朝·宋·范晔《后汉书·孟尝列传》。

东汉时候，浙江会稽上虞县有一个寡妇，对年老的婆母非常孝顺。村里人都夸她是一个好媳妇。后来，她的婆母因为年老去世。

这位寡妇有一个小姑，心肠歹毒，为人刁钻，对自己母亲不但不敬、不孝，反而说她受嫂嫂虐待。老人死后，她竟然到县衙告状，说嫂嫂毒死了老婆婆。县令是一个昏官，不加调查就判了寡妇死罪。

当时在县衙内担任户曹小官的孟尝，知道这是一起冤案，急忙报告太守，可太守根本不当回事儿，孟尝又气又恨，辞职不干了。寡妇终于冤枉而死。

两年后，换了新太守，孟尝向他告发寡妇蒙冤受难之事。新太守惩办了诬陷贤妇的那个女人，百姓无不拍手称快。不久，孟尝到合浦当太守。孟尝有个同乡名叫杨乔，在朝廷做尚书。他很了解孟尝，曾七次向皇帝推荐孟尝，但汉桓帝都没有理睬。杨乔第八次给桓帝上书，说："臣下前后七次向陛下举荐合浦太守孟尝，但因为我身轻言微，始终得不到采纳。孟尝确实是一个品行高尚的人，为百姓做了许多善事。他是难得的清廉之士呀，如果选到陛下左右，一定能帮助陛下成就大业！"

可汉桓帝仍然不采纳杨乔的建议。孟尝决心不再当官，在一天夜里偷偷坐上渔民打鱼的小船，一个人悄然离去了。

言不二价

【释义】形容交易时从不说出第二种价。也泛指说出话来，不再改变。

【出处】汉·赵岐《三辅决录》。

东汉时，有个人名叫韩康，不但熟读经书，而且擅长医道。他常常上山采集各种草药，拿到长安集市上出卖。向他买药的人只要告诉他病情，他就会选择适合的药卖给买药人。但他有一个习惯，他说药价多少就是多少，不许别人讨价还价。如果买药人讨价还价，他就不卖。

这样，韩康以一个卖药人的身份隐迹市中三十余年，他的"言不二价"也出了名。

一天，有一个不认识他的女子来向他买药，韩康说了个价钱，那女子好说歹说，要韩康降低一些价钱，但韩康坚决不肯。女子气冲冲地说："长安市中只有韩康卖药言不二价，你难道也是韩康吗？"

说完，她丢下药，气呼呼地走了。

韩康叹了口气说：“我为了避免出名，才隐迹市中卖药，现在连一个小女子都知道了我的名字，我还卖什么药呢？”

于是，他隐居在霸陵山上，不再出山卖药，汉桓帝曾多次征召他出来做官，都遭到他的拒绝。

怀璧其罪

【释义】怀璧：拥有璧玉之类的宝玉。比喻怀才遭忌。

【出处】春秋·左丘明《左传·桓公十年》。

战国时，齐国有一个臣子叫张丑，被抵押在燕国做人质，燕王要杀死他，他乘机逃走了。快要逃离燕国的疆界时，却被守卫边境的小吏捉住。

这时张丑心生一计，恐吓小吏说：“燕王要杀死我的缘故，就是因为有人说我藏有宝珠；他想得我的宝珠，但是我现在已经没有了，燕王不肯相信。现在你捉住我，如我在燕王面前说宝珠被你抢去了，吞到肚子里了，那燕王一定要杀死你，剖你的肚子，割你的肠子，君王们都是很贪心的，只知道财利。我迟早总要死，但是你的肠也要一寸寸被割断呢！”

守边的小吏，被他说得有点害怕起来，于是把他放走。

此故事载于《左传·桓公十年》。原文是：“匹夫无罪，怀璧其罪。”

改弦易辙

【释义】指乐器换了弦，车子改了道。比喻改变主张行为、计划、方向。

【出处】汉·司马迁《史记·酷吏列传》。

张汤是汉武帝时的御史，以办案严酷著名。他在承办陈皇后用巫术诅咒别的后妃早死的案件中，横追直逼，最后株连处死了三百多人。

在审理淮南王谋反案件时，张汤又牵连诛杀了很多人。其中有两名大臣，汉武帝很想释放他们，可是张汤坚持说："他们私交诸侯，图谋造反，要是不杀，以后再要有人犯上作乱，就不好处理了。"汉武帝只得同意将他们正法。

因为张汤执法从重从严，得罪的人很多。后来有人在武帝前诬告，武帝派人去责问他，张汤就只得自杀了，后被汉武帝平反。

杜周原是张汤的下属，后来也升任御史。他负责查捕和惩办逃亡边卒，杀了很多人。

杜周办案学张汤的从重从严、毫不留情，但他没有张汤那种敢在皇帝面前坚持执法的勇气和品质。他办案总是看皇帝的脸色办事。皇帝不喜欢的人，他千方百计给制造罪名，一定要把他们置于死地；皇帝要宽恕的人，他就拖延案件的办理，直到找到"冤枉"的证据而予以释放。

杜周后来做了廷尉，一年要办一千多件案子。大案往往牵连到几百人，小案也要牵连到几十人。对于不服罪的人他就用严刑拷打定案。前后竟有十多万人被关进了监狱，所犯的尽是"大逆不道"的罪名。

张汤的儿子张安世，杜周的儿子杜延年都在汉昭帝时做官。但这两人性格都很宽厚，待人谦恭平和，和他们的"酷吏"父亲完全不同。当时两人名声都很好。

宋代学者王楙在一部书里评论说：张安世和杜延年，为人务求宽厚，和张汤、杜周截然不同，就好像乐器换了弦，车子改了道（改弦易辙）那样，这才弥补了他们父辈的罪过——其实，对于张汤和杜周两个历史人物并不能一概而论。从上面所叙述的事情中，也可以看出，他们虽都被称为"酷吏"，但是行为和品质并不相同，还是应该给他们以不同的评价。

弃璧负婴

【释义】在患难时，宁愿丢弃璧玉，也要把孩子背在身上，因为玉是身外之物，而孩子却是亲生骨肉。指重视内在的自然的联属关系。

【出处】战国·庄周《庄子·山木》。

春秋时，孔子为了实现自己的政治理想，带着一批弟子周游列国，向各国诸侯进行游说，但成果不佳。孔子灰溜溜地回到鲁国，他的有些朋友见他一事无成，日益同他疏远，他的不少弟子也先后离开了他。孔子心中非常难过，便去向隐士子桑雽请教。

孔子说："我平时对待朋友和弟子都很注重礼仪，讲学也十分尽心，为什么在我艰难困顿的时候，我的朋友疏远了我，我的弟子离开了我呢？"

子桑雽听了，就讲了一个林回弃璧负婴的故事给他听：

林回是假国人。有一次，强大的晋国向弱小的假国发动进攻，城中的百姓纷纷逃出都城。林回身怀玉璧，背着自己刚满周岁的儿子随着人流逃难，不一会儿，他便累得气喘吁吁。他果断地把身上的玉璧扔掉，而背着孩子继续逃难（弃璧负婴）。

有人问他："对于一个逃难的人来说，财宝是最为重要的，不然你逃出去后将无法生活；其次，拖累要越少越好，这孩子既不值钱，背在身上又是很大的累赘，可是你却宁愿把价值千金的玉璧丢掉，而背着孩子逃难，这是为什么呢？"

林回回答说："我和玉璧只是利益的结合，而这孩子却是我的亲生骨肉，我和他血肉相连，有着天然的联系。这种父子之情，是任何珍贵的财宝所无法代替的。"

子桑雽讲完故事，又继续说道："如果人与人之间的关系只是以利益相结合的，那么遇到艰难困苦就会互相抛弃；你的朋友和一些弟子都是为了利才来亲近你的，那么你现在艰苦困顿，无利可图了，他们离开了你，又有什么奇怪呢？你只有和你的弟子和朋友建立深厚的感情，待他们像亲骨肉一样，他们才不会离开你！”

孔子听了，恍然大悟。

于是，孔子回去后，便抛开经书，不再进行严肃的说教，也不要弟子们对他行揖拜的礼节，而是努力培养师徒间的真诚感情。从此，弟子们对他的敬爱与日俱增，再也没有离开他了。

直言贾祸

【释义】直言不讳，会招致祸患。

【出处】春秋·左丘明《左传·成公十五年》。

春秋时期，晋国有个大臣名叫伯宗。他为人正派耿直，憎恨邪恶，敢讲敢说，不怕得罪权势。

伯宗的妻子深知丈夫的为人和性情，担心他得罪坏人会遭到陷害。每当伯宗入朝的时候，总是劝诫他说：“你在朝廷里讲话可要小心谨慎点，你喜欢说直话，容易招灾惹祸（直言贾祸）。”

晋国的国君晋厉公是个昏庸暴虐的人，喜欢溜须拍马之徒。他特别重用郤锜、郤至、郤犨等三个奸臣，人们敢怒而不敢言。

伯宗看到三郤权势渐大，横行霸道，国家日趋衰败，心里非常忧虑。他多次劝谏晋厉公要疏远坏人，削弱三郤权势。三郤对伯宗恨得咬牙切齿。他们无中生有，千方百计地诬陷伯宗。昏庸无能的晋厉公听信三郤的谗言，终于把伯宗处死。伯宗的儿子伯州犁见势不妙，慌忙逃往楚国，这才幸免于难。

罔上虐下

【释义】罔：蒙蔽。意为瞒骗上级，欺压和虐待下属和人民。

【出处】明·宋濂《元史·耶律楚材传》。

元朝的耶律楚材是个忠君爱民的大臣，深受当时的皇帝器重。有一次皇帝错抓了耶律楚材，让人把他绑了起来。后来又有了悔意，下令给他松绑。可耶律楚材却不肯，他说：“我身居辅佐之位，料理国家大事。陛下当初是因为我有罪才绑我的，那就应该向百官公布我的罪行不能原谅赦免。现在释放我，等于说我无罪。事情怎能这样颠来倒去，像哄小孩子似的？如果遇到国家大事又该怎么办呢？”

在朝的官员都为他这番大胆的表白吓得胆战心惊。皇帝只好向他道歉说：“我虽说是皇帝，错误也是难免的啊！”这样，耶律楚材才答应松绑。这件事很能说明耶律楚材的性格。

当时，富人刘忽笃马、涉猎发丁、刘廷玉等人，想用一百四十万两银子买得全国的征税之权。这种由官府核计征税数额，招商人抵押承包征税方法始于宋朝，盛行于元朝，征税权往往由出价最高的人获得。对此，耶律楚材一直表示反对。他知道，那些有钱人即使是出了最高价，总还是有利可图。价出得越高，老百姓受的盘剥也越重，同时，国家还会有巨额的税款流失。耶律楚材思考了很久，决定向皇帝建议废除这种不合理的征税制度。于是，他对皇帝说：“那些要求买下征税权的人，都是些贪图巨大利润的人，他们罔上虐下，一心只想自己发财，这样的做法，危害极大。”

耶律楚材去世时，才五十五岁，死后有人诬告他任宰相的时间长，全国进贡给皇上的东西有一半到他家了。皇后命令人去彻底查看，只见耶律楚材家只有十几把琴瑟和一些字画，他所写下的文章倒有千卷。

苛政猛于虎

【释义】苛刻的政令比猛虎还要厉害。形容代表剥削阶级利益的政府对于人民的沉重压迫和剥削。

【出处】汉·戴圣《礼记·檀弓》。

孔子带领学生游学，经过泰山山脚时，听到远处传来一位妇女的哭声，那哭声撕心裂肺，十分悲戚。孔子一行循声而去，看见一座坟墓上坐着一位穿缟素衣裳的中年妇女，正捶胸顿足，号啕痛哭。孔子倾听了一会儿，派子路去问那个妇女为什么这样。

子路赶紧跑过去，对妇人说："你这样哭泣，好像心中有重重的忧伤愁苦。"

妇人唏嘘几声，终于说："的确这样，过去我的公公被老虎吃了，后来我的丈夫又被老虎吃了，现在我的儿子也被老虎吃了。"

孔子显出痛苦的神色，同情地说："这里老虎这么多，你为什么不离开这里呢？"

妇人似乎更加悲伤，泪流满面，回答说："可是，这里没有残暴的政府啊！"

孔子听了这话，连忙转过头，对学生们说："你们年轻人记住这一点吧：苛政猛于虎啊！"

金玉其外，败絮其中

【释义】败絮：烂棉花。比喻外表很华美，而里面一团糟。

【出处】明·刘基《诚意伯文集》。

元朝的时候，在杭州的西子湖畔，有一个专门卖柑子的小贩。他善于贮藏柑子，当别人的柑子都卖完的时候，他就拿出自己贮藏的柑子卖。这些柑子外表仍然像刚从树上摘下来一样，虽然价钱比平时贵十倍，但是人们争先恐后地购买。

有一天，当时的著名学者刘基从卖柑子的货摊前路过，也向小贩买了几个柑子，不料回家以后，刚剥开柑子皮，就有一股烟味直冲鼻子。再看里面的果肉，已经干得没水了，完全像破旧的棉絮一样。刘基非常生气，拿着柑子去责问小贩："做生意得讲信誉，货真价实，总不能像你这样骗人吧！"

小贩听了这话有点火了，不客气地回敬道："要说骗人，当今世界骗子太多了，我跟他们比起来，不过是小巫见大巫罢了。"

说话间，有一伙将军模样的人骑着高头骏马经过，小贩望着他们的背影说："那些佩带兵符，坐在虎皮交椅上的威风凛凛的武将，别看他们表面上耀武扬威，难道他们真正懂得兵法吗？那些头戴高帽，穿着宽大朝服，气宇轩昂的文官，难道他们真正掌握了治理国家的本事吗？寇盗横行，他们不能抵御；百姓困苦，他们不能救助；贪官污吏，他们不能处置；法纪败坏，他们不能整顿。他们一个个身居高位，住着华美的房舍，吃着山珍海味，喝着琼浆玉液，骑着高头骏马，哪一个不是装得道貌岸然、堂堂正正、一本正经的样子？其实，他们又有哪一个不像我所卖的柑子那样'金玉其外，败絮其中'呢？你为什么看不到别人，偏偏看见我的柑子呢？”

刘基听了小贩的一席议论，半天没说出话来。

法出多门

【释义】各部门都自立禁令，法制繁苛，形容制定或执行法令和制度不统一，使人民不知所从。

【出处】宋·欧阳修、宋祁等《新唐书·刘蕡传》。

唐朝时，皇宫之北建有“内侍省”，与建在皇宫之南的“中书省”等相对，故而有“南司”、“北司”之称。唐文宗时，不仅军权掌握在太监手中，“北司”也是权重一时。他们挟制天子，庇护同党，威胁群臣，横行海内，无法无天。

唐文宗也想摆脱这种局面，便于大和二年下诏，令有才德、正直敢谏的人上疏“辨政之疵”，以便量才录用。

有一个叫刘蕡的幽州籍进士上疏指出：豪门滑吏之所以敢不守法度，就是因为法制不能统一。根据外官、中官（宦官）之分分设南司、北司，在南方犯法的可以脱逃北方，外官要明正典刑的，内官却可破例，“法出多门，人无所措……而中外法殊也。”

负责选荐的左散骑常侍冯宿、太常少卿贾悚等官员看了刘蕡的上书，非常佩服他的见识和胆略，但由于害怕宦官报复，不敢推选给皇帝，只挑了一些平平庸庸的奏折送给皇帝了事，以致宦官专权的事实一时无法改变。

狐奔鼠窜

【释义】像狐狸和老鼠一样东奔西逃。形容狼狈逃窜的样子。

【出处】梁·沈约《宋书·索虏传》。

后魏太武帝拓跋焘当政时，南朝正处于宋文帝时。拓跋焘残忍好战，屡次领兵侵犯宋的边境，使边境百姓饱受战争之苦。此外，边界两边的盗贼，也趁着战乱，窜到对方境内，烧杀抢掠无恶不作，使边民雪上加霜，苦不堪言。

豫州正是南北朝交界处。后魏与宋的豫州刺史互通书信，相互指责对方不剿土匪，致使匪祸蔓延。魏的刺史若库辰树兰的信中说，宋国的地方官对土匪不加防御，使人终年不得安宁。希望除使节外，“人迹不能超越国境，边境之民，烟火相望，鸡犬之声相闻，而老死不相往来”。宋刺史刘铄写信答复说，由于南朝诛讨盗匪，使他们在边境以南无法立足，狐奔鼠窜，逃到北方，而北魏对待他们，竟像归来的旧部下，资助给他们粮食器械，使土匪更加猖獗，连无辜的老人和小孩子都无法幸免。希望魏信守睦邻的誓约。

信都写得很动听、在理，实际上是双方推诿责任，而边境上的盗匪却一天更比一天厉害。

炙手可热

【释义】炙：烤。手上感到热得发烫。比喻权势大，气焰很盛，不敢亲近。

【出处】唐·杜甫《丽人行》。

唐玄宗李隆基宠爱杨贵妃。杨贵妃的堂兄杨国忠因此当宰相，把持朝廷大权。杨家兄妹过着穷奢极欲、淫乐无度的腐朽生活。一次，杨贵妃等到曲江江边春游野宴，大摆排场。

诗人杜甫对杨氏兄妹这种只顾自己享乐而不管人民死活的行为，极为愤慨，写出了著名的诗歌——《丽人行》，大胆地揭露和深刻地讽刺了杨氏兄妹生活之奢侈和权势之煊赫，其中有这样两句：

炙手可热势绝伦，
慎莫近前丞相嗔。

意思是说：杨氏位高权重，气焰极盛，可以说是热得烫手，没有人能与之相比；人们千万不要走近前去，以免惹得丞相发怒生气。

神采英拔

【释义】形容精神气质英俊明秀，倜傥不凡。

【出处】唐·姚思廉《陈书·江总传》。

南朝梁武帝普通年间，有个名流叫江总，七岁时，父亲去世，只能依傍外祖父生活。他小时候，人很聪明，读书肯用功，悟性又好，进步很快，他的舅父萧劢对他很是钟爱，曾夸奖他说："你平时的品行与众不同，神采英拔，将来你的名气也该超过我这个当舅父的才是。"

江总十八岁时，写过由梁武帝命题的述怀诗，诗中表达了自己的志向抱负，梁武帝看了，深为叹赏。

在他的中年时期，梁朝出了侯景之乱，这以后政局一直不稳，江总辗转避难无所作为地过了大约十几年。

到了陈朝，陈后主即位以后，江总得到了重用。可是，那时候的江总已经无意于荣枯宠辱，他不要利，不要权，也不理政务，沉湎于醉生梦死的生活中。

陈后主是个荒淫的皇帝，常让宠妾张贵妃、孔贵人等七八个人夹坐左右，召江总与另外几个名士如陈暄、孔范等，就是号称"狎客"的那些人，陪着一起赋诗作曲，欢歌酣饮，通宵达旦。江总的五言、七言诗写得极好，都是一些浮艳的内容，所以特别受陈后主的喜爱。

江总这样一个神采英拔才气出众的人，后来竟与陈后主一起成为亡国的君臣。不久，陈朝就被隋文帝所灭。

结驷连骑

【释义】驷：古时一辆车所套的四匹马。随从、车马众多。形容排场阔绰。

【出处】汉·司马迁《史记·仲尼弟子列传》。

孔子的学生子贡，平时很喜欢出头露面，谈论起治国道理来头头是道，胸中很有雄才大略。后来卫国君王任命他担任相国，他一朝大权在握，顿时显赫起来：住的是华厦高屋，出门前呼后拥，在朝廷上说话举足轻重，声名权势很大。

孔子另一个学生原宪，满腹才华，平时沉默寡言，不喜欢同别人争强斗胜，后来也当了官，却过着俭朴的日子。孔子死后，他弃官隐居卫国，住在简陋的屋子里，安心地钻研学问。

子贡便以相国的身份去拜访原宪，大队人马随行，有的骑着高头大马，有的乘着车子，而子贡坐在四匹马拉着的车子里，更是威风凛凛。原宪看见子贡结驷连骑，排场很大，非常不高兴，就穿上破衣服，从简陋的住房里走出来迎接子贡。子贡见了，觉得给自己丢了脸面，顿时浑身不自在。他看着原宪的脸，不满地说："我看你莫不是生病了吧？"

原宪听了，知道子贡看不起自己，于是冷冷地回答他说："我听说，如果没有钱财，那只叫作贫穷。只有修养不高，才叫作生病。如今我这副模样，只不过是贫穷而已，怎么是生病呢？"

子贡听了，知道自己对原宪无礼了，顿时脸红起来。

莫逆之交

【释义】莫逆：没有抵触。交：交情。彼此情投意合，友谊深厚。

【出处】战国·庄周《庄子·大宗师》。

从前，有四个怪人，主张万事万物顺应自然，认为天地间"无"（即"没有"）是最崇高的。

有一天，这四个怪人子祀、子舆、子犁和子来聚在一起，热烈地讨论着“无”的崇高和伟大，一致认为“无”就像人的头一样，起着至关重要的作用。分别时，四人互相望着笑着，认为他们心心相通，友谊将天长地久（四人相视而笑，莫逆于心，遂相与为友）。

过了一些时候，子舆害病了，子祀去探望。子舆出门迎接时，弯着腰，勾着头，高耸起两肩，背上长着五个大脓疮。他却对子祀说：“上天真是伟大啊，使我成为这样的人！”

子祀问道：“你对你的病一点也不忧虑吗？”

子舆说：“干吗要忧虑呢？人的生与死，本来是上天安排好了的，所以，我只要顺应自然就行了。”

不久，子来也害了病，神情非常痛苦，眼看就要死去。子犁来看子来，见子来的妻子悲伤地啼哭。子犁坐在床边和子来说道：“唉，你的妻子真不懂事！伟大的造物主正在变化你，怎么能随便惊疑啼哭呢？”

子来感激地说：“假如一个铁匠正在打铁时，火炉中的一块铁突然跳了起来，那铁匠一定认为是不祥之兆。天地是一个大熔炉，阴阳是一个伟大的铁匠。我现在正在被天地铸造着，怎么能表示出痛苦呢？”

子犁紧紧握着子来的手，说：“我们真是知心朋友！”

后人将“莫逆于心，遂相与为友”概括为“莫逆之交”的成语。

乘肥衣轻

【释义】乘肥壮的马，穿轻软的皮衣，形容生活奢侈。

【出处】晋·陈寿《三国志·魏书·王黎传》。

嵇康是西晋人，做过中散大夫，他博学多才，名闻天下。这个曹魏宗室的女婿，在司马氏篡权后，不肯趋炎附势、巴结新贵。

当时，有个叫钟会的名公子，是大将军司马昭的亲信，他听到嵇康的名声，就到嵇康住的地方拜访他。

钟会造访时，“乘肥衣轻，宾从如云”。这时，嵇康正伸开两腿，坐着锻铁，毫不理会这个贵公子，照旧干自己的活。钟会非常生气地走了。

此后，钟会一直对这事耿耿于怀，后来，他终于找到一个借口诬害嵇康，使嵇康含冤而死。

宾客盈门

【释义】形容来客很多。

【出处】后晋·刘昫等《旧唐书·窦威传》。

隋朝的太傅窦炽有几个儿子。那时候战事很多，贵族子弟都以习武为时尚，并作为进身之阶。窦炽的几个儿子中，唯独窦威喜好文史，兄弟们都笑话他，叫他“书痴”。内史令李德林非常看重窦威，推荐他担任掌管皇家图书典籍的秘书郎。窦威一干就是十年。他潜心于浩瀚的典籍中，学业大进。

隋文帝的第四子杨秀，封为蜀王，上表请窦威入蜀参政。窦威在公务之余，就独坐书房静读。杨秀生活奢侈，违法乱纪，许多下属官员借机会发了大财。后来杨秀被文帝废黜，这些人都受到牵连，唯独窦威却清白无辜，重返京城。

兄弟们见到窦威，却嘲笑他说：“蜀王府里是金山银山，你日夜伴他左右，即使清高，也应该有个十万八万带回来，好好享用。哪有千里在外做官的空着两手回来？”

窦威却说：“蜀地别无我所爱的东西，这次回来就带得几箱图谱书籍。”

窦家其他兄弟随着杨广大军灭掉南朝的陈国后，个个都升了官，还带回无数金银财宝。官高、财多，府第日日宾客盈门。而窦威门前车马冷落，一派寒酸相。同样是京城里的窦府，就有“富贵窦府”和“寒素窦府”的不同称呼。唐灭隋后，窦威因熟悉典籍，被李渊请入大丞相府，协助制订朝章国典。

掉臂不顾

【释义】掉：甩。形容毫无眷顾之意。

【出处】汉·司马迁《史记·孟尝君列传》。

齐闵王听信谗言，罢免了孟尝君，孟尝君的三千名食客都纷纷离去。

后来，齐闵王召回了孟尝君并恢复了他的官爵，他原来的一个叫冯谖的食客去迎接他。孟尝君深深叹了一口气，说道："我一直迎纳宾客，对待他们不敢有一点差错，但宾客看到我一旦被罢免，都背弃我走开了，没有怜念我的。如今我恢复了职位，宾客还有什么脸面再见我呢？如果有再来见我的，一定要对着他的面吐他一口唾沫，狠狠地侮辱他一顿。"

冯谖驻马停车，郑重地向孟尝君跪拜行礼。

孟尝君慌忙下车把他扶起来，说："先生是代替宾客道歉吗？"

冯谖说："不是代替宾客道歉，而是因为您的话说错了。事物发展有它的必然归宿，人情世态有它的本来面目，您懂得这个道理吗？"

孟尝君说："我不懂得您的意思。"

冯谖看孟尝君十分诚恳，便接着说："有生命的东西一定有死亡，这就是事物发展的必然归宿；富贵者有很多门客，贫贱者很少有朋友，这就是人情世态的本来面目。您难道没有看见那些赶集市的人吗？早晨，人们偏斜着肩膀争夺入口挤进去；太阳落山之后，经过集市的人们，甩着胳膊走过去，看也不看一眼（掉臂不顾）。他们并非是喜爱早晨厌恶傍晚，而是在那里已经没有他们所希望得到的东西。过去您失去职位，宾客都离开，不可以因此埋怨士人，那样只会徒然断绝了宾客的来路。希望今天您照过去那样对待宾客。"

孟尝君听罢，慌忙伏地跪拜了两次，说道："我恭敬地听从先生的指教，这些话使我获益不浅。"

剜肉补疮

【释义】挖出好肉来补疮疤。比喻只顾忍痛抢救眼前的疾病和困难，而不顾将会产生怎样的严重后果。

【出处】唐·聂夷中《伤田家》。

唐代诗人聂夷中在《伤田家》诗中，深刻地反映了当时农民受到残酷剥削的悲惨生活，并且向统治阶级提出抗议，为人民申诉不平。原诗是这样的：

二月卖新丝，五月粜新谷。
医得眼前疮，剜却心头肉。
我愿君王心，化作光明烛。
不照绮罗筵，只照逃亡屋。

诗的大意是：二月里还没有孵蚕，就把新丝预卖了；五月里还刚插秧，却又不得不预卖新谷了，为了救急（医眼前疮），只好忍痛将尚未收获的丝和谷低价估卖了（剜却心头肉），而顾不得以后的日子将怎么过了。以后的日子怎么过？除了逃亡还有什么别的路可走！诗的后四句说：希望君王的心肠，化作明灯，这盏明灯不要只照耀豪华的宴会，而要去照一照逃荒者遗留下的那些空屋。诗人希望封建统治者能够正视农民的苦难，给予关怀照顾。

“剜肉补疮”也叫“挖肉补疮”。

虚张声势

【释义】虚：佯装。张：夸大。假造声势，借以吓人。

【出处】清·曹雪芹《红楼梦》。

贾雨村被革职后，靠了贾政替他说情才复职，派到金陵（今南京）应天府当县令，他一到任就遇上一件棘手的人命案子：

当地两家人争买一名丫鬟，各不相让，以致伤了人命，凶手是金陵薛家的公子薛蟠。贾雨村问明案情后，当下就要发出逮捕令，一个衙役拼命地向他使眼色，叫他不要下命令。贾雨村便退堂停审，将那衙役请进密室，问：“刚才你为啥拦住我？”

那衙役反问：“老爷初来乍到，难道就没有抄一张本地的‘护身符’吗？”原来，“护身符”上面写的是本地最有权势的大官姓名，若做官的不知底细，一旦触犯了这样的人家，不但官爵，连性命也难保！那薛蟠的母亲是贾政的小姨子，贾雨村如何得罪得起！但人命关天，处理不公，万一惹出民愤又如何了得？贾雨村左右为难，愁眉不展。

那衙役不慌不忙，为贾雨村想了一个办法：次日开庭办案，只是虚张声势，表面上照样发逮捕令，照样派人去捉拿凶犯，但只抓一两名薛家的仆人，把罪责朝他们身上一推，罚薛家赔上几两银子。

贾雨村依了衙役的主意，第二天徇情枉法，胡乱判结了此案。贾雨村由于善于钻营，官运更加亨通了。

集苑集枯

【释义】有的鸟栖在繁茂的树林，有的鸟栖在干枯的树林。比喻志趣不同，趋向各异。

【出处】春秋·左丘明《国语·晋书二》。

晋献公五年，晋国攻打骊戎，俘获了一个美女骊姬，晋献公将她纳为妃子。过了七年，骊姬生了一个儿子，取名奚齐。献公因为宠爱骊姬，故而想废掉太子，立奚齐为太子。

晋献公共有八个儿子，太子申生，是齐桓公女儿所生的儿子，和他的异母弟弟夷吾、重耳，都有贤德的名声。原来献公很信任这三个儿子，有了骊姬后，才疏远了他们。为了立奚齐为太子，晋献公找了一个借口，把这三个儿子打发到沃、蒲、屈三个地方，自己则同骊姬、奚齐住在国都绛城。

晋国的不少臣子都看出来献公打算废掉太子，所以都转向奚齐献殷勤，只有大臣里克仍然敬重不得势的太子申生。当时有人就作了一首歌劝告里克，其中有两句说：“人皆集于苑，己独集于枯。”

销声匿迹

【释义】把声音消除，身迹去掉，隐藏起来，让人见不到面，听不到声息。

【出处】宋·孙光宪《北梦琐言》。

唐朝时候，在京都长安城有位姓宗的年轻人，会提炼金银。他曾经和卖烧饼的陈敬宣十分要好。后来，两人为争夺一个美貌的女子而闹翻，成为仇人。

两人绝交之后，陈敬宣官运亨通，当上西川节度使。后来京都长安发生叛乱，僖宗皇帝逃离长安，到蜀地避乱。这时，姓宗的年轻人也和大家一起逃往蜀地锦江。他知道这里归陈敬宣管辖，害怕陈敬宣找到他报仇，于是不敢定居，只好四处游荡，隐名埋姓，销声匿迹。

但是，陈敬宣早已料到他要来蜀地避难，于是派人四下察访，终于在内江县把他找到杀掉。

攀龙附凤

【释义】龙凤：传说中象征吉祥的动物，攀着龙鳞，附着凤翼。比喻依附巴结投靠有权势的人。

【出处】汉·班固《汉书·叙传下》。

西汉的开国皇帝刘邦出身于一个农民家庭，他三十岁时，当了秦朝沛县的一个乡村小吏——亭长。他为人豁达大度，胸怀开朗，做事很有气魄，很多人都与他合得来，当地的萧何、樊哙、夏侯婴等，都是他的好朋友。

樊哙是刘邦的同乡，是个卖狗肉的。陈胜、吴广发动起义后，沛县县令惊恐万分，打算响应陈胜，就派樊哙去召刘邦来相助。不料刘邦带了几百人来时，县令又反悔起来。于是，刘邦说服城里人杀了县令。不久，二三千人马誓师起兵。

夏侯婴原来是县衙里的马夫，后来当了县吏，与刘邦早有密切交往。一天，刘邦与他闹着玩，一个不小心打伤了他，有人告刘邦身为亭长，动手打人，应当严惩。夏侯婴赶紧为他辩解。不料，后来夏侯婴反以伪证罪被捕下狱，坐了一年多班房。

灌婴是睢阳人，本为贩卖丝绸的小商人，此人后来也成为刘邦的心腹。

公元前 208 年，刘邦根据各路起义军开会的决定，带领人马西攻秦都咸阳。第二年初，刘邦大军兵临陈留安营扎寨，当地有个名叫郦食其的小吏前来献计。

郦食其对刘邦说，现在您兵不满万人，又缺乏训练，要西攻强秦，如进虎口。不如先攻取陈留，招兵买马，等兵强马壮后再打天下。郦食其还表示，他和陈留县令相好，愿意前去劝降；如县令不降，就把他杀了。

刘邦采纳了郦食其的计谋。郦食其连夜进陈留去劝说县令，但那县令不肯起义。于是，郦食其半夜割下他的头颅来见刘邦。第二天刘邦攻城时，把那县令的头颅高悬在竹竿上，结果守军打开城门投降。在陈留刘邦果真补足了大量粮食、武器和兵员。接着，郦食其又推荐了他颇有智勇的弟弟郦商为刘邦所用。

刘邦当皇帝后大封功臣，樊哙、夏侯婴、灌婴、郦商等人先后被封为舞阳侯、汝阴侯、颍阴侯和曲周侯。后来，《汉书》作者在评论他们四人时写道：“舞阳侯原来是操屠刀的，滕公（汝阴侯夏侯婴曾经出任过滕令）原来是马夫，颍阴侯原来是商贩，曲周侯原来是庸夫，这些出身微贱的人，因为结交到了刘邦，好像攀龙附凤，以致获得封侯之赏，得以在大街上并驾齐驱。”

人生况味篇

一枕黄粱

【释义】黄粱：小米。比喻一场短暂的美梦。

【出处】唐·沈既济《枕中记》。

青年卢生旅途中经过邯郸，住在一家客店里，与同时投宿的道人吕翁闲聊起来。谈话间，卢生长吁短叹，抱怨自己命运不佳：勤勤奋奋读书，却屡试不中；辛苦做事，仍一贫如洗。

吕翁听后，从行囊中拿出一个枕头，那枕上绣着"福禄寿"三字，还绣着乌纱帽、金元宝、美女和童子。吕翁说："你只要枕着这枕头睡觉，就可以得到荣华富贵。"这时，店主人正在煮黄色的小米饭，离开饭时间还早，卢生就枕着枕头，想稍事休息一下，不料一碰到枕头就睡着了，还做起了美梦。

梦中，他娶了清河崔府里的一位千金小姐，两人过着富裕的生活。接着，卢生考中了进士，做官一直做到节度使、御史大夫，还当了十年宰相，后来又被封为公爵。他们夫妻一共生了五个儿子，个个都做了官，并且同名门望族结了亲。他还有十几个孙子，也都生得聪明伶俐，整天膝前身后地绕来绕去，真是子孙满堂，福禄齐全，心满意足地一直活到八十多岁。

梦做到这儿，卢生笑醒了，他从床上坐起，这时候，店主人的黄米饭还没有煮熟哩。卢生感慨万分地说："想不到几十年的荣华富贵，竟在如此短暂的一梦间，真是一枕黄粱啊！"

吕翁笑道："人生本来就是这样的呀！荣华富贵不过是过眼烟云、匆匆一场梦罢了，又何必去斤斤计较呢？"

八百孤寒

【释义】八百：形容多。孤寒：指贫困的读书人。比喻贫寒之士失去依靠。

【出处】五代·南汉·王定保《唐摭言·七·好放孤寒》。

唐朝人李德裕，字涯州，官任太尉。他平素积极提拔贫寒的读书人，为他们广开仕途之门，贫寒的读书人十分感激他。后来，李德裕因事被贬官，谪居南荒之地。众多受他帮助过的贫寒读书人十分悲痛，其中有人便写了表述众人感情的名句：

八百孤寒齐下泪，
一时南望李涯州。

《唐摭言·七·好放孤寒》记载了以上这件事。原文为："李太尉德裕颇为寒畯开路。及谪官南去，或有诗曰：八百孤寒齐下泪，一时南望李涯州。"

九死一生

【释义】命运不济，多次濒临绝境。也用来形容历尽艰险，死里逃生。

【出处】楚·屈原《离骚》。

楚国的大诗人屈原，遭受奸人的攻击而被流放。在残酷的处境中，他仍然牵挂楚国的百姓，为国家的命运担忧。他写了一首长诗，篇名叫《离骚》，其中有一节是这样的：

长太息以掩涕兮，
哀人生之多艰。
余虽好修姱以鞿羁兮，
謇朝谇而夕替。
既替余以蕙纕兮，
又申之以揽茝。

亦余心之所善兮，
虽九死其犹未悔！

大意是：“我经常地深深地叹息，用袖子擦去满眶的眼泪，因为我时刻思念着楚国百姓，他们是那样艰辛、劳累！我只不过是追求美好的德行，却招来辱骂，竟然丢掉官位。流放我、迫害我、侮辱我，因为我身上戴着蕙草，因为我采集了芳草、佳卉！怕什么！只要是我真心喜爱的，即使为它死亡九次，也决不后悔！”成语是由这首诗的最后一句演变为“九死一生”。

力不从心

【释义】很想做某件事，但力量不够，不能达到目的。

【出处】汉·班固《汉书·班超传》。

东汉名将班超，带兵镇守西域三十多年，安抚联络当地的五十多个小国，数次平定匈奴的骚乱，为保卫汉朝的西部边境建立了巨大的功绩。班超西去时年方四十岁，七十多岁觉得精力大不如从前，思念家乡的心情也日甚一日，于是给和帝刘肇写了一封奏书，大意是：

陛下，臣在西域转眼已经二十多年了，夜夜日日无时不在思念故乡。臣听说先前的姜太公在齐国做官，可他的五世后代死后还要埋葬在原籍周地，其实周地与齐地之间不过千里；而我现在是身处遥远的西域啊，怎能不思念故乡呢？苏武留在匈奴不过十九年，可我已经在西域快半辈子了。我不敢盼望回到酒泉，如能回到玉门关之内，也就心满意足了……

班超的妹妹班昭，是当时有名的才女、历史学家，她读了兄长的信，为之动情，也写信给和帝，替哥哥请求告老还乡，大意是：

我的胞兄班超，蒙受皇恩，自来西域，志捐躯命，屡立微功。他每逢攻战，总是身披金甲，不避死亡，倚仗陛下的神灵，才在这大沙漠里征战了近三十年，现年已七十，年老体衰，须发皆白，双手麻痹，耳聋目花，要拄杖才能行走。虽说他要竭尽全力，尽职尽责，以报答皇帝的大恩，可是倘使此地发生暴乱，超之力不能从心，这会损害国家、朝廷的利益，也会使为臣的前功尽弃，如果发生了那样的变故，该令人多么痛心呀！所以，我们诚恳请求返回内地，可是已经过了几年却仍然听不到陛下的答复。现在陛下是以孝理治天下，深得万民欢心。在此，我冒死替家兄班超请求，让他活着回到故乡，我的哥哥以壮年竭尽忠孝于荒野大漠，难道还让他在衰老的时候死在他乡异域吗？我满怀哀痛地向陛下奏禀实情，请皇帝开恩！

班昭信中“超之气力不能从心”的话，后来演变为成语“力不从心”。

和帝读了班超兄妹这两封情真意切的书信后，深为感动，立即下诏传班超回京。公元102年，七十多岁的班超总算踏上了故乡的土地。然而，他确实是“力不从心”了。这年九月他与世长辞。

人言可畏

【释义】人们的流言，可以伤人，使人感到害怕。

【出处】春秋·佚名《诗经·郑风》。

《诗经·郑风》有一首题为《将仲子》的情歌，歌词共三节。描写一位热情的姑娘，怀念她的情人仲子，但又害怕被人发觉了要说闲话。歌词以姑娘自述的口吻，唱出了她又怀念又害怕的矛盾心情。这首情歌末一节的原文是：

将仲子兮，
无逾我园，无折我树檀。
岂敢爱之？畏人之多言。
仲可怀也，人之多言亦可畏也！

歌词大意是：请求仲子呀，别爬我家的园，别折我种的檀。我哪里是爱惜檀木，怕的是闲人说闲话。仲子你是多么的叫我怀念，闲人的闲话却又多么的可怕！“人言可畏”这句成语，就是由此产生的。

三折其肱

【释义】肱：手臂。指多次折断胳膊，在治疗过程中，就能逐渐变成一个好医生。比喻处事遭受挫折多，就会富有经验，而成为这方面的行家。

【出处】春秋·左丘明《左传·定公十三年》。

在《左传·定公十三年》中有“三折肱，知为良医”的话，说的是这样的故事。晋国时，有范氏和中行氏两个集团的人，准备起兵攻打晋定公。一时间，形势紧张，许多人认为晋公这次非败不可，但一些有识之士认为战事成功和失败的关键，要看民众是否支持，假如不能取得民众的信任和支持，便将失败无疑。范氏和中行氏起兵攻打晋定公是一种反叛行为，民众肯定不会支持他们的。再说晋定公自己多次经历战争，屡战屡败，落到流居异国的田地，但正如经过三次折伤手臂的人，经医疗后获得痊愈，他已尝尽折臂的滋味；在几次三番的折臂和治疗的经历中，也已了解到折臂的原因和治疗的经过与方法，只要态度坚决，方法得当，再不会失败了。

山雨欲来风满楼

【释义】大雨即将来临时，风声充满了楼阁。后比喻重大事件前到处充满了紧张的气氛和迹象。

【出处】唐·许浑《咸阳城西楼晚眺》。

唐朝诗人许浑，做监察御史的时候，在一个秋天的傍晚，独自登上与长安仅一水之隔的咸阳古城西楼，观赏景致。这时天上飘过一片黑云，一阵凉风从西南方向刮来，越刮越大，越刮越紧，天地之间显得空空荡荡，景色更加萧瑟肃然。诗人凭栏远眺，面对暮色之中的衰柳枯杨和河塘芦苇，不禁想起了自己的家乡。那是水乡泽国的江南呀！回忆自己大半生的蹉跎岁月，眼见朝廷的腐败，忧情愁绪顿生心间。他慢慢地吟出一首诗来：

一上高城万里愁，蒹葭杨柳似汀洲。
溪云初起日沉阁，山雨欲来风满楼。
鸟下绿芜秦苑夕，蝉鸣黄叶汉宫秋。
行人莫问当年事，故国东来渭水流。

这首诗不仅充满诗情画意，语言优美凝练，更重要的是诗中“山雨欲来风满楼”这一句，脍炙人口，意味无穷。它既是自然现象的真实写照，同时，又是社会重大变故的预言和征兆。

门可罗雀

【释义】门口可以张网捕捉鸟雀。形容门庭冷落，宾客稀少。

【出处】汉·司马迁《史记·汲郑列传》。

在汉文帝时，有个名叫翟公的廷尉，掌管着刑罚的职权。因为他操有生杀大权，人们都来拜见他、奉承他，常常是宾客盈门，后来他被免去了官职，谁也不来看他了，他家的门前冷冷清清，简直可以张网逮着雀儿啦。谁料人事难测，后来翟公又恢复了官职，许多客人又想去拜访他，他感慨地写了几句话贴在大门上：

一死一生，乃知交情；一贫一富，乃知交态；一贵一贱，交情乃见。

他用这些话嘲讽那些趋炎附势的人。

《史记》中说道：“始翟公为廷尉，宾客阗门；及废，门外可设罗雀。”“门可罗雀”的成语由此而来。

马齿徒增

【释义】马的牙齿，随着年龄的增长而增加。现一般用于自谦，意思是年龄虽然增大了，但学问没有长进，事业没有成就，白白地度过了日子。

【出处】战国·穀梁赤《穀梁传·僖公二年》。

春秋时期，晋献公一心想要吞并虢国，但是攻伐虢国必定要经过虞国。晋献公怕虞国不肯轻易让路，这可是个大问题。

大夫荀息便对晋献公献策："大王，依小臣之见，不如以骏马和美玉作为交换条件，贿赂虞王，以便向虞国借路。"晋献公没有作声，美玉和骏马是他的两样至宝，他实在有些舍不得。于是，荀息又说："大王，骏马和美玉可以再夺回，而虢国却不可多得啊。"晋献公沉思半日，终于接受了大夫的意见。

虞王对晋国献来的美玉和骏马爱不释手，一口允诺为晋国攻打虢国让出一条路。于是晋国轻而易举地把虢国灭亡了。

但是，晋献公却一直闷闷不乐，荀息猜出了晋献公的心事，于是对晋献公说："大王，小臣曾说过，'骏马和美玉可以再夺回'，现在虞国对我们毫不设防，不如我们来个一网打尽，同时吞并虞国，夺回大王的两样至宝。"

晋献公同意。回师的路上，晋国果真又占领了虞国。荀息牵回骏马，手中捧着美玉走向前去，对晋献公说："大王，美玉还是那块美玉，只是骏马的牙齿增长了。"（"璧则犹是也，而马齿加长矣。"）后人以此话引申出"马齿徒增"这句成语。

不堪回首

【释义】表示对重大人事变迁的感慨。

【出处】南唐·李煜《虞美人》。

南唐的李后主李煜在政治、军事上昏庸无能，但在文学艺术方面很有才能，他的作品也大多描写宫廷生活的情景。

李煜的妻子周后娥皇，容貌出众，擅长书史歌舞，但不幸早逝。后来，李煜又与娥皇的妹妹小周后相爱，在花前月下饮酒作乐，而把国家大事置之脑后。虽然宋朝的威胁越来越严重，但李煜只求眼前安逸，并不作抵御的准备。后来，又主动向宋朝上表，希望取消南唐国号，作为宋朝的附庸。

公元974年秋，宋太祖赵匡胤两次派使者通知他到开封朝见。李煜怕赵匡胤杀他，称病不去。于是赵匡胤以此为借口，派十万大军征伐南唐。此年冬，李煜被迫投降，被押到开封。李煜穿戴白衣纱帽，战战兢兢地接受赵匡胤的召见。赵匡胤没有杀他，把他软禁起来。降宋后的痛苦生活，自然使他抑郁不堪。

一天，李煜作了一首名为《虞美人》的词。词中有“小楼昨夜又东风，故国不堪回首月明中”等句，意思是，过去美好的一切不能再回顾，回顾了只能使人更感到痛苦。这首词传到新皇帝太宗那里，太宗对他至今还留恋故国非常忌恨。后来，又有一些怀恋故国的词作传到太宗那里，于是太宗派人将他毒死。

牛衣对泣

【释义】牛衣：用乱麻编织，披在牛身，似蓑衣之类。形容夫妻生活贫苦，悲观不知振奋。

【出处】汉·班固《汉书·王章传》。

汉朝时候，山东泰安有个读书人名叫王章。他的妻子通情达理，非常贤惠。有一年，王章和妻子一起住在京都长安读书求学，日子虽说很清苦，但夫妻恩爱，生活也还快乐。

一天夜里，王章突然浑身发烧，家里被褥不齐，没有什么东西给王章盖上。妻子只得把平日里用乱麻编织的麻席子给丈夫盖在身上。这样的麻席子是用来给牛披盖的，农户称它是“牛衣”。让丈夫盖牛衣，妻子不由得伤心地哭了起来。王章想到自己的病，很可能会病死的，也不禁呜呜咽咽地哭泣起来。

后来王章病好了，在妻子的鼓励下更加发愤读书，在朝廷里做了官。但后来参与同权贵的斗争，妻子对他说："夫君，你已经做上京兆尹的高官了，官职难道还嫌小吗？人应该知足，你为什么不想一想披着牛衣夜里哭泣（牛衣对泣）的日子呢？"

王章说："这是不同的两回事嘛，你们女人知道什么！"

王章仍然我行我素，又去告发专权乱政的重臣王凤。王凤是皇帝的亲戚，怎么动得了呢？结果招来祸事，被捕下狱，最后丧了性命。王章一直到死还不知道自己犯了哪条罪过。

王章死后，他的妻子和家属被撵到广西合浦，孤儿寡母以采珍珠度日，生活反倒清静多了。

今朝有酒今朝醉

【释义】形容腐朽没落的生活和消极颓废的情绪，有时也形容某人只顾眼前的享乐。

【出处】清·彭定求等《全唐诗·自遣》。

唐代著名诗人罗隐，原名罗横，自小勤奋好学，才识过人，他胸怀壮志，一心要仿效古代的贤人，用自己的学识报效国家，做一番事业。但是事与愿违，始终没有机会施展宏伟抱负。

罗隐怀着报效国家造福人民的热望，一次又一次赴考场考进士，可是虽有满腹才华，却连考两次都榜上无名。考不上进士，远大志向无法实现，他感到前途渺茫，从此消沉，不再追逐功名，准备回故乡浙江余杭过隐居生活。于是他将自己的名字罗横改为罗隐，远离江湖，再也不忧国忧民，只管洁身自好。

得即高歌失即休，
多愁多恨亦悠悠。
今朝有酒今朝醉，
明日愁来明日愁。

这首诗表达了消极悲观、万般无奈、看穿一切、得过且过、遁世厌俗的情感，对后世的影响较大。罗隐一生写了许多诗，留下的有上千篇之多。

今是昨非

【释义】现在是正确的，过去是错误的。含有悔悟的意思。

【出处】晋·陶渊明《归去来辞》。

东晋著名的田园诗人陶渊明为人耿直，看不惯官场的腐败风气，又不愿拍马奉承，因此一再丢官，才能也无从发挥。

丢官以后，他家中生活实在太艰难，又不甘心碌碌无为，因此在四十一岁时，又经他叔父推荐，出任彭泽县令。

他刚当了八十天县令，郡守派督邮来县里检查工作，他不能忍受督邮的侮辱，又挂印而去。回到家里，写了一篇《归去来兮辞》。在这篇文章的序中，他回顾了自己的过去和自动去职的情况，并发出感叹：实迷途其未远，觉今是而昨非。这两句话的意思是：我知道我自己过去确实迷失了道路，但好在迷失的路还不远，现在已经觉悟到今天所做的正确而昨天所做的是错了。后来，他专心致志地写作，过着平民的生活。

生离死别

【释义】活着分离，死后诀别，是人生最悲痛的两件事。多用于形容离别的痛苦。

【出处】唐·姚思廉《陈书·徐陵传》。

南朝时有个徐陵，是个写文章的高手，被称为一代文宗，当时的世家大官几乎都收藏徐陵的文本。在徐陵的青年时代，梁武帝接纳了西魏降将侯景，却招来了侯景攻陷京城的大乱，梁武帝也被侯景拘禁起来，活活饿死。

在这次大乱中，徐陵的父亲徐离，也被围困在京城里。京城长期缺粮，十有八九被饿死。徐陵得不到父亲的消息，心里非常焦急。过了一段时间，梁元帝萧绎继位。传来消息说，徐陵的父亲还活着，侯景对他还有忌惮，不敢加害，但仍被扣留。徐陵思谋再三，不得已，写了一封长信给仆射杨遵彦，向他倾诉了骨肉离散的痛苦，希望他能帮助解救父亲。

这封用骈文形式写的信中有一段话是这样的：

> 且天伦之爱，何得忘怀；妻子之情，谁能无累？况吾生离死别，多历暄寒……如得身还乡土，躬自推求，犹冀提携，俱免凶虐。

从此，文人的笔下又多了一个"生离死别"的新词语。

冬日可爱

【释义】像冬日的太阳那样，使人感到温暖。比喻人慈祥可亲。

【出处】春秋·左丘明《左传·文公七年》。

春秋时期，晋国的国君晋襄公死后，太子夷皋应该继承君位，但是夷皋还是个婴儿，无法执政，当时国家又处在困难的局势中，所以大臣们主张拥立年岁大的公子雍为晋国国君。掌握大权的赵盾向大夫们说："公子雍年长，死去的先君宠爱他，他与秦国的关系很亲近，立他为国君晋国会安定的。"

太子夷皋的母亲听说要立公子雍为国君，又气愤又焦急，她抱着夷皋在朝廷上连哭带号，又跑到赵盾家里，向他叩头，哀求说："先君将这个孩子嘱托给你了，如果他成材，我不忘你的恩情。如果他不成材，我怨恨你一辈子！"

赵盾害怕夷皋的母亲闹出事端，又担心其他几个公子出来反对，只得改变主意，决定立夷皋为晋国国君。为了平息这场争端，他马上派军队迎战秦国的军队，因为秦国已经派兵护送公子雍回晋国来了。两国军队在令狐地方交战，秦军遭到失败，仓皇退回国去。

赵盾的独断专行，出尔反尔，使晋国大夫贾季对他非常仇恨。

不久狄国军队侵犯鲁国，鲁国国君鲁文公派使者向晋国求援。赵盾叫贾季去狄国责问狄国的相国酆舒。酆舒问贾季："你们晋国现在的赵盾与先前的赵衰相比，哪个好一些？"

赵衰原是晋国的卿士，掌握国家的军政大权，他死后赵盾才继任他的职位。因为贾季对赵盾很仇视，所以回答酆舒说："赵衰是冬天的太阳，赵盾是夏天的太阳！"

杜预批注《左传》曰："冬日可爱，夏日可畏。"成语"冬日可爱"即由此而来。

古调不弹

【释义】古时的调子已无人弹了。比喻死抱住陈腐的东西不愿放弃的孤独没落的不健康情绪，已无人理睬了。

【出处】唐·刘长卿《弹琴》。

唐代诗人刘长卿有一首题为《弹琴》的五言诗，原文有这样的两句："古调虽自爱，今人多不弹。"

他在另一首五言中，还有这样的两句："清琴有古调，更向何人操。"

前两句是说："古调虽然是我所喜爱的，可是如今人们多不弹了。"——这叫做"古调不弹"。旧时有些失意文人往往借它来比喻"人心不古"，感叹今人不如古人高尚。

刘长卿诗的后两句是说："我这清雅的琴虽然能弹古调，可是向谁去弹呢？"

这叫做"古调独弹"或"古调自赏"。旧时有些文人也借它来感叹"知音难得"。

曳尾涂中

【释义】曳：拖住。涂：泥路。像鸟、龟那样拖着尾巴在泥路中爬行，比喻做官不如当个平民百姓好。

【**出处**】战国·庄周《庄子·秋水》。

一天，楚威王派了两名大夫，作为自己的特使，去邀请哲学家庄周。临行之前，楚威王嘱咐他俩说："你们见到庄子，就对他说我愿意把国家委托给贤人管理。"

楚威王又拿出珍珠玉帛，作为礼物，让使者送给庄子。

两位使者在濮水岸边找到庄子，就转达了楚威王的话。庄子这时正在钓鱼，手里擎着鱼竿，头也没回，傲慢地说："我听说楚国有一个神龟，已经死了三千年了，现在珍藏在庙堂之上。你们说，这只龟是刮骨留名、被供在庙堂上好呢，还是保全性命、拖着尾巴活在污泥中好呢（曳尾涂中）？"

两位使者说："当然还是宁可拖着尾巴在污泥中活着好啊！"

庄子说："那么，你们可以回去对楚威王说，我将要像龟那样拖着尾巴生活在污泥之中！"

庄子不肯出来做官，两位使者只好悻悻而去。

华屋山丘

【**释义**】华屋：富丽堂皇的房屋。富丽的房屋变成了山丘。比喻世事无常，人生莫定。

【**出处**】三国魏·曹植《箜篌引》。

晋朝的谢安，是一位学问渊博、才智很高的名士。谢安有一个外甥，名叫羊昙，非常聪明，谢安很钟爱他，因此，羊昙对这位舅父也格外敬重，感情和父子一样。后来谢安死了，羊昙非常悲痛。因为谢安的坟墓是在西门，所以羊昙从此不走西门那条路，如果有事情走西门时，总是绕着弯从别的地方进出，因为恐怕看见舅父的坟墓，引起伤心。

有一天他吃醉了酒，误走到西门，突然大哭起来，拿着马鞭敲着城门高声吟着曹植的诗句："生在华屋处，零落归山丘。"

这两句诗嗟叹人生生死莫定，世事兴废无常，和沧海桑田有相似的意义。后人根据羊昙醉哭谢安的事，引申出来，多用于外甥祭吊舅丧的唁语。

华亭鹤唳

【释义】华亭：地名。华亭的鹤在鸣叫，借指留恋过去。比喻贪恋官位，以致遭到杀身之祸。

【出处】唐·房玄龄《晋书·陆机传》。

东吴王朝被晋灭亡后，吴的臣子陆机北上洛阳，在晋朝做官，很受重用。后来，他又在成都王司马颖部下任大将军。但没过多久就被司马颖的部将牵秀逮捕。

当府宅四周被军队包围时，他昂首挺胸、不卑不亢地走出房门，对牵秀说：“自从东吴王朝灭亡以来，我就蒙受朝廷恩典，入内则共议朝政，出使则剖符授节，成都王让我担当重任，我推辞不得。今日遇害，真冤枉啊！”

临刑时，陆机仰天长叹：“故乡华亭谷鹤鸟的悲鸣声（华亭鹤唳），我还能听到吗？”最后，和儿子同时遇害。

沧海一粟

【释义】大海中的一粒米。比喻非常渺小。

【出处】宋·苏轼《前赤壁赋》。

苏轼因反对王安石新法，被贬到黄州。到黄州以后，他曾经两次驾着小船游览黄州的赤壁，并且前后两次都写了有名的“赤壁赋”。

在《前赤壁赋》中，苏轼先写了月夜泛舟的情景，接着记述了和同伴的辩论。有的同伴说：“曹操曾经是不可一世的英雄，可是现在在哪？还不是一样的死去……一个人生活在世界上，就好像蜉蝣那样短暂即逝，就像茫茫大海中的一粒谷子那样渺小而微不足道（沧海一粟）。”

苏轼并不同意同伴的这种消极悲观的态度，他指出江水总是不断地流去，月亮有缺又有圆，它们始终没有消失。万物和人类是永存的，不必悲观。古代哲人正因为知道自己生命有尽头，所以才在活着的时候奋发努力。

沧海横流

【释义】大海泛滥，到处横流。比喻天下形势剧变，处处动荡不安。

【出处】唐·房玄龄《晋书·王尼传》。

晋代有个人叫王尼，家住洛阳。因为王尼对世事认识透彻，见解不凡，不少官员都很敬重他。

西晋末年，匈奴等五个少数民族起兵反晋，天下战乱纷纷，洛阳也失陷了。王尼的妻子早逝，他带上唯一的儿子，离乡背井，到江南躲避祸乱。二人赶了一辆牛车，东奔西走，受尽磨难。白天赶路时，王尼的儿子驾车，到了晚间，父子俩就挤在牛车上过夜。露天之下，风寒霜重，哪里睡得舒服？王尼常常翻来覆去不能入睡，想到国家动荡不安，老百姓深受其苦，不禁喟然长叹："沧海横流，真是处处不得安生啊！"

王尼父子到江夏投奔荆州刺史王澄，日子还过得下去。但不久王澄死了，便失去依靠，又不幸荆州遭了饥荒，作为难民的王尼父子更找不到东西吃，王尼狠狠心杀掉了唯一的牛，把牛车拆了，用它作柴火煮牛肉吃。牛肉吃完后，再也没有东西可以充饥，父子二人便活活饿死了。

鱼游釜中

【释义】釜：锅。鱼在锅里游。比喻身处绝境中暂且偷生，指即将灭亡。

【出处】南朝·宋·范晔《后汉书·张纲传》。

东汉顺帝时，有个叫张婴的人聚众杀了残暴的广陵（今江苏中部）太守、刺史以后仍转战于扬州、徐州一带。一直过了十几年，朝廷捉拿不住。这时梁皇后的兄弟梁冀做了大将军。梁冀任命张纲为广陵太守。

张纲到职以后改变了过去派兵征讨捉拿张婴的办法，而用诱降、抚慰等手段，张婴深受感动，终于带领起义队伍投降了。

张婴说："由于我不能忍受刺史、太守的残暴压榨才聚众起义的。我知道这样做后好像鱼在锅里游不能久活啊（若鱼游釜中，喘息须臾间耳）!"

相濡以沫

【释义】濡：沾湿。沫：唾沫。（鱼）用唾液互相浸润身体。比喻在患难中相互救助。

【出处】战国·庄周《庄子·外物》。

庄子家境贫穷，经常吃了上顿没下顿。有一天妻子叫他出去借一些粮食，要不家里就揭不开锅了。庄子穿着一件补丁摞补丁的粗布衣服出了门，去找监河侯商量。监河侯听罢庄子来意后，说："没问题，等秋天我把封邑之地的税金收上来后，再借三百金给你，足够了吧？"

庄子气呼呼地回答道："我来的路上，看见道路上陷下去的车辙印里，有几条鲫鱼在呼救，请我弄一瓢水救它们的性命，我满口答应了，说等我从吴越游历回来时，引西江之水救它们。可是那几条鲫鱼却愤怒地告诉我，与其等我这么来搭救，还不如让我到干鱼货摊上去找它们的尸体呢！"说罢，庄子米也不借了，气愤地回到家里。

庄子的妻子责怪他为什么不多跑几个地方试试，庄子说："我自有我的道理。"

他妻子说："天大的道理也得吃饭呀，不吃饭，人不要饿死吗？”

庄子说：“你错了，死和生是自然规律，就像白天与黑夜会轮流交替一样。河水干涸了，鱼儿们被困在陆地上，如果都能向对方身体上吹些潮湿的空气，用彼此的唾液浸润对方的身体（相濡以沫），那当然很好。如果不能，那就不如当初就在水波浩渺的江湖里彼此忘记，各不关心……”

庄子的妻子知道他又发了呆气，钻进哲学思想里了，便退回隔壁屋里抹眼泪去了。

南柯一梦

【释义】指美梦一场，比喻人间的繁华好像一场梦，或形容一场空欢喜。

【出处】唐·李公佐《南柯太守传》。

从前有一个人，名字叫淳于棼，家住在广陵。他家房子的南面有棵大槐树。树下正是遮阴乘凉的好地方。他过生日那天，喝醉了酒，躺在槐树下做了一个梦，梦到自己到了大槐安国，并和公主成了亲，当了二十年的南柯太守，非常荣耀显赫。可是后来因为作战失利，公主死了，他被遣送回家。

一觉醒来，他看见家人正在打扫庭院，太阳还没落山，酒壶也还在身边呢。他四面一瞧，发现槐树下有一个蚂蚁洞，他在梦中做官的大槐安国，原来就是这个蚂蚁洞。槐树的最南一枝儿，就是他当太守所在的南柯郡。后来人们便从中概括出“南柯一梦”这句成语。

春风风人，夏雨雨人

【释义】比喻帮助了人，人家也会给予回报。

【出处】汉·刘向《说苑·贵德》。

春秋时，梁国宰相孟简子因罪逃亡到齐国，齐国宰相管仲亲自出迎。当管仲看到孟简子时，不禁大吃一惊：他一身破破烂烂，满面灰尘；跟随他的，仅有三人！管仲问道：“你在梁国做宰相时，门下的食客难道仅有三人吗？”

孟简子不好意思地回答说：“岂止三人，共有三千多人。”

管仲一时困惑起来，不解地说：“今天随你出逃的却是这三人，唉，他们为何不愿离开你呢？”

孟简子回头望了望跟在身后的三人，一个一个地指着说：“这一个，他父亲死后，无钱安葬，我就替他安葬了；这一个，是他母亲死了，也是无钱安葬，我替他安葬了；这一个，是他哥哥被抓进监狱，我知道后，设法把他哥哥从监狱中解救出来。我做宰相时，就做了这点好事，所以，他们才跟来了。”

管仲听后，感慨万分，想起自己在齐国变法革新，虽然使齐国强盛起来，但却得罪了不少的人。他把孟简子安顿好后，就乘车返回家里。在路上，他自言自语地说：“看到孟简子，我想到了我的今后。唉，来日我一定比他还穷困！我不能像春风那样，轻轻地吹拂每一个人；也不能像夏雨那样，滋润着每一个人！（春风风人，夏雨雨人）来日，我一定穷困！”

胯下之辱

【释义】形容受别人侮辱，也可比喻忍辱负重。

【出处】汉·司马迁《史记·淮阴侯列传》。

秦朝，韩信年轻时家里很贫困，常常赖在别人家里吃住。日子久了，大家都讨厌他，他就无法寄住在别人家了。

一天，韩信来到护城河边，想钓一条鱼来充饥，可怎么也钓不起来。有一位在河边洗衣服的妇人见他实在可怜，便把带来的饭给他吃。见有饭吃，韩信就天天来河边钓鱼，一连吃了十天，最后他对那妇人说：“我一定要报答你！”不料那妇人反而骂他说：“男子汉大丈夫不能自立，还谈得上报答吗？我同情你，才给你吃，谁稀罕你的报答！”韩信羞愧地离开了那妇人。

接着，韩信来到市场里，一群无赖少年就围上来对他指手画脚地说：“韩信，别以为你长得高大，身上佩着剑，我们就怕你！其实你是一个胆小的人。喂，我们打个赌：如果你胆大，就拿剑把我们杀死；如果你胆小，那就从我们胯下钻过！”说完，这群少年都张开双腿。

韩信想：一个人连这点侮辱都不能忍受，今后怎么能有所成就？于是，他趴下身子，从他们胯下慢慢地爬了过去。

乘车戴笠

【释义】乘车：指富贵。戴笠：指贫贱。两人贫富悬殊，但不忘友谊，表示友情深厚，不以贫富而不同对待。

【出处】晋·周处《风土记》。

古代，越一带地方（今浙江一带）民风非常淳朴，交朋友特别崇尚信义。

据说，越人初交朋友，必须举行一个仪式：先用泥土堆一个台，再杀鸡宰狗，把洗净、煮好的鸡、狗，摆放在土台上祭祀。初交朋友的人，就在土坛前诚心诚意地祝告。

一个说：“虽然你乘车（指大富大贵），我戴草帽（指贫穷），日后相逢，你要下车行朋友之礼。”

另一个说：“你乘马，我步行，日后相逢，你要下马。”

越地还有歌谣唱道：“君乘车，我戴笠，他日相逢下车揖；君担簦（古时一种斗笠），我跨马，他日相逢为君下。”

疾风知劲草

【释义】在大风中只有劲草还昂然挺立。比喻在关键时刻才能考验出一个人的坚定立场和意志。

【出处】南朝·宋·范晔《后汉书·王霸传》。

西汉末年，绿林军起义，刘秀加入了起义军。刘秀有一次路过颍川，当地有个叫王霸的人，约了一群朋友来见他，表示愿意参加他的部队。刘秀便高兴地接纳了他们。

王霸参加了历史上著名的昆阳之战，为义军推翻王莽统治立下了战功。

其后刘秀到河北攻打王朗，一时遭到挫折。这时和王霸一起投奔刘秀的几十个人纷纷离去，只有王霸仍忠实地跟着刘秀。刘秀十分感叹地对王霸说："在颍川跟随我的人们，如今都跑光了，只有你一个人留了下来。真是难得啊！"

刘秀相信自己所遇到的挫折只是暂时的，他勉励王霸说："努力！疾风知劲草。"意思是说只有在狂暴的大风中，才能考验出哪些是坚韧的草。

望门投止

【释义】投止：投宿。人在窘迫之际，到处找人家投宿。

【出处】南朝·宋·范晔《后汉书·张俭传》。

张俭是东汉时人，他曾做过山阳东部督邮。当时深受汉桓帝宠信的中常侍侯览，家乡就在山阳郡。侯览不但横行朝廷，而且称霸乡里，先后夺占民宅三百多所，良田一百多顷，他自己建造住宅十六所，和宫廷的规模一样，他还给自己建造了陵墓。对此，张俭非常愤慨。

他上书汉桓帝，告发侯览的罪行，要求从严惩办。可是，张俭的奏章还没有到皇帝手里，就被侯览扣下。从此，侯览对张俭怀恨在心，伺机报复。有人在侯览指使下，诬告张俭勾结同郡二十四人结成党羽，图谋不轨，企图造反。

朝廷下令逮捕所有"党人"。张俭就连夜逃走。侯览假借皇帝命令，向各郡县发出搜捕张俭的通令，张俭见官府人马来势汹汹，只好匆匆逃亡，看到谁家可以，就投在谁家门下，暂时安身（俭得亡命，困迫遁走，望门投止）。

一天，张俭逃到鲁郡，投奔好友孔褒。孔褒不在，孔褒小兄弟孔融只有十六岁，热情地接待了他。张俭走后，官府闻讯赶来，逮捕孔褒、孔融及他们的老母亲审问。

孔融说："是我招待了张俭，要治罪就治我吧。"孔褒说："张俭是来投奔我的，要办就办我的罪，与我兄弟无关。"孔母说："我是一家之主，要办就办我的罪。"他们一家争抢承担责任，闹得官府不知所措。

惩羹吹齑

【释义】惩：警戒。羹：一种稠汤。齑：切碎的姜。指被热汤烫过的人，心存警戒，吃冷食时也要吹一下。比喻吃了大亏而心怀戒备，遇事小心过甚。

【出处】战国·屈原《九章》。

屈原的人生命运非常坎坷。但他始终热爱他的祖国，在被疏远、遭打击，以至被流放的痛苦年月中，仍旧关心着人民的生活，怀念着国都郢都。他写的《九章》等不朽的诗篇，充满了悲愤和热烈的爱国之情。《九章》共包括九篇，其中第一篇《惜诵》，是屈原劝楚怀王联齐抗秦而被诬去职时写的。

"惜诵"二字，据说是"不愿随便歌颂"的意思。诗中有一节假托在梦中和大神谈话来表达自己始终不变的忠诚。诗的大意说：我曾在梦里企图登天，无奈既没有路也找不到船。请大神帮帮忙吧，可是他说，理想虽好，实行困难！难道我的理想将永远被认为危险而无法实现？大神说：

可思而不可恃。
故众口其铄金兮，
初若是而逢殆兮。

惩于羹而吹齑兮，
何不变此志也？
欲释阶而登天兮，
犹为曩之态也！

大神说的这几句话，大意是说：“对于君王，你可以怀念，却不必寄托希望。他身边那群人的嘴连金属都销熔得了。你当初一片天真，当然要遭殃。被烫过的人，吃冷食也要吹一下，为什么不能改一改你的直心肠？你想登天，偏又放弃了往上爬的梯子。看来你从前的老脾气，还是照样！”

这一节中，“惩于羹而吹齑”一句，后来演变为“惩羹吹齑”的成语。

诗的原文中，另一句“众口其铄金”，后来也成为一句成语，即“众口铄金”。这句成语的“众口”则变为舆论的意思。形容舆论的力量很大，即便最坚硬的金石也要被销熔。

远见卓识篇

一曝十寒

【释义】意为晒一天，冻十天，植物难以生长。后指做事没恒心。

【出处】战国·孟轲《孟子·告子》。

战国时代，群雄割据，游说之风十分盛行，造成了一个百家争鸣的局面。一般游说之士，不但有高深的学问、丰富的知识，还要有好的口才，尤其善以深刻生动的比喻，来讽劝执政者。孟子更是当时的一个著名辩士。

有一次，他对齐王的昏庸和轻信谗言很是不满，便不客气地对他说："虽有天下易生之物也，一日暴（同"曝"）之，十日寒之，未有能生者也。"意思是说：天下虽有生命力很强的生物，可是你把它放在阳光下照了一天后，又放在阴寒的地方冻它十天，它哪里还活得成呢！他还进一步说："我跟大王在一起的时间是很短促的，承蒙大王信任，听了我的劝谏后有了一点从善的决心，可是我一旦离开你，那些奸臣又来哄骗你，你又会听信他们的话，这就与一曝十寒一个样了。"

一毛不拔

【释义】一根毫毛都不肯拔掉。形容非常吝啬。

【出处】战国·孟轲《孟子·尽心》。

战国初期，魏国的哲学家杨朱主张"贵生"、"重己"，也就是重视个人生命的保存，反对别人对自己的侵夺，也反对侵夺别人。思想家墨翟正与杨朱的主张相反，他主张"兼爱"，反对战争，提倡生产劳动，谴责贵族奢侈糜烂的生活。

有一次，墨翟的学生禽滑厘问杨朱道：“如果拔你身上一根汗毛，使天下人得到好处，你干不干？”

杨朱说：“天下人的问题，绝不是拔一根汗毛所能解决得了的！”

禽滑厘又说：“假使能的话，你愿意吗？”

杨朱默不作声了。

有人问孟子对杨朱和墨翟这两位学者的观点如何评价。

孟子坦率地说：“杨朱主张一切为自己，连拔下自己的一根汗毛有利于天下的事，他都不肯干，这一毛不拔也太自私了。墨翟与杨朱正相反，他提倡爱世上的所有人，只要对天下有利，他一切事情都愿意做，哪怕磨秃头顶、走破脚跟，也心甘情愿，这是多么难得呀！但这恐怕不容易做到，尤其是要每个人都来做，更困难。鲁国贤人子莫提倡中道，我觉得主张中道情况就差不多了，但也要有灵活性，要会变通，不然坚持一点，不顾其余，就有损于仁义之道了。”

十年树木，百年树人

【释义】形容培育人才是百年大计。

【出处】佚名《管子·权修》。

春秋时期著名的政治家管仲，辅助齐国的齐桓公改变赋税制度，将齐国地方行政区划分为二十五乡，使乡民组织和军事组织结合一致，又采取一些富国强兵的措施，结果齐国首先强盛起来，第一个称霸于诸侯。后来，出现了《管子》一部书，相传是管仲所作，其实是后人托名管仲编撰的。书中有《权修》一篇，其中有这样的一段话：“一年之计，莫如树谷；十年之计，莫如树木；终身之计，莫如树人。一树一获者，谷也；一树十获者，木也；一树百获者，人也。我苟种之，如神用之，举事如神，唯王之门。”

大意是：希望一年就有所收获的，就种谷子；希望十年以后取得较大收获的，那就种树；希望受益终身的，那么最好是培养人才了。因为种谷子一年就可以收获；种植树木，十年也可以获得利益；如果培养一批人才，就能长远地取得利益。培养人才，这是君王称霸天下的必由之路。

事实上，管仲推行政治改革，离不开培育人才这根本的一条。就以管仲自己而言，像他这样杰出的人才，也是难得的，只有长期的磨炼才会有所成就。

后人从《管子·权修》一文中概括出“十年树木，百年树人”的成语。

卜宅卜邻

【**释义**】指迁居应选择好邻居。

【**出处**】春秋·左丘明《左传·昭公三年》。

据传，齐景公曾为宰相晏婴更换一处新住宅，晏婴却仍旧住在原处，他引用一句谚语作为拒绝搬家的理由：“非宅是卜，唯邻是卜。二三子先卜邻矣，违卜不祥。”意思是说，迁居时不是先在住宅方面占卜吉凶，而应该首先占卜邻居是否可以为邻，否则会不吉利。后世就把晏婴的话，演化为“卜宅卜邻”这个成语。

三思而行

【**释义**】做一件事应多想想，然后再行动。

【**出处**】春秋·孔丘弟子《论语·公冶长》。

春秋时，鲁国大夫季孙行父，即季文子，为人谨慎，凡事都要多次考虑以后才决定做不做和怎样做，即主张“三思而行”。

一般说来，在干一件事情之前，多考虑考虑，然后行动，总是利多弊少的。可是孔子却并不赞同季文子的这种态度。孔子出生的时候，季文子已经死去十多年了。后来，孔子听人说到关于季文子的谨慎态度时评论道：“没有必要‘三思’，只要能‘再思’，也就可以了。”孔子的原话，见《论语·公冶长》：

季文子三思而后行。子闻之，曰：“再，斯可矣。”

孔子为什么认为只要“再思”就可以了呢？《论语》中没有说明。宋代儒学家程颢、朱熹等的解释是：考虑一两遍，就足以决定；考虑一多，反而要患得患失、疑惑不定了。

“三思而行”的“三思”，就是指多想。“三”不是限于三次的意思，而是“再三”、“反复多次”。劝人好好考虑考虑，有时也可以用到这句成语。

大器晚成

【释义】原意为大才需经过长期磨炼方能成就。现指成名较晚的人。

【出处】晋·陈寿《三国志·魏书·崔琰传》。

东汉末年，有个名叫崔琰的人，剑法很好。他特别喜欢交朋友。可是，有些人却认为他不学无术，除了舞刀弄棒，学问上一窍不通。一次，他去拜访一个很有学问的人，主人让管家出来告诉他说：“主人正在潜心读书，无暇闲谈。”崔琰知道人家是嫌他没知识，感到无比羞愧，暗自下了决心，一定要好好读书，成为一个能文能武的人。从此，崔琰虚心拜师求学，学问逐渐增多起来，当时独霸北方的袁绍就把他招为谋士。

袁绍被曹操所灭后，曹操久闻崔琰才干，劝崔琰归顺自己。在曹营中，崔琰出了不少主意，很受曹操器重。有一次，曹操和他商量，想立小儿子曹植为太子。崔琰说：“自古以来，都是立长子为太子。您立曹植，曹丕心里不服，大臣们也不服，这就种下了祸根。纵观古今，因为废长子立次子引起的骨肉相残还少吗？请主公三思而行！”其实曹植还是崔琰的侄女婿，不过尽管是亲属崔琰也不偏袒。曹操十分佩服崔琰的公正。

崔琰有个堂弟叫崔林。这崔林年轻时一事无成，亲友们都看不起他，可是崔琰却很器重他，他凭自己的经历常对人说：“才能大的人需要长时间才能成器（大器晚成），崔林将来一定会成器的。”后来，崔林果然成才当上了大官。

与人为善

【释义】偕同别人一齐做善事，或帮助人做好事。

【出处】战国·孟轲《孟子·公孙丑上》。

孔子的学生子路，道德和学问修养得都很好，孟子在给弟子讲课的时候，常常拿子路的事迹开导学生。

有一天，孟子说：“子路这个人是很虚心的，别人指出他的毛病和不足，他就非常高兴。从历史上看，凡是君子都是吸取别人的优点、长处，自己来实行善事。大禹就是这样的典范，他听到谁说善言，就向谁敬礼。舜更是了不起，他把别人的长处吸收过来，把自己的短处抛弃掉，做起善事来非常愉快。舜从种庄稼开始，后来又做陶器、当渔夫，直到最后做了天子。他身上的优点、美德全是从别人身上学习、吸收来的。所以总括起来说，吸取别人的优点来自己行善，这便是‘与人为善’，也就是说偕同别人一道行善。君子最高的德行就是‘与人为善。”

门墙桃李

【释义】门墙：指师长之门。桃李，比喻后辈学生。用以尊称他人培养出来的学生。

【出处】春秋·孔丘弟子《论语》、汉·刘向《说苑》。

“门墙”，也叫“宫墙”，它的典故出在《论语·子张篇》所载子贡的一段议论。子贡，春秋时卫国人，姓端木，名赐，是孔子的得意门生之一。鲁国大夫叔孙武叔曾在朝中向其他大夫说：“看来子贡要比他老师强些。”这话传到了子贡的耳朵里，他就说：

譬之宫墙：赐之墙也，及肩，窥见室家之好；夫子（指孔子）之墙数仞，不得其门而入，不见宗庙之美、百官之富。得其门者或寡矣。夫子（指叔孙武叔）之云，不亦宜乎！

大意是："比方拿住宅四周的围墙来说：我家的围墙，才肩头那么高，从墙外向里一望，屋子里有什么比较好的东西，谁都能全部看得清清楚楚；而我老师家的围墙却有几仞高（周尺七尺为一仞），要是找不到大门、走不进去，就根本没法看到里面祖庙的雄伟美观、各种房屋的富丽堂皇。不错，有幸而从我老师的大门走进去的人，恐怕是不多的。这样看来，武叔他老人家说出那样的话，不是也难怪吗！"子贡这段话是说自己的品德学问都很肤浅有限，哪里能同他高深渊博的老师相比呢。

后来，人们就称师门为"门墙"。形容初步学得一点东西，叫做"入门"。

至于"桃李"，也有典故。《说苑》的《复恩篇》中记载了这么一段故事。阳虎在卫国犯了罪，便来到北边的晋国，对赵简子说："今后我再也不培养人了。"

赵简子问："为什么？"

阳虎说："坐在厅堂上判事的人一半以上是我培养的，朝廷的官吏、边境的将士，经我荐举的也都在一半以上。可是现在，堂上之人叫国君冷落我，朝中之吏叫大伙仇视我，边境之士叫军队搜捕我。"

赵简子说："种桃李的人，夏天可以在它们的绿荫下乘凉休息，到秋天还可以有果子吃；种蒺藜的人，夏天既不能从它们那里得到乘凉的荫地，到秋天它们还会长出许多刺来刺人。现在看来，你所植的都是蒺藜。以后一定要先择对象，而后加以培植，不要先培植，后选择。"

把"桃李"比喻为培植的优秀人才，其出典就是赵简子的这几句话。

上医医国

【**释义**】上医：高明的医生。医国：为国家除患祛弊。指有很高才干的人能治理好国家。

【**出处**】春秋·左丘明《国语·晋语八》。

春秋时，晋平公病了，秦景公派一个医官，前去治病。

那个叫医和的医官认真诊断了晋平公的病情，出宫后，对晋国的大臣赵文子说："你们国君的疾病，是远离贤臣、迷恋女色引起的。因为他荒淫作乐，所以贤臣都没有了，老天爷也不会保佑他了。如果他活着不死，其他诸侯也都要反对他了。"

赵文子很不高兴地说："我和晋国的两三个大臣，辅佐国君帮他当了诸侯的盟主，到现在已经有八年了，国内没有什么祸乱，你怎能说国君没有贤臣、老天爷也不保佑他呢？"

医和说："你们不劝谏国君，听任他迷恋女色。等他患了病，你们又不自动退位，仍旧专权当政。晋国能当上八年盟主，已经够长了，哪里能够一直这样维持下去呢？"

赵文子不服气："你这个医官难道还能给国家治病吗？"

医和回答说："上医医国，差一等的为人治病。"

赵文子问："那么，我们的国君还能活几年？"

医和回答说："如果诸侯不反对晋国，你们的国君还能继续迷恋女色，这样，不过活三年；如果诸侯反对晋国，你们的国君不能再荒淫作乐，虽然身体不会立即垮掉，也不过活十年。"过了十年，晋平公果真死了。

不平则鸣

【**释义**】事物不平静，就要发出响声。指人受到不公正的待遇，就要发出不满的呼声或反抗。

【**出处**】唐·韩愈《送孟东野序》。

唐朝时，韩愈的学生孟东野熟读经书，颇有才能，但直到五十岁才做了个溧阳县尉，因而常有怀才不遇之感。韩愈对孟东野十分同情，并在孟赴任溧阳县尉时，写了《送孟东野序》一文作为赠别，文中说道："大凡物不得其平则鸣：草木之无声，风挠之鸣；水之无声，风荡之鸣。其跃也，或激之；其趋也，或梗之；其沸也，或炙之。金、石之无声，或击之鸣。人之于言也，亦然。有不得已者而后言，其歌也有思，其哭也有怀。凡出乎口而为声者，其缘有弗平者乎？"

成语"不平则鸣"即出于此。

韩愈此文的本意是，孟东野既然没有得到应有的公正对待，那么，他的不满和怨言就是合乎情理的。为此，他还用"草木之无声，风挠之鸣"、"水之无声，风荡之鸣"、"金、石之无声，或击之鸣"等大量自然现象为依据，进一步证明了"不平则鸣"不仅是人之常情，而且是物之常理。韩愈认为，所谓不平，即一方受到了另一方的压抑；所谓鸣，即对这种压抑的抗争。不平则鸣，包含着有压抑就有反抗、有矛盾就有斗争的辩证法思想。

天下无敌

【**释义**】形容强大无比，普天之下没有对手。

【**出处**】战国·孟轲《孟子·离娄上》。

有一天，孟子的弟子问他说："先生，孔夫子曾说过'仁不可为众也，夫国君好仁，天下无敌'，这话对吗？"

孟子说："当然对呀。比如说，商朝的子孙有几十万，上天将他们送给周文王，他们就成为周朝的臣民。所以孔子讲，仁德的力量是不能以人数多少来计算。一个君主爱好仁德，就会天下无敌。可惜的是，如今一些诸侯都打算得到天下，希望天下无敌。可是他们又厌恶仁政，这岂不是与大热天不肯洗澡一样愚昧吗？自古以来都是一个道理，顺从老天的就生存下去，违背老天的就要灭亡。施行仁政就是顺乎天意啊！"

车水马龙

【释义】形容往来车马很多，连续不断，非常热闹。

【出处】南朝·宋·范晔《后汉书·马后纪》。

马后，是后汉初期的名将马援的女儿。汉明帝时，入宫为“妃”，后来升格为“后”，所以称为“马后”。到明帝的儿子章帝继任皇位，“马后”就又称“马太后”了。

汉章帝并不是马后的亲生儿子，但对她非常尊重，因此要给马家的几个舅舅分封官爵。一些专爱看风使舵的臣子，乘机吹捧、怂恿，可是马后却坚决不同意。

她说：“凡是讨好取宠的人，都有他们图谋私利的目的。我前次回家，看到几个舅舅都阔绰得很，拜候请安的客人，来来往往，‘车如流水，马如游龙’，热闹极了。还看到他们家的佣人，都是穿得整整齐齐、漂漂亮亮的，我的马车夫比他们差远了。我当时竭力抑制自己，没有责备，也没有生气，不过从此就不再给他们生活补助了，让他们自己醒悟改过。如果再给他们分封官爵，那怎么行呢？”

太丘道广

【释义】形容交游广泛。

【出处】南朝·宋·范晔《后汉书·许劭传》。

东汉时的许劭，喜欢品评人物。他每月初一主持一次品评当时人物的集会，叫做“月旦评”。他们品评人物的品德、性格、才能，每每品题总能不偏不倚，切中要害。一些默默无闻的人得到他的好评，走上了仕途。一些人前途未卜时，都愿意找许劭指点迷津。曹操在地位低下时请求许劭为他作评判，许劭的评语是：“你是清平时代的奸贼，动荡时代的英雄。”

当时，有个叫陈寔的人，担任太丘县县长，在他任职期间，境内清静，百姓安宁。陈寔在乡里很有名望，许多人都愿意与他交往，家里常是宾客盈门。有一次许劭路过颍川郡，拜访了当地许多名流，唯独不去拜访陈寔。

还有一个叫陈蕃的人，为官清廉自守，直言不阿，在当时也有美名。有一年，陈蕃的妻子去世，他给妻子送葬回乡，乡里人都去看望他，只有许劭不去。

事后，有人问许劭："从前你到颍川郡时候，看望过好多人，就是不去拜访陈寔；现在大家都看望陈蕃，你又为什么不去呢？"

许劭说："太丘县长陈寔道术太广泛（太丘道广），太广泛了就难以周全；陈蕃的性情严峻，太严峻了难以通达，所以不去造访他们。"

乌合之众

【释义】像乌鸦那样暂时聚合。比喻临时拼凑起来的队伍，毫无组织纪律。

【出处】南朝·宋·范晔《后汉书·耿弇列传》。

汉时，耿弇自幼好学，为人敏锐有计谋，善于骑射，对出兵布阵之事很有研究。公元23年，王莽建立的新朝败亡了，汉哀帝刘欣即位。各地将领纷纷起兵，独揽地方政权，改换郡守、县令。耿弇的父亲耿况认为自己的官职是王莽所设置，心里很不安。此时二十一岁的耿弇便告别父亲到哀帝那儿去，趁机带去贡品，以此求得使自己的地位稳固。

一天，耿弇在路上忽然遇到一王姓之人，此人诈称是汉成帝的儿子子舆，在邯郸起兵。这时跟随耿弇的官吏孙仓、卫包等都说："刘子舆是成帝的儿子，是汉室的正统，咱们应该归顺他才有出路。失掉这个机会不归顺，我们又到哪里呢？"

耿弇按住剑柄说："刘子舆这小人，早晚是个降虏罢了。我到长安，参与国家组织的渔阳、上谷的军队，出入太原、代郡，往返数十日，回来领兵收拾这些乌合之众，像摧毁朽烂的木头一样。我看你们不识好歹，很快便会遭到灭族之祸。"

孙仓、卫包两人不听耿弇的话，投奔了王姓之人。

耿弇途中听说刘秀在卢奴，于是投奔了刘秀，得到刘秀的信任，多次克敌制胜，为刘秀平定天下立了汗马功劳。

方枘圆凿

【释义】方枘：方形的榫头。圆凿：圆形的卯眼。本意是方形的榫头插不进圆形的卯眼。比喻双方意见不合，无法相容。

【出处】战国·屈原《楚辞·九辩》。

楚国的大夫宋玉是大诗人屈原的学生。他写了一篇《九辩》，为遭到流放的屈原鸣不平，并抒发自己的悲愤感情。

《九辩》中有这样一段，大意是：

楚国的风气有多糟糕，那些善于投机取巧的人，像木匠偏离墨斗墨线一样背弃正道，净干些败坏国家的事情。楚怀王拒绝使用骏马，却愿意使用劣马；难道世上没有骏马吗？不是的，那是因为没人发现它、驾驭它。骏马看到驾车的人不是好人，它只得远远地逃走。现在是野鸭子有好米吃，而凤凰无人理睬，这也不奇怪呀，木匠凿的本来是个圆孔，而硬要将方形的榫头插进去，那是不相吻合、绝对插不进去的（圜凿而方枘兮，吾固知其鉏铻而难入）。如今鸦雀占领了大树，弄得凤凰无处栖身；遥想昔时的姜太公直到九十岁才显名荣耀，就是他多年没有遇上圣明的君主啊。如今的君主缺少圣德，贤明之士尽管愿意报效国家，也是不能实现啊！

为渊驱鱼，为丛驱雀

【释义】把自己的人赶到敌方去了。比喻为政不善，使自己的百姓投向别人。

【出处】战国·孟轲《孟子·离娄上》。

有一次，孟子的弟子请教孟子说：“先生，桀和纣为什么会失去国家呢？”

孟子说：“因为桀和纣失去了百姓的支持，失去了民心，所以必定失败。一个君王得到百姓的支持，就可以得到天下；若想得到百姓的支持，就要取得民心。老百姓喜欢的事情你就做，百姓厌恶的事你不要强加在他们头上。你施行仁德、仁政，老百姓便像水往低处流一样向你靠拢。你们知道，水獭是吃鱼的，水獭一来，鱼儿都往深水里逃；鹞鹰是吃小鸟的，鹞鹰一飞来，成群的鸟雀都藏在密林里。可以说，替深水把鱼赶来的是水獭；替森林把鸟雀赶来的是鹞鹰（为渊驱鱼者，獭也，为丛驱雀者，鹯也）。那么，替商汤、周武王把老百姓赶来的是谁呢？这就是夏桀和殷纣。因为他们太残暴了，老百姓恨透了他们，才跑到商汤和周武王那里，支持他们铲除暴君。这是历史的事实啊，不可不记取教训。现在的君王如果施行仁政，各国的百姓就会拥护他，使他得到天下……如果对仁政不感兴趣，那他一辈子都要担惊受怕、遭到耻辱，最终非灭亡不可！”

以火救火

【释义】比喻危险或恶行不仅不能制止，反而助长其势。

【出处】战国·庄周《庄子·人世间》。

有一天，孔子的学生颜回，来向老师辞行。颜回说：“听说卫国的国君独裁凶暴，荒淫昏乱，不管百姓的死活，人们敢怒而不敢言，所以我打算去给卫国国君当个医生，替他治理国家……”

孔子却说：“我看你是想送死去呀，你也不想一想，那位卫国的国君若是肯听贤臣的忠言，何必要你去呢？他身边难道就没有贤臣了吗？就因为卫君是个愚顽之人，专听奸人谗言，排斥贤良之士，才弄成这个样子。你若是去了，如果坚持正义，他们会迫害你；若是委屈顺从他，岂不是更助长了他的恶行吗？我看你这是用火去救火，更助长了他的威风。”

颜回于是就不再提去卫国的事了。

以邻为壑

【释义】原意是把水引向邻国，现在普遍用于嫁祸于人的意思。

【出处】战国·孟轲《孟子·告子下》。

战国时期的白圭，曾经做过魏国的相国，很会治理洪水，为此他很得意。有一次白圭与孟子谈论起治理洪水的事情时说："我治水的方法恐怕要胜过大禹呢！"

孟子冷笑道："大禹治水是顺乎水的本性，把洪水引入河道，最后流向四海，使人们彻底免除了水的灾害。而你呢，只修筑堤坝，填补漏洞，加高坝的高度，你自己是保住了，可水流到你的邻国去了，让别人遭到危害，这是以邻为壑。你的这个办法，是具有仁爱之心的人全都厌恶的，你还夸耀什么呢？"

白圭听了，顿觉羞愧，再也不宣扬自己治水的功绩了。

心腹之患

【释义】指体内致命的疾病。多用来比喻内部严重的隐患。

【出处】春秋·左丘明《左传·哀公十一年》。

春秋时代，吴越两国正在交战，有一次，越王勾践射伤了吴王阖闾。吴王将要死时，吩咐他的儿子夫差不要忘记这次的仇恨，夫差流着泪答应了。

吴王阖闾死后，夫差当了国王，用伯嚭做太宰，天天练兵。过了两年，吴国出兵伐越，把越国打败了。越王勾践带了残兵躲避到会稽去，一面派大夫文种，带了许多东西，送给吴国太宰伯嚭，请求讲和，情愿用臣子的礼节服侍吴国。伍子胥劝吴王应该乘胜消灭越国，免除后患，但吴王不听，听了伯嚭的话，和越国讲和了。

过了五年，齐国景公死了，因新立的国君昏庸懦弱，夫差便派兵去伐齐，伍子胥又向他说："越国的勾践很得百姓的拥护，将来一定是吴国的心腹之患。你不先去讨伐越国，却攻打齐国，不是大错而特错吗？"

事实证明，伍子胥的判断是正确的，后来越国果然打败了吴国。

功成不居

【释义】功：功绩。居：占有。有了功劳而不将之归于自己。

【出处】春秋·老聃《老子·第二章》。

老子提出一切事物都有它的对立面，假如失去了对立的一个方面，另一个方面也就不存在了。老子用下面这些话，表达了他的思想：

普天之下的人都知道怎样才算美，
这就有丑了；
普天之下的人都知道什么是善，
这就有恶了。
所以，有和无互相产生，
难和易对立形成，
长和短对比出现，
高和低互相存在，
音和声对立和谐，
前和后不能分离，
这是永恒不变的真理。
因此，圣人用无为来处事，
用不言来教导，
任凭万事生长变化，不去管它，
生养了万物而不占为己有，
推动了万物而不图报答，
事业成功了但不夸耀，
正因为不夸耀，
所以他的功绩永不失掉！

成语“功成不居”出自《老子》第二章。原文是：“生而不有，为而不恃，功成而弗居。夫唯弗居，是以不去。”

出类拔萃

【释义】出、拔：均指超出。萃指丛生的草，比喻在一起的人或事物。用以形容才能超过一般的人。

【出处】战国·孟轲《孟子·公孙丑上》。

有一次，孟子的弟子公孙丑和他的老师谈论孔子的人格。公孙丑问孟子：“孔子与伯夷、伊尹相比怎么样？”

公孙丑提到的伯夷，是商末孤竹君的长子。孤竹君生时以次子叔齐为继承人，他死后叔齐让位，但伯夷不接受，后来，两人都投奔到周。到周后，反对周武王讨伐商王朝。武王灭商后，他们逃避到一座山上，坚持不吃周人生产的粮食而死。

公孙丑提到的伊尹，曾帮助汤攻灭夏桀。汤去世后，他辅佐过两个王。太甲继位后，因破坏商汤法制，不理国政，被伊尹放逐。三年后太甲悔过，伊尹又接他回来复位。

孟子评论伯夷和伊尹说：“伯夷的处世态度是，不是他理想的君主他不去侍奉，不是他理想的百姓他不役使；天下太平他就出来做官，天下昏乱他就隐居起来。伊尹的处世态度是，什么样的君主他都可以去侍奉，什么样的老百姓他都可以役使；天下太平做官，天下不太平也做官。而孔子的处世态度是，可以做官就做官，可以隐居就隐居，可以继续干下去就干下去，可以马上离开就马上离开。他们三人都是古代的圣人，我个人就是要学习孔子。”

公孙丑又问：“他们三人不是一样的吗？”

孟子回答说：“不，自从有人类以来，就没有出现过像孔子那样伟大的人物。”

公孙丑又问：“那么三位圣人有相同的地方吗？”

孟子说：“有，假如让他们做君王他们都能够使诸侯归服，天下统一。但假如要他们去做一件不合道理的事情，或者去杀一个无辜的人，因而得到天下，他们都不会干的。这就是他们相同的地方。”

公孙丑又问：“他们的不同又在什么地方呢？”

孟子回答说：“听听孔子的学生是怎样评论孔子的吧。宰我说：‘我的先生比尧舜高明得多。’子贡说：‘先生看见一国的礼制就了解它的政治，听到一国的音乐就知道它的德教，百代以后的君王，也不会背离孔子之道。’有若说：‘难道只是人类有高下之分吗？麒麟对于走兽，凤凰对于飞鸟，泰山对于小丘，江海对于小溪流，何尝不是同类？圣人对于百姓也是同类，但孔子却远远超过了他的同类，大大高出了他那一群。自从有人类以来，没有哪一个能像孔子那样伟大的。’”

成语“出类拔萃”就来源于孟子对孔子的评价。

发踪指示

【释义】指猎人发现野兽的踪迹，指示猎狗追踪。比喻幕后操纵。

【出处】汉·司马迁《史记·萧相国世家》。

萧何是汉高帝刘邦的同乡。刘邦响应陈胜起义，被封为沛公之后，萧何就帮助刘邦处理各种事务，成了得力助手。刘邦率兵攻破秦国都城咸阳时，一些将领都忙于积聚钱财，唯独萧何看中了秦朝丞相府和御史等处的各种图书档案资料，把他们妥为保存。刘邦称为汉王之后，萧何做了丞相。后来，项羽进入咸阳，将秦朝宫廷焚烧殆尽，而刘邦却借助于萧何保存下来的那些文献档案，对全国情况和百姓的疾苦仍然一目了然。萧何还向刘邦极力举荐了将才韩信，结果为刘邦得天下立了大功。

刘邦引兵东出，平定三秦，又与项羽争天下时，萧何均留守关中。萧何不仅把关中经理得井井有条，而且还为刘邦军队源源不断地供给军粮和新兵，确保了刘邦在一再军事失利之后仍能东山再起，并最终打败了项羽。

天下稳定后，刘邦论功行赏。刘邦手下的文官武将拼命抢功，但刘邦却认为萧何是头号功臣。刘邦手下的大臣们心中不服，发牢骚说：“我们这些人在战场上身经百战，出生入死，他萧何除了有一点舞文弄墨的本领，从来没有参加过一次对敌战斗，他有什么大功劳？”

刘邦听后，问手下的大臣们：“你们都打过猎吧？”

群臣回答：“当然打过猎呀！”

刘邦接着说：“打猎时，追杀野兽和兔子的，是猎狗，但发号施令的却是猎人。你们这些人，都只能追杀野兽和兔子，所以只能称是‘有功的猎狗’。萧何却与你们不一样，他能发踪指示，指挥狗，因此他是‘有功的人’。”经过刘邦的解释，大臣们也就无话可说了。

列侯受封完毕后，还要排定位次，不少人说：“平阳侯曹参身上受了七十多处伤，攻城略地，功劳最大，他理所当然排第一。”

此时，关内侯鄂千秋却站出来发表了不同意见：“大家刚才的议论是不对的，曹参将军虽然屡建军功，但都是一时一事。汉楚相争，长达五年之久，我们曾多次打过败仗，丢掉了全部军队。多亏萧何丞相多次从关中发送新兵补充，而且往往是在我们最需军队的时候到达，才使汉军转危为安，绝处逢生，这是留传万世的大功劳。当时假如少一百个曹参，对汉来说还是无损的，因为汉不是有了曹参才保全的。但当时假如少了一个萧何，汉却未必能够保全。所以，不能把一时一事之功列于万世之功之上。我的意见，还是萧何第一，曹参第二。”

生死存亡

【释义】指生存或者死亡。形容情势危急，到了最后关头。

【出处】春秋·左丘明《左传·定公十五年》。

春秋时候，有一年邾隐公朝见鲁国国君鲁定公。鲁定公举行隆重的仪式欢迎他。孔子的学生子贡名声很大，也被邀请参加盛典。欢迎仪式开始了，邾隐公手拿玉器，高高地举起来，他仰着脸，态度很傲慢。鲁定公接受玉器的时候，低垂着头，双眼呆滞，无精打采。大家看到两位君王的神态都很惊讶。

这时子贡说："诸侯相见要手执玉器，这是从周朝就开始施行的礼节，礼是生死存亡的主体，人的一举一动要符合礼的规定，今天两位诸侯的会见，都违背礼仪：邾隐公的行为太骄傲，他举的玉器太高；鲁定公的行为太衰颓，他接玉器的手放得过低。骄傲引起动乱，衰颓表示疾病，我看这两位国君大概都快要死了。眼下正是元月，在一年之初诸侯互相朝见，而又全不顾规定的礼仪，说明他们心中早已不存在礼了。相见不合于礼，哪里能够长久？鲁定公是主人，恐怕他要先死去的！"

大夫们对于子贡的话觉得很新鲜，但又不敢相信，便纷纷走开了。

几个月以后，刚刚到夏天，鲁定公果真死了。因为鲁定公久病在身，身体衰弱，入夏以后病情加剧，就一命呜呼。碰巧被子贡说中了。

同类相求

【释义】相求：互相结为知己。同一类的人自然地结合在一起。

【出处】汉·司马迁《史记·伯夷列传》。

商朝末年，有一个小国叫孤竹国。孤竹国君的两个儿子伯夷和叔齐都不愿继位，互相推让不过，都逃到山里为民。后来，他们听说周文王懂长寿术，便去找他讨教。到了周国，恰巧周文王刚死，武王继承了王位，正准备出征讨伐殷纣王。伯夷和叔齐劝谏说："你父王刚去世，你应守墓尽礼；你是纣王的臣子，应该服从他的统治。现在你这样做，是不仁不孝。"武王的随从听了大怒，上前要杀这兄弟俩，但被周武王拦住了。

等到周武王灭掉了商朝，天下都归顺了周王室，伯夷和叔齐却仍然自视为商朝的臣民，坚决不吃周朝农民生产出的粮食，终于饿死在首阳山上。

伯夷和叔齐死后默默无闻，直至孔子大力宣扬他们以后，才为世人所知。汉朝贾谊为此发了一通感慨："贪婪的人为钱财而死，英烈的人为气节而死，有野心的人为权力而死，有德行的人为名声而死。伯夷和叔齐虽然贤良，但如果不是孔子为他们树碑立传，今天还有谁能知道他们？孔子为什么要给他们树碑立传呢？那是因为同类相求呀，道德相同的人才会心心相印嘛！"

任劳任怨

【释义】做事不辞劳苦，不避怨言。

【出处】汉·桓宽《盐铁论·刺权》。

晋国的相国赵盾碰见赵穿打猎回来，就把想出走的事告诉他。赵穿说："你暂时不要离开晋国，我自有办法请你回宫。"于是赵穿去见晋灵公说："主公，你老在桃园里玩，我可真有点儿担心，万一出了事，单凭几个武士算什么呀？让我选二百名勇士，专门保护桃园。你看怎么样？"晋灵公同意了。没一会儿，二百名卫兵拿着武器围住了晋灵公，他开始觉得事情不对。这时赵穿把脸往下一沉，晋灵公的脖子上就挨了一刀。

赵穿干了这事，赵盾心里老是不痛快，担心谋害国君的罪赵家担不了，于是想瞧瞧朝廷的大事册是怎么写这件事。他拿来一看，上写："秋正月，赵盾在桃园谋害了国君夷皋。"

赵盾哆嗦着对太史道："你弄错了吧！谁都知道先君不是我杀的，那时候，我还在河东。你怎么叫我担这个罪名啊？"

太史说："你是相国，国家大事由你掌管，你虽是跑了，可是还没有离开本国的地界，相国的大权还在你手里。要是你不许赵穿那么办，那你回来以后，为什么不捉拿凶手办罪呢？"

赵盾觉得自己理屈了。他想也许大人物免不了要任劳任怨的，于是他叹了一口气说："算了，我只要于心无愧就是了。"

《盐铁论·刺权》说"蒙其忧，任其劳"，后演化为"任劳任怨"的成语。

当头棒喝

【释义】棒喝：指佛家禅宗、祖师促人领悟佛理时，常一棒击下。比喻为了促人醒悟，给予严正警告或打击。

【出处】宋·道原《景德传灯录》。

唐代和尚慧能，悉心研修佛理，一天忽然悟道，知道一个人只要有诚心，一心向佛，就能得到超生，升入佛境，不必日日夜夜念经打坐，苦用功夫。由此创立佛教禅宗又一门派——南宗顿悟派。所谓"顿悟"，意指一下子悟道，与"渐悟"（逐渐地悟道）相对而言。

根据此理论，传佛教道理的禅师在接待初学者或求教者时，就不再用喋喋不休地对来者讲解佛理的做法，而往往用木棒当头一击或大喝一声，以促其领悟。如有一位叫希运的禅师，接待来求教之人，总是先不问情由地给对方一棒，或大喝一声，而后提出问题，要对方不假思索，当即回答，以此来检验此人对佛教是否虔诚，对佛理是否有所认识和认识到什么程度。后来，这种棒喝竟成了佛门传教的主要方法之一。

争先恐后

【释义】争着向前，唯恐落后。

【出处】战国·韩非《韩非子·喻老》。

春秋时期，赵襄子请王于期教他驾车，一天，赵襄子问王于期："您教我驾车，全教完了吗？"

王于期回答说："技术全教给您了。"

赵襄子又问："那我跟您比赛，看谁驾得快。"

车道上，两辆马车辘辘驶过。王于期镇定自若，看着自己的马，胸有成竹地驾驶着；赵襄子神志慌张，眼睛不断看着王于期，一会儿赶到他的前面，一会儿又落到他后面。比赛结果，赵襄子落在王于期后面一大截。赵襄子不服气，心想一定是他的马好，就换了一匹，继续跟他比赛，可惜还是输；第三次，赵襄子气极了，可还是赢不了王于期。

赵襄子很丧气，闷闷不乐地对王于期说："您一定没把技术全教给我。"

王于期笑笑，说："技术已教完了，可是你技术运用错了，驾车最重要的是叫马和车相安，人心和马协调，然后才考虑速度。可现在，您争先恐后，思想都集中在我身上，这样还怎么和马协调呢？这是您落后的原因哪！"

负重致远

【释义】负：背着、承担之意。指愿意背着沉重的东西到达远方。比喻能够担负重任。

【出处】晋·陈寿《三国志·蜀书·庞统传》。

庞统是三国时蜀国的军师，曾率领蜀军打过好几个大胜仗。当时人把他和诸葛亮一个称为"凤雏"，一个称为"卧龙"，可见人们对他的推崇。

有一个时期，刘备和孙权是联合抗曹的盟友。为了帮助刘备站稳脚跟，同时也为了控制蜀地，吴国派都督周瑜领兵入蜀。周瑜还没到蜀地，就因旧病复发而死。刘备派庞统护送周瑜的灵柩至东吴。东吴的人大多都很仰慕庞统，等到他返回荆州的那天，许多人都来为他饯行。东吴的名士陆绩、顾劭、全琮等也都来了。大家饮酒畅谈，话题不知怎么扯到评论人物上来了。庞统乘着酒兴把在座几个人都评论了一番，他说："陆绩好比一匹脚力很快的马，有高超的才能；顾劭好比一头吃苦耐劳的牛，能负重致远。"他又转过身对全琮说，"先生乐善好施，虽然智慧差一些，但也是当代一个人才！"

三个人听了，都很佩服庞统的眼力。

安不忘危，治不忘乱

【释义】安与危互相倚伏，在太平时，应防危机，不可麻痹。

【出处】佚名《周易·系辞下》。

《周易》是我国最早的一部卜书，是讲阴阳八卦象数推衍的，但也不无合理的内核。在其关于吉凶祸福的占问及解释中，往往反映了人们观察社会历史现象的经验总结和预见。

譬如，在书中就有这样一段议论："危者，安其位者也。亡者，保其存者也。乱者，有其治者也。是故君子安而不忘危，存而不忘亡，治而不忘乱。是以身安而国可保也。"

这段话的意思是说，而今有倾危之患的，是由于一向安于其位，不戒备危险。而今遭受灭亡之祸的，是由于一向守存而不备亡。而今遭遇变乱的，是由于一向自恃有其治而不备其乱。所以，真正有远见卓识的人，应该安不忘危，存不忘亡，治不忘乱。只有这样，才能使身家性命和江山社稷得以保全。

正是由于这段话中蕴含着深刻的哲理，所以长期以来一直为人们所重视。久而久之，引申出了"安不忘危"、"治不忘乱"的成语。

冰山难靠

【释义】冰山要被阳光消融，难以依靠。比喻依靠权势，难以长久。

【出处】宋·司马光《资治通鉴·唐纪》。

唐玄宗李隆基特别宠爱杨玉环，封她为贵妃。这样一来杨家便鸡犬升天了。她的堂兄杨钊也官运亨通，身兼十五个官职，皇帝又赐给他一个名字，叫"国忠"。后来做了宰相，他大权在握，不可一世。不少人都去投靠他。

当时，陕西有一个进士，名叫张彖，没有机会做官。他的朋友们都劝他去拜见杨国忠，作为进身之阶，可是他始终不去，反倒对劝他的朋友说：“你们都把杨国忠看得像泰山一样稳固，可是我以为他不过是一座冰山罢了。将来天下有了动乱，他就会垮掉，好比冰山遇到太阳化掉一样，到那时候你们就失掉靠山了。”

《资治通鉴·唐纪·玄宗天宝十一载》的原文是：“‘君辈倚杨右相如泰山，吾以为冰山耳！若皎日既出，君辈得无失所恃乎！’遂隐居嵩山。”成语“冰山难靠”就是从这里来的。

不久，安禄山起兵叛乱，攻下京城长安，杨国忠随同唐玄宗逃往四川，在马嵬驿被士兵杀死。杨贵妃也被缢死，杨家这座靠山果然塌倒了。

拒人于千里之外

【释义】把人挡在千里之外，不愿接近人，形容态度极其傲慢。指不听取别人的意见。

【出处】战国·孟轲《孟子·公孙丑》。

战国时，鲁国国君鲁平公准备任用孟子的学生乐正子主持国政。对此，孟子喜出望外。

公孙丑看见老师如此高兴，就问他说：“鲁平公任用乐正子主持国政，难道他真的很有本领吗？”

孟子知道公孙丑的意思，回答说：“不是，如果论本领，他的确不如你。”

公孙丑说：“那么，他考虑问题很全面吗？”

孟子说：“不，也不如你。”

公孙丑说：“他的见闻和知识比我多吗？”

孟子说：“也不是。”

公孙丑说：“那么先生为什么如此快乐呢？”

孟子微笑着说：“他最大的长处是对人很好，对人很好比天下所有的事情都重要。如果一个人对人好，那么，四海之内的人都会聚集在你身边，给你提出各种好的建议；如果一个人对人很差，自以为是，那傲慢的声音和脸色就会拒人于千里之外。别人说什么，他把脸一板，说：‘我早知道了。’这样能听到什么好意见呢？还能治理好国家吗？”

公孙丑终于明白了老师的意思。

每况愈下

【释义】况：因对比而更加明显。下：下部、低微。原为“每下愈况”。比喻越从低微的事物上去推想，就越能看出“道”的真实情况。后表示情况越来越糟。

【出处】战国·庄周《庄子·知北游》。

庄子痛恨战争，痛恨统治者的贪得无厌，主张统治者要无为、无欲。有一个人名叫东郭子，去拜访庄子，恭敬地问：“先生，您所说的道，究竟在什么地方？”

庄子回答说：“我讲的道，到处都有，无所不在！”

“既然到处都有，请您具体地说明哪些地方有？”

“在蚂蚁洞里。”

东郭子把道看得非常高尚、神秘而又圣洁，想不到庄子这样回答他，一时觉得莫名其妙。庄子见他不理解，又说：“我所讲的道，还存在于稗草、砖瓦、碎石之中。”

东郭子瞪大眼睛，惊诧得说不出话来。庄子继续说道：“不仅这样，我的道在屎尿之中也能找到！”

东郭子非常不高兴，听庄子把道说得如此卑下，就不想再听了。庄子向他解释说：“您所问的，都没有涉及道学的本质。你看，市场上的人检查猪的肥瘦，愈是踩猪腿的下部，愈能看出猪的肥瘦（每下愈况）。如果连猪腿也长满了肉，那么其他部位的肉就更多了。我今天告诉您的这些地方，都非常卑下，您看这些地方都存在着道，那么其他任何地方，不都存在着道吗？所以，道到处都有，无所不在！”

东郭子这才恍然大悟，原来万事万物千变万化都离不开“道”。

“每下愈况”后演化成“每况愈下”的成语。

运斤成风

【释义】运：挥动。斤：斧头。挥动斧头砍下去就是一阵风。比喻技艺极为熟练。

【出处】战国·庄周《庄子·徐元鬼》。

一天，庄子送葬，经过从前经常与自己辩论的惠施的墓地，不由得百感交集，对随从的人们讲了一个故事：

楚国都城郢有一个人，一次不小心在鼻尖上沾了一点石灰，他就请匠人用斧头帮他砍掉这点石灰。

匠人不慌不忙地挥动斧头，只听“呼”的一声，像一阵风一样砍过去，石灰一点儿不剩地被砍掉，而鼻子一点儿也没有伤着。那个郢人也面不改色地挺立在那里。

宋国国君宋元公听说此事后，十分好奇，召见那个匠人说：“请你对我也试试砍掉鼻尖上的石灰。”

匠人回答：“小人确实曾做成过这件事，但是能和我这样合作的人已去世很久了。我再没有合适的对手配合了。”

庄子说完这个故事，感慨地说：“自从惠子死了以后，我已经没有辩论的对手了，再也没人和我辩论了。”

庄子最后称赞了匠人的高超技艺，又称赞了郢人的勇敢沉着，堪称是匠人的合作良友。

后人根据这个故事引出了成语“运斤成风”。

迎刃而解

【释义】刃：刀口。比喻主要的问题解决了，其他有关的问题就容易得到解决。

【出处】唐·房玄龄等《晋书·杜预传》。

晋武帝时，有一个叫杜预的人，学问渊博，见识很广，当时的人称他“杜武库”。

后来，杜预调任镇南大将军，都督荆州军事，建议攻伐吴国。待到出兵以后，只有十天的功夫，就接连占领了长江上游许多城市。这时，有人说吴国是顽强的大敌，不可能迅速把他完全打败，而且时值夏季河水泛滥，又唯恐流行疫病，故应等到明年春天再集中力量攻打。

但杜预却坚定地说：“从前乐毅由于在洛西打了一仗，就并吞了齐国。现在我们士气旺盛，用这样旺盛的兵力去打吴国，犹如破竹，等到劈破几节之后，下面便都‘迎刃而解’，不会有碍手之处。”结果他命队伍继续进军，迅速灭了吴国。

在《晋书·杜预传》中，杜预的原话是：“今兵威已振，譬如破竹，数节之后，皆迎刃而解，无复著手处也。”

歧路亡羊

【释义】在岔路上寻找走失的羊，是找不到的。比喻事件错综复杂，由于没有方向，因而达不到目的。

【出处】战国·列御寇《列子·说符》。

战国时期，有位著名的思想家，名叫杨朱。有一天，杨朱的邻居跑丢了一只羊，于是全家出动寻找，又来请杨朱的僮仆帮助去追寻。杨朱问道：“为什么需要这么多人去找？”

邻居说：“村外的岔路太多了，所以人去少了不行。”于是杨朱就让僮仆和邻居一起去找羊。

过了半天，找羊的人陆续都回来了。杨朱问邻居：“羊找到了吧？”

邻居垂头丧气地说：“没有找到。”

杨朱又问：“怎么会找不着呢？”

邻居答道：“岔路太多了，岔路之中又有岔路，谁知道羊跑到哪条路上去了？所以找不着了。”

杨朱沉思好久，整天没有笑容，学生见他这样，不解地问：“只是丢了一只羊，况且羊又不是老师的，您为什么这样闷闷不乐呢？”

杨朱回答说：“我并不是为了一只羊，而是由这件事联想到我们学习和研究学问的事。如果我们在学习方面，东抓一把，西抓一把，不能专心一志，也会像在岔路上找羊一样，结果一无所获。”

知彼知己

【释义】形容了解敌人又了解自己。

【出处】战国·孙武《孙子·谋攻篇》。

孙武是春秋时期著名的军事家，被吴王阖闾任为大将。以后，孙武率领吴军攻破楚国，镇服了北方的大国齐国和晋国，从而使吴国成为当时最强盛的国家，称霸诸侯。

孙武的军事著作《兵法》被后世称为《孙子》或《孙子兵法》，全书共十三篇。历代将领都把它看做军事著作的典范，其中有些论述，至今仍有现实意义。

他在《谋攻篇》中说：“知彼知己，百战不殆。不知彼而知己，一胜一负。不知彼不知己，每战必败。”

这段话的大意是说，了解对方同时又了解自己，战斗百次都不会失败；如果不了解敌人，而只了解自己，那么胜负的可能各占一半；如果既不了解对方，又不了解自己，那么打起仗来，每一仗都得失败。

南风不竞

【释义】南风：指南方的音乐。竞：强劲。比喻战争中一方失败的趋势。

【出处】春秋·左丘明《左传·襄公十八年》。

春秋时期，齐国出兵攻打鲁国，鲁襄公派人向晋国求救。晋平公会同郑、宋、卫、曹等十二个诸侯起兵伐齐救鲁。他们很快把齐国打得大败，并一直打到了齐国的都城临淄，把临淄团团围住。

正在这时，郑国的大夫公孙舍之和公孙夏派人给郑简公送来一封密信，说大夫公子嘉密谋叛乱，勾引楚军伐郑。现在，楚国的军队已经出发，要郑简公赶快率军回去救应。

郑简公马上把这一情况告知了晋平公，晋平公请中军元帅中竹偃一起前来商议。中竹偃说："大王，临淄城墙高大而坚固，并非一日就能攻破，现在楚国又去攻打郑国，如果郑国被楚军攻破，责任在晋国，我们应该撤围，回兵救郑！"

晋平公听了，便让郑简公先率兵回郑，自己率领十一国的大队人马，随后开拔。

几天后，大军来到竹阿，晋平公知道楚军十分强大，此次救郑胜负难卜，心中闷闷不乐。乐官师旷弹琴为晋平公解闷。弹毕，师旷对晋平公说："大王不必发愁，我刚才弹琴的时候，北风清越平和，而南风微弱低沉，死气沉沉（南风不竞）。楚国这次出兵，一定劳而无功。不出三天，一定会有好消息的。"

晋平公似信非信，便派人前往郑国探听消息。果然，楚军已经退兵回去，而谋反的大夫公子嘉也已经伏诛。

原来，公子嘉原准备和楚军里应外合，但公孙舍之和公孙夏知道他的阴谋后，严加防范。接着，郑简公又率军赶回。而楚军进入郑国国境后，恰巧又碰到雨雪纷飞，天寒地冻，楚军冻死了不少人，又不见公子嘉内应的消息，便退兵回去了。

晋平公听了十分高兴，对师旷能从乐声中推断战争胜负的能力十分钦佩，接着，他便把情况告知各路诸侯，一起班师回国。

待时而动

【释义】等待时机再行动。

【出处】晋·陈寿《三国志·魏书·张范传》。

东汉末年的张范，本是世代官宦的后代，却淡泊宁静，一心钻研学问，并不看重荣华富贵。当朝太傅袁隗想把女儿嫁给他，他却婉言辞谢；官府多次征召他担任官职，他没有就任。

张范有个弟弟叫张承，被朝廷征召授予议郎之职，以后又升为伊阙都尉。当时董卓把持朝政，为害天下，张承想率领他的部属与天下所有正义之士一道诛杀董卓。

张承的弟弟张昭是朝廷的议郎官，恰巧从长安过来，对张承说："现在你要诛杀董卓，力量不够，成功的希望太渺茫了。依我看，董卓倒行逆施，无信无义，肯定不能长久。倒不如选择一个英明的主子去归附他，等待恰当的时机采取相应的对策，也即所谓'待时而动'，那才能实现我们的志愿。"

张承觉得他说得很对，就解下官印，与张范一起避居到扬州去了。

虚与委蛇

【释义】委蛇：周旋、应付。随便应付一下。指对人假意接待，敷衍应酬。

【出处】战国·庄周《庄子·应帝王》。

列子是壶子的学生，跟他学习老庄之道。后来，列子遇到了郑国的神巫季咸，很想另拜季咸为师。他对壶子说："从前，我一直以为您的水平最高，没料到我碰上一个水平更高的人。"

壶子淡然一笑，说："我还未与季咸较量过，你怎么就断定他的水平比我高呢？你去把他请来，让他和我比试比试！"

一次，季咸去见壶子，出来后对列子说："哈哈，你的老师活不了多久了，最多还能撑十天吧。"

季咸第二次去见壶子，出来后对列子说："你的老师幸亏碰上了我，今天的脸色好多了。"

季咸第三次去见壶子的时候，脚跟还未站稳，掉头便走。壶子对列子说："你知道季咸为什么今天一见我就跑？世上万事万物，无不遵循'道'的规律，逃脱不了'道'的范围。这几天，季咸说是来看我，实际上是与我斗法，我则跟他虚与委蛇。他在心里变成婴儿，我也变作婴儿；他变为畦田，我也变为畦田；他变为悬崖，我也变作悬崖。因此，季咸感到我难以捉摸，不好对付，所以落荒而逃。"

从此以后，列子经过壶子的教导，大有长进。他刻苦学习，修炼老庄之道，终于达到了忘我的境界。

惊弓之鸟

【释义】比喻受过惊吓之后，听到一点动静就非常害怕。

【出处】汉·刘向《战国策·楚策四》。

战国时魏国的武将更赢，射箭的技术很高明。一日他陪伴着魏王去游玩，走到一座高台下面，看见空中飞鸟经过，于是他对魏王说："我可以不用箭，只用一张空的弓就可把空中的飞鸟射下来。"

魏王说："你射箭的技术，有如此高明吗？"

更羸说："我有把握把它射下来的。"

等了一会儿，从东方有一只雁飞过来，更羸用一张没有箭的弓，向飞来的雁只用手对空拉了一下，"嗡"地响了一声。那只雁立刻应着弦声跌落下来。

魏王惊奇地说："你射箭的技术果然高明啊！"

更羸说："不是我的技术高明，而是这只雁已经有了毛病。"

魏王问他说："你怎么会知道呢？"

更羸解释说："因为这只雁飞得很慢，叫声又很凄惨。飞得慢，是因为受了创伤；叫声凄惨，是因为失了群的缘故。这只惊弓之鸟因为创伤没有好，心里还很惊怕，所以听到弓弦的声音就惊跌下来了。"

塞翁失马，安知非福

【释义】暂时的损失，说不定还会带来好处。祸福之间可以相互转化。

【出处】汉·刘安等《淮南子·人间训》。

古时候，有一个老头，因为他住在边塞上，人们都叫他塞翁。

有一天，塞翁家的马忽然跑到塞外去了。邻居们都来安慰他。可是塞翁一点也不着急，反而高兴地说："丢失了一匹马没有关系，怎知道这不会成为一件好事呢？"

过了段时间，那匹马自己跑了回来，并且还带来一匹匈奴的骏马。邻人们赶来向他庆贺，可是塞翁并不为此感到高兴，他说："虽然白白得到一匹好马，怎知道这不会变成一件坏事呢？"

塞翁的儿子，很喜欢骑马。一天，他骑上那匹骏马出去游玩，不小心从马上摔下来，腿摔断了。邻居们又来安慰，可是塞翁并不难过，他说："这没什么，孩子的腿虽然摔断了，怎知道这不会成为一件好事呢？"

不久，匈奴兵大举入侵，边塞上的青壮年都被征去当兵，大部分人死在战场上。塞翁的儿子却因为伤了腿，不能去当兵打仗，保全了性命。塞翁的故事后来引申出"塞翁失马，安知非福"的成语。

堤溃蚁穴

【释义】千里大堤往往崩溃于一个小小的蚁穴。比喻小问题不解决，就会发展成大问题。

【出处】战国·韩非《韩非子·喻老篇》。

白圭，又名丹，是战国初期的魏国人，曾任魏相，传说他防洪很有成绩。白圭的防洪方法，主要是筑堤，并且勤查勤补，随时仔细巡视，一发现小洞，即使是极小的蚂蚁洞，也要随时立即填塞，不让它漏水，不让它由小洞逐渐扩大、决口，从而造成大祸。所以白圭任魏相期间，魏国没有闹过水灾。

的确，大祸往往是由小患引起的。《韩非子》因此说："千丈之堤，以蝼蚁之穴溃；百尺之室，以突隙之烟焚。"意即：千丈的大堤，因蚂蚁钻的小洞而终至崩溃；百尺的高楼，因烟囱的小裂缝里的烟而起火焚毁。

数典忘祖

【释义】数：数着说。典：典籍，查找着典籍，却忘记了自己祖宗的行事。比喻忘本。

【出处】春秋·左丘明《左传·昭公十五年》。

有一年，周朝的皇后死了，晋国的籍谈被派作代表去参加葬礼。葬礼后，周天子摆酒款待客人。

酒宴上，周天子使用鲁国进贡的宝壶做酒杯斟酒，别有用心地询问籍谈："诸侯各国都有礼器进献王室，为什么单单你们晋国没有？"

籍谈说："早年诸侯受封的时候，都接受了王室的宝器，可晋国没有接受；另外，晋国远离王室，天子的威福不能达到，所以不能奉献宝器。"

周天子摇摇头说："晋国的始祖唐叔是周成王的同胞兄弟，岂能分不到宝器？唐叔接受了文王的鼓和车，接受了武王的皮甲……这些你都忘记了，亏得你的先祖还是掌管典籍的官呢！"

籍谈一时不知说什么好，只好沉默不语。

周天子送走了客人以后，对大臣们说："我看籍谈的后代恐怕不能享有禄位了吧，因为他数典忘祖。"

籍谈回国后，将这事报告了大夫叔向。叔向不以为然地说："我看天子恐怕不得善终，他把忧愁当快乐，吊丧的时候他和宾客饮酒作乐，还向人家要宝器，他也太不知礼法了！他背出的典籍再多又有什么用处？"

奇闻逸事篇

一身是胆

【释义】浑身都是胆气，形容胆量大极了。

【出处】晋·陈寿《三国志·蜀书·赵云传》。

赵云，字子龙，是刘备部下著名的勇将。有一次，赵云带兵驻守汉水附近，曹操的军队由张郃、徐晃率领，猛冲而来。赵云兵少势弱，看来难于抵敌，因此有的将士主张立即下令关紧营寨大门，以便死守。赵云不同意，反而下令敞开营寨大门，偃旗息鼓，他独自骑马提枪，挺立在大门口。

这时，曹军见赵云营中静悄悄的，不动也不乱，赵云单枪匹马，立在门口，毫无惧色，疑有大批伏兵故意引诱深入，于是慌忙后撤。赵云发现曹军阵脚乱了，一声令下，战鼓齐鸣，喊声震天，雨点似的飞箭，向曹军射去。曹军纷纷逃命，自相践踏和跌入汉水而死的不计其数。赵云趁此引兵追击，攻占了曹营，打了一个大胜仗。

第二天，刘备和诸葛亮同来视察赵云的营寨，看到昨天的战绩，刘备十分高兴，对诸葛亮说："子龙一身都是胆！"

一箭双雕

【释义】一支箭射中了两只雕。比喻一举两得。

【出处】唐·李延寿《北史·长孙晟传》。

南北朝时期，北周有一名武将叫长孙晟，洛阳人。他武艺精湛，深谙兵法，特别是精于射箭。

当时，突厥的首领摄图到北周求亲。北周的君主决定把一位公主嫁给他，并派长孙晟率领一批人马护送公主到突厥去。

有一次，摄图和长孙晟一起外出打猎。摄图猛抬头，看见天空有两只大雕在争夺一块肉。为了试试长孙晟的箭法，摄图随手递给他两支箭，请他把两只雕射下来。长孙晟接过箭驱动坐骑奔驰向前，看准两只雕厮打争夺得难解难分的机会，拈弓射箭，“嗖”的一箭射去，两只大雕一起掉了下来。摄图连声称赞：“好箭法！”

从此，留下了“一箭双雕”这一成语。

一挥而就

【释义】一挥笔就能成功。指才思敏捷，写字、作文或画画速度极快。

【出处】元·脱脱等《宋史·文天祥列传》。

人生自古谁无死，
留取丹心照汗青。

这两句诗是南宋末期做过右丞相的文天祥在被元军杀害之前留下的千古名句。

文天祥在青少年时就颇具才华，在二十岁那年应试进士，在集英殿接受皇帝殿试。当时是理宗赵昀在位，朝政懒散，软弱无力。文天祥就针对朝廷的弊端，引经据典地对皇帝进行劝谏，一口气写了一万多字，不用打稿，一挥而就。

皇帝看过文天祥的文章，批为第一名。考官王应麟也从旁夸奖文天祥：“忠肝如铁，臣庆贺陛下得一人才！”

“一挥而就”也作“一挥而成”。

一目十行

【释义】一眼就看到十行字。形容读书的速度快。

【出处】唐·姚思廉《梁书·简文帝记》。

南北朝时期梁国的简文帝萧纲，是梁武帝萧衍的第三个儿子。萧纲天资聪敏，刚刚六岁就会写文章，大家都感到惊奇，连他的父亲梁武帝也不相信。有一天他给萧纲出了一个题目，说："你就坐在我面前写，我亲眼看着，就知道你到底会不会写文章！"

萧纲便提笔挥写，一会儿工夫便写完了。梁武帝边读边赞叹说："好啊，语句流畅，辞采甚美，这下子谁还敢不相信我儿的才学？"

萧纲长大以后，非常喜欢读书，而且看得极快。《梁书·简文帝纪》中说萧纲"读书十行俱下"。成语"一目十行"就是由"十行俱下"一句演变而来的。

一发破的

【释义】发：发出，射出。的：箭靶的中心。比喻发箭就射中了箭靶的中心。同时，也用来比喻一下子就击中了目标或一句话就击中了要害。

【出处】唐·房玄龄等《晋书·王济传》。

《晋书·王济传》载："恺亦自恃其能，令济先射，一发破的。"意思是说，王恺倚仗自己的能力，让王济先射，没想到王济一箭就射中了箭靶子的中心。

王恺和王济同是东晋时期的豪门贵族。王恺有一头快牛名叫"八百里驳"，是他的心爱之物。一次，王恺和王济以此牛为赌注比赛射箭。王济一箭射中，赢得此牛，又将此牛杀死，取牛心而食，令王恺十分沮丧。

七步之才

【释义】在七步之内，成诗一首。比喻才思敏捷。

【出处】南朝·宋·刘义庆《世说新语·文学》。

魏文帝曹丕的弟弟曹植（曹操的第四子），很有文才，十来岁的时候，就能吟诗作赋，写得又快又好，曹丕却很妒忌曹植，做了皇帝以后，常常对曹植进行打击。

有一次，曹丕对曹植说："听说你才思敏捷，我却没有面试过你，现在限你在七步之内，要成诗一首，如果不能，我就要治你欺诳之罪！"

曹植无奈，只得一面走，一面作诗，还没走满七步，便作成了一首：

煮豆燃豆萁，
漉豉以为汁。
萁在釜下燃，
豆在釜中泣：
本是同根生，
相煎何太急？

全诗用同根生的萁、豆比喻同父母的兄弟，用萁豆相煎来比喻兄弟不睦。本是同根生，相煎何太急？这是曹植对曹丕沉痛而严肃的责问，是批评，也是规劝。曹丕当时听了这首诗，受到了感动，就不再杀害曹植了。

入木三分

【释义】 原是形容书法笔力遒劲，后借喻见解、议论深刻。

【出处】 唐·张怀瓘《书断·列传》。

王羲之十二岁那年从父亲那里得到一本论述书法原理的书，爱不释手，天天抱着临砚揣摩，孜孜不倦，他本来就具有很好的基础，丰富的实践，现在经这一点拨，练起来更是得心应手，不满一月，技艺便突飞猛进。著名女书法家卫夫人见了，赞不绝口，惊讶地对他父亲说："你孩子近来写的字相当老成，你大概让他看了论述用笔窍门的书籍吧。"

王羲之精益求精，在勤奋苦练的同时，还研读各种理论，博采众长，终于声誉鹊起，成为一代宗师。

晋帝到北郊祭奠神灵，请王羲之在木板上书写祝词，挂在灵位之上。众人看了无不拍案称奇，那神妙莫测的字体，酣畅淋漓的线条，真是惊天地、泣鬼神。第二年再用木板的时候，要除掉上面墨字，可是工人无论用干布还是湿布都无法把它擦掉；只好用刀子削，才发现那些墨迹已经透进木板三分深了。

大笔如椽

【释义】原意所用的笔有椽子那么巨大。比喻笔力雄健或大手笔之作。

【出处】唐·房玄龄等《晋书·王珣传》。

东晋时，宰相王导的孙子王珣很有才华。二十岁时便被大司马桓温聘为主簿官。有一次桓温想试一下王珣的才学。那天，官员们在开会，议论政事。事前大家都有所准备，王珣也写好了发言稿。桓温派人悄悄拿走了王珣的稿子，后来王珣发觉了，却并不慌张。轮到发言时他仍从容不迫滔滔不绝地讲完了自己的观点及主张，王珣的口才使在场的人都很佩服。从此，桓温将重要的文字工作都交给他处理。

有一天夜里，王珣做了一个梦，梦见有人给他一支大笔，粗大得像架在屋梁上的椽子（大笔如椽）。王珣被梦惊醒了，马上告诉家里人说:“一定又有用得上我这支大手笔的时候了。”

不久孝武帝去世了，写讣告、哀策、谥议等一系列繁重而又重要的文字工作全由王珣承担了起来。王珣把这一切都做得很好，博得了大家的好评。

万马齐喑

【释义】所有的马都肃然无声。比喻人们沉默不语的沉闷局面。

【出处】宋·苏轼《三马图赞并引》。

宋朝元祐年间，青唐羌族部落大将鬼章青宜结侵犯边界。朝廷遂命诸将讨伐。不久，擒获鬼章青宜结。同时获得的战利品还有一批西域良马，其中有三匹马非常高大健壮，头长得像蛟龙，而胸像凤，脊背像猛虎，而身上的纹理又像豹，当振动鬣毛嘶叫时，其他的马都寂然无声（万马齐喑）。百姓听到骏马高亢的嘶叫声，为之震动，争相出来观看，都啧啧称奇："这样的良马真是生平第一次看见。"

在京任职的苏轼目睹了骏马的神韵，其形象在他脑海里挥之不去，于是请来名画家李公麟将三马画下来。擅长画马的李公麟根据苏轼的描述，以墨笔单线勾勒，在细部略施淡彩，一气呵成，一幅栩栩如生的三马图展现出来了：三马比例准确，形神兼备，其躯体的软硬、皮毛的光泽、马身的斑纹仿佛可以感觉到，甚至三马振鬣长鸣的声音也隐约听见。苏轼看了画拍案叫绝。

绍圣四年，苏轼被贬往惠州，闲居无事，翻出旧日收藏的书画，看到《三马图》，追思往事，感叹三马的神骏，写下《三马图赞》。

下笔成章

【释义】一动笔就能写成好文章。形容才华横溢，思路敏捷。

【出处】晋·陈寿《三国志·魏书·陈思王传》。

曹植自幼聪明好学，写起文章来又快又好。一次，曹操故意问曹植："你的文章我看过了，写得不错，是不是找别人帮你写的呀？"

曹植跪下禀告："父亲大人，儿能出口成论，下笔成章，干吗要请别人帮忙？父亲如不信，就请当面试我一试。"

不久，曹操在邺下建造的铜雀台竣工了。曹操有心要试试几个儿子的文采，就叫他们都登台游览一番，然后要每人以铜雀台为题，当场写一篇辞赋给他看。曹植一会儿工夫就交了卷，曹操读罢赞赏不已，更加宠爱曹植，一度很想他立为太子。

曹植虽然很有文学才华，但性情孤傲，喜欢饮酒，不如哥哥曹丕稳重、成熟、有城府。曹操通过长期观察，最后认定曹植在政治上不如曹丕精明能干，决定由曹丕做继承人。后来曹丕做了魏文帝。曹植受到曹丕的猜忌和排挤，只活到四十一岁，就郁郁而终。他留下的《白马篇》、《送应氏》、《赠白马王彪》、《洛神赋》等作品，都是传世之作。

才气无双

【释义】形容才能、气概举世无人可比。

【出处】汉·司马迁《史记·李将军列传》。

西汉的李广和匈奴交战时，因为擅长骑射，杀敌很多，被封为中郎将。

他曾跟随汉文帝出行，打仗冲锋陷阵。一次在行军途中遇一猛虎，李广勇敢地与虎格斗，文帝既赞叹又惋惜："可惜啊，你生不逢时，如果你出生在高祖皇帝创业的时候，万户侯不在话下！"

汉景帝继位后，吴楚等地诸侯王叛乱，李广跟随太尉周亚夫作战，斩敌夺旗，立了大功。后来到边境担任上谷太守。当时匈奴每天用多支军队与李广开战，李广总是身先士卒，奋不顾身，有个叫公孙昆邱的人，担心李广的安危，就哭着对皇帝说："李广才气无双，忠心耿耿，又仗着有本领，屡次与匈奴交战，恐怕要战死啊！"皇帝于是调他担任上郡太守。

千变万化

【释义】形容事物或现象变化繁多。

【出处】战国·列御寇《列子·汤问》。

相传西周时代，有一年，周穆王越过昆仑山，去狩猎，回来途中，遇见了一个名叫偃师的人，周穆王问他道："我听人说，你的本领超群出众，能为所欲为，有这么回事吗？"

偃师回答："君王让我造什么，我就能造出什么来。我新近造好了一批能歌善舞的‘人’，不知君王是否想亲眼目睹一番？”

见周穆王点头称好，第二天偃师果真把所造的“人”带进了王宫。这些假人迈着碎步，缓缓地走上宫殿，排成一列横队，站在周穆王的面前。周穆王大吃一惊，眼前这些假人造得犹如真人一般。

这时，偃师打开了假人身上的机关，这些假人在他的操纵下，一边放声高唱，一边还跳起了优美的舞蹈，时而扭动腰肢，时而挥舞长袖，简直是千变万化！假人唱完歌，跳完舞，又都站在穆王面前，一动不动。偃师见穆王意犹未尽，就把假人一一拆散开来。原来，这些假人是用动物皮、木头、胶漆和一些颜料造成的，体内的肝、胆、心、肺、肾、脾、肠、胃一应俱全，体外的牙齿、毛发、筋、肉、皮、骨也做得非常逼真。

周穆王赞叹道：“偃师的技艺真可谓巧夺天工啊！”

不知所终

【释义】终：终结。不知道结局或下落。

【出处】南朝·宋·范晔《后汉书·逸民列传》。

东汉时，河南有一位穷苦的读书人，名叫向长。他家经常断炊，好心的乡亲们常常周济他。

有一天，邻居送给向长一斗米，向长只留下两升，其余的又还给了邻居，他说：“够吃几天就行了，我一个人还是穷一些好，穷比富好啊！”邻居不明白他的意思，只好摇头。

向长对《老子》和《易经》读得很精通，能够成章成节地背诵下来。乡里人以为他一定是学问很大的，就劝他出去做官，可向长总是微笑着说：“我这个人是做不得官的呀，我是一个山野中的人！”后来，朝廷派人来请他去都城做官。他也婉言推辞了，乡里人对他的行为很不理解，向长含笑说：“我以为，人若地位显贵倒不如地位低贱的好！”

乡亲们笑他说：“你一定是学问太深了，越来越糊涂了……”

向长一本正经地说："我的学问还不够，到现在我还弄不明白，是死了好呢，还是活着好些……"

从此，乡里人以为他是一个怪人，不再与他来往了。

后来乡里人听说，向长的儿女们都长大成家立业了，他自己则约会几个老朋友，去泰山、衡山、恒山、嵩山、华山旅行，几年之后不知所终。

天下无双

【释义】世上再没有第二个。形容超群出众，独一无二。

【出处】南朝·宋·范晔《后汉书·文苑列传》。

东汉时期，江夏地方有个人名叫黄香，自幼丧母，黄香对父亲十分孝敬，在炎热的夏天，他用扇子把床上、枕上的席子扇凉，让父亲睡得舒服些；到了寒冷的冬天，他先钻进被窝里，把被子温热一点，再请父亲睡下。

黄香长大以后，做了官。在他当魏郡太守期间，有一次遭到水灾。当地的百姓被洪水冲得无家可归，没吃没穿。黄香拿出自己的俸禄和家产，分给了受灾的百姓。

因为黄香年幼时期勤奋好学，学识渊博，对父亲十分孝敬，为官又清正廉明，所以博得了许多人的赞美。当时在京城里流传着这样一句民谣："天下无双，江夏黄香。"

天马行空

【释义】神马奔驰于太空，像是腾空飞行一样神速。比喻才思纵横，气势豪放，不受拘束。

【出处】汉·班固《汉书·西域传》。

新疆境内的伊犁河一带，是古代的乌孙。那里出产一种名贵的马匹，称为"伊犁马"。体型长得很标致，毛色也很美观。它的四条腿结实有力，行动灵活、敏捷，特别擅长跳跃。它是优良的轻型乘用马，自古以来就受到人们的喜爱，古人称它是“天马”。

汉朝时，西域的大宛国也出产一种名马，被称为“西极天马”。传说大宛国峤山上有匹神马，可以“日行千里”。因为“西极天马”跑得神速，故称之为“天马行空”。

最早将大宛国出产天马的消息告诉汉武帝的是张骞。汉武帝获悉后，立即派人带着金银珠宝和马匹，去大宛国换天马。可是大宛国王不肯把天马献出，并且扣留下财物，杀了使臣，把宝马藏匿在贰师城。汉武帝大怒，派李广利为贰师将军，领兵讨伐大宛国。大宛国的大臣们，惧怕汉朝的兵威，只得杀了国王毋寡，献出宝马三千匹。汉武帝万分欢喜，便作了一首《天马歌》：

天马徕兮从西极，经万里兮归有德。
承灵威兮障外国，涉流沙兮四夷服。

太公钓鱼，愿者上钩

【释义】比喻甘心情愿地上圈套。

【出处】佚名《武王讨纣平话》。

传说商纣王时，有个叫姜子牙（姜尚）的人，知道姬昌胸怀大志，渴求人才，就在渭水边“钓鱼”。可是姜子牙钓鱼的鱼钩是直的，上面不放鱼饵，而且离开水面足有三尺高。他一边高举钓竿，一边自言自语地说：“不愿活的鱼儿，你要找死就自己上钩吧！”他这种奇怪的钓鱼方法，很快传到姬昌那里。

姬昌觉得这个人很古怪，就派士兵去叫他。姜子牙根本不理，边钓鱼边说道：“钓，钓，钓！鱼儿不上钩，虾米瞎胡闹！”姬昌更加觉得这个人古怪不凡，于是派当官的前往迎请。姜子牙仍然不加理睬，他一边钓鱼一边说：“钓，钓，钓！大鱼不上钩，小鱼瞎胡闹！”姬昌于是带上厚礼亲自去聘请姜子牙。姜子牙见他求贤心切有诚意，便答应替他出力。

姜子牙入朝后，被姬昌封为太公，做了军师，以后又提升为丞相。后来，姜子牙辅佐文王、武王讨伐纣王，终于消灭了纣王，建立了周朝。

此事出自《武王讨纣平话》，原文是："姜尚因命守时，直钩钓渭水之鱼，不用香饵之食，离水面三尺，尚自言曰：'负命者上钩来！'"

分庭抗礼

【释义】 原指宾客和主人分别站在庭院的两旁相互行礼，以示平等对待，不相上下。后比喻地位、财力相当，彼此平起平坐或彼此相互对立。

【出处】 战国·庄周《庄子·渔父》。

有一天，孔子带领他的弟子们，在树林之中休息。弟子读书，孔子弹琴。这时有一位须眉全白的老渔父坐在树林的另一头，侧耳恭听孔子的演奏，他招手叫子贡、子路到他面前，问道："这位弹琴的人是谁呀？"

"我们的先生，鲁国的君子，主张仁爱的孔子呀！"

"哦，是这样，"渔父微微一笑，"恐怕是劳累身心、危害纯真天性，偏行仁爱呀……"说完，转身朝河岸走去。

子贡急忙把这位渔父说的话报告孔子，孔子放下琴猛然站起身子，惊喜地说："这位是圣人呀，快去追他！"

孔子快步赶到河边，尊敬地向渔父拜了两拜，说："我从小读书求学，到如今已经六十九岁了，还没有听过高深的教导，怎敢不虚心地请求您的帮助呢？"

渔父说："真者，精诚之所至也。不精不诚，不能动人，故强哭者虽悲不哀，强怒者虽严不威，强亲者虽笑不和。真悲无声而哀，真怒未发而威，真亲未笑而和。真在内者，神动于外，是所以贵真也。"

孔子听得津津有味，末了，谦卑地对渔父说："遇见先生真是幸运，我愿意做您的学生，得到您的教授，请告诉我您的住址行吗？"

渔父没有告诉他住在哪里，跳上小船，独自划船走了。这时，孔子两眼直勾勾地望着渔父的船影，一直到看不见船的影儿，才惆怅地上了车子。

子路问孔子说："我跟您驾车子已经很久了，还没见过像渔父这样傲慢的人。就是天子、诸侯、大夫同您见面，也都是分庭抗礼、平起平坐的，而您还带有自尊的神色呢！可今天那个渔父撑着船篙，漫不经心地站着，您却弯腰弓背，先拜后说话，未免太过分了吧？"

孔子说："子路呀，你真是难以教化呀，你那个鄙拙之心至今未改！遇年长的人不敬是失礼，遇贤人不尊是不仁，不仁不爱是造祸的根本。今天这位渔父，是懂得大道理的贤人，我怎能不敬他呢？"

毛遂自荐

【**释义**】比喻自己推荐自己，担负重任。

【**出处**】汉·司马迁《史记·平原君虞卿列传》。

战国时期，赵国平原君门下有个食客叫毛遂，他在平原君家里已经住了三年，一直默默无闻。公元前257年，秦国军队包围了赵国都城邯郸，平原君奉命到楚国去讨救兵。他选了十九位文武全才的门客，一同前往楚国。就在出发那天，毛遂突然向平原君自己推荐自己，要求一起去楚国。

平原君对毛遂自荐的举动，感到很惊奇，便对他说："一个具有贤德与才能的人，好比一把锥子藏在口袋里，锥子的尖儿立刻就能看见。可是您在我这里都三年了，还从未听到过您有什么值得称道的事情。"

毛遂反驳道："如果您若是早一点允许我帮您谋划，那我的才能早就显露出来了。"平原君见他坚持要去，只好带他同行。

他们到达楚国，就与楚王商谈联合抗秦的事，可是从早晨谈到中午，还没有谈出结果。毛遂等得不耐烦了，便冲到楚王面前，一手提剑，一手拉住楚王衣服，慷慨激昂地陈述共同抗秦的利害关系。

毛遂的行为使楚王既害怕，又佩服，立刻答应签订盟约，并派出兵将前往赵国解围。

从此以后，毛遂就成了平原君尊贵的宾客了。

双管齐下

【释义】比喻两件事情同时进行。

【出处】宋·郭若虚《图画见闻志》。

唐代画家张璪，以善画山水松石闻名于世。他作画时，必先屏息静坐，灵感一来，挥笔疾如雷电，彩墨淋漓，顷刻而成。与他同时代的另一位画家毕宏，久闻张璪画松独具一格，请求一开眼界，张璪答允当众挥毫，只见他双手各握一笔，左右一齐开动，同时落墨（双管齐下）。两手所画之物迥然不同，各有妙趣。在场众人，齐声称绝。更令人叹服的是，张璪用的竟是两支秃笔，兴之所至，还以手指代笔，蘸墨在纸上纵横摩按、揉擦，把松树的苍劲、山石的凝重、泉水的流动，表现得活灵活现。

张璪画完，投笔离座。毕宏上前请教张璪师从哪位名家，张璪谦逊地回答道："我以大自然为师，长期审察世上万物，使物在心中，才能达到得心应手的境界。"

毕宏细细玩味张璪的话，佩服地感叹道："张公画松，非他人所能及，我辈从此可以搁笔了！"

布衣之交

【释义】布衣：平民。原意是显贵的人和平民交往，后来也用来指贫贱百姓之间的交往。

【出处】汉·刘向《战国策·齐策三》。

孟尝君门下有一个食客和他的小妾私通，有人对孟尝君说："做您的食客却勾引您的如夫人，真是不义，还是杀了他吧。"孟尝君回答说："见美丽的容貌而喜欢，这是人之常情啊！"没有杀这个门客。

过了一段时间，孟尝君为这个门客准备了车、马、礼物，将他推荐给卫国国君。临行，孟尝君对他说："您和我是布衣之交，希望您跟着卫国国君有远大前程。"由于孟尝君的推荐，这个门客到卫国后很受重用。

后来，齐、卫两国关系恶化，卫国国君准备联络诸侯兵马攻打齐国。这时，门客挺身而出阻止卫国国君，他说："孟尝君是个很有道德的人呵。我做了对不起他的事，他没有惩罚我，还在您面前称赞我。而且我听说齐、卫二国，以前的国君曾歃血盟誓'后代不互相攻打'，现在您却背弃盟约。请您不要攻打齐国，不然的话，我情愿用我脖子里的血溅在您大王的衣襟上（即以命相拼）！"

由于门客的舍命劝阻，卫国放弃了攻打齐国的企图。

四体不勤，五谷不分

【释义】四体指人的四肢，五谷指稻、黍、稷、麦、菽，泛指粮食。形容脱离劳动、脱离实践的读书人。

【出处】春秋·孔丘弟子《论语·微子》。

孔子为了实践自己的政治主张，虽然年过六十岁，他带领几个学生，仍在周游列国，四处奔波。

一天，孔子和学生走散了，子路一个人落在后面。眼见天黑了，就向一个老人问路："老丈你看见我的先生了吗？"

老头儿放下锄头生气地说："看你这个人，四体不勤，五谷不分，冒冒失失地向我问话，我认识你老师是干什么的呢？"说完，老头儿下地锄草去了。

子路拱手站在路边地头上，等候老头儿。

天黑了，老头儿扛起锄头，说一声："走吧！"

老头儿留子路在家里吃饭，特地杀了鸡，做一锅黄米饭，盛情招待他，又留他住了一宿。

第二天，子路赶上孔子，就把昨天发生的事情向他报告了。孔子说："他是一位隐士呀，你应该再回去看看他！"

可是，当子路又来到那个老头儿家时，他已经躲开了。

百发百中

【释义】形容神枪手的射击技术，非常高超，弹无虚发，也可比喻料事如神和谋事必成。

【出处】汉·刘向《战国策·西周策》。

春秋时楚国名将养由基是射箭能手。有一次，晋厉公攻伐郑国，楚共王出兵援郑，和晋军相遇于鄢陵（今属河南省）。战斗中，晋将魏锜射伤了楚共王的眼睛。楚共王恨之入骨，就给养由基两支箭，要他代为报仇。结果，养由基只用了一支箭，就把魏锜射死。

在楚共王时，还有一个善射的人，名叫潘党，能每箭射中箭靶的红心。养由基对他说："这还不算本事，要能在百步之外射中杨柳叶子，才算差不多了。"

潘党不服，当即选定杨柳树上的三片叶子，并标明号数，叫养由基退到百步之外，顺序射去。养由基连射三箭，果然第一箭中一号叶，第二箭中二号叶，第三箭中三号叶，箭镞全都正中叶心，非常准确。

《战国策·西周策》中说："楚有养由基者，善射，去柳叶百步而射之，百发百中。"形容射箭技术的高明，因此叫做"百发百中"，也称"百步穿杨"。

百锻千炼

【释义】指写作态度认真，字斟句酌，文字十分精确。

【出处】唐·皮日休《刘枣强碑》。

唐代中叶，王武俊节制冀州。一日，有书生刘言史带诗册求见。王武俊翻开诗册，《与孟郊洛北野泉上煎茶》诗题赫然在目。读到"秋江欲起白头波，贾客瞻风无渡河，千船火绝寒宵半，独听钟声觉寺多。”“……梦中无限风流事，夫婿多情亦未知”等句，不禁叫绝。刘言史就此成为王武俊的幕客。

一天外出打猎，王武俊一箭射中一对野鸭，在众幕客一片欢呼声中，他对刘言史说：“我的箭术世间少有，先生的文辞出类拔萃，今可谓文武双璧，现想请先生吟诵几句，以彰盛会。”

刘言史骑在马背上，俯身援笔，从仆人递上来的砚台中饱蘸浓墨，即刻在两个童子举手过头、各捏一端的白绢上潇洒挥毫：“……联翩双起，凫翔碧落，雕弓一点，灵犀此通……”一篇《射鸭歌》顷刻写就。

自此以后，王武俊更看重刘言史了，他推荐刘言史任治下的枣强县县令。刘言史虽然始终没有到任，但是世人景仰其风采，都称他为“刘枣强”。刘言史故世后葬在襄阳，大诗人皮日休为他题写墓碑，称赞说：唐代大诗人有一个李太白，后来又有一个李贺，接下来就数刘言史了，刘言史的诗歌“雕金篆玉，牢奇笼怪，百锻为字，千炼成句”。后人把“百锻为字，千炼成句”提炼成为“百锻千炼”的成语。

耳视目听

【**释义**】能看会听，善于察颜观色。

【**出处**】战国·列御寇《列子·仲尼》。

传说春秋时候，老聃的学生亢仓子能够用耳视用目听，因此人们把此事当作一件奇闻传诵着。鲁国的国君便派人把亢仓子请到家里，非常恭敬地请教他以目代耳、以耳代目的方法。

亢仓子笑着说：“这些都是瞎传呀！我怎么能把耳朵、眼睛颠倒过来使用呢？”

鲁君很失望，低头不说话，亢仓子却说：“不过，我有个特殊本领，那就是看东西、听声音全不用眼睛、耳朵……”

鲁君十分惊讶：“啊！这岂不是更奇怪吗？”

“我是体合于心，心合于气，气合于神，神合于无……所以声音无论远在八荒之外，还是近在眉睫之内，我都能感觉到……我是七孔四肢、心腹五脏、浑身上下里外都能感知呀……”

鲁君听了亢仓子的讲述，又惊奇又喜悦，忙去告诉孔子。

孔子听了微笑不语，因为他知道，亢仓子讲的全是道家的行话，事实上是不存在的。

赤膊上阵

【释义】打仗不穿铠甲，脱了衣服上阵。形容不顾一切，猛打猛冲。也比喻坏人脱下伪装，公开地干坏事。

【出处】明·罗贯中《三国演义》。

东汉末年，割据凉州的军阀马腾之子马超，为报父仇，便和西凉太守韩遂起兵攻打曹操，双方在土城对峙。

两军出营布成阵势。马超挺枪纵马与曹操的猛将许褚大战。两人战了一百多回合，不分胜负。因为战马疲累不支，各回军中，换了匹马，又出阵前战了一百多回合，胜负仍然不分。许褚性急，飞奔回阵，卸下盔甲，赤膊上阵，与马超决战。双方官兵大为震惊。两人又斗了三十余回合，许褚举刀奋力向马超砍去，马超闪过，挥枪向许褚心口刺来。许褚力大，“咔嚓”一声，扭断枪杆，两人各拿半截，在马上乱打。后来两军混战，曹军损伤大半，退回寨中坚守不出。马超退回渭口，对韩遂说：“我看在恶战当中再也没有比许褚不要命的了，真是个‘虎痴’啊！”

危在旦夕

【释义】旦：早晨。夕：傍晚。旦夕：指时间极短。危险就在眼前了。

【出处】晋·陈寿《三国志·吴书·太史慈传》。

太史慈是东汉末年人，家境贫寒，多亏孔融接济他们，他母亲才把他拉扯成人。

黄巾农民起义爆发后，这时身为北海相的孔融，在都昌被农民军将领管亥的部队团团围住，形势万分危急。太史慈的母亲对他说："儿啊，如今孔大人遇到危难，你该去帮帮他！"

太史慈越过了封锁线，只身潜入了都昌城。农民军将都昌城围得越来越紧，孔融坐立不安，更加焦急。有人提议，平原相刘备为人重信义，急人所难，不如再派人突围去向平原相报信求援，请刘备赶快来解围。孔融面有难色，说："主意倒是不错，可无奈这城被围得水泄不通，前几次突围送信的人，死的死，伤的伤，没有一个人冲出去。"

这时，太史慈站了出来，向孔融请求出城送信。

第二天，都昌城紧闭多日的城门突然打开了，只见太史慈披挂一新，纵马驰出，身后只跟了两名骑兵。城外围军一时惊骇，竟不知如何对付是好。太史慈下马滚入沟堑，搭弓射箭，连中两名敌兵，随着跃身上马，一溜烟进了城，城门又紧紧地关上了。

此后几天，太史慈天天如此骚扰围军一番，围军只当这是守军的杀伤战术，渐渐习以为常，不加警惕。可是第五天早上，城门一开，太史慈飞马加鞭，竟然直冲围军而去，围军急忙躲闪，居然给他让出了一条路。等到围军醒悟过来，太史慈早已越过重围，朝远处急驰而去，太史慈到了平原郡，见到了平原相刘备，告急道："今北海孔大人被围，孤军无援，危在旦夕，请您马上派兵相救。"说罢，递上孔融的亲笔信。

刘备读罢信，当即派出三千名精兵跟随太史慈去援救孔融，解了都昌城之围。

志在四方

【释义】四方：指天下。比喻有远大的理想与抱负。

【出处】春秋·左丘明《左传·僖公二十三年》。

晋献公死后，公子夷吾回国夺取了君位。他一心想除掉公子重耳，重耳不得不四处逃亡。重耳先在狄国住了十二年，由于有人行刺，他又逃往卫国。卫国国君看他是个倒运的公子，不肯接待他。重耳又逃到齐国。

齐桓公盛情款待了重耳，还把本族的一个姑娘姜氏嫁与重耳为妻。重耳生活安逸舒适后，意志渐渐消沉，不想再返回晋国去恢复君位了。跟随他逃亡的大夫们心里十分焦急，就聚在桑树林里商量让重耳重返晋国的办法，不料被姜氏手下的一个女仆听见了。女仆回去后，悄悄将这事告诉了姜氏。姜氏当机立断将这个女仆杀了，然后对重耳说："你志在四方，这很好。你就放心走吧。我已经把女仆杀了，不会走漏风声的。"

重耳非常惊讶，说："我并未打算离开你，离开齐国呀！"

姜氏不禁一愣，继而又说："你还是走吧。贪图安逸、留恋妻子，会妨碍你的前途的！"

但重耳不听劝告，姜氏无法，只好去找重耳的舅父狐偃等人商量，设计用酒把重耳灌醉，然后趁他昏睡之际，将他抬上车，迅速离开了齐国。等重耳酒醒时，马车已驶出很远了。

之后，重耳又流亡到曹国、宋国、郑国、楚国和秦国，最后终于回到晋国继任国君，成为名盛一时的晋文公。

余音绕梁

【释义】余音：乐曲结束后留在耳边的声音，仍绕着屋梁回荡。形容动人的音乐或话语给人留下深刻的印象，令人回味无穷。

【出处】战国·列御寇《列子·汤问》。

战国时，韩国有一个名叫韩娥的歌女，不仅长得美丽，而且歌声悠扬悦耳。

有一次，韩娥来到齐国的国都临淄城，在西城门卖唱维持生活。她优美的歌声使围观的人们听得出了神，虽然韩娥唱完了歌已经离开，可是她那悦耳的歌声好久也不消失，仿佛仍在屋梁周围荡漾回响，大家以为她并没有走呢！

这个故事载于《列子·汤问》，原文是："昔韩娥东之齐，匮食，过雍门，鬻歌假食，既去而余音绕梁欐，三日不绝。"

牢不可破

【**释义**】非常坚固，不可摧毁。或比喻人的成见根深蒂固，无法破除。

【**出处**】唐·韩愈《平淮西碑》。

东晋时期，北方前秦苻坚亲自率领水陆大军作八十万入侵。当时东晋大将朱序镇守襄阳，苻坚的大军密密麻麻地把襄阳团团围住。

这时朱序的母亲韩氏住在城里，她登上城楼去探望，看见襄阳西北角首当其冲，料定敌人必定从西北角进攻，马上带领一百多个婢女，并动员城中妇女重新筑一道新城。这道新城一共有二十多丈长，筑得牢不可破。

后来，敌人果然集中兵力去攻打西北角，旧城很容易便被攻破了。当敌人乘胜进攻新城时，因新城筑得很坚固，敌人无法把它攻破。当时的人便把新城叫做"夫人城"。

韩愈《平淮西碑》中有"牢不可破"的说法。

沧海遗珠

【**释义**】比喻埋没的人才。

【**出处**】宋·欧阳修、宋祁等《新唐书·狄仁杰传》。

唐代名臣狄仁杰，是并州太原人。小时候的作为就与众不同。一次，一个门客被人杀害了，官吏到他家查问，大家争先恐后地为自己辩白，唯独狄仁杰仍坐在原先的座位上大声读书。官吏很不高兴，走过去责备他，狄仁杰回答说："我正和书中圣贤对话，哪有时间和俗吏交谈？"

狄仁杰初当官时，担任汴州参军，被人诬陷，黜陟使阎立本审讯他，发现狄仁杰才华不同凡响，便脱口称赞："仲尼称观过知仁（观察一个人犯什么样的过失，就可以知道这是个什么样的人），你可以说是沧海遗珠了。"于是推荐他当了并州法曹参军。

纸醉金迷

【释义】原意是指被光芒四射的金纸所迷住。形容奢侈豪华，腐化享乐的生活。

【出处】宋·陶谷《清异录》。

唐昭宗时，有个专治毒疮的医生名叫孟斧。他医术高明，用的药又是偏方、秘方，与其他医生治疗的用药毒疮全然不同，疗效很好，因此，宫中如有人生了毒疮，唐昭宗就召他进宫医治。

过了几年，中原发生战乱，孟斧便举家迁往四川居住。由于他在长安时经常进宫，对宫中的装饰环境非常熟悉，而他又非常有钱，因此在购置新屋后，将其中的一个小房间按照宫中的样子布置起来。

这房间小巧玲珑，窗户明亮，室内的柜橱、桌子、椅子、茶几等家具，全部贴上一层薄薄的金箔。灿烂的阳光透进窗口，照射在这些用金箔包着的器具上，只见满屋金光闪耀，光彩夺目，令人眼花缭乱。

每次有亲戚或朋友来，孟斧都要请他们参观这个房间，使他们大开眼界，赞叹不已。

这些亲友离开孟斧家后，回去都会对别人说："在孟斧的那个贴金箔的小房间里待一会儿，真能使人纸醉金迷！"

初出茅庐

【释义】茅庐：草房。原指新露头角。后多比喻初次历事，缺乏经验。

【出处】明·罗贯中《三国演义》。

公元207年，曹操派大将夏侯惇率领十万大军，杀奔新野，这时刘备仅有数千人马，形势十分危急。

刘备召集关羽、张飞等部将共商对策，张飞发牢骚说：“哥哥为什么不让军师去退敌呢？”原来，刘备为了争夺天下，曾三顾茅庐拜访隐居在南阳的诸葛亮，请他做了自己的军师。刘备怕关羽、张飞不服诸葛亮调度，就把宝剑和帅印都交给了他。

诸葛亮便召集众将前来听令。他命令关羽、张飞各带一千人马，埋伏到博望城左右的山谷里，望见南面火起，立即出兵截杀，烧毁曹军粮草。命令关平、刘封领五百人，准备好放火器具，在博望坡后等候，曹军一到，立即放火。命令赵云前去诱敌，只许败不许胜。请刘备亲自带领一支人马，驻扎在博望山下，望见曹军就丢弃营盘退走，等到火起后，再回军冲杀。众将不知其中奥妙，勉强接令行动。

夏侯惇带领大兵扑向博望，正遇赵云引兵前来，夏侯惇亲自出阵，赵云假装败走，夏侯惇领兵追赶。追到博望坡前，突然一声炮响，刘备领兵杀来。夏侯惇与刘备交战，刘备虚晃一枪，便与赵云一起退去。夏侯惇继续催军追赶。

夜半时分，曹军追到一条狭窄的小路上，只见路边树林茂密、芦苇丛生。曹将于禁提醒夏侯惇防备火攻，夏侯惇猛然惊醒，传令赶快撤退。话音刚落，背后喊声震天，风助火威，火仗风势，烧得曹军焦头烂额，哭爹叫娘，曹兵自相践踏，死伤不计其数。赵云乘机回兵冲杀，夏侯惇冒着烟火狼狈逃窜。关羽、张飞率领伏兵拦住去路，两面夹攻，直杀得曹军尸横遍野，血流成河。

明朝小说家罗贯中写完这个故事，赞扬诸葛亮初出茅庐就立下第一功！

鸡鸣狗盗

【释义】形容偷偷摸摸不正当的行为。比喻一个人微末、卑贱的伎俩。

【出处】汉·司马迁《史记·孟尝君列传》。

战国时期，齐国的孟尝君门客有几千人，门客都把他当作知己。

有一年孟尝君到了秦国，秦国的秦昭王早就仰慕他的大名，就请他做秦国的宰相。这时秦国的大臣们对秦昭王说："大王，孟尝君这个人很能干，他是齐国人，如果他当了秦国的宰相，一定是先替齐国办事，而后才会想到秦国，那样一来，我们不是很危险吗？"

秦昭王于是改变了主意，不仅不用他还要把他杀掉，除掉这个隐患，就下令先将孟尝君囚禁起来。

孟尝君看形势不妙，便想办法逃出秦国。他派一名心腹去找秦昭王最宠爱的妃子，请她帮忙。妃子答应帮助孟尝君离开秦国，但是提出了一个条件：必须得到那件白狐狸皮的袍子。

孟尝君犯了难，白狐狸皮袍子已经送给秦昭王了，怎么能再送给他的妃子呢？他想来想去也想不出一个办法来。偏巧随他访问的门客中，有一个会装狗偷盗的。他便在当天夜里装着狗，爬进秦国宫殿，把送给秦昭王的那件白狐狸皮袍子偷了出来，又转送给秦昭王最宠爱的妃子了。妃子得到皮袍子，就在秦昭王面前说了不少好话，请求释放孟尝君，秦昭王答应了。

孟尝君害怕秦昭王变卦，就率领随从连夜赶路，但跑到秦国的出境关口，却被挡住了。因为秦国关法规定，天亮鸡叫时，才准开关放人。孟尝君焦急万分，束手无策。偏巧他的随从之中有一个会学鸡叫的人，就偷偷地学起公鸡啼鸣来。他这一叫，周围人家的公鸡也都跟着叫起来。守关的人以为天亮了，就开关把他们放走了。孟尝君这才逃过了这场大难。

拨云见日

【释义】拨开云彩，见到太阳。形容受到启发，思想豁然开朗。

【出处】唐·房玄龄等《晋书·乐广传》。

晋代的乐广为太尉贾充所赏识，被荐举为河南尹。乐广不愿意出任外官，请好朋友、大文学家潘岳替自己写一份辞呈。潘岳说："你先将辞官的意思告诉我，方好动笔。"乐广简短地用一两百个语词表达意思，潘岳据之写成洋洋洒洒的一篇名扬当时的《呈太尉辞河南尹表》。大家都说："乐广不依靠潘岳的手笔，潘岳不依靠乐广的设意，那么就不会有这篇惊世之作。"

名士王衍，自视甚高，只佩服乐广，他说："我跟别人交谈，总觉得对方话多，最近接触乐广，交谈之后，才知道原来自己的话也多。真正言简意赅的，天下只有乐广一人。"

太子洗马卫玠做了个怪梦，日思夜想，得了心疾，茶饭无心，形憔神悴。乐广去探病，问清底细，告诉卫玠说："眼未见怪，怪从心生，心中无怪，病何由生？"卫玠顿时醒悟，病就好了。卫玠说："乐广胸中澄澈如水，疾病是上不了他身的。"

卫玠的父亲对乐广的评价更高，他说："乐广是人中的水镜，见到他，感到一片清明光洁，如同拨云见天。"

后人将"拨云见天"改为"拨云见日"。

挂冠而去

【释义】冠：官的帽子，也是官的象征。指辞去官职。

【出处】南朝·宋·范晔《后汉书·逢萌传》。

西汉末年，手握重权的王莽树敌很多，王莽的儿子王宇担心这样下去，父亲会招致杀身之祸。想劝谏，但又怕父亲不接受。他就利用父亲迷信鬼神的弱点，趁夜间用血洒在父亲的府第门上，以示鬼神发出了警告，要他及时抽身避祸。想不到王宇的行为被卫士发现，王莽就将儿子逮捕下狱，强迫他服毒自杀。消息传出来，不少人夸王莽大义灭亲。

当时，有一个叫逢萌的人却看出了王莽的用意，就对朋友说："完了！一个连君臣、父子、夫妻关系都不顾的人，怎么不搞乱朝廷？"于是，他就摘下头上的乌纱帽，高高地挂在都城东门外，悄悄离开了京城（挂冠而去）。回到家后，他携带家眷，乘船浮海去了辽东。

在辽东，逢萌仍然心系朝廷，他常常头戴瓦罐，嘴里哭喊着："新啊！新啊！你扰乱了天下！"逢萌喊的"新"，就是指的王莽。王莽最初封新郎侯，篡汉后，又改名"新朝"。

后来，王莽自杀，新朝也随之覆灭，人们都称赞"解冠挂东都城门"的逢萌有先见之明。

图穷匕见

【释义】事情发展到最后，露出了真相或本意。

【出处】汉·刘向《战国策·燕策三》。

公元前227年，荆轲带着地图作为礼物去见秦王嬴政，秦王嬴政接见了他。荆轲当着他的面，打开地图，于是裹在地图中的短剑，就露出来了。荆轲一手抓住秦王的衣袖，一手举短剑便刺。但是他没有刺中，秦王慌忙拔剑，一时又拔不出来，吓得他绕着柱子逃跑。荆轲紧紧追赶，朝廷上的大臣们慌了手脚，他们手中都没有兵器。卫兵又全在殿下，没有命令不得上来。这时秦王的侍医夏无且，急挥药袋抽打荆轲，这才使秦王政得以拔出剑来刺断荆轲的左腿，荆轲向他抛出短剑，没有击中，结果被秦始皇擒住，杀死。

《战国策·燕策三》中记载说："轲即取图奉之，发图，图穷而匕首见。""图穷匕见"这句成语就是从这里来的。

贪天之功

【释义】天：指造物主。形容抹杀他人的成绩，把功劳算在自己账上。

【出处】春秋·左丘明《左传·僖公二十四年》。

晋公子重耳经过十九年的颠沛流亡，终于在公元前636年得到秦穆公的帮助，回到晋国即位，称晋文公。为了报答有功之臣，他对于那些跟随他流亡的人们论功行赏，可是却把功臣介子推忘记了：在重耳流亡期间，介子推一直跟随他，在挨饿的时候，介子推甚至把自己大腿上的肉割下来给重耳煮汤吃。

介子推没有得到封赏，毫无怨言。在重耳回国之后便假称有病回家隐居，侍奉老母，甘守清贫。他对重耳周围的一些人居功自傲很不满意，他说："重耳继承王位，这完全是上天的旨意，可是那些跟随重耳流亡的人，却以为是自己的力量，这不是骗人吗？偷人家东西尚且被称为盗贼，更何况贪天之功归为己有的人？岂不更加可耻！"于是，介子推带着母亲直奔绵上深山（今山西沁源县西北），从此隐居不出。晋文公得知介子推归隐绵上，追悔莫及，他亲往深山寻找，始终不见踪影，只好把绵上作为介子推的封地。后来传说，晋文公为了逼迫介子推母子出山，曾经放火烧山。介子推因为不愿出来做官便和母亲一起被山火烧死。传说介子推被火烧死那天正是阴历三月初三。为了纪念这位至死也不做官的隐士，当地百姓每年到这一天都不烧火做饭，全天吃冷食，这就是"寒食节"的来历。

视同儿戏

【**释义**】指对待事物极不认真严肃，像儿童做游戏一般。

【**出处**】汉·司马迁《史记·绛侯周勃世家》。

汉文帝时，汉朝为了排除西北方面匈奴的威胁，在军事上作了认真的部署，汉文帝命宗正刘礼、祝兹侯徐历和河内郡太守周亚夫三人为将军，分别率军驻守在霸上、棘门和细柳。汉文帝还亲自去这三处军事要地慰问将士，也顺便视察军营，了解防御的实力。

汉文帝先到了霸上和棘门，在这两处，营门大开，没人看守。皇帝车驾进入大营，畅通无阻，士兵纪律涣散，看不到一点备战的气氛。汉文帝心里正不踏实，一会儿将军带着大小军官骑马列队欢迎皇帝，这些人争着向汉文帝说大话，说是"匈奴不足为虑"、"抵挡匈奴不在话下"之类。当文帝离开霸上、棘门时，心情沉重，他隐隐觉得这两处的军队有点靠不住，他们真能对付匈奴的入侵吗？

随后，汉文帝又驱车前往细柳。他的先行仪仗队到营门外却被卫兵挡住不让进。那率队军官对卫兵说：“皇上亲自来此劳军，车驾马上就到，还不快快放行！”

卫兵回答说：“在军营内只听周将军的命令，没有将军的命令，谁也不准进入军营。”

过了一会儿，汉文帝的车马到了，还是被挡在营门外，文帝只好派人持皇帝的节符交给周亚夫。周亚夫传令，大开营门。卫兵奉令开门时，又告诫：“周将军有令，军营内不许车马疾驰，违令者斩。”

皇帝点头赞许，吩咐车马控住缰绳，缓缓行进。到了营部，文帝下了车，周亚夫对皇帝说：“我甲胄在身，不能全礼，请允许我按军礼参见。”于是拱手为礼。

文帝很受震动，他看到了细柳驻军的纪律严明，士兵和军官全部身穿铁甲，手持兵器，操练武艺，列队布阵，像个备战的样子。劳军完毕，文帝不再耽搁，便离开军营。

一出营门，汉文帝叹了一口气说：“周亚夫才是真正的将军！前面那两处的军队，只是视同儿戏罢了，哪里会有什么战斗力！这周亚夫带的军队，谁能战胜他？这样的军队才能打胜仗啊！”

空前绝后

【释义】形容超绝古今，独一无二。

【出处】佚名《宣和画谱》。

晋朝顾恺之的绘画才能闻名于世，他画人物，神态逼真，形象生动，与众不同的是，他画人物，从来不先点眼珠。有人问其原因，他说：人物传神之处，正在这个地方。

南北朝时的梁国，又出了一个叫张僧繇的大画家。他善画山水、人物、佛像，在当时名气很响。梁武帝建了很多寺庙佛塔，都命他作画。据说，有一次他在一个寺庙的墙上画了四条龙，却没有给龙点眼珠。他说：恐怕点了眼珠，这些龙会破壁飞去。众人不信，坚持要他试一试，他便点了两条，果然破壁飞去。这一传说虽然夸张，却说明了他作画技艺是很高超的。

唐朝的画家吴道子，集绘画、书法之大成于一身。他的山水、佛像画闻名当时，且写得一手好字，有书圣之称。据传说，他曾为唐玄宗画巨幅嘉陵江图，几百里山水竟在一天内画好了。他在景玄寺中画了地狱变相图，不画鬼怪而阴森逼人，相传看过这幅画后改过自新、弃恶从善的大有人在。

所以，后来有人评价这三个画家时，认为顾恺之的画成就超越前人，张僧繇的成就后人莫及，而吴道子则兼两人的长处。

从这些评论中引申出“空前绝后”的成语。

学富五车

【释义】五车：指五车书。形容读书多，学问渊博。

【出处】战国·庄周《庄子·天下》。

惠施是庄子的好朋友，被称作惠子。他是宋国人，曾做过梁惠王的宰相。惠施认为，万物流变无常，因此，一个东西不可能有相当固定的时候。他说：“日方中方睨，物方生方死。”就是说，太阳刚正中就偏斜，万物刚生出就已死去。这是从时间长流的观点来看，惠施认为，无物不变，无时不动。他认为，任何东西的性质都是相对的，因此，事物之间也就没有绝对的区别。他说：“天和地卑，山和泽平。”就是说，天和地一样低，山和湖一样平。他用诡论的方式说明，天地万物是一体的。他提出了“太一”、“小一”，“大同异”、“小同异”等观点，认为万物相同，也完全相异。

庄子评价他说：“惠施多方，其书五车。”肯定惠施的学术丰富、广博，涉及多方面，赞扬他的书很多，五车也装不下（学富五车）。但同时又指出惠施的思想“舛驳，其言也不中”，就是说他讲的道理很驳杂，言辞表达也不尽恰当。

放荡不羁

【释义】指一个人行动随便，不受拘束。

【出处】唐·房玄龄等《晋书·王长文传》。

晋代时，有一个叫王长文的人，年轻时就以才学而出名。但他性格孤僻，放荡不羁，从不把州府的征召放在眼里。

有一次，州里召他为别驾（刺史的佐吏）。他便穿了件极普通的衣服偷偷地出走了。后来，王长文闭门不出，也不与别人交往，一心写作。他模仿《周易》，写了四卷书，起名叫《通玄经》。当时的人都把这部书比作汉代扬雄著的《太玄经》。

晋武帝太康中叶，四川遭到了天灾，发生了大灾荒，官府开仓借粮。王长文因平时家境较贫困，所以借得很多，但无力偿还。郡里就把他送往州里，想惩罚他。

刺史徐干知道王长文的为人，就没有叫他还账。谁知道王长文连一声谢都不说，就扬长而去了。

贯虱穿杨

【释义】能射中小小的虱子，能穿过杨树叶子。形容箭术高超。

【出处】战国·列御寇《列子·汤问》。

有个名叫纪昌的青年，慕名前去拜射箭能手飞卫为师学箭术。飞卫对他说："你必须先学会不眨眼睛，然后才谈得上学习箭术。"

纪昌听了，回到家中，仰卧在妻子的织布机下，眼睛一眨不眨地盯着来回飞动的梭子。这样练了两年，即使用锥尖做刺向他眼角的动作，他也不眨眼了。

飞卫说："你还必须进一步锻炼眼力，要练到极小的东西在你眼中变得很大，极细的东西在你眼中变得很粗才行。"

纪昌听了，回到家中，用一根极细的鬃毛拴了一只虱子挂在窗下，天天盯着它看，经过一段时间，虱子在他眼中像蚱蜢一样大了；又过了一段时间，虱子在他眼中像小鸟一样大了；三年以后，那虱子在他眼中像车轮一般大了；再看其他东西，都不知大了多少倍了。

纪昌拿起弓箭，一箭射去，正中虱心，而鬃毛却仍挂着没断。纪昌又去找飞卫。飞卫高兴地说："你已经学成了！"于是，纪昌和飞卫一样，成了有名的神箭手。

后来，有人把它和"百步穿杨"的故事合起来用，称作"贯虱穿杨"。

相顾失色

【释义】相互看着对方的脸色，露出惊慌的神态。

【出处】宋·薛居正等《旧五代史·段希尧传》。

后唐末年，石敬瑭（后为后晋皇帝）带兵攻打代北，部队突然骚动起来。石敬瑭不知何因，犹豫不决。部下段希尧说："那兵士造反如熊熊燃烧的大火，如果不迅速加以镇压就会蔓延开来，自己烧死自己。"石敬瑭于是下令处死了发动骚乱的头目，这场骚乱就很快平定了。

第二年，石敬瑭想在太原秘密起兵，推翻后唐的统治，便召集心腹商议，就在大家纷纷表示赞同、群情激愤之时，段希尧却站出来表示反对，言辞很是坚决。很多人都指责段希尧不识时务，纷纷要求治他的罪。见此情景，石敬瑭想到段希尧一贯忠厚老实，做事说话出于真心，所以并没有治他的罪。

石敬瑭后来做了皇帝，建立了后晋。段希尧做了右谏议大夫，被派到吴越做事。出发那天，天气晴朗，正当段希尧带领士兵们坐着船在大海上航行时，忽然天色大变，狂风大作，浊浪滔天，扑上船舷。掌舵的船夫、随行的仆人相顾失色。面对这紧张的情势，段希尧镇静地对手下人说："我这个人平生处世做事小心谨慎，言行坦荡，从不搞什么阴谋，老天可以明明白白地看到我这颗心，难道不会保佑我吗？你们不用惊慌，尽管把我当做一个依托好了。”说来奇怪，段希尧的话刚说完，大风停止了，海面重又恢复了平静，他们安全地到达了目的地。

南冠楚囚

【释义】指被俘的楚国囚犯，泛指战俘和囚犯。

【出处】春秋·左丘明《左传·成公九年》。

春秋时期，一次晋、楚在郑地交战，楚兵大败。一个名叫钟仪的楚国官员成了俘虏，被晋军囚禁起来。

钟仪虽然被囚，但他不忘自己是楚国人，每天戴着南国故乡的帽子，面南而站，昂首遥望，思念着楚国的亲人。

两年过去了，一天晋景公见到了钟仪，十分奇怪，问：“这戴着南方帽子的囚犯是谁？”

官员说：“他是两年前被抓来的楚国俘虏，名叫钟仪。”

晋景公听了，叫人除去钟仪所戴的刑具，对他慰问了几句，并问道：“你们家族在楚国是做什么事的？”

“我家祖上是乐官。”

晋景公兴致勃勃地问：“你能演奏乐曲吗？”

“这是我们家传的职业，我当然能。”

晋景公派人取来一架琴，让钟仪弹奏，钟仪整了整衣冠，端坐琴前，弹了起来。他弹的是一首楚国乐曲，有着浓郁的南国情调，充分表达了自己思念祖国的乡情。

晋景公听了也很受感动，问：“你们楚王为人怎么样？”

“这不是我所该谈论的。”

晋景公再三询问，钟仪才说：“我只知道楚王做太子的时候，对令尹公子婴齐和司马公子都很尊敬，其他的事真的不知道，请大王原谅！”

晋景公点了点头便回宫了。过了些日子，他把这件事告诉了上卿范文子。范文子听后建议道："那个楚囚是个正人君子，大王不如放他回楚国去，借以促进晋楚两国和好，结束彼此以武力相见的紧张局面。"

晋景公听从了范文子的建议，下令将钟仪放回楚国。果然，钟仪回到楚国后，在促进晋、楚两国和好中起了很大的作用。

南州冠冕

【释义】冠冕：帽子，比喻处在首位。指南方杰出的人才，后用来称誉才识卓绝的人。

【出处】晋·陈寿《三国志·蜀书·庞统传》。

三国荆州贤士司马徽善于识别人才，与庞德公是知交。庞德公有个侄儿叫庞统。一次，庞德公让他去拜访司马徽，庞统来到司马徽家里，两人从国家大事谈到诗书字画，越谈越投机，从白天一直谈到黑夜。司马徽发现，他面前这位十八岁的青年竟然无所不知，无所不晓，见解也相当独特、不落俗套，不由得大为惊异，便称赞他是南方士人中的第一人（南州冠冕）。

不久，刘备请司马徽推荐人才，司马徽就向他推荐了诸葛亮和庞统。于是刘备三顾茅庐，隆重地把诸葛亮请了出来，并拜为军师。当时庞统在东吴，没有受到孙权的重用，听说刘备占有了荆州，便来投奔刘备。开始，庞统也只被安排去当一个代理县令。庞统感到失望，不去从事政务，结果被免职。东吴的大将鲁肃得知这件事后，写信给刘备说，庞统绝不是仅仅治理一个县的人才，应把他安置在重要的位置上，才能发挥他的作用。于是刘备接见了庞统，在交谈中发现他果然是个人才，立即加以重用。不久，让他与诸葛亮同时担任军师中郎将。

庞统被重用后，促使刘备下了攻取益州的决心，并随同刘备前往。不幸的是，他在进兵成都途中的一次作战中被流矢射死，当时才三十六岁。成语"南州冠冕"，就来自司马徽对庞统的评价。

赴汤蹈火

【释义】敢于面对沸水和大火。指不避艰险，奋勇向前。

【出处】晋·陈寿《三国志·魏书·刘表传》。

东汉末年，军阀混战。担任荆州刺史的皇族刘表，对当时的军阀混战采取观望的态度。

公元199年，袁绍与曹操在官渡（今河南省中牟东北）争战。袁绍派人要刘表支援。刘表口头答应，实际上按兵不动；对曹操，他也采取同样的态度。

从事中郎韩嵩认为刘表采取这种态度不妥，对他说："曹、袁两公相持不下，将军的行动举足轻重，应慎重选择一方。若是继续犹豫暧昧，后果必然得罪两方。"

接着，韩嵩认为曹操为天下贤士所拥戴，胜利必定在他一方，建议刘表归附曹操，才是万全之策，其他将领也赞同韩嵩的建议。

刘表还是犹豫不决，他考虑再三对韩嵩说："目前，曹公已经迎天子到了许都，请先生到那里为我去观察一下真情如何？"

韩嵩严肃地说："我是您的部属，自然应该听从将军的命令，就是要我赴汤蹈火也会奋不顾身，死也不推辞。不过要请将军郑重考虑，如果此番能作出上顺天子、下归曹公的决策，那么我去京都是正确的；如果将军主意还未定下来，就派我进京，若天子封了我的官，我就成了天子之臣，不能再为将军效力了。望将军到时不要使我为难。"

刘表对此没有明确表态，就让韩嵩去京都了。果然不出韩嵩所料，他到京朝见受曹操控制的汉献帝后，马上被任命为零陵太守。韩嵩赴任前，去向刘表辞别。

刘表知道韩嵩已接受汉献帝的任命后，勃然大怒，认为是对自己的背叛，当场要将他处斩。文武官员都非常震惊，纷纷为韩嵩求情。但是，韩嵩却神色自若地对刘表说，他进许都前有言在先，因此刘表现在这样处置他，是负了他，而不是他负了刘表。接着，他当众把先前对刘表说的话重说了一遍。刘表只好不杀韩嵩，而将他囚禁起来。

响遏行云

【释义】歌声嘹亮，响彻云霄，把天上移动的云也止住了。

【出处】战国·列御寇《列子·汤问》。

古时候，有个名叫薛谭的青年拜歌唱家秦青为师。薛谭下功夫学习，进步很快，没多久就成为秦青学生中的佼佼者。

薛谭学了一段时间，自以为把老师唱歌的技艺都学到手了，便对秦青说："老师，我已经学得差不多了，想回家去。"

秦青知道薛谭有很好的天赋，但也知道他有自满情绪，便决定不从正面加以劝阻，而是说："你要离开，我不拦阻你。让我在大道上为你饯行吧！"

到了离别那天，秦青带了一些学生把薛谭送到大路上。秦青特地备了酒菜，为薛谭送行。喝完酒后，秦青对薛谭说："我谱了一曲新歌，本想以后教你的。现在你要走了，我就在这儿唱一遍，作为临别的纪念吧！"

接着，秦青一面打着节拍，一面唱了起来。歌声悲壮雄浑，充满了真挚的感情，仿佛路旁的树木也受到了感染，一动不动地停立倾听；仿佛天上的云彩也被吸引得止住了脚步，不再飘动（响遏行云）。

薛谭听了老师的歌，这才知道自己和老师相比，还差得远呢。于是，薛谭跟着秦青返回秦家，继续跟秦青学唱歌，从此再也没说过要回去的话。

鬼斧神工

【释义】好像是鬼神而不是人工所为。形容技艺高超，巧夺天工。

【出处】战国·庄周《庄子·达生》。

鲁国有个技艺非常高超的木匠，名叫庆，人称梓庆。他能制作

这时又有一个书生冒雨闯进客栈。店主告诉他已经客满。滕宗谅说:“天色晚了,雨又很大,附近又没有其他客栈。这位兄台今晚还是跟我们住在一起,等雨止了再说吧。”

王拱辰不快地说:“店东,快替我雇辆车,我到别处投店去。好让别人发善心,济贫危!”

后到的举子就是吴县的范仲淹。范仲淹、滕宗谅和王拱辰都中了进士。后来,能说会道的王拱辰当了御史中丞。滕宗谅在湖州任知府。范仲淹先任开封府尹,后来拜枢密副使、参知政事(相当于副宰相)。范仲淹很看重滕宗谅,擢升他为天章阁侍制。在范仲淹外调为河东陕西宣抚使时,嫉贤妒能的王拱辰诬告滕宗谅越职论事,滕宗谅被贬为岳州知府。

滕宗谅在岳州轻役薄赋,筑路垦荒,做了不少好事,他见城西北的岳阳楼年久失修,便将这座面临洞庭湖的名楼修葺一新,还特地请范仲淹写下了名传千古的《岳阳楼记》。

《岳阳楼记》开头几句是:“庆历四年春,滕子京(滕宗谅字子京)谪守巴陵郡。越明年,政通人和,百废俱兴。”

自惭形秽

【释义】惭:惭愧;形秽:指形态丑陋。因容貌丑陋而感到不如别人。比喻自愧不如别人。

【出处】唐·房玄龄等《晋书·卫玠传》。

晋怀帝时,国内有一位知名人士,名叫卫玠。卫玠27岁那年突然死去,当时人们流传说:“卫玠是被人‘看’死的!”

原来卫玠生下来就相貌不凡,有一种特别的姿态和风韵,说话、走路、接人、待物皆与一般孩子不同,人人见了欢喜。

卫玠的祖父和父亲都是朝廷的大官。卫玠稍微懂事以后,有一天赶着用羊拉的车进城去。他经过市场,人们见到他都十分惊讶,互相议论说:“瞧,他多像用玉雕成的人哪……”顷刻之间,几乎全城的人都来观看他，以为是奇迹。

卫玠的舅舅王济，是骠骑将军，生得英俊健伟，很有风采。可是他一见到小外甥，就感慨地说："卫玠和我站在一起，就像明珠、宝玉在我身边一样，我觉得自己的形象太难看了。同他一块走，好像是一颗明珠在身旁闪烁，熠熠发光啊！"

卫玠虽然长得异常俊美，又很有学问，但是身体多病，弱不禁风。后来卫玠到了建邺，京师人们早听说他姿容非凡，都想见见他。他走到街上，看他的人像城墙一样，将他围得水泄不通，没过几天，卫玠由于劳烦过度，很快就死了。

《晋书·卫玠传》载有卫玠的事，原文是："珠玉在侧，觉我形秽"。后来由此演变成"自惭形秽"一句成语。

后起之秀

【释义】秀：特别优异的。后出现或新成长的优秀人物。

【出处】唐·房玄龄等《晋书·王忱传》。

东晋时，有个大臣叫王忱，他从小就很聪慧，舅父范宁是当时的知名学者，很赏识这个外甥，经常把他带在身边，让他参加自己和名人的聚会，以使他增长见识。

有一次，一位名叫张玄的名人去拜访范宁，范宁就把王忱介绍给张玄。张玄早已听说王忱才智过人，就主动和他攀谈。可是王忱却一言不发，神情冷淡，张玄见话不投机，就站起来告辞了。

客人走后，范宁责怪王忱说："张玄也算是吴中杰出人物了，你为啥不和他谈谈呢？"

王忱傲慢地说："他是来拜访你的，又不是来拜访我的，如果他真心想与我交往，可以来找我嘛！"

范宁见他如此狂言，就半讽刺半开玩笑地说："哎呀！你如此风流俊逸，真是后起之秀，不可小瞧呀！"

王忱笑道："没有您这样的舅舅，哪会有我这样的外甥呢？"

过了几天，范宁把外甥的话转告给张玄，张玄觉得王忱确实与众不同，便专程到王家拜访王忱，从此他们成了好朋友。

问一得三

【释义】问一件事却得到解决三件事的办法。形容求少得多。

【出处】春秋·孔丘弟子《论语·季氏》。

孔子的儿子名叫孔鲤，与弟子们一起跟着孔子学习。有的弟子偷偷地议论开了："先生一定对自己的儿子格外关心，多教他不少学问，对我们恐怕是留一手的。"

一天，有个名叫陈子禽的学生问孔鲤："你在老师那儿一定比我们多学一些东西吧？"

孔鲤老实地回答："没有什么呀！就是有一回他一个人站在庭院中，问我学过《诗经》没有，他说不学《诗经》就不会说话。从那以后我就开始学《诗经》。还有一次，他又问我学过礼没有，并说不学礼便没有立足社会的依据，听了他的话，我又去学礼，就这么两件事啊！"

"那就好。"陈子禽因为问一而得三，高兴地向同学们报告说："我问孔鲤一件事，他却告诉了我三件事！第一知道要学诗，第二知道要学礼，第三嘛……我知道了先生对自己儿子并不特殊亲近……"

弟子们终于解除了对孔子的误解。

如泣如诉

【释义】像哭泣像诉说，悲惨凄凉。

【出处】宋·苏轼《前赤壁赋》。

北宋时，苏东坡因遭人非议，被贬到黄州当团练副使。初到这里时，他非常绝望。但很快，苏东坡从失意的痛苦中解脱出来，调整了情绪，也适应了环境，他觉得这里不错，虽不能有所作为，却可以修身养性。

一天，苏东坡带了三位朋友，放舟来到赤壁之下。江面清风徐来，涛声依旧，空中圆月朗照，洒下一片银光。大家边唱边聊，快乐非凡。苏东坡只觉得心旷神怡，飘飘欲仙，忘情之间，敲着船舷打着拍子，唱起歌来。一位朋友依着歌声吹箫应和，一吹一唱，十分和谐。

苏东坡听着呜呜的箫声，忽然觉得有点怪异，便停了歌，倾耳来听，这声音似怨恨，似爱慕，如泣如诉，余音凄切婉转，好像将断未断的一缕细丝，在夜空中袅袅远播。

苏东坡有点扫兴，他问这位吹箫的朋友："好端端的为什么要吹这样哀伤的调子呢？"

那朋友悲凄地回答道："'月明星稀，乌鹊南飞'，这不是曹孟德的诗吗？想当初，曹操亲率大军，破荆州，下江陵，战船千里相连，旌旗遮蔽天空，他面对大江饮酒赋诗，何等的气概！这赤壁正是曹操被周瑜所困的地方。如今他在哪里呢？可叹人生多么短暂！虽想永生不死，哪里能够！所以，我只得寄情于悲声之中啊！"

苏东坡开导朋友："你看这江水，奔流不息，万物和我自己是互相拥有，无穷无尽的！再如江上清风、山间明月，非我所有，却任我观赏，尽情享受。你不觉得拥有整个世界，其乐无比吗？这样，你还有什么看不开的呢？"

一番话，使那位朋友若有所悟，转悲为喜，大家再次畅饮尽欢，夜深方回。

汗流浃背

【释义】 浃：湿透。出汗很多，湿透了背上的衣服。形容满身大汗。

【出处】 汉·司马迁《史记·陈丞相世家》。

汉高帝刘邦去世后，儿子孝惠帝即位，因大权掌握在他母亲吕后手中，他郁郁不得志，没几年就去世了。吕后为了巩固自己的地位，将自己的宗室子弟都封王加官，让他们掌握大权。吕后死后，太尉周勃在陈平等大臣的帮助下，一举铲除了诸吕势力，立刘邦的另一个儿子代王刘恒为帝，号为汉文帝。

汉文帝当皇帝后，陈平认为周勃诛灭诸吕有功，应该比自己职位高，汉文帝于是封周勃为右丞相，位居第一；封陈平为左丞相，位居第二。

一次，汉文帝想了解一下国情，就在朝见大臣时问周勃："全国一年之中要审理判决多少案件？一年的钱、粮收入和支出是多少？"周勃回答不出，急得汗流浃背，羞得无地自容。

汉文帝就问陈平，陈平说："陛下要问审案的事，找廷尉；问钱粮的事，找治粟内史。"

汉文帝又问："各样事情都有人主管，那你丞相管什么？"

陈平回答："丞相管大臣，有谁不称职，就处罚他，使卿大夫各任其职。"

汉文帝满意地笑了。退朝以后，周勃自知不如陈平，就以有病为理由，请求免去了丞相职务。

近水楼台

【释义】人事关系近，易得到方便。

【出处】宋·俞文豹《清夜录》。

宋仁宗时的范仲淹由于勤奋自学，读了不少书。后来，他做到吏部员外郎、龙图阁大学士等大官，并曾镇守边疆，屡次制止了外族的侵略。不过，他为人却很谦和，能接近下属，这在那样的旧时代是很难得的。

范仲淹任杭州知府时，城中文武官员大多得到过他的推荐提拔，受到过他的关心帮助，一般对他都很崇敬。唯有一个叫苏麟的，因为在外县担任巡检，不在杭州城里，所以没有得到什么照顾。有一次，苏麟因事到杭州来见范仲淹，顺便献诗一首，其中有两句道：

近水楼台先得月，

向阳花木易为春。

范仲淹看了，心中会意，便征询了他的意见和希望，满足了他的要求。

穷途之哭

【释义】穷：尽。路尽而哭。比喻山穷水尽已无路可走。

【出处】唐·王勃《滕王阁序》。

魏时，竹林七贤之一的阮籍喜欢研究庄子和老子的学说。最爱喝酒，当时和山涛、刘伶、嵇康、向秀、王戎、阮咸等饮酒作诗。他性格放荡不羁，不肯和达官贵人们结交，也不愿做官。因为喜欢饮酒的缘故，他特地到步兵营里去当校尉，因步兵营有他们自己制造的酒，味道很好，特别香醇。

阮籍喝酒，不醉不休，吃醉了，叫人推着车子到山里去游玩，到的时候很晚，不能继续玩下去，往往大哭着回来，所以当时的人都说他疯狂。王勃的《滕王阁序》中说："阮籍猖狂，岂效穷途之哭。"

其貌不扬

【释义】指人的相貌不好看。

【出处】宋·孙光宪《北萝琐言·皮日休献书》。

唐朝末年，襄阳（今湖北省襄樊市）东南的鹿门山里，住着一位年轻的文人皮日休。他身材不高，脸型狭长，左眼角有些下塌，相貌比较难看，但为人正直，而且博学多才，诗歌和散文都写得很好，二十多岁时，就已经在全襄阳出了名。

公元 867 年，皮日休进京应试。主考官礼部侍郎郑愚看了他的文章以后，非常赞赏，就派人把他请到府里来会面。

皮日休应邀来到郑府。郑愚原以为他文章写得十分出色，相貌也必然长得一表人才，谁知见面一看，却是个其貌不扬的人，便带着嘲弄的口气对皮日休说："你很有才华，可惜这一只眼睛长得太不相称了！"

皮日休听了，心里很不痛快，当即对郑愚反唇相讥说："主考的职责是为朝廷发现有用的人才，可不能因为我的这一只眼睛，使你的两只眼睛失去作用呀！"

这句针锋相对的话显然刺痛了郑愚。几天以后考试揭晓，皮日休虽然中了进士，但榜上的名次却列在最后一个。

咄咄怪事

【释义】形容那些出乎意料、无法理解的怪事。

【出处】南朝·宋·刘义庆《世说新语·黜免》。

殷浩在晋成帝时，曾任过征西将军庾亮的参军。晋康帝时，接受建武将军之封，任扬州刺史，后又任中军将军，统管扬州、徐州等五个州的军事，官职不可谓低。可是由于当时晋朝统治集团上层闹分裂，将领之间相互猜忌，加上北征后秦失利，最终还是被撤了职，并流放到信安（今浙江衢县），从此再未做过官。

虽说对于被贬黜一事，殷浩从未向人抱怨过，可人们总能看到，他老是伸出一个指头，对空画字。这引起了人们好奇心，有好事者悄悄跟在他后边，细细琢磨他画的字，时间长了，后来终于弄清楚，那是"咄咄怪事"四字。这时，人们方始明白，他对自己被撤职和流放，是深怀不满的。只不过，作为权力斗争中的牺牲品，他不能公开道出自己的冤屈，也无处倾诉这种冤屈，所以只能整天对空画字，以泄怨愤罢了。

空洞无物

【释义】比喻写的文章没有什么内容。

【出处】南朝·宋·刘义庆《世说新语·排调》。

周顗是东晋的一位大臣，他为人宽宏大量，性格开朗。由于他的才识和品德出众，所以名望很高，被皇上封为尚书左仆射之职。

他的弟弟周嵩，对兄长很是妒忌。有一次，兄弟俩在一起喝酒，周嵩酒醉，竟拿着点燃的蜡烛朝周顗扔了过去。而周顗只稍一躲闪，脸色依旧十分平静，一点也没生气，只缓缓地说："你用蜡烛丢我，实属下策！"

东晋时期，在一些名士中盛行着一种"清谈"之风，那些名士们一边饮酒，一边高谈阔论。他们只注重自己的个性品格，而不在乎礼节。

周顗的家中，也常常有人来喝酒闲谈，其中一位就是辅助司马睿建立东晋王朝的丞相王导。

一次，王导和周顗谈得十分投机，王导在高兴之余，竟得意忘形地侧卧身子，把头枕在周顗的膝盖上，用手指着周顗凸起的肚子问道："你这肚子里有些什么东西呢？"

周顗挺了挺身子，摸着自己的肚子，揶揄地说："这里面吗？什么也没有，'空洞无物'。不过，像阁下这样的人，倒也能容纳得下好几百个。"

拾人牙慧

【释义】牙慧：指说话中流露出的漂亮言辞。形容捡了别人的只言片语而自诩。

【出处】南朝·宋·刘义庆《世说新语·文学》。

东晋的殷浩学问很好，又能说会道。他有一个外甥叫韩康伯，十分聪明，口齿伶俐，很像舅舅，因此很得殷浩的欢心。

也许是得到夸奖太多了些，也可能自以为聪明，对事物不肯深入钻研，韩康伯渐渐养成了一种好夸夸其谈的习惯，虽然什么也不会做，但装着样样都懂。对此，殷浩很不满。有一次，他看到韩康伯在和别人闲谈时那种手舞足蹈的样子以及言语之间流露出的那种自鸣得意的神情，着实感到不快。事后，他对朋友说："康伯自以为得我真传，其实，连我牙后那么一点智慧都未拾得。"（拾人牙慧）

标新立异

【释义】标：显示。立异：持不同的看法和态度。提出新奇的主张，与一般人不同；也比喻标榜自己，另搞一套。

【出处】南朝·宋·刘义庆《世说新语·文学》。

支道林，名遁，是东晋时的佛教学者，他常与谢安、王羲之等名士交往，喜欢畅谈玄理，对《庄子》也很有研究。

晋代的向秀曾为《庄子》作注，没有完成就死了，郭象继续他的工作，完成了注释，后来人们都引用郭象和向秀所作的注。《逍遥游》是《庄子》中的第一篇，也是一个难点。当时许多著名的学者深入钻研体味这篇文章的道理，都没有能够超出郭象、向秀的见解。

有一次，支道林在洛阳白马寺同太常护国将军冯怀一起聊天，谈到《逍遥游》，支道林说出了一种新的道理，大大高于郭象、向秀的解释，其标新立异的见解，超出当时许多著名学者的认识水平，所作的分析见解，都是那些著名学者苦苦搜求思索没有能够解决的。后来人们就吸收了支道林的意见来解释《逍遥游》。

哄堂大笑

【释义】形容满屋子的人一齐大笑。

【出处】宋·欧阳修《归田录·冯道和凝》。

唐代的时候，御史分为台院、殿院、察院三部分，由台院一名资格最老的人管理杂事，称之为"杂端"。每当御史们聚集在公堂会餐时，是不准随便谈笑的。只有杂端先笑了，其他人才能笑。有时，遇到好笑的事，都要忍着，看杂端笑了，大家才一齐跟着哈哈大笑起来，当时人称之为"哄堂"。

宋代的欧阳修记录了这样一件事：有个叫冯道的人和一个叫和凝的人同在中书府里做事，有一天，冯道穿了一双新靴子兴冲冲地来上班，和凝见了，觉得那靴子很好看，就问道："您新买的靴子，价钱多少啊？"

冯道缓缓地伸出右脚，轻描淡写地说："九百文。"

"什么？只花了九百文？我的这双靴子怎么花了一千八百文？您怎么买得这么便宜？"

见和凝问得紧了，冯道才又慢慢抬起左腿，漫不经心地说："这只靴子也是九百文。"

大家这才明白冯道是故意卖关子，逗和凝玩呢，禁不住哄堂大笑起来。

此成语出自《归田录·冯道和凝》，原文是："冯徐举其右足曰：'此亦九百。'于是哄堂大笑。"

独步一时

【释义】形容在一个时期内，非常突出，没有人能比得上。

【出处】唐·房玄龄等《晋书·陆机陆云传》。

西晋时，文坛上有两个很有名的兄弟，哥哥叫陆机，弟弟叫陆云，人称"二陆"。二陆相比，哥哥陆机的文才更好些，他的许多文章都传颂一时，如《吊魏武帝文》、《文赋》等文章更是流传至今的名篇。陆云也是才思敏捷，出口成章。

有一次，陆云去拜访好友张华，见张华家有个陌生的客人，张华招呼陆云道："这位先生，也是当今才子了。今日你们相遇，真是天作之美，你们先互相介绍介绍，但言辞不可落俗套。"

陆云施礼道："（我乃）云间陆士龙（士龙是陆云的字）。"

那人急忙还礼说："（我乃）日下荀鸣鹤（这个人名叫荀隐，鸣鹤是他的字）。"

陆云又道："既开青云睹白雉，何不张尔弓，挟尔箭（既然青云散开，云间的白鸟现露，你为什么不张开弓，搭上箭呢）？”

那荀隐略一思索接道：“本谓是云龙骙骙，乃是山鹿野麋。兽微弩强，是以发迟（本以为是威武强壮的云间龙，谁知是山间的野鹿。兽弱小，弓强劲，不忍遽射，所以箭发迟了）。”

张华见两人出口成章，对答如流，且又巧妙地嵌入了各自的名和字，不由得呵呵大笑，拍手称赞。

当时的人对“二陆”的文才十分推崇，评价他们是：文藻宏丽，独步当时（独步一时）；言论慷慨，冠乎终古。

食言而肥

【释义】比喻讲话不守信用。

【出处】春秋·左丘明《左传·哀公二十五年》。

春秋时，鲁国有个叫孟武伯的大夫，为人不讲信用，说话从来不算数，鲁哀公对他很不满意。

一次，鲁哀公请客，满朝文武都来赴宴。有一个叫郭重的大臣，是个胖子，真像他的名字一样，体重着实不轻，平时深得哀公宠信，这天自然也来赴宴。孟武伯向来妒忌他，瞅准今天的机会，想出出他的洋相，让他难堪，于是离席趋前，走到他的座位前，问道：“郭大夫是吃了什么东西才这么肥的？”

鲁哀公知道孟武伯不安好心，便接过话头，代郭重答道：“他空话吃得太多，能不肥吗（食言而肥）？”

满堂文武都知道哀公所指何人，顿时哄笑起来。孟武伯不但没讨到别人的便宜，反而当众出丑，直羞得面红耳赤，无地自容。

闻一知十

【释义】闻：听到。听到一点，就能推知十点。形容很聪明，能够举一反三。

【出处】春秋·孔丘弟子《论语》。

子贡是孔夫子的得意门生之一，卫国人。他头脑灵活，讲究务实，他不像当时大多数读书人那样自视清高，他很早就经商做生意，成了鲁国有名的富商。子贡又利用自己的财富做资本，积极从事政治活动，在鲁国和卫国都当过大官。

虽然子贡很有才能，孔子却总认为他不如颜回，颜回聪明好学，很有道德修养，从来不对别人乱发脾气，也从来不重犯同样的错误。孔子最欣赏颜回的，是他能安于贫困，生活俭朴，身居狭窄的胡同，每天只要有一碗饭吃，一瓢水喝，他就非常知足了，可惜的是，颜回死得较早，没有做出什么惊天动地的事业，也没有留下多少不朽的著作。可孔子就是喜欢他，说："颜回真是个贤人啊！"

有一次，孔子问子贡："你和颜回两个人，哪一个强些？"

子贡知道老师的心思，便答道："我怎么敢和颜回比呢！颜回能够闻一知十，而我顶多只能闻一知二罢了。"

孔子听不出子贡的话外之音，还赞许地点点头，说："你说得对，你是不如他呀。"

关于子贡与颜回究竟应如何评价，见仁见智，各有不同。

闻所未闻

【**释义**】指从来没有听到的事。

【**出处**】汉·司马迁《史记·陆贾列传》。

陆贾是楚人，他以幕僚的身份随汉高祖平定天下。一年，高祖派陆贾去赐给尉他南越王印绶。尉他原是中原人，久居南越称王。陆贾向他讲了不少道理，规劝尉他早日归顺汉王，不然会自取灭亡。

尉他听了陆贾的话，不由得惊慌起来，忙跪下向陆贾谢罪道："我因久居蛮夷之邦，太没礼仪了。"并问陆贾："我跟萧何、曹参、韩信相比，哪一个比较贤能？"

陆贾敷衍说："你似乎比较贤能。"

尉他却不知天高地厚，又问："我跟汉皇帝比，谁贤能些？"

陆贾说:“汉皇帝从丰沛起兵讨伐暴秦，诛灭了强楚，替天下人民兴利除害，继承了三皇五帝的事业。中国人多地大，土地肥沃，物产丰盛，政令统一。而你们南越，人不过数十万，地域狭窄，只抵得过汉朝一郡之大，怎能和汉朝相比呢？”尉他听了陆贾的话，顿开茅塞。

尉他对陆贾很是钦佩，留着他一起喝酒，就这样过了好几个月。尉他说:“南越无人可以相谈，直到你来了，才让我听到了以前闻所未闻的事情。”

顾曲周郎

【释义】原意为周瑜指点乐曲。后泛指懂得歌曲的内行和评论家。

【出处】晋·陈寿《三国志·吴书·周瑜传》。

吴国的都督是个名将，叫周瑜。当时吴国人都习惯称他为“周郎”。他出身士大夫，帮助孙策建立了孙吴政权。孙策死后，周瑜与张昭一起辅助孙权执政。208 年（建安十三年），曹操挥师南下，周瑜和鲁肃坚决主战，并亲率吴军在赤壁大败曹兵。两年后，周瑜病死，死时只有三十六岁。

周瑜不但有卓越的政治和军事才能，而且对音乐也很精通，有很高的音乐鉴赏能力。周瑜听人演奏的时候，即使多喝了几杯酒，有几分醉意，如果演奏有些细微的差错，也一定瞒不过他的耳朵。每当发现了错误，他就用眼睛望一下演奏者，示意他演奏错了。当时有两句歌谣说:“曲有误，周郎顾。”

后人把此歌谣提炼成成语“顾曲周郎”。

洛阳纸贵

【释义】形容文章写得好，广为流传，连纸都涨价了。

【出处】唐·房玄龄等《晋书·左思传》。

西晋的文学家左思，出身贫苦，相貌丑陋，可是文章写得很好。

他写一篇《齐都赋》，整整用了一年的时间，更有甚者，为了写好《三都赋》，前后竟花了十年工夫。

所谓三都，是指三国时期的蜀国京都成都、吴国京都建业和魏国京都邺。他亲自到这三座都城去调查、游览，收集了丰富的资料，积累很多素材，为了便于写作和修改《三都赋》，他就在门户、庭院，甚至厕所等地方，到处都放上纸、笔，想到好的语句，就马上记下来。

经过反复修改，精心推敲，用了十年苦功，《三都赋》终于写成。他的文章构思奇巧，气魄雄伟，语言优美绮丽，充分表现出三座都城的美丽，壮观，反映出中国劳动人民的智慧和才能以及中国古代光辉灿烂的文化成就。

《三都赋》问世以后，由于文章精彩，一传十，十传百，整个京城洛阳都轰动了。人们争相传抄，竟使洛阳的纸价一下子贵了起来。

此成语出自《晋书·左思传》，原文是："于是豪贵之家竞相传写，洛阳为之纸贵。"

捉襟见肘

【释义】原意是形容衣服破烂，生活穷困，后演变为困难太多，使人顾此失彼，难以应付。

【出处】战国·庄周《庄子·让王》。

孔子的弟子曾参，很注意道德修养，每天都要反省自己。曾参住在卫国期间，由于贫寒，常常连续好几天，不开锅做饭，胡乱搞些冷食过日子。十余年来，他没有添置过一件新衣服，身上穿的那一套已经破旧不堪，只要稍一提起衣襟，胳膊肘就会露了出来（捉襟见肘）。头上戴的帽子也很破旧，稍不小心帽上的系绳就会断裂。至于鞋子就更糟糕，穿时只要往上轻轻一拉，鞋帮子就会被扯破。

可是尽管如此，他仍能保持乐观开朗的心境，不怨天尤人，不自甘消沉，即使在这段艰苦的日子里，也从不忘苦读诗书，提高自身修养，为此不止一次受到孔子的称赞。相传《大学》一书就是他写的。

载酒问字

【释义】带了礼品去向人请教。

【出处】汉·班固《汉书·扬雄传》。

扬雄是西汉末年有名的文学家、哲学家、语言学家。汉成帝时，他担任给事黄门郎的小官。当时，王莽、刘歆和他共事，职位差不多。后来，王莽篡权，当了皇帝，封刘歆做国师，封扬雄为大夫，派他在天禄阁上校书。

不久，刘歆和甄丰父子同谋，想要废除王莽，恢复汉室。不料事情败露，刘歆自杀身亡。扬雄受到牵连，被王莽免去了大夫的职务，他家里本来就穷，这样一来，就更加贫困了。许多老朋友也不敢来看望他了。一时间，门庭冷落，十分孤单，他只得借酒浇愁，常常喝得酩酊大醉。

一天，扬雄正在家中整理自己所著的《方言》，突然几个外地青年抬着酒肉，前来拜他为师，向他学习古字（载酒问字）。接着，他们便拿出写满古字的竹简，虚心地向扬雄请教。扬雄一一作了解释，那几个青年便高兴地走了。

胸有成竹

【释义】原指心中已画有一枝竹的形象。后用以形容遇到问题，心中早就有了解决的办法。

【出处】元·脱脱等《宋史·文同传》。

宋代的大文学家苏轼（苏东坡），不但文章和诗词写得好，而且书画也很出色。他和文同是好朋友。文同也兼长绘画，我国绘画史上称他们两人的画为“文人画”。

苏轼一生在政治上很不得意，他的作画，不过是发泄“怒气”，自求陶醉，并没有什么目的。当时，宋徽宗是一个喜爱书画的皇帝，苏轼屡遭贬官降职之后，这个风雅皇帝便让他担任“玉局观提举”。苏轼在观里比较空闲，就大画墨竹，绘画技法倒因此大有提高。苏轼曾写过一本《画竹记》，介绍画竹的经验说：“画竹，必先得成竹于胸中。”这就是说：画竹的画家，在动笔之前一定要酝酿成熟，先有一个生动具体的竹子形象在心胸里，这样，画出来的竹子才生动。

文同也爱画墨竹，他虽然也画花鸟、山水和人物，但是以画墨竹最为有名。文同画竹，也要求先有成竹在胸，当时还有一个善画的文人晁补之，曾有一首诗，称赞文同的“墨竹”艺术，其中有两句道：

与可画竹时，
成竹已在胸。

乘兴而来

【释义】带着浓厚的兴趣而来。

【出处】唐·房玄龄等《晋书·王羲之传》。

王徽之是东晋时的大书法家王羲之的三儿子，生性高傲，行为豪放不羁。虽说在朝做官，却常常到处闲逛，不处理官衙内的日常事务。后来，他干脆辞去官职，隐居在山阴（今绍兴），天天游山玩水，饮酒吟诗。有一年冬夜，王徽之推开窗户，见到四周白雪皑皑，真是美极了，顿时兴致勃勃地取来酒菜，独自一人坐在庭院里慢斟细酌起来。

忽然，他觉得此景此情，如能伴有悠悠的琴声，那就更动人了。由此，他想起了那个会弹琴作画的朋友戴逵。

“嘿，我何不马上去见他呢？”于是，王徽之马上叫仆人备船挥桨，连夜前往，也不考虑路途多远。

王徽之催促着仆人：“把船再撑得快点。”心里恨不得早点见到戴逵，共赏美景。

船儿整整行驶了一夜，拂晓时，终于到了目的地，可王徽之却突然要仆人撑船回去，仆人莫名其妙，诧异地问他为什么不上岸去见戴逵，他淡淡地一笑，说："我本来是乘兴而来的，如今兴致没有了，当然应该回去，何必一定要见着戴逵呢？"

离群索居

【释义】离开了群体，一个人孤独地生活。

【出处】汉·戴圣《礼记·檀弓》。

孔子有一个学生名叫子夏。他生性孤僻，平日很少和其他同学合群，只和曾参还比较要好。

有一年，他的儿子死了，他哭得十分伤心，甚至差一点把眼睛都哭瞎了。

一天，曾参到他家中去看望他。子夏又十分伤心地哭着说："天哪！我又没有什么过错，你为什么要给我这么严厉的惩罚，夺走了我儿子的生命呢？"

曾参听了，说："子夏兄，你不必责怪老天，我以为，应该责怪的是你自己。你不是没有错误，而是错误很大！"

子夏吃惊地说："请说说我有什么错误？"

"好吧！我告诉你。过去你父亲死的时候，我没见你很伤心；现在你儿子死了，你却伤心到如此地步。两者一对比，你的错误不是很明显了吗？"

子夏听了，如梦初醒，反省说："我离群索居已经很久了，所以听不到朋友的忠告，才会犯如此的错误。今后，我一定要加以改正！"

从这以后，子夏果然努力和同学们打成一片，不再离群索居了。

谈辞如云

【释义】谈话时，言辞像飘云那样奔涌而出，比喻善于言谈。

【出处】南朝·宋·范晔《后汉书·符融传》。

东汉时陈留人符融，年轻时曾做过官。符融的兴趣不在做官，就辞去职务，远游他乡，从师求学。后来，他慕名来到少府李膺的门下。李膺是颍川人，从举孝廉走上仕途，先后担任不少地方的官吏，灵帝时被任命为长乐少府。

那时候，朝政腐败，宦官的势力强盛，气焰嚣张。李膺不愿与他们同流合污，坚持自己的清正作风。他廉洁自守，疾恶如仇，对贪官污吏依法惩治，从不手软，宦官们对他又怕又恨，寻找一切机会打击他。

李膺秉性刚直，虽屡遭打击仍不改变自己的气节，这种高尚情操，影响了一代风气，士大夫们都争相与他结交，如果能得到他的接纳，都引以为荣，称为“登龙门”。符融也是久仰他的大名而来到李膺门下的。

符融仪容标致，潇洒飘逸，口才很好，一开口便显得与众不同。李膺初次见他，与他交谈，便为他的学识、风度折服，两人结为好友。每次两人会面，李膺都谢绝所有宾客，将符融引到书房内，沏上一壶茶，一边品茗，一边听符融侃侃而谈。符融从天文到地理，无所不谈，口若悬河，谈辞如云。李膺听得如痴如醉。两人常常谈得忘了时间，忘了身处何地。

旁若无人

【释义】不把旁人放在眼里。

【出处】汉·司马迁《史记·刺客列传》。

荆轲是战国末期的刺客，他原是卫国人。卫国灭亡后，他就到处漫游，在燕国结交了一个卖狗肉的人，还与一个善于击筑（乐器）的高渐离特别要好。他们常常一同喝酒。喝醉了酒，高渐离击筑，荆轲唱歌，歌声悲壮慷慨。他们时而大哭，时而大笑，旁若无人。街上的人都把他们当成疯子。其实，他们把满腹的心事寄托在酒歌之中。荆轲是个智勇双全的人，他对剑术很有研究，所以他后来有胆气和才能去刺杀秦王。

掷地有声

【释义】作者才华出众，作品语言铿锵有力。另外还形容出语豪迈，不同凡响。

【出处】南朝·宋·刘义庆《世说新语·文学》。

东晋文学家孙绰在会稽（今浙江绍兴）住了十多年，会稽山川秀美，深深吸引着他，几乎使他乐而忘返。

回家后，他写了一篇《天台赋》。当友人范荣期来访时，他就把赋拿给他看，并说道："我这篇赋节奏铿锵，不同凡响，不信你可试试，把它扔到地上，一定会发出如同金石般铿锵的声音！"

范荣期知道这个朋友文才很好，但文章怎能掷地有声呢？就说："不知足下这个金石声属什么调，合不合节拍？"但当他读下去时，果真被作品所描写的景物及形象生动的表达深深吸引住了，以至每读到写得特别精妙的地方，总忍不住啧啧赞叹。

萍水相逢

【释义】浮萍随水漂流，偶然聚在一起。比喻素不相识的人偶然相遇。

【出处】唐·王勃《滕王阁序》。

王勃字子安，是唐初著名的文学家，与杨炯、卢照邻、骆宾王以诗文齐名，合称"初唐四杰"。

公元676年，王勃去交趾（今越南境内）探望做县令的父亲，途经洪都（今江西南昌）时，都督阎伯屿因重修的滕王阁落成，定于九月九日重阳节在那里宴请文人雅士和宾客朋友。他的女婿吴子章很有文才，阎伯屿叫他事先写好一篇序文，以便到时当众炫耀。王勃是当时有名文士，也在被请之列。

宴会上，阎伯屿故作姿态，请来宾为滕王阁作序。大家事先都无准备，所以都托辞不作。请到王勃时，他却并不推辞，当场挥毫疾书，一气呵成，写成了著名的《滕王阁序》。众宾客看了一致称好。阎伯屿读后也深为钦佩，认为这序文比自己女婿写的要高明得多，也就不再让吴子章出场著文了。

《滕王阁序》构思精绝，文气通顺畅达，而又纵横交错。序文在铺叙盛会胜景的同时，也流露出作者壮志难酬的感慨："关山难越，谁悲失路之人？萍水相逢，尽是他乡之客。"这几句话的意思是：关山重重，难以攀越，有谁为失路的人悲哀？今天与会的人像萍浮水面，偶然相遇，都是异乡之客。这就充分表达了他生不逢时、自己命运不佳的心情。

野火烧不尽

【释义】野火焚烧，不能使野草灭绝。比喻顽强的生命力，不可扑灭。

【出处】唐·白居易《赋得古原草送别》。

顾况是唐朝的著名诗人，官任著作郎，在当时名气很大。

有一天，有位青年上门向他求教。那青年拿着一册诗稿叩见后，恭敬地呈上诗稿说："晚生白居易进京应试，仰慕大人诗名，特地上门求教，望大人不吝指点！"

顾况接过诗稿，上面署名"居易"，笑着说："现在长安米价很贵，居住可并不容易呀！"

接着，他漫不经心地打开诗稿，只见一首题为《赋得古原草送别》的诗，看了两句，便情不自禁地吟诵起来：

离离原上草，一岁一枯荣。
野火烧不尽，春风吹又生。
远芳侵古道，晴翠接荒城。
又送王孙去，萋萋满别情。

顾况读完这首诗，不由得拍案叫绝，高兴地说："好极了。意境独特，你用生命力顽强的野草来衬托和表现送别的情意，意味十分深长。你能写出这样好的诗句，在长安居住就容易了。

渐入佳境

【释义】情绪越来越高，兴味越来越浓，逐渐深入到好的境界。

【出处】唐·房玄龄等《晋书·顾恺之传》。

顾恺之是东晋画家，他在世时，人们称他为"三绝"："才绝"、"痴绝"、"画绝"。"才绝"是指他诗、词、赋都很出色；"痴绝"，是指他生活上的随便，为人诙谐，有些糊涂；"画绝"，是指他卓越的绘画才能。

顾恺之年轻的时候，曾经做过大司马桓温的参军。有一次，顾恺之跟随桓温到江陵去视察军队。江陵的官员拜见桓温时，送来很多当地的特产——甘蔗。桓温便让属下品尝。

这时，只有顾恺之独自一人出神地欣赏着江陵美好的景色，没有去拿甘蔗吃。桓温见了有意挑了一根长长的甘蔗，走到顾恺之跟前说："你也吃一根尝尝。"说着，他把甘蔗尾梢那头塞到顾恺之手中，顾恺之取来后就从尾梢开始啃起。桓温见了，故意问道："这根甘蔗甜吗？"顾恺之见旁人在笑他，灵机一动，举起甘蔗说："你们笑什么！我看你们不懂甘蔗的吃法，吃甘蔗可大有讲究呢！"顾恺之半真半假地说："你们一开始就吃最甜的那一段，越吃越不甜，吃到后来会倒胃口。我从尾梢部吃起，越吃越甜，越吃越有味道，这种吃法叫做'渐入佳境'。"

梁上君子

【释义】窃贼行窃时，往往躲在屋梁上，故名梁上君子。亦可比喻上不着天、下不沾地、脱离实际的人。

【出处】南朝·宋·范晔《后汉书·陈寔传》。

汉桓帝时，陈寔曾任太丘长。他出身低微，很能体谅劳动人民的疾苦。他为人正直，无论做什么事都严格要求自己，成为乡里人的表率和榜样。

当时年成不好，人民的生活十分困难，乡里有些人由于日子实在过不下去了，就铤而走险干起了偷鸡摸狗的勾当。

有一天晚上，一个小偷钻进了陈寔的家，躲在房梁上，以便相机行事。陈寔偶然间发现了梁上的小偷，但他不动声色，起床把儿子、孙子都叫了进来，严肃地教训他们说："作为一个人，一定要时时刻刻地勉励自己，才能有出息。有一些做坏事的人，他们的本质并不坏，只因为染上了坏习惯，而自己又不知道克制自己，只一味地任其发展，养成了做坏事的习惯，最终成为坏人。你们抬起头来，看看这位梁上君子吧，他就是这样的人。"

梁上的小偷听后，感到非常惭愧，连忙爬下来，向陈寔叩头认罪。陈寔说道："我看你模样并不像一个坏人。你要记住我刚才所说的话，从此学好，别再当小偷了。"

他又送给小偷两匹绢，并派家人把他送回家。这件事传出后，乡里人非常敬佩他。一些做坏事的人，在陈寔的教诲下，也纷纷改过自新。

寄人篱下

【释义】依附别人，不能自立。

【出处】南朝·梁·萧子显《南齐书·张融传》。

南北朝时期，有个名叫张融的读书人，后来他做了官，得罪了权贵，被贬到边远地区任职。他一路上跋山涉水，历尽艰难困苦不算，还被土人抓住，要把他杀死。不料他神色自若，大声吟唱。土人见了大惊失色，赶紧把他放了。

之后，张融乘海船到交州（今广东省广州市）去，途中遇到风暴，海浪滚滚，几乎船翻人亡，但他毫不惊慌，照常吟诗作词，还写成一篇题为《海赋》的文章。

萧道成在没有当皇帝的时候，很欣赏张融的才学和品格，和他交上了朋友，后来萧道成建立了南齐政权，就常常与张融探讨学问。

有一次，萧道成与张融讨论起书法问题，对他说："你的书法颇有骨力，但还缺少二王（指晋代书法家王羲之、王献之父子）的法度。"

张融对萧道成的评价不服气，说："请陛下别怨我缺少二王的法度，也该怨二王缺乏臣的法度。"

张融主张写文也要有独创性，形成自己的风格，他在一篇文章的序文中写道："作为男子汉大丈夫，做文章应当像孔子删编《诗》、《书》、制订《礼》、《乐》那样，发扬自己的创造性，为什么要因袭他人，像鸟雀那样寄人篱下呢？"

赏奇析疑

【释义】欣赏诗文，分析疑难问题。

【出处】晋·陶渊明《移居》。

晋代著名的作家和诗人陶渊明，不愿意做官，四十一岁那年，辞去彭泽县令的官职，回到柴桑老家（在今江西九江西南），隐居务农，过着田园生活。

四十六岁时，他搬到南村去住。他的一些老朋友如殷景仁、颜延之等，都住在那里。这样，他在耕作之余，就有更多的机会和老朋友们相聚一起，谈论诗文，这就是最使他感到乐趣的事情。搬家之初，他曾写了两首《移居》诗，第一首的原文是：

昔欲居南村，非为卜其宅。
闻多素心人，乐与数晨夕。
怀此颇有年，今日从兹役。

敝庐何必广，取足蔽床席。

邻曲时时来，抗言谈在昔。

奇文共欣赏，疑义相与析。

诗的大意是，我早想住到南村来，不是为了要挑什么好宅院，知道这里住着不少心地纯朴的人，愿意同他们度过每一个早晨和夜晚。这个念头已经有了好多年，今天才算把这件大事办完。俭朴的屋子何必求大，只要够摆床铺就能心安。邻居老朋友经常来我这里，谈谈过去的事情，人人畅所欲言；见有好文章大家一同欣赏，遇到疑难处大家一同钻研。

诗的末后两句“奇文共欣赏，疑义相与析”，后来流传演化而成为成语“赏奇析疑”和“奇文共赏。”

满城风雨

【释义】比喻一个消息传出来，就引起了满城人的议论纷纷。

【出处】宋·释惠洪《冷斋夜话》。

宋朝的诗人潘大临很喜欢秋天的景色。一年秋天，好朋友谢无逸写信问他最近有没有新的诗作。潘大临回信说：“面对秋季的景物，处处都可以写出好的诗句来，可恨的是它被丑恶的社会风气所笼罩。昨天我躺在床上，听到了摇动、吹打树林的风雨声，很有诗意，于是便起身提笔，在墙壁上写道：‘满城风雨近重阳’，刚写好这一句，忽然催交租税的人闯了进来，破坏了我的诗兴。现在只好把仅有的这一句‘题壁诗’寄给您了。”

成语“满城风雨”就是从这个故事中来的。

旗亭画壁

【释义】诗人聚会，评比优劣。

【出处】唐·薛用《集异记·王之涣》。

唐朝开元年间，诗人王昌龄、高适、王之涣三人，诗名相当，难定高下。一天，雪花飘扬，天气严寒，他们三人相约一起上酒楼喝酒。这时，来了一批乐人，又走进四位漂亮的女歌手。王昌龄轻声对另外两位诗人说："我们三人都有一定名声，但总定不下高低。今天，我们仔细听歌手演唱，谁的诗歌被用作歌词的多，谁的名声就在上，怎么样？"

高适、王之涣同意。

只见平缓抒情的弦乐声中，一位女子合拍轻唱：

寒雨连江夜入吴，平明送客楚山孤。
洛阳亲友如相问，一片冰心在玉壶。

王昌龄一听，得意扬扬地在墙上写道："一绝句"。

这时，弦乐声变得十分缓慢低沉，又一个女子悲凄凄地唱道：

开箧泪沾臆，见君前日书。
夜台何寂寞，犹是子云居。

高适也十分得意，"哈哈！来我的了！"随手写上"一绝句"。这时只有王之涣的诗还没有歌唱。

悲凉的乐声过去了，琵琶奏起一段深情的曲子伴着一段清甜的歌声：

奉帚平明金殿开，且将团扇共徘徊。
玉颜不及寒鸦色，犹带昭阳日影来。

歌曲还没唱完，王昌龄已写上"二绝句"三个字。

王之涣这下耐不住了，指着那群乐人，回头对两位诗人说："这些人不过是二三流歌手，唱的免不了是下里巴人之类的粗俗的曲子。难道《阳春》、《白雪》也是俗人敢唱的吗？"说完，指着长相最美的一位女歌手说："你们听那位女子演唱，如果不是唱我的诗，那我再也不跟你们争论高低；要真是唱我的，那你们还是屈居我的下面吧。”

乐师们休息了一会儿，又奏起乐曲。那位最美丽的女子舒缓地站起身，袅袅娜娜地走了出来，唱道：

黄河远上白云间，一片孤城万仞山。
羌笛何须怨杨柳，春风不度玉门关。

这时，王之涣看着两位诗人，开怀大笑，笑声惊动四座，乐师歌手们都转过脸，疑惑不解地问：“这位先生为何这样大笑？”王昌龄走进一步，说明了事情的经过。

乐师歌手们无不大惊失色，跪拜道：“久仰，久仰，有眼不识泰山！”

由这个故事产生了成语“旗亭画壁”。

管中窥豹

【释义】竹管中看豹，只能看到豹的一个斑点。比喻只看到局部没看到全局。有时也用作自谦词，谦称自己的意见不够全面。

【出处】南朝·宋·刘义庆《世说新语·方正》。

东晋著名的书法家王献之，小时候就很聪明。有一天，他在家里看父亲的学生玩打牌之类的赌博游戏，忽然指着南面的一方喊道：“你这一方赢不了啦！”

学生们见这个才七八岁的孩子能看出谁胜谁负，便取笑他说：“这孩子从竹管里看豹，只能看到豹子身上的一处斑纹！”

事实上，王献之所看到的是全局，而且判断也是正确的，所以又有“一斑可窥全豹”的成语。这两个成语，都说明了局部与全局的辩证关系。此成语出自《世说新语·方正》，原文是：“此郎亦管中窥豹，时见一斑。”

品格节操篇

一诺千金

【释义】诺：承诺，应允。一句答允的话，价值千金。形容说话极有信用。

【出处】汉·司马迁《史记·季布列传》。

秦朝末年的季布，性格耿直，又肯助人，凡是他答应过的事，从不违约。因此，他受到很多人的称赞。当他在项羽部下带兵时，曾把刘邦打败了好几次，后来项羽被围自杀死了，刘邦做了皇帝，就悬赏缉拿他。义士朱家说动刘邦老朋友汝阴侯滕公（夏侯婴）转请刘邦撤销了对他的通缉令，并封他做郎中官，不久他又改做河东守。

当时有一个叫曹丘生的人，是季布的同乡，听说季布做了大官，特地请窦长君写信介绍他去见季布。

可是季布一见到曹丘生，便露出厌恶的神情，但善辩的曹丘生却深深作揖，并且说了一大堆恭维的话，终于让季布听得高兴起来。《史记·季布传》描述了这一段情况时说：

曹丘至，即揖季布曰："楚人谚曰：'得黄金百（斤），不如得季布一诺'，足下何以得此声于梁、楚间哉？……仆游扬足下之名于天下，顾不重邪？何足下拒仆之深也？"

曹丘生说的这段话大意是：楚人常言"得黄金百斤，不如得季布一诺。"你在梁、楚一带的名声为何如此之大？这都是我替你到处宣扬的结果啊！而你为何要拒绝我呢？

季布听了这段话，非常高兴，便把他当做上宾来招待。据说，曹丘生住了几个月才走。临走时，季布还送了他一份厚礼。后来，曹丘生继续替季布宣扬，季布的名声也就越来越大。因此，后人形容宣扬别人长处并乐于荐贤的这种美德，就叫“曹丘之德”。

由于这个故事，后来还产生了“千金一诺”这句成语，也可说作“一诺千金”。

一笔勾销

【释义】原意为用笔一勾，就取消了某些官员的任命。比喻把一切都取消了。

【出处】宋·朱熹《五朝名臣言行录》。

范仲淹是北宋时苏州吴县人。在宋真宗大中祥符年间考中进士，历任右司谏、吏部员外郎、知州、枢密副使等职。

庆历三年（公元1043年），范仲淹被任命为参知政事（副宰相），和志同道合的韩琦和富弼等一起，进行了一场以改善吏治为中心的改革。他取来官员名册，一个个地检查他们的任职情况，凡是不称职的官员，他都在名册上“一笔勾销”了他们的职务。空出的职位，则从下一级能够胜任的官员中委任。

富弼见他毫不留情，便说：“你用笔一勾，就撤掉了他们的职务。他们一家人都要伤心得痛哭了！”

范仲淹说：“他一家人哭，总比他们祸害千家万户，让那些人家全部悲哭好得多吧！”

但是，由于新政触犯了当时贵族官僚的利益，遭到强烈反对，推行不到一年新政便夭折了，范仲淹也被贬到陕西任四路宣抚使。也就在这一年，他写下了“先天下之忧而忧，后天下之乐而乐”的千古名句。

《五朝名臣言行录》的原文是：“公取班簿，视不才监司，每见一人姓名，一人勾之。”后人根据此事概括出“一笔勾销”这一成语。

人中之龙

【释义】形容杰出的非凡的人才。

【出处】唐·房玄龄等《晋书·宋纤传》。

晋代宋纤是一位品学俱佳的文士。他年轻时就胸怀大志，后来看到统治集团内部的种种黑暗，便开始厌恶官场生活，立志不参与政事，以隐居终老。

当地太守马岌很仰慕他的人品，特地寻访到他的住处，想请他出来做官。宋纤猜到马岌的来意，赶紧吩咐童儿关门，拒不相见。

马岌吃了个闭门羹，有点不高兴。但转而一想，一个人能不为高官厚禄所动，洁身自好，清贫自守，又禁不住生出敬佩之心。他颇有感慨地对随从说："宋纤的大名常能听到，他的德行总让人想着去效仿，但他的身形却不是随处可见，特别是在许多人想跻身其间的官场，绝对见不着。宋先生可真称得上是人中之龙啊！"

人死留名

【释义】指人生前建立功业，死后留下美名。

【出处】宋·欧阳修《新五代史·王彦章传》。

五代时期，梁朝名将王彦章，作战时爱使一杆铁枪，跃马在沙场之上，如入无人之境，被誉为"王铁枪"。

王彦章年轻时跟随梁太祖朱温征战南北，屡建奇功，深得朱温的赏识和器重。末帝牛友贞继位后，朝廷大权为一伙奸臣把持，不重用王彦章，因而梁地连连失守。某年，晋军攻破梁的郓州城，深入梁的腹地。梁朝举国上下惊恐万分。

这时，末帝听取了宰相敬翔的建议，任命王彦章为招讨使，率军迎敌。王彦章带领精锐人马，只用了三天时间就攻克了滑州、南州。可是梁军的后援不力，王彦章的人马终因寡不敌众而失利。末帝听信了谗言，下令撤去了王彦章的兵权。

不久，唐军又发兵攻梁，直趋梁的重地兖州。末帝见势不妙，不得不重新起用王彦章，还把京城中的五百名御林军给他。但由于御林军缺少训练，毫无作战能力，因而兖州一战王彦章再次失利，身负重伤，被唐军俘获。

唐庄宗劝诱王彦章归顺。王彦章大义凛然地说："我是梁朝的大臣，承受皇帝的恩泽，虽死不能相报，岂能替唐朝效力呢？梁人常说：豹死留皮，人死留名。如果我向你屈膝投降，就要遭后人唾骂了。我王彦章是顶天立地的大丈夫，决不苟且偷生！"不久，王彦章便被杀害了。

人溺己溺，人饥己饥

【释义】急人所急，难人所难。

【出处】战国·孟轲《孟子·离娄篇》。

传说上古时代，有一个以善于耕种闻名的人，名叫稷。那时，正是唐尧当政。尧任命稷为"农师"，叫他推行农业。他曾利用木材和石片，制造了一些简单的农具。他还大力普及耕种知识，传授耕种方法，作出了优异的成绩。后来虞舜继承唐尧为领袖，任命他继续管理农业。

另有传说，那时还有一个人，名叫禹。据说当时曾发生过一次大水灾，受灾面积几乎遍及全国，受灾时间前后连续了二十多年，人民苦不堪言。尧命禹负责治水。禹奔走各地，发动群众，凿山开河，大兴水利，一面疏泄洪水，一面救济灾民，经过了十三年的艰苦奋斗，才克服了这场空前绝后的大水灾。

《孟子·离娄篇》有赞扬稷和禹的话："禹思天下有溺者，由己溺之也；稷思天下有饥者，由己饥之也；是以如是其急也。"这几句话后被概括成"人溺己溺，人饥己饥"的成语，也叫"己饥己溺"。意思是说："禹认为天下有人溺在水里，是由于自己任务没有完成，因此害得他们溺在水里的；稷认为天下有人在挨饿，是由于自己工作没有做好，因此害得他们挨饿的。"他们能够把群众遭受的苦难看做是由于自己没有尽到责任所致，所以他们自觉地感到这样的着急。

三省吾身

【释义】经常自我检查，反省自己。

【出处】春秋·孔丘弟子《论语·学而》。

孔子的学生曾参，年纪虽小，却勤奋好学，深得孔子的喜爱。

一天，同学们问他："你为什么进步这么快呀？"

曾参说："我不过每天都要多次地这样问问自己：替别人办的事情有没有尽到力啊？与朋友交往有没有不诚实的地方啊？先生教我的学业是不是学习好啦……如果发现哪样做得不合适，我就及时改正。这样慢慢地也就成了习惯了！"

这个故事记载于《论语·学而》，原文是：

曾子曰："吾日三省吾身——为人谋而不忠乎？与朋友交而不信乎？传不习乎？"

大公无私

【释义】为公着想，毫无私心。

【出处】汉·刘向《说苑·至公篇》。

春秋时期，晋平公有一次问祁黄羊说："南阳县缺个县长，依你看，该派谁去当比较合适呢？"

祁黄羊说："叫解狐去。他一定能够胜任的！"

平公惊奇地又问他："解狐不是你的仇人吗？你为什么还要推荐他呢？"

祁黄羊说："你只问我什么人能够胜任，你并没有问我解狐是不是我的仇人呀！"解狐到任后，果然很称职。

过了一些日子，平公又问祁黄羊说："现在朝廷里缺少一个法官。你看，谁能胜任这个职位呢？"

祁黄羊说："祁午能够胜任的。"

平公又奇怪起来了，问道："祁午不是你的儿子吗？你推荐自己的儿子，不怕别人讲闲话吗？"

祁黄羊说："你只问我谁可以胜任法官，所以我推荐了他；你并没有问我祁午是不是我的儿子呀！"祁午当了法官果然能干。

孔子听到这两件事，称赞祁黄羊说："祁黄羊说得太好了！他推荐人，完全是拿才能做标准，不因为他是自己的仇人，便心存偏见，不予推荐；也不因为他是自己的儿子，怕人议论，便不推荐。像祁黄羊这样的人，才够得上是'大公无私'啦！"

大义灭亲

【释义】对犯罪的亲属不徇私情，使之受到应有的惩罚。

【出处】春秋·左丘明《左传·隐公四年》。

春秋时，卫国的大夫石碏有个儿子，名叫石厚。石厚与卫庄公宠妾生的儿子、公子州吁关系非常密切，两人经常在一起游乐、习武。石碏觉得这样不好，一再告诫儿子别这样做，但石厚不听。

后来，卫庄公死了，卫桓公即位。这时，石碏因年纪大回乡养老，不问政事。又过了十几年，公子州吁与石厚合谋害死卫桓公，夺取了王位。对此文武大臣及百姓很不满意，州吁的日子很难过，石厚便献计说，他父亲石碏在朝内外很有威望，只要请他出来辅政，事情就好办了。

州吁认为这个办法好，就取出一双白璧，命石厚去请石碏来朝。石碏推说有病，不肯入朝。于是州吁又命石厚去向他请教怎样稳住君位。石碏回答说："诸侯继位，要得到周天子的批准。如果周天子点了头，众人就必须服从。"

石厚怕周天子不批准，认为最好有人去周天子那里说情。石碏便说："陈国的桓公与周天子关系很亲密，只有他才能说情，我与桓公也有交情，你可陪同新君到陈国去，请陈桓公在周天子那里说说好话，然后再去朝见周天子，这样可能被批准。”

石厚回到都城后，把父亲的计策告诉了州吁。州吁觉得这是个好办法，便带了一份厚礼前往陈国拜访桓公。

石碏给石厚出了这个主意后，马上给陈国的大夫子瞷写了一封密信，要他为卫国臣民除害。州吁和石厚到陈国时，子瞷已收到了这封信。经陈桓公同意，待州吁、石厚一到陈国都城，就把他们带到太庙。

进得太庙后，子瞷忽然大声喝道：“周天子有令：捉拿弑君乱国之贼！”两旁的武士一拥而上，将州吁、石厚逮住。子瞷随即拿出石碏的信读了一遍。信中要求陈桓公主持正义，为民除害。

陈桓公打算把两人马上斩首，但子鍼认为石厚是石碏的亲生儿子，杀他不太妥当，还是让卫国自己来处置。陈桓公便派人将此情况通知石碏。石碏接到通知后，果断地表示，州吁和石厚犯的都是死罪，卫国应马上派人到陈国去处死他们。但卫国有的大臣认为，石厚是从犯，又是石碏的儿子，可以从宽处理。

石碏听了大怒说，州吁的罪过是他那个逆子怂恿而造成的。我就是有爱子之心，也不能因私情而忘了大义。接着，他派家臣去陈国执法。

家臣到了陈国，先斩了州吁。石厚一再要求家臣向石碏求情，免他一死。但家臣回答说，他们就是奉石碏之命来执法的。说罢，砍下了石厚的脑袋。

石碏大义灭亲的故事，从此流传千古。

千虑一得

【**释义**】平庸的人经过认真思考得出的意见也会有可取之处。

【**出处**】战国·佚名《晏子春秋·内篇杂下》。

春秋时的一天中午，齐国相国晏婴正要吃午饭，齐景公派人去看望他。晏婴把自己的饭菜分成两份，与来人一起用餐，当然，这顿饭晏婴没有吃饱。

景公听说此事后，觉得现在才知道晏相国家中不富裕，很是惭愧，就派人给他家中送去千金，以供他以后接待宾客之用。谁知，晏婴硬是不接受，再三推却，说他家并不贫困，不能接受景公的额外赏赐。为了不使来人为难，晏婴与送金人一起进宫，面见景公。

晏婴感谢景公的厚爱，并说作为一个臣子，能吃饱穿暖就应该知足了，不能追求过多的财富。

齐景公听了，仍坚持要把千金赏赐给他。景公说："从前，我国贤相管仲，为桓公成为当时各诸侯国的第一个盟主立了大功，桓公赏赐给他很多封地，管仲并没有推辞就接受了。如今你为什么要再三推辞我对你的赏赐呢？"

晏婴说："我听说有这样的话：'圣人千虑，必有一失；愚人千虑，必有一得。'管仲虽是圣人，但也许考虑这件事有失误；我虽是愚笨，但这件事处理得可能是正确的。"

齐景公从此更敬重晏婴了。

上行下效

【释义】效：模仿。上级或上辈怎样做，下级或下辈就跟着怎样学。

【出处】战国·佚名《周礼·天官太宰疏》。

春秋时，齐景公自从宰相晏婴死了之后，再也没有臣子当面指责他的过失。

有一天，齐景公宴请文武百官，席散以后，大家到广场上射箭取乐。每当齐景公射出一支箭，即使没有射中靶子的中心，文武百官都是高声喝彩："真是箭法如神，举世无双。"

齐景公把这件事情对臣子弦章说了一番。弦章说："这件事情不能全怪那些臣子，古人有话说：'上行后而下效。'国王喜欢吃什么，群臣也就喜欢吃什么；国王喜欢穿什么，群臣也就喜欢穿什么；国王喜欢人家奉承，自然，群臣也就常向大王奉承了。”

景公认为弦章的话有理，便派侍从赏给弦章许多珍贵的东西。弦章摇摇头说：“那些奉承大王的人，正是为了要多得一点赏赐，如果我受了这些赏赐，岂不是也成了卑鄙的小人了！”

门无杂宾

【释义】形容人交友慎重。

【出处】唐·房玄龄等《晋书·刘惔列传》。

晋朝人刘惔是晋陵太守刘耽的儿子，刘惔在青年时就因学识渊博、品格端正而受到当时士大夫阶层的器重，名气也一天比一天响。晋明帝对刘惔的人品才学非常欣赏，就把女儿庐陵公主嫁给了他。

刘惔成婚后，仍保持自己原有的性格，不愿与达官贵人和一些不学无术的人交往，只有人品极好、学问极高的，他才愿意与之交往。刘惔信奉道家学说，主张清静无为。在他担任丹杨尹的时候，衙门里清清静静，没有一点嘈杂的声音。他的住宅更不像是地方官邸，反倒像隐士的幽居，从来没有乱七八糟的人到这儿来（门无杂宾）。后来，刘惔死于任上，年仅三十六岁。

小鸟依人

【释义】像小鸟那样依偎着人。比喻少女或小孩娇小可爱。

【出处】后晋·刘昫等《旧唐书·长孙无忌传》。

唐朝初年，唐太宗任命褚遂良为谏议大夫。一天，唐太宗故意问他：“你每天都要记载我的言行起居，我可不可以阅读啊？”

褚遂良答道：“自古以来，帝王的言行善恶都要如实地记载下来，但没听说过皇帝自己可以过目的。”

“那如果我有什么不好的地方，你也照记不误吗？”

褚遂良又答道：“凡是皇上有过的言行，我都得写上。”

唐太宗一次对司徒长孙无忌说："我听说君主贤明，大臣们就刚直不阿，人就怕缺少自知之明。你们常当面与我争论不休，评论我的功过得失，今天我也要评一评你们的长处与短处。"唐太宗先评价了长孙无忌，说他注意避嫌，才思敏捷，但带兵打仗不行。又评价了高士廉，说他遇到危难不变节，平日做官不结党营私，但不敢直谏。最后谈到褚遂良，说："遂良的学问大有长进，性格也很刚正，对朝廷坚贞不渝，对我很有感情，平日里一副飞鸟依人的模样，不由我不怜爱他呀。"

唐太宗临终前，指着褚遂良和长孙无忌对太子说："这两人都是忠臣，只要他们在，你就可以放心。"

后人把"飞鸟依人"一语演化为成语"小鸟依人"。

马革裹尸

【**释义**】用马皮将尸体包起来。形容战死沙场，无棺盛殓。一般指为正义的事业而牺牲在战场上。

【**出处**】南朝·宋·范晔《后汉书·马援传》。

东汉建武二十年（公元44年），大将马援在边疆打仗得胜回朝，快到京城洛阳时，便见大路两边密密麻麻，站满了前来迎接的人群。

人群中有一位叫孟冀的人，他是马援的故友，在迎接时，对马援说了许多恭维的话，其意无非是此番得胜还朝，皇上定有封赏，从此高官厚禄，再不用愁。谁知马援听了，脸一下子沉了下来。他对孟冀说："当今天下并不太平，匈奴和乌桓不时要来侵扰我北方边疆，所以，我想的是外患未靖，应主动请战，杀退敌人，大丈夫应当有洒血疆场的准备，任由马革裹尸，也在所不惜，怎么能效仿那些无用的懦夫，赖在家中与儿女打闹逗乐呢？"

孟冀不禁又羞又愧，由衷地叹道："做一个志士，确应有马援的雄心。与之相比，像我这样的人实在太没出息了。"

不拘小节

【释义】不拘泥于生活小事。

【出处】南朝·宋·范晔《后汉书·虞延列传》。

东汉时，有个叫虞延的人，为人直率豪爽，在大事情上毫不含糊，但却不拘小节。

虞延年轻时在家乡当亭长。当时，地方上有个大户人家，与王莽的贵妃娘娘是亲戚，经常倚仗权势横行乡里。虞延却不买这个账，带着吏卒去把他们抓了起来。

王莽垮台后，虞延在太守富宗手下当功曹。富宗生活上非常奢侈，虞延劝他说："传说春秋时，齐国的相国晏婴，做那么大的官也不穿皮衣；季文子当了鲁国的相国，他的妻子也从不穿丝绸衣服；可您却处处这样浪费，恐怕不太合适吧！"

富宗不听劝告，虞延知道他不会有好结果，就悄悄地离开了他。果然，没过多久，富宗就因为奢侈过度被朝廷逮捕。

后来，皇帝听到虞延的名声，就封他为公车令，第二年又改任洛阳令。当时皇帝的亲属阴氏有位宾客名叫马成，因犯罪被虞延捉拿归案。阴氏便在皇帝耳边吹风，说洛阳监狱中的罪犯全是蒙冤受屈的。皇帝就亲自到狱中调查。虞延向皇帝报告说："这里的囚犯悬而未决的在东面，罪状确凿的在西边。"

这时，马成赶忙从西边跑向东边，大喊"冤枉"。虞延怒斥道："你是惯犯，因为有靠山没能动你，今天抓到你，岂能让你再滑过去！"皇帝没听阴氏的谗言，支持虞延严惩马成。

不屈不挠

【释义】屈：屈服。挠：弯曲。指在困难或恶势力面前不屈服，不低头。

【出处】汉·班固《汉书·王商传》。

汉成帝时的丞相王商为人正直，庄重诚实，敢于向恶势力作斗争，后人曾用“不屈不挠”四字评价他。

一年秋天，京城长安忽然传出一股谣言，说大水马上就要冲进城来了。汉成帝的舅父、大将军王凤听到风声，信以为真，赶忙去劝汉成帝躲到船上去。大臣们也随声附和王凤的意见，只有王商一人极力反对。他认为大水进城的说法不可靠，如果皇上带头上船，百姓们一定更加惊慌，难免要惹出麻烦。

汉成帝派人调查，长安果然根本没有发什么大水。皇帝很赞赏王商力排众议、坚持正确意见的胆识，对王凤惊慌失措的表现十分不满。因此，王凤对王商怀恨在心。

后来，琅琊太守杨彤玩忽职守，犯了大罪，王商要惩办他，王凤为亲戚杨彤说情，王商坚持罢免了杨彤的官职。王凤更加怨恨王商，卑鄙地诬谄王商，汉成帝听信了谗言，将王商革职为民。

不欺地下

【释义】地下：指黄泉之下，即人死了埋葬于地下。指刚正不阿，在任何情况下，都坚持实事求是的原则。

【出处】宋·欧阳修、宋祁等《新唐书·吴竞传》。

唐朝有个史官叫吴竞，记载历史事件十分忠实。早年吴竞曾与刘知几一起撰写《武后实录》。对张昌宗引诱张说诬陷魏元忠一事，吴竞作了合乎事实的记载。

后来，张说当了宰相，读到这一段时，大为不满。他知道这一段是吴竞所写，而刘知几已经逝世，就对吴竞说：“刘知几所记载的关于魏元忠的事，不少地方与事实不符，您看该怎么办呢？”

吴竞并不因张说任了高官就巴结他，说：“子玄已经故去，我不能让他在黄泉之下还受到诬陷（子玄已亡，不可受诬于地下）。这一段是我写的，当时拟的草稿都还保存着。”

此后，张说又多次用感情去打动吴竞，但吴竞说：“如果我接受了您的私人感情，去改变历史本来面目，那就叫徇私舞弊，我的书又怎么称得上‘实录’呢？”

不耻下问

【释义】不耻：不以为可耻。不以向比自己学识差或地位低的人去请教为可耻。形容虚心求教。

【出处】春秋·孔丘弟子《论语·公冶长》。

春秋时期，卫国的大夫孔圉，由于谦虚好学，卫国国君在他死后特别赐给他一个“文”的称号，人们就尊称孔圉为“孔文子”。

孔子的学生子贡，也是卫国人。他认为孔圉不应得到那样高的评价。有一次，他问孔子凭什么赐给孔圉“文”的称号。

孔子回答说：“孔圉非常勤奋好学，聪明灵活，而且经常不耻下问，所以赐给他一个‘文’的称号。”

经过孔子这样一解释，子贡这才服气。

不欺暗室

【释义】在别人看不见的地方，也不做昧心的事。形容心地光明。

【出处】汉·刘向《列女传》卷三。

卫国的国君卫灵公，一天夜里突然听到一阵车马行驶的声音，由远而近，大约行到宫门口却无声无息了。过了一会又响起车马声，由近而远，慢慢地又无声无息了。卫灵公问夫人：“你知道这是什么人？”

夫人自信地说：“这不会是别人，只能是大夫遽伯玉！”

“你怎么知道一定是他呢？”

夫人说：“我听说凡是臣子路过王宫门前，都要下车致敬。忠臣和孝子既不在大庭广众之下故意做样子给人家看，也不在没人的地方疏忽自己的行为。遽伯玉是卫国有名的贤人，最为仁智，很遵守礼节。方才一定是他经过宫门，停下来表示敬意。虽然在夜间，无人看到，他仍旧那么遵守礼仪。”

卫灵公派人去问明了情况，夜里行车的果然是遽伯玉。但他故意对夫人说："哈哈，夫人猜错了，那人不是遽伯玉！"

夫人恭敬地说："我祝贺君王！原来我只知道卫国就一个大贤人遽伯玉，现在看来还有一位同他一样的贤大夫，贤人越多，卫国越兴旺，我所以才祝贺君王呀！"

"原来是这样呀，你真是明智的女人哪！"卫灵公高兴地把真相告诉了她。

天真烂漫

【释义】 天真：心地单纯，不虚伪做作。烂漫：坦率自然。原指不矫饰，不做作，纯真自然。后多用作形容儿童心地单纯、性情直率。

【出处】 元·夏文彦《图绘宝鉴·郑思肖》。

南宋有个姓郑的画家，"思肖"这名字是在南宋灭亡后所改的。原来，宋朝是赵姓打的天下，"肖"是"赵"的偏旁。画家表示自己永远思念南宋，并隐居在苏州的一所寺庙里。

郑思肖在自己的寓所里挂了一块大匾，匾上是他亲笔写的"本穴世界"四个字。原来，"本"由"大"、"十"两字组成，把其中的"十"字放在"穴"字中间，就成为"宋"，加上"大"就是"大宋"，说明自己仍然生活在"大宋"的疆域内。

他连自己的朝向也非常注意：无论坐着还是睡觉，总要面对南方。许多人慕名前来拜访他，交流画艺。他见来人说南方话，便热情接待；而听来人说北方话，便拂袖而起。

郑思肖爱画兰花，画的墨兰没有土根，却生动逼真，朋友们都赞叹不已。但有人问他："先生画墨兰，为什么不画土根呢？"

郑思肖愤然作答道："土地都给别人抢去了，哪来土根！"这是他对故土的怀恋和对元朝统治者的抗议。

郑思肖的画远近闻名，连当地县官也想得到一幅。一次，县官让差役传话，如果他能献出一幅墨兰，就可以免去他的赋税。郑思肖对差人强硬地说："回禀你们老爷，他头可得，兰不可得！"县官听了，本想对他惩处，但考虑到这样做会引起文人们的反抗情绪，也就不了了之。

有一次，他又画了一卷高五寸、长一丈多的墨兰。画上的墨兰，自然全无土根的，他还在画上题了八个字："纯是君子，绝无小人。"大家一致夸它画得纯真自然，生气勃勃。"天真烂漫"这个成语，就取自人们对郑思肖墨兰的赞语。

无所适从

【释义】不知该怎么办才好。

【出处】唐·李百药《北齐书·魏兰根传》。

北朝齐国的魏兰根，相貌奇伟，卓有见识，机警而有才能。

魏兰根的母亲去世后，要葬在常山郡境内。当地有一个董卓的祠庙，祠堂周围长了一片柏树。魏兰根说："董卓活着时是奸臣，他的祠堂不该保存下来。"就命人把柏树全部砍伐干净，给他母亲做了棺材。别人劝他这样恐怕会不吉利，魏兰根置之不理。

有一年，秦陇一带闹饥荒，可官府却丝毫不肯减轻税赋，结果发生农民起义。朝廷命令行台萧宝夤带兵讨伐起义军占据的宛川，当时任岐州刺史的魏兰根，也跟随萧宝夤的部队作战。

很快，起义军失败了，宛川城被攻陷，官军抓获了大批俘虏。萧宝夤从中挑选了十名美女，赏给魏兰根做婢妾。魏兰根很不赞成，说："宛川县地处偏远，地头蛇势力很强，皇室的恩威则比较薄弱，因此老百姓才感到无所适从，结果误入歧途，卷入了叛乱行动。如今朝廷应该总结经验教训，对他们采取怀柔政策：百姓饥寒，朝廷应该给他们送衣送粮，关心感化他们，怎么可以把他们发配为奴仆呢？"于是他把这些女子全部遣返家乡。

开诚布公

【释义】诚心诚意，坦荡无私。也指交换意见时持真诚坦率的态度。

【出处】晋·陈寿《三国志·蜀书·诸葛亮传》。

三国时，诸葛亮决定攻打魏国，先派人去守住重镇街亭。参军马谡立下了军令状，要求带兵去守街亭，当攻魏的先锋，诸葛亮答应了马谡的请求。然而马谡刚愎自用，不听副将王平的劝告，结果丢失了街亭。亏得诸葛亮在城门设了“空城计”，才度过了司马懿重兵压境的危局。事后，诸葛亮挥泪斩马谡。

不一会儿，行刑的武士提着马谡的脑袋来回复丞相。诸葛亮恸哭了一场。在一旁的蒋琬此时不明白了，诸葛亮向他坦述了自己的心里话：“我并不是为马谡的死而哭，实在是我没有听从先帝临终前说的‘马谡这人说话言过其实，不可重用’的话，而造成了这样大的损失，我真痛恨自己的糊涂啊！”

诸葛亮将马谡斩首示众，以此来教育官兵。然后又叫人将马谡的脑袋与尸身用针缝上，殓入棺材。他亲自写了祭文悼念马谡，隆重地为马谡举行了祭祀。他又去安慰马谡的遗属，按时发给他们优厚的抚恤金。这一切都安排妥帖后，诸葛亮就向后主刘禅去请求降职，以惩罚自己错用马谡的罪过。

诸葛亮的一生时时处处以这种真诚、坦率、无私的言行待人处事，所以《三国志》里用“开诚心、布公道”的评语来赞美他。后来人们就把这个赞语简化为一个成语“开诚布公”。

气壮山河

【释义】比喻人的豪迈之气好像高山大河那样雄伟壮观。

【出处】宋·陆游《老学庵笔记》。

南宋大臣赵鼎二十一岁考中进士，受到宰相吴敏赏识，被调到都城开封任职。

1125年冬，金国出兵南侵。次年秋攻陷太原，宋钦宗惊慌失措，赶紧召集文武大臣商议对策。一些贪生怕死的大臣，主张割让土地向金国求和。赵鼎却说："祖先留下来的国土，怎能拱手送给别人？望陛下千万不要考虑这种意见！"

可是，钦宗非常惧怕金兵。金军要求把黄河以北的土地全部割让给金国，钦宗竟答应了。但是，金军继续南下。这年底，抵达开封城下。钦宗不等金军攻破就亲自到金军营中乞求投降。不久，金兵统帅扣留了钦宗，让部下进城掠夺，然后把钦宗和他的父亲徽宗当作俘虏，连同搜刮到的大量金银财宝，一起返回金国。北宋王朝就此灭亡。

钦宗的弟弟康王赵构在南京（今河南省商丘市）建立了南宋王朝，史称宋高祖。即位初期，起用了一批主战派大臣，赵鼎也在其中，后来还当了宰相。在金兵不断的南侵下，高宗被迫撤退到会稽（今浙江绍兴市）。后来，宰相秦桧知道高宗只想偏安江南，而不真心抗金，便竭力唆使他与金国讲和。赵鼎对他自然反对。于是，秦桧经常在高宗面前说赵鼎的坏话。后来，高宗终于将赵鼎贬到外地去当官。

赵鼎在朱崖住了三年，生活非常困苦。秦桧知道他的处境后，认为他活得不可能长久，便叮嘱地方官每月向自己呈报他是否还活着。

赵鼎六十二岁那年，终于患了重病。临死前，对儿子悲愤地说道："秦桧非要置我于死地不可。我不死，他可能会对你们下毒手；我死了，才可不再连累你们。"说罢，他叫儿子取来一面铭旌（竖在灵柩前标志死者官衔和姓名的长幡），在上面书写了一行字："身骑箕、尾归天上，气作山河壮本朝。"它的意思是："我身骑箕、尾两座星宿回归上天，我的气概像高山大河那样雄壮豪迈地存在于本朝。"几天后，赵鼎不食而死。

甘之如饴

【释义】甘：甜，情愿之意。饴：饴糖。比喻像糖一样的甜。

【出处】元·脱脱等《宋书·文天祥传》。

宋朝末年，文天祥抗元，因力量悬殊，不幸被捕。大汉奸张弘范劝他投降，文天祥不为所动，元朝统治者就将他关在土牢里。文天祥被关的这间牢房，又矮又窄，阴暗潮湿。遇到下雨天，屋子漏得满地是水，泥泞不堪；到了夏天，又闷又热，地上墙角发出一层层的霉味和粪便的臭气，使人十分难受。

文天祥被关了整整三年，经历了一切威胁利诱，受尽了各种折磨，可是他杀身成仁尽忠报国的决心始终没有动摇。他在牢中写下了一首传诵千古的《正气歌》。在诗里，叙述了自己抗击元军的艰苦经历，提到了历史上许多为了坚持正义事业而不惜献身的英雄人物。诗里有两句说："鼎镬甘如饴，求之不可得。"诗的意思是说：为了坚持崇高的民族气节，即使把我放到鼎镬里去烹煮，我也会感到像喝糖浆那样的甜！正是求之不得，决不会畏惧屈服！

元朝皇帝忽必烈见刑罚利诱全都无用，就下令杀害文天祥。但是，文天祥的这两句诗，却感动和鼓舞了后世的仁人志士为理想而英勇献身。"甘之如饴"这个成语，也就这样流传下来了。

礼贤下士

【释义】对有能力的人，以礼相待。

【出处】宋·欧阳修、宋祁等《新唐书·李勉传》。

唐朝的宗室后代李勉，从地方官一直升到宰相。李勉为官，廉洁方正。他在担任负责考察州县官吏政绩的观察使时，发现一个名叫王晬的武官为人正直，非常能干，便让他代理县令的职务。

不久，王晬遭到权贵的诬陷，唐肃宗颁下诏书，要李勉处死王晬。李勉没有马上逮捕王晬，而是连夜上奏章，请求朝廷赦免他。

肃宗接到奏章后，免去王晬死罪。但是，李勉也因执行圣旨不力而被召回京师处理。

李勉进京后，向肃宗面奏王晬是无罪的，现在要任用的，就是像王晬这样正直能干的人。肃宗了解了全部情况后，对李勉坚持正义、保护贤才的做法予以肯定，授他为掌管宗庙礼仪的太常少卿之职，并任命王晬为县令。王晬到任后，为官清正，办事公道，很受百姓爱戴。朝中人也都称赞李勉能识别和爱惜人才。

后来，李勉担任节度使，听人说李巡、张参这两个人相当有才学，便请他俩来辅助自己办理公务。李勉并不因为这两位名士是自己的下属而摆任何架子，而是始终以礼相待。凡有宴饮，总要请他们出席。

不幸的是，李巡、张参两人不久先后去世。李勉非常怀念他们，每逢宴请宾客时，总要设两个空位，照常摆着酒菜，就像他俩还活着似的。

不仅是对李巡、张参那样的贤才，就是对普通士兵，李勉也是以礼相待，爱护备至，所以在他手下当差的人，都愿意为他尽力。

后世对李勉的品格和为人十分推崇，特别是对他尊重有才德的人、有礼貌地对待地位低下的人，更是长久地称道。

“礼贤下士”就是史学家赞颂李勉品格的用语。

百折不挠

【释义】 折：挫折。挠：弯曲。不管受多大挫折也不屈服。比喻意志坚强，品质刚毅。

【出处】 南朝·宋·范晔《后汉书·桥玄传》。

桥玄是汉灵帝时的太尉。有一天，桥玄十岁的小儿子被三个强盗绑架，他们向桥玄索赎金，不然就要撕票，桥玄气愤地骂道：“我是朝廷命官，岂能容你们横行霸道！”这时河南尹、洛阳令率兵来捕强盗，已把桥玄府宅围住，但怕逼急了强盗会伤孩子。桥玄见此情景，从院里大声疾呼：“快来捉拿强盗，我岂能因一个孩子而放掉贼人！”结果强盗是被捕获了，但他的小儿子却因此被贼人杀害。桥玄悲痛地向皇帝上书：“以后凡是被贼人绑架走的，不许用钱赎回，那样贼人会越搞越凶的；官府捉到掠人为质的强盗一律处斩！”朝廷按照桥玄的意见公布了法令，以后绑架劫持的事件才逐渐绝迹了。

曹操对桥玄一向很景仰。一天，当时还是小官的曹操去拜访桥玄，桥玄对曹操说：“你看现在天下动荡不安，我看你才智超人，将来安定国家的恐怕就是你了……”曹操以桥玄为知己。后来曹操掌握了大权以后，专程到桥玄坟地上吊唁，在祭文中称赞桥玄是品德高尚的人，对待自己像孔子对待颜渊。

东汉的中郎将蔡邕特地写了一篇《太尉桥公碑》，碑文上颂扬桥玄说：“高明卓异，为众杰雄，其性疾华尚朴，有百折而不挠、临大节而不可夺之风。”

老当益壮

【释义】当：应该。益：更加。壮：雄壮。原指年纪老了，志气应当更壮。现多形容人老干劲大。

【出处】南朝·宋·范晔《后汉书·马援传》。

王莽篡权称帝后，被农民起义军杀死，陇西的隗嚣乘天下大乱之机起兵。隗嚣很器重马援的才华，封他高官，同他商议军机大事。但马援深知隗嚣是无能之辈，毅然离开，投奔刘秀。刘秀早闻马援大名，求之不得，立刻对他委以重任。

刘秀称帝后，为了消灭隗嚣的割据势力，亲自率领大军征讨陇西，谁知山高路险，人地生疏，无法进军。这时马援依靠自己对陇西地形的熟悉情况，为刘秀制定进军路线，提出作战计划。结果隗嚣的军队很快土崩瓦解，刘秀终于平定了西部地区。

不久，陇西羌人作乱，光武帝刘秀调遣马援平定陇西，封他为陇西太守。马援火急赶到陇西，立刻率领三千名步骑兵向羌人发动攻击，一举击溃羌军。马援腿部中箭，仍坚持战斗。十几天后，马援彻底平定了陇西，光武帝闻讯十分高兴，派人送来牛马赏赐马援，马援立刻把这些东西分给将士们。

几年后，陇西地区的羌人和塞外一些游牧部族纠集上万兵马作乱，马援率领四千名士兵前去征讨，把羌军围困在荒山上，几天后羌军饥渴难忍，全部投降。马援很快平定了陇右。

不久，岭南交趾（今越南北部）地区征侧、征贰姐妹起兵造反，征侧自立为帝，南方几个地区纷纷响应。马援被光武帝封为伏波将军，率领大军乘海船抵达交趾，分兵两路，在浪泊地区大败敌军，俘虏近万人。接着马援乘胜追击，几天后就平定了岭南地区，抓获征侧、征贰姐妹。

马援六十二岁时，汉军去平定武陵动乱，结果全军覆没。马援向光武帝请求出战，光武帝劝他说："你征战无数，年纪大了，不要再出征了！"

马援说："我不算老，披甲上阵易如反掌！"

光武帝深为感动，令他率领四万大军征讨武陵。此时正是暑天，骄阳似火，敌军守住山头，居高临下，汉军的船只被急流所阻，久攻不下。许多官兵中暑，军营疾病流行，马援也病倒了，终于病重而死。

马援生前常对朋友说："大丈夫要有志气，越穷困，志气越要坚定，年老了，志气更要雄壮（*老当益壮*）！"他征战一生，最后实现了平生的志愿。

朴素无华

【释义】生活俭朴，不浮华。

【出处】明·宋濂等《元史·乌古孙泽传》。

元世祖忽必烈征服南宋时，女真人乌古孙泽在元帅唆都帐下掌管文书。元军占领兴化后，唆都下令屠城，他竭力劝说，使城内居民免遭杀戮。

不久，乌古孙泽被任命为兴化地区长官。那时战争刚结束，老百姓生活困难，他下令发放衣食，收养孤儿。有官员要没收战死的南宋士兵的家庭财产，他阻止说：“两国交战，不应该连累他们的家族，我们不能没收他们的家产。”

乌古孙泽推崇儒学，在兴化城里办了学校，请人讲解儒家经义。当地读书人敬重他，把他的肖像挂在学堂里。

乌古孙泽生活俭朴，不讲究吃穿，一件衣服都要穿好几年。他在兴化时，把节约下来的租米全部送给学校。史书说，他妻子的生活也“朴素无华，人皆言之”。

有备无患

【释义】事先有准备，就可以避免祸患。

【出处】春秋·左丘明《左传·襄公十一年》。

春秋时代，晋国的司马魏绛是一个执法严明的官吏。有一次，晋悼公的弟弟杨干在曲梁扰乱军队，魏绛就把替杨干赶车的仆人斩首示众。

杨干向晋悼公哭诉，说魏绛目中无人，侮辱王室，晋悼公听了大怒说：“我的弟弟受了侮辱，我一定要杀死魏绛，快把他捉来。”

这时，魏绛到了宫外，呈给悼公一封奏书，跟着就拔出佩剑，向着悼公的宫门准备自刎。悼公看了魏绛的奏书，知道是杨干无理，魏绛严正，连鞋子也来不及穿，就急忙跑出宫外扶着魏绛道：“这是我的过失，不关你的事呀！”从此悼公对魏绛更加信任了。

过了几年，晋国日渐强盛。一次郑国出兵侵犯宋国，宋国向晋国告急。晋悼公召集鲁、卫、齐、曹等 11 国的军队，由魏绛率领围住郑国都城。郑国害怕了，就同 12 国签了和约。

楚国见郑国倾向北方，很不高兴，便出兵攻郑国。郑国恐慌了，于是派使臣向晋国求援。晋国出兵，战事平息了。郑国为了感谢晋国，送给晋国大批珠宝、歌女等。悼公便把一半歌女送给魏绛，魏绛不肯接受，同时谏道：“居安思危，思则有备，有备则无患。”晋悼公便把歌女送还郑国。

杀身成仁

【释义】成：成全。仁：仁义。原指不惜牺牲生命来成全仁义，现广泛地指牺牲自己的生命来维护正义事业。

【出处】春秋·孔丘弟子《论语·卫灵公》。

有一次，弟子向孔子请教说：“先生，您讲的仁德，确实是一种美德，我很想得到，但活在世界上也是我的欲望，假如仁德与生命两者发生冲突，该怎样处理呢？”

孔子说：“凡是真正的志士仁人，都不会因为贪生怕死而损害了仁义的。我们应该做的是勇于牺牲自己的性命，来成全仁义（杀身成仁）。”

孔子的学生子贡又问道：“仁德一定是很难得到的吧？我们应当怎样去培养它呢？”

孔子说：“培养仁德可以从头做起呀，比如说，工匠要做好他的活计，必须先有得心应手的工具；对于一个国家来说，应该选择那些大夫中的贤者去敬奉他；对于自己来说，就应该挑选那些士人当中的仁者交朋友，这样才会培养起仁德来。”

众醉独醒

【释义】众人都昏醉，唯独自己保持清醒。比喻超凡脱俗，不随波逐流。

【出处】战国·屈原《渔父》。

战国时代，有一次，左徒屈原替楚怀王订制法令，正在起草，还没有修改好时，刚巧给靳尚看见了，他想请屈原说是他订的，但被屈原拒绝。因此靳尚怀恨在心，经常到怀王面前去挑拨是非，说了屈原许多坏话。怀王竟听信了他，把屈原的官职撤掉，这件事使屈原很痛心。就在这时，他写了文章，叫做《离骚》，想凭借《离骚》去感动怀王，希望他回心转意，但却没有收到效果。后来楚怀王又中了秦国的离间计，和齐国断绝了邦交，并和秦国打起仗来，楚国被打得大败。

屈原虽在外面，但他一心一意记挂着国事，几次想回来，靳尚又在怀王儿子顷襄王面前说他的坏话，屈原又被放逐到汉北的地方去。

屈原从汉北流浪到了湖南汨罗江边，披散着头发，在江边走来走去地吟诗，面色憔悴，当时有个人看见他，便问他为什么这样，屈原便说："举世皆浊我独清，众人皆醉我独醒。"

闭关却扫

【释义】指不再扫门接客，形容屏迹深居，不与外界来往。

【出处】南朝·梁·萧统《文选·江淹〈恨赋〉》。

东汉时，有个读书人名叫赵壹，品行高洁。当时，郡太守袁逢虽然表面上很清高，但暗中却和奸臣勾结。赵壹起先没有看清袁逢的真面目，便给他当幕僚。

袁逢为了装出喜交名士的样子，经常屈尊前往赵壹家中拜访。每次袁逢前来，赵壹都大开正门，并让人把庭院中的通道打扫干净，以表示自己对袁逢的敬意。

但是，一次偶然的机会，赵壹发现了袁逢和奸臣勾结，心中十分恼怒，他也不向袁逢说明理由，毅然辞去了幕僚的职务。

袁逢不知道赵壹已看清自己的真面目，仍去拜访赵壹。他来到赵壹家门口，只见大门紧闭，门前通道上也一片狼藉，无人打扫。袁逢对守门的庄客说："请你通报，说袁逢前来拜访！"

庄客前去禀告后，出来说："主人说他不和缺德的小人交往，所以不想见你！”

袁逢听了，悻悻然地走了。于是产生了“闭关却扫”这一典故。

守口如瓶

【释义】闭嘴不开口，说话谨慎，或形容保守秘密。

【出处】宋·周密《癸辛杂识》别集。

北宋大臣富弼年轻时就很有才学，范仲淹对他非常欣赏。

范仲淹把富弼的文章推荐给当朝的枢密使晏殊，晏殊也爱他的才学，便把女儿嫁给了他，并把他推荐给了宋仁宗。宋仁宗任命他为河阳判官，后来又升为开封府推官。

不久，契丹屯兵边境，要北宋割地求和。朝廷派富弼前去交涉，他据理力争，终于保全了疆土。

嘉祐年间，富弼官居宰相。后来，王安石在朝廷力主变法，富弼与他常发生争执。富弼自知争不过王安石，就常称病求退。神宗同意他辞去宰相之职。

后来，王安石推行新法，富弼因政见不同，更加遭到排挤，于是，他请求告老回乡。富弼乡居期间，还常常上书提出有益的意见和中肯的批评。神宗虽然不全部采纳，但仍很敬重他。

富弼为人非常正直，但从不随便表示自己的喜怒。他曾对人说，一个人应当“守口如瓶、防意如城”。意思是说：说话要谨慎，办事要严格遏止自己的私欲。

先忧后乐

【释义】指忧虑在别人之前，享乐在别人之后。

【出处】元·脱脱等《宋史·范仲淹传》。

公元1043年，刚被宋仁宗任命为参知政事的范仲淹，提出了革除弊政的十项措施。但遭到了以宰相吕夷简为首的保守派的攻击，不能实现这些措施。后来终于被降为邓州（今河南省邓县）知州。

在邓州任上，范仲淹写了一篇著名的散文《岳阳楼记》。《岳阳楼记》先写了岳阳楼的始末和规模，接着写被贬放逐的官吏和失意的文人的览物之情，最后一段是作者的议论，原文是这样的："居庙堂之高，则忧其民；处江湖之远，则忧其君，是进亦忧，退亦忧。然则何时而乐耶？其必曰：先天下之忧而忧，后天下之乐而乐欤！噫！微斯人，吾谁与归！"

大意是这样的："唉！我曾经研究过古代仁人志士的思想。他们的表现与被贬官的人和失意的文人的态度不同，这是什么原因呢？古代的仁人志士不因为美景而高兴，也不因为自己的处境不好而哀伤。他们处在宰相那样的高位，就为自己的百姓忧虑；身处偏僻的江湖之上，就替自己的国君忧虑，这就是说，入朝当官忧虑，退居为民也忧虑。既然这样，那么他们什么时候才有欢乐呢？如果有人问他们，他们一定会说：忧虑在天下百姓之先，欢乐在天下百姓之后。啊！除了这种人，我还能和谁是志同道合的朋友呢？"

成语"先忧后乐"，就是由文中的一句名言简缩而来的。

衣不解带

【释义】带：腰带，形容不脱衣服睡觉。

【出处】唐·房玄龄等《晋书·殷仲堪传》。

殷仲堪是晋代陈郡人，出身于官宦人家。殷仲堪自幼聪颖好学，对《道德经》一书倒背如流，他家中的人说，殷仲堪只要三天不读《道德经》，便会觉得口舌僵硬，不能自如。此事作为奇闻流传各地。

镇守京口的大将军谢玄十分器重殷仲堪，请他做官，被拒绝了。在给谢玄的信中，殷仲堪情真意切地诉说了战争给百姓带来的骨肉离散之痛，希冀上面能以仁义来遍布天下。只有"边界无贪小利，强弱不得相凌"，才能不愁"黄河之不济，函谷之不开"。谢玄阅后十分感动，越发敬重他，并采纳了他的谏言，殷仲堪终于答应担任晋陵太守的职务。

上任以后，殷仲堪严令整饬当地风气，因此，晋陵尊老爱幼蔚然成风，并以礼义之乡著称。

过了一段时间，殷仲堪的父亲得了一种怪病：一点点细微的声音都被他听成牛斗般的巨响，身体渐渐衰弱，以致一病不起，四处求医无效。殷仲堪万分焦急，于是决定亲自攻习医学，日以继夜地研究其精妙。为治疗父亲的病，几年来他衣不解带；伺候父亲吃药，他常常一面拿着药一面流眼泪，就这样，他的一只眼睛失明了。殷仲堪的孝名也因此传扬天下。殷仲堪的父亲死后，孝武帝召他为太子中庶子。

尽忠报国

【释义】忠：忠诚。报：报效。竭尽忠诚，报效国家。

【出处】唐·李延寿《北史·颜之仪列传》。

南北朝时期，北周有一位正直忠诚的大臣名叫颜之仪。当时北周势力强大，多次南下攻城略地，掳回大批俘虏和百姓。周宣帝不按国家法令办事，行政混乱，随意发布命令。颜之仪见此情形，直言劝谏，有时语气很严厉。周宣帝对他非常反感，一次，曾经想杀他。朝中大臣们一齐为颜之仪求情，周宣帝才饶恕了他。

周宣帝当皇帝不到一年就死了，年幼的周静帝接位。这时朝廷大臣刘昉、郑泽想让战功卓著、大权在握的外戚将军杨坚做丞相，辅佐周静帝，却又担心大臣们不服，就伪造了周宣帝遗诏，请颜之仪签署发放。颜之仪知道周宣帝生前没有留下这样的旨意，坚决不肯签署伪造的遗诏。杨坚听说后，十分生气，便叫刘昉把起草好的诏书给颜之仪送去，颜之仪义愤填膺，指着刘昉骂道："如今皇上驾崩，新主年幼，你们备受朝恩，当尽忠报国，为什么偏偏要把皇室大权送给别人！我颜之仪唯有一死而已，不能欺骗、背叛先帝！”

刘昉见颜之仪不肯屈服，就代替他签署了遗诏。杨坚当权后，颜之仪被贬到西疆当郡守去了。

尽心尽力

【释义】投入全部心思，使出全部力量。形容做事极为认真出力。

【出处】唐·房玄龄等《晋书·王坦之传》。

东晋王坦之，与名臣郗超（字嘉宾）都极有名望，当时有首歌谣说：

盛德绝伦郗嘉宾，
江东独步王坦之。

东晋大司马桓温死后，王坦之和谢安二人共同辅助年幼的皇帝。不久，王坦之升为中书令，又授他统率徐州、兖州、青州三州军事、北中郎将、徐兖二州刺史的职务，镇守广陵。将要赴任时，王坦之心系国事，担心幼主，专门上了一道表章，劝导小皇帝，朝中事情，无论大小，要和谢安、桓冲商量，这二位大臣受到先帝的信任和厚遇，“志竭忠贞，尽心尽力，归诚陛下，以报先帝。”这二人对于陛下，犹如周时的姬旦，汉时的霍光，显宗时的王导。皇帝接受了王坦之的表章。

后来，王坦之四十六岁就病故了。临终写信给谢安、桓冲，谈的全是国家大事，一句也不提私人之事。对于他的早逝，朝廷内外很多人都非常痛惜。

好善嫉恶

【释义】好：崇尚。嫉：痛恨。崇尚美善，憎恨丑恶。

【出处】后晋·刘昫等《旧唐书·李晟传》。

唐代中期，安史之乱时，连都城长安也陷于叛军手中，唐军大将李晟率军经过几日的浴血奋战，终于收复了长安。进长安城时，他下命令说："我与大家都有家室在长安，离别数年，都想知道家人的情况，但为了安定社会秩序，五日之内不得和家人通消息，也不得扰乱百姓，否则当斩！"

当时西域的吐蕃民族很想侵犯中原，但因为李晟的顽强抵抗，总也不能得逞。吐蕃的宰相结赞知道要想进攻中原，必先除掉李晟，他就使了个计谋，亲自率领大兵侵入陇州和凤翔，只是示威似地转了一圈，并到处放风说："李晟召我们来，怎么不用酒肉犒劳我们呀？"李晟知道后，恨得咬牙切齿，就派兵伏击吐蕃军，吐蕃军大败。结赞忙派人向唐德宗求和。

李晟听说吐蕃使者已赴京求和，急忙赶回京城，向德宗奏道："戎狄之人不讲信用，不能和他们讲和。"可是德宗因连年征战，已厌恶打仗。他怀疑李晟是为了邀功而与吐蕃打仗、制造事端的，就不听李晟建议，而且把李晟的兵权也给罢免了。

有人对李晟说："您劳苦功高，却被罢了兵权。自古以来，功高者都没有好下场。您何不早为自己的退路做点准备呢？"

李晟一听，那人分明是叫自己结党谋反，就严加斥责。当时人们称赞李晟"天性好善嫉恶，尤其厌恶结党营私者"。

克己奉公

【释义】克己：约束自己。奉公：以公事为重。严于律己，一心为公。

【出处】春秋·孔丘弟子《论语》、汉·司马迁《史记·廉颇蔺相如列传》。

有一次，颜渊恭恭敬敬地问孔子：一个人怎么样才能算是做到"仁"了。孔子回答了他六个字："克己复礼为仁（一个人，只要能随时随地做到克制自己的欲望，恢复已被破坏的礼仪，那可以算是做到仁了）。""克己"一语就来源于孔子这句话。

"奉公"一语，最早出现在《史记》中。春秋时期，赵国的平原君赵胜，有很大一块领地，他家的管家依仗着主人的势力，不按法令向国家缴纳租税。当时负责征收田赋的田部吏赵奢，铁面无私，执法严明，不畏惧平原君的势力，把管家抓来杀了，并且连续严惩了平原君的九个管家。平原君终于忍无可忍，大怒之下，下令逮捕赵奢，并准备杀掉他。

赵奢大义凛然地说："想不到你身为赵国的王公贵族，竟然如此纵容你的管家！你这样做，国家就会衰弱，别的国家就会侵犯我国，灭掉我国，你还保得住什么富贵？以你现在的高贵地位，若能奉公守法，上下就会一律平等，国家才能兴旺。"

平原君听了，觉得赵奢官职虽小，却有远大的政治眼光，立刻向他道歉，释放了他。后来平原君向赵惠文王推荐了赵奢，赵惠王命赵奢总管全国的租税，不久赵国就富强起来了。

两袖清风

【释义】形容为官清正廉洁。

【出处】明·都穆《都公谭纂》。

于谦是明朝著名的忠臣和诗人。他做官廉洁，为人耿直。当时，朝廷政治腐败，官吏贪污、贿赂成风。各地官僚进京朝见皇帝，都要从各地百姓那里搜刮大量土特产，献给皇帝和朝中的权贵。但是，于谦在担任巡抚从外地回京时，却什么礼物也不带。别人问他为什么不带礼品？他就写了《入京》诗作答。他在诗中这样写道：

绢帕蘑菇与线香，
本资民用反为殃。
清风两袖朝天去，
免得闾阎话短长。

这首诗的大意是说：绢帕、蘑菇、线香等土特产，本应供人民享用，只因贪官污吏搜刮，它们反而给百姓带来灾难。我什么也不带，只带两袖清风进京朝见天子，这样才能免除老百姓的不满。

还淳反朴

【释义】形容人还原到原先淳厚朴实的本来面目。

【出处】唐·姚思廉《梁书·明山宾传》。

明山宾是南北朝梁代的学官，由于学问精深，为人通达，所以学生都很喜欢他。

明山宾也当过地方官。一次，他所管辖的平陆县遇上灾荒，百姓没米下锅，明山宾就打开官仓放粮，救济百姓。后来上司巡检，追究明山宾的责任，将他的住宅没收充公，明山宾也不为自己辩解。这事让昭明太子萧统知道了，专门为他写了一首诗，称赞他的美德。

明山宾性格十分诚实。他家生活一度十分困难，就牵了一头牛到集市上卖。卖完拿到钱后，诚恳地对买主说："这牛生过蹄漏病，治愈很久了，恐怕以后复发，不能不说一声。"买主听了，立刻向他讨回买牛的钱。

当时有个隐士阮孝绪，听到明山宾的这些事，赞叹道："明山宾足以使人还淳反朴了。"

别无长物

【释义】长物：多余的东西。再也没有别的东西。形容空无所有。

【出处】南朝·宋·刘义庆《世说新语·德行》。

王恭是东晋时期人，他一生为官廉正清明，生活节俭朴素。有一次，王恭到会稽（今浙江省绍兴）去出差，几个月后才回到建康（今江苏省南京市），他的族叔王忱前去探望他，两人久别相逢，欢快地坐在一张六尺长的竹席上谈心。王忱很喜欢这张做工精细的竹席，就很随便地对王恭说："你刚从盛产竹子的会稽回来，一定带了不少这样的东西，可以送一张给我吗？"

王恭愣了一下，随即爽快地答应了。

王忱回去后，王恭派人把自己坐的那张席子送给王忱。他自己再没有多余的竹席了，就只好铺草垫子，读书、吃饭都是坐在草垫子上。

后来，王忱知道了这个情况，非常惊奇。赶忙去见王恭，抱歉地对他说："我原来以为你一定有好几张这样的席子，所以才开口向你要一张，怎么也没有想到你只有这么一张席子啊！"

王恭回答说："您老人家不了解我，我从来不喜欢弄多余的东西（别无长物）。"

王忱听罢，更加敬佩王恭廉洁俭朴的美德。

身先士卒

【释义】作战时，将帅冲在士兵前面，奋勇杀敌。

【出处】晋·陈寿《三国志·吴书·孙辅传》。

东汉末年，孙策削平江东的割据势力，占领了吴、会稽等五郡。孙策善于用人，也能虚心听取不同意见，所以他的将士愿效命，谋士肯尽力。孙策在创立东吴政权的过程中，特别倚重士族中的杰出人物，如周瑜、鲁肃等人。孙策据有江东五郡之后，下一个目标就是庐江郡。

那时，庐江太守刘勋屯兵皖城，他收留了前来投靠的袁术的部下数千人马，可是又没有粮食来养活他们，只好率兵偷袭海昏县，企图夺取粮食。这个消息被孙策知道了，孙策就派孙贲、孙辅兄弟率八千人马在刘勋归途必经之地彭泽等候，自己与周瑜带二万步兵袭击刘勋的老窝皖城，俘虏了三万余人，包括刘勋、袁术的家眷。

再说刘勋偷袭海昏县，毫无所获，在返回皖城的路上，与孙辅一场恶战。孙辅年轻气盛，等刘勋的军队一到，就带领一支人马冲出拦住刘勋的残兵败将，他身先士卒，奋不顾身，短兵相接，士兵们受到激励，个个争先。这一场伏击战，直杀得刘勋丢盔弃甲，几乎全军覆没。最后，他仅只身带领十几名亲随，从楚江逃到寻阳。听说皖城已被孙策攻下，家眷也被掳去，回去不得，只好投奔曹操。于是，孙策又得了庐江郡，江东就有了六郡。

坐怀不乱

【释义】女子坐在怀里也不淫乱。形容不好女色，不做非礼越轨之事。

【出处】明·陶宗仪《辍耕录》。

柳下惠（即展禽）是一个貌美的人。有一天晚上，有一个暗恋他很久的女子，终于找到机会接近他，她细细地向他倾诉思慕之情，后来竟不由柳下惠分说，硬要拥抱他。展禽没办法，请她走，她不走；要动气，又觉得自己无礼，便闭起眼睛来端坐着，那女子便依偎着坐在他怀中，一直到天明才走了。这一夜，展禽始终没有对那女子有越轨的举动。

此故事载于《辍耕录》，原文如下：“柳下惠夜宿郭门，有女来同宿，恐其冻死，坐之于怀至晓不为乱。”

肝脑涂地

【释义】肝胆脑浆涂溅满地。形容竭尽忠诚，不惜任何牺牲，也比喻惨遭死亡。

【出处】汉·班固《汉书·苏武传》。

汉武帝时接连讨伐匈奴，同时双方频繁地派遣使者互探虚实。汉朝和匈奴都扣留了对方的使臣作为人质。汉武帝派苏武以“中郎将”职衔出使匈奴，去接回人质。

苏武到了匈奴，匈奴却借故扣留他。匈奴单于曾多次威胁诱降。苏武坚贞不屈，就被秘密流放到北海（今贝加尔湖）边去牧羊。匈奴人给了他一群公羊说：“等到公羊生小羊的时候，你就可以回汉朝去了。”意思是说永远也不放他回去了。

为了迫使苏武投降，匈奴经常派一些苏武的故知旧交前去劝降。有一次，降将李陵前去劝降，苏武对他说：“我们父子两代虽没有功劳和成就，可是我们全家都受过皇上的恩典和栽培，职位做到将军，爵位领受通侯。我们兄弟三人都在皇上身边效力。”苏武接着又说：“我总想肝脑涂地、粉身碎骨来报答。只要有机会，就应豁出命去效忠尽力，即使受到刀砍锅煮，也心甘情愿。”

李陵听了苏武的这番大义凛然的话，十分感慨地说：“苏武真不愧是大忠臣呀！”

苏武在极端艰苦的环境下，始终不屈服，在外坚持了十九年，后来因匈奴提出与汉和好，才被遣送回汉朝。

言无不尽

【释义】把心里的话全部说出来。

【出处】唐·李百药《北齐书·高德政传》。

后齐时，朝廷中有一位举足轻重的人物，叫高德政。丞相高洋很看重他，让他担任相府参军之职。两人相处十分融洽，高德政言无不尽。高洋则言听计从。

后来，高祖在晋阳去世。大将军、渤海王世宗继承父业，赴晋阳处理丧事，高洋守在邺（京都），命令高德政参与执掌管理国家军政大事，两人关系越来越密切。

世宗在晋阳被盗贼所杀，内外震惊。高德政以“国不可一日无君”为理由力劝高洋称帝。群臣意见不一，但高德政的话说到了高洋的心坎里，终于在公元550年登上了皇帝宝座，历史上称为文宣皇帝。受禅之日，拜高德政为侍中，后又提升为尚书右仆射兼侍中（位同丞相）。

六七年以后，文宣皇帝居功自傲，沉湎酒色。高德政多次直面上奏，招来文宣帝的讨厌，最终为文宣帝所杀。

言必信，行必果

【释义】信：守信用。果：果断，坚决。说话算数，做事果断。

【出处】春秋·孔丘弟子《论语·子贡》。

有一天，子贡向孔子请教："怎样才可以叫做'士'？"

孔子回答说："能够约束自己的行为，奉命出使各国，很好地完成任务，这样的人就可以叫做'士'了。"

子贡又问："请问次一等的呢？"

孔子说："在家族当中人们都称赞他孝敬父母，在乡里人们都称赞他恭敬尊长。"

子贡又问："请问再次一等的呢？"

孔子回答说："说话可靠有信用，行动起来坚决（言必信，行必果），这种人虽然成不了大器，但也可以说是再次一等的'士'了。"

子贡再问："现在掌权的这些人怎么样？"

孔子评论说："这班见识狭小的人算得了什么！"

纷至沓来

【释义】纷：众多。沓：繁多，重复。指事物连续不断，没有秩序地到来。

【出处】元·脱脱等《宋史·王刚中传》。

王刚中是南宋时的官员。当时，金兵经常南侵，骚扰边境。南宋朝廷中分成和、战两派，王刚中是主战派成员之一。

有一阵，王刚中以龙图阁待制的身份镇守四川一带。由于战事频繁，各种需要急速处理的文件纷至沓来，但他从容不迫，将文件分轻重缓急，一件件妥善加以处理。

有一次，金兵入侵大散关，来势十分凶猛，大家都慌了手脚，他却单人独骑，一夜跑了二百里路，闯到部将吴璘营地，恰逢吴璘在帐中睡觉。他把吴璘叫起来，责备他说："敌兵压境，你竟还高枕而卧，快起来！"

接着，他又立即派人通知另一部将张正彦，命他和吴璘配合作战，夹击金兵，终于把敌兵打得大败。

而当部属商议如何向朝廷报功时，他说："这次打胜仗都是将士们的功劳，我有什么呢？"

部将们都感动地说："亲自督战，打了胜仗，却毫不居功，实在是比另一些人强多了。"

松筠之节

【释义】筠：竹子。节：节操。指具有松和竹那样的坚贞节操。

【出处】唐·魏徵等《隋书·柳庄传》。

公元579年，北周宣帝宇文赟病死，即位的静帝宇文阐还是个不懂事的孩子，不能亲理政事，内史大夫郑译和御正大夫刘昉伪造诏书召杨坚入宫辅佐幼主，杨坚得以总揽朝廷军政大权。

杨坚刚刚掌握大权，政局不稳，人心难服。相州总管尉迟迥起兵反对杨坚。各州郡也纷纷响应。与此同时，雍州牧毕王宇文贤和赵王宇文招、陈王宇文纯、赵王宇文盛、代王宇文达、滕王宇文逌等六王也先后到达长安，密谋对付杨坚。

杨坚处于内外交困之中，然而他深谋远虑，先是杀鸡给猴看，除掉毕王宇文贤，对其他五王则不再追究，反而让他们享受"剑履上殿，入朝不趋"的特殊礼遇，以避免矛盾激化。对各州郡，也以礼相待，稳定人心。

这时，后梁大臣柳庄奉明帝萧岿之意入关，杨坚为了稳定关系，搞好边界关系，特召见柳庄，对他表明心迹："我过去深蒙梁主的照顾，至今铭记在心。当今皇上年幼，我受托辅主，诚惶诚恐。梁主英明无比，从今以后，更显出松筠之节。你回去后，请向梁主转达我的意思。"

后梁的大臣们看到北周政局动荡，纷纷主张兴兵伐周，与尉迟迥形成连衡形势。萧岿犹疑不决。

柳庄从长安回到后梁，向皇上禀明杨坚友好结交的意思，并劝说萧岿不可妄动，以休养生息，静观天下变化。

萧岿认为柳庄讲得在理，没有轻举妄动。

不久，杨坚大举征讨，尉迟迥毙命，萧岿暗暗庆幸，说："当初如听从众人的意见，社稷恐怕不复存在了。"

披荆斩棘

【释义】披：拨开。棘，多刺的植物。比喻在前进中清除障碍，克服重重困难。

【出处】南朝·宋·范晔《后汉书·冯异传》。

冯异有勇有谋，投靠刘秀后随军征战，立下许多功劳。可是每当论功行赏时，冯异总是不声不响地独自坐到树下，从不去和别人争功。时间一长，大家便送了他"大树将军"的雅号。

公元23年，冯异随刘秀带领数百骑兵远征河北，一路十分艰苦。有一天，人困马乏走不动了，刘秀便让大家在路旁一个叫芜蒌亭的亭子歇脚。一进亭子，刘秀饿得坐在地上就昏昏睡去。冯异又累又饿，但他支撑着到附近的百姓家讨了一些豆粥，恭恭敬敬地端到刘秀面前，刘秀端起粥几口便喝了下去，顿时消除了饥寒。

刘秀一行人来到南宫的时候，又遇上了狂风大雨，在风雨中瑟瑟发抖。好不容易找了所空房子，大家忙进屋避雨。冯异这时先设法弄来一些干柴，拢火给刘秀取暖、烤衣服。随后，又把墙角堆着的一些麦子煮成麦粒饭，先送到刘秀面前。待刘秀吃饱后，冯异才和大家胡乱吃了几口，继续赶路。

公元25年，刘秀在洛阳建立东汉王朝，即位称光武帝。他不忘"先主后己"的冯异，封冯异为阳夏侯，并委以征西大将军重任，令他率军平定关中。后来，冯异长期镇守长安，权高位重，百姓都称他为咸阳王。这时，有人向刘秀上奏说，冯异的权势太大了，应该提防他谋反。冯异知道自己被人参了一本，非常恐慌，忙给刘秀上书，表白自己说："过去在处境十分困难的时候，我做事都不敢有半点差错，如今天下太平又被赐予爵位，我为什么要与陛下二心呢？"

刘秀当即给他回信说："我和将军从公的方面来说，是君与臣的关系；从私人感情来说，就好像父子一样。我对将军从无疑心，你何必惧怕呢？"

后来，冯异从长安专程来洛阳，朝拜光武帝刘秀。刘秀十分隆重地接待了他，并拉着冯异的手向文武百官介绍说："是我起兵时主簿也，为吾披荆棘，定关中。"就是说，这位威风凛凛的冯将军是我当年起兵时的主簿官，为我打天下劈开丛丛荆棘，平定关中地区，是开创当朝的有功之臣啊！当下，刘秀重赏了冯异，并留他在洛阳住了十多天。

奋不顾身

【释义】形容奋勇向前，不顾个人安危。

【出处】汉·班固《汉书·史马迁传》。

李陵，字少卿，是汉武帝时的名将。武帝任命他为骑都尉，率军抵御匈奴的入侵。不料，李陵在和匈奴的战斗中，由于寡不敌众，无奈投降了匈奴。

听说李陵投降，汉武帝很是生气，认为李陵辱没了自己对他的信任，朝中大臣也都纷纷指责李陵没有骨气。

只有太史令司马迁不这样认为，他说："我和李陵一向没什么交情，但我见他为人很讲义气，孝顺父母，友爱兵士。他常常想奋不顾身地解救国家的灾难，所以，我认为李陵这次在率领不到五千人马的情况下，与数万名敌兵对阵，最后由于伤亡惨重，粮草已尽，归路被切断，才被迫投降，是情有可原的。而且我还认为，他这次投降，并非贪生，而是想等待以后有利的时机再来报答国家。"

司马迁说得在情在理，但汉武帝却认为他是替李陵辩护，是非不分，将他关进了监狱，施加"腐刑"。

以后，汉武帝还杀了李陵全家。李陵知道后很是痛心，于是在匈奴娶妻成家，至死不回故土。

舍生取义

【释义】生：生命。取：求取。舍弃生命以求得正义。

【出处】战国·孟轲《孟子·告子上》。

春秋时代，晋国的义士豫让，曾受到智伯的重用。智伯后来被三晋打败身亡，因赵襄子是杀智伯的主谋，所以豫让要杀赵襄子替智伯报仇。他扮成一个残废的人，走到襄子的厕所去，假装成粉饰墙壁的人，想伺机刺死襄子。襄子去小便，忽然觉得心里有点跳动，知道有人要刺杀他，便叫人捉住粉饰墙壁的人，一问原来就是豫让。襄子知道他是替智伯报仇，感念他是义士，所以把他释放。

后来豫让又用漆涂在身上，剃去胡须和眉毛，毁了容貌，扮作一个乞丐，连他的妻子也认不出来，但说话的声音还没有改变，于是他又吞炭改了声音。一天，他预先躲在赵襄子必经的桥下，赵襄子将要走到桥上时，忽然他的坐骑惊叫起来，赵襄子知道一定又是豫让来行刺了，叫人搜查，果然不错。赵襄子叹道："豫让，你替知己报仇，人家都已知道你的义举了，这次我不再释放你，成全你吧，请你自己了断吧！"豫让也被襄子的话所感动，请求襄子把袍子脱下来，他在襄子的袍子上刺了三刀，然后自杀。

孟子说过："生，是我所喜欢的，义也是我所喜欢的，二者没有办法同时得到时，我宁愿不要生命而去争取义的（生亦我所欲也，义亦我所欲也，二者不可得兼，舍生而取义者也）。"

视死如归

【释义】把死看作回家一样，比喻为了正义事业不惜献出生命。

【出处】战国·吕不韦《吕氏春秋·勿躬》。

春秋初期，一天，齐桓公召见了鲍叔牙推荐的管仲，询问他治理朝政、建立霸业的方针大略。

管仲答复齐桓公说："开垦大量的土地，扩大城镇的规模，发展生产，利用土地尽可能多地创造财富，我不如宁越，请派他去做管理经济的官；能审时度势，说话有分寸，举止得体，礼仪娴熟，我不如隰朋，请派他去管理外交；能不辞辛劳，不惜个人生命，不计较个人富贵名利，直言进谏，我不如东郭牙，请派他做主管监察的大臣；整肃军队，打仗英勇，战鼓一鸣，全军将士毫不畏惧，英勇作战，视死如归，我不如王子城父，请派他去做军队的统帅；断案英明，不杀无辜的人，我不如弦章，请派他去管理司法。大王如果想富国强兵，有这五个人足够了；但大王若想称霸天下的话，那么，还有我管仲在这里。"

齐桓公连连称赞管仲，当即任命他为宰相，并依照管仲的意见，分派了这五个人的官职，让他们接受管仲的统一领导。这五个人果然在自己的职位上干得很好。

在管仲的辅佐下，十年以后，齐国强大起来，终于成了各诸侯国中的霸主。

诟如不闻

【释义】诟：辱骂。对别人的辱骂如同没有听见。表示气量很大。

【出处】宋·陈长方《步里客谈》。

富弼是宋朝河南人，后人称他为富文忠公。富弼为人气量很大，遇到有人辱骂他，他好像没有听见一样。

旁人告诉他："有人在骂你哩！"

他毫不在意，说："恐怕不是骂我吧？"

旁人又告诉他："那人指名道姓地骂你哩！"

他还是毫不在意："不会吧？天下同名同姓的多着呢！"

这叫做"诟如不闻"，被人辱骂了却好像没有听见一样。古时候有些人认为，这是一种宽宏大量的态度。

但是，宋仁宗时，东北的契丹兴兵南侵，要求割给领土。富弼奉命去和契丹谈判。这位以“宽宏大量”闻名的富弼，却坚决拒绝了契丹的无理要求，并且把或战或和的利害关系，分析得很有道理。契丹无奈，只得把兵撤了回去。

挺身而出

【释义】不顾一切，从众人中站出来，独当重任。

【出处】后晋·刘昫等《旧唐书·敬君弘传》。

唐朝开国皇帝李渊的三个儿子李建成、李世民、李元吉争权夺利，互相残杀。李建成居长，被立为皇太子，可是他的威望不如李世民。李建成生怕皇位的继承权被李世民夺去，便同“齐王”李元吉联合起来，密谋杀死李世民。

李世民得到了这个消息，立刻同心腹部下房玄龄等商量对策，决定先下手为强，便悄悄伏兵于玄武门，等到李建成一入朝，便出其不意，把他射死，同时把李元吉也杀了。

于是，李建成和李元吉的部下冯立、谢叔方等，纠集精兵两千人来攻李世民。这时，宿卫将领敬君弘带兵驻守玄武门，双方战斗十分激烈，箭矢直飞到里面的宫殿上。在这场激烈的战斗中，敬君弘表现得非常英勇。他的亲信曾劝阻他道：“事情还不知究竟怎样发展，应当先看看情况再说，等待援兵到来摆好阵势再打，也还不晚呢！”可是敬君弘不听，奋勇地指挥反击。他这种临难不惧、挺身而出的精神，得到了后来继位为皇帝的李世民的极大赏识。

闻过则喜

【释义】指听到别人指出自己的过错而高兴。形容乐于接受批评，希望别人指出自己的过错。

【出处】战国·孟轲《孟子·公孙丑》。

孟子对他的弟子们谈到勇于接受批评的问题时，举出了历史上的三个人来：子路、禹和舜。

子路，孔子弟子之一，为人诚实，刚直好勇。他很愿意别人指出他的缺点，指出的时候，他不但不生气，而且还很高兴，所以说他“闻过则喜”。禹，是古代传说中的夏朝开国君主，曾经治好了洪水的大患。他非常虚心，听到别人对他的善言劝告时，往往感激得下拜。舜，也是传说中的古代圣王，人称“大舜”。孟子说，舜比禹更要伟大，他能善与人同，舍己从人，与人为善。所谓“善与人同”，就是把成绩优点看做不是个人独有，而是和群众共有的。所谓“舍己从人”，就是舍弃自己的缺点，遵从别人的优点。他当过农民，在河滨烧过窑，又在雷泽捕过鱼。他从做农民、做陶工、做渔夫，直到做天子，所有的长处，没有哪样不是向别人学习来的。吸取别人的长处以提高自己，从而更多地为大家做好事，这就叫做“与人为善”。

“闻过则喜”，后来人们也说作“闻过色喜”。“舍己从人”，后来变作放弃自己的主张，听从别人意见的意思；也叫“舍己为人”，是牺牲自己的利益，为别人服务的意思。“与人为善”，后来含意也有些变了，成了与人和睦相处的意思。

威武不屈

【释义】不屈服于武力。

【出处】战国·孟轲《孟子·滕文公》。

战国时期，各国之间相互打仗，都想称霸天下。有人提出弱国应联合起来，共同抵抗最强大的秦国，被称为合纵。而另有人提出弱国应随从秦国去进攻其他弱国，称为连横。强国和弱国相互派出了许多的说客，宣扬自己的主张。公孙衍和张仪就是当时专门游说各国服从秦国的说客。由于秦国强大，所以弱小国家见了他们，都很害怕。

一天，有个叫景春的人问孟子：“公孙衍和张仪应该算得上是真正的大丈夫吧？他们一说话，不少弱国都点头称是；他们一发怒，诸侯各国都很害怕；他们一安静，天下则太平无战事。”

孟子想了想，回答说：“这怎么可算得上大丈夫呢？男子汉大丈夫，应该懂得礼仪法度，以仁义为做人的根本，这是最大的原则。当得志的时候，能不脱离百姓，和百姓一起循着大道前进，使百姓愿意跟从他；不得志的时候，也能独自坚持自己的原则，不随波逐流，阿谀奉承。绝不能因富贵使自己迷惑而乱了心，也不能因为贫贱而改变了志向，更不能因为受到威吓、暴力而屈辱了气节（威武不能屈），做到了这三点，才是真正的大丈夫。”

轻财好施

【释义】轻视财物，乐善好施。

【出处】晋·陈寿《三国志·吴书·朱据传》。

朱据是三国时吴人，他魁伟漂亮，膂力过人，口才极好。当时，吴国的选曹尚书暨艳痛恨有污行的官吏，要给予严惩，朱据劝他说：“现在天下未平，正是用人之际，应该正确评价这些官吏的功过，不要只看到他们的缺点。你如果对他们处分过重，恐怕会给自己惹出麻烦。”暨艳不听劝阻，处分了一批官员，这些官员竞相攻击暨艳，说他的坏话，引起了吴帝孙权对他的不满，最后被逼自杀。

孙权非常器重朱据的才能，就封他为云阳侯，任命他为左将军并把公主嫁给了他。

有一次，朱据的部队应得饷银三万串，被一个叫王遂的人骗取了。典校吕壶怀疑是朱据贪污，就严刑拷问他的一个手下人，把他打死了。朱据知道他无辜而死，厚葬了他。吕壶对孙权说，朱据厚葬这个人，是因为他替朱据隐瞒了罪责。朱据无法查出这三万串钱的去向，只好等孙权降罪下来。几个月以后，有人查明了事实真相，孙权感慨地说：“像朱据这样的人都会被冤枉，更不要说普通的官吏和老百姓了。”

朱据后来还是被人陷害而死，死时五十七岁。

《三国志》说，朱据“谦虚接士，轻财好施，禄赐虽丰而常不足用”。

轻财重义

【释义】轻钱财而看重情义。

【出处】晋·陈寿《三国志·吴书·凌统传》。

凌统是三国时吴国人。因父亲战死沙场，他十五岁就被任命为别部司马，统率父亲的军队。

一次，凌统与都督陈勤等人在一起喝酒，陈勤暴戾任性，不把在座的人放在眼里，强行向人灌酒。凌统看不惯，当面说了他几句，陈勤就大骂他和他的父亲凌操。凌统见他污辱自己的父亲，非常气愤，就离席而去，陈勤却又假装喝醉了酒追出来侮辱他。凌统实在受不了，就拔刀砍他，陈勤受了重伤，没几天就死了。

当时，孙权的军队正围困敌军，凌统对人说：“陈勤被我砍死了，我不战死就无法推卸罪责。”于是率领士兵首先冲入敌阵，奋勇杀敌，大破敌军。打完这一仗，他就叫手下人把自己绑起来，跪到孙权面前要求治罪。孙权本来就很赏识他的果敢刚毅，见了他说：“你这次立了大功，就算是将功赎罪吧。”

《三国志》赞凌统：“虽在军旅，亲贤接士，轻财重义，有国士之风。”

浑金璞玉

【释义】比喻人的品质素朴美好，也指天然浑朴的精美器物。

【出处】南朝·宋·刘义庆《世说新语·赏誉》。

山涛是魏晋时著名的“竹林七贤”之一。他品性纯朴，见识超群，虽然和当时执政的司马氏有亲戚关系，但从不阿谀逢迎，所以直到四十岁，才在郡里当了一个主簿。司马氏篡魏建立了晋朝后，山涛担任了吏部尚书之职。“竹林七贤”之一的嵇康为之与他绝交，写了一篇《与山巨源绝交书》，后来嵇康被司马昭所杀。过了两年，山涛向晋武帝司马炎推荐了嵇康的儿子嵇绍，说他德才兼备，可以任用。于是嵇绍被任命为秘书丞。

不久，有个名叫贾充的权臣，向晋武帝推荐自己的心腹陆亮，说他秉性忠直，公正无私，可以让他到吏部任职，晋武帝答应了。但山涛知道陆亮是个小人，极力加对反对。晋武帝不听，山涛便辞职回乡。后来陆亮因贪赃枉法被查办革职，于是晋武帝再把山涛请回来，对他更加信任了。

山涛在吏部任职共二十多年，为朝廷推荐了很多官员，由于他善于鉴别人才，因此他在奏章里对这些人的评价和他们后来的表现很相符，当时人们把他的奏章称为“山公启事”。

“竹林七贤”之一的王戎曾称赞他：“山涛就像未经琢磨的玉和未经冶炼的金子一样，人们都欣赏玉和金光彩的外表，但对浑金璞玉，却并不知内在高贵的质地。”这一评价是很切实际的。

洁己爱人

【释义】保持自身廉洁，关心百姓疾苦。

【出处】清·张廷玉等《明史·刘魁传》。

明朝时候，泰和地方有个叫刘魁的人，是著名哲学家、教育家王阳明的学生，无论在哪儿做官，刘魁都能“洁己爱人”。他后来进京，升任工部员外郎。

嘉靖二十一年，皇帝听信方士的荒诞说法，在太液池西建造“佑国康民雷殿”。有关衙门揣摩和迎合皇帝的心意，建造这座大殿时力求奢侈宏丽，而且工程赶得很急，银子花得像流水，工匠们累得死去活来。刘魁认为再这样造下来将耗尽国库民财，决心不顾自己安危向皇帝进谏，他知道，一旦上殿动本谏阻，必定招来大祸，因此先让家里人买好棺材然后上疏。皇帝果然大怒，当场就对他处以“杖刑”，然后关进大牢。他在狱中关了七年，受尽折磨，多次濒临死亡的边缘。

刚从狱中放出来，刘魁便与世长辞。

洗耳恭听

【释义】恭敬地听别人说话，准备领教。

【出处】晋·皇甫谧《高士传·许由》。

传说，上古时代的尧，想把帝位让给许由，许由是个以不问政治为“清高”的人，不但拒绝了尧的请求，而且连夜逃进箕山，隐居不出。当时尧还以为许由谦虚，便更加敬重，又派人去请他，说：如果你坚决不接受帝位，则希望能出来当个“九州长”。不料许由听了这个消息，更加厌恶，立刻跑到山下的颍水边去，掬水洗耳。

许由的朋友巢父也隐居在这里，这时正巧牵着一条小牛来给它饮水，便问许由干什么。许由就把消息告诉他，并说：“我听入了这样不干不净的话，怎能不赶快洗洗我清白的耳朵呢！”

巢父听了，冷笑道：“哼，谁叫你在外面招摇，造成名声，现在惹出麻烦来了，完全是你自讨的，还洗什么耳朵！算了吧，别玷污了我小牛的嘴！”说着，牵起小牛，径自走向水流的上游去饮水了。《高士传·许由》的原文是：“尧欲召我为九州长，恶闻其声，是故洗耳。”

不过后来人们所说的“洗耳”，却和许由的洗耳，含意完全不同，变成准备领教的意思，一般都叫做“洗耳恭听”——把耳朵先洗一洗干净，以便恭恭敬敬地听取有益的良言或欣赏优美的乐曲。

绝口不道

【释义】指闭口不谈，亦称“绝口不谈”。

【出处】汉·班固《汉书·丙吉传》。

汉武帝统治时期，人们很迷信，以为用巫术诅咒及用木偶人埋于地下的方法，可以害人，这种做法叫做“巫蛊”。汉武帝晚年多病，他怀疑这是由于有人对他巫蛊造成的。一时间形成了很大的恐慌和混乱。公元前92年，丞相公孙贺被人告发用巫术诅咒，因而被捕，死在监狱里。公元前91年，江充诬告太子宫中埋有木偶人。太子刘据非常恐惧，因而杀掉江充。汉武帝派兵追捕太子，太子则发兵抗拒，双方激战五天，数万人死亡，太子兵败自杀。

由于巫蛊之祸，太子宫中许多人都遭到杀害和逮捕入狱。当时，太子的孙子（汉武帝的曾孙）刘询虽然才出生几个月，也未能幸免，被关进监狱，掌管监狱的头目丙吉，可怜刘询年龄幼小无辜入狱，便选派宽厚心慈的妇女保养他，把他安置在宽敞清静的处所，千方百计地照顾他，保护他。刘询长大以后当了皇帝（即汉宣帝），而丙吉为人忠厚，不居功自傲，对过去曾经救过汉宣帝一事竟闭口不说（绝口不谈），因此，当时朝廷中有许多人根本不知道还有这么一回事。

素不相识

【释义】从来不相识，不熟悉。

【出处】晋·陈寿《三国志·吴书·陆瑁传》。

陆瑁是三国时吴郡人，叔父陆绩三十二岁就去世了，留下二子一女，都只有几岁，陆瑁便把他们接到自己家里来抚养，直到他们长大成人，才让他们独立生活。后来，陆绩的大儿子做过会稽南部都尉，二儿子担任长水校尉，都很有出息。

陆瑁性情豪爽，心地善良。同郡的徐原，官做到侍御史，和陆瑁一样为人耿直，喜欢直言不讳。他与陆瑁素不相识，但早就听说过陆瑁的为人。临终时，他放心不下自己的儿女，觉得陆瑁是个可以托付的人，便写下遗书，把儿女托付给他。徐原死后，陆瑁为他修建了坟墓将他安葬，又把他的儿女接到家里来，让他们与自己的儿子一起吃一起睡，当做自己亲生儿女一样看待，孩子们在他家一点儿也不受拘束。陆瑁还请来先生给他们授课给他自己也亲自教导他们。为了他们，陆瑁放弃了许多做官的机会，州、郡多次征召，他都不去就职。在他的影响下，孩子们个个知书识礼，胸有大志，当地人传为美谈。

砥节奉公

【释义】形容为官者磨砺名节，奉行公事。

【出处】清·张廷玉《明史·周延传》。

明朝嘉靖年间，有个名叫周延的清官。嘉靖三十四年，皇帝召见周延，封他为左都御史。当时皇帝采纳给事中郎徐浦的建议，下旨让朝中大臣和各地提督巡抚各自推举镇守边关的人才。御史罗廷唯对这种做法提出了异议，他认为徐浦上疏的本意是举荐治边人才，而现在朝臣推荐的时候都拿修养品性、坚持节操和具备真才实学作为标准，离当初的意图太远了。何况还有人靠拉拢关系、巴结权贵来获得推荐的。这完全是假托皇上的名义来大开方便之门。皇帝觉得罗廷唯说得有理，斥责吏部滥举人才，下旨叫都察院重新商议。周延与尚书吴鹏等人上奏说："大臣所推荐的人中不少都有很好的声望，而且他们推荐都秉公无私。"

皇帝听了很不高兴，严厉地斥责了周延等人，并将推举的人选全部作废。从此以后，周延等人不再受到皇帝的信任，但是周延为官铁面无私，注意砥节奉公，不管当权者如何独断专行贪贿成风，一点未受沾染。他的为人与作风，实在难能可贵。

捐躯报国

【释义】牺牲生命，报效国家。

【出处】明·宋濂等《元史·王檝传》。

凤翔人王檝，曾在终南山中读书做学问。金章宗泰和年间，他由元帅高琪推荐，皇帝特赐进士出身，任副统军，镇守涿鹿关。

不久，元太祖成吉思汗率领大军南下，王檝坚守涿鹿，终因寡不敌众，被元兵抓住。成吉思汗对涿鹿拒不投降大为恼火，下令杀死抓获的将士，有些人当场吓得脸色发白，腿发软，但最终还是被杀死，而王檝却昂首挺胸，神情镇定，毫不畏惧。

成吉思汗就问他："你怎么敢抵抗我的大军？难道不怕死吗？"

王檝昂然回答说："我以平民的身份受金主的厚恩，发誓捐躯报国。现在既然失败，为主殉难也是我的幸运！"

元太祖认为他忠义可嘉，就把他放了。

桃李不言，下自成蹊

【释义】 蹊：小路。原指桃树、李树虽不会向人打招呼，但其花朵艳丽动人，其果实甘美，引人喜爱，树下自然会走出路来。比喻为人诚恳，就自然会有吸引力。

【出处】 汉·司马迁《史记·李将军列传》。

西汉初期，北方的匈奴不断南下骚扰，陇西（今甘肃省东部）的名将李广奋勇抗击，匈奴既怕他，又敬重他，称他为"飞将军"。一次，李广率领四千名骑兵，从右北平出发，博望侯张骞带领一万骑兵和他在一起。他们分两路围剿匈奴。李广这一路前进几百里后，被匈奴左贤王率领的四万骑兵包围。面对优势敌人，李广竭尽全力组织抗击。后来张骞的大军赶到才得以解围。这一次，李广几乎全军覆没，只得撤兵回去。事后，朝廷追究责任，张骞因拖延行程应处死刑，后出钱赎去死罪降为平民；李广杀敌有功，但部队损失太大，功过相抵既没有被处罚，也没有受封赏。

有一次，李广私下对占卜天象的王朔说："自从汉朝抗击匈奴以来，我李广没有一次战役不参加的。我率领过的部队当中，职位低的校尉中，才能不及一般人，而以抗击匈奴有功被封侯的，有数十人之多。我李广比起别人来不算落后，但却从来没有因为积功而取得侯爵的封邑，这是为什么呢？"

王朔反问他说："你曾经做过什么可以引以为遗憾的事没有？"

李广想了想说："我镇守陇西的时候，羌人曾经起来造反，我用计哄骗他们，使他们投降了。后来我又用诡计，把这八百多投降者在同一天内杀死了。这是我所引为最大遗憾的事。"

王朔叹息道："给人带来灾祸的事，最严重的莫过于把已经投降的敌人杀掉。这就是将军所以没有被封侯的原因。"

公元前 119 年，朝廷决定对匈奴再发动一次大规模的攻击，分两路向匈奴进军，已经六十多岁的李广主动请战，担任前将军，归卫青指挥。李广在行进途中几次迷路。等他赶到会合地点，已比指定的时间迟了好几天。当时，匈奴已被卫青的大军打败。会合后，卫青派手下的人问李广迷路的经过情况，并催促李广的部下快到卫青那里去听审受问。李广气愤地说："我的部下并没有罪，误期迟到的责任全在我一人身上，要审问就审问我。我现在亲自去大将军的幕府去听候审问。"接着，李广对部下说，"我一生跟匈奴打了大小七十多次仗，这次跟着大将军出战，本来很幸运可以同单于的军队接触，没想到大将军又把我的队伍调开，让我走那条迂回遥远的路，而偏偏又迷失了路径，这岂不是天意吗？况且我已经六十多岁了，毕竟不能再同那些舞文弄墨的小吏去打交道了！"说完，拔刀自刎。

司马迁评论说："孔子曾经说过：'如果本身正派，做得对，就是不发号施令也没有行不通的事；如果本身不正派，做得不对，就是发号施令也没有人听从。'这好像是针对李将军而说的。我看李将军诚实得像个乡下人，嘴里不会花言巧语。他死后，天下人不论是否与他相识，都非常悲痛。俗语说：'桃花和李花是不会说话的，但它开放的时候，欣赏的人都在树下踩出小路。'这话虽然讲的是小事，但却可以用来比喻大事。"原文是："太史公曰：……余睹李将军悛悛如鄙人，口不能道辞；及死之日，天下知与不知，皆为尽哀……谚曰：'桃李不言，下自成蹊'。此言虽小，可以喻大也。"

桃李满天下

【释义】桃树、李树，指可培育的人才。比喻一个人到处都有学生。

【出处】宋·司马光《资治通鉴》。

狄仁杰在唐高宗时曾任大理丞。他善断各种疑难案件，做豫州刺史时，力平冤狱，救活了误判死罪的两千余人，当地百姓十分赞扬。

武则天即位初年，狄仁杰被出名的酷吏来俊臣诬害入狱，后来虽被释放，却被贬为彭泽令。几年后，因狄仁杰很有声望，武则天便命他为宰相。

狄仁杰不畏权势，他见武后宠用武氏亲属和张易之、张宗昌等宫廷奸党，便多次向武后提出举贤任能的主张。他把自己了解的门生、好友，如张柬之、桓彦范等数十人陆续推荐给武后。有一次，武后让他再推荐一个尚书郎，狄仁杰不避嫌疑，立即提出自己的儿子狄光嗣可以胜任，武后同意了。以后事实证明狄光嗣非常称职。

狄仁杰荐贤举能，对社会有很大的影响。有人对他说："你真是爱才的人啊，朝廷里的文武大臣，大都是你推荐的，你的学生，你的门人都得到了重用。可谓是桃李满天下啊！"

乘人之危

【释义】乘别人患难之时给予打击，以谋私利。

【出处】南朝·宋·范晔《后汉书·盖勋传》。

东汉时汉阳郡的长史盖勋为人正直，才能出众。当时，汉阳属凉州管辖，凉州刺史梁鹄是盖勋的好朋友，梁鹄在政务上有什么疑难，常向盖勋请教。

凉州管辖的其他几个郡内官吏贪赃枉法，十分腐败。当时武威太守仗着朝廷中有后台，横行不法、鱼肉百姓，弄得老百姓怨声载道，对他恨之入骨。

梁鹄手下有个从事名叫苏正和，是个不畏强霸的正直官吏，他依法查办，狠刹了那些贪官污吏的气焰。

梁鹄得知这一情况后，害怕苏正和这样做会触及武威太守在朝中的后台，连累自己，便想杀掉苏正和，以保住自己的地位。于是，他来到汉阳，想找盖勋商量一下，究竟应该怎样办。

正巧，盖勋和苏正和是一对冤家，有人向他建议乘机将苏正和除掉，盖勋断然拒绝，义正辞严地说："为了个人的私怨，杀害贤良的人，这是不忠；乘别人危难的时候去谋害人家，这是不仁！苏正和虽然和我是冤家，但我绝不会乘人之危，落井下石！"

过了几天，梁鹄果然来到汉阳，向盖勋征询如何处置苏正和，盖勋说："喂养鹰鸢，训练它们的凶猛，目的是让它们去捕捉猎物；然而如果你训练好了，却又杀掉它们，那你还喂养鹰鸢干什么呢？"

梁鹄听了，领会了盖勋的意思，便放弃了杀苏正和的想法。后来，苏正和知道了这件事，十分感激，亲自登门道谢，但盖勋却避而不见。他对人说："我劝梁鹄别杀苏正和，这纯粹是公事，跟我与他的恩怨无关！"

率马以骥

【释义】骥：良马。以良马带动一般的马。比喻选拔出模范人物，以带动大家。

【出处】晋·陈寿《三国志·魏书·杜畿传》。

三国时期，魏国有个州官，名叫杜畿。他从小失去生母，尽管继母对他很苛刻，但他仍然很孝顺继母。

20岁那年，他在县里做县令。当时监狱里囚禁着几百人，杜畿亲自去狱中察看，根据罪行的轻重，该放的都放了。郡中的人们都对杜畿办事果断而感到惊奇。他的继母死后，他为继母送葬，走在半路遇到强盗拦路抢劫，同行的人全吓跑了，他独自站着不动。他对那伙强盗说："你们为的是财，我现在是给亡母送葬，什么东西也没有。”强盗听了他的话，都溜走了。

后来，杜畿由荀彧推荐，被曹操任命为河东太守。当时曹操有个宠臣，名叫刘勋，他听说河东特产大枣，就向杜畿索要。杜畿写信婉言拒绝，后来刘勋犯法处死，曹操见到杜畿的那封信，对他的不献媚宠臣、不结私好的品格甚为赞赏，于是曹操发了一篇文告《下州郡》，通报表扬杜畿。曹操说：“从前孔夫子对于颜回，每次谈到他都要加以赞美。这不仅是他发自内心的喜爱，而且也是如同在马群之中，找出千里马作为领头的一样。现在我也希望大家仰慕高山，效法杜畿的好品德。”（“昔仲尼之于颜子，每言不能不叹，既情爱发中，又宜率马以骥。今吾亦冀众人仰高山，慕景行也。”）

精疲力尽

【**释义**】极度疲劳，没有一点力气。

【**出处**】宋·李纲《病牛》。

李纲是宋代一位大臣，高宗即位时，曾任命他为宰相，但仅做了七十天就被贬官。李纲为人耿直，对国家一片赤胆忠心，他一贯主张抗金，反对议和。敌兵攻城时，李纲亲自上战场督战，士气大振，军民们一鼓作气，杀退了敌人。可是，昏庸的皇帝还是听信投降派的谗言，以至李纲多次被贬，但他毫不气馁。他的凛然正气，使得敌人也很敬畏他，以至宋朝的使者一到金人处，金人总要问李纲是否安好。

李纲曾写下《病牛》一诗，这首诗的题目虽然是“病牛”，实际上是作者采用拟人的手法来表达自己崇高的抱负和自我牺牲的情怀。全诗共四句：

耕犁千亩实千箱，
力尽筋疲谁复伤？
但得众生皆得饱，
不辞羸病卧残阳。

诗的大意是：牛为主人辛勤耕耘了千百亩田地，主人粮谷满仓，可是又有谁对累得一点力气也没有的牛表示同情和哀怜呢？只要大众百姓都能吃饱饭，哪怕累得爬不起来也心甘情愿。

箪食瓢饮

【释义】箪：盛饭的竹器。一箪饭，一瓢水，形容生活清苦，虽然贫穷，但道德高尚。

【出处】春秋·孔丘弟子《论语·雍也》。

颜回家中很穷，但他勤奋好学，每天清晨起身读书，经常要读到夜深人静时才入睡。他的生活起居十分简单，住在一条简陋的小巷子中，每天吃的是一竹筐饭和一瓜瓢水（箪食瓢饮），但他的情绪一直很乐观，从来没有为此担忧过。

有一次，孔子带着一些学生周游列国，在路过匡邑的时候，突然遭到匡人的围困。事后，颜回赶到孔子身边，孔子说："颜回，我以为你已经死了呢！"

"先生在，我怎么敢死呢！"颜回说。

孔子听了，非常感动。在周游列国回到曲阜后的一天，孔子对颜回说："颜回，你家里穷，房子也小，为什么不去求个一官半职呢？"

颜回回答说："学生有些薄田，虽然收入不多，但吃穿已经够了，而且还有琴瑟可以娱乐，只要能学到老师的道德学问，何必出去做什么官呢？"

孔子感叹地对学生们说："颜回真是有贤德啊！吃的是一竹筐饭，喝的是一瓢水（箪食瓢饮），住在那么简陋的小巷子里，别人忍受不了，他却十分乐观！他真是一个贤德的人呀！"

巧谏高论篇

危如累卵

【释义】危险得像累起来的鸡蛋，随时都有倒塌破碎的可能。

【出处】汉·司马迁《史记·范雎蔡泽列传》。

春秋时期，晋国的国君建造一座九层的高台供自己享乐，并声言，谁若来劝阻我，我就杀他的脑袋！

一天，有个名叫荀息的官员求见晋公。晋公以为他是来劝说自己的，就把箭搭在弓上，准备射死他。荀息却说："我不是来劝阻您建造高台，而是想请您看看我的本领：我能够把十二个棋子堆起来，并且在上面再加九个鸡蛋。"

晋公听了，很感兴趣，忙说："快做给我瞧瞧！"

荀息就把棋子摆在桌子上，又把九个鸡蛋慢慢搁上去，鸡蛋在棋子上面颤颤悠悠，摇摇欲坠。晋公情不自禁地喊道："危险啊，危险啊！"

荀息这时候才慢条斯理地说："这个不算危险，还有比这个更加危险的呢！"

晋公以为他还要表演什么玩艺，忙不迭地说："快做起来给我看看！"

荀息却说："你建造九层的高台，大概花三年的时间也造不完，弄得男子不能种地，女子不能织布，国家必然要穷困。如果别国乘机再来攻打我们，那国家不是要灭亡吗？"

晋公听了他的话，觉得有道理，于是下令停建九层高台。

众怒难犯

【释义】形容众人发怒，不能冒犯。比喻不能违背大多数人的意志。

【出处】春秋·左丘明《左传·襄公十年》。

春秋时，郑国的大夫尉止因为与掌握朝政大权的子驷意见不合，纠集了宗族的一伙人发动叛乱。尉止带兵杀进宫廷，杀死了子驷、子国等人，并将郑简公劫持到北宫。

子驷的儿子听到尉止叛乱的消息，在家中没有作任何布置，就率领部分亲信去攻击尉止，结果，家中的奴隶和仆人乘机逃跑。而子国的儿子子产却临危不乱，召集所有的家奴，要他们和自己同心协力，一起去平息叛乱，然后带领人马去攻打叛乱的尉止。而郑国另一个大夫子孔，听说子产起兵平叛，立即出兵协助，终于和子产一起杀了尉止，平息了叛乱。子孔做了郑国的执政大夫。

子孔为了巩固自己的地位，制定了盟书，规定所有的官员都要各守其位，听从他的命令。有些大夫和将领对此不满，他就准备大开杀戒，威逼他们顺从。子产劝阻他，要他烧掉盟书，子孔不同意，说："我这样做是为了安定国家，他们发怒，就让他们发怒好了！"

子产说："众怒难犯！专权是难于成功的。不如烧了盟书来安定大家的心。"

子孔于是听从了子产的意见，郑国也因此安定了下来。

众志成城

【释义】万众一心，坚如城墙。形容团结一致就能克服困难。

【出处】春秋·左丘明《国语·周语下》。

春秋末年，周景王打算铸一口巨大的钟，好享受从未有过的乐声。单穆公劝阻说："这么大的钟，声音一定非常响，敲起来震耳欲聋，哪里还有音乐的美感呢？再说，造大钟要耗费许多钱财，要征集许多工匠，大大加重了老百姓的负担。得罪了老百姓，国家就有危险了呀！请大王谨慎从事！”

周景王想取得司乐官州鸠的支持，谁知州鸠说：“音乐的声音有大小、轻重之分，各有各的界限，超过了界限，金石丝竹的声音就不和谐。以音乐的标准来衡量，您铸造大钟是不合适的；以国家和百姓的利益来衡量，您的做法就更不合适。”

周景王却一意孤行。第二年大钟造成了，乐人纷纷夸大钟的声音很和谐很好听。周景王叫来司乐官州鸠说：“你不是说大钟的声音不会好听吗？可是，现在它的声音却很和谐啊！”

州鸠严肃地答道：“不，陛下，您错了，造大钟，要老百姓都拥护都欢迎，才叫和谐。现在，国家花费了巨资，老百姓也怨声载道，这能算和谐吗？办任何一件事，凡是百姓赞成了的，就一定能成功，凡百姓反对的，就一定要失败。这叫做‘众志成城，众口铄金’！”两年后，周景王死了，老百姓都说这是他违背民意而受到的惩罚。

自不量力

【释义】指不能正确估计自己的能力。

【出处】春秋·左丘明《左传·隐公十一年》。

战国时代，齐国贵族孟尝君被齐王封赐一块领地薛。有一天，楚国派强大军队，突然进犯薛地。

孟尝君发动薛地所有兵力抵抗楚军，另又遣使者向齐宣王请求增派援兵。就在此时，有属下前来报告说：“齐国大夫淳于髡先生，出使楚国返归途中路经本地，现在，他正在城外。”

孟尝君亲自到城外迎接淳于髡，并将他安置在家中设宴款待。他对淳于髡说：“楚军围困薛地的情况，先生应已看到，如果您不能为我解忧去危，恐怕以后再也无机会款待先生了！”

淳于髡答应向朝廷请求增派援军。淳于髡回国后，齐王问道：“楚国情形如何？”

淳于髡回答：“楚人对我齐国的实情并不了解，而孟尝君也似乎自不量力。”

“大夫，这话怎么说？”

淳于髡说：“我的意思是，如今楚军兵临薛地，而薛地又是先王宗庙所在，若被楚军占领，则宗庙必被毁无疑，可是孟尝君却不清楚自己是否具有护卫薛地的能力。”

齐王听后，才顿然有悟地说：“糟糕！我差点忘了那里还有我们的宗庙。”立刻派军队前去支援，楚军只好撤退回国，薛地乃因淳于髡的机智而免于劫难。

名正言顺

【释义】指名义正当，合乎道理，形容做事要有充分的理由。

【出处】春秋·孔丘弟子《论语·子路》。

孔子在五十一岁时当了鲁国的中都宰，后转为司寇，管司法工作。五十六岁时代理相国职务。仅仅三个月，鲁国的风俗就大大变了样。孔子的成就使齐景公感到害怕，他特地挑了八十个美貌的女子，让她们穿上华丽的衣服，教她们学会舞蹈，加上一百二十匹骏马，一起送给贪图享乐的鲁定公，以腐蚀他的意志。这一计果然奏效，鲁定公沉湎于歌舞淫乐之中，不再过问政事了。于是，孔子和弟子们离开鲁国，来到了卫国。

一天，子路问孔子道：“卫国的君主等待你去治理国政，你首先干些什么？”

孔子说：“我以为道德要纠正名分，君子对他所不知道的只存疑在心中。名分不正，道理也就讲不通；道理不通，事情也就办不成；事情办不成，国家的礼乐教化也就兴办不起来；礼乐教化兴办不起来，刑罚就不会得当；刑罚不得当，老百姓就会不知如何是好。所以君子用的名分，一定要有道理可以说得出来，讲出来的道理也一定要行得通。”

这段话的原文是：“君子于其所不知，盖阙如也。名不正则言不顺，言不顺则事不成，事不成则礼乐不兴，礼乐不兴则刑罚不中，刑罚不中，则民无所措手足。”

名高难副

【释义】 指名声极大的人，他的才能往往很难与他的名声相符合。

【出处】 南朝·宋·范晔《后汉书·黄琼传》。

黄琼是东汉人，汉顺帝下诏叫他去做官，他却不想去。

当时，有个叫李固的人写信劝他说：“你如果不想做官，学上古时代的巢父、许由隐居在山林里，也就算了；如果想为朝廷和老百姓做点事，现在正是时候。有史以来，清明的政局少，混乱的世道多，一定要等待像尧舜那样的明君，那么，要做有志之士就永没有显示才能的机会。俗话说：尖削的东西容易折损，洁白的东西容易玷污。能够应和《阳春白雪》曲子的人一定很少。名声大的人，他的实际才能跟名声很难完全符合（名高难副），前些时候，鲁阳隐士樊英应聘到京，朝廷筑坛设宴，像是接待神仙，但是后来流言蜚语到处糟蹋他，就是因为他的名气太大，大家对他期望太高。因此，世俗舆论都说所谓有才德而隐居不仕的人，大多只会欺世盗名，没有真才实学。我希望你能够出来做官，施展自己的抱负，发挥自己的才能，让大家叹服，用事实证明世俗舆论是错误的。”

于是，黄琼应召到京城，被拜为议郎。不久，因政绩突出，升为尚书仆射，最后升官至尚书令、太尉。

名列前茅

【释义】 前茅：古时用茅草作为报警的旗帜，行军时举着走在队伍前面。现指考试成绩优秀。

【出处】 春秋·左丘明《左传·宣公十二年》。

晋军的中军统帅荀林父，领兵救援郑国。后来听说郑国已经向楚王媾和了，就主张将晋军撤回，上军统帅士会支持荀林父的意见，他说：“现在楚国的德行、政令、典章、礼仪都不违背常规。楚国的军队很有秩序，训练有素。军队出征的时候，右军跟随主帅的车辕，左军打草作为夜宿的准备，前军举着茅草作为标志开路（名列前茅），中军谋划战术，后军以精兵压阵。作战的时候将士都清楚自己的攻击目标，纪律相当严格。这样的军队是无法取胜的。不如回去整顿军队，加强武备，将来去讨伐昏暗的国家吧！”

士会的意见很有说服力，荀林父不住地称赞他。但是中军辅佐先縠不听他的，率领自己的军队去进攻楚军，结果使晋军遭到失败。

安然无恙

【释义】恙：指疾病，也借指灾祸，形容平安无事，没有受到损害。

【出处】汉·刘向《战国策·齐策四》。

战国时候，有一次齐国国王派遣使者去访问赵国。使臣拜见赵威后，拿出齐王的亲笔信恭恭敬敬地递给她。可是赵威后连信也没有展开，就笑呵呵地问使臣说：“你们齐国的年成好吗？粮食够吃吗？老百姓好吗？过得快活吗？国王陛下身体也好吗？心情畅快吗？”

这段话在《战国策·齐策四》中记载的原文是：“威后问使者曰：‘岁亦无恙耶？民亦无恙耶？王亦无恙耶？’”

齐国使臣听了很不高兴，冷冷地质问赵威后说：“您连齐王的信还没看一眼，就问年成、百姓，最后才问候我们的国王，这岂不是先贱后贵、本末颠倒吗？”

“不是这个意思，”赵威后微笑着解释说，“一个国家如果年成不好，没有足够的粮食吃，能有百姓的好日子过吗？如果没有了老百姓，又哪来的国王呀。所以我才这样问呀。这不是本末颠倒。如果我先问候国王，那才是舍本逐末呢！”

齐国使臣觉得她讲得也有道理，就佩服地点了点头。

成语“安然无恙”便是从这个故事中概括出来的。

安于故俗

【释义】形容思想守旧，喜欢按老一套办事。

【出处】汉·司马迁《史记·商君列传》。

商鞅名叫公孙鞅，卫国人，所以又称卫鞅。后来因为他在秦国变法有功，秦国封他在商地，因此后人又称呼他为商鞅。

秦孝公让商鞅制定变法的新法令时，朝廷的一些大臣反对商鞅的主张，与他辩论起来。大臣甘龙说：“古代的圣人都是不改变民俗而教导他们；智慧的君主也是不变换法令而治理国家，这样不必花费很大力气就能成功。按照旧的法令办事，官吏熟悉，百姓也习惯，何必变法呢？”

商鞅驳斥甘龙说：“你这是安于故俗，平常的人安于老一套的习俗，沉溺于旧的见闻，这样的人做官守法还是可以的，但不能与他们谈论变法、革新的道理，因为他们的思想过于保守了。三代不同礼而王，五伯不同法而霸，从古至今哪有不变化的道理呢？贤者智人变法更礼，而愚人不肖者不明变通，才阻拦限制实行变法！”

大夫杜挚也反对商鞅说：“反正效法古人是无罪的，遵循古礼是不会犯错误的！”

商鞅批驳他说：“商汤和周武都没有效法古制，但却得了天下；夏桀和殷纣没有改变礼法，然而却灭亡了。所以说，违反古例不一定错，遵循古法也不一定对！”秦孝公觉得商鞅的见解很有道理，就坚决地支持他改革法规。

安如泰山

【释义】像泰山一样安稳不可动摇。形容事物十分稳固。

【出处】汉·班固《汉书·枚乘传》。

枚乘是淮阴人。汉景帝时，他曾担任吴王的“郎中”。吴王刘濞对汉景帝刘启心怀不满，暗中联络楚王、赵王等阴谋反叛。枚乘不同意刘濞的谋反，便上书劝谏，谏书中有这样的一段。

……能听忠臣之言，百举必脱。必若所欲为，危于累卵，难于上天；变所欲为，易于反掌，安于泰山。今欲极天命之寿，敝无穷之乐，究万乘之势，不出反掌之易，以居泰山之安，而欲乘累卵之危，走上天之难，此愚臣之所以为大王惑也！

这一段的大意是说：要是能听取忠言，一切祸害都可以避免。若一定要照您所想的那样去做，就“危于累卵，难于上天”；不过如能立即改变原来的主意，那就仍将“易于反掌，安于泰山”。现在您要想使您的一生享受最大的幸福，造成很大的势力，但是您不想容易的办法，不用稳当的措施，却要冒险，自找困难，这是我替您担心和想不通的！

但是刘濞不听他的劝告。他就离开刘濞，投到梁孝王刘武那里去了。

交浅言深

【**释义**】交：交情。对交情不深的人讲出心里话。

【**出处**】汉·刘向《战国策·赵策四》。

有一个人，仰慕服子的名声，就通过另一位朋友引见，拜访服子。

服子穿着宽袍大袖衣服，庄重地接待客人。客人心想：“服子很有名望，学问渊博，应该和他以诚相见。”就很高兴地和服子交谈，坦陈自己对一些事情的看法。不料，没多大的功夫，服子就显得不高兴。负责介绍的那位朋友请教服子：“是不是我们有什么过失？请先生指教。”

服子高傲地说：“您的客人有三个过错。望着我笑是轻浮的表现；向我请教而不称呼我老师，是不合礼节的；初次交往而说心里话，是不合顺序的。”

客人听了，极不赞成服子的话，就反驳说：“您说得不对。望着人笑是和气的表示；请教而不称呼老师，是因为老师只是通常的称呼，不一定专指教师；至于交浅而言深，那是坦诚的表现呵！当年帝尧在长满茅草的地方遇见了舜，两人就在桑荫下、田埂上席地而坐，畅谈很长时间，一直到日影移两树，唐尧已经把天下禅让给虞舜了。假如交情浅就不能深谈，那么天下就不会禅让了！”

好逸恶劳

【释义】逸：安乐。恶：讨厌。贪图安逸，厌恶劳动。

【出处】南朝·宋·范晔《后汉书·方术列传·郭玉》。

东汉和帝时的太医郭玉，医术很高明，常常手到病除。和帝为了试试郭玉究竟有多大本事，就找了几个手长得较丰腴细润的侍从和几个宫女一起站在帷帐后面，让他们把手从帐下伸出，给郭玉诊脉。

郭玉诊过脉后，对和帝说：“左边那只手的脉为阳脉，右边那只手为阴脉，好像是一男一女。”和帝听了赞叹不已。

郭玉为人仁义厚道，他为穷苦百姓治病，总是尽心尽力，药到病除；为达官贵人治病，却常常不能见效。和帝认为郭玉是存心不给富人好好治病，就责问他。

郭玉说：“为人扎针治病，要靠感觉，靠意会。人的皮肤肌肉筋络那么细嫩、精密，一定要全神贯注，不能有丝毫分心。那些尊贵的人居高临下地接待我，使我心有疑惧。因此为他们治病有四难：他们总是自作主张，自以为是而不听从我的指挥，这是第一难；态度不谦和，是第二难；筋骨不够强壮，难以用药，是第三难；好逸恶劳，是第四难。扎针的深浅，有一定的要求，全靠用心去把握，去体会。可是我又是担心害怕，又是谨慎小心，哪里能专心致志、全神贯注地为他们治病呢？这就是为什么我给达官贵人治病常常治不好的原因啊！”

和帝听了郭玉这番话，就没怪罪他。

防微杜渐

【释义】把事故防止在微小的时候而不让其滋长。

【出处】南朝·宋·范晔《后汉书·丁鸿列传》。

东汉时有个人叫丁鸿，在外面打仗的父亲病故后，按当时的规定，丁鸿承袭了父亲的官职。

汉和帝即位后，窦太后专权，她的哥哥窦宪官居大将军，权力极大，窦家兄弟都被封为文武大官。大臣们谁也不敢向皇帝表奏。

丁鸿是一个直言不讳的人，对朝廷很忠诚，便找了一个机会对皇帝说：“陛下，毁坏山崖、岩石的水，开始都是涓涓细流，参天蔽日的大树，开始也是刚露绿色的小枝。事物常常是由小而大、由隐而显的。可是人往往忽略了微小细碎的事情，而让它们发展成祸患。大将军窦宪倚仗太后的势力，包揽朝政，独断专行，连陛下您也不放在眼中，这不是朝廷的隐患吗？陛下如果亲自来整顿朝政，防微杜渐，就能消除灾难，保障汉室安定，除害保民，国泰民安。”

汉和帝刘肇听信了丁鸿的建议，十天之后就革掉窦宪的官职，收缴了他的印绶。窦宪和他的兄弟们羞惭地自杀了。

束缊请火

【释义】缊：乱麻。将乱麻搓成绳向人求火。比喻求助于人或帮人排解纠纷。

【出处】汉·班固《汉书·蒯通传》。

东汉初期，齐王的相国曹参向蒯通讨教怎样用人等问题。当时有两位贤才，人称梁石君和东郭先生，他们隐居在深山中，没有为朝廷出力。其实，蒯通对这两位贤才为什么隐居是很清楚的。原来，当年田荣自立为齐王的时候，曾经劫持了梁石君、东郭先生等许多士人，以武力来威胁他们为自己服务，两人只好从命。后来田荣兵败身死，两人以自己曾经参加过乱军为耻辱，一起进入深山隐居。有些人提出要请他们两人出山，蒯通就对这些人讲了一个故事：

有位心地善良的老大娘乐于助人，村里人都很尊敬她。一天，有户人家丢失了一块肉，婆婆认为是被媳妇偷吃了，一怒之下把她赶出家门。

媳妇很委屈，向老大娘说了这件事，老大娘安慰媳妇说，既然是冤枉的，就不要伤心，先回娘家去，我会设法让你婆婆来接你回家的。

媳妇离去后，老大娘找了些乱麻，用来搓成一根引火绳，然后到丢失肉的婆婆家里对她说："大嫂，昨天傍晚有几条狗不知从哪儿叼来了一块肉，互相争夺撕咬，斗得好凶，有条狗被咬死在我家院子里。我想问你讨个火种，回去把这畜生的尸体烧了。"

那婆婆一听马上就意识到，家里丢失的那块肉是被狗叼去的，错怪了媳妇，马上叫人把媳妇请回来。从此，婆媳之间和好如初，老大娘也感到非常高兴。

蒯通讲完了这个故事后又说："你看，这老大娘用搓乱麻为引火绳去讨火种的办法，帮助了那个受冤枉的媳妇。梁石君和东郭先生就好比那受冤枉的媳妇，我该到相国那里去讨'火种'啦！"

蒯通拜见曹参后，向他提出一个问题："有个妇人，丈夫死了才三天就要改嫁，还有个妇人，丈夫死了在家守寡。相国如要娶妻妾，会娶哪一个呢？"

曹参以为他是开玩笑，说："我看该娶那个守寡的。"

蒯通听了点点头，认真地说："我以为求贤也是如此，梁石君和东郭先生在田荣死后自以为耻，隐居不出，就像妇人守寡一样。相国是非常器重贤士的，我建议派人接他们出山。"

曹参听从了蒯通的意见，派人将梁石君和东郭先生接来，并待他们为上宾。

远水不救近火

【释义】远处的水难以救近处的火。比喻缓不济急。

【出处】战国·韩非《韩非子·说林上》。

战国时期，鲁穆公当政时，并不冀求与邻邦齐国修好，一心只想结交晋国、楚国，因此他派诸位公子纷纷前往晋国和楚国任职。

鲁国大臣犁钼为此事劝谏鲁穆公："假如我们这里有人掉进了河里，派人到遥远的南方去请越国人来救人；虽然越国人善于游泳，但等越人赶来，落水者肯定已救不活了。假如一个地方失火，跑到远处的海边去取水灭火，虽然海水取之不尽，但等到取来海水，大火肯定早已把房子都烧光了。因为远水救不了近火呀！今天晋国与楚国虽然强大，但离我们鲁国远。如果我国遇到了什么危难，他们也来不及赶来救援。而齐国是我们的近邻，鲁国如果有难，难道它就不救吗？"

鲁穆公听了，这才开始同齐国交好。

困兽犹斗

【释义】被困住的野兽，还要作最后拼命挣扎。

【出处】春秋·左丘明《左传·宣公十二年》。

春秋时，晋、楚两国，为了郑国的事，曾发生战争，结果，晋军大败。当时的晋军统帅荀林父，万分懊丧，领着残兵败将，回到晋国，就向晋景公请罪，自愿赴死。晋景公也很生气，便先削去了他的官职，并且准备进一步治他的死罪。大夫士贞子却不同意这样处分，对晋景公讲了城濮之役的旧事：

在城濮战役中，晋军大胜，光是缴获楚军的粮食，就足足吃了三天。可是晋文公还是脸有忧色，郁郁不乐。左右大臣问道："这么大的喜事您还忧愁，难道要发生倒霉的事您才高兴吗？"晋文公说："得臣还活着哩（得臣是楚国国相，名子玉，他在城濮战役中亲自指挥楚军作战，是一个很有才能的人物）。他活着，我的心怎能放得下？困兽犹斗，何况他是一国之相，岂肯甘心失败！”后来听说子玉在撤兵回国的途中，楚成王竟命令他自杀了。这时，晋文公才真的乐了。楚王杀子玉，等于让晋国又得了一次胜利，而让楚国自己再吃了一次败仗。从此以后，楚国的国势连年衰落不振。

士贞子说完旧事，继续说道："现在，我们如果杀了荀林父，那就等于让楚国又得一次胜利，而让晋国自己再吃一次败仗。况且，荀林父一贯忠诚卫国，虽然打了一次败仗，也罪不该死哟！"晋景公觉得有理，便下令恢复了荀林父的原职。

坚甲利兵

【释义】甲：古代军人穿的铠甲。兵：武器。形容武器装备精良。借指精锐的部队。

【出处】战国·孟轲《孟子·梁惠王上》。

梁惠王向孟子请教治国的方法。梁惠王说："过去魏国很强大，当时天下没有别的国家能够比得上。如今到了我这一代，在东边同齐国打了一仗，结果打了大败仗，连我的大儿子也牺牲了；在西边又被秦国打败，丧失了河西七百里土地；南边楚国又抢去了我的八座城镇。我感到这实在是奇耻大辱，一心想为我国所有的战死者报仇雪恨，你认为怎样做才行呢？"

孟子说："只要有方圆一百里的地方就可以施行仁政，使得天下归顺，何况魏国是个大国呢？假若你能够对人民减免刑罚，降低赋税，让老百姓能够深耕细作，使年轻人学习礼仪，孝顺父母，敬爱兄长，做事尽心尽力，信守诺言，在家能够侍奉父兄，出去为国家做事能够服从上级，如果这样的话，即使手拿木棒也可以抗击秦国和楚国的坚甲利兵。"

孟子继续分析秦国和楚国的治国情况，说："秦国和楚国无时无刻不在征兵募丁，剥夺百姓的劳动时间，使得他们不能够耕种田地，无法养活父母。父母受冻挨饿，兄弟和妻子儿女四处逃难。秦王和楚王使他们的百姓陷入水深火热的痛苦之中，您如带领军队前去讨伐他们，哪有谁能抵抗得住您呢？有这样一句话：‘仁德的人是天下无敌的。’请您不要再疑虑了！”

言归于好

【释义】归：回到之意，好：和好之意。指重新和好。

【出处】晋·陈寿《三国志·吴书·孙权传》。

曹操死后，其子曹丕称帝，即魏文帝。第二年，刘备在四川称帝。

东吴孙权也想成就帝业，就投靠曹丕。曹丕封孙权为吴王，还想立孙权的儿子孙登为王太子。孙权以孙登年幼为理由辞谢。

这一年，魏文帝向吴王孙权索要雀头香、大贝、明珠、象牙、犀角等古玩珍奇，遭到东吴群臣的一致反对。孙权却说：“其实大家都知道，魏文帝立我儿子孙登为王太子只是一个幌子。他这样做的目的，是要把孙登接到许昌，然后囚禁起来，以便挟持我听命于他。魏文帝要的雀头香、大贝之类，对于他来说是宝贝；对于我来说，比起我儿子的性命来，只不过是瓦片、石头而已。把这些东西给他，以轻代重，何乐而不为呢？”

于是，孙权派西曹掾沈珩携带珍珠宝贝前往许昌见魏文帝。

魏文帝十分高兴，问沈珩：“吴王是否不满寡人，说寡人贪得无厌？”

“没有。”沈珩回答，“陛下信守诺言，与东吴言归于好，所以吴王决不会存有不满之心。倘若陛下背弃前盟，与东吴为敌，那么东吴说不定或许会存有异心。”

魏文帝点了点头，又问：“你是否听说寡人要册立吴王的儿子孙登为王太子这件事情？王太子应该来朝谢封，不知他生活起居安宁吗？”

沈珩答道：“臣在东吴，早上不入朝议事，有宴会也不参加，臣从来没有听说过这件事情。”

魏文帝见沈珩机智过人，能言善辩，便与他谈论了整整一天，还办了册立孙登为王太子的手续，应允孙登不必前来许昌朝拜。

沈珩对待魏文帝不卑不亢，不辱使命，回东吴后被封为安乡侯，官居少府之职。

言犹在耳

【释义】 犹：还。说过的话还在耳际回响。形容对人说过的话记得很清楚。

【出处】 春秋·左丘明《左传·文公七年》。

春秋时，晋国赵盾执掌国政。第二年，晋襄公去世，因太子夷皋年少，赵盾便说："襄公弟弟雍年长有经验，而且为人和善，晋文公重耳在世时，对他十分喜爱。雍的母亲是秦伯的女儿，与秦国关系友好，如果立他为国君，国内稳定，外邻友好，再恰当不过了。"

赵盾力排众议，坚持立公子雍，而公子雍此时正在秦国，于是赵盾便派人往秦迎接。

太子夷皋的母亲缪赢得知公子雍将回国，十分失望，日夜抱着夷皋在朝廷上痛哭。她诉说着："襄公有什么地方对不起大家？太子又有何罪？国内的太子不立，反而去国外迎接公子，你们将怎样处置太子呢？"下朝后，她又抱着夷皋到赵盾家哭诉："襄公生前把太子托付给你，说：如果孩子成才，他便感激你；如果不成才，他便怨恨你。现在襄公死了，言犹在耳，你就抛弃太子，这是为什么呢？"

原来赵盾与诸大夫一向惧怕缪赢，在她的再三逼迫下，只好答应立夷皋为国君，并派人阻止公子雍入境。

饮鸩止渴

【释义】 鸩：传说中的毒鸟，用它的羽毛浸的酒，喝了能毒死人。喝毒酒解渴。比喻采取有害的办法救急，不顾严重后果。

【出处】 南朝·宋·范晔《后汉书·霍谞传》。

东汉时候，大将军梁商在朝廷上的权力很大。一次，有人向他告密，说地方官宋光擅自修改朝廷的章法。梁商不问青红皂白，将宋光关进了洛阳的监狱，把他打得死去活来。

宋光的外甥叫霍谞，听到舅舅被冤屈的消息，十分焦急。决心上书梁商，为舅舅申冤。当时他才十五岁，但在大人物面前毫不畏惧。他在申诉书中说："我是宋光的外甥，我来替舅舅申冤辩解。宋光出身高贵，一向循规蹈矩，按章办事，即使对朝廷章法有什么不同看法，也会按正常途径向朝廷汇报，怎么可能冒着生命危险私自删改呢？这就好比一个人肚子饿了吃附子（一种有毒的植物）充饥，口渴了用鸩的羽毛泡制的毒酒来解渴一样（饮鸩止渴），不等东西进入肠胃，人就已经断气了。这样的蠢事，宋光怎么会做呢？请求大将军查清原委，千万不要冤枉好人……"

梁商看了霍谞的申请，十分感动，便释放了宋光。

此成语出自《后汉书·霍谞传》，原文是："譬犹疗饥于附子，止渴于鸩毒，未入肠胃，已绝咽喉，岂可为哉？"

尾大不掉

【**释义**】掉：摆动。尾巴太大了，不易摆动。比喻部属的势力强大，难以驾驭；或比喻机构庞大，指挥不灵。

【**出处**】春秋·左丘明《左传·昭公十一年》。

公元前530年，楚国灭掉了蔡国，楚王任命公子弃疾为蔡公。

有一天，楚王向大臣申无宇打听道："公子弃疾在蔡国干得怎么样呀？"

申无宇回答说："我听说将官的势力如果太大，就不宜派他们长期在外镇守一方；如果官员的势力太薄弱了，就不宜胜任京官的职务。俗话说得好：自己的亲属最好别安排外地的职务，别国来的客人也最好别担任宫廷的大臣。如今，我们公子弃疾远在蔡国任职，而郑国的公子丹却在我们楚国担任要职，大王您可要当点心呀。"

楚王又问：“现在国内出现了一些规模很大的封邑城市，这到底好不好呢？”

申无宇说：“过去周天子分封诸侯，他的用意原本是希望靠诸侯的封地和城池形成藩篱和屏障，如众星拱月那样，拱卫中央朝廷。可是后来诸侯的邑城发展得越来越大，天子渐渐地指挥不动诸侯了，不仅指挥不动，诸侯的邑城反而对天子的都城造成了威胁。这好比树梢长得太茂盛以后，大风一来就会把整棵树拦腰吹断；动物的尾巴长得太肥大以后，摇晃起来就十分困难（尾大不掉）。历史上，郑国的京、栎势力强大以后，杀了曼伯；宋国的萧、亳势力壮大了以后，杀了子游；齐国的渠丘杀了无知，卫国的蒲戚驱逐了卫献公……从这些事情的后果来看，都是当初扶持他们的人害了自己。所以，扶持宗室的政策，对国家实在是一种隐患呀！”

楚王点头称是。

事半功倍

【释义】花一半力气，收到成倍的效果。指费力少而收获大。

【出处】《孟子·公孙丑上》。

有一次，孟子和他的学生公孙丑，讨论如何使中国统一的问题。他主张以施行“仁政”的办法，来达到目的。

孟子说：“周文王仅以方圆百里的小国为基础，施行仁政，结果战胜了残暴无道的商纣王，夺取了整个天下。现在，老百姓经受暴虐政治的折磨，历史上从来没有比现在更严重的。他们对生活的要求并不高，饥饿的人只要有口饭吃就行了，口渴的人只要有口水喝也就好了。孔子说过，德政推行起来，比传递文书命令还要快。”

孟子顿了顿说：“现在，拥有万辆兵车的齐国，如果能施行仁政，那么老百姓的高兴，就会像被倒着吊起来的人得到解救一样。如能这样，要想统一中国，就不是什么十分困难的事情了。与古人相比，只要付出一半的代价，就可以收到双倍的效果。”

此成语出自《孟子·公孙丑》，原文是："万乘之国，行仁政，民之悦之，犹解倒悬也，故事半古之人，功必倍之，惟此时为然。"

取长补短

【释义】取别人的长处，补自己的不足。

【出处】战国·孟轲《孟子·滕文公上》。

战国时期，滕文公做太子的时候，有一次出使楚国。他路经宋国，会见了孟子。孟子同他讲了人性本是善良的道理。

太子从楚国回来的时候，又在宋国拜访了孟子。孟子说："您怀疑我的话吗？天下的真理只有这么一个，成𫖮是个勇士，他曾对齐景公说：'他是个男子汉，我也是个男子汉，我为什么要怕他呢？'孔子最得意的弟子颜渊曾经说过：'舜是什么样的人，我也是什么样的人，有作为的人都可以像他那样。'公明仪曾说：'文王是我的老师，周公也是应该信赖的。'现在有滕国，假若把土地截长补短，每边之长也将近五十里，只要实行仁政，仍然可以把它治理成为一个很好的国家（今滕，绝长补短，将五十里也，犹可以为善国）。"

成语"取长补短"即由"绝长补短"演化而来的。

抱薪救火

【释义】抱着柴草去救火，使火烧越大。形容采用错误的办法去解决问题，会使问题越变越大。

【出处】汉·刘向《战国策·魏策三》。

战国时，魏国接连遭到秦国的侵略，几次割地求和，失去了许多城池，先后牺牲了二十多万士兵。

有一个名叫段干子的魏将，被秦军强大的攻势吓破了胆，建议魏安釐王把南阳割让给秦国，以换取和平。安釐王眼见都城大梁难保，只得听从了他的建议，向入侵者再一次屈膝求和。

这事被苏代知道了，他主张魏国应与其他五国联合起来，共同抵抗强秦，坚决不赞成割地求和的投降政策。他对魏安釐王说：“秦王贪得无厌，你越是让他，他就越来欺负你。现下，大王想用土地来换取和平，依我看求得的只能是片刻之安。只要你的土地还没割让光，他就会不断提出新的领土要求。这就好比抱着柴草去救火（抱薪救火），火遇柴草，会越烧越旺，只要柴草还有，火就熄灭不了。”

英雄无用武之地

【释义】表示有本领无法施展。

【出处】晋·陈寿《三国志·蜀书·诸葛亮传》。

公元208年秋天，曹操在平定北方以后，率领大军南征荆州。当时刘备正驻守在襄阳附近的樊城。襄阳士民中，有不少不愿投降曹操，纷纷投奔刘备。因此，刘备的队伍很快增加到十万多人，由于人员众多，行动缓慢，有人建议刘备快马先行，免得被曹军追上。但是刘备认为，要成大事必须依靠人，现在荆州父老兄弟已来投奔他，就不能抛开大家先走。

曹军一到襄阳，曹操了解到刘备已率众南下，便派五千名骑兵追击。不几日，终于在当阳（今属湖北省）的长坂坡追上了刘备的队伍。这支混杂的队伍，当然不是曹军骑兵的对手。刘备、诸葛亮等少数人突围而出，退到了樊口。

这时候，曹操的大军已经从江陵顺江东下。诸葛亮对刘备说：“现在情势危急，还是让我去向孙权求援吧。”刘备同意。

这时，孙权正率军驻屯在柴桑（今江西省九江市西南）观望形势。诸葛亮见到他后劝说道：“当今天下大乱，将军占据了江东，刘将军也在汉水之南招募队伍，和曹操争夺天下。现在，曹操平定北方后，又攻下荆州，威镇四海。而刘将军这样的英雄也无所用武，所以退到了这里。”

最后，诸葛亮终于说服了孙权，共同抗曹，取得了“赤壁之战”的胜利。

明察秋毫

【释义】秋毫：指秋天鸟兽身上新长的细毛。形容观察精确，任何隐情细节，都能看得清楚。

【出处】战国·孟轲《孟子·公孙丑》。

战国时的齐宣王也想称霸，因此他向孟子请教。齐宣王问道："像我这样的人能不能统一天下呢？"

孟子说："能！我听说，有一次新钟铸成，准备杀牛祭钟，您看见好好一条牛无罪而被杀，感到不忍，是不是有这回事？"

齐宣王说："有的，是有这么回事。"

孟子说："凭您这种好心，就可以行王道，施仁政，统一天下。问题不在于您能不能，而在于您干不干罢了！比方有人说：'吾力足以举百钧，而不足以举一羽（我的力气能举重三千斤，但举不起一根羽毛）；明足以察秋毫之末，而不见舆薪（眼光能看清秋天鸟兽的毫毛那样细微的东西，而看不见满车的木柴）'。您相信他这种话吗？"

齐宣王说："那当然不相信！"

孟子说："是呀！可如今您的好心能用来对待动物，却不能用来爱护百姓，这也同样难于叫人相信。看来，一根羽毛之所以举不起，是不肯举的缘故；一车木柴之所以看不见，是没有看的缘故；百姓之所以得不到安居乐业，是您根本不去关心的缘故；显然这都是干不干的问题，而不是能不能的问题。您能不能行王道、统一天下，问题也是如此：是不为也，非不能也！"

狐假虎威

【释义】狐狸借着老虎的威势来吓唬百兽，形容仗着别人的权势作威作福。

【出处】汉·刘向《战国策·楚策一》。

战国时期，楚国有一位很能干的大臣，名叫昭奚恤。楚宣王有一次召集大臣们开会议事，他问大臣们说："我听说北边的邻国都很惧怕昭奚恤，果真有这样的事情吗？”

这时，有位叫江一的大臣，平时就怨恨昭奚恤，乘机向楚宣王说：“大王，哪有这种事情呢？邻国并不惧怕昭奚恤，而是惧怕您呀！”接着他讲了一则故事：

有只老虎在森林中遇到一只狐狸，狐狸见逃跑已经来不及了，便故作镇静地对老虎说：“我是天帝派到森林里来做兽王的，你怎么敢吃我！”老虎看到狐狸又瘦又小，有些不相信。狐狸害怕老虎不相信自己的话，就急忙说：“你如果不相信，那么，你就跟我到林子里去走一趟，看看那些野兽，见了我害怕不害怕！”老虎同意了。狐狸大模大样地走在前面，老虎紧跟在后。森林中的野兽，看见老虎来了，都吓得拼命逃跑。老虎不知道野兽们害怕的是自己，还以为它们真是害怕狐狸呢！

江一讲完故事后又说：“大王，您现在占有五千多里的地盘，又有百万雄兵，这些交给昭奚恤管辖，所以北边邻国都怕他，其实是害怕您的兵马，就像林中百兽害怕老虎一样呀！”

“哦，原来是这样！”楚宣王同意了江一的看法。

金城汤池

【释义】 用金属浇成的城墙，像沸水一样的护城河。形容城池坚固。

【出处】 汉·班固《汉书·蒯通传》。

蒯通是秦末范阳（在今河北易县附近）人。他是个很有口才的辩士。那时，起义反秦的农民领袖陈胜有个部将，名叫武臣，攻克了原来赵国大部分地区，已经逼近范阳。蒯通就去见范阳令徐公，对他说：“我是本县的老百姓蒯通，因为怜悯你死在眼前了，所以特来吊你的丧；不过，你遇到了我，就可以免死了，所以我又应该贺你的喜。”

徐公想：这人说话蹊跷，一定有道理。便向他作揖请教：“你为什么说我就要死了呢？”

蒯通说：“你当县官有十多年了，杀了多少父亲的儿子，害了多少儿子的父亲……其实，人们要还报你一刀并不难，他们只是害怕秦朝的刑法罢了。现在，天下大乱，什么刑法都已经失去作用了，你的肚子上还不马上要挨刀吗？”

“那么，你为什么又说我可以免死了呢？”

蒯通接着说：“武臣听说我有点小名气，派人来找我，说要听听我的意见。现在我正想去见他，并且准备对他说：“范阳这座城池本来可以坚守，但是那位县令怕死，早已准备向你投降了。他首先投降，你将怎样处置他呢？要是杀了他，那时，其他各城镇的官吏，将要互相传告说：范阳令投降仍然不免一死，还不如坚守！于是，各处都成了金城汤池，很难攻下了。我为你打算，最好趁早用优厚的待遇把范阳令迎接过来，然后叫他带着文告，到燕、赵各地去走一遭，这样，各城镇必然纷纷投降，顺利而且迅速。我的这一番话，估计武臣一定会同意，所以我说你可以免死了。”

徐公听了，非常高兴，当即备了车马，让蒯通立刻去见武臣。武臣果然采纳了蒯通的建议。这样，不但徐公免死，燕、赵各地就有三十多个城镇，主动宣告响应起义。

彼众我寡

【释义】指敌我双方力量不均等。

【出处】战国·韩非《韩非子·难一》。

春秋时，楚国纠合一批小诸侯国进攻宋国。宋国向晋文公告急求救。

晋文公向舅父狐偃请教说：“宋国是一定要救的，我将对楚国开战，但彼众我寡，怎么办？”

狐偃说：“礼节之间以忠信为根本，战阵之间以诈伪为上策，对付楚国，必须行诈术。”

晋文公又单独召见雍季，问道："打败强楚，有人劝我行诈术，你看行不行？"

雍季说："烧毁整个林子来捕猎，收获虽多，但以后就没有野兽可捕了；教士兵用诈术取胜，即使得胜，但以后国内就没有老实人了。"

晋文公经过一番思考后，还是任命狐偃为上军统帅，出师援宋。

狐偃定计说："我军不必跟楚军争锋，先行攻击楚方曹和卫，曹、卫力弱不能自保，楚王一定率师北上援救，这样，宋国之围必解无疑。"

楚王果然中计，楚将子玉率领联军要跟晋人决战，晋军故意退却 90 里，然后在城濮和楚军会战。晋军选择楚军薄弱环节，首先击溃由陈、蔡军队组成的楚军右翼。同时晋军主力伪装退却，诱使楚军左翼追击，然后宋军、晋军前后夹击，取得城濮之战的彻底胜利。

晋文公论功行赏，先给雍季敬酒，然后才轮到狐偃。

众将感到不解。文公说："诸位有所不知，舅父的布置是一时权宜之计，雍季的主张，却有万世之利。权宜之计很重要，万世之利更宝贵。"

变生肘腋

【释义】肘：胳膊肘儿；腋：胳肢窝。比喻事变发生在近处。

【出处】晋·陈寿《三国志·蜀书·法正传》。

东汉末年，群雄割据。当时的益州牧刘璋是个无能之辈，很难保住益州。

不久，曹操想出兵攻打汉中张鲁。刘璋知道汉中一失，益州便保守不住。于是派法正去荆州请刘备入蜀，攻取汉中。

法正到了荆州，拜见了刘备。刘备开始虽有取蜀之心，但顾虑刘璋和自己同是汉朝宗室，只答应入蜀帮刘璋御敌，不愿同室操戈。后经法正陈说蜀地为建功立业基地等语，刘备才采纳法正的意见，攻取了益州，建立了政权。

刘备鉴于法正有功，任命法正做了蜀郡太守。

法正做了太守后，于是就利用权势大报个人恩怨。有人去向丞相诸葛亮禀报，说法正做事太横了，诸葛亮听后，摇摇头说：“主公住在公安的时候，北面畏惧曹操的强大，东面受到孙权的威胁。就连近在他肘腋之下的孙夫人，他也惧怕她一朝会发生什么变故（变生肘腋）。那时多亏法正前来劝他进兵益州，才有了今天。主公信赖他，才任命他做了蜀郡太守。只要他大节无亏，主公是不会去抑制他的权力的。”

居安思危

【释义】居：处于。思：想。处在安定的时候，要想到可能出现的危险。指要提高警惕，以防祸患。

【出处】春秋·左丘明《左传·襄公十一年》。

春秋时期，郑国挑起事端，激起晋、宋、齐、卫等十二个诸侯国的不满。当时晋国势力大，其他国君就同晋国商议，要联合各国兵马，共同围攻郑国。晋悼公同魏绛商议，魏绛认为可以就此教训一下郑国，于是十二个诸侯国以晋国为首，联合出兵围攻郑国。郑国十分惊慌，就派使者向晋悼公求和。晋悼公听取了魏绛的建议，认为郑国已经向晋国低头，不必再逼迫过甚，于是撤回了军队，其他十一国也停止了进攻。

郑国解了围，非常感谢晋国，为了表示谢意和友好，便准备了大批礼物给晋国送去。这些礼物中有作战用的兵车，有精致的乐器，还有三名郑国有名的乐师和十六名能歌善舞的美女。

晋悼公接受了郑国这么贵重的礼物，非常高兴，对魏绛说：“你为我出谋划策，使事情办得一切如意，好像音乐一样和谐协调，我非常满意。这八名美女赏赐给你，让我们一同享受吧！”

魏绛向晋悼公行礼，说道：“我们晋国的事情一切如意，首先归功于您的领导有方，其次是大臣们同心协力，我有什么功劳可言？我只希望您在享受安乐的时候，也能想一想国家其他要办的事情，《书经》上有句话，叫‘居安思危’。我把它献给您作为鉴戒。”晋悼公听了，沉思半晌。

背道而驰

【**释义**】做出了与自己意见相反的事。

【**出处**】汉·刘向《战国策·魏策》。

战国时，魏国有一个臣子，名叫季梁，奉命出使到外国，在中途就听到魏安釐王要出兵进攻赵国的消息，立刻折回来，匆忙进宫拜见魏王。

魏王问：“你是奉命出使的，中途折返，难道有什么重要事情？”

季梁说：“臣在途中遇到了一位驾车的御者，挥着鞭子，叱着马，向北驰去。”

魏王笑道：“这么一件小事，值得你中途折回来报告我？”

“啊，大王，问题在于他是到楚国去呀！”

魏王说：“到楚国自然是向南走，他为什么向北驰去呢？”

季梁说：“我当时就问乘车的主人：‘你到楚国，为什么要向北方而去？’他对我说：‘因为我驾车的这匹马是一匹名驹，脚程飞快，转眼就可行十几里。’我对他说：‘你的马脚程虽快，可是越快越糟，因走的方向不对，到楚国是要向南去的，你怎么可以往北走呢？’他说：‘我带有足够的旅费，我是不用担心的。’我说：‘尽管你带的旅费充足，可是你方向走的不对，永远也到不了楚国的。’他说：‘不要紧，我的车夫有多年驾车经验，什么马都能驾，何况这是一匹良驹，有日行千里的本领，我何必担心呢？’”

魏王不禁大笑起来：“这人简直是个疯子。他虽然有这么多优越的条件，但他是背道而驰，楚国在南，他要向北，他的马快、御者技艺精，就更使他离楚国遥远了。”

季梁免冠顿首说：“大王说的话一点不错，这人是背道而驰，愈向北则离楚地愈远。但大王平时都以成王成霸自许和称雄天下自命，可是今天大王倚仗国势强、国土广、兵卒精，即进攻邯郸取赵地以自益。依臣愚见，大王愈对邻国用兵愈多，则离成王成霸的基业愈远，亦正如臣在途中所见的那位去楚国而向北行的驾车者，是背道而驰啊！”

相敬如宾

【释义】宾：客人。夫妻相互尊敬，彼此把对方当做客人一样。

【出处】春秋·左丘明《左传·僖公三十三年》。

春秋时期，晋文公派大夫臼季出使别国。臼季路过冀这个地方时，在大路边看见前朝国君晋惠公的旧臣郤芮的儿子郤缺在地里锄禾，臼季便下车同郤缺应酬谈话，正谈着，一个女子给郤缺送饭来了，她先恭恭敬敬地向郤缺拜了一拜，然后蹲下身从篮子里取出饭菜，摆好碗筷，又恭恭敬敬地朝郤缺拜了一拜，请他用餐。郤缺彬彬有礼地回拜了那女子，向臼季介绍说，这是他的妻子。郤缺夫妻之间相敬如宾的美德，给臼季留下了深刻的印象。

回国后，臼季对晋文公说：“郤缺和妻子之间能够相敬如宾，这说明他们是很有教养、很有德行的人。一个有德行的人，必定能治理好百姓，请陛下放心大胆地使用他。”

晋文公对臼季的举荐却不大乐意，对臼季说：“你忘啦，他父亲有罪，我怎么能够用他？”原来，郤缺的父亲在晋文公和晋惠公兄弟俩争夺君位的斗争中，站在晋惠公一边。

臼季却不这样看，他开导晋文公说：“郤缺父亲的罪责，不能让郤缺来承担，如果您不计前嫌，让郤缺也得到机会施展自己的才干，那天下的贤士能人，必定更愿意为晋国效劳了。”

晋文公豁然开朗，欣然接受臼季的建议，拜郤缺为大夫。

畏天知命

【释义】敬畏天意，知所顺从。比喻善识时务。

【出处】南朝·宋·范晔《后汉书·冯异传》。

冯异原是王莽的官吏，他为人谦恭不自夸，在士兵中有很高威望。刘秀也十分看重他。

后来，刘秀势力越来越盛，欲争帝位。当时更始帝派遣舞阴王李轶等率兵号称30万，与河南太守武勃共守洛阳。刘秀任冯异为孟津将军，统率军队驻扎黄河边，与李轶等人对峙。

冯异写信给李轶说："我听说明镜能够照见人，鉴往事能知今。过去微子是商纣的庶兄，他离开商投奔了周武王；项伯是项籍的季父，他反叛楚王归附了汉王；周勃因少帝弘不是惠帝的儿子而废掉他，迎立代王为帝；霍光因昌邑王残暴而废掉他，迎立宣帝。这就是畏天知命，所以能够功成名就，垂名万世。现在更始帝残暴无道，赤眉军兵临城下，王侯大臣居心叵测，朝廷纲纪败坏，四面八方战火纷起，豪杰云集。您若能看清是非成败，赶紧定下归属主意，功劳便可与微子、项伯相比，转危为安、化祸成福，就在此时了。"

李轶接到这封劝降信，顾虑重重，认为冯异很有道理，但又怕自己曾经背叛过刘秀，投顺后会有好结果吗？于是李轶给冯异回了信，诉说了内心的不安。

李轶与冯异通信后，不再与冯异交锋，冯异得以连克数座城池。刘秀连连称赞冯异谋略出众，一纸可抵万兵。

临渴掘井

【释义】形容事到临头，才采取应付措施，但为时已晚。

【出处】佚名《黄帝内经·素问》。

春秋时代，鲁国发生内乱，鲁昭公在国内待不下去，便出走到齐国去。

齐景公问："你年纪很轻，就把国家丢掉，这是什么原因？"

昭公回答说：“我年纪很轻，很多人爱护我，但我没有亲近他们，很多人规劝我，我又不会接受，于是弄得里面无人帮助，外面也无人拥护，倒是奉承和对我说假话的人很多。这就好比秋天的蓬草，根茎已经枯萎，枝叶尚且美丽，可是待到秋风一起，自然就连根都被拔起来了。”

景公觉得他这话很有道理，就转告晏子，并且认为若让昭公回去，定会成为一位贤良的国君。

晏子说：“不会如此，因为凡掉在水里的人，原先是不防备失足的；迷途的人，原先便是不注意路径的。一定要等到掉在水里以后，才会想起应该防备失足；迷失方向之后，才会知道应该注意路径；又犹如面临灾难的人，才急得铸造兵器，等到口渴了，才急着要挖井取水（临渴掘井），虽然这时候用了最快的速度，但是已经来不及了。”

中医学专著《素问·四气调神大论》对“临渴掘井”的原文是：“夫病已成而后药之，乱已成而后治之，譬犹渴而穿井，斗而铸锥，不亦晚乎！”

秋风扫落叶

【释义】秋风把落叶一扫而光。比喻以强大的力量将腐朽残败的力量一扫而尽。

【出处】晋·陈寿《三国志·魏书·辛毗传》。

东汉末年，袁绍死后，他的儿子们争权夺利，互相厮杀。公元204年，袁绍的小儿子袁尚派兵攻打他的哥哥袁谭。袁谭招架不住，派使臣辛毗去见曹操，请求曹操出兵攻打袁尚。辛毗会见曹操后，曹操喜出望外。他打算让袁谭、袁尚自相残杀，以便坐收渔人之利。

一天，曹操向辛毗问道：“您看，袁谭想求救于我，这是真的还是假的？袁尚能被我打败吗？”

辛毗回答说：“您先不必问是真的还是假的，您应该先看看他们的势力如何。袁氏兄弟互相厮杀，现在又来向您求救，这就可以知道了。多年来战乱不止，再加上连年灾荒，百姓穷困，财政困难，粮食不足，这正是打败袁尚的有利时机。凭着您强大的军威去攻击疲惫而没有战斗力的军队，这就好像秋风扫落叶一样，既然袁谭求救，就应该对他加以安抚。”

曹操觉得辛毗的一番议论很有道理，于是利用袁氏兄弟之间的矛盾，展开攻势，各个击破，将其逐一消灭。第二年，曹操攻下袁氏老巢邺城（今河北省临漳县），至此，曹操统一了北方。

前车之鉴

【释义】以前的失败，可以作为以后的教训。

【出处】战国·荀况《荀子·成相》。

贾谊，是西汉时人。有一次，他上治安策给汉文帝，讲述治理国家的道理。他说：“秦朝的时候官宦赵高教导秦始皇次子胡亥，只教他怎样去处决囚犯 ，而不教他如何治理好国家，结果胡亥所学习的，不是斩杀犯人，就是灭绝犯人的全族，其他的事就不会做了。秦始皇驾崩于沙丘后，胡亥做了皇帝，第二天就射杀人了。有人用忠言去劝他，他还认为是毁谤；有人向他贡献治国的计策，他却认为是妖言。他杀起人来，简直像割草一样。难道胡亥的本性生来就是那样凶残吗？不是的，那是因为教导他的人，教得不合理罢了！俗语说：‘不熟悉做官的，只要看他所办的公事成绩如何就可以断定！’又说：‘前车覆，后车诫……’”

文帝采取了贾谊的意见，把心思用在治理国家上，所以在他以后的许多年里，汉朝都很强盛，在历史上称为“文景之治”。

前事不忘，后事之师

【释义】不要忘记以前的经验教训，可以做好以后的事。

【出处】汉·刘向《战国策·赵策一》。

春秋末期，晋国的大夫智伯在率领韩、赵、魏三卿灭掉晋卿中行氏之后，向韩、赵、魏三卿索取疆土。韩、魏两国害怕智伯，都给了他土地，但赵卿不肯给。于是，智伯又率领韩、魏两卿军队攻赵。

赵卿襄子采用大夫张孟谈的计谋，暗中与韩、魏两卿联络，说如果赵卿被攻灭，对他们是不利的。最后，韩、魏与赵的军队秘密联合起来，偷袭智伯的军队，活捉了智伯。

张孟谈虽然为赵卿立下了大功，但事成后，他却向赵襄子提出辞呈。赵襄子问张孟谈为什么要功成身退。张孟谈回答说："从前有人说，春秋五个霸主之所以能很好地治理天下，是因为国君都能驾驭臣子，而决不为臣子所驾驭，如今我作为臣子，名声显达，地位高贵，权力很大，信服我的人太多了，所以应该放弃功名，削掉权势。"

赵襄子不以为然地说道："我听说凡是能辅佐国君的，名声才能显达；功劳大的地位才能高贵，对国家能负责任的，才能委以重任；只要自己忠诚，众人便会信服，先圣所以能安邦安国，就是因为这样做的缘故，你为什么要辞职呢？"

张孟谈说："大王说的是成功所必需的东西，而我说的是巩固国家政权的道理。我听说，从前君臣一起打天下，最后取得成功，这是常有的事，但成功之后君臣权力平等，臣子的结局美好，那是没有的，前事不忘，后事之师。大王即使不同意我离去，我也没有力量来帮助您做事了。"

赵襄子知道已经无法挽留他，只好同意他离去。

将欲取之，必先与之

【释义】将欲：打算。与：给予。打算取他的东西，必须先给他一些东西。

【出处】战国·韩非《韩非子·说林上》。

春秋末期，晋国封建贵族内部之间钩心斗角，争夺激烈。有一个大夫名叫智伯，倚仗自己的强大势力，向另一个大夫魏宣子强行索取土地。魏宣子的谋士任章向魏宣子说：“请不要正面拒绝智伯，不妨满足他的要求。现在智伯无缘无故强行向您索取土地，您给他尝一些甜头，他得了土地，一定更加骄横轻敌，贪得无厌，继续向其他大夫伸手，索取土地，其他大夫就会惊恐不安，那时他们一定会联合起来，团结一致对抗智伯。您想，几家兵力联合在一起，智伯的末日还会远吗？”

任章继续说：“《周书》上不是这样说吗：想要打败他，必须姑且帮助他；想要夺取他，必须姑且给予他（将欲取之，必先与之）。现在，您想要战胜智伯，夺取他的土地，不妨先忍气吞声让他一步，割让一部分土地给他，最后才能战胜他，达到你的目的。”魏宣子依计把一万户的封地割让给了智伯。

智伯得了土地，得意忘形，立刻又向另一位姓赵的大夫提出要求，索取土地。赵大夫态度坚决，一口回绝。智伯大怒，率部围攻赵大夫的封地。赵大夫联合魏宣子和韩大夫齐心协力回击智伯，结果打败了智伯，瓜分了他的土地。这样，魏宣子不仅收回了原先割让出去的土地，还分到了更多的土地。

捕风捉影

【释义】风和影都是捉摸不定的。比喻去觅寻虚无缥缈的事物，或可解释为无事生非。

【出处】汉·班固《汉书·郊祀志》。

汉成帝二十岁做皇帝，到四十多岁还没有孩子。他听信方士的话，在长安郊外的上林苑大搞祭祀，祈求上天赐福，花了很大的费用，但并没有什么效验。

大司农谷永上书说：“我听说对于明了天地本性的人，不可能用神怪去迷惑他；懂得世上万物之理的人，不可能受行为不正的人的蒙蔽。现在有些人大谈神仙鬼怪，宣扬祭祀的方法，还说什么世上有仙人，服不死的药，寿高得像南山一样。听他们的说话，满耳都是美好的景象，好像马上就能遇见神仙一样；可是，你要寻找它，却又虚无缥缈，好像要捕风捉影一样不可能得到。所以古代贤明的君王不听这些话，圣人绝对不说这种话。”

谷永又举例说：“周代史官苌弘想要用祭祀鬼神的办法帮助周灵王，可是诸侯反叛的更多；楚怀王隆重祭祀鬼神，求神灵保佑打退秦国军队，结果打了败仗，自己做了俘虏；秦始皇统一天下后，派徐福率童男童女下海求仙采药，结果一去不回。”最后，他又说道，“从古到今，帝王们凭着尊贵的地位、众多的财物，寻遍天下去求神灵仙人，经过了多少岁月，却没有丝毫应验。希望您不要再让那些行为不正的人干预朝廷的事。”

汉成帝认为谷永说得很有道理，便听从了他的意见。

积羽沉舟

【释义】羽毛虽轻，但堆积多了也会把船压沉。比喻坏事虽小，但积累起来，却会产生严重后果。

【出处】汉·刘向《战国策·魏策一》。

战国时期，秦国的相国张仪发觉齐、楚、燕、赵、韩、魏六国的合纵盟约十分牢固，就辞去相位，想去魏国说服魏王退出纵约，与秦国结好。但魏王知道秦国野心很大，而且不讲信义，因此没有听从。

于是张仪暗中要秦国征讨魏国，魏国战败后，隔了一年又被齐国侵犯，再次失败。秦国于是乘机再次攻魏，先把韩国大将申差的军队打得落花流水，使各诸侯大为震惊。

张仪利用魏国屡战屡败、合纵诸侯国的关系出现裂痕的有利形势，配合秦国的军事进攻，游说魏哀王。他分析了魏国地理形势、兵力状况、目前处境、“合纵”的不可信等不利条件，用“积羽沉舟”作比喻，指出魏国如果忽视这些不利因素，就会像轻的羽毛大量堆积能压沉大船一样，遭到覆亡的危险。

魏哀王腹背受敌，只得同意背离“合纵”协议，请求和秦国“连横”。

宾至如归

【释义】宾客来到，就像回到家里一样。

【出处】春秋·左丘明《左传·襄公三十一年》。

公元前542年，子产奉郑简公之命出访晋国，带去许多礼物。晋平公借口为鲁国国丧致哀，没有迎接郑国使者。子产就命令随行的人员，把晋国宾馆的围墙拆掉，然后赶进车马，安放物品。

晋平公得知这一消息，派大夫士文伯到宾馆责问子产。士文伯说：“我国是诸侯的盟主，来朝见的诸侯官员很多。为了保障来宾安全，特意修建了这所宾馆，筑起厚厚的围墙，现在你们把围墙拆了，不知是为了什么？”

子产回答说：“这一次我们带了从本国搜罗来的财宝前来朝会，偏偏遇上你们的国君没有空，也不知道何时有空。我听说过去晋文公做盟主的时候，自己住的宫室是矮小的，接待诸侯的宾馆却造得又高又大，使人感到宾至如归。可是，现在晋国铜山的宫室占地好几里，而让诸侯宾客住的却是奴隶住的屋子。门口进不去车子，我们不能翻墙进去，如果不拆掉围墙，让这些礼物日晒夜露，就是我们的罪过了。如果让我们交了礼物，我们愿意修好围墙再回去。”

士文伯把情况报告了晋平公，平公感到惭愧，马上接见子产，隆重宴请，并给予了丰厚的回赠，还下令重新建造宾馆。

宴安鸩毒

【释义】宴安：享乐。鸩：毒鸟。比喻贪图安逸享受。

【出处】春秋·左丘明《左传·闵公元年》。

春秋时，齐桓公曾一度成为诸侯的盟主。那时候东北方的狄人侵略邢国，邢国本身不能抵御外来的侵略，只能派人向齐国求救。

管仲接到邢国的告急公文后，向齐桓公说："戎人和狄人都是像豺狼一样凶狠的民族，我们不能够让他的侵略得逞；邢国是周公的后人，和我们同是周天子的诸侯，关系是非常亲近的，所以不能放弃援救邢国的时机。一个国家是不应该经常沉湎在安乐中的，如果我们长年在安乐中过日子，它会造成像鸩毒一样猛烈的效果（宴安鸩毒），这样会影响君王的霸业……因此我请求君王出兵救邢。"

桓公听了，认为很有理，便出兵救援邢国了。

谈何容易

【释义】原指臣子向君王进言很不容易。现多指事情做起来不像嘴上说一下那样容易。

【出处】汉·司马迁《汉书·东方朔传》。

汉武帝即位不久，下令全国推荐人才。年轻的东方朔经过长途跋涉，来到京都长安。他向武帝自荐，被任命为"常侍郎"。汉武帝曾下令要把长安附近一大块土地划为上林苑作为皇家游猎区，东方朔竭力反对，他认为这样做是"上乏国家之用，下夺农桑之业，弃成功，就败事，损耗五谷"。武帝没有听取他的正确意见。又有一次，东方朔上书提出耕战强国的建议，又未被采纳。为了讽谏汉武帝，东方朔写了一篇《非有先生之论》，虚构了下面的故事：

非有先生在吴国当了三年官，默默无言，从不发表什么政见。国君吴王很奇怪，就对他说："先生如果有高明的见解而不谈出来，就是不忠；如果谈出来我不采纳，就是我不明。先生什么看法也不谈，难道是我不明吗？"非有先生只是连连作揖，仍不开口。吴王说："谈谈吧，我一定诚心听取。"非有先生叹了一口气说："臣下向君主进言谈何容易啊！"接着，他举例说："夏朝的贤臣关龙逢再三向夏桀直言进谏，却被杀害；商朝忠臣比干屡次劝谏纣王，却被剖腹挖心而死。这样看来，臣下向君主进言真是不容易啊！"非有先生又举出一些奸臣靠阿谀逢迎而飞黄腾达和一些贤臣因主上昏庸而避世的例子，然后重复地说：“臣下向君主进言谈何容易啊！”后来，非有先生又讲了商汤和周文王采纳贤臣的主张，国家兴盛强大的事例。

吴王听了这些话，深受感动，从此，改革政治，励精图治，吴国终于兴旺发达起来。

在这里，东方朔借用非有先生的议论，说出自己的看法，希望汉武帝能听正确的意见。

掩目捕雀

【释义】掩：遮盖。捂住眼睛捕捉麻雀，表示不从实际出发，一意孤行。

【出处】晋·陈寿《三国志·魏书·陈琳传》。

东汉后期，宦官与外戚为争夺朝廷的统治权，斗争十分激烈。少帝刘辩即位，何太后临朝，外戚何进掌握朝政实权。何进想秘密地召董卓入京，借以消灭宦官的势力。

当时，著名文学家陈琳担任何进的主簿，他不同意何进的做法，就劝阻何进说：“你这样做是行不通的。有个俗语叫‘掩目捕雀’，就是说要捂住眼睛捉麻雀，那后果可想而知，何况国家大事，怎么能凭借欺诈的手段来获得成功呢？”他还对何进说：“将军现在借重皇戚，手握兵权，更应小心从事。就像炉火煽得过旺容易烧焦毛发一样，如果外地军队在京城聚集过多，最强大的必将成为新的头领，到时候只怕反过来对付你，不仅你的目的达不到，反而会导致更大的祸乱！”

但是，何进不听陈琳的劝告，一意孤行，结果他还未动手，反而被宦官起兵杀死了。

流血千里

【释义】形容死伤极多的战乱现象。

【出处】汉·刘向《战国策·魏策四》。

战国末期，秦国灭了魏国以后，派人对魏国的附庸国国君安陵君说："我们秦王想用五百里土地换你们只有五十里土地的安陵，请不要推辞！"

安陵君知道这是阴谋，但不敢得罪秦国，就婉言对来使说："秦王以大换小，他的好意我心领了，但是安陵是我祖先的江山，我不敢随便拿它更换。"安陵君知道秦国不会就此罢休，就派唐雎到秦国去，表示他愿意与秦国搞好团结的愿望。

秦始皇见了唐雎，就给他一个下马威，拍着桌子说："你听说过天子发怒吗？"

"没有。"唐雎镇静地说。

"天子发怒，会伏尸百万，流血千里。"

唐雎仰天大笑："你听说过平民发怒吗？"

"平民发怒，只不过是脱掉帽子，赤着脚，用头撞地而已！"秦始皇轻蔑地说。

"你说的是庸人发怒。从前专诸刺杀吴王僚时，彗星袭月；聂政刺杀魏国的相国侠累时，长虹贯日；要离刺杀卫国的公子庆忌时，苍鹰冲击到殿上。"唐雎拔出剑，疾步上前，紧紧抓住秦始皇的手，满脸杀气地说："今天我发怒，就要跟你同归于尽了！"

秦始皇吓得跪地求饶，答应今后再也不提"换地"之事了。

捷足先登

【释义】比喻行动快的人先达到目的或先得到所求的东西。捷：敏捷。足：脚步。

【出处】西汉·司马迁《史记·淮阴侯列传》。

韩信被吕后杀死后，刘邦又是欢喜，又是怜惜，问："韩信死前留下什么话？"吕后说："韩信怪自己没有听蒯通的计谋。"刘邦听了，立即下令将蒯通抓来。

刘邦亲自审问蒯通："是你教淮阴侯谋反的吗？"蒯通毫不掩

饰地答道："是的，但无知的小人不听我的计策，所以被杀掉。如果用了我的计策，陛下又怎能杀掉他？"刘邦勃然大怒，要处死蒯通。

蒯通大呼："冤枉也！"刘邦觉得不可思议，问："你教韩信造反，处死你还有什么冤枉的？"

蒯通回答道："暴秦无道，天下英雄都来争夺帝位，所以纷纷拉起大旗称王，手下谋臣勇士更是出谋划策，奋勇争先，为的无非是击败对手。这个时候，是捷足者先得（捷足先登）啊！桀犬吠尧，并非尧不仁厚，只是因为尧不是它的主人。当时我只知道韩信，哪里知道陛下啊！而且当时天下英雄豪杰争先恐后为陛下效力，很多人因为不能被陛下所用而投靠了别人，陛下难道要将这些人统统杀光吗？"

刘邦听了这番话，觉得有道理，就把他放了，后来蒯通成了刘邦的重要谋士。

虚攲满覆

【释义】劝人要谦虚处世。

【出处】战国·荀况《荀子·宥坐》。

孔子带领几位弟子参观鲁国君主的宗庙。宗庙里摆着一件锈迹斑斑的铜铸器械，轻轻地拨弄一下，只见器械倾斜翻覆起来，便问守庙的老人说："这是什么器械？"

老人回答说："我不知它的名称，这种器械可能是摆在君王座位上的。"

"哦！我曾听说过这种器械。它不注入水的时候，是倾斜的；如注入水后，注得适中，就端端正正；注满，它就翻覆了。"孔子说完，回头对弟子说："这也只是我听说的情况，你们实验一下吧，给它注水！"

一位弟子赶忙跑到庙外取来一罐水，徐徐倒去，倒得适中时，只见铜器端正正摆在正中间。弟子又继续倒水，铜器刚注满，一下子就器底朝天，所有的水都泼到地上，空的铜器又倾斜着摆在那儿。

看完，孔子喟然长叹："唉！太满了反而要倒空了。"说完，他环顾弟子一眼，问道："你们从这里得到什么启示？"

弟子们七嘴八舌议论开了。有的说做事应该适可而止，把握适度；有的说为人要谦虚，不要自满，谦虚才能不断上进，自满只会自取失败……听着这些议论，孔子满意地点着头。

"虚歉满覆"就是从这个故事中概括出来的一句成语。

犁庭扫闾

【释义】庭：庭院。闾：里巷的门。犁平宫院，扫荡村落。比喻彻底摧毁对方。

【出处】汉·班固《汉书·匈奴传下》。

公元前3年，匈奴发生内乱。匈奴王单于派使者到汉朝，表示愿意朝见汉哀帝。当时汉哀帝正在生病，大臣们拒绝单于朝见。

黄门郎扬雄却有不同看法，他上书汉哀帝说，如果轻易拒绝朝见，会使朝廷与匈奴关系恶化。扬雄指出，秦始皇派大将蒙恬率四十万大军攻打匈奴，又修了万里长城，并未保障边境安宁。汉高祖亲率大兵出击匈奴，冒顿单于引诱汉兵，使三十万官兵被包围于白登山，连续七天得不到粮食。到汉武帝时派将军卫青、霍去病频频北征，前后十余年，才将匈奴驱逐到边境以北。

扬雄指出，匈奴不同于其他少数民族，以往对付其他部族的侵扰，短者不过十天半月，长者不过半年，就摧毁了他们的力量，把他们的王廷犁平，把他们的住处捣毁（犁庭扫闾），按照汉族制度设置郡县，彻底根除后患。然而匈奴却是边境强敌，以前君王都是慎重对待。如今拒绝单于朝见，会使匈奴怀恨在心，归怨于汉，边境就不得安宁。

汉哀帝采纳了扬雄的建议，亲自召见匈奴使者，同意单于来朝。

甜言蜜语

【释义】 言语像蜜糖一样甜。为了骗取别人信任，用好听的话来奉承人。

【出处】 汉·司马迁《史记·张仪列传》。

魏国人张仪，一次去韩国劝韩王归顺秦国，他说："韩国地势险恶，土地贫瘠，民不聊生，士卒只有三十万都不到，秦国军队有百万之多，兵车千辆，战马万匹，士卒勇猛无比。以这样的勇士来攻打不服从的弱国，简直和垂下三万斤的重量加在鸟卵上没有两样。而那些君臣诸侯，不衡量自己土地的狭小，却听从别人的甜言蜜语，他们结党营私而互相掩饰，都振振有词地说：'听从我的计策，可以在天下称霸。'不顾到长远的利益，而听从短浅的意见，再没有比这种做法更贻误国君了。假如大王不臣事秦国，那么大王的国家便被分割了，宫殿、御林苑就不再是大王所拥有了。若臣事秦国，便得以安定；不臣事秦国，便遭受危险。逆秦国，而归顺楚国，纵然要国家不灭亡，也是不可能的。所以为大王着想，最好就是帮助秦国，秦国所最希望的，就是削弱楚国，而最能削弱楚国的国家就是韩国。这并不是因为韩国强过楚国，而是因为地势的关系。如今假如大王能臣事秦国，而攻打楚国，秦王必定高兴。攻打楚国而从它的领土上得到利益，转移了自己的灾祸而使秦国愉快，实在没有比这更好的计策了。"韩王听从了张仪的策略。后来，秦惠王封赏了张仪五个都邑，并封他为武信君。

深谷为陵

【释义】 高高的堤岸，可变成山谷，深深的山谷，可变成丘陵。比喻世事变迁。

【出处】 春秋·佚名《诗经·十月之交》。

春秋时，鲁昭公被鲁国的上卿季平子赶走后，一直住在晋国，过了一段时间，鲁昭公病死了。晋国的大夫赵简子询问史官墨："季平子赶走了鲁昭公，然而人民都支持季平子，诸侯各国也赞成，没有人认为他犯罪，这是什么道理呢？”

史官墨说：“事物的存在，有的成双，有的成三，有的成五，都有搭配。所以天上有日、月、星三辰，地上有金、木、土、火、水五行，身体有左右，百姓有王，王下有公，公下有卿，这些都是搭配的呀！上天搭配季氏给鲁国，时间已很久了，人民信服他。而鲁国的君主都很荒淫，季氏却勤恳努力，人们早就把国君忘了。所以，鲁昭公死在国外，谁会怜悯他呢？社会本来是变化的，君臣的位子不是固定不变的，从古到今都是这样。《诗经》上不是这样说吗：高高的堤岸可以变成溪谷，深深的溪谷也可以变成丘陵（故诗曰：高岸为谷，深谷为陵）。虞、夏、商三代的子孙们，如今都成平民了，这都是天道啊！”

赵简子听了，感叹地说：“看来，天道是不可违背的！”

跖犬吠尧

【释义】 跖：尧时的大盗。尧：古代君主。意为跖的狗对尧又咬又叫，比喻各为其主。

【出处】 汉·刘向《战国策·齐策》。

战国时，齐国大臣田单有一谋士，名叫貂勃，他与田单还未相识时，说了田单的不少坏话。一天，田单备了酒筵，请貂勃赏光，并即席挖苦道：“田单有何开罪于先生的地方，蒙先生如此过奖？”

貂勃竟把自己比作狗，他说：“盗跖养的狗，见了尧，吠之不已，尧非不贤，而跖非贤，跖犬竟然吠尧，为的这只犬是盗跖所豢养，所以帮它的主人，去咬它主人所不喜欢的人。”

田单听了，即向齐王推荐了貂勃。

一次，貂勃奉使到楚国，楚王待以上宾之礼。此时，齐王有九个宠臣，嫉恨田单专政，以致他们不能为所欲为，就借貂勃之事，在齐王面前说田单的坏话：“貂勃不过一名使者，楚王如此对他重视，是因为他是田单的亲信。而田单早就心怀不测，暗暗与各国英豪交结，藏有篡位之心，大王应加注意。”

齐王听了，不免怀疑田单。田单知道了这个消息，自己脱去官服，披发赤足，裸露着上身到齐王面前请罪，这才平息了齐王的怒气。

貂勃回到齐国，齐王赐宴，并传呼：“叫相国田单来！”

貂勃立即离座叩头：“请问大王比周文王哪个贤明？”

齐王说：“寡人怎能比得上文王。”

貂勃又说：“大王比齐桓公如何？”

齐王说：“寡人也比不上桓公。”

貂勃说：“大王诚有自知之明。但文王得吕尚，尊之为太公；桓公得管仲，尊之为仲父；今大王得安平君（安平君是田单的号），而直呼之为田单田单，岂是仁君待贤臣之道？以功而论，从古到今，有谁能超过安平君的呢？当年燕国兴兵犯齐，连下齐七十余城，大王逃往莒邑山中。安平君以即墨一小城，残卒七千名，擒住燕国主将骑劫，恢复齐国全部失地。那时安平君果有自立之心，谁敢阻止？但安平君以大王为重，于山中建栈道，迎大王回都，大王方能君临齐国。今齐国以安平君为相，国泰民安，大王竟不以安平君之功为功，开口闭口田单田单，此亡国之音也。当然，大王是听信了那九个宠臣之言，才对安平君这样态度，如大王不及早杀那九个奸臣，齐国就要大难当头了！”

齐王大悟，当即杀了佞臣，向田单谢罪，并增加了他的封地，食邑万户。

弹丸之地

【释义】弹丸：弹弓所打的泥丸。比喻地方极小。

【出处】汉·刘向《战国策·赵策三》。

战国时期，一次，秦国在长平大破了赵国军队以后，又派人索取赵国六座城，否则不肯罢休。赵国一片恐慌，赵王犹豫不决。无奈之下，赵王求助于新从秦国来到赵国的楼缓。

楼缓说："我刚从秦国来，说不给城池吧，又没有办法，说给吧，大王您又要怀疑我为秦国说话，所以我不敢说。假如我要真心为您考虑，我认为不如把城池给秦国。"

赵国大臣虞卿听到这话，上朝晋见赵王，一针见血地指出："这是楼缓掩饰真实用心的诡辩。秦国在长平一战后是力倦而归。赵国如果答应给六城，实际上是帮助秦国得到了力所不能及的东西。"赵王又把虞卿的话告诉了楼缓。

楼缓说："虞卿能够完全了解秦国实力所能达到的地方吗？如果他确实知道秦国力量已经不够，那六城那么弹丸之地完全可以不给。假如秦国明年再一次来攻打大王，那就恐怕不是六城的问题，而是要割让大片富庶之地才得以求和了。"

赵王问："假如割让六城给秦国，你能保证明年秦国不来进攻赵国吗？"

楼缓不动声色地把责任推给了赵王，他说："这不是我所能担保的。过去韩、赵、魏三国都与秦国友好，现在秦国放开韩、魏，单独进攻大王，必定是大王侍奉秦国不如韩、魏吧。"

骑虎难下

【释义】比喻事情做到一半，只得继续做下去。

【出处】唐·房玄龄等《晋书·温峤传》。

公元328年，苏峻和祖约两个镇将以"除君侧，杀权奸"为名，率领军队进入都城建康，掌管了朝政大权。

在这紧急关头，江州刺史温峤挺身而出，拥戴征西大将军陶侃为盟主，起兵讨伐叛军。由于叛军人多势众，陶侃接连打了几个败仗。不久，军粮也发生了困难。

这时，陶侃产生了畏难心理，他责备温峤说："起兵的时候，您说要将有将，要粮有粮，只要我出来当盟主就行了。可现在将在哪里？粮在何方？如果粮米再接济不上，我只能带领本部人马回老家去了。”

温峤不以为然，反驳他说：“战胜叛军，最重要的是靠队伍自身的团结。现在皇上蒙难，国家正处在危急关头，我们仗义讨伐叛贼，决不能掉转方向，改弦易辙。就好比骑在猛兽身上，不把它打死，怎么能半途下来呢！”

陶侃听了温峤这席话，觉得很有道理，他们仔细地商量了作战计划，从水陆两路进攻叛军。温峤又亲自率领一支精壮的骑兵，突然袭击叛军。最后，讨伐终于取得胜利。

唐朝人避讳，把“虎”字改为“兽”。所以骑在猛兽身上即是骑在老虎身上。“骑虎难下”这个成语，最初就来自温峤对陶侃说的那段话。

筚路蓝缕

【释义】筚路：柴车。蓝缕：破衣服。驾着柴车，穿着破旧的衣服。形容创业艰辛。

【出处】春秋·左丘明《左传·宣公十二年》。

春秋时期，有一年，楚庄王领兵攻打郑国，郑国派大夫皇戌到晋国求援。皇戌对晋国将领们说：“现在，楚军轻而易举地获得胜利，因此很骄傲，他们现在人困马乏，没有戒备。如果你们出兵攻打，与我们联合作战，一定能够大败楚军。”晋军中军副将先縠非常同意这种主张。

可是下军副将栾书却极力反对。他说：“楚国自从灭掉庸国以来，经常教育百姓不要忘记建设国家的艰难，要经常警惕祸患的到来。楚王还经常告诫百姓不要忘记，楚国先君若敖、蚡冒开创基业时坐着柴车、穿着破烂衣服开辟山林荒地的艰难（筚路蓝缕，以启山林）。这样看来，楚军怎么会骄傲呢？师出无名就要打败仗，我军攻打楚军，我军无理，楚军有理。楚国国君亲自统率大军，昼夜警戒，严防意外，怎么能说他们人困马乏、没有戒备呢？”

由于主战派的意见占了上风，晋国没有采纳栾书的正确意见，因此，晋国的军队被楚军打得大败。

锐不可当

【释义】锐：锋利。当：阻挡。锋利得无法阻挡。形容来势凶猛，不可阻挡。

【出处】宋·欧阳修《五代史记·王峻传》。

五代时期，周太祖郭威即位不久，原来后汉的河东节度使刘旻为扩大地盘，率兵攻打晋州，周太祖便派王峻去征讨。王峻率军到达陕州以后，下令让部队停驻休整，这一停就是十几天。周太祖心里着急，就派了使者翟守素快马加鞭赶到陕州，对王峻说：“你再按兵不动，太祖就要亲自出征了。”

王峻悄悄对翟守素说：“急什么？晋州城防守坚固，刘旻是攻不进的；而且刘旻的军队来势汹汹，锐不可当，我若正面迎击，难免损兵折将。我之所以留在这里，不是我怕他，而是避开锋芒，观察形势，伺机反击。再说，太祖刚刚即位，立足未稳，应该先对各方藩镇施以威德。你回去告诉太祖，据我观察，兖州节度使慕容彦超已有谋反的迹象，太祖如果出征离京，万一慕容彦超攻入京师，那多危险！”

周太祖接到使者的报告，恍然明白王峻的智谋确实不凡，又很忠诚于自己，于是对他更是优礼有加。

王峻在送走使者翟守素之后，就命令军队向晋州推进，在离开晋州三十里的地方扎营 。刘旻听说后周派了常胜将军王峻前来，心里畏惧，就悄悄撤退了。

强弩之末

【释义】弩：古代发箭用的机械。末：弓箭射程的末梢。比喻强大的力量已经衰竭，不再能起作用。

【出处】汉·司马迁《史记·韩长孺列传》。

西汉初年，匈奴经常兴兵南下，骚扰汉朝的边境地区，为此，汉高祖刘邦曾亲率数十万大军，北上征讨匈奴，但最后以失败而告终。用武不成，就决定对匈奴实行“和亲”政策。

匈奴首领单于表面上答应与汉朝讲和，但没隔多久，就撕毁和约，接二连三地发兵南侵，汉军被迫应战，双方一直处于时战时和的局面。

公元前135年，匈奴派出使臣到汉朝请求和亲，汉武帝就召集大臣商议此事。大臣王恢曾长期担任边郡的官吏，对匈奴的情况非常熟悉，他不同意与匈奴和亲，主张起兵攻打匈奴。

御史大夫韩安国极力反对王恢的主张，说：“派大军到千里之外去作战，一定不会有好的结果。匈奴兵力强大，如果我们派兵出征，汉军需要行军几千里才能打到匈奴，人马必定疲惫不堪，这就好像用强弩射出去的箭，飞到射程的末梢，力量就会减弱到连薄薄的绸子也穿不透（强弩之末）；这并不是因为它们开始时力量不强，而是因为到了最后，力量衰竭，起不了什么作用了。因此，派兵远征匈奴是不明智的举动，不如与匈奴和亲。”

于是，汉武帝采纳了这一建议，同意与匈奴和亲。

蜗角虚名

【释义】蜗角：蜗牛之角，微小的意思。比喻人们微不足道、毫无作用的名声。

【出处】战国·庄周《庄子·则阳》。

战国时，魏惠王与齐国田侯（齐威王）牟结成联盟，后来田侯牟背叛了盟约，魏惠王非常气愤，打算派人去刺杀田侯牟。公孙衍劝魏惠王说：“大王身为一国之君，却采取一般百姓的报复手段，我真替大王感到惭愧。不如给我二十万甲兵，攻打齐国，活捉他的老百姓，抢走他们的牛羊，使田侯牟一想到此事就浑身冒汗，在此之后再攻占他的国家，捉住他，鞭打他的背，折断他的骨头。”

季子在一旁听了，耻笑说：“魏国有七年不打仗了，这可是一件好事，是大王立国之本。公孙衍这个捣蛋的人，无端挑动战争，大王不要听他的！”

惠子知道了这场争论，弄不清究竟哪一方对，就请教一个叫戴晋人的读书人，并将他引荐给魏王。戴晋人并未直接回答问题，而是说：“蜗牛的左角上有一个国家叫触氏，右角上有一个国家叫蛮氏。有一次两国为了争夺地盘而发生战争，双方大战了半个月，死亡好几万，一时间弄得遍地都是尸体。后来触氏国打胜，乘胜追击，占领了蛮氏国不少的地方。”

魏王说：“哎，你也太夸张了，世界上哪有这样的事！”

戴晋人解释说：“事情虽然有些夸张，但道理是一样的。蜗角两国所争夺的地盘，人类看到不过是针尖大；同样，人类所争夺的地盘，在一个真正完美的人看来，也不过针尖大。他们完全是为了蜗角的虚名在进行战争！”

戴晋人走后，魏王先是怅然若失，以后又佩服地说：“这见解太新鲜了！这人真了不起！”

缘木求鱼

【释义】缘：攀缘，爬到树上去找鱼。虽然努力行动，但收不到效果。

【出处】战国·孟轲《孟子·梁惠王上》。

战国时期，齐宣王想称霸天下。

孟子对齐宣王说：“难道动员全国军队，使将士冒着危险，去和别的国家结成仇怨，这样做您心里痛快吗？”

齐宣王说不是这样，而是为了满足自己最大的欲望。

孟子问：“您最大的欲望是什么呢？”

齐宣王笑了笑，但却不作回答。

孟子说："您现在吃的穿的用的住的，都好到极点，还感到不能满足，那么您是想要扩张国土，使秦楚那样的大国都来朝贡您，四方外族也都服从于您，从而做天下的霸主。然而，用您这样的做法满足您这样的欲望，就好像爬到树上去捉鱼一样（缘木求鱼）。"

齐宣王说："会有这样严重吗？"

孟子说："恐怕比这更严重。爬上树去捉鱼，虽然捉不到，却没有祸害。以您这样的做法想满足您的欲望，如果费尽力气去干，不但达不到目的，而且一定会带来祸患。"

嫁祸于人

【释义】将祸害推给别人。

【出处】汉·司马迁《史记·赵世家》。

战国后期，公元前262年，韩国上党（今山西省太行山地区）太守冯亭派人到赵国，向赵孝成王表示，想把上党地区十七座城镇交给赵国管辖。

赵孝成王非常高兴，他找平阳君赵豹商量这件事。赵豹说："无缘无故得到好处，其中必有什么缘故，使人费解。"

赵豹想了想又说："上党这块地方，秦国早就打了主意，韩国现在所以不把上党让给秦国，而是交给赵国，这是打算嫁祸给我们赵国啊（嫁祸于赵）！强大的秦国天天在打主意而没有得到上党，我们弱小的赵国却轻易地得到了，我们千万不能接受呀！"

赵王认为赵豹虽说得有理，但上党这块地方他太需要了，便说："我们派百万大军去攻打，一年半载都得不到一座城池。现在不费一兵一卒，一下子就得到十七座城镇，这个好处可太大了。"

赵孝成王又找平原君赵胜商量，赵胜同意赵王的意见。于是派军进驻上党长平（今山西省高平县）。公元前259年，赵将赵括驻守长平，结果被秦军打败，赵军四十万人全部被消灭。

箪食壶浆

【释义】用箪装了食物，用壶装了水来，迎接军队。形容人民犒劳正义得胜的军队。

【出处】战国·孟轲《孟子·梁惠王下》。

战国时期，齐国攻打燕国，取得胜利。齐宣王问孟子道："当时有些人劝我不要吞并燕国，也有人劝我吞并。我想，以一个拥有万辆兵车的大国去攻打一个同样拥有万辆兵车的大国，只用五十天就打下来了，这一定是天意。"

孟子回答："如果吞并它，燕国的老百姓反倒感到很高兴，那么就吞并它。古人周武王就是这样做的。如果吞并它，燕国的老百姓不高兴，那么就不要吞并它。古人周文王就是这样做的。现在齐国去攻打燕国，燕国的老百姓用竹筐装着菜饭，用壶装着酒浆来欢迎齐国的军队，没有别的意思，只不过是燕国人民想摆脱水深火热的苦日子。但是，如果你占领了燕国，却使燕国人民的灾难更加深重，那么燕国人民就会离开你，而希望别人去救他们。"

箭在弦上

【释义】迫于形势，不得不做，就像箭已放在弦上，不得不发。

【出处】宋·李昉等《太平御览》。

汉末文学家陈琳，是"建安七子"之一。东汉后期，军阀混战。陈琳原是北方军阀袁绍的书记官。袁绍为了讨伐曹操，让陈琳写了一篇《为袁绍檄豫州》的檄文。在檄文中，不仅历数曹操各种罪状，并且痛骂了曹操祖宗三代，还号召各地共同起兵，讨伐曹操。

后来袁绍被曹操打败，陈琳投靠了曹操。有一次，曹操责问陈琳："你当初替袁绍写檄文，数说我的不是，要骂就骂我好了，为什么还要痛骂我的祖宗三代呢？"

陈琳回答说："当时我为形势所迫，不得不这样做。这就好像把箭放在弦上不得不发射出去一样。"

曹操听到陈琳的回答，觉得不无道理。曹操很喜爱陈琳的文才并没有追究这笔历史的旧账，反而对他很器重，有许多重要的檄书、文稿，曹操都让陈琳撰写。

螳螂捕蝉

【释义】螳螂捕蝉，不知黄雀已在后边想吃它。比喻只看到眼前利益，却不顾身后的危险。

【出处】汉·刘向《说苑》。

春秋时期，吴王想派兵攻打楚国，他为了表示已下定了决心，就对身边的大臣们说："谁要是来劝阻我，我就把他处死！"

有一个年轻的侍卫官，却不管吴王的命令，还是想劝吴王不要派兵进攻楚国，但是又不敢直说，于是他就拿一把弹弓，在王宫的后花园中转来转去。他衣服都被露水浸湿了，还是连续在花园里转了三天。

吴王奇怪地问他说："你早晨跑到花园里干什么？何苦把衣服浸湿成这个样子！"

侍卫官回答说："您看，花园里有一棵树，树上有一只蝉。这蝉在高高的树枝上得意地鸣叫，可是它不知道有一只螳螂正在它的身后，弯着身子，举起前爪正打算捕捉它；而螳螂也不知道有只黄雀正在它的身旁，伸长了脖子想去捕食它；然而黄雀却不知道我正拿着弹弓已经瞄准了它。它们三个都是只想到要取得眼前的利益，而没考虑到隐藏在身后的危险呀！"

吴王听了这话，顿时恍然大悟，于是，就打消了攻打楚国的念头。

鹬蚌相争

【释义】鹬：一种细长嘴的小鸟，它与蚌相争时，却被渔人趁机捕获了。比喻两方相争，却被第三者得利。

【出处】汉·刘向《战国策·燕策二》。

战国时期，赵国打算进攻燕国，著名的说客苏代就去赵国劝阻。

苏代对赵惠文王讲了一个故事：有一天，一只河蚌张开蚌壳，在河滩上晒太阳。这时有只鹬鸟，正从河蚌身边走过，就伸嘴去啄蚌肉。河蚌急忙将两片蚌壳闭合，把鹬嘴紧紧夹住。

鹬鸟与蚌争斗起来，形成相持不下的局面。鹬鸟威胁河蚌说："如果不张开壳子，今天不下雨，明天不下雨，就会晒死你！"

河蚌也不示弱，它对鹬鸟说："我把你狠狠钳住，今天不放你，明天不放你，就会憋死你！"

这时，恰巧有一个渔夫走过来，没费一点力气，就把它们两个一起捉住，拿回家去。

苏代讲完故事，就对赵惠文王说："现在赵国准备进攻燕国，如果真的打起来，燕、赵两国谁也消灭不了谁，将会长期相持不下，弄得疲惫不堪。我担心强大的秦国会像渔翁那样，乘机把赵、燕两国一起吞并掉，希望大王慎重考虑。"

赵惠文王于是就取消了进攻燕国的计划。

慧言妙语篇

一傅众咻

【释义】 傅：教导的意思。咻：喧闹。一人教，众人扰，终无成就。

【出处】 战国·孟轲《孟子·滕文公下》。

有一年，孟子听说宋国的君主要施行仁政，这正是孟子所竭力主张的，所以他特地到宋国去。

孟子在宋都彭城（今江苏省徐州市）了解了一个时期，感到情况并不像宋国国君说的那样，便打算到别国去游历。

宋国的君主听说孟子要离去，便派大臣戴不胜前去挽留，并向他请教治理国家的方法。

戴不胜说："请问，怎样才能使我们宋国的君王贤明？"

孟子说："先生要使贵国的君王贤明吗？我可以坦言相告。不过我先问一件事：楚国有位大夫，想让自己的儿子学会齐国话。据您看，应该请齐国人来教他呢，还是请楚国人来教他？"

戴不胜说："当然是请齐国人来教他。"

孟子说："对的，那位大夫请了一个齐国人，来教儿子齐国的话，可是儿子周围有许多楚国人整天在打扰他，同他吵吵嚷嚷（一傅众咻），在这样的环境中，他怎能学会齐国话呢？如果那位大夫不是这样做，而是将儿子带到齐国都城临淄（今属山东省）的闹市住几年，那么齐国话很快就会学好的。"

戴不胜向宋君复命后，宋君见孟子去意已决，便不再勉强挽留，送了他一些钱，让他离开宋国。

一蟹不如一蟹

【释义】比喻一个比一个差。

【出处】宋·苏轼《艾子杂说》。

从前，中原有一个名叫艾子的人。一天，他来到海边，因他从没见过海，一切都感到那么新鲜。他兴致勃勃地央告打鱼人带他出海。打鱼人正在收网，网里除了鱼之外，还有几只近一斤重的蟹。“那是什么？”艾子指着蟹问道。

打鱼人笑道：“你连梭子蟹都没有见过，真是个呆子！”

“能吃吗？”

“当然能吃，味道还挺不错的呢。尤其是雄蟹的油，雌蟹的黄，简直是好吃极了！”打鱼人津津乐道地介绍说。

不久，艾子又看到一种类似梭子蟹的怪物，只不过比梭子蟹要小一点，大的至多半斤重。

“这是不是叫梭子蟹？”艾子问。

当地人善意地嘲笑他一番，然后说：“梭子蟹生长在海洋的咸水里。这种也是蟹，但生长在淡水里，大家叫它螃蟹。”

后来，艾子居然发现一种长相像螃蟹，可是比螃蟹要小得多的“蟹”。它的壳最大的也不超过铜板那么大。

“这是否还叫蟹？”艾子问当地人。

有人说：“这是蟹的一种，叫螃蜞。”

艾子仰天长叹道：“老天爷呀，您竟然造出如此相像却又不同的东西！可是，为什么一蟹不如一蟹呢！”大家都笑了。

一木破天

【释义】一个“木”字加一横且露头，就成一个“未”字。隐指时机尚未成熟。后喻谋逆未成。

【出处】宋·李搬等《太平广记·神仙》。

东晋大臣王敦久怀篡逆之心，一天做了一个梦，梦见一木刺破青天。

他问吴猛说：“我想做皇帝，你看好吗？”

吴猛说：“木上一横且破天，是一个‘未’字，‘未’即不可，你不要轻举妄动，因为晋的天下还未衰亡。”

后来，王敦谋逆果然未成，死于军中。

千岩万壑

【释义】形容山峦连绵起伏，山势险峻。

【出处】唐·房玄龄等《晋书·顾恺之传》。

晋朝著名的书画家顾恺之先前在桓温属下当大司马参军，两人友情很深。桓温死后，顾恺之谒拜坟墓，并写诗纪念：

山崩溟海竭，
鱼鸟将何依？

朋友们见此诗，问他说：“你对桓温敬重到如此程度，对他的死你一定痛哭得很厉害吧？”顾恺之张口念出两句诗来：

声如震雷破山，
泪如倾河注海。

众人听了，无不佩服他的文才。顾恺之后来在荆州当参军，一次从浙江会稽回到荆州，朋友们问他：“听说会稽是个山明水秀的地方，风景一定很美，你讲给我们听听！”顾恺之不慌不忙地吟出几句诗来：

千岩竞秀，万壑争流，
草木曚寔，若云兴霞蔚。

后人将“千岩竞秀、万壑争流”简缩为成语“千岩万壑”。

亡羊补牢

【释义】 丢失了羊，补好羊圈。比喻事情出了差错，及时补救，以避免再有损失。

【出处】 汉·刘向《战国策·楚策》。

战国时代，楚国大臣庄辛，一天对楚襄王说："你在宫里面的时候，左边是州侯，右边是夏侯；出去的时候，鄢陵君和寿跟君又总是随着你，这四个人只知享乐，不管国家大事，这样下去楚国恐怕就要灭亡了。"

楚襄王骂道："明明国家太平无事，可你故意说这些险恶的话，是来惑乱人心吗？"

庄辛回答说："臣不是有意要冒犯大王，只是觉得如果你一直宠信这些人，楚国是一定要灭亡的。你既然不信我的话，请允许我避居到赵国，看事情究竟会怎样。"

襄王答应了。庄辛到赵国才住了五个月，秦国果然派兵侵犯楚国。襄王被迫流亡到阳城（今河南息县西北），这才觉得庄辛的话不错，赶紧派人把庄辛找回来，问他有什么办法。

庄辛说："我听说过：'看见兔子才想起猎犬（见兔而顾犬），这还不晚；羊跑掉了才补羊圈（亡羊而补牢），也还不迟。'只要我们能及时改正错误，不论任何失败都还有挽回的机会。"

子虚乌有

【释义】 子虚：不真实的事；乌有：哪有，原为假设的人名。后用来比喻假设的或不存在的人、事。

【出处】 汉·司马相如《子虚赋》。

西汉著名的词赋家司马相如曾在梁孝王那里供职，梁孝王有一座"梁园"，方圆三百余里，园内景色美不胜收。司马相如在那里住了三年，并在那里写下了名作《子虚赋》。

《子虚赋》的内容是：楚王派一个叫子虚的人拜访齐王，齐王率领全国狩猎能手，陪同子虚进行了一次大规模的游猎活动。过后齐国乌有先生询问子虚对这次游猎活动的感受，期望得到赞扬。可是，子虚却大谈楚王的游猎活动是如何壮观，目的是贬低齐王的游猎活动。乌有先生竭力为齐王辩护，双方谁也说服不了谁。……此文写得辞藻华丽，场面宏伟。汉武帝读了之后大为赞叹，下令召见司马相如。

司马相如说："《子虚赋》写的是诸侯游猎的场面，如果是天子的游猎，那场面一定还要壮观宏大。"汉武帝大喜，请司马相如再写。这样，司马相如就又写下了《上林赋》。

《上林赋》写的是亡是公听了子虚、乌有先生各自夸耀本国君主游猎盛况的对话后，认为齐、楚之事都不足道，于是，他介绍了天子游猎活动的气魄和天子花园上林苑的壮丽。文章末尾，司马相如对诸侯、天子贪恋游猎、荒废政务的行为作了讽谏，主张修明政治，提倡节俭。

己所不欲，勿施于人

【释义】指自己不愿意的，不要强加于别人。

【出处】春秋·孔丘弟子《论语·颜渊》。

一次，孔子学生仲弓问孔子："先生，请问怎样立身处事才合乎'仁'的道德？"

孔子说："一个人待人接物，都要严肃、认真和谨慎。自己不喜欢的事，不要强加给别人（己所不欲，勿施于人）。不论在朝廷做官，还是落职在野，都不要发牢骚。"

仲弓感激地说："我虽然迟钝，但先生的话我还是要牢记心上。"

不足回旋

【释义】回旋：转动。形容处境局促，转身都不便。

【出处】汉·班固《汉书·景十三王传》（应劭注）。

汉景帝时的某年，各地的诸王齐来朝见。景帝设宴招待，并叫大家舞蹈祝寿，狂欢作乐。大家就高兴地挥手举足，舞将起来。但是封于长沙的定王却舞得很别扭，好像不敢伸展手脚的样子。别人都讥笑他舞得不好。景帝问他为什么这样，是不是不会舞蹈。他说："我哟，国小地窄，不足回旋！"这分明是借舞蹈来抒发自己的不满。景帝明白了他的意思，就把武陵、零陵、桂阳三个地方加封给他，扩大了他的地盘。

五十步笑百步

【释义】比喻自己跟别人有同样的缺点或错误，只是程度上轻一些，却讥笑别人。

【出处】战国·孟轲《孟子·梁惠王上》。

一次，梁惠王对孟子说："我对国家真是尽心尽力了，如果河内地方遇到饥荒，我把那儿的居民迁到河东去，又把河东的粮食调到河内；河东出现同样的灾情，我也照样这样做。你说有哪个国家的君主能像我这样替百姓办事呀？可我们魏国的百姓还是不能增多，邻国百姓也不见减少，这是什么道理呀！"

孟子说："我先说个故事你听听：一次两国交战，一方的将士刚听到鼓点一响，就抛下盔甲、拖着兵器向后逃跑。有的士卒跑得快，一口气跑了一百步远；有的士卒跑了五十步就停住了。这时候那些只跑了五十步的士卒嘲笑跑了一百步的人说：'你们真是胆小鬼，跑得那么快！'您说他们骂得有理吗？"

梁惠王说："跑五十步也是逃跑，干吗耻笑跑一百步的！"

孟子说："你明白这个道理，就知道魏国也不比别国强多少了。如果您在农忙季节，春种、秋收时不去征兵、征工，那魏国的粮食就多得吃不完；如果禁止用网眼过小的渔网去湖里捕鱼，那鱼就总会生生不绝；树木砍伐假若加以限制，木材也会使用不尽。有了这些条件，老百姓能不拥护您吗？您再下令多植桑树，多养猪狗鸡，让大家能穿上丝绵吃上鸡肉，那天下的百姓能不归附于您吗？然而现在却不是这样。大王如果认真改革朝政，那魏国是会强盛起来的……”梁惠王点头称是。

牛鬼蛇神

【释义】指社会上惯于兴风作浪、妖魔鬼怪式的人物。

【出处】唐·杜牧《李贺诗序》。

李贺是唐代后期多才而短命的一位诗人，只活了二十七岁，但写了不少著名诗篇。他所写的“雄鸡一唱天下白”（《致酒行》），“黑云压城城欲摧”（《雁门太守行》）等名句，至今为人们所传诵和引用。

李贺的诗，以构思独特、词句新奇见长，真有“语不惊人誓不休”的气派。当他还在少年时代，就被著名文学家韩愈所赏识。他成名后，诗人杜牧后来还给他写过《李贺诗序》。

因为李贺有些作品意境虚幻，想象丰富，充满了浪漫主义的色彩，所以杜牧在《李贺诗序》中评价说：“鲸呿鳌掷，牛鬼蛇神，不足以虚荒幻诞也。”

杜牧借用张嘴的鲸、猛跳的鳌、牛头鬼、蛇身神等巨大和怪异的动物或鬼神形象，来比拟李贺诗的惊人出众，说鲸鳌牛蛇都不及他的诗那样虚幻荒诞，本来是赞美和叹赏的意思，可是现在，人们引用“牛鬼蛇神”这句成语时，含义却有了变化，成了贬义词。

分道扬镳

【释义】镳：马勒口。把马勒口向上提，驱马分路而行。后比喻各干其事，各奔前程。

【出处】唐·李延寿《北史·魏诸宗室·河间公齐传》。

南北朝时期北魏孝文帝的时候，有一天，洛阳县令元志乘车出门，在路上碰巧遇上了朝廷的御史中尉李彪。双方都不愿让路，为此争持不下，两人只好一块来见孝文帝，让皇帝裁决。

见了孝文帝，李彪说："我是朝廷上的近臣，哪有洛阳令与我抗衡的道理？"

元志说："我是洛阳县令，凡是居住在洛阳的人统统编在我的户籍里，我岂有趋避中尉的道理？"

孝文帝看看他们二人，都是自己的亲近臣僚，不好评判是非，只好说："洛阳是我们的国都，自然应该分路而行，驱马前进，自今以后，你们分开走吧！"

《北史》中的原文是："孝文曰：'洛阳，我之丰、沛，自应分路扬镳。自今以后，可分路而行。'"

火树银花

【释义】火树：树上灯火通明之意。银花：指灯光雪亮。比喻灯火光彩绚丽的景象。

【出处】唐·苏味道《正月十五夜》。

唐睿宗很懂享乐，虽然只当了三年的皇帝，但不管什么佳节，他总要用很多的物力人力大肆铺张一番，供他游玩。他每逢正月元宵的夜晚，一定要扎起二十丈高的灯树，点起五万盏灯，号为火树。后来诗人苏味道就写了一首《正月十五夜》的诗，描绘它的情景：

火树银花合，
星桥铁锁开。
暗尘随马去，
明月逐人来。
游妓皆秾李，
行歌尽落梅。
金吾不禁夜，
玉漏莫相催。

于是，就产生了“火树银花”这条成语。

引而不发

【释义】比喻善于启发、诱导。

【出处】战国·孟轲《孟子·尽心上》。

有一天，公孙丑向先生孟子提出了一个问题：“先生，您给我们讲的道的确是极好的，可就是太难了，有点像登天一样，攀不上去。为什么它不能变得浅显一些，让大伙都可以学到手，我们也好每天去接近它呀？”

孟子神秘地说：“一个高明的工匠，他使用的规矩别人是很难掌握的。但他绝不会因为别人掌握不了而废弃自己的规矩；古代的神射手后羿，他的弓别人是很难拉开的，但他不会因为别人不中意而改变自己开弓的标准。圣贤君子教导别人也如同射手一样，张满了弓，却不发箭（引而不发），做出跃跃欲试的姿势，让你从中受到启发，领会其中的技法。传授道的人也是这样，他站在路中间，有能力的人便随从他去……”

公孙丑猛然醒悟：“原来先生是让我随时随地细细领悟呀。”

白驹过隙

【释义】白驹：白色骏马，喻指太阳像白色的骏马在缝隙中飞快地越过，比喻时间过得极快，一闪而过。

【出处】战国·庄周《庄子·知北游》。

有一次孔子专程去请教老子说：“先生学问高深，请给我讲讲道学吧！”

老子说：“你想问道的学问，必须先去掉杂念，清净精神，心志专诚，洗涤身心，然后才能听讲玄道。不过今天我先粗略地给你说一说吧！我先说人吧。人活在天地之间，时间是十分短促的，好像骏马过狭窄的空隙，一闪而过（白马过隙）。世上的事情，总在变化不停，生的生，死的死，生了死，死了生。生死往来皆是变化，本来是不足为奇的。可是对于死，人们却感到悲伤，这是人还被生死的观念所束缚，如果将死看成骨肉埋在地下，精散天空，变成无形的东西，这便是从有形归之无形，也就没什么可以感到悲哀的了。道这个东西，不可以多求问，关键在于领会它的妙处，真正弄懂了，就能深得其奥秘……”

孔子谢过老子，回去细细地琢磨他的道理。

当务之急

【释义】当：当前之意。务：事情。比喻当前要办理的是许多事务中的要事、急事。

【出处】战国·孟轲《孟子·尽心上》。

有一次，有弟子问孟子说：“先生，现在要读的书很多，要做的事情也很多，应该如何下手呢？”

孟子回答说：“要先抓最重要的事情来做，不要面面俱到。比如拿古代的圣主尧舜来说，他们集中精力，先处理急于要办的首要事务。尧舜的仁德能够普遍地爱一切人，但他们急于所爱的是世上的贤人和亲人。聪明的人应急于做当前重要的工作，讲仁义的人应该先爱贤者和亲人。”

弟子说：“先生，我懂了，学习仁德是我的当务之急，对吧？”

孟子点头称是。

老生常谈

【释义】老生：年老的书生。常谈：指陈腐过时的言论或听惯了的老话，没有新鲜见解。

【出处】晋·陈寿《三国志·魏书·管辂传》。

三国时代，魏国有个人名叫管辂，八九岁时便能在泥土上画出日月星辰的形象，并加以解说，长大后对周易了解很透彻。他常替人占卜，每次都很灵验。

有一次，吏部尚书何晏将管辂请了去，另一个尚书邓飏也在座。何晏对管辂说："听说你能未卜先知，请你替我卜一卦，看我有没有做三公（最高的官职，即司徒、司寇、司空）的希望，还有，我最近连续梦见十几只苍蝇扑向我鼻上来，赶也赶不走，不知是什么缘故？"

管辂说："请原谅我直说，从前周公辅佐成王，经常是坐着等待天亮，由于他的尽忠职守，才使成王国运兴隆，各国诸侯都拥护他，这完全是遵循天道的结果，不是卜筮可以说明的。现在你权高势赫，但感怀你德行的人少，惧怕你威势的人却多，这不是好现象。相书说，鼻的位置在天中，苍蝇贴面，主危。我希望你上追文王，下思尼父（孔子），则三公可望，苍蝇可驱了。"

邓飏在旁听了说："此老生常谈，我都听厌了。"

半途而废

【释义】废：停止或废除。比喻事情没做完就停止了。

【出处】南朝·宋·范晔《后汉书·列女传》。

一天，河南有个叫乐羊子的读书人在路上拾到一块金子，带回家来，交给妻子。

妻子摇摇头说："我听说有志向的人不喝盗泉的水，不吃嗟来之食，把拾到的东西带回家里是很不好的行为。"

乐羊子听了妻子的话，十分惭愧，急忙把那块金子送回原处。然后自己去很远的地方，拜师求学去了。

一年之后，乐羊子跑回家来。妻子问他："你不是求师读书去了吗？怎么回来了？"

乐羊子笑着说："时间长了，我挺想你，所以回来了。"

妻子听罢，拿出一把剪刀，拉他到织布机旁，轻声地说："你瞧，我日积月累才能织出一寸、一尺、一丈、一匹的绸子。如果我一剪子将它剪断，就会前功尽弃。你读书也是这个样子呀，如果半途而废，不就像剪断了丝线一样，白费了心思吗？”

妻子的话深深地感动了乐羊子，他第二天便离家外出，继续求学，一连七年没有回家。

杀鸡焉用牛刀

【释义】比喻做小事不必花大力气，就像杀鸡不必用杀牛的刀。

【出处】春秋·孔丘弟子《论语·阳货》。

孔子的弟子言偃（即子游）到武城（在今山东省费县西南）做官。他并不因为这是一座小城而掉以轻心，照样遵照老师的教导，向百姓倡导礼乐，要求他们经常弹琴唱歌。

一次，孔子带着几个弟子外出，经过武城，听到那里到处是弹琴唱歌的声音，便微笑着说：“杀鸡焉用牛刀？”他认为武城是个小地方，而礼乐属于大道，治理这样一块小地方，施用礼乐大道，就好比用宰牛的刀去杀鸡，没有什么必要。

言偃向孔子问道：“从前我听老师教导说，统治百姓的人学了礼乐的大道，就会懂得爱护百姓；百姓学了礼乐的大道，就会变得容易驱使。难道老师的这个教导对武城是不适用的吗？”

孔子顿时醒悟过来，转身对随行的弟子们说：“言偃说的话是对的。我刚才说的‘杀鸡焉用牛刀’，不过是跟他开玩笑罢了！”

各得其所

【释义】所：住所之意。指每个人得到适当的安置，使大家都满意。

【出处】汉·班固《汉书·东方朔传》。

汉武帝的妹妹隆虑公主有个儿子叫昭平君，是汉武帝的女婿。昭平君倚仗自己是皇亲国戚，非常骄横。隆虑公主担心自己死后，儿子会犯死罪。有一天，她对武帝说：“我以一千斤黄金、一千万钱为昭平君预赎死罪。”汉武帝答应了。

隆虑公主死后，昭平君果然因酒后杀人被捕入狱。掌管司法的廷尉上奏武帝，请示处理意见。武帝感到很是为难。

朝廷的很多大臣都说：“公主早已替他赎了死罪，陛下就赦免他吧！”

武帝却说：“法令是必须遵守的，如果因为我的亲属而破坏法令，岂不失信于民？”他狠了狠心，还是下令处死了昭平君。

处死了昭平君，汉武帝心里很难过。这时，东方朔却上前劝酒说：“赏功不论仇敌，罚罪不论骨肉，这两点您做到了，百姓就会各得其所。”

武帝心情逐渐平静了。

抛砖引玉

【释义】就像抛出一块砖引来了美玉。比喻用不成熟的意见或文章，引出别人高明的、成熟的意见或文章，是一个自谦词。

【出处】宋·道原《景德传灯录》。

唐朝时，有个叫做从稔禅师的名僧，常在寺里给和尚们讲经说法。

名僧讲经，有时总不免故弄玄虚，使别人觉得莫测高深。禅师教授学徒的时候，他的一言一行中都有“机要秘诀”，他们把这称为“禅机”。禅师提出一个含义隐晦的问题，如果弟子的回答，禅师感到满意，那就表示这个弟子“得道”；当然，有些僧人对禅师所讲的内容不能领悟，那就要受到责骂了。一天，从稔法师讲完经，说：“我刚才讲解了佛经，也提出了让你们思考的问题，谁能回答和引申解释的，请出来说。”

有一位僧人行完了礼，正要开口说话时，谁知从稔禅师却拦住了他的话头，对僧人们说：“我刚才提出了问题，请大家回答解释，是希望你们对佛经能够理解得更深，这就好比抛砖引玉一样，想不到美玉没有引回，却引回了一块生砖坯！”

那位僧人迷惑地站在众人面前，实在不知道自己错在哪儿，因为他还没有开口说话呢！

名落孙山

【释义】指榜上无名，考试未被录取。

【出处】宋·范公偁《过庭录》。

宋朝时候，有一个人名叫孙山，为人幽默风趣。有一年，他外出参加科举考试，结果考上了举人。但是在榜上，他的名字排列在最后，也就是倒数第一名。

回到家乡，乡亲们都来看他，其中有人向他打听自己的儿子考没考上。他没有直接回答，却诙谐地说：

解名尽处是孙山，

贤郎更在孙山外。

意思是说，在公布录取考生的榜上，最后一名是我孙山，你的儿子还在我孙山的后面呢，即没有考取。

后人根据这个故事，提炼成“名落孙山”这一成语。

别有天地

【释义】另有一种境界，也形容风景引人入胜。

【出处】唐·李白《李太白全集·山中问答》。

唐代大诗人李白年轻的时候，身佩宝剑，辞别亲人，离开故乡，出外远游。几年间，漫游了现湖南、湖北、江苏、浙江的许多地方。他抱负远大，渴望参加政治活动。

李白四十二岁时，受到唐玄宗召见，他的诗才在京中轰动一时。但当时的唐玄宗是个一心追求享乐的“太平天子”，国家政务操纵在奸相李林甫和宦官高力士手中。唐玄宗只希望李白做一个歌功颂德的御用文人。当李白看清唐玄宗确实没有重用自己的意思之后，担心会因小人的诽谤而遭祸害，就自动要求离开朝廷。在长安的三年生活中，他认清了现实的黑暗和统治者的腐败，写出了许多有深刻思想内容的诗篇。

李白离开长安后开始了十年的漫游生活。由于在现实生活中屡遭挫折，他产生了求仙访道的想法，希望摆脱丑恶现实，追求美好生活。《山中问答》就是一首追求美好境界的诗。大意是：

有人问我为什么栖宿在碧山，
我微笑着没有回答，心中自在悠闲。
且看那桃花随着流水自由自在地飘向远方，
这里别有天地，不同于黑暗、污浊的人间。

别开生面

【释义】 生面：新的面目。使原来已经暗淡模糊的画面重放光彩。比喻另创新局面、风格或形式。

【出处】 唐·杜甫《丹青引》。

曹霸是唐代著名的画家，特别擅长画人物和马匹。他的名声很大，就连居住在深宫里的玄宗皇帝也知道他的名字，经常把他召进宫，让他当面挥笔作画。

长安城里的太极宫中，有一座著名的凌烟阁。凌烟阁四壁画着二十四幅唐朝开国功臣的肖像。这些肖像是唐初大画家阎立本的作品，一幅幅惟妙惟肖、栩栩如生。七十多年过去了，凌烟阁中的功臣像大部分已经剥落，色泽暗淡模糊，失去了原有的光彩。有一天玄宗想起了曹霸，就派人召他进宫，让他把全部功臣的肖像重新画过。

曹霸来到凌烟阁上，全神贯注地开始创作。几天后，二十四幅功臣肖像就全部画好了，其中画得最生动逼真的是褒国公段志宏、鄂国公尉迟敬德。这两位功臣都是著名的武将，曹霸把他们画得神采飞扬、英姿飒爽，似乎头发须眉都在耸动，好像正要冲上阵去与敌人厮杀。唐玄宗非常满意，给了曹霸很多赏赐，并且封他当左武卫将军。

后来，曹霸因为一件小事没有办好，被削职为民，离开了长安。“安史之乱”爆发后，为了躲避战乱，曹霸流落到成都，靠给过路的行人画像勉强维持生活。

这时，著名的大诗人杜甫也避乱来到成都，住在城郊浣花溪畔的草堂里。有一天，杜甫在朋友家中看到曹霸的《九马图》，就进城去四处寻访他，终于在街头见到了曹霸。杜甫十分同情他的不幸遭遇，就写了一首《丹青引》送给他。杜甫在诗中高度评价了曹霸的艺术成就，称颂他：

凌烟功臣少颜色，
将军下笔开生面。

后来，“笔开生面”演化为成语“别开生面”。

舍我其谁

【释义】除了我还有谁呢？狂妄自信地认为能适合担任某项任务。

【出处】战国·孟轲《孟子·公孙丑》。

一天，当孟子开堂讲学后，一个学生问道：“先生昨天讲到，人最重要的是有‘不忍人之心’，那是什么意思呢？”

孟子说：“所谓不忍人之心，就是不忍无故伤害别人的想法。从前的贤王，如周文王等，有了这种思想，所以能建立一个统一的国家。如果现在的统治者都不愿伤害别人，而是爱护自己的百姓，那么，治理天下不就像手掌上运转一个小泥丸一样的容易了吗？为什么说人都有不忍人之心呢？举个例子来说，人们看见一个可爱的小孩子掉进一口深井里，心里都会产生一种恐惧同情的念头，一个人具备了同情心，就知道羞耻，就产生了智慧，这是一个人最基本的东西呀。如果将它发扬光大，就像刚刚点燃的火焰，缓缓流出的泉水一样，还能够逐渐扩大，那不就可以安定天下了吗？”学生听了都点头称赞。

后来当孟子离开时，一个学生在路边问他：“先生，您好像有点不愉快！您不是说过君子不埋怨上天，不归罪于别人吗？”

孟子一下子笑了，说：“过去是一个时代，现在又是一个时代，历史每过五百年就要产生一个英明的君王和圣贤，从周武王开国到现在，已经七百多年，如果上天要产生一个圣贤，除了我以外，还有谁呢（舍我其谁也）？”

空穴来风

【释义】穴：洞。有洞穴就会招来风。形容事情凭空发生，没有根据。

【出处】战国·宋玉《风赋》。

楚国人宋玉，是屈原的学生，他是当时著名的文学家。

有一次，他陪着楚顷襄王到兰台去游玩，到了台上，正好有一阵风徐徐地吹来，顷襄王披着衣襟，迎着凉风觉得很舒服，口里不觉说道：“这阵风真凉快！这是我和老百姓们共有的呀！”

宋玉因为顷襄王淫乐无道，又听信了他弟弟令尹子兰和上官大夫靳尚的话，把宋玉的老师屈原放逐到汉北去，所以有意乘机加以讽刺，说：“这风是大王您独有的，老百姓哪里可和您共有呢？”

顷襄王觉得风的吹拂应是不分贵贱贫富的，现在听宋玉说是他独有的，觉得很是纳闷，就叫宋玉把道理说清楚。

宋玉说：“我老师屈原曾说过，枳树弯曲了，就有鸟在上面做巢；空的洞穴中，会生出风来。”（枳句来巢，空穴来风。）”宋玉用讥刺的口吻，把风划分开来，他说：“在高台上、皇宫里那些清静的地方，风当然是清凉的，所以是属于贵族的；老百姓所居住的是低洼的陋巷，即使有风吹来，都是夹杂着许多泥沙和秽臭，所以是属于老百姓的……”

卷土重来

【释义】 卷土：卷起尘土，形容人马奔跑。比喻失败后力图恢复。

【出处】 唐·杜牧《题乌江亭》。

唐朝的著名诗人杜牧曾经写过一首题为《题乌江亭》的诗，诗中写道：

胜败兵家事不期，
包羞忍耻是男儿。
江东子弟多才俊，
卷土重来未可知。

诗中说的是楚霸王项羽的故事。秦朝灭亡以后，楚汉相争，项羽被刘邦打败了，退到乌江。乌江的亭长早已为他准备好了渡船，劝他赶紧过江。可是项羽不肯上船，他将自己骑的千里马送给亭长，转身去与汉军决战，独自杀死汉军几百人，自己身上也负伤十几处，最后自刎而死。

杜牧游历到这里，看到乌江边上的亭子，想到项羽的死，还很为他惋惜：如果你当时跑到江东，也许会卷土重来呢！

北宋的王安石也写过一首《乌江亭》诗，说：

百战疲劳壮士哀，
中原一败势难回。
江东子弟今虽在，
肯为君王卷土来？

与杜牧相反，他认为项羽一败涂地，肯定不能卷土重来了。

乌江亭在今安徽和县东北苏皖界上的乌江镇。亭，是秦汉时期乡以下的行政单位。

昭然若揭

【释义】昭然：很明显的样子。形容事实的真相和本质已暴露无遗。

【出处】战国·庄周《庄子·达生》。

春秋时，有个学者名叫扁庆子，他有很多学生，其中有一个名叫孙休。

孙休是个不求上进的人，但总是怨天尤人。一天，他来到老师扁庆子家中，发牢骚说："我以耕种为业时，田里得不到好收成；到朝廷去做官，又遇不到贤明的君主；我被放逐到乡间，又遭到乡官的欺凌。真不知道我犯了什么过错，得罪了老天，才遭到这样的厄运？"

扁庆子对他说："你不知道圣人是如何确定自己行为的吧？他们十分清高，所以能把胸中的烦恼忘得一干二净，对他们所不关心的事情视而不见，听而不闻，心胸坦荡，纤尘不染，就像生活在俗世之外一样。可是你呢？整天想的，只是俗人俗事，你表达自己的俗望，炫耀自己的才能，是那么昭然若揭，就像天上的太阳、月亮，行走得是那样清楚明白，那还怎能做到像圣人那样的作为呢？你的身体不错，四肢发达，五官俱全，又娶了妻子，生儿育女，享受了天伦之乐，这不是已经很好了吗？你还有什么不满足的呢？可你还有那么多闲工夫去怨天尤人，我劝你快回家去，别再白费精神了。"

孙休听了，羞愧地回家去了。

始作俑者

【释义】当初发明用俑殉葬的人。指一件坏事的起始人。

【出处】战国·孟轲《孟子·梁惠王篇》。

孔子说："始作俑者，其无后乎！"俑是古时陪同死人下葬的木偶或土偶，面貌体态很像人形。孔子反对用太像人形的俑来殉葬。因为那样会令人心中引起不忍，所以他非常痛恨发明俑的人，他骂道："首先开始用俑的人，他是断子绝孙、没有后代的吧！"孔子的这句话，孟子有一次同梁惠王谈话时曾引用过。

孟子问梁惠王："用木棍打死人和用刀子杀死人，有什么不同吗？"

梁惠王说："没有什么不同。"

"用刀子杀死人和用政治害死人，有什么不同吗？"

"也没有什么不同。"

然后，孟子说："现在您的厨房里有的是肥肉，您的马厩里有的是壮马，可是老百姓面有饥色，郊外躺着饿死的人，这等于是国家的掌权者在'率兽食人'！（带领着野兽来吃人）您想，野兽吃野兽，人们见了尚且要感到厌恶，身为老百姓的父母官而率兽食人，那怎么能做老百姓的父母官呢？孔子说过：'始作俑者，其无后乎！'用人形的木偶、土偶来殉葬，尚且不可，又怎么可以让老百姓活活饿死呢？"

"始作俑者，其无后乎！"孔子的这句话，后来含义扩大而成为一句成语。孟子说的"率兽食人"也是一句成语。

待价而沽

【释义】等待有赏识人才的人出来，才为他出力效劳，也比喻某件物品要有个好价钱才肯出售。

【出处】春秋·孔丘弟子《论语·子罕》。

孔子在一生当中，曾多次游说许多国家，但没有得到重用，所以有时大发牢骚。但他并不灰心，总希望有机会施展他的才能，实现他的理想。

一天，他的弟子子贡，以一块美玉为例，问孔子说是把它藏在柜子里，还是找一个识货的商人把它卖掉呢？孔子毫不迟疑地回答说："卖掉它！卖掉它！我正在等待识货的人出现呢（沽之哉！沽之哉！我待贾者也）！"

成语"待价而沽"即由此概括而来。

举一反三

【释义】从一件事类推而知道其他很多事情。

【出处】春秋·孔丘弟子《论语·述而》。

有一天孔子对弟子们说："举一隅，不以三隅反，则不复也。"意思是说：先生举出一个墙角，学生就应该独立思考，融会贯通，而联想类推到其余的三个墙角，并用其他三个墙角来反证先生指出的一个墙角；如果这样去用心学习和思考，使推理灵活化，那么，老师就用不着再教他们了。

顿开茅塞

【释义】一下子解开了心中的疙瘩，从而解决了问题。

【出处】战国·孟轲《孟子·尽心下》。

战国时候，有个名叫高子的人。他在学习上，三天打鱼两天晒网，不能坚持到底。

孟子便批评他说："山上的小道虽然只有一点点宽，如果经常去走它，那么它就会变成一条大路；但是，如果有一段时间不去走它，那么，这条路就会被茅草堵塞。现在，茅草也把你的心堵塞了！"

成语"顿开茅塞"就是从孟子的这段话演化而成。高子的心被茅草堵塞了，一旦去掉茅草就能顿开心窍，学业有成。

兼听则明，偏信则暗

【释义】鼓励人们要听取各方面的意见，这样才能做个明白人；如果只信一个人的话，就如同在暗夜中一样，心中无数。

【出处】宋·欧阳修、宋祁等《新唐书·魏徵传》。

唐太宗时的谏议大夫魏徵，有很高的学识，并且敢于向皇帝直言谏劝和提出各种建议，在朝廷中有很高的威信，唐太宗对他也相当敬重。

有一次，唐太宗问魏徵："为君何道而明？何失而暗？"意思是做皇帝的是由于什么样的优点而成为贤明的？又是由于什么样的过失而使他糊涂的？

魏徵答道："君所以明，兼听也；所以暗，偏信也。"

就是说贤明的皇帝之所以贤明，是因为能广泛听取各方面的意见；而有些皇帝之所以糊涂，是因为片面地只爱听少数人的话。

魏徵还举了两个贤明的古帝尧、舜为例，说他们因为善于吸取四面八方、特别是下层人民的意见，所以能够战胜敌人，保住了天下。又列举了秦二世、梁武帝和隋炀帝为例，说他们因为偏听偏信，结果都不免遭到悲惨的败亡。

"兼听则明，偏信则暗"这句成语，就是从魏徵的话中提炼出来的。

脱胎换骨

【释义】比喻思想作风的根本转变，像脱了胎、换了骨一般。

【出处】宋·释惠洪《冷斋夜话》。

从前有些文人，写诗作文，常借用古诗古文的意思，但并不直接抄袭原文原句，他们称这种写作方法叫做"夺胎换骨"，或"换骨夺胎"。

宋代文学家黄庭坚曾说过：借用古诗的原意，而另用自己的语词表达它，这可以叫做"换骨法"；深入探究和体会古诗的诗意，进一步加以刻画形容，这可以叫做"夺胎法"。还有其他人曾说："文章虽不要蹈古人一言一句，然自有夺胎换骨等法，所谓灵丹一点，点铁成金也。"

"夺胎换骨"原是道家的语言，他们认为吃了金丹，换去凡骨凡胎，可以成仙。

“夺胎换骨”，现在一般说作“脱胎换骨”。

欲罢不能

【释义】 罢：停。想停止也停止不住。泛指迫于形势，无法中止。

【出处】 春秋·孔丘弟子《论语·子罕》。

颜回对老师孔子崇拜得五体投地。他曾感叹地赞美孔子说：“我的老师孔夫子，越是抬头看他，就越觉得他高大；越是用力钻研他的学问，就越觉得深奥，看着好像在前面，忽然又到后面去了。虽然这样高深和不可捉摸，可是老师善于有步骤地诱导我们，用各种学问来丰富我们多方面的知识，又用一定的规章制度和礼节来约束我们的行为，使我们想停止学习都不可能。（‘夫子循循然善诱人，博我以文，约我以礼，欲罢不能。’）我已经用尽我的才力，似乎有所体会而能够独立行事了，可是，要想再前进一步，又不知怎么办了。”

欲速则不达

【释义】 事物发展都有一定的规律，只有依照规律行事才能达到目的；违背规律，一味求快，反而达不到目的。

【出处】 春秋·孔丘弟子《论语·子路》。

子夏，姓卜名商，春秋时期卫国人，是孔子很得意的一个学生。子夏当上了莒父县令，他向老师孔子请教，如何处理好县政、事务。孔子回答说：“不要图快，不要只顾小利。图快，反而不能达到目的；只顾小利，就办不成大事。”

《论语·子路》中的原文是：“子曰：‘无欲速，无见小利。欲速，则不达；见小利，则大事不成。’”成语“欲速则不达”就是根据孔子的这句话形成的。

庸人自扰

【释义】庸：平庸、糊涂的人。自己扰乱自己，反而增加麻烦和苦恼。

【出处】宋·欧阳修、宋祁等《新唐书·陆象先传》。

唐睿宗时，监察御史陆象先一次得罪了皇帝，被贬到益州去当都督府长史。

陆象先到任后，有人就给他出主意说："这个地方的百姓十分愚顽，难以管教，你应该用严厉的刑罚治理他们。"

陆象先听了他的话，不以为然地摇摇头。

陆象先用自己的一套办法治理州郡，发现小官犯了罪过，只是训诫他一顿，叫他以后不要再犯。那些大官们觉得他对小官的处分太轻，应该用棍子狠狠地打一顿。陆象先严厉地对他们说："他们犯了法，你们是有责任的，若是用刑，应该从你们开始。"那些当大官的，被陆象先训斥得满脸羞愧，偷偷地躲开了。此后，陆象先经常对他署下的官吏们说："天下本来没有什么了不得的大事，就是有一些见识浅陋的人，自己扰乱自己（天下本无事，庸人自扰之）。我今天从根本上来解决一下，以后不就减少许多麻烦吗？"

陆象先果然将州郡治理得很好。

望风披靡

【释义】披靡：草木随风而倒。比喻作战中被对方强大的势力压倒或被敌人的气势震慑，不战而溃。

【出处】汉·司马相如《上林赋》。

汉高祖刘邦创立汉朝初期，国力贫弱，因此君臣都很节俭，到了武帝时，国家强盛起来，皇帝也开始铺张奢侈起来。

汉武帝游猎玩乐的地方叫做上林苑，是在秦朝旧苑的基础上加大扩建而成的，消耗了无数人力物力，周围长达三百里，有离宫别馆七十所，可以容纳千乘万骑，苑中禽兽众多，草林繁茂。

汉代著名的文学家司马相如写了一篇《上林赋》，虚设了子虚、乌有先生和亡是公三个人物，通过亡是公之口，批评了楚国的子虚和齐国的乌有两人相互斗富的言论，极力铺陈天子上林苑的繁华，最后写了天子自省，认识到实行王道仁政的重要性，从而达到讽谏的目的。行文采用夸饰的手法，辞藻十分华丽。

司马相如笔下的上林苑面积极为广大，东边到苍梧山，西边直抵邠国，南部气候温暖的时候，北部气候却是很寒冷。在隆冬，上林苑南方草木仍生长不止，水波荡漾不冰冻；在盛夏，上林苑北方依然滴水成冰，大地冻裂。地域广阔，可见一斑。

上林苑的河流，则可以看见八条河流奔腾往来，更相交替，在山间、水滨、树林和广大原野中穿行奔流，随处可见。水流湍急、波涛汹涌，曲折跌宕。

珍奇禽兽则是天上飞的、水里游的、地上跑的，无所不有。

郁郁葱葱的树木花草，遍地都是，江边的小草长得很高，几乎覆盖了水面。森林一望无际，又如起伏延绵的群山。特别是那些发出浓郁香气的奇花异草，布满平原、大泽，与蓝天连成一色。草木"望风披靡"，像大海中的波浪。

落井下石

【释义】井：同阱，掘地为坑以陷野兽。乘人之危，加以陷害。

【出处】唐·韩愈《柳子厚墓志铭》。

唐朝文学家柳宗元少年的时候，文章就写得很好，名气很大，后来中了进士。当御史大夫时，因犯过失而被贬到永州去做司马，后又调到柳州去当刺史。韩愈是柳宗元同时的大文豪，他眼见好友柳宗元后来被小人所诬，郁郁不得志地死去，就替柳宗元写了一篇墓志铭。其中有段话的大意是："唉！读书人要到穷困的时候，才能看出他的气节。现在有些人平常居住在里巷时，大家互相爱慕，用酒食来做游戏追逐，很和睦地谈笑着，还指着天地，流着眼泪，发誓要生死与共，绝不背弃，那样子就像真的一样。但是如果有一天遇到小小的利害，便冲突起来翻脸不认人了，甚至落井下石，这种事情应该是连禽兽或野蛮人都不会做的，但是他们却自以为做得很好。这些人如果知道柳子厚宽大为怀的风度，也应该有点惭愧吧！”

楚弓楚得

【释义】 楚国人丢失了弓，又被楚国人获得。形容你丢失的东西，他人得到了，不必耿耿于怀。

【出处】 汉·刘向《说苑·至公》。

春秋时候，楚国国君楚共王喜爱打猎。有一次，他骑着马拼命追逐几头野兽，跑了很多路，眼看快要追上了，想拿出弓箭，向野兽射去，哪知道他到腰间一摸，弓已不知去向，原来他跑得太快，在马上颠来颠去，那张弓早就丢失了。

这是一张制作得非常精美的好弓，随从人员都觉得丢了十分可惜，向楚共王请求说：“让我们回头沿路寻找吧。”

楚共王阻止说：“不要去寻找了。我是一个楚国人，这弓让楚国人拾去了，还是在楚国人手里。楚国人丢失了弓，仍旧由楚国人得到（楚弓楚得），有什么必要去寻找呢？”

孔子知道此事后，说：“楚共王所讲表现了胸怀广大，但他还不够广大。应该这样说，一个人丢失了弓，另一个人得到了，为什么一定要是楚国人呢？”

人们都称赞说：“孔子的话，才真正达到大公的地步了。”

渴骥奔泉

【释义】 像口渴的马奔向甘泉一般，形容气势急，常指书法遒劲矫健的笔势。

【出处】 宋·欧阳修、宋祁等《新唐书·徐浩传》。

唐肃宗时，徐浩做中书舍人，专门为朝廷起草重要文件。徐浩由于写起文件来才思敏捷，字写得好，得到了皇帝的信任，让他兼任尚书右丞，掌握兵部、刑部、工部三个部门的事情。

有一天，徐浩对肃宗说："过去官吏审理和判决罪案，必须经过刑部复核，但在奸相李林甫、杨国忠专权的时候，这个制度被破坏了，经办官员都要根据他俩的意志去办，没有审察清楚就定案，很不慎重，造成了许多冤假错案。我希望皇上能够同意恢复过去的制度。"肃宗采纳了他的意见，又叫他做国子祭酒，专门负责教授三品以上的官员的子弟。

那时有个宦官名叫李静忠，在安禄山叛乱、唐玄宗逃到四川时，他曾协助太子李享即皇帝位（唐肃宗），从此专权用事，改名李辅国。徐浩后来遭到他的排斥和打击，被贬为卢州长史。

唐代宗即位，徐浩又做中书舍人，其间又有几次官场沉浮，但他对书法的钻研，却始终没有间断过。

他精于楷法，草隶尤工，写的字圆劲厚重，自成一家。当时人们形容他的笔法犹如"怒猊抉石，渴骥奔泉"。（威猛的狮子撞击山石，口渴的骏马奔向甘泉。）

醉翁之意不在酒

【释义】做一件事的本意并不在这件事上，而别有他意。

【出处】宋·欧阳修《欧阳文忠公文集》。

欧阳修是北宋文学家、史学家，死后被谥为"文忠"。

欧阳修为官正直，得罪过一些人，被贬为滁州太守时，常与友人到"醉翁亭"游玩宴饮，留有著名的文章《醉翁亭记》。

"醉翁亭"在安徽省滁州县城西南琅琊山麓，由宋朝山僧智仙修建，欧阳修以自己的号"醉翁"命名。《醉翁亭记》中有这样一段文字：

太守与客来饮于此，饮少辄醉，而年又最高，故自号曰醉翁也。醉翁之意不在酒，在乎山水之间也。山水之乐，得之心而寓之酒也。

这段文字的大意是说：太守我常同客人来这里饮酒，我喝的酒不多却有醉意，我的年纪又最高，所以自称为“醉翁”。“醉翁”的意趣不在酒上，而是这里的山水美景使人陶醉。欣赏山水的乐趣，领会在心里，寄托在酒上。

解弦更张

【释义】琴瑟之音不和时，解下琴弦重新调整。比喻变更法度或计策。

【出处】汉·班固《汉书·董仲舒传》。

汉初名儒董仲舒在汉武帝时，曾为“江都相”（江都，在今江苏扬州一带）。武帝对董仲舒特别尊重，常常请他对施政方针提出建议。董仲舒有一次曾说了以下的一些话：

今汉继秦之后……虽欲善治之，无可奈何。……窃譬之琴瑟不调，甚者必解而更张之，乃可鼓也；为政而不行，甚者必变而更化之，乃可理也。当更张而不更张，虽有良工不能善调也；当更化而不更化，虽有大贤不能善治也……

这几句话的大意是：汉朝继秦而立，秦朝的旧制度都不适用了。好比琴上的弦已经陈旧不堪，没法使音调和谐了；必须把它解下来（解弦），重绷新弦（更张），然后才可弹奏。政策制度也是如此，行不通了，就必须改革，然后才能办得好事情。应当换弦而不换，虽然是第一流的音乐家也弹不出优美的音调来；应当改革而不改，虽然是最贤明的政治家也办不出令人满意的政绩来。

“解弦更张”通常也称作“改弦更张”。

奋斗践行篇

一身两役

【释义】役：役使。一个人同时干两件事情。

【出处】唐·姚思廉《梁书·张充传》。

张绪是南北朝时梁朝的一位大臣。他为人勤勉，办事公道，而他的儿子张充却完全不像父亲，不肯读书上进，天天与一群纨绔子弟混在一起，张绪很为这个儿子伤脑筋。

有一天，张绪返乡探亲，船刚开进城郊码头，就一眼看见儿子张充左手托鹰，右手牵狗，正与家僮说说笑笑，好不欢喜。张绪顿时火冒三丈，大声把张充吆喝过来。张充慌忙拜见父亲，家僮们也都不敢吭声。

张绪斥责儿子说："一身两役，无乃劳乎？"意思是说，看看你成什么样子了？一个人做两样事，一手托鹰，一手牵狗，不嫌累吗？你不是小孩子了，怎么一点道理也不懂？

张充这次被父亲教训后，居然有了长进，开始认真读起书来，学问大增，亲戚朋友都感到惊讶。后来，张充到朝廷做了官，一直做到散骑常侍、国子监祭酒，也算是"一身两役"，有了大出息。

一家之言

【释义】自成体系的学术论著。也指某个学派或个人的见解。

【出处】汉·司马迁《报任少卿书》。

西汉著名的历史学家和文学家司马迁，二十岁时，便走遍了祖国的东南地区，对历史和人物调查研究非常周密。后来，他到朝廷做官，有机会接触大量的史料，并利用出使之便对历史进行深入考查。公元前104年，司马迁四十二岁时，就开始撰写《史记》。前后近二十年时间，他撰写一百三十篇，计五十二万余字，记述了从传说中的黄帝到汉武帝后期三千多年的历史，为后人留下了宝贵的文化遗产。

在《史记》的撰写过程中，司马迁始终保持严谨的态度，努力按事实撰写历史，对好的和坏的，尽量不虚夸不隐讳。对历史事件和人物的评论，不以“圣人”之是非为标准，都以自己的独特见解予以评价。公元前93年，他写了一篇自传式的长信给他的好友任安（字少卿），记述自己的思想和遭遇。其中在谈到他写《史记》的目的时说：写这部书，“亦欲以究天人之际，通古今之变，成一家之言”。意思是为了研究自然和人类社会的关系，寻求社会变迁的原因，成为自成体系的学术著作。

不入虎穴，焉得虎子

【释义】 不进老虎洞，怎么能捉到小老虎呢？比喻不亲历艰险，就不能取得成功。也指不从事实践活动，就难以获得真知。

【出处】 南朝·宋·范晔《后汉书·班超传》。

班超是东汉名将。73年，他带领三十六人出使鄯善国（今新疆维吾尔自治区罗布淖尔西北）。开始，鄯善国国王对他十分敬重，不久却突然变得冷淡了。原来，谈判过程中，匈奴派来使者，挑拨鄯善国与汉朝的关系，因此，国王对建立邦交犹豫不决。于是，班超召集部下说：“现在匈奴进行破坏、捣乱，鄯善国王对我们的态度有了反复。如果他把我们抓起来送给匈奴，那我们不但完不成使命，怕要死无葬身之地！”

大家一致表示：“事情已经到了这般危险地步，一切都听从你的指挥！”

班超说：“不入虎穴，焉得虎子！现在只有乘夜攻入匈奴使者的营垒，把他们消灭，才能很好地完成我们的使命！”

当晚，班超带领三六个壮士，悄悄摸进匈奴使者的营驿。经过一阵激烈的厮杀、搏斗，把一百多个匈奴人全部消灭。

第二天，班超会见鄯善国王，说明事情经过，揭露了匈奴使者的阴谋。鄯善国王见班超如此厉害，有勇有谋，心中既敬佩，又害怕，马上表示愿意和汉朝永久友好。于是，班超凯旋而归。

九牛一毛

【释义】许多牛身上的一根毫毛。比喻极为轻微的意思。

【出处】汉·司马迁《报任少卿书》。

司马迁在汉武帝时，曾为“太史令”，由于李陵一案，被关进牢狱，还受了最残酷、最耻辱的“腐刑”。

李陵是一名勇将，当时任“骑都尉”之职。因匈奴时常进犯，李陵自请带兵五千名，北上抗敌。不料被匈奴八万骑兵团团围住。李陵寡不敌众，但是仍然打了十几天仗，杀伤了一万多敌人，最后，箭尽粮绝，归路被截断，后援盼不来，终于被俘而降。武帝听到李陵投降的消息，就把李陵的母亲、妻子和全家大小全都杀了。司马迁认为李陵是有功于汉朝的，他的功劳足以抵补他战败之罪，并认为李陵五千人敌八万人能坚持到最后，是很难得的，他的投降一定不是真降，而是等待有利时机报答国家。武帝因司马迁为李陵辩护，而且还有讽刺国舅李广利率领大军正面拒敌而怯懦无功的意味，于是勃然大怒，公正敢言的“太史令”司马迁便遭了殃。

司马迁在肉体和精神上受到严重的摧残，痛苦万分，曾打算一死了之。然而转念一想：“假如我这样死了，还不等于许多牛身上少一根毫毛一样，同死了一只蚂蚁有什么区别？”后来，司马迁发愤图强，完成了《史记》这部伟大的著作。司马迁曾经在《报任少卿书》这封信里，提到了上述想死而又没死的思想，原文是：

假令仆伏法受诛，若九牛亡一毛，与蝼蚁何以异？而世俗又不能与死节者次比，特以为智穷罪极，不能自免，卒就死耳！……

司马迁《报任卿书》中的“九牛亡一毛”这句话，后来就成为成语“九牛一毛”。

不甘雌伏

【释义】不情愿像雌鸟藏躲似的退缩不前，无所作为。

【出处】南朝·宋·范晔《后汉书·赵典传》。

东汉末年，成都有位学者名叫赵典。他饱读经书，品行端正，后来被朝廷召为官吏。赵典的侄儿赵温，年轻时很有志向。他在做京兆丞的时候很不得志，常常叹息不能为国家立功。一次他对朋友感慨地说：“男子汉大丈夫应当像雄鹰那样展翅高飞，怎么可以像雌鸟一样趴在地上（大丈夫当雄飞，安能雌伏）！”

不久，赵温真的弃官回家，那年正赶上灾荒，他将家中存粮拿出来救济穷人，州郡都传颂他的美名。

万人之敌

【释义】武艺高强能敌万人。

【出处】汉·司马迁《史记·项羽本纪》。

项羽家中世代都是楚国的名将，因封地在项城，因而姓项。项羽年少时，断文识字，没有什么长进，又改学剑术，也没有成就。叔父项梁责备他说：“你学什么都学不好，真没出息。”

项羽理直气壮地说：“识字只不过记记姓名而已，剑术只能对付一个人，都没有什么意思。我要学，就学可以敌万人（万人之敌）的学问。”

项梁听了很惊奇，于是教他兵法。项羽对学兵法非常喜欢，可也只从大的方面学，并不深究那些烦琐的细节。

有一次，秦始皇出巡到会稽，渡钱塘江，项羽和项梁也在旁边观看。项羽看到秦始皇的车驾浩浩荡荡，威严盛大，他暗暗指着秦始皇说："此人我可以取而代之。"项梁吓得捂住项羽的嘴巴。从此，项梁认为项羽以后必定能成就大事。叔侄暗暗积蓄力量，以报秦杀祖之仇。

不久，陈胜在大泽乡拉起反秦的大旗，项羽跟随项梁在会稽举兵响应，虽力量微薄，然而项羽勇猛善战，短短三年内，就成为各路诸侯的统帅。当时他威服诸侯，分割天下，分封王侯，一切政事，全由项羽一人出令。项羽自称西楚霸王，终于成就了霸王之业。

小心翼翼

【释义】形容举止谨慎，唯恐出差错。

【出处】春秋·佚名《诗经·大雅·大明》。

在陕西渭河以北、岐山脚下，是一片黄土高原。三四千年以前，这里是周国的发祥地。周国人热爱这片国土，在这里划土田，设官吏，筑城邑，营宗室，建立起一个初具规模的国家。姬昌在周国的历史上，是一位承前启后的国君，很有作为。《诗经》上说他做事兢兢业业、小心翼翼，完全按照上天的旨意去治理国家，因而上天也格外保佑他。他改革周国的内政，努力发展生产，励精图治。几十年过去了，周国终于繁荣兴盛起来，邻国老百姓见到周国富庶，纷纷携儿带女来到周国。

周国的富强使姬昌理所当然成为西方诸侯各国的盟主，商朝只好封为他西伯，统一北方。后来商王对周国势力的扩大感到非常不安，一度把姬昌抓起来，囚禁在羑里（今河南省汤阴县境内）。由于其他诸侯和商朝的一些大臣说情和搭救，商王又不得不释放了他。

由于纣王荒淫无道，杀戮功臣元老，欺压百姓，引起朝野一致反对。姬昌积极争取奴隶主贵族的广泛支持，积蓄力量，准备讨伐纣王，可惜尚未发兵，就去世了，周国尊称他为周文王。

他的儿子姬发继位，称周武王，率领军队灭掉了商朝。

天罗地网

【释义】天空、地面所张设的罗网。比喻上下左右都设置了严密包围圈，使被围者无法逃脱。

【出处】元·关汉卿《单刀会》。

公元210年，刘备到京口（今镇江）向孙权借荆州作为临时立足之地。周瑜竭力主张扣留刘备一行。鲁肃却力主把荆州借给刘备，给曹操多树一个敌人。孙权采纳了鲁肃的建议。

孙权借荆州给刘备，是双方在强大的共同敌人曹操面前互相利用的结果，孙权既不想长期“借”下去，刘备也不愿轻易还给他。赤壁之战以后，曹操的势力暂时退缩到北方，荆州在刘备手里，北进河南，可以追击曹操；顺流东下，则可直抵东吴，这是孙权所不愿意的。

公元215年，孙权派使者见刘备，要求归还荆州。刘备以夺取凉州后再归还为由拒绝。这时，刘备因为要去占据益州，就留关羽带兵镇守荆州。孙权则拜鲁肃为奋武校尉，引兵屯守陆口，然后移师益阳，与镇守荆州的关羽隔江相峙，双方都虎视眈眈。鲁肃派人过江送信给关羽，邀请他来营中赴宴，打算在宴席中要关羽让出荆州。如果软的不奏效，就来硬的。

关羽明知是计，但为了不让鲁肃抓到把柄，不顾众将的反对，带领随身卫兵，单刀赴宴。关汉卿的剧中描写当时的宴会场面是：鲁肃“安排下打凤捞龙，准备着天罗地网，说起来是个待客的宴席，则是个杀人战场。”关羽最终安全脱了身。

尺璧寸阴

【释义】璧：美玉。阴：光阴，时间。是“尺璧非宝，寸阴是金”两句话凝缩而成。形容时间宝贵。

【出处】南朝·梁·周兴嗣《千字文》。

陶侃是东晋时候的一位将领，升任为荆州刺史后，招来了大军阀王敦的嫉恨。他无故地把陶侃调到广州去当刺史。

当时的广州是个偏远的地方，陶侃到了那里，没有多少公事要做，显得很清闲。陶侃却不愿在衙门里过着闲散的日子，他叫人准备了百来块砖头，整整齐齐地叠放在院子里。每天清早，他把这些砖头一块块搬到屋外远处的空地上；到了傍晚，他再把这些砖头一块块搬回院子里。天天如此，从不间断。

府吏们觉得奇怪，就问："刺史大人，你每天不嫌劳累，把这些砖搬进搬出，是为了什么呀？我们派人帮你搬就是了！"

"不必不必！"陶侃笑着回答说，"我虽然身在南方，可心里还是没有一刻忘记恢复中原。要是现在懒散惯了，那将来一旦有事，恐怕就担当不起了，所以我要用运砖来磨炼自己的意志和筋骨。"

不久，陶侃又调回荆州。荆州刺史的公务十分繁忙，可他在广州养成的运砖习惯，仍然不间断。有人劝他公务之余应该注意休息，可他说："古时候的大禹，是个圣人，他还要爱惜寸阴，那我们这些平常人更应该爱惜光阴才对，真所谓'尺璧非宝，寸阴是金'啊！"听他这么说，大家都受到很深刻的教育。

韦编三绝

【释义】韦：熟牛皮。韦编：指用牛皮绳编连起的竹简书。三：表示多次。绝：断。形容读书刻苦勤奋。

【出处】汉·司马迁《史记·孔子世家》。

孔子三岁时死了父亲，他曾经当过牧童，看守过粮食，也当过给人家办丧事的吹鼓手。孔子十七岁那年，母亲也死去了。在安葬母亲的时候，孔子才找到了父亲的葬地，从而知道自己是贵族的后代。此后，他到贵族领地上一边干活，一边学习各种本领。

三十岁那年，孔子创办了一所私学，教了不少学生。五十岁时，他被鲁定公任命为中都（今山东省汶上县）宰；几年后，他成为大夫（诸侯国中次于卿、高于士的官职，后成为一般任官职者之称）。五十五岁后，他到各诸侯国去游历，直到六十八岁才回到鲁国。

孔子晚年时，对《周易》发生了极大的兴趣。该书内容包括《经》和《传》两部分，是一部内容相当广泛而又复杂的著作。《周易》用当时已经不多见的古文字写成，非常难读，孔子对它极有兴趣，决心读通它。

当时的书，主要是以竹子为材料制造的，称为竹"简"。竹简有一定的长度和宽度，一根竹简只能写一行字，多则几十个，少则八九个。一部书要用许多竹简。这些竹简必须用牢固的绳子类的东西编连起来才能阅读。像《周易》这样的书，当然是由许许多多竹简编连起来的，因此有相当的重量。

孔子花了很大的精力，把《周易》全部读了一遍，基本上了解了它的内容。不久又读第二遍，掌握了它的基本要点。接着，他又读第三遍，对其中的精神、实质有了透彻的理解。在这以后，为了深入研究这部书，又为了给弟子讲解，他不知翻阅了多少遍。这样读来读去，把串联竹简的牛皮带子也给磨断了几次，不得不多次换上新的带子再使用。

孔子为读《周易》而翻断了多次牛皮带子的故事，后人用"韦编三绝"这个成语来加以概括。

手不释卷

【释义】卷：古时候的书，不是装订成册，而是贴成一长篇，两端有轴，可以卷起来，所以叫做"卷"。手里的书舍不得放下。形容勤奋读书。

【出处】晋·陈寿《三国志·吴书·吕蒙传》裴松之的注文。

三国时，吴国大将吕蒙，行伍出身，读书很少。孙权见他年轻有为，而且身任要职，劝他要多读些书，以增长知识。吕蒙觉得领兵上阵的将士只要能打胜仗就行，哪里需要读什么书呢？便推托道："车伍里事情太忙，没有空闲时间读书。"

孙权说："你难道比我还要忙吗？我在少年时代，就曾读过一些经书，后来主持国家军政大计，又在百忙之中陆续读了一些历史和兵法的书籍，自己觉得很有长进，对工作也很有益处。像你这样的青年，聪明，记性好，如果认真多读些历史和兵法，那一定能够取得更大的收获和成就。"孙权还举了两个好学的军人为例，说："光武（即汉光武帝刘秀）当兵马之务，手不释卷，孟德（即曹操）亦谓老而好学，你为什么不能自求上进呢？"

吕蒙从此勤奋读书，努力自学，在文化上提高得很快。

玉汝于成

【释义】汝：你。像爱惜玉一样爱护帮助你，使你成功。多用于在困难的条件下。

【出处】宋·张载《西铭》。

北宋著名哲学家张载，年轻时喜欢研究兵法，并写信给陕西招讨副使范仲淹，要求参加与西夏的战斗。范仲淹对他的才学很欣赏，就劝他不必专谈兵书，好好读读儒家经书《中庸》。

张载读了《中庸》后，觉得说理太肤浅，就刻苦钻研哲学名著《周易》，逐渐形成了自己唯物主义和朴素辩证法的哲学思想。

张载三十八岁才考中进士，先后做过几任地方官，因为他性情耿直，因此触犯了执政大臣。1069年，他辞职回到从小生活过的横渠镇。横渠地方偏僻，条件很差，但张载却不以为苦，恬然自安。人们称他为横渠先生。

在横渠，张载每天手不释卷，常常为了思考疑难问题而废寝忘食。每当深夜，妻儿都已熟睡，而张载往往还在苦思冥想，偶有所得，就披衣下床，点起蜡烛，将其记下来。

1076年，张载从自己的哲学、历史著作《正蒙》中抽出两段，写在书房东西两扇门上，这就是有名的《东铭》和《西铭》。其中《西铭》中有一句“贫贱忧戚，庸玉汝于成也”，这句话的意思是，贫穷低贱和令人忧伤的客观条件，可以磨炼人的意志，用来帮助你达到成功。这是张载人生经验的总结。

目不窥园

【出处】形容埋头读书，专心治学，无暇去观看园圃。

【出处】汉·班固《汉书·董仲舒传》。

西汉时的著名学者董仲舒，少年时学习非常刻苦。据说，董仲舒的书房紧靠着姹紫嫣红的花园，他专心读书时，曾有三年没跨进过花园；甚至有人说，三年的时间，他连花园都没有看一眼（目不窥园）。

长大后，他被征为博士，公开聚众讲学，弟子遍布四方。董仲舒讲学时，用帷布挡住自己的容貌，只把声音传达出来。因此，虽然他有许多弟子，但大多数都不认识他。

业精于勤

【释义】学业的精深在于勤奋。

【出处】后晋·刘昫等《旧唐书·韩愈传》。

韩愈是唐朝著名的文学家，也是一位正直敢言的官吏。后来因为直言敢谏得罪了皇帝和大臣，被贬职到边远的地方去做县令，多年以后才遇赦回京，担任国子监博士。

韩愈上任后，认真地教育他的学生。一天，他以自己的切身体验启发学生们说：“年轻人啊，学业的精深，决定于勤奋，游荡懈怠就会荒废；事业的成功，在于独立思考，随波逐流就要失败。这是我多年来亲身的体会，这叫做‘业精于勤，荒于嬉；行成于思，毁于随’。”

学生中有人大胆地提出了问题，说：“老师，据我们所知，您文名满天下，学业可算得精深，学问好，朝廷并没有重用您；直言进谏，反而被贬到边远地区去了。如今你做国子监博士，是个无职无权的职务，妻子儿女还是免不了过着清苦的生活。那么，业精了，行成了，又有什么意思呢？”

韩愈严肃地说：“你说错了！做人难道就为了升官发财？读书、做事难道只是为了让妻子儿女过上富裕的生活？古时司马迁是个学问渊博的人，他受了酷刑，仍然坚持完成《史记》这部伟大的著作；屈原是个对国家大事能够独立思考的诗人，他被流亡直到自沉汨罗江，还是关心着楚国的兴亡。他们虽然身处逆境，却从不停止学习和思考，这不正是我们的榜样吗？”

乐此不疲

【释义】 乐此：乐于此。不疲：不觉疲劳。形容对某事特别爱好而沉浸其中，而不觉得疲劳。

【出处】 南朝·宋·范晔《后汉书·光武帝纪》。

汉光武帝刘秀是个勤奋刻苦的人，他率领军队南征北战，仍旧保持着勤勉办事的作风，同将士们一起冲锋陷阵，与谋臣们一同运筹帷幄，往往通宵达旦，废寝忘食。

刘秀当了东汉皇帝后，工作更为紧张繁忙。他每天和大臣们忙于治国大计，绝不提战争的事。皇太子有一次向他请教攻战的道理，刘秀回答说：“有一次卫灵公问孔子如何攻战，孔子说，祭祀和礼仪方面的事，我经常听人谈起，至于率军作战的事，我却一点儿也不懂。你看，孔子是多么关心治国的事，你也应该这样，不要研究有关战争的事。”

建立东汉以来，刘秀每天亲自处理朝政，工作十分刻苦，从天亮上朝问事，一直到天黑才回寝宫。皇太子见刘秀忙于朝政，勤劳不怠，十分关心他的身体健康。有一次刘秀正在休息，他大胆劝谏刘秀：“陛下，像您这样勤政为民，可说是有了夏禹、成汤那样贤明的品格，却没有黄帝、老子那样的修身养性的幸福，希望您爱惜身体，保养精神，少做一些工作，多娱乐娱乐。”

刘秀听后，哈哈大笑，说：“我自己乐于这样做，习惯了，一点也不觉得疲劳啊（乐此不疲）！”皇太子听了，深受感动。

发愤图强

【释义】发愤：下定决心去努力。图：谋求的意思。形容下定决心，努力图谋富强。

【出处】春秋·孔丘弟子《论语·述而篇》。

《论语·述而篇》记述孔子的一段话中，有“发愤”之说，原文如下：

叶公问孔子于子路，子路不对。子曰：“汝奚不曰：‘其为人也，发愤忘食，乐以忘忧，不知老之将至’云尔？”

叶公，即春秋时楚国大夫沈诸梁，封于叶（今河南叶县南）。孔子周游列国，来到楚国的叶邑时，叶公曾接待了他。因叶公对于孔子的为人，不很了解，便向子路悄悄探问。子路一时不知怎么回答，没有做声。事后，孔子知道了，便对子路说：“你怎么不说‘他的为人哟，努力学习，连吃饭都常常忘了；乐观愉快，什么忧虑都没有；根本不知道老年时代快要到来’如此这般的话呢？”

可见，古人所谓“发愤”多指勤苦学习而言。至于把“发愤”一词同“图强”合为成语来使用，则是近代才出现的。清末的改良主义维新派康有为，上书光绪皇帝，劝他同意进行资产阶级的政治改革时，就曾用过“发愤图强”这样的说法。

百闻不如一见

【释义】听到一百次，不如亲眼看到一次，指亲眼看见的才是真实可靠的。

【出处】 汉·班固《汉书·赵充国传》。

汉宣帝时期，羌人入侵。七十六岁的老将赵充国，自告奋勇请求前往迎敌。宣帝问他如何抵敌。他说："百闻不如一见，我想亲自到边境看看，确定攻守计划，画好作战地图，然后上奏。"宣帝同意。

赵充国带领一支兵马渡过黄河，遇上羌人小股军队，一阵厮杀，捉到不少俘虏。兵士们准备乘胜追击，赵充国阻拦说："我军长途到此，不可远追，如果遭到敌兵伏击，就要吃大亏！"

赵充国观察了地形，了解到敌军的兵力部署，又从俘虏口中得知敌人内部情况，他这才制定出屯兵把守、整治边境、分化瓦解羌人的策略，上奏宣帝。不久，朝廷就派兵平定了羌人的入侵，安定了西北边疆。

行尸走肉

【释义】 行尸：指行动的尸体。走肉，指能够活动而没有灵魂的躯体。形容糊涂过日子，活着就像死了一样。

【出处】 晋·王嘉《拾遗记·后汉》。

东汉有个人叫任末，虽然家境贫穷，但从小勤奋好学，他从未正式拜过师，后来却成为一个大学问家，全靠自学。他勉励自己说："人要成材，就得学习！活到老，学到老，才不会虚度一生。"

有一个时期，他在一座林子边搭了一个茅草棚，住在里面读书。没有笔，他砍下荆条，把荆条削尖作笔；没有墨，他将树液加上烟灰作墨。夜晚，没有灯，他就映着月光读书；没有月光，就点着晒干的蒿草照明。读书如有心得，就写在穿着的衣服上。日复一日，年复一年，他孜孜不倦地苦读，终于成了一个十分博学的人，不少人慕名而来，拜在他的门下向他学习。

他在临终时告诫学生们说："一个人如果能够勤奋学习，虽然他死了，但他好像还活着；如果不学习，即使他活着，也不过像行尸走肉一样，没有什么意义。”

死里求生

【释义】在死亡的绝境中求生存的道路。

【出处】南朝·宋·范晔《后汉书·公孙述传》。

楚国有个名叫次非的人，在某地得到一把宝剑，就很高兴地渡河回家。正当渡船撑到江中心，突然有两条蛟龙兴风作浪，这时全船的人都吓得魂飞魄散，不知如何是好。

次非问船夫说：“在这样的情况下，船里的人还能保全性命吗？”

船夫说：“这是有死无生的，还有什么办法呢！”

次非立刻拔出宝剑说：“以前那些丢了性命的人，所以会死在江中，就是因为他们在危急时，虽有了武器，也不敢和蛟龙拼个你死我活，结果呢，性命还是不能保全。现在已是性命不保的时候了，男儿应当死里求生。”说完跳进江里，刺杀了蛟龙。

励精图治

【释义】振奋精神，设法治理好国家。

【出处】汉·班固《汉书·魏相传》。

西汉时期，大将军霍光大权在握，把年幼的刘询立为皇帝。霍光趁此机会把自己的亲朋好友都调到朝廷，一一委任重要官职，对那些反对他的大臣，一律加以排挤。

霍光的亲朋好友都担任了要职，形成了霍氏家族集团，只有他的小女儿没有进入朝廷。霍光的妻子为了使小女儿进入后宫，竟买通了女医官淳于衍，毒死了许皇后。霍光知道后，隐瞒事实真相，利用职权庇护淳于衍，使汉宣帝蒙在鼓中。霍光死后，汉宣帝采纳了御史大夫魏相的建议，收回了朝政大权。后来，霍光的妻子指使淳于衍毒死许皇后的罪行被查明，汉宣帝大怒，采用魏相的意见，把霍氏家庭成员的官职全部罢免。

霍光的小女儿、后妃霍氏十分恐惧，满腹怨恨，对魏相恨之入骨，多次在皇太后面前哭诉。后来霍氏集团企图假借皇太后的旨意，杀掉魏相，废掉汉宣帝。汉宣帝知道后，勃然大怒，下令将霍氏满门抄斩，彻底清除了隐患。

从此后，汉宣帝开始亲自处理国家大小事情，大展宏图，励精图治。他严格考核各级官员的政绩，核查实情，任用贤才。丞相魏相辅佐他，领着大小官员认真履行各自的职责，汉宣帝对他非常信任。国家很快繁荣昌盛，出现欣欣向荣的景象。

投笔从戎

【释义】戎：军队、军士的代称。指弃文从军。

【出处】南朝·宋·范晔《后汉书·班超传》。

班固是东汉的历史学家，他用了二十余年的时间编成《汉书》。可他的弟弟班超，却是一员武将。班超奉皇帝的命令，带兵镇守西域三十一年，多次平定匈奴贵族的叛乱。

然而，班超并不是开始就习武的。他因家中贫困，便替官家抄写文书，靠挣来的钱供养母亲生活，日子过得很清苦。有一天，他叹着气说：“唉，男子大丈夫应当效法傅介子、张骞，到边远地方去建立功业，取得高官厚禄，怎么可以长久地在笔墨台中讨生活呢？”于是他投笔从戎，终于成为东汉的名将。

呕心沥血

【释义】呕：吐。沥：一滴一滴地往下滴。指费尽心思。多用于文艺创作。

【出处】后晋·刘昫等《旧唐书·李贺传》、唐·韩愈《昌黎先生集·归彭城》。

唐朝中期的青年诗人李贺一直不被朝廷重用，精神上苦闷抑郁，便把全部精力放在诗歌的创作上。李贺作诗，通常不是先定题目，而是注重实地考察，积累资料。他经常带着一名书童，骑着一匹弱马，一面在郊外慢慢地闲走，一面即景吟咏。遇到好的题材，随即写成诗句，放进书囊，回家以后，再将锦绣书囊中的诗句整理成篇。他作诗非常刻苦、认真，每夜都睡得很晚，他曾说："长歌破衣襟，短歌断白发。"意思是说：他为了写一首长诗，衣襟都磨破了；为了写一首短诗，白发弄断了许多根。李贺身体很弱，母亲很心疼他，所以每天李贺回家，母亲便让婢女查看他的书囊，如果发现里面写的诗句太多，就生气地说："你这孩子，要把心呕出来才罢休吗？"

李贺由于写诗过于劳累，再加上怀才不遇，心境不好，只活了二十六岁就去世了。他留下的二百四十首诗歌，可谓佳作迭出。

韩愈曾写过这样两句诗："刳肝以为纸，沥血以书辞。"意思是说：把肝剖出来作为纸，让血滴出来作为墨水，来书写文章。后来，人们就根据这两位诗人的故事，概括出"呕心沥血"的这个成语。

忍辱负重

【释义】不计较个人的荣辱，勇于挑起重担。

【出处】晋·陈寿《三国志·吴书·陆逊传》。

公元 221 年，蜀主刘备为了从孙权手里夺回荆州，为结拜兄弟关羽报仇，亲率部队攻打东吴。蜀军深入吴境达五六百里，一直打到夷陵（今湖北省宜昌市东），连营数百里，声势浩大。

孙权任命年轻有为的陆逊为大都督，带领五万人马前往迎战。陆逊在吴将中资历较浅，归他指挥的诸将，有的是跟随孙氏征战多年的老将，有的是皇亲贵戚，他们对年轻的书生陆逊当都督很不服气，甚至不肯服从陆逊的命令，陆逊十分着急。

一次，陆逊召集众将，手握宝剑高叫道："刘备天下知名，连曹操都有些怕他。现在他率大军攻进吴地，是我们的强敌，决不可以轻视他。希望众将军以大局为重，同心协力，共同消灭来犯之敌。

我虽是书生，但主上任命我为大都督，你们只好服从。主上之所以委屈诸位将军，使你们屈尊于我，就是因为我还有一点微薄的能力，能够忍辱负重。今后，希望你们各负其责，不容推辞，军令如山，违者必按军法从事。”经陆逊这么一说，诸将心中虽有不服，但行动上再也不敢违抗。

陆逊指挥军队坚守七八月之久，一直不与刘备决战。后来，蜀军疲惫，骄傲轻敌，陆逊乘机利用顺风进行火攻，大破蜀军，取得夷陵之战的重大胜利。刘备败退白帝城，不久病死。从此，东吴诸将十分佩服陆逊的才能。

枕戈待旦

【释义】戈：兵器，枕着兵器等待天亮。形容报国杀敌的心情迫切，一刻也不懈怠。

【出处】唐·房玄龄等《晋书·刘琨传》。

西晋时期，有位叫刘琨的人，很有才干，不仅精通武艺，而且能诗善赋。

有一次，他听说自己的朋友祖逖被朝廷选拔上去做了官，心里非常着急，就给亲属写信说：“我每天都是枕着兵器躺在床上，一直等到天亮，满心想要报效朝廷，杀退敌兵。可惜祖逖比我先去建立功业了（吾枕戈待旦，志枭逆虏，常恐祖生先吾著鞭）！”

后来，刘琨在二十六岁时，也被委任为官，从司隶从事一直做到著作郎、太学博士、尚书郎。他做官几十年，确实为人民为国家做了不少好事。

卧薪尝胆

【释义】卧薪：睡在柴草上。尝胆：品味苦胆。形容刻苦自勉，奋发图强。

【出处】汉·司马迁《史记·越王勾践世家》。

公元前494年，吴王夫差为报越国杀父之仇，亲率大军进攻越国。越国勾践率军迎战，在夫椒（今江苏苏州）对阵。结果吴军得胜，顺势攻破越国国都会稽，俘虏了越王勾践。

吴王夫差为了实现霸业，显示自己的宽宏大量，决定不杀勾践，只派他在吴国的宫里养马。勾践带着夫人和相国范蠡，天天小心谨慎地为吴王当马夫。有一次，吴王夫差生了一场大病，勾践殷勤服侍。夫差见他如此“忠诚”，就放勾践回国。

回国后，勾践一心要报仇雪耻。他重新定都会稽，委派文种管理内政，任命范蠡训练军队，加强战备。为了磨炼自己的意志，好日后复仇，勾践过着十分艰苦的生活，每晚他都睡在柴草上，还在屋梁上吊着一只苦胆，吃饭之前，都要先去尝一尝胆的苦味。

勾践还同夫人一起亲自参加生产劳动，夫人勤奋纺织，勾践从事耕作，与全国人民同甘共苦。而此时吴王夫差却自以为成了霸主，骄傲起来，一味贪图享乐。

公元前482年，夫差带着精兵去黄池会盟，一心想早日成为霸主。这时，越国已十分强盛了。勾践见时机已成熟，便乘机出兵打败了吴国，成为春秋末期的霸主。

金石为开

【释义】金石：金属和石头。为：被。最坚硬的东西都被打开了，形容真诚足以打动人心。也比喻意志坚定，能克服一切困难。

【出处】汉·刘向《新序·杂事四》。

周朝时，有个楚国人名叫熊渠子，自小喜爱射箭。刚开始练射箭的时候，他的力气很小，稍微强硬些的弓就拉不动。熊渠子坚持每天练习臂力，渐渐地练出了力气，再拉弓射箭时，箭飞出去不再是轻飘飘的，但是，不能准确地射中目标。于是，他又坚持不懈地练眼力。经过刻苦的训练，他的箭法已经十分熟稔，每射十箭总有七八箭射中目标，可是他觉得自己的功夫还不高明，又无法提高，十分烦恼。

有人对他说："你现在是靠技巧射箭，还不算高明，应该靠心去射每一支箭，那才是真功夫。"

熊渠子听了，反复揣摩这句话，更刻苦地练习。

一天夜里，熊渠子独自一人在山路上行走，猛然看见前面不远处伏着一只老虎，熊渠子大吃一惊，随即镇静下来，心想这正好是我试箭法的好机会。于是他迅速取弓搭箭，对准老虎，拉满弓一箭射去。"嗖"的一声之后，全无一点动静。熊渠子心想，我这一箭射去不但一定射中了它，而且必然把它射死。谁知老虎竟然一动也不动。他不免怀疑起来，放大胆子大步走过去一看，不由哑然失笑，原来是一块大石头卧在路上。再仔细看去，那支箭竟然射进坚硬的石头里去了，连箭翎都深深插在石头里。

这件事很快传扬开去，人人都夸他箭术高明，以前勉励过他的那个人说，这不仅因为熊渠子力气大，箭法好，更因为他集中精力，以必胜的信心去迎战对方，所以，金石也被打开了（金石为开）。

夜以继日

【释义】不论白天黑夜，连续干一件事。

【出处】战国·孟轲《孟子·离娄下》。

周公旦是西周初杰出的政治家。他在哥哥姬发领导的攻伐殷商的事业中，起了很大的作用。担起辅佐朝政的重任后，他忠于职守，为巩固周王朝的统治呕心沥血。

周武王死后，由周公旦辅助成王执政。有些贵族猜忌他，在成王面前造谣，说他有篡位的野心，有的兄弟还和纣王的儿子武庚勾结起来，发动武装叛乱。此外，东方的夷族也乘机作乱。但周公坚韧不拔，遵照武王的遗志办事，他消除了成王的误解，击败了武庚的叛乱和夷族的反抗，制定了礼法和刑律，继续分封诸侯，并建筑洛邑（今河南洛阳），设立了东都成周。

由于为国操劳过度，周公在东都建立后不久就去世了。临死前，他还谆谆告诫大臣们，一定要帮助天子管好中原的事；自己死后要葬在成周，以表示虽死不忘王命。

孟子赞扬他说："周公想兼学夏、商、周三代开国君主的贤德，来把周朝治理好，如果有不适合于当时情况的，他就抬起头来想，夜以继日地想，等想出了好的办法，便坐着等待天明，马上去施行。"

实事求是

【释义】如实反映情况，或按实际情况办事。

【出处】汉·班固《河间献王传》。

刘德是西汉时期汉景帝刘启的儿子，为栗姬所生，被封为河间王（封地在今河北河间县一带）。据传，刘德酷爱藏书，他从民间收集了很多先秦时期的著作。刘德对收集到的古书，能够认真研究和整理，很多学者都愿意和他一起研究学问，甚至皇帝和官府中的学者，对他的学识和治学态度都很佩服。

东汉史学家、文学家班固，在撰写《汉书》时，专门为刘德写了传记《河间献王传》，对刘德的研究精神作了高度的评价，文中说："修学好古，实事求是。从民得善书，必为好写与之，留其真。"成语"实事求是"即由此而来。

废寝忘食

【释义】形容工作和学习专心努力，连饭都不吃，觉也不睡。

【出处】春秋·孔丘弟子《论语·述而》。

孔子年老时，开始周游列国。在他六十四岁那年，来到了楚国的叶邑（今河南叶县附近）。

叶县大夫沈诸梁热情接待了孔子。沈诸梁人称叶公，他只听说过孔子很有学识，教出了许多优秀的学生，对孔子本人并不十分了解，于是向孔子的学生子路打听孔子的为人。

子路虽然跟随孔子多年，但一时却不知怎么回答，就没有作声。

以后，孔子知道了这事，就对子路说："你为什么不这样回答他：'孔子的为人呀，努力学习，以至于废寝忘食；津津乐道于授业传道，而从不担忧受贫受苦；自强不息，甚至忘记了自己的年纪。'"

此话，显示出孔子由于有远大的理想而又不懈地努力实践，所以生活得非常充实。

临池学书

【释义】本指后汉张芝练字的故事，后形容苦学书法。

【出处】晋·陈寿《三国志·魏书·刘劭传》。

汉代弘农郡的一位名士想去拜见好友张芝，这时，天色将近黄昏，马车绕过山脚，眼前出现一口大池塘，池水乌黑，池边长着两棵大树，大树之间牵着一条绳子，挂满破布，在晚风中摆来摆去。破布下正坐着他的好友张芝，草地为席，石板为桌，正专心致志地奋笔疾书。

名士悄悄地走近他的身旁，凝神观看了片刻，只见或浓或淡的线条龙飞凤舞，整幅作品意境深邃、无限精美。他情不自禁地大声赞叹："太好了！"

这一声惊动了张芝，他转过脸，见是好友，忙投笔起立，说："你莫要夸奖嘛！我是用那池墨水换来这一纸的点线啊！"

名士看了看那树间破布，才恍然大悟，原来张芝是用布帛代纸，写满字后就拿到池塘漂洗，晒干再用。长年累月，那一大口清澈的池塘竟染成了黑色。张芝通过不懈的努力，终于获得"东汉草圣"的美名。

面壁功深

【释义】指佛家静坐修行，使之道行高深。形容勤奋学习，造诣精湛。

【出处】清·姚元之《竹叶杂记》。

南北朝时，有个和尚名叫达摩，他是南天竺（古印度）国香至王的第三子。梁武帝时，达摩渡海经广州来到当时梁朝的首都建业。梁武帝是笃信佛教的，但是达摩同他交谈后，却并不投契。于是他离开建业，渡江北上，到了北魏，在嵩山的少林寺住下。

达摩在少林寺，整天整夜地面对石壁而坐，不发一言，据说这叫做“壁观婆罗门”，人们谁也不懂他这样做有些什么奥妙。他如此坚持了九年之久，直到老死。

后人对这个传说作了补充，河南少林寺的石殿西边，有一供桌，供着一块大石壁，高两丈多，不过是一块粗石，看来并没有什么稀罕，但是如果后退五六尺，却可隐约看出石壁上俨然有一个活达摩静坐在那里，腮边短须还好像在轻轻飘动哩。人们传说，这就是“达摩活佛”九年面壁修行所留下的痕迹。

这段传说也不可信为事实。不过，“面壁功深”这句成语，却是从这里产生的。

笃学好古

【释义】笃学：专心好学。好古：爱好古书。后形容喜欢读书，专心一意钻研学问。

【出处】晋·陈寿《三国志·吴书·孙瑜传》。

东汉末年，军阀混战，从朝廷到地方，重武轻文，千方百计招纳的也是军事方面的人才，但有一个人却与众不同，他是丹阳太守孙瑜。

孙瑜是东吴国君孙权的同族，出于当时局势的需要，他也领兵打仗，而且部下有上万人马，但戎马征战之外，他特别喜欢研读古书，即使在军旅之中，也要挤出时间来读书。他不仅自己读，还勉励部下的子弟们读书。

当时，有个济阴人叫马普，“笃学好古”，知识渊博，孙瑜对他厚礼相待，让他教府中将吏的子弟读书，有时学生多达数百人。孙瑜进而借这个机会在丹阳、庐江两郡设立了学宫，利用空余时间给大家讲授学问。

闻鸡起舞

【释义】听到鸡叫就起来锻炼。形容奋发向上，坚持不懈的精神。

【出处】唐·房玄龄等《晋书·祖逖传》。

东晋的名将祖逖，年轻时与好友刘琨一起到司州（今河南省洛阳市东北）任主簿。两人志同道合，意气相投，晚上合盖一床被子睡觉。

一天半夜，祖逖被远处传来的鸡啼声惊醒，便把刘琨踢醒，说："你听到鸡啼声了吗？"

刘琨侧耳一听，说："是啊，是鸡在啼叫，不过，半夜的鸡啼声是恶声啊！"

祖逖说："不是恶声，而是催促我们早点起床锻炼的声音！"两人立即起床，到院子里舞剑，一直练到天亮（闻鸡起舞）。

西晋末年，北方广大地区被各少数民族军队占领，祖逖也和族人渡过黄河避难，南迁到淮河流域，后在将军司马睿手下当差。公元311年，匈奴贵族攻陷西晋京都洛阳，晋怀帝也被俘虏了，消息传到南方，祖逖义愤填膺，要求司马睿说："让我率军北伐，恢复中原。"司马睿任命祖逖为豫州刺史，并给他一千人的粮食和三千匹布，但没有给他铠甲和兵器。祖逖不怕困难，不畏艰险，率领私人军队一万多人马，渡过长江，向北方进军。

席不暇暖

【释义】席：座席。暇：空闲。连席子都来不及坐暖。形容办事心切。

【出处】南朝·宋·刘义庆《世说新语·德行》。

东汉的大臣陈蕃，十五岁时，废寝忘食地在屋里读书，许多天不去打扫院子。一天，有位老人来到他家，见到院子里很不整洁，责备他说："你为什么不把院子洒扫一下呢？"

陈蕃回答说："大丈夫在世，应当扫除天下，哪有什么心思去管自己家里的院子？"

后来，陈蕃被任命为乐安（治所在今山东省青县西北）太守。乐安有位姓周的贤才，以前几任太守慕名请他出来任职，都遭到他拒绝。但陈蕃到任后只拜访了他一次，他就很敬重陈蕃，马上出来任职。

陈蕃刚当豫章（治所在今江西省南昌市）太守时，豫章有位贤才，名叫徐。陈蕃抵达豫章后还未安顿好家，就准备去拜访他。迎接陈蕃的一位官员知道这种情况后，对陈蕃说："大人请先安顿好家眷再说。徐先生就住在城里，过几天再去拜访也不迟。"

可是陈蕃回答道："从前周武王灭掉商纣以后，一进城就去登商朝贤臣商容家的门。他求贤心切，可说是连席子也来不及坐暖（席不暇暖）。我学古人礼贤下士，及早上门拜访贤人，有什么不可以的！"

乘风破浪

【释义】趁着风势，冲开浪头。比喻志向远大，不畏艰险，奋勇向前。

【出处】梁·沈约《宋书·宗悫传》。

宗悫是南北朝时期宋国名将。他年纪很小时就有远大志向。一天，他的叔父宗炳问他道："你长大了准备干些什么？"

宗悫豪迈地回答说："我长大了愿乘长风破万里浪！"

当时，宋国处于太平时期，没有战事，所以人们都要求子弟以读书为正业，希望有朝一日被推举为官。但宗悫偏偏爱武，因此乡邻们并不认为他志向远大。

后来，宗悫从军，因为本领高强，作战勇敢，宋文帝时被封为振武将军。有一次，他去攻伐南方的林邑（即占城，故地在今越南中南部）。林邑王指挥所有的军队抵抗，还驱赶几头大象助战。大象身上披着铠甲，士兵靠它掩护跟在后面，气势凶猛异常，宋军无法抵挡。

在这紧急关头，宗悫心想：狮子也是百兽之王，只有它才能吓退大象，于是他让士兵制作了一头头假狮子，让它们摇头摆尾蹦蹦跳跳。果然，大象见到它们后非常惊骇，拼命后退，结果压死、压伤许多敌兵。宋军趁势发动进攻，终于攻下林邑。宗悫也因此得到高升。

宗悫小时候说过“愿乘长风破万里浪”，长大后果然实现了这一远大志向。后人把他说的这句话简缩为“乘风破浪”。

脚踏实地

【释义】作风质朴，态度真诚，干事认真。

【出处】宋·邵伯温《邵氏见闻录》。

司马光是宋代著名的历史学家，曾主编我国第一部编年体的通史《资治通鉴》。

司马光在青年时代就爱好研究历史，读了不少书。宋英宗时，他受命主编《通鉴》，前后十九年中，无时无刻不在努力钻研，专心写作；他恐怕睡得过久，耽误工作，特制了一个圆木“警枕”，不让自己睡稳。他先广泛收集材料，经过仔细研究和筛选，再把它们串联起来，然后加以剪裁润色而成定稿，工作态度十分严谨。许多篇章，都作了反复的修改，例如唐代部分，原有六百卷之多，最后定稿精简为八十卷。全书编成时，共二百九十四卷，另有目录三十卷，《考异》三十卷，包括上起战国下至五代，共一千三百六十多年的历史。完成的原稿，都用一笔不苟的工整字体，抄写得整整齐齐；剩下的废稿残稿堆放在洛阳，占了满满的两间屋子。司马光在这项艰巨的工作中所表现的辛勤认真的态度，受到了很多人的赞扬。邵伯温称赞他“脚踏实地”。

勤能补拙

【释义】勤：勤劳。能：可以。补：弥补。拙：笨拙。勤劳能补笨拙，用以表示自谦。

【出处】唐·白居易《偷闲走笔题二十四韵》。

公元825年，朝廷诏封白居易为苏州刺史。

这年阳春三月，白居易乘船离开洛阳，经过千山万水之后，来到苏州。当地居民齐心整理市容，迎接新的地方官吏来临，这使得白居易感动不已。他对苏州早已神往，知道不少的名山胜水很值得游玩，但因到任后事情繁多，他无暇抽空散心，日以继夜埋首于政务公文中，甚至通宵不眠，也不以为意。

白居易勤于政事，在寄给朋友的书信中，曾有一句是“补拙莫如勤”，意思是再愚钝的人，只要勤勉亦能弥补不足了。忙碌的公务使得他积劳成疾，染患眼疾。公元826年秋天，他辞官离开苏州返回洛阳。

握发吐哺

【释义】握发：洗头时握着头发。吐哺：吃饭时，吐出食物，源于周公旦的故事。用于殷勤待士。

【出处】汉·司马迁《史记·鲁世家》。

周公的名字叫姬旦。他是周文王姬昌的儿子、周武王姬发的弟弟。文王在时，旦就很孝顺，性情仁厚。武王即位后，旦辅佐武王，攻伐商纣。商殷灭亡后，被封为鲁公，周公旦不去封地，留下来辅佐武王。

武王灭商两年后，天下还没有安定，武王有疾病，很痛苦，群臣都没有办法，周公旦恭敬地占卜，祷告说：“我们先王面对上天有保护子孙的责任，请用我姬旦之身代替周王姬发。武王受命于天庭，他要保护四方人民啊！”他在三位先王面前占卜，所有的占辞都是吉利的，果然，第二天武王病就好了。武王死后，成王年纪尚幼，周公代成王行使政权。

他说：“我是担心天下叛周，无以告慰先王，才不避闲言碎语行使政权的。”于是周公辅佐成王，让儿子伯禽去鲁国就封。

周公告诫伯禽说：“我的地位在天下也不算低了。但我洗一次头三次握头发，吃一顿饭三次放下饭碗（握发吐哺），去接待来客，是怕怠慢天下的贤士。你到了鲁国，千万不要骄横啊！”

管叔、蔡叔和纣王的儿子武康勾结起来发动叛乱。周公旦兴师东伐，杀了管叔、武康，流放了蔡叔。诸侯都臣服于周。成王长大后，周公又把政权归还给他，让他亲理国政。

凿壁偷光

【释义】将墙壁凿个洞，以便使邻室的光透进来。表示刻苦读书。

【出处】晋·葛洪《西京杂记》。

西汉末年，东海郡（今江苏、山东两省交界处）出了一位很有学问的人，名叫匡衡。他家祖祖辈辈务农，生活贫苦。但是，这个农家的儿子偏偏十分爱读书，由于没有钱读书，他十分苦恼。后来，他听说附近有户人家，家里藏有许多书。他便上这户人家去要求干活，并对主人说：“我干活是为了能读到书。只要主人家愿意把收藏的书借给我读，就算是给我工钱了。”

主人答应了他的要求。匡衡高兴极了。干活之余，就扑在读书上。但只有晚上才有充裕的时间，可是晚上看书要点灯，而他没有钱买油，因此他很是焦虑。幸而他隔壁的人家很富，每天夜里灯火通明。匡衡忽然看见墙缝里透过一线亮光来，于是他把墙壁凿开一个小洞，让更多的亮光射进自己的屋子。从此，他每天夜里就蹲在这小洞边，借用射过来的烛光读书，直到人家熄灭了烛光，他才去睡觉。经过苦读，匡衡终于成为一位著名的学者。

《西京杂记》关于这个故事的原文是：“匡勤学而无烛，邻舍有烛而不逮，衡乃穿壁引其光，以书映光而读之。”

墨突不黔

【释义】墨：墨翟。突：烟囱。墨翟家的烟囱不黑。比喻频繁奔忙，不能较长时间待在一个地方。

【出处】汉·班固《答宾戏》。

墨翟，人称墨子，他反对恃强欺弱的战争，呼吁平等互爱，经常奔走四方，到处宣传他的主张。由于墨子奔走忙碌，据说他从来没有一个固定长住的居处。所以东汉作家班固说“孔席不暖，墨突不黔”。

“孔席不暖”，是说孔子。孔子是儒家学派的创立者，是个大忙人，往往刚休息一会儿就又起身要走了，他的席子从来也坐不暖的（古人多以席子为坐具）。“墨突不黔”则是说：墨子刚住下几天，新砌的灶上烟囱都还没有熏黑，他却又要到别处去了。这句话，是夸张地形容墨子奔忙的情况。

锲而不舍

【释义】锲：镂刻。舍：停止和放弃，只要不停地镂刻金石，再硬也能刻穿。比喻学习持之以恒，必有成果。

【出处】战国·荀况《荀子·劝学》。

荀况是战国时期著名的思想家、哲学家、教育家，他写过一篇名叫《劝学》的文章，以此劝导和鼓励人们坚持不懈地认真学习。

文章一开始写道，学无止境，所以学习不可以停止。青这种颜色，是从蓝草中提取出来的，但它却比蓝草的颜色更青；冰，是由水结成的，却比水要寒冷。这是他用来比喻经过学习之后，比未学习时有所进步。

荀子又写道，不一步一步地走，不会到千里之远；不是一条一条小河的水汇合起来，不会成为江海。这是他用来比喻学习是一个由少到多、日积月累的过程；高深的学问和渊博的知识，是一点一滴积累起来的。

荀子又用镂刻金石来比喻学习要持之以恒，坚持不懈，他写道：刻一下就停下手来，烂木头也刻不断；不断地刻下去，即使是坚硬的金属和石头，也可以把它们刻穿。所以，人们要用不断地镂刻的精神来学习，这样就一定能取得成功。原文中有这样的话："锲而舍之，朽木不折；锲而不舍，金石可镂。"

有志竟成

【释义】只要有好的志向，努力去做，就一定能达到目的。

【出处】南朝·宋·范晔《后汉书·耿弇传》。

东汉刘秀起兵反对王莽政权的时候，耿弇投入了刘秀的部队。在历次战斗中，他非常勇敢，而且很有智谋，因此深得刘秀的信任。

王莽被推翻后，刘秀建立东汉政权，登上帝位。耿弇建议镇压各地农民起义军，消灭地方势力，以统一全国，扩大统治，并且自请带领大军首先平定河北全境，巩固根据地，然后进一步发展。当时，河北一带的农民军大都被镇压下去了，赤眉军也被迫西撤，向河南、陕西一带流动。只有占据山东的张步，兵力还很强大，耿弇配备兵力，猛烈进攻临淄，不能取胜，耿弇也中箭受伤，刘秀急得亲自带兵赶去支援。耿弇听了这个消息，为了表示对刘秀尽忠，下令继续战斗。部下劝他等援军开到之后再作计议，他不同意，说："皇上驾到，我们只能宰牛备酒欢迎，怎能把困难留给他来解决！"于是拼死倾全力出击，攻下临淄。

刘秀曾在临淄夸奖他说："将军前在南阳，建此大策，常以为落落难合，有志者事竟成也。”

悬梁刺股

【释义】 将头发悬在梁上，又用锥子刺大腿，使自己不瞌睡。比喻发愤读书、刻苦学习的精神。

【出处】 汉·刘向《战国策·秦策一》、晋·张方《楚国先贤传》。

战国时，苏秦虽有雄心壮志，但由于学识浅薄，跑了好多地方，都得不到重用。后来，他下决心发愤读书，有时，读到深夜，实在疲倦，快要打盹的时候，他就咬紧牙关，用锥子往大腿上刺去，刺得鲜血直流。他用这种特殊的办法，振作精神，驱逐睡意，坚持学习。后来苏秦终于成为著名的政治家。

汉朝有一个人，名叫孙敬，他非常勤奋好学，喜欢读书，从早读到晚，很少休息，经常读到深更半夜。夜间读书时间太久，就会打起盹来，影响学习。于是，他想出了一个很特别的办法，找到一条绳子，一头拴在屋梁上，另一头拴住自己的头发。读得疲劳打盹的时候，头一低，绳子就会牵住头发，拉疼头皮，顿时清醒过来。后来他也成为著名的政治家。

以上两个故事联系起来，就形成了成语“悬梁刺股”。

断齑画粥

【释义】 断：截断。齑：酱菜之类的食物。画粥：把冷粥划成块状分而食之。喻指不怕生活艰苦，仍刻苦学习。

【出处】 元·脱脱等《宋史·范仲淹传》。

范仲淹是宋代著名的政治家。范仲淹一生仕途坎坷，几起几落。西夏反叛时，范仲淹重新被起用，他主动请求，到战乱频发的延州任职。到任后他大阅州兵，加紧操练，积极防御，使羌汉两族人民安居乐业。此后相当长一段时间，对陕西方面的战略，朝廷大都采纳范仲淹的主张。

范仲淹的名言是：先天下之忧而忧，后天下之乐而乐。他为京官时，许多人向他求教《六经》，特别是《易》学方面的问题。他时常把俸禄拿出来周济四方游士，而自己的家属有时则不能温饱。

范仲淹一生的业绩是与他从小勤奋学习密切相关的。小时候，他家境清贫，可他住在庙里读书，昼夜不息。在严冬季节，有时读书实在读得疲乏了，便以冷水浇面，头脑清醒后再读下去，日常生活十分艰苦，每日总是以两升小米煮粥，隔夜后粥凝固了，范仲淹便用刀将粥一切为四，早晚各吃两块，再切一些腌菜佐食，这就是“断齑画粥”这一成语的来历。

磨穿铁砚

【释义】表明意志坚决，刻苦读书，居然将铁的砚台也磨穿了。

【出处】宋·欧阳修《五代史记·晋书·桑维翰传》。

五代时期，有个名叫桑维翰的读书人，一心想考取进士。第一次应考时，主考官很迷信，看了他卷子上的姓名，皱着眉头对身旁的人说：“这个人姓桑，‘桑’的姓和‘丧’同音，很不吉利，此人即使文章写得再好，也绝不能录取！”

桑维翰知道自己不被录取的原因后，愤怒地说：“我要写一篇文章，来破除这种迷信看法！”

他写了一篇题为《日出扶桑赋》的文章。原来，传说古代东方有棵大神木，名叫扶桑，太阳就是从扶桑那儿出来的。桑维翰认为，太阳出来地方的扶桑尚且跟“桑”字有关，他的姓又有什么不吉利的呢？

有人规劝他不必为了考取进士去触犯当权者。桑维翰坚定地说：“我志向已定，就是要考取进士！”

为了表示自己的决心，桑维翰请铁匠打铸了一块铁砚，并拿了铁砚给熟识的人看，向大家表示：“除非这铁砚磨穿了，我才不去考进士。”

后来，桑维翰终于考取了进士。

囊萤映雪

【释义】将萤火虫装在囊中来照明和借着雪光来读书。形容刻苦读书。

【出处】唐·房玄龄等《晋书·李胤传》、南朝·梁·任昉《为萧扬州荐士表》。

晋代有个名叫车胤的读书人，他从小就非常刻苦好学，但家中贫穷，无钱买灯油点灯，入夜无法读书。在一个夏天的夜晚，车胤看见闪射光亮的萤火虫，在空中飞来飞去，受到很大启发。于是，他捉了许多萤火虫，把它们装进一个纱囊里，这样，纱囊就像一盏小灯笼似的能够发出亮光。车胤借助纱囊中萤火虫放出的亮光，专心致志地读起书来。见《晋书·李胤传》:“胤……家贫不常得油，夏月则练囊盛数十萤火以照书。”

晋朝还有个名叫孙康的读书人，家境也十分清贫。他白天需要干活谋生，只有在夜晚才能读书，但他也无钱买灯油。为了读书，他经常在雪夜里坐在门口，冒着凛冽的寒风，借助晶莹的白雪反射出来的亮光，坚持看书学习。见《为萧扬州荐士表》注引《孙氏世录》:“孙康，家贫，常映雪读书，清介，交游不杂。”

后来，人们把这两个故事联系起来，组成了“囊萤映雪”这个成语。

说情解意篇

一见如故

【释义】形容初次相见就像老朋友一样亲密无间。

【出处】宋·欧阳修、宋祁等《新唐书·房玄龄传》。

唐朝的开国功臣房玄龄从小机警聪慧，他曾悄悄地对父亲说："别看隋朝一统江山，太平无事，殊不知皇上无德无功，又重用奉承拍马之辈，滥杀无辜，百姓怨声载道；还随心所欲地废了皇太子。隋朝的灭亡，指日可待了！"

其父吓得连连喝住他不要乱说。

房玄龄十八岁中进士，授羽骑尉。后来，汉王陈友谅反叛隋朝，房玄龄受牵连，被贬上郡。

房玄龄听说举义旗、反隋朝、名声显赫的秦王李世民巡行渭北，便策马赶来投奔，匆忙间竟拿着马鞭子上军门求见。

李世民对房玄龄早有耳闻，两人一见，也真投缘。《新唐书·房玄龄传》称他们"一见如故"，大有相见恨晚之感。李世民当即授房玄龄府记室之职。

从此，房玄龄跟随李世民走南闯北，九死一生。每次打了胜仗，将领们猎取的是金银财宝，而房玄龄却是为李世民收罗效力的人才。难怪李世民曾说："汉代光武帝有了邓禹，使幕僚们相亲相爱；今我有房玄龄，就如同得到邓禹一样。"

公元627年，唐太宗李世民即位，宣布房玄龄与杜如晦、长孙无忌、尉迟敬德、侯君集等功居第一，任命房玄龄为中书令（宰相）。

一钱不值

【释义】值：指货物与价值相当。连一个铜钱也不值。形容毫无价值或价值微不足道。

【出处】汉·司马迁《史记·魏其武安侯列传》。

汉朝时期，有一位很出名的武将，叫灌夫。他屡建战功，被汉武帝封为淮阳太守。

长期的军旅生活，使灌夫喜欢结交英雄豪杰、侠义勇士，与他们称兄道弟，举杯狂饮。他愿意亲近地位卑下的人，而对那些朝廷权贵，灌夫一点也看不上眼。一次多喝了一点酒，竟然把窦太后的兄弟给打了，险些丢了小命。

灌夫后来不做官了，虽然家里的宾客一天比一天少，可是他鄙视权贵的脾气一点也没改变。这一年的夏天，丞相田蚡娶亲，朝廷的官员和亲朋好友拉着灌夫去凑热闹。酒席上，灌夫举杯向田蚡祝酒，田蚡却傲慢地说："我不能喝满杯！"

灌夫笑脸相劝："今天是丞相大喜的日子，理应喝个满杯呀！"

田蚡依旧无动于衷，不肯喝酒。灌夫自觉受到侮辱，热血直往脑袋上冲。恰巧，席间临汝侯灌贤和将军程不识两人正在交头接耳地说什么，灌夫便把一肚子的怒气借他俩发泄出来："我一向就说程不识一钱不值，大家看怎么样？今天都在向丞相贺喜，他却学女人的样子咬起耳朵，这算什么东西啊！"满屋子的人都知道灌夫是借题发挥。不久灌夫被田蚡杀害了。

一日三秋

【释义】一日不见，如隔三秋。形容思念殷切，虽历时甚短而感觉漫长。

【出处】春秋·佚名《诗经·王风·采葛》。

《诗经》中有一首诗是这样写的：

彼采葛兮，一日不见，如三月兮。彼采萧兮，一日不见，如三秋兮。彼采艾兮，一日不见，如三岁兮。

这是一首怀念人的诗，被怀念者可能是女性。古时的歌谣很多是歌唱爱情的，这首诗可以当做男人思念爱人的歌词。全诗的意思是说：

我忆念中的人儿啊！
她在外面采摘葛藤，
一天不看见她，
就如三个月不见那样！
我忆念中的人儿啊！
她正在野外采摘萧草，
一天看不见她，
就像有九个月那么长呀！
我忆念中的人儿啊！
她正在野外采摘艾草，
一天没有见她的面，
就像隔了三年哪！

现在人们常以“一日不见如隔三秋”来表达思念之情，就是从此诗中演化出来的，后凝成“一日三秋”的成语。

一往情深

【释义】形容对人对事倾注了深厚的感情并因向往其人其事而不能克制自己的感情。

【出处】南朝·宋·刘义庆《世说新语·任诞》。

桓伊（字叔夏，小字子野）是东晋时的著名将领，起初担任淮南太守，后升迁为都督豫州诸军事、西中郎将、豫州刺史等职。公元 383 年，前秦皇帝苻坚率九十万大军南下，攻伐东晋。东晋名相谢安命侄子谢玄率军八万与之相抗，桓伊也率领豫州之兵与谢玄共同抗击前秦军队，结果在淝水之战中大破前秦军队，立下了赫赫战功。

不久，桓伊因功担任江州刺史，虽位居高官，但从不居功自傲。

桓伊在作战和办公以外，最大的爱好是音乐，他会作曲，善吹笛，流传至今的名曲《梅花三弄》据说最初就是他谱的曲。他的笛子演奏技术当时被称为“江左第一”。

桓伊还非常喜爱听别人唱歌，每当听到优美的歌声，他就会情不自禁地击节赞叹。当时的宰相谢安也十分喜爱音乐，两人见面时，也经常谈论音乐。谢安见桓伊音乐造诣很深，对音乐又如此倾心，说：“桓子野对音乐真是一往情深呀！”

于是留下了这句成语。

万死不辞

【释义】愿意拼死效劳。

【出处】明·罗贯中《三国演义》。

东汉末年，董卓手握大权，把汉献帝视作傀儡，司徒王允下决心要为汉王室除掉董卓，但一时又想不出什么办法。

一天晚上，他在后花园散心，忽见府中美貌的歌伎貂蝉在牡丹亭畔长吁短叹，就问她为什么，貂蝉说：“承蒙大人恩惠抚养，我感激万分。但我近来见大人愁眉不展，知道大人一定为国事所担忧，所以也长吁短叹起来，如果大人有用我之处，我一定万死不辞。”

王允听了，忽生一计，说：“董卓迟早要篡位，眼看汉室将要倾覆，我怎能坐视不管？要杀死董卓才行啊！但董卓有个义子吕布，十分骁勇，无人能敌，而吕布又不离董卓左右，因此无计可施。”

貂蝉问：“难道真的就没有办法了吗？”

王允说：“我想了一条连环计，但须得到你的协助。我将你收为义女，先把你许配给吕布，再暗中献给董卓。你要设法离间他们父子，让他们为你而互相仇恨，最后挑动吕布去杀掉董卓。”

貂蝉依计策而行，最后董卓终被吕布所杀。

义无反顾

【释义】为正义的事业而勇往直前。

【出处】汉·司马迁《史记·司马相如列传》。

汉武帝很赏识司马相如的才学，让他在自己身边做官。

这时正赶上唐蒙在修治通往夜郎、僰中的西南夷道。由于他征集民工过多，又是采取高压手段，引起了巴蜀人民的不安，发生了骚乱。汉武帝便派司马相如去责备唐蒙，并让他写一篇文告，向巴蜀人民作一番解释。

司马相如在文告中有一段是这么写的：

夫边郡之士，闻烽举燧燔，皆摄弓而驰，荷兵而走，流汗相属，唯恐居后，触白刃，冒流矢，义不反顾，计不旋踵，人怀怒心，如报私仇。

这段文告的大意是：有人不晓得国家的法令制度，惊恐逃亡或自相残杀是不对的。士兵作战的时候，应该迎着刀刃和箭镝而上，绝不容许回头看，宁可战死也不能转过脚跟逃跑。你们应该从长计议，急国家之难，尽人臣之道。

“义无反顾”就是从司马相如的文告中“义不反顾”一句中引申出来的。

不拘一格

【释义】不局限于一种规格、方式。

【出处】清·龚自珍《己亥杂诗》。

晚清思想家、文学家龚自珍曾在道光年间中进士，担任礼部主事。当林则徐赴广东查禁鸦片时，龚自珍就预见到英国可能发动侵略战争，建议加强战备。后来，龚自珍被迫辞官归隐，离京返乡。途经镇江时，恰好赶上庙会，参加这次庙会的有好几万人，十分热闹。有位道士便请求龚自珍代自己写一篇“青词”。青词是人对神的祈求，写在青色的纸上，供奉在神像面前。

忧国忧民的龚自珍很希望有英雄人物降世，打破这万马齐喑的可悲景象。于是，他挥笔在青纸上写道：

九州生气恃风雷，
万马齐喑究可哀，
我劝天公重抖擞，
不拘一格降人才。

不知所云

【释义】不知道所说的是什么。也指不知道怎样说才好。

【出处】晋·陈寿《三国志·蜀书·诸葛亮传》。

三国时蜀帝刘备死后，丞相诸葛亮辅佐刘备的儿子刘禅即位，就是后主。刘禅当时才十七岁，从小娇生惯养，没什么本事。不过他还听父亲的话，称诸葛亮为相父，加封为武乡侯，朝中的大小事情全交给诸葛亮管理。诸葛亮严格整顿吏治，奖励农耕，发展生产，囤积粮食，训练军队。经过一段时间休养生息，蜀国上下太平，物产富足，军力增强。后来，诸葛亮用攻心策略，七擒孟获，平定了南部边境少数民族的扰乱。

恰在这时，魏国的皇帝曹丕死了，小皇帝曹睿刚刚即位，大权握在别人手里。诸葛亮觉得实现先帝刘备遗愿的时机来了，就决定出师伐魏。临行前，诸葛亮特地给刘禅上了一道表章，也就是有名的《前出师表》。

诸葛亮从刘备创业未半就中途死去写起，然后说到自己“受任于败军之际，奉命于危难之间”，二十多年不容易。诸葛亮知道刘禅分不清好人坏人，就告诉他郭攸之、费祎、董允等人都是忠臣良将，要多依靠他们，疏远那些奸佞小人。最后写道：“今当远离，临表涕零，不知所云。”大意是：我现在就要离开陛下远征了，这份表章写到末尾时我已涕泪俱下泣不成声，不知道自己说的是些什么了。刘禅读了诸葛亮的表章，十分感动，亲自带领文武百官走出成都城外十多里送行。

天涯海角

【释义】形容彼此之间相隔极远，也形容遥远偏僻的地方。

【出处】唐·韩愈《祭十二郎文》。

唐代大文学家韩愈年幼时，父母相继去世，依靠他哥哥韩会和嫂嫂过活。韩会有一个嗣子叫老成，排行十二，所以小名叫十二郎，年纪比韩愈小。韩会四十二岁时，因官场斗争被贬为韶州刺史，不到几个月就病死在韶州，这时韩愈只有十一岁，十二郎也很小，韩愈虽然有三个哥哥，却都很早离开了人世。这时，继承韩家基业的只有韩愈和他的侄子十二郎两个人，虽孤苦伶仃，但他俩一直守着父辈家业生活。

韩愈九岁时自宣城前往京城，往后十年的时间中，只和十二郎见过三次面。当他正打算西归和十二郎共同生活时，不幸十二郎死去，韩愈悲痛欲绝，于是写了一篇《祭十二郎文》，备了一些时下的物品从老远的地方去致祭他。文中有“一在天之涯，一在地之角”的句子。这篇祭文，一字一泪，读来令人心酸。

无颜见江东父老

【释义】没有脸面再见故人。

【出处】汉·司马迁《史记·项羽本纪》。

项羽垓下被围，四面楚歌，只好率领八百名勇士趁夜色冲出重围。到达东城（今安徽定远东南）时，身边只剩下二十八名骑兵。这时汉军有几千人正包围着他们。项羽命随众分头出走，约定在山的东面分三处会集。自己则披刀跨马杀向汉兵，砍死几百人。

项羽到达乌江岸边时，乌江亭长已准备好了一艘船，对项羽说："江东虽是小地方，但方圆千里，人口几十万，也是足够建立霸业的。大王何不权且栖息一下，求得东山再起？现在只是我有渡船，您一过河，汉军便无能为力了。"

项羽沉默了片刻，眼光越过苍茫的乌江，仰天长叹说："我率领八千名江东子弟渡江西征，现在没有一人生还，就算江东的父老兄弟怜悯我，让我重整旗鼓，可我又有什么脸面去见他们呢？"他牵过马说："我知道你年长且品德高尚，这匹马随我五年了，日行千里，勇猛无敌，我不忍心杀它，送给你吧！"说完重新杀向汉军。最后项羽自刎身亡。

方寸已乱

【释义】指心绪已被搅乱，六神无主，没有心思做事。

【出处】晋·陈寿《三国志·蜀书·诸葛亮传》。

三国时代，有一位名士叫徐庶，在刘备那里当军师。

曹操见他辅助刘备，取得很大成绩，便一心想网罗他，但都被拒绝。后来曹操采用了程昱的计谋，把徐母骗来，请徐母写信叫她的儿子来归。但徐母是个深明大义的女人，她知道曹操挟天子以令诸侯，存心不良，有篡夺汉朝天下的野心，所以不肯写信。

程昱没有办法，只好模仿徐母的笔迹，写了一封假信给徐庶，叫他投奔曹操。徐庶接到这封信后，知道母亲被曹操骗去作为要挟，心中非常慌乱焦急，指着自己的心对刘备说："我本来想凭着这方寸之心，助你共图兴汉除暴的事业，可是现在我的母亲被曹操俘去，我的方寸已乱，现在请让我离开，去看我的老母。"

后来，他推荐诸葛亮给刘备，自己则离去了。

心有灵犀一点通

【释义】比喻恋爱中的男女心心相印，也泛指双方之间心意相通，心领神会。

【出处】唐·李商隐《李义山诗集》

李商隐是晚唐诗坛上最有成就的诗人之一，其诗被称颂为唐代诗歌的“灿烂晚霞”。他写了不少旨意朦胧、辞藻华美、情致缠绵，艺术上又非常精巧成熟的无题诗，也包括某些描写爱情生活的。

相传李商隐曾与其岳父的一个妓妾偷偷相爱。一天夜晚，诗人与情人借宴会之机而相会。当时是星斗满天，清风拂面，他和情人双双对对，携手并肩，喁喁私语，其温馨甜蜜真是令人心醉神迷。然而第二天，这一切都成了过去。以后若想再见面可就难了。诗人辗转反侧，新潮起伏，写下了一首流传千古的不朽诗篇：

昨夜星辰昨夜风，画楼西畔桂堂东。
身无彩凤双飞翼，心有灵犀一点通。
隔座送钩春酒暖，分曹射覆蜡灯红。
嗟余听鼓应官去，走马兰台类转蓬。

诗中的“身无彩凤双飞翼，心有灵犀一点通”两句尤其脍炙人口，它从诗人自己的爱情经历出发，通过匠心独到的比喻，写出了处于分离境界中的男女们所普遍具有的矛盾心理，成为传诵不绝的情诗绝句。

心旷神怡

【释义】比喻心胸开阔，精神愉快。

【出处】宋·范仲淹《范文正公文集·岳阳楼记》。

岳阳楼在现在湖南省的岳阳市，此楼初建于唐朝初年，到北宋时，滕子京又加以重修。

滕子京和范仲淹是好朋友，他们两人都在公元1015年，考取进士。公元1044年（宋仁宗庆历四年）滕子京担任了岳州（今湖南岳阳）知州，次年就重修岳阳楼，并请好友范仲淹为他写篇文章，来记叙这件事。范仲淹就欣然接受了好友的请求，写成了《岳阳楼记》这篇传诵千古的文章。其中有一段是："至若春和景明，……登斯楼也，则有心旷神怡，宠辱皆忘，把酒临风，其喜洋洋者矣。"

这一段的大意是：在春风和暖、阳光明媚的时候登上岳阳楼观赏景色，你就会觉得心胸开阔，心情开朗，精神十分愉快；这时，所有的一切荣辱得失都会忘记得一干二净，这时，你再端起酒杯，在阳光的沐浴下，清风的吹拂下，举杯畅饮，这乐趣，真是无穷无尽啊！

后来，"心旷神怡"这四个字作为成语就流传下来。

叹为观止

【释义】赞叹所看到的事物好到了极点。

【出处】春秋·左丘明《左传·襄公二十九年》。

春秋时期，吴国君主寿梦死后，由四个儿子依次继承王位。第三个儿子馀昧继位时，拜他弟弟季札为相。季札主张罢兵安民，结交齐、晋等中原诸侯。馀昧同意季札的主张，派他出使鲁、齐、郑、卫、晋等国。

公元前544年，吴公子季札来到鲁国，表示愿与鲁国世代友好相处。鲁国很高兴，用舞乐招待季札。

季札精通舞乐，一边观赏，一边品评。当鲁国演出《韶箾》舞时，季札便断定这必然是最后一个节目了。观罢《韶箾》，季札赞叹一番，然后非常知礼得体地道谢："这舞乐好极了，我们就观看到这里为止吧！"鲁国人感到非常惊奇，季札竟能预知这是最后一个节目！

季札的博学获得鲁国的尊敬，使他在外交上获得成功。鲁国人把季札的来访载入了史册。

《左传》中记载说:“见舞韶箾者,曰:‘德至矣哉!大矣,如天之无不帱也,如地之无不载也,虽甚盛德,其蔑以加于此矣。观止矣!若有他乐,吾不敢请已!’”成语“叹为观止”即由此得来。

生子当如孙仲谋

【释义】孙仲谋即为三国时吴王孙权。原为曹操对孙权的赞语,后用以形容智勇双全的英雄人物。

【出处】晋·陈寿《三国志·吴书·吴主传》。

东汉建安十八年(公元213年)春天,曹操带领大军,进攻东吴。因为曹军来势凶猛,孙权亲自带领七万军队迎战,第一仗就打胜了。曹操吃了亏,便坚守不出。孙权一再挑战,曹军始终不应战。

孙权见曹军老是不出战,决定亲自前去观察曹军的动静。他带领一部分吴军,乘着快艇,驶入曹军水面。曹军众将以为孙权的军队前来挑战,准备还击。曹操对众将说:“这一定是孙权亲自观察我军阵营,你们要严阵以待,箭不能胡乱发射。”

孙权的船只行驶了五六里,然后奏着军乐返回。曹操看到孙权的战船旗帜鲜明,队伍严整,进退有条不紊,想起以前镇守荆州的刘表的儿子,简直不能跟孙权相比,很有感慨,因为孙权字仲谋,他就叹了一口气,说:“生子当如孙仲谋,刘表的儿子不过像猪狗罢了!”

双方相持了一个多月。这时,春雨连绵,下个不停,孙权便写信给曹操说:“春天江水正在上涨,你应该迅速回去。”又在另一张纸上写道:“你一天不死,我一天不安。”

曹操看了信,对众将说:“孙权没有欺瞒我,他说的是实情。”便下令退兵,回北方去了。

百感交集

【释义】感：感想。交：一齐。形容各种感想交织在一起，感慨万分。

【出处】南朝·宋·刘义庆《世说新语·言语》。

晋惠帝年间，诸王间混战，各引地方武装，甚至勾结外族以扩充实力。诸王间大混战，又发展为地方军阀之间、华夷各族之间的大混战。楚王司马玮嫉妒太尉卫瓘，令清河王矫诏杀害卫瓘子孙九人，只有其孙卫璪、卫玠生病，在医家治疗，幸免一死。后楚王阴谋败露被杀，卫璪、卫玠就职于朝廷。

惠帝被东海王司马越毒死，继位的是没有实权的怀帝司马炽。占据山西的刘渊和占据河北的石勒都野心勃勃，想取而代之。卫玠预感到天下即将大乱，劝说哥哥卫璪举家南迁。卫璪说："我身为常侍，内侍皇帝，不能因保全自己，一走了事。弟弟官任太子洗马，职任闲散，还是你带着母亲过江去吧。"

卫玠说："在朝应忠于君，在家应孝敬父母，在外应取信朋友，但是朝政国事已经弄到这种地步，不是个人单薄的力量所能挽救，哥哥勉为其难，尽忠大晋，我奉养母亲，让她享尽天年吧。"卫玠用车护送母亲，从晋都洛阳辗转来到江夏，江对岸是他要投奔的豫章郡。卫玠再次北望洛阳，知道故国不久将落入异族之手，遂仰天长叹："面对茫茫江水，不觉百感交集，除非人没有感情，不然的话，谁能够排遣心中的郁积呢？"卫玠到豫章后，不久就劳疾而亡，年仅二十七岁。

宁为鸡口，不为牛后

【释义】牛后：指牛的肛门。比喻宁可在局面小的地方做主，也不愿在局面大的地方受支配。

【出处】汉·刘向《战国策·韩策一》。

战国时的著名政治家苏秦，极力主张六国联合起来一致抗秦。

当时韩国弱小，准备向秦国屈服，苏秦便对韩国国君说：“韩国是具备许多优势的，比如拿地理条件来说，北边有巩洛成皋，西边有宜阳常阪，这些都是坚固的屏障、险要的边塞，东边的宛穰洧水，南边的陉山，也都是易守难攻的好地形。你们有几十万军队，又装备有天下第一的强弓劲弩，士卒能把箭射出六百步之外，百发百中；你们的剑戟锋利异常，在地上能砍断牛马，在战场上能刺透敌人的甲盾。以韩国士卒的英勇来看，那是可以一当百。韩国具备这些优势，又有像大王这样的贤明圣主，完全可以立于不败之地。然而您却要向秦国投靠，这不仅是韩国的奇耻大辱，而且还要被天下人笑话呀！有一句俗话说得好，‘宁可做小鸡的嘴巴，也不做牛的屁股（宁为鸡口，不为牛后）。’鸡嘴虽小，但能遍尝食物的味道；牛屁股虽大，只能排放粪便。今天您想投靠秦国，这与做牛屁股有何区别呢？以大王这样圣明，又拥有这么强大的兵力，然而却招来牛屁股的恶名声，我苏秦也觉得替大王感到羞耻啊！”

韩国国君被苏秦的一席话，说得心悦诚服，他拔出佩剑，对天发誓：“寡人宁死，决不屈服于秦国！”

宁为玉碎，不为瓦全

【释义】 宁愿做高贵的玉器而破碎，不愿做低贱的瓦器得以保全。比喻为正义事业而牺牲，不苟且偷生。

【出处】 唐·李百药《北齐书·元景安》。

南北朝时，高洋废掉了魏孝静帝元善见，建立了北齐朝廷，当上了文宣帝。高洋为了培植自己的势力，杀戮了元帝的近亲。这时，大臣元景安感到十分惶恐，为了保全性命，他串联了几个人向高洋请求将自己的姓氏改成高，以讨他的喜欢。元景安有位堂弟，名叫元景皓，听说了这件事非常气愤，他说：“怎么能抛弃本姓，随人家的姓呢？大丈夫宁为玉碎，不为瓦全呀！”第二天，元景安把堂弟的这番话告诉了高洋，高洋立即将元景皓斩首。

死不瞑目

【释义】瞑目：闭上眼睛。人死了也不闭眼睛。多用来形容死也不甘心。

【出处】晋·陈寿《三国志·吴书·孙坚传》。

公元189年，凉州豪强军阀董卓率兵入洛阳，废少帝立献帝，并纵火焚烧洛阳周围数百里，激起了人民的愤怒和反抗。孙坚是东汉末年人，为郡县吏，后因军功被提拔为长沙太守。孙坚与袁术联合起来讨伐董卓，并大骂董卓逆天意，行事残暴无道，誓与他不共戴天，表示如不灭董卓三族，把他头砍下来悬示全国，死也不能闭眼睛（今不夷汝三族，悬示四海，则吾死不瞑目）。

扬汤止沸

【释义】把烧开的水舀出来再倒回去，使它稍冷，暂不沸腾。比喻暂时缓解急难之意。

【出处】晋·陈寿《三国志·魏书·刘廙传》。

刘廙，字恭嗣，东汉末期南阳郡（今属河南省）人。他的哥哥刘望之被荆州刺史刘表所杀，他于是投奔曹操。当时，有个名叫魏讽的人阴谋袭击曹操，被人告发后，曹操就把魏讽处死。刘廙的弟弟刘伟是魏讽的同党，因此同被诛戮。按当时法律，刘廙因弟弟牵连也当获罪，并应全家抄斩。可曹操爱惜人才，同时也了解刘廙的为人，所以曹操没有对刘廙判罪。刘廙很感激曹操，恭恭敬敬地写了一封信给曹操，原文有一段：

臣罪应倾宗，祸应覆族，遭乾坤之灵，值时来之运，扬汤止沸，使不焦烂，起烟于寒灰之上，生花于已枯之木；物不答施于天地，子不谢生于父母，可以死效，难用笔陈。

大意是说：我的罪，例应灭绝祖宗和家族，幸而遇到天大的好运，蒙您扬汤止沸，救了我的命，真好比使冷灰重新冒起烟来，使枯树重新开出花来一样，这样的大恩，等于天地缔造万物、父母养育子女，永远也报答不了，今后我只有拼死为您效劳，在这封信里，实在写不尽我的感激心情。

此可忍，孰不可忍

【释义】指这事（人）能容忍，那么还有什么不能容忍的呢！

【出处】唐·房玄龄等《晋书·解系传》。

晋朝时，济南有一个人叫解系。曾经担任过中书黄门侍郎、散骑常侍、豫州刺史、雍州刺史等官职。

一年，适逢氐羌叛乱，朝廷命令解系与征西将军赵王司马伦一起前去征讨。赵王司马伦当时特别信任一个名叫孙秀的奸邪小人。此人在军中横行霸道，寻找各种机会打击解系，朝廷为了防止内部摩擦，调回了赵王司马伦。

解系深知孙秀是个祸害，上表皇帝，主张杀掉孙秀，可是没有获准。后来，赵王司马伦和孙秀乘机在皇上面前说了解系不少坏话，皇帝听信谗言，不辨忠奸，把解系削职为民。

赵王司马伦和孙秀对解系还是耿耿于怀，必欲置之死地而后快。后来，乘着张华等被杀的机会，株连到解系，把他兄弟二人一起抓了起来。梁王司马彤知道解系的冤情，于是上奏皇帝，想营救他们。

赵王司马伦听说后，恶狠狠地说："我在水中见蟹，尚且厌恶，何况这兄弟二人是那样地看不起我，如果这两个人可以容忍，还有谁不能容忍（此而可忍，孰不可忍）!"

梁王力争，未能奏效。解系被投入井中淹死，妻子、儿女也都被杀害。

行将就木

【释义】木：棺材。形容快要进棺材了，比喻将近死亡。

【出处】春秋·左丘明《左传·僖公二十三年》。

春秋时期，晋惠公死后，晋怀公即位，仍然不许公子重耳返回晋国。重耳逃难到了蒲城，晋国就派军队去讨伐蒲城。蒲城的百姓打算坚决抵抗，与晋军决一死战，来保卫公子重耳。重耳为了不使蒲城人民受难，就带领狐偃、赵衰、颠颉、魏武子等谋士逃到狄国。狄国人很尊敬重耳，把美女叔隗、季隗献给重耳。重耳看中了季隗，便娶她为妾，将叔隗赏给了赵衰。几年后，季隗为重耳生了两个儿子，取名伯倏和叔刘。叔隗也给赵衰生了一个儿子，取名为赵盾，后来成为晋国的宰相。

多年之后，在手下谋士们的敦促下，重耳决定离开狄国，以便寻找回晋国执政的机会。临别时，重耳依依不舍地对季隗叮嘱道："我一旦处境好转，一定来接你。请你等我二十五年，如果我不来接你，你再嫁别人。"

季隗听完此话，不觉泪如雨下，回答说："我今年已经二十五岁了，等上二十五年再嫁人，我怕是行将就木了，你还是早点来接我吧！"

自暴自弃

【释义】暴：糟蹋。弃：鄙弃。自己糟蹋自己，不求上进，甘居落后。

【出处】战国·孟轲《孟子·离娄上》。

有一次孟子教导他的学生说："自暴自弃的人是最可悲的！"

学生们问："什么叫自暴自弃？"

孟子讲道："说话不遵守礼义，甚至破坏礼义，自己残害自己，这不是自暴吗？与这种人交谈是谈不出什么有价值的东西的！心里想的不是仁义，自己的行为也不是仁义，自己抛弃自己，这就是自弃。与这种人在一块儿是做不出什么有益处的事情的。你们要记住：仁，是最安适的住宅；义，是最正确的道路。如果把这两样世界上最好的东西舍弃，岂不是很可悲的吗？"

学生们点头说：“先生的意思是一切都按照仁义来办，就不是自暴自弃了！”

休戚相关

【释义】 休：喜悦。戚：忧愁。彼此的喜悦与忧愁共同承担。形容彼此命运联系在一起，息息相关。

【出处】 春秋·左丘明《国语·周语下》。

春秋时期，晋国的公子周子年轻时候曾因受族人排挤，只得客居在周地洛阳。周王的大夫单襄公将他请到自己家里，像对贵宾那样招待他。

周子很有礼貌，说话时总忘不了忠孝、仁爱，待人接物很友善、和睦。他虽身在周地，可是听说自己国家晋国有什么灾祸，他就忧愁；听说晋国有什么喜事，他就高兴。这些情况单襄公看在眼里，很为高兴。单襄公不久病倒了，自知死期不远，就对儿子单顷公嘱咐说：“我看周子是很有出息的年轻人呀，他不忘自己国家，为它的命运担忧，有可能回晋国去接替国君位置的，我死后你可要好好照顾他呀。”

不久，晋国国内发生变故，晋厉公被杀死，晋国大夫派人来接回周子，让他做了晋国的国君，便是晋悼公。

这个故事记载于《国语·周语下》。原文是：“晋国有忧，未尝不戚；有庆，未尝不怡。”“为晋休戚，不背本也。”后人便从这个故事中概括出成语“休戚相关”。

妄自菲薄

【释义】 妄：胡乱地。菲薄：小看、轻视。形容过于小看自己。

【出处】 三国·蜀汉·诸葛亮《前出师表》。

三国时期，刘备死后，诸葛亮决心履行对刘备立下的诺言，辅佐刘禅统一天下，复兴汉室。为此，他竭尽全力筹划北伐曹魏的事宜。

刘禅没有治国的才能，也胸无大志。这使即将率军出征的诸葛亮甚为担忧。出征前夕，他写了著名的奏章《前出师表》。在文中有一段的大意是：

“先帝辛辛苦苦创下的事业，还没有最终完成，就不幸早逝了。如今，魏、蜀、吴三国鼎立，比较起来蜀国的力量最弱，这真可以说是到了生死存亡的时候。但是，蜀国的文官并没有在朝廷上混日子，蜀国的武将们也都忠于职守为你拼命。大家之所以自觉这么做，是为了报答先帝的恩情，不辜负先帝对大家的嘱托。所以，你应该发扬先帝发奋图强、卧薪尝胆的美德，振奋精神，万万不能够妄自菲薄呀！”

妄自尊大

【释义】妄：狂妄。尊：高贵。很狂妄，自以为了不起。

【出处】南朝·宋·范晔《后汉书·马援传》。

马援是东汉时期著名的将领，年轻时在陇西（今甘肃一带）军阀隗嚣手下任职。当时王莽政权灭亡了，刘秀在洛阳建立了东汉政权；公孙述也在成都称帝，国号蜀。隗嚣对自己到底应该归顺哪一方拿不定主意，便派马援先去蜀国探探情况。

马援与公孙述是同乡好友，到了成都后，完全出乎马援的意料，公孙述竟摆出一副皇帝的架子，高坐在殿上，叫马援上殿相见。还未寒暄几句，公孙述就退朝回宫，打发马援回宾馆休息。马援心里很不痛快，回到陇西向隗嚣复命。马援说：“如今天下胜负未定之际，公孙述却不懂得礼贤下士，励精图治，反而把心思放在摆排场上，像个泥塑像，他怎么能留得住人才呢？这种人是井底的青蛙，没见过大世面，却十分妄自尊大，咱们不能投靠他。”

于是，隗嚣又请马援出使洛阳，刘秀对他态度十分诚恳随和，马援很受感动，说：“我远道而来，陛下接见我不讲究礼仪，也不布置警卫，难道就不怕我是刺客吗？”

刘秀听罢大笑：“刺客你不像，要说你是个说客，我还有点相信。”

马援更加佩服，认为刘秀宽宏大度，必定能成帝王之业，便投靠了刘秀。

如鱼得水

【释义】比喻得到了与自己十分投合的人，或对自己非常合适的环境。

【出处】晋·陈寿《三国志·蜀书·诸葛亮传》。

诸葛亮起初隐居不仕，刘备三次亲自拜访，请他出来辅佐，诸葛亮到第三次才同刘备见了面，并给刘备分析了当时的形势，提出了如何夺取天下的战略和施政方针。刘备听了，非常高兴，于是同诸葛亮的感情一天天亲密起来。而刘备手下的将军如关羽、张飞等人，对此却感到不满意。

刘备便向他们解释：“孤之有孔明，犹鱼之有水也。愿诸君勿复言。”（我有了孔明，就像鱼得到了水一样。希望诸位不要再说什么了。）这样，关羽和张飞等才停止了议论。

如释重负

【释义】释：放下。重负：重担。如同解除了沉重的负担，感到轻松愉快。

【出处】战国·穀梁赤《穀梁传·昭公二十九年》。

公元前542年，鲁襄公病死，公子裯继位，史称鲁昭公。当时，鲁国的实际权力，掌握在季孙宿、叔孙豹和孟孙三个卿手里，其中又以季孙的权力最大，昭公自己也不争气，只知游乐，不理国政。这样，就使他更在国内失去民心。

大夫子家羁非常担心，几次当面向昭公进谏，希望他巩固王室的力量，免得被外人夺了政权。

日子久了，昭公终于觉察季孙等三卿在不断壮大势力，对自己已经构成严重的威胁，于是，他在大臣中暗暗物色反对三卿的大臣，寻找机会打击三卿。

不久，季孙宿死去，他的孙子意如继续执政。大夫公若、郈孙、藏孙与季孙意如有矛盾，打算除掉季孙氏，便约昭公的长子公为密谈这件事。公为回宫和两个弟弟商量后，认为父亲昭公肯定怨恨季孙氏专权，因此劝说昭公除掉季孙氏。

这年秋天，三卿之一的叔孙豹因故离开都城，把府里的事情托给家臣鬷戾掌管。昭公觉得这是个好机会，没有人会去支援季孙氏，便命郈孙、藏孙率军包围了季孙氏的府第。

季孙意如来不及调集军队反击，又不能得到叔孙豹的救援，只好固守府第。再说叔孙豹的家臣鄗戾得知季孙氏被围的消息，马上调集军队救援季孙氏。昭公的军队没有什么战斗力，马上四散逃走。

三卿中还有一家是孟孙，见叔孙氏家已经出兵救援季孙氏，也马上派兵前往。昭公见三卿的军队已经联合起来，知道大势已去，只好和藏孙一起出奔齐国避难。由于昭公早就失去了民众，所以百姓对他的出奔并不表示同情，反倒觉得减轻了他们身上的重担。

成语“如释重负”就是史学家对这次事件所作的评价。

投袂而起

【释义】一挥袖子站立起来。形容决心奋起。

【出处】春秋·左丘明《左传·宣公十四年》。

公元前617年，楚穆王纠集了郑、陈、蔡三诸侯国的军队，想征伐宋国。宋昭公自知不是对手，赶紧向楚穆王表示屈服。于是，楚穆王以霸主的身份进入宋国，去孟诸泽（今河南省商丘东北）打猎游乐。到了孟诸泽，负责楚穆王打猎准备工作的楚国大夫申舟，要求各诸侯明天一早点起火炬，驾着马车到预定地点集合。不料，第二天早晨宋昭公迟到了一会，也忘了在马车上点燃火炬。申舟竟不顾宋昭公的面子，当场命人把驾驭宋昭公马车的官员鞭打了一顿，还押他到各营去示众。宋国的官员认为，这是对宋国君臣的侮辱。有人向申舟提出，他这样做太过分了。但申舟拒不接受，强调自己是在履行职责。

三年后楚穆王死去，儿子即位，史称楚庄王。一次，楚庄王派申舟出使齐国，途中要经过宋国，按惯例应向宋国借道。但楚庄王根本瞧不起宋国，命申舟不必借道就通过宋国。申舟因当年曾经侮辱过宋国君臣，怕他们乘机杀了自己。但楚庄王还是坚持申舟只管前往，说如有不测，他立即出兵讨伐宋国。

申舟进入宋国后不久，就被发现扣留下来，终于被杀。楚庄王勃然大怒，立即投袂而起，剑也未佩上，就快步出宫，到军营命令将士征伐宋国。但由于宋国军民竭力抵抗，楚庄王无法取胜，只好撤兵返国。

投辖留宾

【释义】辖：车轴两端的铁键，去辖则车不能行。比喻主人留客的殷勤。

【出处】汉·班固《汉书·陈遵传》。

陈遵是汉朝杜陵人，哀帝末年任京兆尹。当时官府中的官吏，大多很俭朴，只有陈遵衣车华丽，每日出去饮酒，总是喝得酩酊大醉才回来。对于公事，他时时荒废，常被上级科罚。小吏们去告诉他，也根本不放在心上，反叫小吏注意他被罚满一百次后，再来告诉他好了。

后来他因剿匪有功，升为嘉威侯，各地官吏，四方豪杰，都仰慕他的威名，特地去拜访他。陈遵喜欢喝酒，每次大宴会的时候，等到客人到齐后，往往把大门关起来，把客人们马车上的键头（古称辖）投到井里去，即使客人有要紧的事，也不让他回去。曾经有一个刺史，为了公事去见他，也被他留住喝酒，不放他回去，那位刺史因还有要事办理，心里非常着急，结果由陈遵的母亲从后门把他放出去。

后人把陈遵这个故事，说成“投辖留宾”。后来有人效仿他的做法，为了留住客人，常把客人的衣物藏起来，使客人不得离开。

投畀豺虎

【释义】丢给豺狼虎豹吃掉。形容对敌人十分愤恨，也指不见容于世而死于非命。

【出处】春秋·佚名《诗经·小雅·巷伯》。

西周的周幽王在位时期，宫廷里有一个姓孟的小臣，被别人诬陷，遭受宫刑（残害人的生殖系统）。这个人便对说坏话、告恶状的人恨之入骨，写了题为《巷伯》的诗。这首诗充分表达了他对于遭受迫害的满腔怨愤和愤怒抗议。诗中有一节写道：

彼谮人者，
谁适与谋？
取彼谮人，
投畀豺虎。

这几句诗的意思是说：那个造谣生事陷害别人的坏家伙，是谁给他出的鬼主意？捉住那些造谣说坏话的人，把他们扔给豺狼虎豹去充饥。

走马看花

【释义】原意为得意愉快的心情，后转为不深入地调查参观。

【出处】唐·孟郊《登科后》。

唐朝中期，著名诗人孟郊好几次参加进士考试都落了第。他决心刻苦攻读，用自己的真才实学，叩开仕途的大门。唐德宗贞元十三年，孟郊进士及第了，而他也已经四十六岁了。孟郊高兴极了，穿上崭新的衣服，扎上彩带红花，骑着高头大马，在长安城里尽情地游览，京城美丽的景色使他赞叹，高中进士的喜悦又使他万分得意，于是，写下了著名的《登科后》诗：

昔日龌龊不足夸，
今朝旷荡恩无涯。
春风得意马蹄疾，
一日看尽长安花。

诗的意思是：过去那种穷困窘迫的生活是没有什么值得夸耀的，今天我高中了进士，才真正感到皇恩浩荡；我愉快地骑着马儿奔驰在春风里，一天的时间就把长安城的美景全看完了。这首诗把诗人中了进士后的喜悦心情表现得淋漓尽致，其中“春风得意马蹄疾，一日看尽长安花”成为千古名句。后来，人们从此诗中引申出“走马观花”和“春风得意”两个成语。

更上一层楼

【释义】更：再。指再登上更高的一层楼。比喻再提高一步。

【出处】唐·王之涣《登鹳雀楼》。

王之涣是唐朝时期著名的诗人，曾担任文安县尉官职。他经常与诗人高适、王昌龄等在一起互相唱和。他的诗歌以描写边疆风光著称。

唐朝有个著名的观光胜地，名叫鹳雀楼。这座楼的旧址在今山西省永济县西南，共有三层，南望高耸的中条山，俯瞰波浪滔滔的黄河，气势异常雄伟壮观。

一天，王之涣登上鹳雀楼，极目远眺，祖国雄伟壮丽的大好河山尽收眼帘。诗人心潮澎湃，无比激动，于是写成一首著名的五言绝句，题为《登鹳雀楼》：

白日依山尽，

黄河入海流。

欲穷千里目，

更上一层楼。

诗的大意是说，诗人登上鹳雀楼，只见夕阳挨着远山徐徐沉落，奔腾的黄河流向大海。要想远看千里之阔，必须再高登一层楼。这首诗写出了诗人广阔的胸怀和远大的抱负。

身在曹营心在汉

【释义】比喻坚守节操，忠于故主；也比喻身在此，心在彼，心思不专。

【出处】明·罗贯中《三国演义》。

东汉末年，曹操把持朝政，为了铲除异己，决定先消灭兵力薄弱的刘备。那时，刘备刚到徐州，立足未稳，兵力又少。曹操大军来到，很快就打败了刘备。慌乱之中，刘备与结义兄弟关羽、张飞失散，单骑投奔袁绍去了。关羽保护着刘备的两位夫人，据守在下邳。

曹操早就赏识关羽的武艺和人品，有意把他收在帐下。于是定下计策，先派人混进下邳城中做内应，第二天，又兵临城下挑战。关羽出城迎战，曹操几员大将轮番与关羽交手缠住不放。城中内应打开城门，下邳就被曹军占领。关羽想到两位嫂嫂已落曹操手中，不能不顾，无可奈何之下，只得暂时投降。

关羽带了两位嫂嫂随曹操来到许昌曹营，曹操为了收买关羽，赐他“汉寿亭侯”官印，又赠送许多绫罗绸缎、金银器皿，还有美女十名，关羽看也不看，全都交给嫂嫂处置。

一天，曹操见关羽的战袍已旧，就赠送一副新袍，但关羽却把它穿在里面，外面仍用旧袍罩上，曹操问他：“关将军为何如此节俭？”

关羽说：“我不是节俭，只是旧袍是兄长所赐，我穿着如见兄长。怎能因丞相的新袍而忘了兄长的旧赐？”

又一次，曹操宴请关羽。宴会散后，他送关羽到门外，看到关羽的马很瘦弱，就说：“良将怎能没有好马呢？”

曹操当即送给关羽一匹赤兔马，关羽大喜，下拜称谢。曹操奇怪地问：“我送给将军金银、美女，你从不谢我，一匹马何至于下拜？”

关羽说：“我知道这匹马能日行千里，有了它，我如知道兄长下落，不管他在多远，我一天就能赶到兄长身边了。”

曹操听了，知道关羽身在曹营心在汉，心里念念不忘汉朝皇叔刘备。

后来，当关羽得知刘备在河北袁绍处，连夜就给曹操写了一封辞别信，感谢他的款待，将“汉寿亭侯”金印悬在房梁上，又把所赐金银分毫不动，封存一室。带了随从，护送两位嫂嫂的车仗，出许昌北门，向河北进发。一路过五关，斩六将，终于回到刘备身边。

肝肠寸断

【释义】肝脏和肠子一寸一寸地断裂开了。形容悲痛到了极点。

【出处】南朝·宋·刘义庆《世说新语·黜免》。

公元346年，晋将桓温率军上溯长江，攻打蜀国。船进入三峡时，部将中有人捉到了一只小猿放在船上。母猿看到了，心急如焚，沿岸奔跑，哀哭号叫。三峡山势陡峭，江随壁转，壁与天接。母猿奋不顾身，攀青藤，走绝壁，滚山坡，跟着船队走了一百多里。

船行到巫峡，不觉慢了下来，靠着江边，缓缓前进。这时，母猿哀叫三声，瞧准小猿所在的船跳下来，当即气闭身亡。

船上的兵士，剖开母猿，只见肝肠寸断，桓温听说了，怒火冲天，叫人把捉小猿的军官叫来，训斥了一顿，贬了他的官职。后人有诗云：

巴东三峡巫峡长，
猿鸣三声泪沾裳。

言不由衷

【释义】由：从。衷：内心。说出的话不是出自真心实意。形容虚伪敷衍，心口不一。

【出处】春秋·左丘明《左传·隐公三年》。

春秋初年，郑庄公虽然只是周朝的卿士，但执掌着朝中的大权，根本不把周平王放在眼里。周平王想让忌父代替郑庄公管理朝政。郑庄公知道后，对周平王很不满，在背后议论说：“哼，要是他真的让忌父代替我，我就要叫他的位子坐不稳！”

周平王听了十分害怕，于是，赶紧向郑庄公解释说：“我并没有让忌父取代你的想法。”为了使郑庄公放心，相信他言不由衷的话，他还主动提出与郑庄公交换人质，让周太子狐到郑国去做人质，郑公子忽到周做人质。

周平王死后，平王的孙子姬林继承了王位，称为周桓王。周桓王也想让虢公忌父代替郑庄公。郑庄公知道后勃然大怒，就在这年春天，派大夫祭足带领兵马，到周朝的温邑把麦子全部抢割完了，运回郑国。可是郑庄公还觉得不解气，又在秋天派祭足带兵到周朝的成周，把那里的谷子也一扫而光。从此，周朝与郑国之间的关系日渐恶化。

史书《左传》中记下了这件事，并议论道：“言不由衷，即使交换人质也是没有用处的。如果能够设身处地为对方着想，相互谅解而后行事，并用礼仪加以约束，即使没有人质，又有谁能够离间他们呢？”

忧心如焚

【释义】形容十分焦急就像心里火烧一样。

【出处】春秋·佚名《诗经·小雅·节南山》。

周幽王是有名的昏君。他重用太师尹氏，致使政治日趋混乱，国势日趋衰败，人心离散。当时，有一个名叫家父的大臣，对国家的政治情况非常忧虑。他写了一首诗，题为《节南山》。在这首诗中，他揭露了太师尹氏的罪恶，表达了老百姓的忧愤。这首诗一共有十章，在第一章中写道：

节彼南山，维石岩岩。
赫赫师尹，民具尔瞻。
忧心如惔，不敢戏谈。
国既卒斩，何用不监？

这首诗的大意是说：高峻的南山啊，上面有垒垒的岩石。威名显赫的尹太师啊，人民的眼睛都在盯着你。人民忧愁得心中好像火烧一般，可是谁也不敢笑谈。周朝眼看就要完蛋，天公为何不睁眼看看？

周幽王不听大夫们的忠告，最终被杀死在骊山脚下，导致西周灭亡。诗中的“忧心如惔”后演化成“忧心如焚”的成语。

忧心忡忡

【释义】忡忡：愁苦不安的样子。形容忧愁得心情不能安静。

【出处】春秋·佚名《诗经·召南·草虫》。

我国周代有一首民间诗歌，描写了一个女子对丈夫的思念和见到丈夫时的喜悦心情。这个女子到南山去采摘野菜，见不到丈夫时心里十分苦恼，诗中有这样两句：“未见君子，忧心忡忡。”大意是说，没有见到我所怀念的丈夫，使我忧愁得心神不宁。

成语“忧心忡忡”即由此而来。

青梅竹马

【释义】青梅：青的梅子。竹马，指小孩将竹竿骑在裆下作马。形容男女小时候天真无邪，在一起玩耍。

【出处】唐·李白《长干行》。

唐朝时的大诗人李白，所作的诗俊逸高妙，并且很富情感。有人曾说他的诗，像天上的神仙谪居人世间一般。他的作品中，有一首诗描述男女孩子彼此玩得很投契的情状，其中有两句是：

郎骑竹马来，
绕床弄青梅。

“青梅竹马”这句成语，就是从这首诗中得来的。它的意思是说：小孩子们聚在一起，感情很好，很少发生过打架、争吵等事情。

斩草除根

【释义】除掉祸根，以免后患。就像斩草要连根除掉一样。

【出处】春秋·左丘明《左传·隐公六年》。

春秋时期，有一次卫国与陈国联合去讨伐郑国。郑国希望讲和。陈桓公不答应，他的弟弟陈五父劝他说：“与邻国和睦相处，是最宝贵的东西，我看还是与郑国讲和吧！”

陈桓公很生气，说：“卫国是强大的国家，我害怕他们难为我。可郑国是一个小国，我去攻打它，难道还怕它不成？”于是继续攻打郑国。

两年以后，郑国强大起来，派兵侵袭陈国，把陈国打得大败。邻国眼看着陈国吃了败仗，然而却坐视不救。人们议论说：这是陈国自找苦吃，长期做恶事不知改悔。古书有言，做恶事容易，这犹如燎原烈火一样，无法扑灭，最后必然将大祸引到自己头上。

周朝的大夫周任讲过这样的道理：“作为国家的国君，对待恶事应像农夫对待杂草，将它们铲除，连根挖掉，不让它们再生长出来，这样做的结果，善事才能伸张起来（为国家者，见恶如农夫之去草焉，芟夷蕴崇之，绝其本根，勿使能殖，则善者信矣）。”

“斩草除根”这句成语就是从这里演变来的。

卧榻之侧岂容他人鼾睡

【释义】在自己安睡的床边，是不能容许别人呼呼熟睡的。比喻不许别人侵犯自己的利益。

【出处】宋·岳珂《徐铉入聘》。

北宋灭南汉以后，南唐孤立。南唐后主李煜极为恐慌，他向北宋表示，愿意取消南唐国号，自称江南国主。宋太祖不能容忍这个割据政权的存在，于是派曹彬等率领十万大军征讨南唐。公元975年，曹彬挥军打到金陵城下。李煜无奈，派徐铉两次到汴京（今河南省开封市）求见太祖，他对宋太祖说：“我们是小国，你们是大国。小国服侍大国，就像儿子服侍父亲一样，这没有什么罪，请求大宋停止进攻吧！”

宋太祖赵匡胤怒气冲冲地说：“江南是没有什么罪过，但是天下一家，在自己睡觉的床边，怎么能够容忍别人呼呼睡大觉呢（江南亦何罪，但天下一家，卧榻之侧，岂容他人鼾睡耶）！”

徐铉见宋太祖态度坚决，强硬，不敢再说下去，只好悄悄地回去。后来，宋军攻破金陵，李煜被俘获，南唐政权灭亡。

呵壁问天

【释义】呵：大声呵斥。面对画壁，质问苍天。形容悲愤难言，申诉无门。

【出处】汉·王逸《楚辞章句·天问序》。

屈原离开郢都，乘一叶孤舟，沿江而下，他一天天远离了故都，而那颗赤诚的心，却更加贴近家乡。在别人看来，夜是短暂的，但在他，却很漫长，仿佛从日落到天明就经历了春夏秋冬，那恋家的灵魂，频频探顾着归家的路途，驰往楚王的身边。他梦想着能帮助楚王共议国事，接待宾客，推行法治，举贤授能；他梦想着楚国的强大，梦想着中国的统一，唐虞盛世的再现……

然而，天一亮举目所见，却是荒滩野地。他弃舟登岸，彷徨山泽之间，仰天叹息。远远望见荒山野地之间坐落着先王宗庙、公卿祠堂，便缓步走去。

看着庙堂中彩绘着的天地山川、神灵怪物、历史事件、贤圣佞邪，屈原感慨万千。突然，他面壁呵斥，大声质问苍天（呵壁问天），举笔书写道：

遂古之初，谁传道之？
上下未形，何由考之？
冥昭瞢暗，谁能极之？
冯翼惟象，何以识之？

狐死首丘

【释义】传说狐狸死的时候一定要将头冲着自己出生的土丘，比喻对祖国、对家乡、对人民念念不忘。

【出处】战国·屈原《九章·哀郢》。

屈原在被放逐后的困苦生活中，写下了许多热情的、反映人民愿望和现实矛盾、表现坚强斗志的诗篇，如《离骚》、《九歌》、《九章》等。《九章》中有一首题为《哀郢》（郢，是当时楚国的京城郢都）的诗，最末几句是：

鸟飞返故乡兮，
狐死必首丘。
信非吾罪而弃逐兮，
何日夜而忘之？

“鸟飞返故乡，狐死必首丘”——鸟儿飞出去以后，仍然要回到它生长和栖息的老家；狐狸死在洞外时，它的头还要遥对着它所住的山丘。这是形容离国离家的人对祖国和家乡怀念不忘的心情。也有人说作“越鸟南飞，狐死首丘”。越，指南方（古越国在南方）。南方的鸟飞到了北方，栖息时，也要栖息在向南的树枝上，叫做“越鸟南栖”。“狐死首丘”这句话，很早就有了。《礼记·檀弓》就说：“古之人有言曰：‘狐死正丘首’。”

受宠若惊

【释义】宠：宠爱。惊：震动。突然被宠，喜极而惊。

【出处】宋·苏轼《谢中书舍人启》。

《唐书·卢承庆传》载有这么一则故事：

卢承庆，字子余，唐初幽州涿县（今属河北省）人，在唐太宗时期，曾任考功员外郎一职。所谓“考功”，是专管官吏考绩评功的，属于吏部。据说，卢承庆对于他的考功工作，比较公正、负责。

当时有一个负责运粮的官员，由于粮船沉没的事故，曾经受过处罚。卢承庆给他考绩的时候，把他评了个“中下”，并且通知他本人，那人没有意见，也没有任何疑惧的表情，于是就这么定了。卢承庆继而一想：“粮船沉没，不是他个人的责任，也不是他个人的力量所能挽救的，评为‘中下’恐怕不合适。”考虑之后，决定改评为“中中”，并且再通知他本人。那人也没有意见，既不说一句虚伪客套的话，又没有什么激动的神色。卢承庆见他这样，赞叹道：“好，宠辱不惊，难得难得！”随即又把他改列为“中上”。

被宠不骄，被辱也不急，叫做“宠辱不惊”；反之，就叫做“宠辱若惊”。

形容骤然被宠，喜极而惊，因此就叫做“被宠若惊”。苏轼《谢中书舍人启》有“省躬无有，被宠若惊”一语。后来一般都说作“受宠若惊”，形容得到表扬、称赞、赏识而感到又高兴又不安。

始终不渝

【释义】渝：改变。指一个人的感情、态度、信仰始终没有改变。

【出处】唐·房玄龄等《晋书·谢安传》。

东晋政治家谢安，在孝武帝时任宰相。当时前秦强盛，攻占梁、益、樊、邓等地（今陕南、四川、鄂西北）。383年，前秦军南下，江东一带极为惊恐。谢安派谢石、谢玄等抵抗，获得淝水之战的巨大胜利，并乘机北伐，收复了北方大片土地。

淝水之战取得胜利之后，东晋统治阶级内部之间互相倾轧。晋孝武帝重用弟弟司马道子，他网罗一批坏人充当爪牙，竭力排斥抗秦有功的宰相谢安，谢安不得不出镇广陵，不久回京病死。

谢安在淝水之战前，曾一度退职隐居在会稽的东山（今浙江省上虞县西南）。以后，谢安虽受朝廷重用，但他隐居东山的愿望一直没有改变，经常在言谈话语当中表现出来。

《晋书·谢安传》有一处写道："安虽居朝寄，然东山之志，始末不渝，每形于言色。"成语"始终不渝"即由"始末不渝"演化而来。

相见恨晚

【释义】只恨相见得太晚。形容一见如故，意气极其相投。恨：遗憾。

【出处】西汉·司马迁《史记·平津侯主父列传》

汉武帝的时候，汉朝建国已有六十多年了，国力比较强盛，府库充实，百姓安居乐业，但四周的少数民族还没有臣服，制度有许多不完备，因此急需能文能武的人才。汉武帝更是求贤若渴。

主父偃是齐国人，学习过纵横之术，晚年才学习《易经》和《春秋》等。他到齐国的诸侯王子间去游说，受到儒生们的排挤，在齐国过不下去，家里十分贫寒。于是，他游历到燕、赵、中山等国，但仍是没有人赏识他，因此一直穷困潦倒。他认为诸侯中没有值得他去游说的人，便去拜见卫青将军。卫青多次向汉武帝推荐主父偃，但汉武帝不了解他的才能，所以一点也未放在心上。

主父偃已到了身无分文的地步，那些诸侯宾客都很讨厌他。他于是直接上书朝廷。没想的早晨奏疏送上去，傍晚便被汉武帝召入宫中接见。

主父偃上书谈了九件事，其中八件是属于律令方面的，一件是关于讨伐匈奴的。

这时徐乐、严安也都上书谈论政务。奏疏呈上后，皇上一齐召见三人，对他们说："你们以前都在哪里呀，为什么相见这么晚啊！"于是拜他三人为郎中。主父偃多次上书谈论政事，汉武帝认为他很有才能，一年之中升了他四次官。

后来汉武帝又听取主父偃的建议，颁布推恩令，准许诸侯将土地分给他们的子女，这样地越分越小，就削弱了诸侯国的势力，而诸侯也都非常高兴。主父偃又建议将天下的豪杰、大族一起迁移到茂陵，既可充实京城，又可削弱奸猾之人，可谓一举两得。汉武帝又听从了他的计策。

主父偃凭借自己的才能赢得了汉武帝的信任，成了汉武帝的重要谋臣，被封为平津侯。

后来，"相见恨晚"这一成语便用来形容意气极其相投。

畏首畏尾

【释义】形容胆怯多疑，对什么事都害怕。

【出处】春秋·左丘明《左传·文公十七年》。

春秋时代，晋楚相争，都想要登上霸主之位。有一次，晋灵公在扈地纠合诸侯，商议平定宋国的内乱之事，却不见郑穆公参加，遂以为郑国对晋国不敬，准备发兵去讨伐。

这时候，郑公子归生就写了一封信给晋国的正卿赵盾，告诉他说："郑国国君即位三年来，先后朝见晋君三次，我国虽小，对你们却也尽了最大的诚意；而你们还认为我国的表现不够好，如此一来，郑国也只有灭亡一条路，再也无法对晋国朝贡了。古人有句话说：'畏首畏尾，身上还有多少部分不怕呢？'我们郑国的处境正是如此啊！既怕楚国攻打，又怕晋国袭击，就像那鹿一般，被赶到绝路时就铤而走险，是顾不得什么的。晋国的要求，永无终止之时，郑国已无力应付了。郑君也知道郑国将要灭亡了，在不得已的情况下，只得集中全国的兵力，在边界等候晋国的军队来临了！"

赵盾看了这封信，便派大夫巩朔到郑国去安抚。

临难不惧

【释义】面临危险而不害怕。

【出处】战国·庄周《庄子·秋水篇》。

春秋时，孔子周游列国路过匡地，匡在今河南长垣县附近，当时隶属于卫国，鲁国的阳虎曾经侵犯过这个地方，孔子的学生颜尅也曾随着阳虎来过这里。这次，颜尅又随着孔子打这里经过。颜尅帮孔子驾着车，旧地重游，得意地向老师和同学指指点点，介绍以前阳虎的部队是如何袭击，如何获胜的，他同阳虎是从哪一处城墙的缺口爬进去的，等等。

其实，匡人正恨着阳虎，孔子的相貌恰巧又长得和阳虎相像，加上颜尅这样的乱说，祸事就发生了。匡人立即集合武装，把孔子重重包围，不让脱身。

孔子的另一个学生子路，半路上被冲散了，隔了好一会才赶回来，急急忙忙冲入包围圈，担心老夫子受不起惊吓。不料见到孔子时，他竟谈笑风生，正在讲着什么，而且还弹着琴，神情并不沮丧。子路问道："老师，您怎么还有这样高的兴致呢？"

孔子答道："你来，我跟你说。在水中来去，不怕蛟龙的，是渔夫之勇；在野外来去，不怕虎豹的，是猎人之勇；面对着雪亮刀枪，不顾死活地向前冲的，是战士之勇；能掌握自己命运，认识当前局势，临大难而不惧者，才是圣人之勇啊！”

“临大难而不惧”这句话，后来简化作成语“临难不惧”或“临危不惧”。

爱屋及乌

【释义】喜爱那座房屋，连房屋上的乌鸦也一并喜爱。比喻由于深爱一个人，从而连带喜欢他的亲属朋友或其他东西。

【出处】汉·刘向《说苑·贵德》。

周武王在姜太公、周公、召公的辅助下，宣布出兵讨伐商纣王。因为纣王早已失去人心，周武王的军队势如破竹，很快便攻克了京城朝歌，商纣王自焚而死。

商纣王死后，武王认为天下尚未安定，心里很是不安。如何对待商朝遗留下的人员，也是一个很难处理的问题。为此，武王向姜太公讨教。

姜太公说：“我听说，如果喜欢一个人，就会连他屋上的乌鸦也会爱惜；如果憎恶一个人，就会对他的仆从家人也感到讨厌（臣闻爱其人者，兼爱屋及上之乌；憎其人者，恶其余胥。‘余胥’，指地位低下的小吏），照这样来对待商朝的臣民，怎么样？”

周武王善待商朝的官吏与百姓，国家很快便安定下来。

食不甘味

【释义】甘味：感到味道好。吃了东西，不知味道。形容心中忧虑或身体不好。

【出处】汉·刘向《战国策·楚策一》。

战国时期，秦惠文王当政时，著名纵横家苏秦游说惠文王实行“连横”政策，诱骗挟持部分国家去进攻其他诸侯国，进而各个击破，实现统一天下的野心。可惠文王拒绝了苏秦的建议。苏秦碰壁而返，第二年，他又到各国游说。这次，他一反过去的策略，提出了“合纵”的主张，企图说服秦以外的六国联合起来，共同抗秦。

“合纵”之策首先得到赵国国君赵肃侯的赏识，他拜苏秦为相国，资助他去游说列国诸侯。一天，驱车来到楚国，苏秦对楚威王陈说利害：秦国是天下各诸侯不共戴天的仇敌，时时有吞灭六国的野心。如果楚与秦国“连横”，那么就无法抑制秦国的扩张野心，最后只能向秦国割地求和；如果楚国与各国“合纵”抗秦，那么各国都会来侍奉楚国，服从楚国的安排。

楚威王赞赏道：“我对秦国的野心早就戒备了，但苦于韩、魏等国受到秦国把持，不能与它们共谋；国内又缺少可靠的大臣，向我献策献计，所以，长期以来我一直睡不安席，食不甘味，今天听了您的这番高见，才下定了决心，誓死与秦国抗争！”

从此，楚、赵等诸侯六国南北联合，缔结“合纵”盟约，共同抗秦，使秦国一度不敢对六国轻举妄动。

谈虎色变

【释义】 色：脸色。一谈起老虎来，立刻吓得变了脸色。比喻一提害怕的事物就神经紧张。

【出处】 宋·程颢、程颐《二程全书·遗书二上》。

北宋的大学者程颐曾向别人讲述过自己的一段经历：有一次，他认识了一个农夫。大家在闲谈时，有人提到最近邻村闹虎患，不少男女老幼受害，提醒大家外出要格外小心。在座的众人听到这件事后虽然有点儿紧张，但过一会儿也就淡忘了，七言八语又去谈其他的事情，只有那个农夫听罢脸色铁青，身体战栗不已，一言不发。

程颐是个心细的人，觉察到了这个农夫情绪不对头，等人群散后，留住了他问是怎么回事。农夫经不住再三追问，只得吐露实言，几年前他曾被老虎伤过，幸亏乡亲相救，才从虎口里捡回一条性命，在家调养了大半年伤口才痊愈，至今心有余悸，所以听了这件事，情绪当然要紧张起来。

程颐十分感慨地问自己的学生：像老虎会吃人这样一个简单的道理，虽然连三尺高的儿童都晓得，但一般人当真能体会到老虎吃人的可怕程度吗？程颐的回答是否定的，因为一般人都没有被老虎咬过的亲身经历。

程颐讲这个故事，实际是绕个大圈子说明一个道理：研究学问，一定要获得真知，而想获得真知，就必须亲自实践。为什么农夫会谈虎色变呢？因为他有亲身体验，所以他才有真知。

雪中送炭

【释义】在人家有困难时给予帮助。像寒冷的雪天送炭给予温暖一般。

【出处】元·脱脱等《宋史·太宗纪》。

南宋著名诗人范成大，晚年退居故乡石湖，自称“石湖居士”。他写的《石湖居士诗集》，其中有一首诗，题目是《大雪送炭与芥隐》。诗中有这样两句：

不是雪中须送炭，
聊装风景要诗来。

诗中所说的雪中送炭，历史上也有这样的故事：

宋朝的太宗皇帝，很关心穷苦人，有一年天降大雨和大雪，天气非常寒冷。他在皇宫中忽然想起了穷人的可怜，就派官员拿着粮米和木炭，送给那些穷苦的人和孤苦伶仃的老人，让他们有米做饭吃，有木炭生火取暖。

患得患失

【释义】患：忧虑。既忧虑得到，又忧虑失去。过多地考虑个人的得失。

【出处】春秋·孔丘弟子《论语·阳货》。

有一次，孔子在和学生讨论问题的时候，发表议论说："鄙夫可与事君也与哉？其未得之也，患得之。既得之，患失之。苟患失之，无所不至矣。"

这段话的大意是：可鄙的庸俗低级的家伙，难道能够同他共事吗？当他没有得到权势或好处时，他生怕得不到，总考虑如何能得到；而当他已经得到时，又生怕丢失掉。像这样很害怕失掉已经获得的权势或好处的人，他们利欲熏心，处处为个人打算，什么坏事都能干得出来。

后人从孔子这段话里引申出"患得患失"这句成语。

丑行劣迹篇

人面兽心

【释义】外貌是人，但内心像野兽一样凶残卑劣。

【出处】战国·列御寇《列子·黄帝》。

据说杨朱有一次将老子请到家里，尊敬地向老子请教。老子见他态度诚恳，便给他讲了这么一个道理：

“看人看事，不应该看他的外表如何，主要应该看他的心智。圣人都是看心智的，而不看外表，然而庸人俗子只看外表，外表与我相同的，我就亲近他，外表与我不同的，我就疏远他。假如看人，只要有身子、手、脚、头发、牙齿，你说他是人，然而这种人不一定没有一颗兽心。他虽然长着一颗野兽的心，但外表与人一模一样，你也会亲近他；那些长有翅膀，有角、有爪、能飞、能跳的是禽兽。然而禽兽未必没有一颗人心，它们虽然有人心，但外表不与人相同，你还会疏远它的。过去的伏羲氏、女娲氏、神农氏、夏后氏，全是蛇身人面、牛头虎鼻，没有人的外表，可他们却有至高无上的圣德。夏桀、殷纣、鲁桓、楚穆这些家伙，形状外表都与人相同，可是却长着禽兽的心。如果人们只看外表而以为他们也有德行，那不是上当了吗？禽兽之心智也有与人相似的地方，例如，它们会找东西吃，雄雌相偶，母子相亲，逃避敌害，躲寒就温，居则成群，行则有列，幼者居内，壮者居外，觅食相助，遇害群鸣……可是禽兽的心智远不如人，人所以能使唤它们。在黄帝与炎帝的时候，让熊罴狼豹上战场作战，让雕鹰鸢鸟协助攻敌，这是用力量驯化禽兽的结果。尧帝就不同了，他使用音乐便令百兽跳舞，使用箫、笛让凤凰来仪、百鸟唱歌。这些全是上古之人的神圣所在呀，他们知道万物的情态，了解异类的声音，才能驯化它们，只有圣人才能做到啊！”

杨朱听了老子的这番话，感到获益匪浅，对他更加佩服了。

口蜜腹剑

【释义】口蜜：说话甜蜜好听。腹剑：肚里藏着利剑。比喻口头说话好听，肚里却满是暗害人的主意。

【出处】宋·司马光《资治通鉴·唐纪玄宗天宝元年》。

唐玄宗时，宰相李林甫善于谄媚逢迎，看皇帝眼色行事，并对玄宗喜爱的心腹宦官和宠妃，也想方设法讨好卖乖，取得他们的欢心。他就是依靠这种本领，竟高居宰相之位达十九年。

平时李林甫和同僚们接触，总是装出一副态度恭谦、平易近人的模样，实际上却非常阴险狡猾，手段毒辣。他专门同有权有势的人结交，结成帮派，壮大自己的势力。凡是有才学有见识的人，他都非常妒忌，如果哪位官员功业超过他，被皇帝重用，地位威胁到他，他一定要想方设法把这个人除掉。

为了掌握唐玄宗的一言一行，李林甫用金钱玉帛买通了宦官和皇帝的嫔妃，因此唐玄宗那儿有什么消息，他马上就能知道。有一次他听说唐玄宗要重用兵部侍郎卢绚，便立即把卢绚调到外地，不久又把卢绚降职，却对唐玄宗说卢绚有病，不能重用。又有一次，他打听到唐玄宗想重用严挺之，就把严挺之请到京城来看病，然后告诉唐玄宗，说严挺之年老体衰，正在治病。他就这样玩弄两面三刀的手腕，忌妒贤能，陷害了很多比他才能高的人。因此，大家都说他口蜜腹剑，对他十分痛恨。

尸位素餐

【释义】尸位：占据位置不做事。素餐：吃闲饭。原指官吏空占职位，不做事白吃饭。后来也作谦语，表示未能尽到职责。

【出处】汉·班固《汉书·朱云传》。

汉朝时候，槐里县令朱云，听说丞相韦玄成庇护奸臣，朝廷上的官员都惧怕韦玄成。于是给皇帝写信，控告丞相说："丞相韦玄成只知道保护自己的官位，不能管治百官……"

韦玄成却对皇帝说："朱云这个人品质恶劣，经常诽谤大臣！"结果皇帝下令诛杀朱云，朱云听到风声偷偷逃入长安。

汉成帝时，张禹做了丞相。张禹曾经是成帝的老师，地位十分尊贵，可是并没有真才实学，百官不服他。朱云又上书求见皇帝，当着大臣们的面，向皇帝说："现在丞相张禹等对上不能匡正皇帝的过失，对下不能有益于百姓，真可谓是尸位素餐。臣请陛下赐我尚方斩马剑，我斩这个佞臣，以警其余！"

皇帝大怒："你胆敢诽谤丞相，侮辱我师傅，罪死不赦！"

"我要像夏朝的关龙逄，商朝的比干一样死于暴政，我死了没什么要紧，倒要看看你杀了忠臣捞到什么好名誉！"

这时朝廷的左将军辛庆忌慌忙跪伏在地，脱下冠带，解下印绶，给皇帝叩头说："朱云一向狂直，为世人所知，他说得对，就不该诛杀；他说得不对，也应容忍他。臣愿以死替他求求情！"皇帝这才免了朱云的死罪。

千人所指

【释义】比喻品行恶劣，被众人所谴责。

【出处】汉·班固《汉书·王嘉传》。

西汉时，汉哀帝的侍臣董贤，因美貌而又善于奉承，很受宠幸。一天，董贤陪哀帝午睡，一个翻身，把哀帝的衣袖压住。哀帝醒来见他睡得很熟，怕抽出衣袖惊醒了他，便索性叫宫人用剪刀剪断衣袖起身。

董贤得宠后，他不断得到赏赐，家人也跟着得福，尽管如此，哀帝觉得对他还不够好，想找机会封他为侯。

哀帝没有儿子，又体弱多病，东平王想篡位，就和王后串通起来，暗地里诅咒他早日死去。不料，这件大逆不道的事被两个朝臣知道了。他们联名写了一道奏章，通过太监宋弦向哀帝告发。结果，东平王畏罪自杀，王后亦被处死。

事后要论功行赏，有人迎合哀帝心意，建议把通过太监宋弦送奏章改为通过董贤送，这样，便可封他为侯。哀帝大喜，亲自起草了一道诏书，把董贤和那两个大臣一起封为侯。诏书下达后，丞相王嘉和御史大夫贾延竭力反对，哀帝心虚，只好把这件事搁起来再说。过了几个月，哀帝不顾一切地下诏封董贤为侯。丞相王嘉再次竭力反对，哀帝很扫兴，从此对王嘉疏远起来。

公元前2年，哀帝的祖母傅太后去世。哀帝以傅太后有遗命为由，加封给董贤两千户。王嘉接到诏书后，把它封起来退给哀帝，并又进行劝谏。他在奏章中写道："董贤靠着陛下的宠幸，骄奢放纵，恶名远扬，俗语说，千人所指，无病而死。臣为他今后的下场感到寒心。望陛下考虑到祖宗创业的艰难，别再这样做了！"

哀帝大怒，逼王嘉服毒自杀，王嘉严词拒绝，在狱中绝食身亡。王嘉死后，没有人再敢向他直言进谏了。于是，哀帝任命董贤为三大公之一的大司马，这时董贤才二十二岁。

但是，董贤的好景不长。公元前1年哀帝病死，董贤失去靠山，皇太后罢了他的官。董贤和妻子恐惧地自杀了。

飞扬跋扈

【释义】飞扬：放纵，高傲。跋扈：蛮横，肆意妄为。原指意态举动超越常轨不受约束。后形容骄横放肆，不受法度制约。

【出处】宋·司马光《资治通鉴·梁纪》。

侯景是个极其残暴的人，原是北魏时的定州刺史。高欢篡夺北魏政权后，他又依附高欢，任大丞相府长史，仍兼定州刺史。他依仗手下有十万精兵，统治河南十三州达十四年之久。

高欢死后，高澄执政，要剥夺侯景的兵权，侯景便又率兵归降南朝梁武帝萧衍。萧衍任命他为豫州刺史，坐镇寿阳。

但不久侯景又发动叛乱，攻陷了梁都建康，改国号为汉。

每逢出兵作战，侯景总嘱咐领兵的将领攻破城池后，把城里的无辜百姓杀光，让天下人都知道他的厉害。他又禁止两人以上交谈，如有人违犯，株连九族。他建立了一个大舂碓，把对他不满的人都投入碓内捣死。但是梁朝的老百姓支持萧衍的第七个儿子湘东王萧绎，击败了侯景。侯景在逃跑途中被杀，结束了他飞扬跋扈的一生。

飞鹰走狗

【释义】撒出疾飞的鹰，放开跑得很快的狗，意思是放开鹰犬出外打猎。形容旧时公子哥儿寻找欢乐。

【出处】晋·陈寿《三国志·魏书·袁术传》。

东汉末年有个权臣名叫袁术，他和袁绍都是北方的实权人物。袁术年轻时，恣意享乐，常和一帮公子哥们“飞鹰走狗”，到城外打猎。后来行为有所收敛，被举荐为“孝廉”，当上了官。

但袁术骄纵的本性并未改变。他当官，不立法令制度，也不体恤部下和百姓，自己却贪得无厌，生活极端奢侈。他当南阳太守时，甚至到民间抢掠财物，作为自己和军队的开销。建安二年，他不顾部下的反对在寿春称帝，光“后宫妃嫔”就有几百人，个个绫罗绸缎，餐餐山珍海味，而对下属饥饿困苦的情形都置若罔闻。当地的百姓饿死了许多。最终落到了百姓痛恨、部下离心、无处立足的地步，袁术还不知反省，反而十分愤慨，气得呕血而死。

不伦不类

【释义】不像这一类，也不像那一类。形容不正派或不规范。也指将互不相关的事物拿来作比拟。

【出处】清·曹雪芹《红楼梦》六十七回。

《红楼梦》中有这样一段情节：富有心计的薛宝钗把哥哥从江南带回的一些土产和小玩意，分成许多份，分送给贾府的姊妹们，林黛玉当然有一份，就是贾环那里她也没有忘记，为此赵姨娘十分感动，不住地夸奖宝钗说："难怪别人都说宝丫头好呢，会做人，又大方，她哥哥能带多少东西回来？她挨门送，一处也不漏过，不分谁薄谁厚，连我这样没时运的她都想到了。若是那林黛玉，对我们正眼也不瞧，哪里还肯送东西？"

她忽然想起宝钗是王夫人的亲戚，就想趁机到王夫人那里买个好，于是跑进王夫人的房子，满脸堆笑地说："你瞧，这物件是宝姑娘送给环哥的，难为宝姑娘想得多周到，真是大户人家的闺女呢，多大方，怎么不叫人敬重呢？怪不得老太太和太太成天夸她、疼她哩！"

王夫人本来就讨厌赵姨娘，又听她说的话不伦不类，就没好气地说："既然给你了，你就只管收了去拿给环哥玩罢……"

赵姨娘本来是来讨好的，没成想碰了一鼻子灰，只得讪讪地回到自己房中。

不寒而栗

【释义】并不寒冷而直发抖。形容恐惧到了极点。

【出处】汉·司马迁《史记·酷吏列传》。

汉武帝时，有个叫义纵的人，曾经做过拦路抢劫的盗贼。义纵有个姐姐名叫义姁，是皇太后的医生，很受皇太后宠爱。凭借这个人情关系，义纵竟然在朝廷当官，动不动就滥施刑罚，老百姓背地里都称他为狼心狗肺的"酷吏"。

后来，义纵又当上定襄郡（今内蒙古自治区和林格尔县东南）太守。为了平定那里的骚乱，他一上任就大开杀戒，把监狱里的重犯、轻犯二百多人严加看管起来，又把去探望犯人的亲属、朋友、邻居二百多人不分青红皂白全部逮捕，给这些探监人加上莫须有的罪名，然后将他们跟犯人一起定成死罪，统统斩首示众。

这件事震动了整个定襄地区。街头巷尾到处都有人在奔走相告："不得了啦，太守一天内杀死四百多人！"弄得满城老百姓个个胆战心惊，不寒而栗，生怕灾祸什么时候会落到自己和家人的头上。

不可胜数

【释义】胜：尽。数不尽。形容很多。

【出处】汉·司马迁《史记·魏其武安侯列传》。

田蚡，是汉景帝皇后的弟弟。当时，汉武帝初继位，很年轻，田蚡以亲戚、心腹的身份为相，皇帝对他的话常常言听计从，诸侯百官纷纷投靠田蚡。于是田蚡一天比一天变得骄横奢侈起来。

有一次，田蚡召集许多宾客饮酒，他的哥哥盖侯朝南坐，自己却坐了朝东的上座。他认为自己是地位尊贵的宰相，不能因为弟兄的缘故乱了尊卑位次。

他造的住宅比任何诸侯的宅第都要豪华；他购买的器物络绎不绝地从全国各地运来；他家堂前排列着钟和鼓，还竖着曲柄的旌旗，这是帝王家才能有的摆设；后宅妻妾婢仆数以百计；而各地诸侯奉送的金玉珠宝、宝马良驹及赏玩之物不可胜数……

不学无术

【释义】没有学问和办事的本领。

【出处】汉·班固《汉书·霍光金日磾传》。

汉代的大司马、大将军霍光掌握朝廷军政大权长达四十多年，可以说对刘氏朝廷功勋显赫。可是，有一件事情他没有做对，因此而带来了祸患。

那是汉宣帝刘询刚刚继承皇位的时候，霍光的妻子出于私利，想把小女儿成君嫁给刘询做皇后。然而刘询已立了许妃为皇后，霍光妻子因此便想害死许妃。她买通了女医淳于衍，趁许妃生病的时候，下毒药谋害了她。许后暴死后，朝廷逮捕了女医淳于衍，关进大牢里严加审问。这件事霍光事先并不知道。他的妻子看女医下了狱，害怕事情败露，才如实告诉了丈夫。霍光一听，大为惊骇，想去揭发，又不忍心让亲人伏法，便将此事隐瞒起来，还替女医说情，把案子包庇下来了。

可是，霍光死后，有人把这件事向皇帝告发了。皇帝派人调查。霍光妻子又惊又怕，便召集兄弟姊妹女婿一同策划举事。不料朝廷早已发觉他们的计谋，派兵将霍氏家族搜捕、杀戮。因这个案子受牵累的近亲、远戚有几千户人家，全都受到诛杀。

史学家班固在评价霍光的功过时，指出霍光对自家人缺乏管教，过分宽容、放纵，所以才招致这样的结局，班固还说这是由于霍光不学无术、不明白大道理的缘故。

不知人间有羞耻事

【释义】 斥责某人做的事情太无耻了。

【出处】 宋·欧阳修《欧阳文忠公全集》。

北宋文学家欧阳修以科举中榜而在朝廷做官。当时，国内外阶级矛盾激化，不断爆发农民起义，北方又有西夏入侵，以范仲淹为首的一批大臣主张改革官僚政治，积极抵御外敌，却遭到宰相吕夷简等人的反对。范仲淹在吕夷简等人诬蔑攻击下，被贬到饶州（今江西鄱阳）。

欧阳修和许多大臣一起上书皇帝，称赞范仲淹正直敢言，为官清廉，请求将他留在京城。可谏官高若讷却昧着良心说范仲淹该贬。欧阳修立即给高若讷写了一封信，将他骂了一顿。

欧阳修在信中写道："过去我听人说，你是正直而有学问的君子，但是我很怀疑。所谓正直，是不可屈曲，有学问，能辨是非。你身为谏官，对范仲淹遭贬却不能公正地讲话，我才发现你不是一个君子。范仲淹刚正好学，博古通今，这在朝野上下是一致公认的。他只是得罪了宰相，你是害怕宰相，爱惜你的官位，贪图利禄而不敢说公正的话。你这样做，有何面目去见各位大臣？有什么资格出入朝堂称谏官呢？我看你是不知人间有羞耻事！”

高若纳和吕夷简采取报复手段，把欧阳修逐出京城，降职为夷陵（今湖北宜昌）县令。直到几年后，朝廷重新起用范仲淹，欧阳修才又回到京城。

无以复加

【释义】无法再增加了。形容达到了顶点。

【出处】汉·班固《汉书·王莽传》。

公元9年，王莽把汉朝改为“新朝”，自己称为“新皇帝”。在他的一系列倒行逆施下，全国各地群起反抗。

王莽看到天下将乱，十分焦急。为了显示自己能够建立万世帝业，下令给自己修宗庙。他在长安城郊划出了数百顷土地，搭起了工棚。奠基这天，王莽特地驱车来到工地，亲自挖了三锹土。

王莽手下的大臣崔发、张邯讨好他说：“您的宗庙应该造得气势恢宏才行，即使千秋万代以后，这座宗庙展现在后人眼里的宏伟与崇高，也仍然是无以复加、举世无双。”

王莽于是又征集了大量工匠，精心绘图设计，还强迫全国的百姓为宗庙捐钱捐粮，又拆除了长安城内外的许多古建筑，用拆下来的砖木去修建他的宗庙，整个工程耗资数百万，累死的民夫和工匠就不下一万人。

不久，终于激起了赤眉、绿林农民大起义。起义军在昆阳消灭了新朝的四十二万军队，很快攻进了长安城。王莽被起义军士兵碎尸万段。

无功受禄

【释义】没有功劳却享受丰厚的俸禄。常用作谦辞。有时也指工作不出力，没有成效而享受优厚的待遇或奖励。

【出处】春秋·佚名《诗经·伐檀》。

在奴隶社会，奴隶们经常在河边伐树，“坎坎”的伐木声传得很远。奴隶们在烈日中挥汗如雨，而腹中空空，抬眼望见对岸奴隶主的深宅大院，囤积着满仓的粮食，悬挂着大大小小的猎物，不禁悲愤莫名。于是纷纷控诉起奴隶主，后来的乐师把它整理出来，就形成了一首诗，名叫《伐檀》。

《伐檀》序中写道：“在位贪鄙，无功受禄。”就是指责奴隶主不劳而获的。这首诗的大意是：

坎坎地砍那檀树呀，
把它放在河边啦。
河水清清起着波浪。
你不耕种不收割，
为什么拿走千束万束的禾把呀？
你不上山狩猎，
为什么你院子里挂着猪獾呀？
那些“大人先生”呀。
可不是白吃米饭啊！

天崩地坼

【释义】崩：塌毁。坼：裂开。天塌地裂。比喻令人震惊的重大事变。

【出处】汉·刘向《战国策·赵策三》。

周烈王时，诸侯的势力越来越强大，周王朝的地位实际上已经沦落到给诸侯装装门面、靠诸侯的恩赐与施舍维持生存的地步了。当时诸侯中实力最强的要数齐国。然而，齐威王对诸侯与天子的礼节却从不怠慢。每年到了该朝拜周天子的时候，他总要沐浴斋食，恭恭敬敬地带着丰盛的礼物，第一个入朝拜见。其他诸侯看到齐威王如此，尽管不乐意，也只得仿效他。周烈王对齐威王十分感激，周王朝就这样维持住了面子，齐威王则因此落得了个“仁义之士”的好名声，威信更高了。

不久周烈王驾崩了，按礼节各国诸侯都应前往慰问吊唁。这回齐威王没有带头，慢吞吞地等别国都去过了，他才去。周王室因此一肚子不痛快。新登位的天子不知天高地厚，竟派出使者到齐国去问罪。使者传达天子圣旨道：“先王去世，是天崩地坼的事情，你竟然姗姗来迟，应该砍头！”

齐威王听了这话，张口就骂：“放屁！你家的母后只不过相当于我宫里的一个臭丫鬟！”这件事传出后，成了天下的大笑话。

专横跋扈

【**释义**】独断专行，骄横放肆。

【**出处**】南朝·宋·范晔《后汉书·梁统传》。

汉顺帝时的梁冀，因为他的妹妹是皇后，父亲又当着大将军的官，所以他的官也越做越大，后来也当上了大将军。

梁冀倚仗权势，无恶不作，十分骄横。一次，他父亲的朋友吕放，对他父亲讲了他许多不良行为，他便怀恨在心，暗中派人把吕放杀死了。后来他又嫁祸于人，将无辜的人罪灭九族。

梁冀非常贪婪，州县官吏必须给他进贡钱银、珍珠财宝，不然他就横加罪名，捉拿问罪。有一回，梁冀想用一匹马作抵押，向财主士孙奋借五千万，可是士孙奋只借给三千万。梁冀心中恼怒，就诬陷士孙奋的母亲偷了他家的白珠、紫金，结果将士孙奋兄弟二人关在狱中，没收全部财产。

后来，汉质帝即位，年少的质帝知道梁冀为人骄横，对他很厌恶。有一次集会的时候，质帝望着梁冀对大臣们说：“这位是跋扈将军啊！”

梁冀听了，非常怨恨。当天质帝就被梁冀派人用鸩酒毒死了。

予取予求

【释义】任意索取。

【出处】春秋·左丘明《左传·僖公七年》。

春秋时期，申国被楚国攻灭，国君申侯被留在楚国当大夫。申侯为人贪婪，又善于奉承拍马，很受楚文王宠幸。

楚文王临终时，担心后人不能宽容申侯，就劝他外出避祸，对他说:“唯我知汝，汝专利而不厌，予取予求，不汝疵瑕也。”

意思是说：只有我最了解你，你贪得无厌，永远也不会知足。从我这儿拿，从我这儿要，我从不指摘你的过失，但别人就不会这样了。

申侯自己也明白这点，他收下了文王赐给他的白璧和财物来到了郑国，由于他能说会道，很快当上了郑国的大夫，又得到郑厉公的信赖。

不久，楚国攻伐郑国，齐国便集合陈、宋等六国攻打楚国的盟国蔡国，楚成王见情势不妙，派使者向齐桓公求和。桓公答应了。于是，双方都开始撤军。

在撤军途中，申侯阳奉阴违，先与陈国大夫辕涛涂商议请齐军从东循海道回国。然后，对桓公说取道郑国可以减少许多费用，齐桓公见申侯能为齐国考虑，十分高兴，就把齐国占有郑国的一个军事重镇虎牢赏给申侯。

两年后，郑文公得罪了齐桓公。齐桓公出兵攻打郑国，郑文公吓得没了主意，申侯便自告奋勇前往楚国，凭三寸不烂之舌，说服成王出兵解了郑国之围。他满心希望能加官晋爵，可郑文公没给赏赐。申侯对此深感不满。

第二年，齐桓公又率军伐郑。辕涛涂要向申侯报复，便写信给郑国大夫孔叔，说申侯先前牺牲郑国利益取媚齐国，取得虎牢之赏，现在又向楚国献媚，使郑国屡遭兵祸。现在只有杀了他，才能退齐兵。

郑文公便杀了申侯，派孔叔捧着他的首级去齐营请和。

申侯被杀的消息传到楚国后，令尹子文叹道："古人说'知臣莫如君。'先王早已看出申侯贪得无厌，予取予求，早晚会惹杀身之祸，真是一点不错啊！"

为虎作伥

【释义】充当恶人的爪牙，替恶人办坏事。

【出处】宋·李捸等《太平广记》。

传说从前有一只饿虎，在深山老林里遇到一个人，就把那个人咬死吃掉，但是老虎还不满足，它抓住那个人的鬼魂不放，非让它再找一个人供老虎享用不可，不然就不放鬼魂。

那个被老虎捉住的鬼魂，就给老虎当向导，帮助老虎找人，老虎见到鬼魂找的人，把人咬死。鬼魂找到了替身，为了使自己早点离开老虎，就上前去把那个人的带子解开，衣服脱掉，好让老虎吃起来更加方便。这个帮助老虎干吃人勾当的鬼魂，叫做"伥鬼"。

后来人们根据这个故事，概括出"为虎作伥"的成语。

出尔反尔

【释义】尔：你，指这样说是你，那样说也是你。表示某人做事说话前后矛盾不讲信用。

【出处】战国·孟轲《孟子·梁惠王》。

有一次，孟子去见邹穆公，见邹穆公正在生气，便问："大王为何如此生气？"

邹穆公说："最近，鲁国的人杀了我国的三十多位官吏，当时我国很多百姓都在场，却不愿意出来帮助自己的官吏。我真想把在场的人都杀掉，又怕杀不了那么多；但如果不杀他们，今后谁还愿意救自己的长官？请问先生，这事该如何处理？"

孟子说："大王何不这样想想：前几年，邹国闹灾荒，不少年老体弱的人饿死在路边，年轻力壮的纷纷逃亡四方，而大王的仓库里，堆满了粮食、布匹。这不是大王不愿把财物拿出来救灾，而是手下的官吏根本不向大王报告。官吏们如此欺骗上级，残害下属，自然会自食其果。记得曾参说过‘戒之戒之！出乎尔者，反乎尔者也（当心啊，当心啊！你怎样对人，人家就怎样对你）’。大王你想，这话不是有点道理吗？他们平时虐待百姓，到了紧急关头，百姓自然不管他们的死活。”

邹穆公听了，十分不高兴，他说：“老百姓生来就应该服从他的君王，如果对他们太仁慈，君王还有威风吗？”

孟子见邹穆公如此昏庸，就离开了邹国。

只许州官放火，不许百姓点灯

【释义】 比喻反动统治者可以任意做坏事，而百姓的正当言行却受到种种限制。

【出处】 宋·陆游《老学庵笔记》。

宋朝有个州官叫田登，一贯横行霸道、飞扬跋扈，竟不许州内的老百姓说出与“登”字同音的字，不管是写文章还是谈话，凡遇到与“登”同音的字，都必须用别的字来代替。比如“点灯”只能说成“点火”；元宵节放花灯，只能说“放火”。

每一年的正月十五元宵节，城里有钱有势的人家都要放灯，就是点各式各样的花灯，通宵让人观赏。这一年，田登假惺惺地允许老百姓进城观灯，还特地命令手下人在街上张贴布告。可是布告中要写“灯”字，这可怎么办呢？写布告的官吏是挨过田登板子的，再也不敢犯忌了，便在布告中写道：“元宵节晚上，本州照例放火三日。”布告贴到了大街上，外地的客人不了解内情，看了布告大吃一惊，以为一定发生了什么不寻常的事儿，赶紧向别人打听原因。被问的人，开头都不敢直说，唯恐让田登知道了又要受罚。后来经不住客人再三追问，才悄悄将本州的忌讳一五一十说了一遍，客人听后，又好气又好笑，挖苦道："这真是'只许州官放火，不许百姓点灯'呀！"

乐不思蜀

【释义】形容快乐得不再思念故国，有忘本之意。

【出处】晋·陈寿《三国志·蜀书·后主传》裴松之注。

魏兵攻破蜀国后，后主刘禅投降，司马昭把他带回魏都洛阳。一天，司马昭邀请刘禅参加宴会，有意安排艺人为刘禅表演过去蜀国的杂耍技艺。旁边观看的人都为他难过，可是刘禅却嬉笑自如，拍手欢呼，看得津津有味。看到这个情景，司马昭问亲信贾充："这个人怎么会无情无义到如此地步？"

贾充笑笑，说："要不是这样，殿下怎么能轻而易举吞并他的国家呢？"

过几天，司马昭问刘禅说："你很想念蜀国吗？"

刘禅脱口而出说："这里快乐，不想蜀国（乐不思蜀）。"

这话立即被当作笑料内外传开了。

随后主同来的原蜀国掌管图书的秘书郎郤正听到后，求见刘禅说："假如有人再问你，你应该流利地回答：'先人的坟墓，远在陇蜀，我的心朝西悲伤，没有一天不思念。'然后就闭着眼睛。"

后来司马昭又问这个问题，刘禅就照郤正教的回答了，说完闭上眼睛。司马昭感到很可笑，就说："你的话怎么和郤正说的一样啊？"

刘禅慌忙睁开眼睛，说："的确是这样。"

此话一出，立刻哄堂大笑。

生吞活剥

【释义】比喻生硬地搬用别人的文辞理论、经验、方法而不联系实际的不良行为。

【出处】唐·刘肃《大唐新语·谐谑》。

唐朝时，枣强的县令张怀庆，喜爱沽名钓誉，经常抄来名士的诗文，把它改头换面一番，冒充自己的作品。有一次，一个名叫李义府的名士写了一首五言绝句：

镂月为歌扇，裁云作舞衣。
自怜回雪影，好取洛川归。

张怀庆读了这首诗，手又痒了起来了，提起笔来，在每句前加两个字，成为七言绝句：

生情镂月为歌扇，出性裁云作舞衣。
照鉴自怜回雪影，来时好取洛川归。

原诗寓意清晰，文字精练，经他每句添加两字后，文理不通，读起来也很别扭，但张怀庆还自命不凡，亲笔缮抄后四处赠人，闹了不少笑话。后来，人们借用诗人王昌龄、名士郭正一的文名，编了两句顺口溜来讥笑他，说张怀庆的这种行为，是"活剥"、"生吞"王、郭诗文的不良行为。

包藏祸心

【释义】祸心：指害人的心。比喻心中怀有不良企图。

【出处】春秋·左丘明《左传·昭公元年》。

春秋时，楚国是南方的大国，郑国是它北邻的一个小国。郑国想同楚国交好，郑国大夫公孙段就将女儿许给楚国公子围（即后来的楚灵王）为妻。不料楚国却因此趁机派兵入郑，名义上是为公子围迎亲，实际上是阴谋吞并郑国。

郑国的子产，见楚国派兵迎亲，知道他们别有用心，便派子羽去婉言辞谢，说："我们郑国的都城很小，你们来迎亲的人太多，最好不要进城，就在城外举行婚礼吧。"

公子围拒绝了郑国提出的建议，并且说：“婚礼大事，怎能在野外举行！你们不让我们进城，岂不是要叫天下人都笑话我国的地位低于你国吗？不但如此，而且还将使我犯下欺骗祖先之罪，因为我离国时，曾经恭敬地到祖庙去祭告过祖先呢！”

这时，子羽不得不改用强硬的口气说道：“国家小，不算错误；因为国家小而希图仰赖大国，自己不加防备，那才是大大的错误。我们郑国和你们楚国联姻，本想依靠你们大国来保护我们，可是你们包藏祸心，竟打算暗攻我国，这是我们绝不能容忍的！”

楚国人见阴谋已经败露，只得放弃原定偷袭的计划，矢口否认侵略的意图。但是为了面子问题，仍旧坚持要求入城，不过答应：楚兵一律不带武器入城。子羽和子产这才允许了。

鸟尽弓藏

【释义】飞鸟没有了，弹弓也就藏起不用了。比喻事情成功后，把曾经出过力的人抛弃或杀掉。

【出处】汉·司马迁《史记·越王勾践世家》。

公元前475年，经过卧薪尝胆的越王勾践终于恢复了国力，大举伐吴。吴王夫差无奈，只好派太宰伯嚭去向勾践告饶求和。勾践想起过去的事，有点动心，但范蠡却不同意。他劝越王不要留下后患。于是，勾践拒绝了吴王的求和，继续攻打吴都姑苏。伯嚭首先投降，夫差被逼得走投无路，用衣服遮住了自己的脸，自杀了。

勾践做了霸主，开了个庆功大会，大赏功臣。可是满朝文武，恰恰少了个功劳最大的范蠡。原来，范蠡已经与西施在一天深夜，悄悄地乘着一只小船，离开越国，远走他乡了。

范蠡在临走前，给他的共患难的老友文种留下了一封信，信中说：“飞鸟打完，再好的弓箭也要藏起来（鸟尽弓藏）；兔子打完了，就轮到将猎狗煮来吃了。越王这个人，只可以同别人一起共患难，不可以同别人共享富贵，你还是赶快走吧。”文种看完笑笑，觉得范蠡太小心多疑了。

但是过了不久，越王听信谗言，疑心文种要谋反，就派人送给文种一把剑。文种一看，原来正是当年夫差叫伍子胥自杀的那把宝剑。他顿时明白了越王的意思，感叹道："我悔不该不听范蠡的劝告啊！"于是便拿起剑自杀了。

奴颜婢膝

【释义】奴颜：奴才的谄媚相。婢膝：指婢女常常下跪。形容向敌人卑躬屈膝，献媚求宠。

【出处】元·脱脱等《宋史·陈仲微传》。

陈仲微是南宋度宗时的著名谏官。当时，宋度宗偏安一隅，整天饮酒作乐，把朝政全部交给太师贾似道处理。

贾似道见度宗十分昏庸，就专横跋扈，排斥异己。而这时北方的蒙古迅速崛起。元世祖忽必烈建立元朝后，吞金灭辽，又迅速占领了北方大半个中国，使南宋濒临灭亡的境地。

陈仲微看到这种情况，心中非常焦急，他大胆上书，严厉指责贾似道误国，并认为宋度宗对此也有不可推卸的责任。他在谏书中又从宋朝的历史上进行分析，认为北宋徽宗时代和南宋高宗时代和现在情况差不多，这些奸相都是对敌人奴颜婢膝，以致误国误民。

他还在谏书中希望宋度宗和贾似道以历史为镜子，能够彻底悔悟，不要害了国家，最后也害了自己。

但是，宋度宗不听陈仲微的劝谏，继续信用贾似道。直到度宗死后，谢太后当政，才将贾似道放逐。但不久之后，元军攻破临安，南宋王朝便灭亡了。

市无二价

【释义】做买卖没有两种价格。形容生意无欺诈行为。

【出处】汉·班固《汉书·王莽传》。

汉元帝时，颇有政治手腕的王莽得到了“安汉侯”的封号。后来，他毒死了汉平帝，自称假皇帝，立年仅两岁的刘婴为太子。于是，王莽以“安汉侯”摄政，代行皇帝的权力。王莽想做真皇帝，不过，他又不能不顾天下人的态度。为此，他派出了八个风俗使，分头到全国各地考察民情，以便了解自己在民众心目中的形象。

半年以后，风俗使回京复命说：“现在八方民风已经比前些年大大改善，社会秩序非常好，跟文景之治那时候差不多了。百姓们丰衣足食，看不到饥民饿殍。盗贼绝迹，真是道不拾遗，夜不闭户。民风淳厚向善，几乎没有民事纠纷，所以官府也没有案件要办。市场上买卖公平，同一种商品没有两种价钱（市无二价），也没有以次充好、擅自提价的欺诈现象……”

王莽听到“市无二价”时点点头，市场繁荣、物价稳定，是社会安定的标志，也证明王莽辅政所采取的一系列措施行之有效。所以他觉得很满意，也很安慰，王莽要放心地做真皇帝了。于是，他制造了一个天命的神话，假借一块浚井挖到的白石，上刻“安汉公为皇帝”六字宣示上天的旨意，终于“名正言顺”地坐上了皇帝的宝座。

死有余辜

【释义】辜：罪。处以死刑，也抵偿不了他的罪过。形容罪大恶极。

【出处】宋·司马光《资治通鉴·秦纪三》。

公元前 210 年，秦始皇出外巡行，病死在沙丘。宦官赵高乘机串通丞相李斯，立秦始皇的小儿子胡亥为皇帝，并假造圣旨，逼令太子扶苏自杀。赵高当上郎中令后，就想除掉丞相李斯，自己独掌朝政。于是，他设了一个圈套，让李斯自投罗网。

一天，赵高对李斯说：“当前国内民心不稳，叛乱四起，可皇上整日花天酒地，不理朝纲，只知加重百姓的徭役和赋税，再这样下去，会有亡国之祸啊！丞相理应劝谏皇上！”

李斯就去进谏胡亥，劝告他减免赋税，收买民心，以缓和当前的紧张局势。

胡亥怒斥李斯道：“你身为当朝丞相，却无力平息叛乱、安抚民心，反来教训、怪罪我，我看你是别有用心吧！”

这时，赵高又偷偷跑到胡亥那儿说：“李斯野心勃勃，图谋造反，他的儿子已经和贼兵勾结在一起了！”

胡亥信以为真，当即下令罢免李斯相位，将他打入大牢。

赵高又用重金买通狱中刑讯人员，严刑毒打李斯。李斯只得屈招，承认自己密谋造反。胡亥就下令用车裂酷刑处死了李斯，并诛杀李斯三族。因李斯生前干过许多罪大恶极的事，所以老百姓都说李斯是“死有余辜”。

同流合污

【释义】指没有独立的节操，混同于俗流，随世而浮沉。后也指与坏人一同做坏事。

【出处】战国·孟轲《孟子·尽心下》。

万章有一天问孟子：“老师，为什么孔子那么讨厌好好先生，骂他们是败坏圣德的人呢？”

孟子说：“这种好好先生，八面玲珑，四方讨好，你要批评他吧，他又没犯什么大错。他装成方正清廉、忠诚老实，实际上他是言行不一、伪善欺世的伪君子。这同尧舜的圣德是背道而驰的。所以孔子骂他们是败坏道德的小人。他们同流合污，一点也没有值得称赞的地方！”

万章说：“我记得孔子说过，他厌恶狗尾草，因为它冒充禾苗；他厌恶邪恶的才智，因为它会搞乱仁义；他厌恶夸夸其谈，因为它破坏了信用；他厌恶郑国音乐，因为它干扰雅乐；他厌恶紫色，因为它影响红色……”

孟子接下去说：“孔子厌恶好好先生，就是怕他把圣德搞歪了，那样会助长邪恶的。作为一个君子，要尽量将一切事物都扭回到正道上来，这样才能禁绝伪善和邪恶！”

伤风败俗

【释义】破坏优良的风尚礼俗，败坏社会风气，常用来谴责道德败坏的行径。

【出处】唐·韩愈《昌黎先生集·论佛骨表》。

唐代著名散文家韩愈，35 岁到京城做官。当时佛教盛行，从官员到百姓，许多人都信佛，连唐宪宗也笃信佛教。有一次，宪宗把传说是佛祖释迦牟尼的一块遗骨隆重地迎进宫内供奉。韩愈反对宪宗这一做法，特地上《论佛骨表》加以反对。

《论佛骨表》的大意是：佛教是从外国传来的。尧、舜、禹等古代圣人不知道有什么佛教，但他们把国家治理得很好；他们在位的时间长，寿命也很长。佛教是从东汉明帝时传入中国的。明帝在位只有十八年，宋、齐、梁、陈和北魏后的各个朝代，对佛教无比信奉，但那些朝代的寿命都很短。梁武帝祭礼时不用牲畜，也不吃荤，还三次出家当和尚，结果仍然被叛军包围，活活饿死。现在陛下把佛骨迎到宫里来供奉，使王公大臣们奔走施舍，浪费大量的财富，有的百姓愚昧无知，甚至发狂似的烧灼自己的身体，以表示自己对佛的虔诚，这种败坏风俗的事，会被人们当作笑话四处传扬。依我看来，应当把那块佛骨扔进水里或者投入火中才是！

宪宗读了这表勃然大怒，认为韩愈是在影射自己不会活得很长，为此要砍他的脑袋。亏得宰相裴度为韩愈说情，才贬他到外地去做官。

全无心肝

【释义】形容一个人完全丧失了人格、道德、良心，就像没有心肝一样。

【出处】唐·李延寿《南史·陈后主传》。

公元 589 年，隋军攻下建康，南朝陈国的陈后主陈叔宝被俘虏，送到隋都长安。

隋文帝没有杀他，还让他享受三品官的待遇。每逢有陈后主参加的宴会，便吩咐乐官不要演奏江南音乐，以免引起他对故国的思念和伤感。谁知陈叔宝做了亡国奴根本无动于衷，还厚颜无耻地向隋文帝提出正式封他一个隋朝的官职。隋文帝听了非常鄙视他，说："陈叔宝这个人全无心肝！"

陈叔宝还不改往日的劣习，天天沉溺于酒色。隋文帝听说他和子弟们每日饮酒一石，大吃一惊，先劝他节制饮酒量，后来见他依然不改，失望地说："这种窝囊废，由他去吧。不然，他用什么混日子呢？"

公元 604 年，陈叔宝病死于洛阳。

众叛亲离

【释义】形容处境极其孤立。

【出处】春秋·左丘明《左传·隐公四年》。

春秋时，卫桓公有两个兄弟，一个是公子晋，一个是公子州吁。州吁见哥哥桓公是个老实人，便阴谋篡位。

公元前 719 年，卫桓公动身上洛阳去参加周天子平王的丧礼，州吁在西门外摆下酒席，给他送行。他端着一杯酒，对桓公说："今天哥哥出门，兄弟敬你一杯。"

州吁趁桓公不备，突然拔出匕首，把卫桓公杀了，自立为国君。他害怕国内人民反对，便借对外打仗的办法转移国内人民的视线，他拉拢陈国、宋国、蔡国，一起去攻打郑国。但由于郑国严密防守，进攻以失败告终。

鲁国的国君隐公听到这些情况后，问大夫众仲说："州吁这样干，能长久得了吗？"

众仲回答说："州吁只知道依仗武力，到处兴风作乱，老百姓是不会拥护他的。他为人十分残忍，杀戮无辜，谁还敢去亲近他呢？这样，众叛亲离，他的政权怎么会长久呢？”

果然，不到一年，卫国的老臣石碏借助陈国的力量，把州吁杀了。

求田问舍

【释义】舍：房子。多方购买田地，到处询问房价。指只知买田置屋，谋求个人私利。

【出处】晋·陈寿《三国志·魏书·陈登传》。

东汉献帝建安年间，陈登担任广陵太守一职，赴任后，大力革除弊政，为民造福谋利，深得广陵百姓的敬重和拥戴。

一次，陈登的一位老朋友许汜到下邳来拜望他。陈登知道他是个胸无大志、只知求田问舍的庸人，因而对他十分冷淡。

晚上，许汜在陈登家中留宿，陈登独自高卧在上床，却把许汜安置在下床，许汜受到如此冷遇，便对陈登怀恨在心。

几年后，许汜投奔到荆州牧刘表手下求职。一天，刘表、刘备和许汜三人在一起谈天闲聊，评点天下的英雄人物。

许汜借这个机会，故意污蔑陈登说：“陈登这个人，徒有虚名，他待人粗暴无礼，十分狂妄蛮横，算个什么英雄啊！”

刘备问许汜：“你说陈登粗暴无礼，这有何根据呢？”

许汜便把几年前路经下邳、受到陈登冷遇的事，一五一十讲了出来。刘备大笑道：“许君，你也是当今一位有名气的人了，理应当忧国忘家，立志救世，可你却一心买田置房，贪图个人生活的安逸，陈登当然不屑理睬你啊！”

许汜听了，羞得面红耳赤，一言不发。刘备又讥笑道：“亏得你遇到的是陈登，如果碰到我的话，我将睡在百尺高楼之上，而让你席地而睡，这就不仅仅是上床与下床的差别啦！”

吮痈舐痔

【释义】吮：吮吸。痈：一种毒疮。痔：痔疮。用嘴吮吸痈疮，用舌头舔痔疮。比喻无耻小人巴结权贵的可耻行径。

【出处】战国·庄周《庄子·列御寇》。

春秋时，宋国的曹商奉国君之命出使秦国。曹商是个善于阿谀逢迎的人，他到了秦国以后，大拍秦惠王的马屁，取得了秦惠王的欢心。秦惠王一时高兴，送给他一百辆战车。

曹商回宋国后，扬扬得意。一次，他遇见当时著名的哲学家庄子，便向庄子夸耀说："过去我家中很贫苦，可以说是穷困潦倒，不得不靠打草鞋度日，饿得面黄肌瘦，现在，我一下子拥有一百辆战车，这是多么得意的事呀！"

庄子冷笑道："你听说过秦惠王请医生吮痈舐痔的事吗？"

曹商摇摇头回答说："没有呀，我在秦国的时候，从未听到秦惠王生过痈和痔疮的事！"

庄子又冷冷一笑，说："你太孤陋寡闻了！秦惠王既生过疖痈，又生过痔疮，他召见医生，说谁能把他烂疖子的脓用嘴吮出来的，就赏战车一辆，谁能用舌头去舔他的痔疮，就赏战车五辆。由此可见，你曹商在秦国所干的勾当，比吮痈舐痔更为下贱无耻，所以才得到一百辆战车的赏赐，你有什么值得得意呢？"

曹商听了这席充满讽刺意味的话，灰溜溜地走了。

作威作福

【释义】表示妄自尊大，滥用权势，横行霸道。

【出处】南朝·宋·范晔《后汉书·李固传》。

东汉时的李固曾任荆州刺史、太山太守、大司农、太尉等官职。

汉顺帝即位之后，宦官专权，李固对宦官的胡作非为特别不满，多次上书顺帝，揭发他们贪污腐败、专权害民等罪行。李固说得有理有据，因此，一百多名宦官被免职。宦官们对李固恨之入骨，他们勾结皇后的哥哥、大将军梁冀，联名上书诬告李固，企图把他置于死地。他们在上书中有“善者称己，过则归君，斥逐近臣，不得侍送，作威作福，莫固之甚”等语。他们攻击李固假公济私，排挤皇帝亲信大臣，使他们不能在皇帝身边侍奉，并说他独揽威权，横行霸道等。他们要求汉顺帝逮捕李固，严加惩处。但是，由于梁太后的信任、保护，李固才幸免于难。

含沙射影

【释义】 原意指动物“蜮”的特性。比喻影射或比喻暗中攻击人、陷害人。

【出处】 春秋·佚名《诗经·小雅·何人斯》。

传说在古时候，有一种动物，样子长得像鳖，只有三条腿，人们称它为“蜮”。蜮平时藏在水中，见有人来，就含上一口沙子朝人身上喷去，人因此便会生疮、得病。即使是喷到人的影子上，人也会害病。唐朝的大诗人白居易，听了这个传说还写了一首诗，诗中说：

含沙射人影，
虽病人不知。

这种动物的神奇本领当然是没有的。但“含沙射影”却成了一句常被引用的成语。

坐观成败

【释义】 原指坐在一旁看人争斗，待见分晓后，再去联合胜利者。后指对别人的成败抱袖手旁观的态度。

【出处】 汉·司马迁《史记·田叔列传》。

汉武帝时，有一对好朋友，一个叫任安，一个叫田仁。他俩以前同是大将军卫青家里的舍人，后来又同被朝廷召出当官。不幸的是，他们后来都被汉武帝处死了，而他们的死又都与汉武帝的儿子戾太子有关。

田仁任丞相司直时，一次，皇帝到甘泉巡视，丞相带兵出征，把留守京城的任务交给了田仁。恰恰这时戾太子提出出城的要求，按规矩，这是不允许的。但戾太子执意要出去，田仁想：“皇帝与太子是骨肉至亲，破一次例不要紧吧？”就答应了戾太子的请求。谁知汉武帝巡视归来，怒责田仁不该如此放纵太子，下令将他判处了死刑。

任安任北军使者护军时，戾太子要征讨江充，令任安发兵。任安接过令箭后，躲在屋里不从命。汉武帝心里很不高兴。恰好这时有个小官，因受过任安的责罚，怀恨在心，便去向汉武帝告状，说任安不发兵是怕太子占有他的好兵甲。汉武帝听了更加不悦，说：“这个任安，想坐观成败，看谁胜利就投靠谁是不是？”于是下令把任安抓了起来，任安最终也被汉武帝处以死刑。

玩火自焚

【释义】作恶多端的人必然自食其果，就像玩弄火，结果把自己烧死了。

【出处】春秋·左丘明《左传·隐公四年》。

春秋初，卫国残暴的公子州吁公然刺杀自己的哥哥卫桓公，自己当了国君。为了转移百姓的反抗，他就以武力去攻打别国。鲁隐公得知州吁弑兄篡位的事后，向大夫众仲道：“依你看，州吁的国君位置能长久保住吗？”

众仲摇摇头说：“州吁依靠武力兴兵作乱，给百姓带来灾难，百姓决不会支持他。他如此残忍凶暴，没有亲近的人愿意跟随他。众人反对，亲信背离，要想取得成功是不可能的。”

接着，众仲又说：“兵，就像火一样。一味地用兵而不知加以收敛和节制，结果必然自己烧死自己（玩火自焚）。依我看，等他的将是失败。”

果然，不到一年，卫国人在陈国帮助下，推翻了州吁的残酷统治，而且将他杀了。

穷兵黩武

【释义】穷：用尽，竭力。黩：任意，轻率。大肆发展武装，到处使用武力。形容好战。

【出处】晋·陈寿《三国志·吴书·陆抗传》。

孙皓是三国时期吴国的最后一个皇帝，他专横残暴，奢侈荒淫，弄得吴国财源枯竭，民不聊生，人民怨声载道。

陆抗是陆逊的儿子，孙策的外孙，孙皓当上皇帝以后，陆抗任镇军大将军、大司马、蓟州牧等职。陆抗看到司马炎灭掉魏、蜀以后，建立了西晋王朝，东吴政权摇摇欲坠，十分忧虑。公元 272 年，他上书孙皓，分析了当时的形势和应采取的对策。他指出：“国家连年打仗，军队疲惫不堪，百姓十分穷困，国库空虚，财源枯竭。如果再不重视发展生产，发挥文武官员的才智，国势将更加衰弱。如果再听任将军们滥用兵力，随意打仗，耗资数以万计，那么就会使兵士更加疲惫，更加没有战斗力。恐怕当敌人的力量还没有消耗的时候，我们的力量却已经衰竭了。”

这段文字的最后几句在《三国志·吴书·陆抗传》中的原文是这样的：“而听诸将徇名，穷兵黩武，动费万计，士卒雕瘁，寇不为衰，而我已大病矣。”

孙皓没有听取陆抗的正确意见。公元 280 年，晋武帝六路出兵，大举进攻吴国。吴军不堪一击，不战自溃。孙皓投降称臣，吴国从此灭亡。

幸灾乐祸

【释义】比喻看到别人遭灾祸反而感到高兴的那种阴暗心理。

【出处】春秋·左丘明《左传·僖公十四年》。

春秋时期，晋国一度内乱，太子逃到秦国避难，得到了秦国的照顾和帮助。他发誓说，有朝一日他登上王位，一定割地重酬秦国之大恩。后来，在秦国的帮助下回到了晋国，如愿登上王位即晋惠公。但是他自食其言，从此不再提割地酬谢秦国救助他的事了。

晋惠公即位第四年，国内发生饥荒。秦国不计前嫌，给晋国运去了大量粟米。不料第二年的冬天，秦国也发生了大灾荒，而这一年，晋国的收成不错。于是，秦国派人到晋国请求购买粮食，想不到遭到拒绝。

晋国的大夫庆郑竭力劝说晋惠公说："辜负别人的恩惠就会失去亲人；幸灾乐祸是不仁的表现；贪心不足，舍不得用财物去救济别人是一种不祥之兆；使邻国产生怨恨就是不义的行为。这四种是立国的基本道德，如果都丧失的话，用什么来维护自己国家的生存呢？"

而晋国的另一位大夫虢射却持反对意见，他说："我们既已背弃了割让土地的诺言，给不给粮食还有什么关系呢？"

庆郑反驳说："背弃了信义，得罪了邻国，一旦我们发生什么灾祸，还有哪个国家来帮助我们呢？"

虢射却说："我们既然无法消除秦国对我们的怨恨，而卖粮食给他们，反而使我们的敌人增强实力，不如不给。"

庆郑再一次劝告说："背弃恩惠，幸灾乐祸的行为，就连一般百姓都是唾弃的。亲近的人会因此而结仇，何况本是冤家敌人呢？"

可是，晋惠公始终不肯采纳庆郑的意见，晋国的行为激怒了秦国。第二年，秦穆公就出兵攻打晋国，并活捉了晋惠公。

招摇过市

【释义】招摇：故意扩大声势引人注目。市：街上。在街上虚张声势，引起别人注目。

【出处】汉·司马迁《史记·孔子世家》。

孔子有一次到了卫国，卫灵公有一个美貌的夫人，名叫南子，她听说孔子到了卫国，很想见见他，就派人去请。孔子婉言谢绝了她的邀请。可是南子不肯，又派人去请，孔子没法，只好去拜见南子。孔子进了她的门，向她施了礼。南子隔着帷帐，向孔子答了礼，在施礼时，她满身佩戴的珠宝发出一阵叮当声。

孔子在卫国住了一些天。有一次，卫灵公同夫人南子乘着一辆车子，还有宦官陪侍。孔子坐在后面的一辆车上。他们招摇过市，引起许多人的注意。孔子看到卫灵公这个样子，很有感触地说："人们是这样喜欢女色，而不喜好德行啊，我还没见过重视德行像重视女色这样的人呢！"

孔子对卫灵公的行为很厌恶，便很快离开卫国走了。

贪生怕死

【释义】贪：贪恋。贪恋生存，惧怕死亡。多指面临危及生命的关头，只求能够活命而不顾道义。

【出处】汉·班固《汉书·文三王传》。

汉哀帝在位时有一个皇亲名叫刘立，性格残暴，动不动就殴打别人，轻则致残，重则致死。当朝丞相和御史多次向皇帝奏请，要求对刘立严加管束，以息民愤。经汉哀帝批准，朝廷对刘立采取了特殊的限制措施：收缴了他的坐骑和兵器；没有重大的公务活动时，不许他随意出宫。可是没过多久，刘立就恶习复发，私自出宫，接连打伤数人。汉哀帝接报后，下令将刘立的爵位降为千户，后又降为五百户，作为对他的惩戒。

刘立依然劣性不改，几年后，因为一件公事与睢阳县丞结下私怨，竟然唆使家奴去刺杀了县丞，然后又亲手杀了家奴灭口。事情败露后，被处以死刑，汉哀帝觉得于心不忍，犹豫再三，最后只将他的封地削去了五个县，便了结了此案。

由于得到皇帝的一再袒护，刘立更加有恃无恐，仅仅一年后，他又无端杀害了中郎曹将。由于他屡赦屡犯，民愤太大，汉哀帝只得下令逮捕他。大臣们以为哀帝这次一定要痛下决心杀掉刘立了，便对他严加审讯，刘立害怕了，在狱中佯装有病，企图拖过冬季，等到来年大赦。他对审讯他的官员说：“我罪当该死，但又贪生怕死，希望等待来年春天给我减罪，从轻发落。”后来，汉哀帝果然又赦免了他，连爵位都未削去。

狗尾续貂

【释义】珍贵的貂皮不够，用狗尾来续上做成帽子。比喻以丑续美，以劣续优。也有形容文章的末段写得不好，致使整体受到影响。

【出处】唐·房玄龄等《晋书·赵王伦传》。

晋武帝司马炎建立晋朝政权后，曾把家族子弟分封到各地为王。他原指望通过这种分封制，能有效地巩固一家一姓的专制统治。可是这些分封在各地的王族，一旦羽翼丰满，便不服中央政府的约束，开始谋起反来。

赵王司马伦曾在晋惠帝当政时，率兵人宫，自称皇帝，并号令天下改用新的纪年“建始”。司马伦还好滥封官爵，只要参与谋反的人，都有封赏，包括一些供劳役听使唤的底下人，也给爵位。故每次朝会，殿阶下的百官总挤得满满的。

当时，大官的官帽上有蝉形图案的金珰饰物，上面插有貂尾，人称“貂蝉冠”。由于司马伦封官太滥，珍贵的貂尾已不够百官们用，只好委屈一部分人带狗尾巴上朝了。所以老百姓有两句歌谣讽刺这件事——“貂不足，狗尾续”。

贪得无厌

【释义】厌：满足。形容贪求多得，永无满足。

【出处】汉·司马迁《史记·赵世家》。

春秋时代，晋国的贵族智伯是个野心勃勃的人，不断想扩展自己的土地。他联合赵、韩、魏三氏的贵族，去攻打范氏、中行氏，把范氏、中行氏灭掉，侵占了范氏、中行氏的领土。他休息了几年，又派人去向韩氏要求割地，韩氏惧怕他，便给了他一块有一万户人家的地方。智伯又派人向魏氏要求割地，魏氏本想不给，但怕他起兵攻打，只好也和韩氏一样，给了他一块土地。智伯的贪欲更大，又派人到赵氏领地去，要求割让蔡皋狼（今山西离石）给他。赵襄子不给他，智伯便暗中结合韩、魏两氏去征伐赵氏。赵襄子采纳了张孟谈的计策，迁到晋阳（今太原）去住，准备充足的粮食和兵器去抵抗智伯。智伯把晋阳围攻了三年，始终没有办法攻打下来。这时，赵襄子的粮食差不多要完了，着急起来，于是又叫张孟谈去游说韩、魏两氏，教他们联合赵氏，反戈攻打智伯，韩、魏答应了。赵氏乘夜出兵，韩、魏两氏也响应，结果把智伯击败，杀死智伯，最后智伯弄得身死地分，那时天下的人莫不讥笑他是“贪得无厌”的报应。

怙恶不悛

【释义】怙：依靠，坚持。悛：悔过。坚持作恶，不思悔改。

【出处】春秋·左丘明《左传·隐公六年》。

春秋时代，卫国联合宋、陈等国进攻郑国。为了离间卫国的盟国陈国，郑国国君郑庄公派使者到陈国去要求和好，并结成联盟。

不料，陈桓公瞧不起郑庄公，不愿与郑国结盟。他的弟弟五父劝谏说：“对邻国亲近、仁爱和友善，是立国的根本。您应该考虑到这些，答应郑国的要求。”

但是，桓公听不进五父的话，反驳说：“宋国和卫国都是大国，它们才难以对付。郑国有什么作为，能把我们陈国怎么样！”

庄公得知桓公拒绝与自己结盟，勃然大怒，亲自率大军攻伐陈国。桓公仓促率军应战，结果大败。

后来，史学家对上面这段历史发表评论说：“友善不可丢失，罪恶不能滋长，这是针对陈桓公说的。一直做罪恶的事而不改过，最后一定会自食其果。”（善不可失，恶不可长，其陈桓公之谓乎。长恶不悛，从自及也。）

“怙恶不悛”的成语，就是从上述评论中演化而来的。

指鹿为马

【释义】将鹿指称为马，形容颠倒黑白，混淆是非。

【出处】汉·司马迁《史记·秦始皇本纪》。

秦始皇去世后，根据遗言，应由他的长子扶苏继位。但是，中车府令（掌管皇帝车马的宦官）赵高和秦始皇的小儿子胡亥，胁迫丞相李斯伪造秦始皇的诏书，命扶苏自杀。于是胡亥继位，为秦二世。

秦二世当皇帝后，赵高升任郎中令，成为皇帝左右亲近的高级官员，他还想往上爬，登上丞相宝座，于是用计将李斯害死，如愿以偿地当上了丞相。

后来赵高还想自己当皇帝，为了试探一下大臣们是否会服从自己，他特地要了一个花招。

一天，赵高让手下牵着一只梅花鹿来到大殿，他指着这只鹿，一本正经地对秦二世说：“陛下，这是微臣最近觅得的一匹好马，特地送来献给陛下。”

秦二世一看，不由哈哈大笑说：“丞相说错了，这明明是鹿，怎么说它是马呢？”

赵高还是一本正经地说：“陛下，这是马呀。您要是不信，可以问问大臣们，这究竟是马还是鹿？”

一些跟随赵高的大臣为了向他讨好，不顾事实地附和着说：“啊，这是马呀，是马呀！”

一些平时就看不惯赵高的大臣们则说：“啊，这是鹿！这是鹿！”

一场闹剧就这样结束。赵高通过指鹿为马这件事，试探到了大臣们对自己的态度。不久，他暗中将那些说实话的大臣都送进了监狱。这样，大臣们更害怕他，他也更加可以为所欲为了。

城狐社鼠

【释义】指以城墙为依托的狐狸，以土地庙为依托的老鼠。比喻旧社会仗着衙门势力欺压人民的官吏。

【出处】唐·房玄龄等《晋书·谢鲲传》。

晋朝退守江南建都建康（今南京）后，王敦家跟着南迁，在朝中势力极大，所以当时人们说："王与马，共天下"。（马指司马氏）但是，司马氏和王氏之间的内部矛盾却相当尖锐。起初，晋元帝在建康刚即位的时候，彼此还互相支持，互相利用，矛盾并不突出。后来，王敦被任命为军事统帅，镇守武昌，掌握了长江中上游地区，声威很盛，对处于长江下游的首都有很大的威胁。晋元帝觉察到了这一危险的形势，便分别任命刘隗和戴渊为镇北将军和征西将军，名义上是防范北方各国的南侵，实际上是牵制王敦。

王敦也明白晋元帝的企图，便要叛乱，借口说："刘隗奸邪，危害国家，必须清除他这个'君侧之奸'！"（君王身边的坏蛋）王敦的这个造反借口是从汉初的吴王刘濞那里学来的。

在王敦部下担任"长史"的谢鲲对王敦说："刘隗固然奸邪，可是，他是'城狐社鼠'呀！"

所谓"城狐社鼠"，就是藏在城墙里的狐狸，躲在神庙里的老鼠。人们要想捕杀城狐社鼠，都不能不有所顾忌。因为捉城狐，恐怕要毁坏城墙，得罪君王；烧社鼠，恐怕要烧坏神庙，对神不敬。由于这样，狐鼠之辈就仗着皇城和神庙作威作福了。

草菅人命

【释义】菅：一种野草。把人的生命看做野草一般轻贱。形容轻视人命，任意杀害。

【出处】汉·班固《汉书·贾谊传》。

汉朝初年，贾谊写了一道名为《治安策》的奏疏，论述了秦王朝由于实行严刑酷法而导致灭亡的历史教训。

奏疏的大意是：秦始皇让宦官赵高给他的小儿子胡亥当老师。赵高教授的尽是严刑酷法，不是砍头割鼻子，就是抄斩三族，结果胡亥杀人成性。秦始皇病故，赵高和丞相李斯帮助胡亥夺取了皇位，胡亥听信赵高的狠毒计谋，残酷镇压先帝的大臣和公子们。他将十二名公子戮死于咸阳市，把十名公主分尸于西安东南。著名将领蒙恬、蒙毅兄弟二人也被逼杀。胡亥还命令后宫无子的宫妃全部随秦始皇殉葬。他还把为秦始皇修建陵墓的民夫全部活埋在墓中。右丞相去疾、左丞相李斯、将军冯劫上书劝谏胡亥减轻赋役，暂停建造阿房宫，结果胡亥大为恼怒，去疾、冯劫被逼自杀，李斯被腰斩。胡亥草菅人命，枉杀无辜，暴虐无道，激起人民的强烈不满。秦王朝很快覆灭。

贾谊在《治安策》中引古讽今，婉转地批评了汉文帝。当时汉朝功臣周勃被人诬告，说他要造反。汉文帝偏听偏信，将周勃逮捕入狱。后经审讯，证明周勃无罪，汉文帝将他释放，恢复了官爵。汉文帝看了贾谊的《治安策》，采纳了他的意见，从此对大臣的处理比较慎重，不再滥施刑罚。

冒天下之大不韪

【释义】冒：冒犯。不韪：过错。干了天下最错误的事。

【出处】春秋·左丘明《左传·隐公十一年》。

春秋初期，位于今河南省中部的郑国和息国紧密相连，都是比较小的诸侯国。公元前712年，息国的国君因为一些小事，竟派兵攻打郑国。

有人认为息国这样干是要灭亡的。因为它犯有五大错误：一是没有判断这次出兵是否正义，二是没有权衡自己的力量，三是没有想到与自己同姓的亲戚应该亲善和睦，四是没有分清是非曲直，五是没有审察自己的过错。息国存在这五个致命弱点，自己全然不知，毫不醒悟。

结果息国遭到惨重失败，息君狼狈逃回。后来，息国终于被强大的楚国灭掉。

成语“冒天下之大不韪”，就是从历史学家对息国作战失败原因所作的分析中演化出来的。

食日万钱

【释义】指每天饮食要消耗万钱，形容饮食极端奢侈。

【出处】唐·房玄龄等《晋书·何曾传》。

西晋初年，有一个大官，名叫何曾，他号称孝子仁人，实际上却是一个伪君子。

有人称赞何曾对父母能尽孝，待人能尽礼，是礼法之士的典型。何曾在这些方面确实做到一丝不苟，即使自己家里，也搞得一派严肃气氛，与妻子见面，他必定要先扯平衣服，戴正帽子，待她如同宾客。何曾位列三公，上朝见皇帝只需需揖就可以了，另外两个同级的官吏就是这样做的，可是何曾独独以大礼参拜，显示他在礼法上做得毫不欠缺。

不过，遵守礼法只是何曾的一面，他的另一面是生活上奢侈浪费，追求享受。何曾的衣食住行，无一不是超过标准的极高享受，他和家人的衣服，都是当时最高档的衣料做成，力求绮丽、新颖；住的房子装饰豪华，摆设精美，一派富丽堂皇；外出坐的牛车，那穿在牛鼻上的绳子竟用铜钩代替，连牛角和牛蹄都擦得锃亮；吃就更讲究了，厨师每天为他变换花样，做出种种不同的鲜美滋味。何曾在饮食上每天要耗费上万铜钱（食日万钱），即使这样，他还会不满意，有时竟对着满桌子的菜肴叹气，说：“真叫我无处下筷子！”

何曾这样的奢侈无度，引起了正直的大臣们的愤慨，有人多次向皇帝揭发，但因为何曾是朝廷重臣，皇帝并不追究。

信口雌黄

【释义】雌黄：鸡冠石，黄赤色的矿物，可研成粉末。古时写字用黄纸，写错了，就用它涂灭错误之处。形容随口说话，不负责任。

【出处】南朝·梁·刘峻《广绝交论》。

晋朝时的王衍，在晋武帝司马炎在位时做太子舍人，后来调做尚书郎等职。他年轻时，就喜欢清谈，做官以后，还是崇拜老子和庄子，整天讲“无为而治”的道理。因为他的学识丰富，谈论又很精辟透彻，因此在当时享有盛名，许多读书人都很佩服他。

当王衍讲解老庄玄理的时候，手里总是拿着一把玉柄麈尾（拂尘），表现出十分从容安详的态度，有时他把义理讲错了，就随口改正，于是人们就说他是“口中雌黄”。

南朝梁代刘峻《广绝交论》说：“雌黄出其唇吻。”李善注引《晋阳秋》说：“王衍字夷甫，能言，于意有不安者，辄更易之，时号口中雌黄。”

后来，“口中雌黄”演化成“信口雌黄”的成语。

亭亭玉立

【释义】亭亭：直立高耸的样子。形容体态修长的少女或挺拔秀丽的树木。

【出处】唐·李百药《北齐书·徐子才传》。

北齐的武成帝高湛，是高欢的第九个儿子，孝昭帝高演的同母弟弟。此人性情残忍，荒淫无度。

高演在世时杀了许多人，他在弥留之际，回顾一生，似有悔悟之意，留下遗诏传位给高湛，并嘱咐高湛要善待自己的儿子高百年，希望他不要学自己的所作所为。

高湛即位后封高百年为乐陵王，但不久，就忘了哥哥临终前的嘱托，诬陷高百年企图篡权当皇帝，命人将他杀死，扔到水池里。

对哥哥文宣帝高洋的妻子李氏，高湛同样不放过，他逼迫李氏与自己淫乱，不久生下一个女婴，李氏羞愧难忍，便没让女婴活下来。高湛知道后当着李氏的面将她的儿子用刀环活活砸死。李氏见亲生儿子惨遭杀害，大声痛哭。高湛又将李氏打得遍体鳞伤，然后将她送到寺院里当尼姑。

高湛这样惨无人道，加上沉溺于酒色享乐，年纪轻轻的就染上了病，身体日渐消瘦，极度虚弱。一次疾病发作，他昏昏沉沉地睡了过去，仿佛看见空中有一个五色物体，稍近一些看，又变成一个美丽的妇人，离地数丈高，亭亭而立。一顿饭的工夫，又变成了观世音。

高湛急忙召来徐之才为他看病。徐之才善于拍马逗乐，很得高湛宠幸。徐之才为高湛号过脉，听他叙述症状，便说："这是色欲过多，大虚所致。"当即开了汤药方，服下一剂后，眼前那亭亭玉立的美人已稍稍远去，又服一剂后，美人还原成了五色物体；服下数剂汤药后，病果然好了。但后来，高湛旧病复发而亡。

骇人听闻

【释义】骇：惊吓。使人听了非常吃惊。多形容非常之事或故意夸大其词的言论。

【出处】唐·房玄龄等《晋书·王劭传》。

南北朝时，有个名叫王劭的人，曾在北齐、北周和隋文帝、隋炀帝时做过官。其实，这王劭并没有什么才学，但为何尽管朝代更迭，他照样当他的官？原来他善于投当权者所好，常假托什么图谶散布荒诞的童谣或谎报神奇怪异现象，来恭维当朝江山永远稳固，天下将如何兴旺等。

有一次，王劭煞有介事地跑去告诉隋文帝，他听说在某处捕获了一只神龟，神龟的腹部有"天下杨兴"几个字，只可惜捕龟人不小心，让神龟跑了。隋文帝听了半信半疑，不过，心里还是挺高兴的，因为这件事即使是王劭造的谣，传出去对巩固杨家的统治还是有好处的，就重重赏赐了王劭。

王劭见这一招挺灵，越发胡说八道起来，皇后死了，他到处对人家说，皇后原是“妙善菩萨”转世，她不是死，而是“返真”，临去时，天上还曾派下仙乐和香花来迎接她哩。听的人明明知道他是信口胡说，但不敢戳穿，还得装着真有那么回事一样，跟着他把皇后赞美一番。

但是正直的人却很看不起王劭的人品，他们评论王劭尽用些荒诞不经的事来献媚于皇上，说他“骇人视听。”

“骇人视听”后来就演变成了“骇人听闻”或“耸人听闻”。

恶贯满盈

【释义】罪恶已经作够，末日就要来临。

【出处】春秋·孔丘《尚书·泰誓》。

《尚书·泰誓》有这么一句：“商罪贯盈，天命诛之。”意思是说：商纣王不断作恶，一件又一件的罪案，愈积愈多，好比把东西一件又一件地穿在绳索上一样，已经穿满一贯了。也就是说：商纣王的罪恶已经作够，临到他的末日了。

商纣王是古代传说中的一个暴君。《泰誓》是周武王讨伐商纣王时，在他的军队渡过黄河直逼京城朝歌的胜利形势下，发布的誓师宣言。其实，所谓“商罪贯盈”的“贯盈”一语，是一种比喻的说法。“盈”就是“满”。例如古人把钱币串满一串，叫做“一贯”。以此比喻积恶，积满了，到头了，也就叫“贯盈”。

《韩非子·说林》叙述这么一段故事：

有与悍者邻，欲卖宅而避之。人曰：“是其贯将满矣，子姑待之。”答曰：“我恐其以我满贯也。”遂去之。

故事说：有人同一个粗暴蛮横的人相邻而居，颇觉不安，决定卖掉房屋搬到别处去住。旁人劝他道："不用急，那个家伙恶贯将满，你且等等吧。"这人答道："我就是怕他拿我来满贯啊！"结果，还是搬了家。

笑里藏刀

【释义】貌似温和，但内心凶狠。

【出处】后晋·刘等《旧唐书·李义府传》。

唐朝时，李义府出身寒族，但勤奋读书，很会写文章。经过科举考试，他当了一个小官。

李义府最擅长的是奉承拍马，由此不断地升官。从此，他总是面带三分笑，几年后，竟升任到右丞相的高位。

李义府脸上总是微笑着，但大臣们都知道，他笑里藏刀，心底里其实褊狭阴险，谁要是冒犯了他或者不顺从他的心意，谁就会遭到他的迫害。为此，大家背地里给他起了一个"李猫"的外号。

一次，他得知监狱里关着一个犯了死罪的女犯人，长得非常漂亮，便暗中指使一个狱吏免了她的罪。那女犯一出狱，就被他霸占了。

主管监狱的官员发现了这件事后，便向高宗奏告，那狱吏得知后，吓得上吊自杀。李义府原来很担心事发后自己会获重罪，后来听说那狱吏已经自杀，认为死无对证，也就不把这件事放在心上。

这件事过后，李义府作奸枉法的胆子越来越大了。他笼络心腹，培植亲信，让自己的亲属向别人勒索钱财，包打官司，以致许多人上他家送钱财，求他办各种非法的事。李义府总是一边微笑，一边不顾国法，接受贿赂。

一天，他在宫内看到一份尚未公布的任职名单，马上想到这是索取钱财的好机会，便把上面的人名默记下来，回家后，他叫儿子把名单上有的人一个个叫来，私下通报消息，从而索取了一大笔钱。

不久，这件事被一个反对李义府的大臣探听到了，便向高宗密奏，这一回高宗听后大怒，下诏将他父子俩流放。

长期笑里藏刀、作恶多端的李义府，这次终于难逃法网，朝中文武官员无不拍手称快。

唯利是图

【释义】唯：助词。是：指示代词，复指提前了的宾语“利”。只要是利就贪图。

【出处】春秋·左丘明《左传·成公十三年》。

公元580年，秦恒公与晋厉公订立了友好盟约，约定两国和平相处，不做伤害对方利益的事情。可是，盟约墨迹未干，秦桓公就派人游说狄国和楚国，怂恿它们攻打晋国。晋厉公派特使吕相到秦国去抗议。吕相对秦桓公说：“你们秦国是一个大国，可是为什么从来不讲信义？你一方面与晋国签订了友好条约，另一方面却对楚国说，支持它侵犯晋国的行动。世人应该怎么理解你们的政策？”

秦桓公傲慢无礼地回答道：“这很好理解，我们所做的一切，就是只要对秦国有好处，其他后果概不考虑。”

吕相吃惊地指出：“你们这样做，不是唯利是图吗？”

秦桓公说：“你概括得很准确，我们所需要的正是唯利是图的政策。”

吕相质问道：“你们就不怕别国跟你们断交吗？”

秦桓公说：“那就听便吧。”

不久，晋、秦终于绝交，两国爆发了战争。

此成语出自《左传·成公十三年》，原文为：“余虽与晋出入，余唯利是视。”

眼中之钉

【释义】比喻某人心里极为憎恶的人。就像眼中的钉一样，非要拔去不可。

【出处】宋·欧阳修《五代史记·赵在礼传》。

后唐庄宗时，赵在礼担任指挥使之职，率兵镇守瓦桥关，后调防驻守贝州。

一天，军士皇甫晖作乱，赵在礼得到消息，匆忙间越墙逃走，被皇甫晖拉住脚从墙上拖下来。

大堂上，皇甫晖把钢刀架在赵在礼的脖子上，说："赵在礼，如果你答应跟我们造反，就做我们的领头人；如果你不答应，那么你就死到临头。"赵在礼吓得浑身发抖，连连答应。于是，赵在礼带兵对抗朝廷。

庄宗派明宗前往讨伐赵在礼，谁料明宗与庄宗不是一条心，入城与赵在礼会合，然后反戈一击，推翻庄宗。

明宗即位后，拜赵在礼为义成军节度使。

赵在礼曾经管辖过横海、泰宁等许多地方。他利用职权，欺压民众，极尽搜刮民脂民膏之能事，积累金银巨万。他在宋州时，百姓深受其害。后来，赵在礼奉命攻打契丹，离开当地，宋州百姓闻讯无不拍手称快，说："眼中拔钉，岂不乐哉！"

赵在礼进攻契丹劳师无功而返，得知宋州百姓之说，怀恨在心，竟下令宋州百姓每人交一千钱的"拔钉费"，违者处死。

祸从天降

【释义】灾祸来得突然，像从天上降下一般。

【出处】后晋·刘昫等《旧唐书·刘瞻传》。

同昌公主是唐懿宗宠爱的女儿，但年纪轻轻就生了重病，尽管请了不少名医，用了不少良药，没多久就病逝了。

唐懿宗痛惜公主早逝，迁怒到医官身上，以"用药无效"的罪名，将医官韩宗召、康仲殷及两家族人三百余口全部抓入监牢。

集贤殿大学士、宰相兼刑部侍郎刘瞻深为医官的蒙冤不平，他上奏章劝告皇帝说："人的寿命是命中注定的，不管贤愚，都没有不同。颜渊早亡，不因为他贤德而增加寿命。同昌公主久患重病，医药无效，因而薨逝，陛下对她过于钟爱，悲痛之下，想严惩医官。韩宗召等人，诊治之时竭尽全力，也希望病如雪消、药能通神。可陛下雷霆一怒，囚系老小三百余口，朝野震惊，都说这是祸从天降，惩罚没有犯罪的人。希望陛下宽仁厚德，全部释放关押的囚犯。”

唐懿宗看了奏章，竟勃然大怒，立即罢了他宰相的官，而且一贬再贬，直贬为康州刺史。许多接近刘瞻的官吏也受到牵连，被贬出京城，京兆尹温璋甚至为此吃毒药自杀。

趋炎附势

【释义】趋：迎合。炎：热。比喻迎合奉承依附有权势的人。

【出处】元·脱脱等《宋史·李垂传》。

宋真宗时的宰相丁谓，玩弄权术，独揽朝政。许多想升官的人都吹捧他。

当时有个名叫李垂的人，他对官场中迎奉拍马的庸俗作风非常反感，所以一直得不到重用。有人问他为何从未去拜谒丁谓，李垂说：“丁谓身为宰相，不公正处理事务，有负朝廷对他的重托和百姓对他的期望。这样的人，我怎么能去拜谒他呢？”

这话传到了丁谓那里，丁谓怀恨报复，借故把李垂贬到外地去。

宋仁宗即位后，丁谓倒台，被贬到遥远的地方去任职，而李垂却被召回京都。一些关心他的朋友对他说：“朝廷里有些大臣知道你才学过人，想推举你当知制诰（为皇帝起草诏书的官员）。不过，当今宰相还不认识你，你何不去拜谒一下他呢？”

李垂回答说：“如果我三十年前就去拜谒当时的宰相丁谓，可能早就当上翰林学士了，我现在年纪大了，怎么能趋炎附势，看别人的眼色行事，借以换取他们的荐引和提携呢？”

他的这番话不久传到了宰相耳里。结果，他再次被排挤出京都，到外地去当州官。

罄竹难书

【释义】 罄：尽。用尽了竹子也写不完某人的罪恶。比喻罪恶太多，无法写完。

【出处】 战国·吕不韦《吕氏春秋·明理》、后晋·刘昫等《旧唐书·李密传》。

隋朝末年，炀帝杨广统治残暴，荒淫奢侈，大兴土木；又连年对外用兵，使百姓无法活下去，迫使他们揭竿而起。

在众多的农民起义军中，有一支是翟让领导的义军。它以瓦岗寨（今河南滑县南）为根据地，史称瓦岗军。后来这支义军由李密领导。

公元614年，为了进一步联合各路起义军，以及吸引隋朝的文武官员来投奔他，李密便在进攻隋都洛阳的时候，发布了一篇讨伐炀帝的檄文，号召各方人士推翻隋朝的统治。檄文在历数炀帝残暴统治、祸国殃民的十大罪状之后写道：“用尽南山所有的竹子制成竹简，也写不完杨广的罪过；用尽东海的水，也冲洗不清他的罪恶。”

此成语出自《旧唐书·李密传》，原文是：“罄南山之竹，书罪未穷。”

《吕氏春秋·明理》中有这么一句话：“此皆乱国之所生也，不能胜数，尽荆越之竹，犹不能书。”应该是形成“罄竹难书”一词的出典。

微文深诋

【释义】 用深奥难懂的文字来罗织罪名。

【出处】 汉·班固《汉书·咸宣传》。

汉代有个叫咸宣的人，为官酷厉，曾经杀了很多无辜的人，最后也得到惨死的下场。他原在河东太守府做个小官。卫青将军派人去河东买马时，见咸宣这个人还不错，便推荐他做了厩丞这样的官。

后来，咸宣平步青云，一直升到御史及中丞的官位。那一年，咸宣受命前去处理主父偃以及淮南叛乱的案子，他大显神通，以深奥难懂的文字罗列了许多人的罪名（微文深诋），大开杀戒。当时，竟有不少人以为咸宣是个敢作敢为的人。

宦海几度沉浮，咸宣做了二十多年的御史及中丞。在做左内史时，主持治理米、盐业，事无巨细，他都要亲手做一做，看一看，手下的那帮官吏都无实权，一旦做错了就会被严加惩处。咸宣崇尚酷刑，随意对别人治罪，到了不分青红皂白的地步。

后来咸宣曾经受到降职打击，他为此迁怒于他身边的一个叫成信的小吏。成信躲到上林这个地方，咸宣仍不放过他，指使扶风县令带领很多士卒，搜查成信的行踪，终于找到了成信，并杀死了他。

咸宣诛杀无辜，罪恶很大，后来他只得自杀。

蝇营狗苟

【释义】像苍蝇那样追逐脏东西，像狗一样摇尾乞怜，苟且偷安。形容没有廉耻的人物的卑劣行为。

【出处】春秋·佚名《诗经·小雅》、唐·韩愈《送穷文》。

《诗经》里有一首题为《青蝇》的诗，共三节，每节都以“营营青蝇……”起句。第一节的四句原文是：“营营青蝇，止于樊。恺悌君子，无信谗言。”营营，形容往来频繁之状；青蝇，即绿头苍蝇，是蝇类中最惹人厌恶的；樊，义同“藩”，即篱笆；恺悌，兄弟般和睦的意思，大意是说：

绿头苍蝇真正讨厌，把它赶出篱笆外面。
和善明理的正派人，决不听信挑拨离间。

这首诗，是用来讽刺昏君和谗臣的，诗人把搬弄是非、颠倒黑白的小人，比作青蝇。从前，人们形容贪贿舞弊、争逐微利的卑劣人物，称之为“蝇营”，说他们好比往来营营的青蝇一般，讨厌之至。唐代文学家韩愈在他的《送穷文》中说："蝇营狗苟，驱去复还。"他在"蝇营"二字之后，添了"狗苟"二字，从此这成语就流传了下来。狗，是苟且、贪婪、善于偷偷摸摸的畜生，用来和可厌的青蝇并列，是很恰当的。而且"蝇营"二字同音，"狗苟"二字也同音，这句成语，在字面上组合得相当巧妙。

横行霸道

【释义】比喻胡作非为，蛮不讲理。

【出处】清·曹雪芹《红楼梦》。

花花公子薛蟠，与贾府是亲戚，他到贾府来，名义上是上学，但他三天打鱼两天晒网，白交些学费却不求上进，只求结识些纨绔子弟。此时宝玉和秦钟他们已经入学了。有两个学生，因贪图薛蟠的银钱，被他哄上手了。班里还有两个长得妩媚风流的学生，外号叫"香怜"、"玉爱"。薛蟠这个人的心性却好比水上浮萍漂泊不定，今日爱东明日爱西。自结识了香怜、玉爱二人，就弃去了当时的好友金荣，近来又有了新朋友，就弃去了香怜、玉爱。对他这种喜新厌旧胡作非为的举动，贾瑞虽然被命管理学生，但为了讨好，以便从中勒索，对薛蟠的行为竟不闻不问，一任薛蟠横行霸道。

暗箭伤人

【释义】采取卑劣的手段，暗地里伤害别人。

【出处】春秋·左丘明《左传·隐公十一年》。

春秋时期，郑国的郑庄公得到鲁国和齐国的支持，准备讨伐许国。一年夏天，郑庄公在宫前检阅部队，发派兵车。老年将军颍考叔和青年将军公孙子都，为了争夺兵车，吵了起来。颍考叔是一员勇将，他不服老，拉起兵车，转身就跑。公孙子都于是怀恨在心。

七月间，郑军逼近许国都城。攻城的时候，颍考叔奋勇当先，高举大旗，爬上了城头。公孙子都眼看颍考叔就要立下大功，心里更加嫉妒，便抽出箭来，对准颍考叔射了出去，只见这位勇敢的老将，顿时一个跟斗摔了下来。另一位将军瑕叔还以为颍考叔是被许国兵杀死的，连忙拾起大旗，指挥士兵，继续战斗，终于把城攻破，郑军全部入城。许国的国君许庄公逃到了卫国去，许国的土地于是并入了郑国的版图。

像公孙子都那样，趁人不备，暗放冷箭，就叫做“暗箭伤人”。

后来，凡是采取任何不光明的手段，暗地里伤害别人，都可叫做“暗箭伤人”。

笑林杂记篇

一洞之网

【释义】只有一个洞的“网”是捕不到鸟的。

【出处】汉·荀悦《申鉴·时事》。

从前有一个人看别人布网捕鸟，发觉被捕住的鸟每只鸟头才钻一个网眼，就想：既然如此，何必结网？他回到家里，便剪断长绳，用一截一截的短绳子做成了一个一个圈圈。别人问他做这么多圆圈干什么，他答说：“网鸟用的，反正一只鸟头只钻一个洞，我做的这种圈圈比结一张大网不是省事多了么？”于是，他用这些圈圈去捕鸟，结果什么鸟也捕不到。

捕鸟之网，本是由许多网眼组成的整体，每个网眼只有在这个整体中，才是真正的网眼，并起到网眼的作用。那个自以为聪明的人看不到一个个网眼之间的相互联系，只见一洞，不见全网，当然会闹出“一洞之网”的笑话来。

一叶障目

【释义】比喻目光为眼前细小事物所遮蔽，看不到远处、大处。

【出处】三国·魏·邯郸淳《笑林》。

楚地有个家境贫困的书生，虽然也读了些书，却迂腐无知，整天想发财。

有一天，他读到《淮南子》中的“螳螂自障叶，可以隐形”（意思是说：螳螂在捕蝉之前，等待时机时，总是借树叶来隐蔽自身，以便观察蝉的动作），不由得想入非非。在《淮南子》一书中还说：

"谁得到螳螂隐蔽自己的树叶，就可以用这片树叶把自己隐藏起来。"穷书生于是到处寻找可以隐身的树叶子。他发现树上有一只螳螂正隐身在树叶之下，就慌忙地把这片树叶摘下来，一不小心，树叶掉在地上，和地上的落叶混在一起了，一时分辨不清。他索性把地上的叶子全部扫起来带回家去。见到妻子，他就把树叶一片一片地取出来遮住自己的眼睛问道："你看得见我吗？"

妻子如实回答："看得见！"后来厌烦了，就哄骗他说："看不见！"

书生听了信以为真，便带上这片树叶跑到市场上去行窃，结果被当场捉住。在升堂问审时，官吏听了他事情的经过后大笑不止，说："你这个书呆子，真是一叶障目，不见泰山。"

后来，"一叶障目"亦作"一叶蔽目"。

不通世务

【释义】表示不了解社会上的情况。

【出处】宋·苏东坡《艾子杂说》。

从前有个财主，家财万贯，他的儿子饭来张口，衣来伸手。这位财主也从来不教育他。别人劝他请个老师，他断然拒绝说："我的儿子非常聪明，又不愁吃穿，不需谋生，何必还要念书识字呢？"

一天，艾子对财主说："你的儿子虽然长得白白胖胖，但他不通世务，等你百年之后，他怎么能继承家业呢？"

财主质问道："我的儿子聪明，天生就有许多本领，怎么会不懂世务呢？"

艾子说："你不相信我的话，自己可以去试试。你只要问他吃的饭从哪里来，他要是知道，我就向你谢罪。"

财主立刻叫来儿子，问他说："米从哪里来？"

儿子笑着说："谁不知道它是从米袋里来的？"

财主脸色大变，骂道："你太愚蠢了！那些米是从田里来的，连这都不懂！”

艾子掩口而笑。真是有其父必有其子啊！

与虎谋皮

【释义】同老虎商量要它的皮。比喻与所谋者利害相对立，事情必定办不成功。

【出处】晋·苻朗《苻子》。

周朝时候，有一个人，喜欢穿皮衣，爱吃精美的食物。他想要制作一件价值千金的狐皮袍子，便去同狐狸商量，请它们选送几张狐皮；他还准备办一次丰盛的羊肉宴，便去同羊商量，请它们供应一批羊肉。不料他的话还没说完，狐狸就立刻互传警报，一起逃到深山里去了；羊也马上大呼小叫地通知同类，一起藏到茂密的森林里去了。这个人，因此十年也没制成一件狐皮袍子，五年也没办成一次羊肉宴。

同狐狸商量，要它的皮；同羊商量，要它的肉。——这叫做“与狐谋皮，与羊谋羞（羞：珍馐，精美的食物）。”

“与羊谋羞”这句成语，现在一般不常用。“与狐谋皮”后来演化成“与虎谋皮”。

天花乱坠

【释义】一是指天上的各色香花纷纷散落下来。后比喻说话巧妙动听，但却不切实际；二是形容雪花纷纷飘落。

【出处】佚名《心地观景·序品》。

梁武帝萧衍，在位执政47年，曾一度出现文化盛世现象，连北方的敌国也佩服他。当时的南朝以清谈哲理、经义、佛典为风气，梁武帝崇尚经学，不仅经常出席一些讲经会，还曾亲自在重云殿讲解《老子》的经义，声如洪钟，令上千名听众如痴如醉。据说有一次，梁武帝邀请高僧云光法师讲经，由于佛理精湛，听众虔诚，使佛祖也为之感动，便向会场上撒下一地五彩缤纷的香花（天花乱坠），轰动了京城，一时传为佳话。

梁武帝自此后更加笃信佛教，每天只吃一顿饭，也不饮酒，穿的全是棉织品，不用丝绸。他认为取丝织绸要杀死众多蚕蛹的生命，与佛家的经义是相违背的。每当朝廷必须处死一些罪犯时，他会一连几天精神不振。后来他索性想出家为僧，四次来到建康城（今南京）中最大寺院同泰寺修身。因此得了个雅号：皇菩萨。

然而，佛学的兴盛并没有给梁朝带来安定与昌盛。548年，梁武帝被部将侯景推翻，活活饿死。

此成语出自《心地观景·序品》，原文是："六欲诸天来供养，天华乱坠偏虚空。"华：花。

井底之蛙

【释义】 比喻见识短浅而又盲目自大的人。

【出处】 战国·庄周《庄子·秋水》。

在一口废井里，住着一只青蛙。一天，青蛙在井边碰见一只从东海来的大鳖。

青蛙对海鳖夸口说："你看，我住在这里多么快乐呀！高兴的时候，就在井栏边上跳跃，累了，就到井壁石洞里休息，有时把身子舒服地泡在水里，有时愉快地在稀泥中散步。先生为什么不到井中观赏游玩呢！"

海鳖听了青蛙的一番话，就想进入井中去看看。可是，它的左脚还没有完全伸进去，右脚就被井栏绊住了。它只好后退几步，把大海的情景告诉青蛙说："你见过大海吗？海的广大，岂止千里；海的深度，何止千丈。古时候，十年里就有九年闹水灾，海水并不因此而增多；八年里就有七年闹旱灾，海水并不因此而减少。大海是不受旱涝影响的。住在广阔的大海里才真正快乐呀！"

井底之蛙听完海鳖的话，非常惊讶、惭愧。

少见多怪

【释义】讥讽人见闻太少，遇到很普通的事物都要大惊小怪。

【出处】东汉·牟融《牟子》。

某人，从来没有见过骆驼，所以他不知道有骆驼这种动物。有一天，他外出时偶然看见一头牲口，背上长着好大两个肉疙瘩，觉得非常奇怪，不禁大声叫道："啊哟，大家都来看哪！瞧这匹马，他的背肿得多高呀！"其实，他看到的是一头骆驼。骆驼的本身，并没有什么可奇怪的，只不过这人没有见过，才觉得奇怪罢了。因为他看到过马，还认为那是匹"怪马"呢。所以，东汉的牟融在他的《牟子》一书中说：

牟子曰："谚云：少所见，多所怪，睹骆驼言马肿背。"

因为少见，所以多怪，这就叫做"少见多怪"。

以卵击石

【释义】比喻不自量力。

【出处】战国·墨翟《墨子·贵义》。

春秋战国之际的思想家墨翟的名声很大。有一年他往北方的齐国走去，途中遇见一个叫"曰"的人，对墨子说："今天上帝在北边杀黑龙，你的皮肤很黑，去北方是不吉利的呀！"

墨子不相信他的话，继续朝北走去，他不久又回来了，因为北边的水泛滥，无法渡河。

名叫"曰"的那人这下子可得意了，他说："怎么样啊？我说你不能往北走嘛！"

墨子道："淄水泛滥，南北两方的行人全都受阻隔，行人之中有皮肤黑的，也有皮肤白的，谁都过不去呀！"

墨子又说："假如天帝在东方杀了青龙，在南方杀了赤龙，在西方杀了白龙，再在中央杀了黄龙，岂不是让天下的人谁也动弹不得吗？所以你的谎言是抵挡不过我的道理的，就像拿鸡蛋往石头上撞（以卵击石），把普天之下的鸡蛋全用光了，也不能毁坏石头呀！”

“曰”无话可说。

凤毛麟角

【释义】凤，凤凰。麟，麒麟。传说中的珍异动物。凤凰的毛，麒麟的角。比喻珍贵而稀少的人才或事物。

【出处】宋·刘义庆《世说新语·容止》。

谢灵运是南朝宋代的著名诗人，诗歌名噪一时，流传很广，其孙谢超宗，也极有文才，颇有名声。

谢超宗曾担任新安王刘子鸾的常侍，王府中的文告函件都出自他的手笔。新安王的母亲殷涉仪去世后，谢超宗撰写悼念死者的悼词，写得非常精彩，孝武帝读过以后大加赞扬，对左右说：“谢超宗真是有凤毛呀，天下又出了一个谢灵运！”

当时右卫将军刘道隆也在座。他听孝武帝夸谢超宗有凤毛，他是行伍出身，不懂得凤毛是什么意思，误以为他真有凤凰的羽毛，就跑到谢家，央求说：“听说你有稀奇物件，快让我看看！”

谢超宗不明来意，反问道：“我这个贫寒之家，你说有什么稀罕之物呢？”

刘道隆还认为他们故意藏珍，就找寻起来，找了半天，直到天黑也没有找到凤毛，他自言自语地说：“早上陛下说你有凤毛啊，怎么找不到呢！”

后来，人们把这件事当做笑话广泛流传，“凤毛”一词也就慢慢演化成“凤毛麟角”这一成语。

计无所出

【释义】无法可想，无计可施。

【出处】宋·苏轼《艾子杂说》。

从前，齐国有两位大臣，一位是冢相（宰相），一位是亚相（御史大夫）。年纪都很大，经历了好几个朝代，很有名望，国家有了事情都要依靠他们决断。然而他们毕竟年纪太大了，头脑不像年轻时那么灵活，有时甚至显得迂腐可笑。

一天，齐国国君下令迁徙国都。负责迁都工作的官员们把王宫里的财富物品运到新的国都去。搬运时，发现有一口重达五千斤的宝钟需要五百人才能搬动，可是当时人们都在做其他的事，一时抽调不出五百人来，这可把官员们急坏了。他们反复研究，计无所出，只好向两位大臣汇报请示，两个老人也想不出什么办法来。

冢相坐在一旁，慢吞吞地说："这样简单的事情，亚相你怎么解决不了呢？这一口宝钟确实很重，需要五百人才可以搬动。那么，立刻派人把这口钟非常均匀地凿成五百块，然后命令一个人按五百天的时间把它一块一块搬走，这不就行了吗？"

官员们一听，高高兴兴地接受了命令。

有位思想家名叫艾子，恰好听说了这件事，不住地摇头，叹息道："冢相这个办法绝妙，确实是别人想不出来的。不过，等到凿成碎块再搬到新国都以后，不知道要花费多少人力财力才能把碎片重新铸造成钟啊！"

东施效颦

【释义】 原指丑人模仿美女的打扮。比喻不知道人家的好处何在，胡乱模仿，效果适得其反。现泛指仿效者的愚蠢可笑。

【出处】 战国·庄周《庄子·天运》。

传说春秋时越国有个绝色的美女名叫西施。她不光人长得美，品行也很好，既勤劳又善良，识大体顾大局。据说，当年越国被吴国打败后，越王勾践被抓到吴王宫里给吴王当差。为了复兴自己的国家，西施自愿来到吴王身边，以自己的美貌迷住了吴王，使他整天沉湎于饮酒作乐之中，不再过问国家大事。后来越国终于打败了吴国，雪了耻，报了仇。

在西施还没有到吴王宫里之前，家乡的父老乡亲们就很喜欢她。每当她在街上走，人们都要放下手里正在干的活儿欣赏她。有一次，西施心口疼的毛病犯了，她用手按住胸口，紧皱着眉头，慢慢往家走。人们见了，都说西施皱眉的样子也很好看。

离西施家不远，有个长得很丑的姑娘名叫东施。可她却一天到晚涂脂抹粉、扭扭捏捏，人又懒，嘴又馋，乡亲们都很讨厌她。东施见大家总夸西施长得美，很羡慕，就想学西施的样子。看见西施捂着胸口皱着眉头从街上走过，她也做出眉头紧皱、一副痛苦的表情（东施效颦），以为这样就美了。谁知，大家看到她那矫揉造作的丑样，更加厌恶她。

龙蛇飞动

【释义】 字写得像龙飞腾、蛇游动一样。形容书法笔势的劲健生动。

【出处】 宋·释惠洪《冷斋夜话》。

古代有个姓张的丞相，喜欢书法，尤其爱作草书。他写的草书很不规范，使人很难看懂，有人向他提意见，他不但不虚心接受，而且还要责怪别人水平太低。

有一天，他闲来无事，在书房里挥毫练字，兴致所至，忽然想到一个好句子，就立刻用草书把它写下来，只见纸上龙蛇飞动，笔连笔，字连字，倒也很有气势。他写好后把字挂在墙上，左看右看，觉得十分满意。

这时，他的侄子来到书房，问：“伯父，这是你写的吗？”

“这么好的字，当然是我写的！”他喜滋滋地说，“你不是也要练字吗？现在就可以临摹它。”

侄子提笔铺纸，开始一笔一画地临摹起来，写着写着，发现有一个字潦草得辨认不清，就问：“这是什么字？”

张丞相走到字旁，看了半天，怎么也说不出这是个什么字，便责怪侄儿说：“你为什么不早问，现在连我都说不清这是个什么字了。”

叶公好龙

【释义】叶公喜欢龙不是出于真意，指那些言行不一、名不副实的人，不过是摆摆样子。

【出处】汉·刘向《新序·杂事》。

春秋时期，有一个叫子张的人，他去见鲁国的国君鲁哀公。他一直等了七天，鲁哀公也没有接待他。他便让赶车的人转告哀公“叶公好龙”的故事：

叶公很喜欢龙，他的武器上画着龙，工具上刻着龙，屋子内外墙上画着龙，柱子上雕着龙。到处都是龙的图案。天上的真龙，听说叶公那样喜爱龙，有一天来到他的家里，把龙头伸进窗户探望，把尾巴拖在厅堂上。叶公看见真龙来了，怕得要死，转身就跑，吓得失魂落魄，神色惊慌。这说明叶公并不真正喜爱龙，他只是喜欢外表像龙而实际上并不是龙的东西罢了。

子张讲了这故事，还让赶车人转告说：“现在我听说君王喜欢读书人，所以不怕路程遥远，从千里之外赶来见君王，君王却不以礼相待。看来君王不是真喜欢读书人，只喜欢那种像读书人而并非真正读书人的人罢了！”

对牛弹琴

【释义】对听不懂音乐的牛来弹琴。比喻对愚蠢的人讲深奥的道理。现也用来讥笑说话时不看对象。

【出处】南朝·梁·僧祐《弘明集》。

古代音乐家公明仪，琴弹得非常出色。每当他坐在自家窗口弹奏时，行人常常驻足聆听，听得如醉如痴。

一次，公明仪携琴游玩到郊外，只见满目青山绿水，蓝天里飘着悠悠白云；远处传来牧童悠扬的笛声，身旁的大树上小鸟在尽情地欢唱。公明仪情不自禁地打开琴弹了起来。弹着弹着，他觉得没意思了，因为没人欣赏。他四下一看，见不远处有条牛正在吃草，很高兴，心想："我就弹给牛听吧！"

于是，他就坐在牛的旁边，轻舒十指，缓缓地弹了起来。弹了一会儿，他抬头看看牛，见它只管低头吃草，仿佛没听见似的。公明仪不甘心，弹了一首又一首，直弹得手软筋麻。看着那头只对鲜嫩的草感兴趣的牛，他叹了口气，终于明白了：对蠢牛弹琴，不过是白费劲罢了！

他懊丧地站了起来，打算回去。谁知收拾琴的时候，无意间碰到了一根琴弦，发出了一声响，有点像小牛的叫声。那牛听到响声，停止了吃草，抬起头四面看看，见并没有什么，摇了摇尾巴，兴趣又回到青草上去了。公明仪见了，自嘲道："不是牛蠢，是我自己蠢，弹琴不看对象。对于牛来说，同类的叫声就是最好的音乐，高雅的乐曲它又怎么能听懂呢？"

因噎废食

【释义】噎：食物哽住喉咙。废：停止的意思。因为吃饭噎住了，干脆连饭都不吃了。比喻因小失大，怕做错事就索性不干。

【出处】战国·吕不韦《吕氏春秋·荡兵》。

某节日之夜，有个财主大摆酒宴。席间，划拳行令，喧声如潮，食客满座，杯盘狼藉。

突然，闹得最欢的一个老头，大汗淋漓，翻白眼，捂脖子，使劲咽唾沫。是怎么回事？原来，他刚才急着说话，到嘴的一块牛肉没嚼烂就吞下去，结果喉咙给堵住了。这时，全场的人纷纷围了过去，有的说快灌一杯冷水，有的说要再咽一块肉。

有人用力扳开老头的嘴巴，拿起筷子就要往里夹取；有人则使劲捏着他的脖子往下刮……众人或七嘴八舌，或动手动脚，气得老头按捺不住，大吼一声：“滚开！”随着喊声，那块牛肉跟着喷射出来。

众人大笑着，正要回座继续吃喝，财主却高声说道：“各位请回吧！那位仁兄的遭遇是我们的前车之鉴。老夫认为：要消灾免祸，酒肉不可吃，三餐不可有。本府从今以后，再也不许人吃饭。”说完，下令把厨房的坛坛罐罐全部打碎，柴米油盐一律放火烧掉。

此故事便形成了“因噎废食”的成语。

曲尽其妙

【释义】细致入微地把事物的全部妙处表现出来。

【出处】唐·郑处诲《明皇实录》。

唐玄宗李隆基非常爱马，御厩里养着一百匹从北方边塞地区进贡来的好马。他还特地召请一批能干的艺师进宫来训练马匹。这些好马后来成为特殊的舞马。每天，这些雄姿焕发的高头大马被牵到御苑中，整齐地分成两排，在艺师的指挥下，伴随着乐曲翩翩起舞，进退周旋，抑扬顿挫，无不曲尽其妙。

可是不久之后，爆发了安史之乱，唐玄宗逃到四川去避难，这批舞马便落到了安禄山手里。

安禄山死后，这批舞马又落到魏博节度使田承嗣手里。田承嗣不知这批马的来历，就把它们全部编入战马之中，供骑兵作战时骑用。

有一天，田承嗣在营中犒劳将士。席间，他命乐工们奏乐助兴，那些马厩中的舞马听了，立即翩翩起舞。看守马厩的士兵以为马群中了邪，急忙去向田承嗣禀告。田承嗣赶来一看，以为这些马是在兴妖作怪，便下令把这些马全都杀了。

自相矛盾

【释义】自己的说话或行动互相抵触。

【出处】战国·韩非《韩非子·难一》。

古代，矛与盾是常用的两种兵器。矛，就是长枪，是一种进攻武器，用来刺杀敌人；盾即盾牌，用来防护身体，遮挡刀箭。

一天，市场上有个人把一些矛和盾摊放在地上，让人观看、选购。过了一些时候，只有看的人，没有买的人。

卖主怕人们不识货，拿起一面盾牌，高声喊道："众位请注意，看这牌可坚固啦，什么锐利的武器都休想刺破它。快买吧！"围观的人大多半信半疑，有的还去摸摸盾牌，但仍然没有人买。

卖主见大家不想买他的盾牌，又拣起一支矛，在手中比试一下，然后高声喊道："请众位再瞧瞧这矛，多坚硬、多锐利啊，它能刺破任何东西，快买吧！"

有人赞叹，有人怀疑。其中一人问道："你说的话当真吗？"

"当然是真的！"

那人拣起一块盾和一支矛，用矛尖刺着盾问："要是用你夸奖过的矛来刺你夸奖过的盾，那会如何呢？"

卖主顿时窘得无话可说，赶紧收起矛和盾离开了市场。

名不副实

【释义】副：相称、符合。表示名称和实际不一致，徒有虚名。

【出处】北齐·刘昼《新论·鄙名第十七》。

从前，一条繁华的街道上，住着一户人家，家境殷实。家里有两个儿子，长子名字叫盗，次子名字叫殴。这两个儿子聪明能干，很得父母喜欢，也常受邻居夸奖。

一天，大儿子盗从家里走出，身上披一件衣服，手里拿一把锄头，想到田地里去除草。母亲看到儿子衣服穿得太单薄了，忙叫："盗！盗！"这时刚好街上走过府吏，听见叫声，忙奔过来，把盗绑了起来。母亲看见两位府吏误会了，想叫殴去说明，一时紧张，她只叫道："殴！殴！"两位官吏听到"殴"的声音，不约而同地看看盗的脸孔，觉得这人脸色铁青，越看越觉得贼眉贼目的，便狠命地殴打他，等到他母亲和弟弟冲过来说明真相后，盗早已躺倒在地，气息奄奄，不省人事了。

这则成语原意说明名不副实的害处，表示要经常审查名和实。现在这则成语的意义已经变了。

守株待兔

【释义】不经努力，想依赖侥幸取得成功。也用来比喻死守狭隘经验，不知变通。

【出处】战国·韩非《韩非子·五蠹》。

宋国有位年轻农民在地里劳累了一天，非常辛苦，忽然他看见一只白兔跑来，不小心撞到树桩上。那兔子四脚乱动，鲜血直流，脖子折断了。他拎起兔子，高兴得直跳，哼着小曲回家去了。

美美地吃了一顿后，第二天，他不干活了。一清早就伏在草堆后面，撅着屁股，双眼无比警惕地直盯着树桩。不久，前面有一只白兔欢快地跑过来了，可是眼看到了树桩跟前却偏偏转个弯，活蹦乱跳地去了，急得他直跺脚。好，又来了一只！这只灰兔一定有眼无珠，非撞个鼻青脸肿不可，可惜跑得太慢。“快跑！前面有个树桩，撞上去！”他小声提醒着，然而灰兔跑到树桩前却停住，动动耳朵，又往回奔去。……时间渐渐地在他身边溜走，天色不觉昏暗了下来，他只好怨气冲天、咬牙切齿地回家去，准备等天亮了再来继续碰运气。就这样，他一日又一日地守株待兔，使得农田荒了，夏天刚到，他就没米下锅了。

邯郸学步

【释义】邯郸：战国时期赵国的都城。步：走路。学邯郸人走路。讽刺那些一味模仿别人，不但学不成，反而把自己原来会的东西也忘了的人。

【出处】战国·庄周《庄子·秋水》。

战国时，燕国的寿陵有个少年人，他很不满意自己的走路姿势，听说赵国邯郸的人走路姿势特别好看，便决定去邯郸学走路。

每天一大早，这个寿陵少年就站在邯郸繁华的街头看人家走路。邯郸人走路虽好看，却也各有各的样。寿陵少年一会儿观察这个人的走路姿势，跟在后面走几步；一会儿又琢磨那个人走路特点，跟在后面走几步；学来学去，总是学不好。他急了，干脆丢掉原来的步法，从头学习走路。从此，他每走一步都很吃力，弄得手足无措。

一连学了几个月，他不但没有学会邯郸人的步法，而且把自己原来的步法也忘掉了，他的钱已经花光，不得不返回寿陵。可是他已经不会走路了，只好爬了回去。

讳疾忌医

【释义】原意为隐瞒自己的疾病怕被医生诊断出来，后泛指隐讳自己的错误和缺点，怕别人指出来。

【出处】战国·韩非《韩非子·喻老》。

春秋时的一天，蔡桓公在家里翻阅竹简。扁鹊进来见他，站着观察了一会儿，说：“主上，您生病了。不过病还很轻，只在皮肤和肌肉之间，但要是不及时医治恐怕会加重。”

蔡桓公很不耐烦地说：“我身体好好的，一点病也没有。”

过了十天，扁鹊又去见蔡桓公说：“您的病已经深入到肌肉里去了，如果还不医治，将会更加严重。”

蔡桓公嘟哝着说：“我身体好好的哪来的病？”

又过了十天，扁鹊特意来见蔡桓公，说：“您的病已经深入到肠胃里去了，再不医治，病情将十分可怕。”

这次蔡桓公更加气愤，瞪着扁鹊，嚷道：“你胡说八道。”

又过了十天，扁鹊看见蔡桓公后，转身就跑，蔡桓公感到奇怪，忙派人去问原因。扁鹊说：“现在桓公的病已经深入到骨髓里去了，我已经无能为力了。当初病在皮肤和肌肉之间，用烫熨的办法就可以治好；后来病在肌肉里，用针灸的方法也可以治好，再后来病在肠胃里，服用药汤还可以治好；可是现在病在‘司命神’所管的骨髓里，就再也没有办法了。”

过了五天，蔡桓公全身发痛，立刻派人去请扁鹊，而扁鹊已经逃到秦国去了。不久，蔡桓公就死掉了。

如意算盘

【释义】只从好的一方面打算。比喻完全凭主观愿望，单从好处所作的打算。

【出处】清·李伯元《官场现形记》第四十四回。

申守尧家里穷得无米下锅，可他是“老爷”，总想摆架子，要面子。一天，申守尧正与朋友谈得高兴，忽然家中的老妈子闯进来，冲着他喊：“老爷的事情完了没有？衣裳脱下来交给我，我拿回去，家里今天还没米下锅，太太叫我去当当……”申守尧一听大怒，打了老妈子一个巴掌。老妈子哪肯罢休，躺在地下撒起泼来，多亏朋友帮忙才将老妈子撵回家去。

申守尧随后也赶忙回家，进房一看，老妈子还在哭闹。他气急败坏地骂道：“你给我滚吧，我不用你了！”

“没那么容易，把工钱还了我，我立刻走！”老妈子火冒三丈，“从去年五月到如今，大大小小也有三块多钱的脚钱，连着十三个半月的工钱，你一共得给我十二块洋钱！”

申守尧听她要这么多工钱，急得头上火星直迸，怒声叫喊：“岂有此理！谁欠你这么多？我有数的，就欠你三个月的，你明明是讹人，因为你会讹人，把脚钱罚掉，只给你三个月工钱，从此咱们一刀两断，永远不准进我的大门！”

老妈子一听气不打一处来，狠狠地瞪他一眼，吵嚷起来：“你好便宜呀，你倒会打如意算盘，你如果少给我一个钱，我与你到县衙打官司去！”于是，两人扭打了起来……

杞人忧天

【释义】杞人：指杞国人。忧天：担心天要塌下来。比喻没有根据的忧虑是不必要的。

【出处】战国·列御寇《列子·天瑞》。

杞国有个人，整天担心天会塌下来，地会陷下去。一天，他走在旷野上，心想这时候天要是塌下来，连个躲的地方都没有，肯定会被砸成肉饼的。他躲进房屋里，又想天要是这么一大块地砸下来，房屋不也被砸倒了吗？砸倒的房屋不也要压到头上来吗？

他像一头丧家之犬东奔西逃，突然，他发现路边有个山洞，赶忙爬进洞里躲起来，这下他才放心了，悠悠然地观赏洞外的风光。但他马上又想天塌下来不把洞口堵死了吗？暗无天日，不憋死，也一定饿死。他赶忙窜出去，连滚带爬地来到大路上。天瓦蓝瓦蓝的，几朵白云悠悠飘过。其实天离地面很远很远，哪里就塌下来呢？这样想着，他才放心走起路来。

走不多远，到了一块洼地，突然，他惊叫起来："这块地不是陷下去了吗？救命！"越叫，越觉得陷得深。他没命地往高处攀，花了九牛二虎之力，总算坐到一条路上，连连说："真险，真险，真是大难不死。"至于后面的洼地，他心有余悸，连看也不敢看了。

前面一条石子路，大风过处，尘土飞扬，他赶忙闭上眼睛，不料，脚踩着的石子滑了一下，他以为地动起来，所站的地方马上就要陷下去了，陷成一个洞，下面水冒上来，上面石子落下去，自己就会在中间活活埋葬。赶快挪开！可是每移到一个地方，他都觉得只有这地方才会陷，别的地方不陷，又胡乱地奔了一气，看到一棵大树，猛地一跃，抓住树枝，谁知抓着的树枝承受不了他的重量，断了，他重重地摔到地面上，爬起来，一瘸一拐地往家里走去。

远远看见自己那间破屋，他眉头紧皱，如果待在家里，地陷了，怎么办？最佳的办法是房屋要建得像一艘船，地陷了，还能飘在水面，再做几把桨，还能乘风破浪，哈哈，妙主意！可是，他转念又想，要是水面也塌了呢？和房屋一起在无边无际的黑暗中有始无终地坠落，怎么办？想着，他眼睛都不敢睁开，慌得六神无主，回到家里倒头便睡……

弄巧成拙

【释义】原为佛家禅宗用语。本想耍弄聪明，结果却干了蠢事。

【出处】宋·佚名《宣和画谱》。

孙知微是北宋时期一个有名的画家。有一次，成都寿宁寺请他为寺院画一幅《九曜图》。他画好草图以后，因为有事外出，就把弟子们找来，说："这幅画的轮廓我已经画好了，剩下着色的工作，你们几人接着做吧，一定要认真做好。"

老师走了以后，弟子们准备上色，可是，忽然发现图中水星菩萨的侍从童子手中拿的水晶瓶是空的。一个学生说："老师平时画瓶，总要在瓶上画一束鲜艳的插花，这一次可能匆忙当中忘了画上，我们给画上吧。"大家都赞同他的意见，于是，他就在水晶瓶上很用心地画上一枝粉红色的莲花。

第二天，孙知微归来。当他看到水星菩萨的侍从捧的瓶子中居然冒出一朵莲花时，气愤得吼叫起来："《道经》中说，这水星菩萨的水晶瓶不是插花用的，而是用来镇妖伏水的宝贝。瓶中根本就没有什么花草，如果添上花，它就不是神物而是一只普通的花瓶了。你们这是弄巧成拙啊！"

弟子们一个个吓得低下头去。

囫囵吞枣

【释义】囫囵：指完整的东西。吃枣时不加咀嚼，整个吞下去，比喻读书学习不加分析地笼统接受。

【出处】元·白珽《湛渊静语》。

集市上，祠堂边摆着一个水果摊。摊主总是不厌其烦地向顾客们介绍各种水果的特点和功用。

“诸位，请看我这梨，质嫩、色白、味甜；再请看我这枣子，饱满、色鲜、清香。诸位，本摊所卖的全都货真价实，包你合算。”停了会儿，他又指着水果说：“奉劝诸位，最好还是每种水果都买一些。梨子吃多了，对牙齿有好处，但会损伤心脾；枣子多吃了，对心脾有好处，但会损伤牙齿。诸位，最好各种水果都吃一些，这样才能取长补短。”

不少顾客围着摊子纷纷议论，一个说：“说得有理！吃了梨，伤了心脾，让枣子来补；吃了枣子，损了牙齿，让梨子来补。如果样样都吃，那就伤不着我的身体了。”

也有人说：“我看还是不吃为好，吃梨补了牙齿，又被枣子损伤；枣子补了心脾，又被梨子损伤。这样吃不等于白吃吗？”

又有一个顾客说：“可以这么吃：梨，只管咀嚼，不咽下去，那就伤不着我的心脾，还益了我的牙齿；枣子，只管硬吞下去，而不咀嚼，那就伤不着我的牙齿，还补了我的心脾。”

众人听了这番议论，哄堂大笑，打趣地说：“你真是囫囵吞枣呀！”

兵强马壮

【释义】形容部队有战斗力。

【出处】宋·欧阳修《五代史记·安重荣传》。

安重荣的父亲是后唐的振武巡边指挥使。石敬瑭起兵太原，派副将张颖潜入振武，请安重荣举兵协助，共襄大业。他的母亲和哥哥认为此举太冒险，要杀张颖，阻止安重荣叛唐。

安重荣拿不定主意，便跑到花园里，在百步之外的木桩上插一支箭，仰首向天说：“假使石公日后能成为天子，那么我一发就射中目标。”一箭射过去，“啪”的一声，百步外那支箭齐腰折断。安重荣重新在木桩插上另一支箭，又向天祈祷说：“假使我投奔石公后能成为节度使，那么第二箭也不虚发。”弦声响过，第二支箭又被射断。于是定下投奔石敬瑭的决心。

张颖将安重荣带到太原，石敬瑭不久登基，为晋高祖。他封安重荣为成德军节度使。但是，石敬瑭对契丹卑躬屈膝，在契丹主面前自称为“儿皇帝”，安重荣很是愤慨。

吐谷浑一族不堪忍受契丹人的暴虐，从塞外投奔安重荣，契丹主通过晋帝迫使安重荣交出这支人马。安重荣说：“天子难道是天生的？兵强马壮的统帅，都能当天子。”他得到幽州节度使的响应，准备发难，安重荣指着堂下远处旗杆上的龙头，说：“我如能有天下，那么就一箭射中龙口。”果然又一发中的。

安重荣率军向汴京进发，由于前锋叛变，进军受挫，后来安重荣“兵强马壮”的优势尽失，最后安重荣被晋军所杀。

沐猴而冠

【释义】沐猴：猕猴。猕猴戴上帽子装人。形容本质不好，而表面上打扮得很像样。

【出处】汉·司马迁《史记·项羽本纪》。

一只沐猴连蹦带跳来到了大路上，正碰着一个老农挑着担子慢慢走来，猴子赶紧跳进路旁草丛中躲藏起来。等老农走过，它又跳上马路，装出挑担的样子，跟在后面摇来晃去。

到了集市上，老农停下担子，要了一碗面吃起来。猴子钻到桌子底下，见椅子上放着一顶帽子，稀奇得很，就抓起逃到大街上东张西望。这时一位书生头戴帽子，摇着折扇，腋下夹着书，大模大样地踱来。猴子见了，也把帽子戴上，迈着方步扭扭捏捏，来回走动。看见它的人，无不乐得哈哈大笑。

突然，一个小贩挑着桃子，吆喝着，沿街而来。猴子见了，偷偷跃近担子，抓起就吃，吃完，随地乱吐核子，到后来咬一口扔一个。周围的人笑得更欢，猴子看看，也觉得有趣，干脆咬都不咬，抓起一个就朝行人脸上砸去，众人一下子变了脸了，操起棍子，围了过来。猴子慌忙攀上路边的樟树，有意伸下戴着帽子的猴头，“唧唧”地叫了几声，逃之夭夭。

杯水车薪

【释义】用一杯水去救一车柴烧起的火。比喻力小办大事，无济于事。

【出处】战国·孟轲《孟子·告子上》。

有一家药店挂牌开张，一串串鞭炮闪着火光，噼里啪啦地响，突然，一串鞭炮落在干草堆上，顷刻间，浓烟腾起，亮起火光，风助火势，烈焰冲天。药店里账房先生听见“救火”的喊声，也探出头来，看见火堆就在眼前，他二话没说，端起一杯水，拨开众人，冲出门外，对准火焰正旺的地方浇下去，大声说：“没事了，大家自己忙去吧。”可是，只听见“哧”的一声，水没了，而火照样旺盛，而且越烧越猛。

账房先生呆住了。看了一会儿，愤愤不平地斥责道：“这火真不像话，竟然用水都灭不了，真是岂有此理？”转念又想，莫非天道已变，水已不能胜火了？如果真这样，那就不是人力所能做到的。他后退了几步，对大火观望起来。不久，火焰渐渐熄灭，草堆塌成红红的一堆灰烬。

杯弓蛇影

【释义】弓的影子投入到杯中，人以为杯中有蛇。形容因疑虑而引起不必要的紧张和恐慌。

【出处】唐·房玄龄等《晋书·乐广传》。

晋朝时候，有一个叫乐广的人。一次，请一位朋友到家里喝酒。那位朋友很高兴，可是当他端起酒杯一饮而尽的时候，突然看见酒杯里有一条游动着的小蛇，他感到十分厌恶，可是一下子已经把酒喝进肚子里去了。喝完酒他很难受，总觉得肚子里有一条小蛇，因此回到家中就病倒了。

乐广听到朋友生病的消息和病因，心想："酒杯里怎么会有蛇呢？"于是，他就到那天喝酒的地方仔细察看。

原来，在客厅的墙上，挂着一把漆了油彩的弓，弓的影子恰巧落在那位朋友放过酒杯的地方。于是，他就派人请那位朋友再来喝酒，并说保证能治好他的病。那位朋友来了，乐广请他仍旧坐在他上次坐的地方。那位朋友非常不安，端起酒杯往里一看，只见那条小蛇仍然在酒杯里活动！他心情特别紧张，浑身直冒冷汗。

这时，乐广指着墙上的弓，笑着说："你看，这哪里是什么蛇？只不过是墙上那把弓的影子罢了。"说完，他把墙上的弓摘下来，酒杯里的"蛇"果然不见了。那位朋友弄清了真相，消除了疑虑和恐惧，他的病马上就好了。

画蛇添足

【释义】画蛇时给蛇添上脚。比喻多此一举，不但无益，反而有害。

【出处】汉·刘向《战国策·齐策二》。

战国时期，楚怀王派昭阳为将，领兵征讨魏国。一举攻占了魏国八座城池，楚军大胜。但昭阳还想领兵乘胜去攻打齐国。齐王得到消息后，很着急。正巧秦国的使者陈轸出访到齐国，齐王就请他去见昭阳，说服他不要与齐国动武。陈轸见了昭阳后，并不立即说明来意，而是讲了个故事：

楚国有一个人家祭祀祖先，祭祀过后，主人就把祭祀用过的酒赏给办事的人喝，这壶酒如果大家都喝是不够的，但如果给一个人喝，就能喝个痛快。于是有人提议：每个人都在地上画一条蛇，谁第一个画完，这壶酒就归谁。大家同意了，就开始画起来。有一个人画得很快，不一会儿就画好了，他拿过酒壶正准备喝，看看别人都还在慢慢地画，很想显显自己的本事，就左手拿着酒壶，右手继续画蛇，边画边说：“我再给蛇画几只脚也还来得及呢！”谁知，他蛇脚还没画好，另一个人已画好了蛇。那人一把抢过酒壶说：“蛇本没有脚，你怎么能为它添上脚呢？这酒归我了。”说着，就把酒喝了。画蛇添足的人，终究没喝到酒。

陈轸讲完故事后又说：“现在，你为楚国打败了魏军，得了八座城池，还不息兵，而要讨伐齐国。我认为，即使你把齐国打败了，官也不会升得更高了。如果万一打不赢齐国，反而要前功尽弃，那就无异于‘画蛇添足’了。不如趁现在大功已告成，赶快退兵吧。”

昭阳听了陈轸的话，觉得很有道理，就领兵回国了。

苟延残喘

【释义】苟延：勉强延续。残喘：临死前的喘息。比喻暂时勉强生存。

【出处】明·马中锡《东田文集》。

赵简子是春秋时晋国的大臣。有一次，他带着人到中山一带去打猎，射伤了一只狼，狼逃走了，赵简子赶紧驱马追赶。

这时候，正好有一个叫东郭的先生，赶着一条跛脚毛驴，毛驴驮着一口袋书，匆匆往中山去，忽然，一条大狼冲到了他面前，可怜巴巴地乞求道：“先生，您大概有拯救天下万物的志向吧？今天，我遇到了危险，您为什么不让我躲进口袋里，暂且延长一下我垂危的生命呢（苟延残喘）？如果我能躲过这场灾难，我一定重重报答您。”

东郭先生说：“我救了你，就会得罪赵简子，触犯了这个有权有势的人，我会遇到什么灾祸还不能预料，怎么会期望你的报答呢？不过我主张兼爱，即使遇到灾祸也一定要救你的。”说完，东郭先生就取出图书，腾空口袋，把狼慢慢地往里装。他既怕弄伤了狼的头，又怕压着狼的尾巴，装了半天也没装进去，狼见追赶的人已逼近了，恳求说："事情紧急，你就把我捆起来吧。"说着，蜷曲起四条腿，把头凑到尾巴上，像刺猬一样缩起来，任凭东郭先生摆布，东郭先生赶紧把狼捆好，放进口袋。

一会儿，赵简子到了，不见狼的踪迹，就问东郭先生看见狼没有。东郭先生忙说没看见。

赵简子见东郭先生说得很真诚，就掉转车子走了。

等赵简子一行走远了，东郭先生就把狼放了出来，狼活动活动被捆得麻木的四肢，就露出了凶狠的嘴，要吃了东郭先生。幸亏来了个老人，用计谋打死了狼，救了东郭先生。

夜郎自大

【释义】夜郎，古代一个小国名，它的君主自以为它是个大国。比喻闭关自守，孤陋寡闻，妄自尊大。

【出处】汉·班固《汉书·西南夷列传》。

为了寻找一条通往古印度的道路，王然于、柏始昌、吕越人等十几批人马从蜀郡出发，抄小路前往西南夷，经过四年多的时间，他们到达了昆明。滇王热情款待了这批汉朝的使者。

一天，滇王安排了丰盛的酒宴，叫来大臣仆从侯立两旁，自己威风凛凛地坐在当中，大声向使者们介绍滇国的气候地形、物产人口、风土人情，越说越得意，最后手指四方，振振有词道："我大滇国头顶青天，土地辽阔，人口众多，物产丰饶；四周群山环绕，境外只零星散布着几个小小的蛮邦。你们汉国的使者，可在这里多住几天，四处走走，也开开眼界、长长见识。"说完，拖长声调，又问道："你们说，汉国与我国相比，哪个大呢？"使者们个个不屑回答，只微微笑着。

后来，使者们途经小小的夜郎国，也顺便拜见夜郎侯。走进宫殿，只见夜郎侯也高高在上，端坐在一张装饰着各种珠宝美石的椅子上，睁眼斜视使者们，轻举右手示意他们坐下，就怪声怪调地问：

“你们从边远的地方来，可知道夜郎国是世界的中心吗？嗯，看到这里辽阔的土地、繁华的景象，有什么感受呢？啊，你们说说看汉国与我邦相比，哪个大呢？”夜郎侯洋洋得意地提出一连串的问题，却惹得使者们暗笑不已。

郑人买履

【释义】履：鞋子。讽刺那些只相信本本条条而不顾客观实际的教条主义者。

【出处】战国·韩非《韩非子·外储说左》。

郑国有个人想买一双鞋，他不知道自己脚的尺寸，就拿了根草绳依自己脚的大小绞了一段，放在凳子上。他到了集市上，找到鞋铺，这才想起忘了带尺码。

店主是个有经验的人，一见他要买鞋便当即拿出一双，要他试穿，可他却说：“不行不行，我忘了带尺码，怎能买鞋？我得回去取！”

回家一看，尺码果然放在凳上，他拿起草绳，又返身往集市赶。

到了集市，集市已散，那铺子也关了门。他十分气恼，连连怪自己太糊涂，以致误了买鞋。

路人笑问：“你是给谁买鞋呀？”

“我自己。”

“那你为什么不用自己的脚去试鞋，非要去取什么尺码呢？”

那人摇头说：“那怎么行呀，我的脚怎么会有尺码那么准确呢？”

狭路相逢

【释义】道路狭窄，相遇时不易避开。

【出处】宋·苏轼《艾子杂说》。

古时候，营丘地方有个读书人，喜欢跟别人乱争瞎辩，常常把无理变成有理。

有一次，他来到艾子家中，说："艾子，你是个大学问家，你能说说大车的下面和骆驼的脖颈上，总是挂个铃子，这是为什么吗？"

艾子回答说："车子和骆驼的体积都很大，两者如果在夜间狭路相逢，恐怕无法避让，所以挂上铃子，使对方在未相遇时先听到铃声，就可以设法回避。"

那营丘人反问说："宝塔上也挂着铃，难道也是因为夜间走路要设法回避吗？"

艾子回答说："这当然不是，而是另有原因。许多鸟雀都喜欢在高处筑巢，粪便撒得到处都是。塔上挂铃，目的是为了惊散鸟雀，不让鸟雀在塔上筑巢，它怎么能跟车子和骆驼之事类比呢？"

营丘人又争辩说："那么鹞鹰的尾巴上也挂着一个小铃，哪有鸟雀会去鹞鹰的尾巴上筑巢呢？"

艾子听了哈哈大笑，说："你这个人的思路太怪，太不合常理了！鹞鹰尾巴上装有小铃，是因为它出去捉鸟雀时，缚在脚上的绳子容易被树枝缠住。尾巴上装了小铃，它的主人便能循声找到它，怎么能说为防止鸟雀筑巢呢？"

营丘人恍然大有所悟，说："唔！我懂了！我见到过大出丧，队伍前面的人手中摇着铃，嘴里唱着歌，过去我不知道这是为什么，现在才知道是为了怕被树枝绊住脚，但不知缚在那摇铃的人脚上的绳子是皮绳，还是麻绳？"

这时，艾子实在忍不住了，恼怒地讥刺他说："你胡扯些什么！那摇铃的人是给死者开路的，因为死者生前喜欢和人睹争，所以摇摇铃，让那喜欢睹争的死人开心一点罢了。"

蚍蜉撼树

【释义】 小小的蚂蚁，想摇动大树，太自不量力了。比喻狂妄无知，自不量力，竟然想动摇伟大的事业。

【出处】唐·韩愈《调张籍》。

李白、杜甫刚去世几十年，有些人对于这两位伟大诗人的作品妄加诋毁，大文学家韩愈对此很不满意，就写了一首诗给他很亲近的一位朋友张籍。张籍是一位有名的诗人，也很崇拜杜甫。韩愈诗的开头几句这样写道：

李杜文章在，
光焰万丈长。
不知群儿愚，
那用故谤伤。
蚍蜉撼大树，
可笑不自量！

韩愈在这首诗里，用“蚍蜉撼大树”，来比喻那些狂妄可笑的“群儿”（幼稚的人们），他们企图谤伤李杜，是多么的不自量力！

“光焰万丈”或“光芒万丈”，也是成语，形容气势雄伟明艳夺目。

掩耳盗铃

【释义】掩住耳朵偷铃，以为自己听不见，别人也就听不见了。比喻自己欺骗自己。

【出处】战国·吕不韦《吕氏春秋·自知》。

春秋末期，晋国范吉射逃离了晋国。

一天，有个人到范吉射家里，见到有一口钟，想偷偷地把它背走。但是，钟太笨重了，他根本无法把它背走。后来，终于想出了一个办法：把钟敲碎了，分批拿回去。

于是，他找了一个铁锤，用力去敲钟。“当——”第一下敲上去，钟就发出洪亮悠长的响声；再敲下去，钟发出同样的响声。他想：“钟声一响，人家就知道我在这里敲钟。这样，钟就要被别人夺走，我也要被人抓住。”于是，他捂住自己的耳朵，这样钟声再响也听不见了，他想既然我离得这么近也听不见，其他人当然更听不见，就可以安全地将钟偷走了。

其实他非常愚蠢可笑，自己欺骗自己。虽然他捂住了耳朵听不见钟声，但别人的耳朵没有被捂住，当然还会听见钟声。

在我国古代，钟和铃都是乐器。后来，人们就把这个故事概括成“掩耳盗铃”这一成语。

得过且过

【释义】且：暂且。没有长远打算，一味地混日子，过一天算一天。

【出处】明·陶宗仪《辍耕录》。

传说从前在五台山有一种奇特的小鸟，名叫寒号鸟。寒号鸟有四只脚，两只肉翅，不会飞行。夏天，它全身长着绚丽丰满的羽毛，鲜艳夺目，使百鸟十分惊羡。这时，寒号鸟得意扬扬，整天找别的鸟比美。

夏去秋来，有些鸟飞向遥远的南方，到那里去过冬；留下的鸟整天辛勤忙碌，积粮造窝，准备过冬。只有寒号鸟仍然游游逛逛，到处炫耀它那身五光十色的羽毛。

到了冬天，别的鸟在秋季都换上了一身又厚又密的羽毛，而寒号鸟的那身漂亮的羽毛脱得光光的。夜晚，全身光秃秃的寒号鸟，躲藏在石缝里，冻得浑身直打哆嗦，它不断地咕噜道：“好冷啊，好冷啊，明天就做窝，明天就做窝。”可是，当寒夜过去，太阳从东方升起，温暖的阳光照耀大地时，寒号鸟却忘记了昨夜的寒冷，忘记了要做窝的决心，它又说道：“得过且过！得过且过！”

寒号鸟始终也没有做窝，就这样一天天地混日子，最后终于冻死了。

得鱼忘筌

【释义】筌：用竹或草编的捕鱼工具。得到鱼就忘了捕鱼的工具。指忘本的意思。

【出处】战国·庄周《庄子·外物》。

渔夫蹲在岸边，把捕鱼的竹器筌投进河里，然后，渔夫拣了块干净的石头坐下来，悠闲地牵着系筌的绳子。

突然，浮标乱动起来，渔夫沉着地往上拉绳，一拉、两拉、三拉，竹筌上来了，只见里面活蹦乱跳着一条红鲢鱼。渔夫手扣住鱼身，取根绳子串过鱼鳃，掂量一下，高兴地拿着鱼，提着筌，回家去。

刚走几步，他觉得又拿鱼又拿筌，都挺沉的，心想：我不是来捕鱼的吗？把鱼拿回家里就是了，还要筌儿做什么呢？于是，他右手向外一扬，筌儿落进河中消失了。

回到家里，妻子笑说："真要谢天谢地！"

渔夫说："应该谢我，主要还是我本领高超。"

妻子接过鱼儿，边看边说："你就爱吹牛。按你这么说，筌儿的功劳就没有了？"这时，她不由得想起了筌儿，忙问："咦？筌儿哪儿去了？"

渔夫得意地回答："嘿嘿，我把它扔了！你看，这么大的鱼儿都捉到了，还要它干吗？"

妻子非常惊讶，说："那你以后怎样捕鱼呢？"

渔夫无言以对，瞪大眼睛，愣在那儿，一动不动。

清规戒律

【释义】清规：佛教为僧尼制定必须遵守的规则。戒律：教徒必须遵守的规则。比喻束缚人的戒条和惯例。

【出处】佚名《佛戒》。

从前有个财主，富有万贯家产，家中是娇妻美妾和仆僮成群，吃的是山珍海味，穿的是绫罗绸缎。他的那群酒肉朋友都羡慕地说他过的简直是神仙的日子。

这财主生财有道，但没读过几天书，缺少知识。

有一天，他那些狐群狗党朋友们又来吃白食，却见财主一脸的愁容，都惊讶地问是怎么回事。那财主哭丧着脸说：“现在我活得很舒坦，可那些佃户们都说我死了以后要下地狱受苦，你们说，可有什么好法子让我死了照样享福？”

一个朋友就说：“听说皈依佛门，就可以得道成佛，死后可以进入极乐世界，你为什么不当个佛门弟子呢？”

财主一听大喜，第二大就携带重金，说是要到山上寺院去。他见到住持方丈，就要求出家当和尚。

方丈神情严肃地说：“国有国法，寺有寺规，你要皈依佛门，除了要举行剃度仪式外，就要努力学习经、律、论三藏，修持戒、定、慧三学，断除尘根烦恼，得道成佛。”

那财主一打听剃度仪式的规矩，已经怕了三分；再打听“戒学”，原来就是“禁制”的意思，共有五戒、十戒、二百五十戒等许多戒律，心里就寒了一半。他硬着头皮又问：“老方丈你先把最基本的‘五戒’给我说说吧。”

老方丈说：“五戒嘛，一曰戒杀生，你可做得到？”

财主忙说：“做得到，做得到。您别看佃户们叫我什么‘剥皮’，什么‘老虎’的，我可连只鸡也不敢杀呀。”

“二戒邪淫！”

财主想起家中花枝招展的妻妾，不禁犹豫起来。

“三戒荤口！”

财主大鱼大肉还嫌不足，如今叫他不碰荤腥，他更受不了了。

“四戒……五戒……”

财主跳了起来：“这么多的清规戒律，怎么吃得消呀！不干了！不干了！宁可死了下地狱，活着还是多享享福要紧！”

他终于没出家，下山去了。

磨砖作镜

【释义】想把砖磨成镜子，显然是行不通的。形容方法不对，费尽力气也达不到目的。

【出处】宋·道原《景德传灯录》。

唐代开元年间，有个叫道一的和尚住在传法院里修行坐禅。

当时的一位高僧怀让禅师看出道一是可成大器的人，但眼下他的修行方法显然不对路。于是，怀让去问道一："大和尚，你成天在此坐禅，图的是什么呢？"

道一说："要想成佛嘛。"

怀让听了不再说什么，转身去拿来一块砖，当着道一的面，在石头上哗哗地磨了起来。道一看了很奇怪，问："老禅师您磨砖头做什么？"

怀让说："我想把它磨成一面镜子。"

道一说："你可真糊涂啊！砖怎能磨成镜子呢？"

怀让回答说："那么，光靠坐禅就能成佛吗？"

揠苗助长

【释义】揠：拔。把苗拔起，以助其生长。比喻违背事物发展规律，强求速成。

【出处】战国·孟轲《孟子·公孙丑上》。

宋国有一个人，嫌他田里的秧苗长得太慢，就到田里用力把每棵苗向上拔高了一些。他认为这样做就可以让秧苗长得快些了。于是他回家以后，就对他的家里人说："啊！我今天干得多么累啊！我已经帮助田里的苗长高起来了。"他的儿子听到了，赶到田里一看，所有的苗都开始枯萎了。

"揠苗助长"这个成语，也可作"拔苗助长"。

滥竽充数

【释义】没有真本事，只是充数而已。

【出处】战国·韩非《韩非子·内储说上》。

战国时，齐宣王非常爱听吹竽（一种簧管乐器），还喜欢讲排场，总要叫三百人一起吹竽给他听。这三百人都有丰厚的俸禄。

当时有个南郭先生，很羡慕吹竽有丰厚的俸禄，可他自己又不会吹竽。于是他心生一计，自我吹嘘是吹竽高手，齐宣王信以为真，把他收编在吹竽的乐队里，并给予他与乐队其他吹竽手一样丰厚的俸禄。

从此，齐宣王听乐队吹竽，南郭先生就混在里面，拿着竽装腔作势地做出吹竽的模样。因为吹竽手很多，乐声又响，他混在里面充数，没人识破他对吹竽一窍不通。南郭先生也扬扬得意，以为真可以混在里面凑个数了。

后来齐宣王死了，他的儿子齐湣王继位。湣王也非常喜欢听吹竽，不过他不喜欢听许多人合奏，而爱一个一个吹给他听。

南郭先生听说齐湣王有这个要求，知道自己再也混不下去了，就赶紧逃之夭夭。

后人根据这个故事，概括成“滥竽充数”的成语。

道听途说

【释义】途：道路。听来的马路消息，没有事实根据。

【出处】宋·苏轼《艾子杂说》。

艾子，是春秋战国时的人。有一次他刚从楚国回到齐国，一个叫毛空的人告诉他说：“有一个人家的鸭子一次生了一百个蛋。”

艾子不相信，问道：“哪有这样的事呢？”

毛空自己想想不对，改口说道：“那么是两只鸭生的蛋。”

艾子还是不相信。

毛空又改口说：“那么是三只鸭生的蛋。”

后来毛空见艾子总是不相信，就一次又一次地把鸭子的数目一直增加到十只。

艾子问他道：“你为什么总是增加鸭子的数目，不减少蛋的数目呢？”

毛空说：“我宁愿增加鸭子的只数，也不减少蛋的数目。”

艾子见他如此固执己见，自己便无话可说。

毛空却接着说：“上个月天上掉下一块肉来，有三十丈长，十丈宽。”

艾子说：“没有这个道理。”

毛空改口说：“那么就是二十丈长。”

艾子还是不相信，毛空又说是十丈长。

艾子忍不住了，问他：“你看见这个世界上有十丈长、十丈宽的大块肉吗？”毛空也觉得这事似乎荒唐，艾子接着又问，“你刚才说鸭子是哪一家的？那块肉又掉在什么地方？”

毛空老老实实地回答道：“我是听别人说的。”

艾子马上转过脸对他的学生们说：“你们可不要像他这样‘道听途说’啊！”

传奇传说篇

一日千里

【释义】一日能行千里，原指速度快，现用以形容进步神速。

【出处】战国·荀况《荀子·修身》。

在一个晴朗的日子，周穆王把朝政交给几个亲信大臣，只带了几个贴身侍卫，坐上由造父驾驶的马车，向西方进发。造父驾着马车行了一程后，猛一松缰绳，口中一声轻呼，那八匹骏马便撒开四蹄欢快地跑了起来。穆王见此情景，不由得露出了满意的笑容。

他们一直跑啊跑，最后来到了昆仑山下的西王母国。西王母国建立在一片绿洲之中，仿佛世外桃源一般。

年轻美貌的女王西王母热情接待了穆王，亲自为他接风洗尘，穆王也送给她许多珍贵礼物，表示答谢。穆王沉浸在欢乐之中。转眼一个月过去了，穆王几乎已经忘了他远在东方的国家。造父见此情景，焦虑万分，多次劝穆王回国，穆王却始终不肯。

一天傍晚，穆王与西王母正在纳凉闲坐，突然，造父带着一个满头大汗的武士送来密封文书。原来，东方的徐堰王知道天子久离镐京，便乘机起兵造反。穆王恍如从睡梦中惊醒，立即命造父备车，启程东归。

造父知道时间刻不容缓，就举起鞭子猛力一抽，八匹骏马顿时撒蹄飞奔。造父施展全身的本领，一日千里地向东飞奔，终于，只用三天三夜便赶回了镐京。

回京后，穆王调兵遣将，亲率精锐部队与徐堰王决战。徐堰王被打得落花流水，自己也死于乱军之中。徐国从此灭亡。

《荀子·修身》有“夫骥一日而千里，驽马十驾，则亦及之矣”。由此而逐步演化为成语“一日千里”。

一人得道，鸡犬升天

【释义】比喻一个人得势，他的关系人也由此得到好处。

【出处】汉·王充《论衡》。

这是一则神话故事。

说的是刘邦的孙子淮南王刘安热衷于炼丹修道，一心梦想得道成仙。有一天，有八位老人来到淮南王府前，要求刘安接见。门吏见他们一个个老态龙钟，就说：“你们八位老得连走路都跌跌撞撞的，对我们王爷有什么用处呢？”

一个老人说：“既然他不喜欢老人，我们就变得年轻一些吧！”

话刚说完，八个老人居然一下子都变成了十四五岁的少年，满头黑发，脸如满月。门吏大吃一惊，赶紧奔进堂去报告刘安。刘安一听，知道来者绝非凡人，连忙出门迎接。

从此，刘安称他们为八公，把他们安排在思仙台中居住，待如上宾。那八公果然神通广大，腾云驾雾，呼风唤雨，点泥成金，无所不能。他们知道刘安一心想得道成仙，就向他传授丹经，并开始为他炼制仙丹灵药。

不料就在刘安一心一意专等仙丹炼成，吞服升天之时，发生了一件事。原来，刘安有个儿子名叫刘迁，平日喜欢舞枪弄棒，自以为剑术超群。他听说郎中（官名）雷被剑术不凡，硬要拉住他与自己比武。雷被无奈，只得奉陪。不想利剑无情，误伤了刘迁。刘迁大怒，不欢而散。雷被害怕刘迁报复，便向淮南王刘安提出请求，派他去抗击匈奴，企图以此避开刘迁，刘安不知原委，没有答应。雷被愈加恐惧，便来了个先发制人，上书朝廷，控告刘安不准他去抗击匈奴。这可是个大罪名，幸亏刘安是当今皇上汉武帝的堂叔，才只被削除两个县的封地完事。

这回，刘安真的恨死了雷被。雷被心想，与其成天担惊受怕，不如一不做二不休，与人联名诬告刘安谋反。这回，汉武帝派人前去捉拿刘安归案。

刘安获悉此事，连忙叫来八公商量对策。八公笑着对刘安说："这是王爷功德圆满，上天要召王爷去了。"然后就让刘安服下已炼制好的灵丹仙药。

顿时间，刘安只觉飘飘忽忽，身轻如燕，跟着八公升天而去。王府庭院中，八公炼丹的药炉还留在那里，四周地上未免散着几颗灵丹仙药，鸡犬们围拢着又啄又舔，结果也都跟着升了天。

以上只是个神话故事。其实，历史上的淮南王刘安是谋反不成后自杀的。

八仙过海，各显神通

【**释义**】比喻各人有各人的办法。

【**出处**】清·李绿园《岐路灯》。

民间传说吕洞宾、铁拐李、韩湘子、蓝采和、张果老、汉钟离、曹国舅、何仙姑这七男一女，都是本领高强的神仙。一日，他们结伴同行，应西王母的邀请，去瑶池赴蟠桃盛会，哪知行至半途，被东海大洋挡住了去路。

此时，吕洞宾提议："各位同道，前面大海挡路，行路艰难，我们各人都拿出一样法宝，丢入海中，方能平安抵达彼岸。"诸位神仙一致赞同。第一个站出来的是蓬首垢面、坦腹跛足的铁拐李。他的法宝是一根铁拐杖。铁拐杖丢入海中，竟化作一叶龙舟，铁拐李站立其上，很快就过了东海。

唐朝著名文学家韩愈的族侄韩湘子也是神通广大，他紧随铁拐李之后，抛出了花篮。说也奇怪，那花篮在海中滴水不漏，平稳如巨船，韩湘子坐于其中也到达了彼岸。

其余神仙也都不甘示弱，个个抛出了自己的法宝。吕洞宾的法宝是箫，吕洞宾骑在箫上，犹如骑在一匹骏马之上；蓝采和的法宝是拍板，汉钟离的法宝是鼓，曹国舅的法宝是玉版，何仙姑的法宝是竹罩，一个个神采飞场地渡过了东海。最奇的是张果老，不慌不忙地从巾箱之中取出一只纸驴，说声“变”，变成一只可爱的小白驴，张果老倒骑于驴背之上，浩渺的东海霎时就通过了。

人面桃花

【释义】 面如桃花，泛指爱慕而不得再见的女子以及由此引出的怅惘心情。

【出处】 唐·孟棨《本事诗·情感》。

唐朝时，年轻书生崔护进京应考。清明节那天，他独自到城南郊外去游玩。走着走着，崔护发现一片住宅掩映在树林之中，十分雅致，便伸手去扣门扉。门应声而开，从门缝里闪出一位漂亮的年轻女子。崔护以口渴为名，讨口水吃，小姐落落大方取茶款待，自己倚在小桃树旁，亭亭玉立，宛如一朵盛开的桃花，美丽极了。崔护望着她，顿时产生一种倾慕之情。其实，小姐对眼前这位眉清目秀的书生也很有好感，只是都不好意思明说。

从此，崔护时常思念那位小姐。到了第二年的清明节，崔护又独自去城南郊外，桃花又是盛开如云，可是主人的院门却紧锁着，不禁有一种凄凉之感，他取出笔墨，在门扉上题了一首题为《游都城南庄》的诗：

去年今日此门中，
人面桃花相映红。
人面不知何处去？
桃花依旧笑春风。

写完怅惘地转身离去。

几天以后，他又去寻访那户人家，刚刚走近宅子，便听见一阵哭声。崔护慌忙扣门进院，询问原委。开门的正是小姐的老父。他知道眼前来的就是崔护，不禁更加伤心地说道：“你这个崔护呀，害死了我的宝贝女儿……”

原来，那小姐是个女才子，能诗能赋，见了崔护的题诗，害上了相思病，日夜想见崔护，以至饭茶不进，绝食而死。

崔护听了这番话，不由得放声恸哭，抱着姑娘的头撕肝裂胆地喊着：“我是崔护呀，我害了你啊……”崔护这一叫喊，竟把小姐喊活了，原来她只是昏厥，并未死去，后来，崔护与小姐结了亲，过上了幸福的生活。

飞短流长

【释义】散布谣言，无中生有地说人坏话。

【出处】清·蒲松龄《聊斋志异·封三娘》。

从前有一个美貌的姑娘，叫范十一娘，出生在一个官宦人家。有一次，她带了婢女去逛庙会，正游玩时，忽然感觉到有人注视着她。她回头一看，见一位和自己年龄相仿的漂亮女子正对她微笑。那女子问：“姐姐莫非是范十一娘吗？”

范十一娘说：“是的。你是谁？”

那女子上前拉着范十一娘的手说：“我叫封三娘，就住在附近，早就听到过你的名字，今天一见，果然名不虚传。”

十一娘又问道：“你怎么一个人来逛庙会，连个陪伴的人也没有？”

三娘说：“我父母早已去世，家中只有一个老奶妈相伴。今天她要看家，所以不能来。”

分手时，两人依依不舍。十一娘邀请她到自己家去。三娘推辞道：“姐姐家是朱门富户，我家贫寒，我到你家去，恐你家人会嫌弃。”

十一娘忙说：“不会的，父母爱我如掌上明珠，我喜欢的人，他们也会喜欢的。”

三娘想了想说："那好吧，我回去和奶妈说一声，过几天我就到你家去看你。"

十一娘回到家里，日夜思念封三娘，等了好几天，也不见她来。重阳节那天，十一娘强打起精神到园中散步。丫鬟在园墙边放了一张躺椅，让她躺在上面观赏园中景致。十一娘刚在椅子坐下，抬头发现有人攀着墙头往这边看，仔细一看，正是自己日思夜想的封三娘，不由得大喜，急忙让丫鬟把她接进园中。

十一娘责怪道："你怎么不讲信用？我想你都想病了。"

三娘流着泪说："我也想你呀！只因我俩家境贫富悬殊，恐人家知道我俩交往，造谣生事，飞短流长，不堪忍受，才迟迟不敢来的呀！"

天衣无缝

【释义】天仙的衣裳没有衣缝。比喻诗文浑然天成，毫无雕琢的痕迹，也比喻事物完美而自然，一点破绽也没有。

【出处】三国·蜀汉·牛峤《灵怪录》。

传说有个名叫郭翰的读书人，一个夏天的夜晚，独自在院子里乘凉。忽然一阵清风拂面而来，顿时香气四溢。郭翰抬头一看，只见一位如花似玉、国色天香的姑娘，正从半空中飘然而至，正好落到了他的面前。郭翰一问，原来她是牛郎的妻子织女，织布织累了，到人间来解解闷。

郭翰被织女的服装吸引住了。这身衣裳色彩斑斓，闪烁不定。最令人叫绝的是，整套衣裳浑然一体，竟看不出一丝儿针缝。郭翰不禁纳闷：这衣服是怎么裁剪，又怎么做出来的呢？什么人有这么好的手艺？

织女仿佛看出了郭翰的心事，说："这是天衣，天衣和你们人间穿的衣服可不一样，从来不用剪刀裁，也不用针线缝，当然找不到严丝合缝的地方啰（天衣无缝）。"

郭翰第二天将奇遇告诉了左邻右舍，人们不禁个个称奇。

天女散花

【释义】原是说佛经故事里的天女以散花的方式来测试诸菩萨和弟子的道行。后多借来形容大雪纷飞或绚丽纷呈的景象。

【出处】佚名《维摩诘经·观众生品》。

传说，天国里有一个漂亮聪明的少女，大家称她天女。有一天，她漫步在云层的上端，忽然听见浮云下面有一行人在说话，走近一看，原来是佛教的传播者维摩居士在向众人布道、宣扬佛法。他的旁边有佛祖释迦牟尼的大弟子文殊菩萨和普贤菩萨。其余的弟子们都簇拥着维摩居士，不时地插嘴发问。天女想，这么多人在听维摩讲经，我不妨测试一下，看他们道行如何。

于是天女便飞到天国的花园里，摘了些天花来。她顺手撸下天花的花瓣，揣在衣兜里，待靠近他们一群人时，便把花瓣朝众人身上撒去。佛教有个规矩，修行时必定要六根清净，如果在人世间的各种欲望还未斩断的话，就算没有修到正果，必须继续修炼。天花花瓣撒落在人身上，如果经过人身而飘洒开去，就说明这人一心向着佛祖，有道行；如果花瓣附身，粘住不飞，那就说明这人佛心不坚定。

大家突然看见天上飘落大把大把的花瓣，都不知是怎么一回事，纷纷抬头向上看去。经天女一折腾，果然那一大群能说会道的弟子们身上全粘满了五颜六色的花瓣，唯有文殊和普贤身上却清清爽爽，连花粉都不曾沾衣上。只有维摩居士明白其中的底细，他不动声色地微笑着。这时天女现了身形，并说明了原因，那一群大弟子听后都感到很难为情。维摩出来打圆场了，他说："普贤和文殊跟着佛祖释迦牟尼修炼了多少年，才达到这个地步，你们大家要努力才对呀！"大家都点头称是。

此故事出自《维摩诘经·观众生品》，原文是："时维摩诘室有一天女，见诸大人闻所说法，便现其身，即以天花散诸菩萨大弟子上。花至诸菩萨皆堕落，至大弟子便著不堕。”

五世其昌

【释义】表示后代昌盛的意思。常用作祝颂新婚之词。

【出处】春秋·左丘明《左传·庄公二十二年》。

春秋时，陈国内乱，太子御寇被杀，公子敬仲逃到齐国。齐大夫懿仲想把女儿嫁给敬仲，妻子占卜后说：“这事很吉利，叫做‘凤凰飞翔，和鸣声清脆嘹亮’。陈的后人将生长在齐国，到第五代时要昌盛（五世其昌），地位和正卿一样高。”

在敬仲年少时，周太史拿着《周易》来为他占卜，占到“风地观”卦变成“天地否”卦，周太史解释说：“这叫做‘到其他国家去成为王者的上宾’。这个人将代替陈而享有国家吧！不是在陈国，而是其他国家；不在这个人本身，而在他的子孙。光，是从别处耀来的。坤为土，巽为风，乾为天。风起于天而运行于地上，这就是山。有了山上的物产又有天光照耀，这就使他扎根在地上。所以说‘到其他国家去成为王者的上宾’，庭中的礼物陈列了上百件，又进奉了玉器和束帛，天地间美好的物件都具备了，所以说‘利于做君王的上宾’。还有等着观看的，所以说‘他的昌盛在后代’。如果在别的国家，一定是姜姓的国家。姜姓是太岳的后代，山岳高大足以配天，但事物不可能两者一般大。陈国衰亡后，姜姓之国就要昌盛了。”后来，果然如卜辞说的那样，等到陈国首次被楚国灭亡，敬仲的第五世孙陈桓子开始在齐国做大官。陈国后来再次被楚国灭亡，敬仲的第八世孙陈成子便取得了齐国政权。

切肤之痛

【释义】亲自经历的痛苦。比喻感受极为深切。

【出处】清·蒲松龄《聊斋志异》。

朱生丧偶，见邻人之妻貌美，就与媒人戏说要去求婚，媒人也就势戏说：“请杀其男子。”朱生说：“好吧！”这本都是玩笑话，谁知数日后，邻人出去讨债归来时果然被杀于荒野。

邑令却疑那人为朱生所杀，但朱坚不承认。邑令又严刑拷问那妇人，朱生因怜妇人只好承认说：“是我杀的！我犯了杀人之罪，有血衣为证。”于是被押回家取血衣。朱对母亲说：“给血衣也死，不给也死，迟给不如早给。”母亲流着泪入里间，不一会儿果然把血衣托出来了。朱生于是被判为死刑。

一天，忽然有人直上公堂承认自己是凶手，他供说：知道被害者讨债归来，必有钱在身上，就把他杀了。听说朱生招认了，开始暗自庆幸，后来为良心责备，就入公堂投案。

邑令又问朱生：“血衣由哪来的？”

朱说不知道。又问其母，其母答：“儿急要血衣时，我入里间割臂所染。”当场检查她左臂刀痕仍在，于是朱生免死。一年后，邻母欲嫁其妇，妇人觉得朱生有情义，就嫁给了他。

蒲松龄在文末感叹：由此知地狱中有无数冤魂，其中无辜受牵连者往往奸民少、良民多。他们受万罪于公门，皆属切肤之痛。愿为官者每审案时略一追问，该放走的放走，不该放走的除去，只需一挥笔一动腕之间，就可保全多少身家性命啊！

见怪不怪

【释义】见到怪异的事物应镇静对待，不要大惊小怪。

【出处】宋·洪迈《夷坚三志已》。

宋朝时，有个名叫姜七的人，开了一家旅店。一年春天，姜七常常听到后园那边传来悲切的哭声，但到那里去张望，又一无所见。次数多了，他也不以为然。

过了两个月，有五个客商来到他店里居住。当天深夜，五个客商都听到了悲切的哭声。到了后园循声看到一头老母猪在流泪哭泣，便问道:“你这畜生,为何半夜里在此作怪?”

那老母猪竟口吐人言道:“我本是姜七的祖母啊!生前以养母猪为业,等产下猪仔后便卖掉,一年卖掉的多达数百头,靠此撑起家业。我死后受到惩罚,投生为猪,如今真是懊悔,所以痛哭。”

第二天一早,客商们把这件奇事告诉了姜七,并规劝他好生养那头老母猪。姜七不以为然地说:“畜生的话怎能相信?两月前我就觉察到这件怪事。见到怪异后不惊怪,这个怪便会自己消失(见怪不怪,其怪自坏),你们不必大惊小怪。”

过了两天,姜七忽然患病。他怀疑是那头老母猪在作怪,便叫屠夫把它宰了卖掉。不料,姜七的病越生越重,到了不可救药的程度。临死时,他发出被屠宰杀时一样的惨叫声。

长门买赋

【释义】此典故形容妇女失宠,心境苦闷忧郁。或用“千金赋”、“卖赋千金”称誉文章美妙、价值很高。

【出处】汉·班固《汉书·外戚传》。

汉武帝小时候,很喜欢姑母的女儿阿娇,并说若得她做媳妇,要造金屋给她住。后来汉武帝果然与阿娇成婚,立阿娇为陈皇后。

后来武帝又宠爱卫夫人,陈皇后非常嫉恨。有一段时间,卫夫人经常生病,有几次还差点死掉。汉武帝细查原因,发现陈皇后因为嫉妒卫夫人,在后宫中请女巫施行巫术。武帝大怒,将陈皇后贬于长门宫。

陈皇后贬居长门宫后,非常孤寂痛苦。她回想起当年汉武帝“金屋藏娇”的许诺,觉得也许还可以使武帝回心转意。她听说蜀郡有一个才子叫司马相如,是天下写文章的妙手,就派人给司马相如送去黄金百斤,请他为自己写一篇文章来打动汉武帝。司马相如果然为她写了一篇《长门赋》,赋中诉说了陈皇后居长门宫后的悲哀与愁苦,以及她对汉武帝的思念之情。文辞美妙,婉曲动人。

汉武帝读了司马相如写的《长门赋》，很受感动，于是赦免了陈皇后，与她和好如初。

双燕传书

【释义】表示传递消息。

【出处】五代·后周·王仁裕《开元天宝遗事·传书燕》。

唐朝时，长安有个少妇叫绍兰，丈夫任宗去荆州做买卖。久出未归，音信杳无，绍兰日夜在思念中悲伤地过着日子。

一天，她正倚门遥盼，看见梁上啁啾嬉戏着一双燕子，翩然飞来停息，情深意长，不禁喃喃地说："燕子啊！我听说你们从南海而来，往返必经荆州；我夫君去那儿已经几年了，烦你捎信给他，行吗？"只见一只燕子绕着她飞了一圈，停在她的膝盖上。绍兰悲情泉涌，在一块丝帛上题下了一首诗，然后把它卷在燕子的腿上，用红绳系好，双手捧起燕子。燕子腾身而出，双双绕屋梁转了三圈，往南飞去。那时，任宗正客居荆州，忙着做生意。一天，他见一双燕子在他头上盘旋飞鸣，久久不肯离去。只见一只燕子打了一个旋，停在他的肩膀上。任宗托起这只燕子，发现脚上捆着巾帛，就解了下来，一行熟悉的字迹扑入眼帘：

我婿去重湖，临窗泣血书。
殷勤凭燕翼，寄与薄情夫。

任宗读着这悲恋凝聚的诗篇，潸然泪下。燕子鸣叫几声，又飞去了。任宗归心似箭，加紧办货，就打点行装回家了。

乌白马角

【释义】乌鸦变白，马头长角。比喻不可能出现的事，或难以实现的理想。

【出处】汉·佚名《燕丹子·卷上》。

战国末年，燕王想和秦国结盟，对付赵国，就派太子丹前往秦国，作为人质。可是，秦国不讲信用，反而跟赵国联合。燕太子不愿再留在秦国当人质，向秦王要求让他回国。

秦王听了，冷冷地说："等乌鸦的头变白，马长出角来，到那时你就可以回国了。"

燕太子丹愤恨地回到自己的住处，看一看庭院里树上的乌鸦、马房里的马，对着天空长叹说："老天爷！让我回燕国吧。"据说奇怪的事情顿时发生了，树上乌鸦的头真的变白了，马房里的马真的长出角来了。

太子丹喜出望外，马上去报告了秦王。秦王不相信，派人到燕太子丹的住处一看，果真不假。秦王只好答应放燕太子丹回国。秦王虽然答应了，但还不甘心让燕太子丹走。于是，他又在燕太子丹经过的桥上装上机关，人马过桥，桥会自动陷落。哪知道燕太子丹过桥时，机关失灵，没有陷落。

秦王又命边境守关人员，不准放燕太子丹过关。燕太子丹在晚间到了关口，关门还没有开。他就假装鸡鸣，附近的雄鸡也跟着啼叫起来。守关人员以为天亮了，打开了关门。燕太子丹换了一身破衣，乔装打扮，乘黑夜中混过关口，逃回燕国。

水中捞月

【释义】比喻白花力气，去做无法做到的事。

【出处】元·杨景贤《刘行首》。

相传，道教祖师王重阳得道成仙后，奉法旨云游四方，点化他人成道。

一天夜晚，王重阳来到西安府城外的北邙山下，在山间的松树下闭目养神，朦胧间听到歌声，王重阳一看，原来是个女鬼。

这女鬼看见王重阳，知道遇上了真人，求他超度自己的鬼魂。王重阳要她先下到人间，托生为女子，还了五世宿债，二十年后，会有一个扎三角丫髻的马真人超度她，于是命人领着女鬼托生到汴梁刘家，名叫刘倩娇。

二十年后，刘倩娇出落得亭亭玉立，吹弹歌舞，吟诗作对，样样通晓，是汴梁有名的歌妓。一年重阳节，官府饮酒作乐，派人请刘倩娇去助兴。

刘倩娇打扮一番，便往官府去，走到小巷子里迷了路，正好见一身穿百衲袍、头上扎三角丫髻的道士走来，便上去问路，道士看着她，笑着说："正好撞上二十年前还魂的故交了。"

刘倩娇好生奇怪："我二十一岁，怎么是你二十年前的故交？"

原来，道士就是王重阳的弟子马丹阳，他奉师父之命来到人间寻那二十年前的女鬼。他要刘倩娇脱离凡尘，跟他回头归于正道，谁知刘倩娇已根本不记得前世的事，她对马丹阳说："我正值青春妙龄，生活得好不舒服。跟你出家，有什么好处？"于是，央求马丹阳放她走，不要误了官府的事。

马丹阳见她执迷不悟，急得直跺脚："这个不回头的刘大姐，我要度你啊，就像沙里面淘金，金石中取火，水中捞月，难啊！"

那时，刘倩娇正要嫁给林员外做外室。马丹阳知道刘倩娇迷恋红尘，凡心太重，便索性追到她家里去点化她。但她不理睬马丹阳的纠缠，在一边打起瞌睡来。

马丹阳见她在瞌睡，心生一计，将二十年前托生的前前后后，托梦给刘倩娇，劝刘跟马祖师回头，刘倩娇终于有所醒悟，答应跟马丹阳出家修道。

后来，刘倩娇摆脱林员外的阻拦，脱下红裙，穿上布衣，不再依恋凡尘，跟着马丹阳取了长生诀，见众神仙去了。

巧夺天工

【释义】天工：指自然形成的。精巧的程度超过天然。比喻技艺高超巧妙。

【出处】元·赵孟頫《赠放烟火者》。

三国时，魏国第一代皇帝曹丕的皇后甄氏原是袁绍之子袁熙的妻子。因生得美貌，曹丕当皇帝之前把她掳得为妻，后来，她被封皇后时，已经四十岁了，为了使曹丕长久地宠幸自己，每天早晨都要花许多时间打扮。

据说在她宫室前的庭院中，有一条长得非常美丽的绿色的蛇，它嘴里时常含一颗红珠。每当甄皇后梳妆打扮的时候，它就在她面前盘成奇巧的形状。甄皇后后来注意到，这蛇每天盘出的形状，从来不重复。于是，她就模仿它的形状梳头。

时间久了，甄皇后的头发虽然是用人工梳成的，但它的精致可谓巧夺天工。当然，她每天的头发形状也是不同的，后宫的人都称它为“灵蛇髻”。曹丕见了后，觉得她仍然非常年轻漂亮，还是对她十分宠爱。

但是，随着年华的消逝，即使再精致巧妙的梳妆，也无法改变甄皇后失宠的命运。年轻的郭皇后终于替代了她的地位。而她由于对此不满，惹怒了曹丕，最后被他下诏赐死。

此成语出自《赠放烟火者》：“人间巧艺夺天工，炼药燃灯清昼同。”

龙泉太阿

【释义】龙泉、太阿：宝剑名。比喻有才能的人总会有所表现。

【出处】唐·房玄龄等《晋书·张华传》。

雷焕与太守张华一起登楼观看天象，发现北斗星、牛郎星有紫气（祥瑞之气）。雷焕断定这是宝剑的精气贯通天上的缘故，表明与斗、牛星座对应的南昌丰城县可能埋有宝剑。张华忙任命雷焕为丰城县令，秘密寻找宝剑。

雷焕一到任，就挖开了一座监狱的地基，终于在地下四丈深的地方找到一个光滑明亮的石匣；打开匣盖，只觉一股寒气逼人而来，匣底并排放着两把剑，剑柄上刻有剑名，一把名叫龙泉，一把名叫太阿。

那天晚上斗、牛之间紫气顿消。雷焕取来沙土擦剑，才擦两下，宝剑焕然一新；他又把剑放在水上清洗，剑面变得更加明亮耀人。他忙派人送一把给张华。张华爱不释手，写信给雷焕说："我详细读过剑上镌刻的文字，弄清楚你给我的这把剑是干将，还有一把莫邪的剑怎么不送来？天生的一对神物不能分离。"不料还没等雷焕送去莫邪，张华就被人杀害了。从此，干将也下落不明了。

雷焕去世后，儿子雷华担任州中佐吏。一次，他佩着莫邪到外地办事，走到延平津（水名，在今福建南平市东）时，忽然宝剑从腰间一跃而出，坠入河中。雷华马上派人潜进水中，却找不到剑了。渐渐地，只见水里有两条龙，各有几丈长，身呈文彩，相互盘绕。不一会儿，原本光彩照人的水面，也好像沸腾起来了。雷华嘴上不说，心里明白这是莫邪遇上了干将，化成双龙，即将翔腾寰宇了。

头破血流

【释义】形容遭到惨败或受到严重打击的狼狈相。

【出处】明·吴承恩《西游记》第四十四回。

唐三藏、悟空、八戒、沙僧，缓马而行，见有一群和尚正打着号子把满载着砖瓦木料的车子往极高的陡坡上拉。不一会儿，来了两个道士，和尚见了便加倍卖力地干活。悟空上前对道士说："我有个叔父自幼削发为僧，想必在这里。"

道士说："你去沙滩上查看，哪个是你叔父就放他回去。"

行者来沙滩上，和尚们见了忙磕头。行者说："别怕！我不是道士也不是监工，是寻亲的。"

和尚听说来寻亲，个个出头露面，巴不得被认作亲戚放回去。结果没有认到叔父，行者回去见了道士却说："这五百和尚都与我有亲。其中一百是左邻、一百是右舍、一百是父党、一百是母党，另一百是我的契交，你把这五百人放了。”

道士说：“那些和尚是国王御赐，若放一二名还得在师父处递了病状，然后补个死状才成，怎么说都放的话？”

行者见道士不放和尚，便从耳朵里把铁棒取出，迎风捻了捻、晃了晃，越晃越粗、越长。猛然照道士脸上一刮，打得那道士头破血流身倒地，皮开颈折脑浆倾！众和尚见此情景慌了手脚，连声喊：“不好啦，不好啦！打杀皇亲了。”

行者说：“我是大唐圣僧徒弟悟空，我是来救你们的性命的。”说着，五百和尚东的东、西的西散去了。

圯上老人

【释义】 圯：桥。指桥上的老人。比喻人们仰慕的长者，用于尊敬长者。

【出处】 汉·司马迁《史记·留侯世家》。

张良是刘邦的重要谋士，为刘邦夺取天下作出了很大贡献。据说，张良之所以能干出一番事业，全靠“圯上老人”赐给他的一部兵书。

张良年轻时，一次在下邳的一座桥上散步，无意中碰到了一位身穿粗布衣服的长者，这长者不知为什么把自己穿的鞋丢到桥下，并要张良下桥给他拾上来。张良强压火气，下桥给他把鞋拾上来。可是那长者又伸出两脚，要张良给他把鞋穿到脚上，张良于是又长跪于地，为那长者穿鞋。末了，长者长笑而去，但没走多远又返回来，对张良说：“你这个小孩子还可以教育，五天后的黎明，到这里来见我！”

五天后，张良在黎明准时到了桥上，但那老人早已站立桥头多时，他见到张良就说：“与老人约会，为什么后到？”并要他再过五天后来。第二次，张良早早起来，在鸡叫时辰就到了桥上，但还是落到了那长者的后边。第三次，张良不到半夜就来到桥上，不一会儿，那长者也来到了桥上。这次，他一见张良就高兴地说："理当如此！"然后将一部《太公兵法》送交给张良，并说十年后他可以辅佐帝王成就帝业。这位长者就是"圯上老人"，即"黄石公"。

回禄之灾

【释义】回禄：传说中的火神名。指遭受火灾之意。

【出处】唐·柳宗元《贺进士王参元失火书》。

传说，远古时代颛顼的孙子名黎，在颛顼之后帝喾即位时期，当过"火正"（管火的官）。因为他为人正大光明，所以大家叫他"祝融"（祝：正大；融：光明）。祝融死后，他的弟弟吴回继任为"火正"。后来，祝融的儿子陆终也当了火官。他们为人都像祝融一样正大光明，也都忠于职守，人们就把这兄弟、父子三个奉为火神。

后来，人们还因此把"祝融"、"回禄"作为火的代名词。"回禄"是吴回、陆终的合称，其实应作"回陆"才是。然而不知怎么错写成了"回禄"，而且早已习惯了。例如把火灾叫做"回禄之灾"，或者说是"惨遭回禄"。唐朝柳宗元《贺进士王参元失火书》中说："你的家虽然不幸被火烧光了，但是某些人对你的猜疑倒也从此消除。因为这一来足以证明你原来并没有什么积蓄，你是清白不污的。'是祝融、回禄之相吾子也（这是祝融、回禄帮了你的忙啊）'！"

朱衣点头

【释义】古代考官穿朱衣，指穿朱衣的人点头了。形容考试中选或被考官看中。

【出处】明·陈耀文《天中记》。

宋仁宗嘉 年间，有一次，欧阳修和韩子华等一起主持礼部的考试。考毕，欧阳修便和韩子华等在一起，夜以继日地阅卷。阅着阅着，欧阳修似乎觉得身后有个穿红衣的老人在点头表示赞赏。仔细一看，是一篇能够入选的佳作，不由击节称好。

令人奇怪的是，他连续阅到的几份佳作时，似乎都觉得身后有个红衣老人在点头。他起先以为有个侍吏站在身后，但他回头看去，却没有侍吏的身影。

欧阳修为了弄清究竟是怎么回事，悄悄取来一面铜镜，放在自己的案头。一天，当他又发现一篇佳作时，急忙朝镜中望去，只见镜中果然有一个朱衣老人在点头，但他回身望去，却仍杳无人影。

欧阳修把此情况告诉一起阅卷的同僚，同僚们怀疑有神相助。

这次发榜时，后来也名列“唐宋八大家”的苏轼、苏辙以及曾巩等文学青年都名列前茅。

牝牡骊黄

【释义】 牝：雌性的鸟兽，跟“牡”相对。骊：黑色。黄：黄色。观察事物要注重其本质，而不是表面现象。后比喻事物的表面现象。

【出处】 战国·列御寇《列子·说符》。

秦穆公有一位天下闻名的相马专家，名叫孙阳，人称伯乐。他替秦穆公寻得不少千里马。有一次，秦穆公对伯乐说：“你年纪大了，你家的后代中有能继任你工作的吗？”

伯乐回答说：“我的儿子都不是高才，但是，我有个朋友，名叫九方皋，识别马的本领不亚于我。”

秦穆公召见了九方皋，请他去寻求千里马。三个月以后，九方皋回来了，报告说：“我已经找到良马了。”秦穆公问是什么样的马，九方皋回答说：“牝而黄（黄色的母马）。”

秦穆公派人去买，买回来一看，却是匹黑色的公马（牡而骊）。秦穆公很不高兴，把伯乐找来，责备说：“你怎么把一个呆子推荐给我呢？他连马的毛色与公母都分不清！”

伯乐弄清原委，赞叹道：“这正是九方皋胜过我的地方啊！他看马只看马的风骨品格，忘了马的表面；只看他需要看的，不看他不需要看的。九方皋看马的水平，是多么高啊！像九方皋这样观察事物的方法，实在有比相马更重大的意义！”

秦穆公又叫人把那匹马牵到殿上。伯乐一验看，九方皋相中的果然是一匹天下难得的千里马。

扶摇直上

【释义】扶摇：急剧盘旋而上的大风。原形容旋风盘旋而上的样子。现多用来形容迅速上升。

【出处】战国·庄周《庄子·逍遥游》。

在荒凉的北方，有一片大海，名叫冥海，海里生活着一种大鱼，名叫鲲。它背有几千里宽，至于它到底有多长，就没人弄得清楚了。鲲久居冥海，感到厌倦了，很想到遥远的南方去看看。可是冥海不与南海相通，无法游过去。于是，鲲就每天练习跃出水面，同时像鸟扇动翅膀那样拼命摇动背鳍和腹鳍，久而久之，变成了一种名叫鹏的大鸟。这鹏也是巨大无比，它站在那儿，就像是高耸入云的泰山；巨大的双翅张开来就像是垂挂在天边的云彩。大鹏轻轻地扇动双翅，大地便立刻刮起了阵阵狂风。大鹏的翅膀强劲有力，越扇越快，地面上顿时飞沙走石，一股强劲的旋风拔地而起，像羊角一样旋转着扶摇直上。大鹏凭借着这股强劲的旋风，直冲云霄，飞上九万里高空。

冥海边的荒滩上生长着许多刺蓬，刺蓬间生活着一种鸟名叫斥鴳。这天斥鴳正在草蓬间睡觉，忽然被呼啸的狂风惊醒，只见沙石蔽空、树木狂舞，吓得赶紧伏在地上，一动也不敢动。一会儿，风声渐小，它悄悄伸头一看，正好看见背负青天、奋力南飞的大鹏，不由得笑道：“我以为是天发怒了，原来是大鹏鸟起飞呀，咳，这儿有吃有喝，不是挺好嘛，它究竟想飞到哪儿去呢？”小小的斥鴳怎么知道大鹏的远大志向呢？

巫山云雨

【释义】原指古代神话里巫山神女兴云降雨之事。后比喻男女爱情。

【出处】战国·宋玉《高唐赋》。

楚怀王心情抑郁，茶饭无心。一天，正碰上好天气，他叫身边的侍臣备好车驾，说要出门看看风景。

四匹白马拉着一辆彩饰的马车跑上了林荫小道。怀王看着车窗外向后飞驰而去的山水田野美景，连日来的不快心情渐渐消逝了。马车转过山脚，眼前顿时出现浩渺的云梦泽，怀王高兴极了，弃车乘船，往湖心而去。

云梦泽非常幽静，到了湖心，怀王登上了建在那儿的高唐观。他环顾四周，心旷神怡，不禁把酒临风独酌起来。几杯下去后，他感到一阵倦意，便和衣在床榻上睡了。

他做了个梦，梦见一位美丽的女子从走廊外飘了进来，深情地看着他，流露出无限的倾慕。过了会儿，只听得女子朗朗说："我是巫山的神女，听说大王游赏高唐观，特意来这里相见，献上我真诚的爱。"两人执手相看，深情缱绻。临末了，神女告辞说："我住在巫山南面险峻的丘冈上。早晨，我是飘在天边的云彩；晚上，我是洒在行道上的清雨（巫山云雨），朝朝暮暮，您都能在阳台山下见到我。大王，愿我们常能相聚。"话音刚落，怀王一晃身就醒了过来，梦中的景象还历历在目。

第二天早晨，怀王一起床就跑到阳台山下。抬眼望去，葱郁的山峰绕着一段彩云，一会儿耸然直上，一会儿飘如巾带，恍惚不定，千变万化。怀王痴痴地看了会儿，命人在这儿建造女神祠，从此称那云叫朝云。

返老还童

【释义】原为道家语，指却老术。后用以形容老年人恢复青春。

【出处】晋·葛洪《神仙传》。

相传汉朝时候的淮南王刘安专好求仙学道。他昼思夜想，到处寻问，不知哪里有长生不老之术。由于他求仙心诚，一天，果然来了八个老翁请求拜见他。来者声称有使人延缓衰老、防止早衰或能促使生命逆转使人返老还童的却老术，愿当面奉献给他。刘安一看他们均已老态龙钟，哪里还会有什么却老术啊！这分明是骗局。一气之下就叫人把他们赶走了。八老翁听说淮南王嫌他们太老了而不相信却老术是真的，就说，好吧，等着瞧吧，看看我人在变，变！变！说着说着就真的“返老而为少”，变成儿童了。

历史上确实有淮南王其人，但上面的故事则是神话传说。

补天浴日

【释义】比喻人类征服大自然的意志，也比喻人的功劳极大。

【出处】汉·刘向《淮南子·览冥训》、佚名《山海经·大荒南经》。

传说远古时候，天的西北角塌了下来，地的东南面又陷了下去，整个大地要么是洪水滔滔，一片汪洋；要么是大火蔓延，熊熊不息。眼看着人类无法生存下去，濒临灭绝的边缘了。

女神女娲决心拯救人类。这女娲神人头蛇身，一天可以有七十种变化，神通广大。据说，人类就是女娲在众神的帮助下造出来的。她炼成了五彩的石子来补塌下的苍天，砍下作恶的大鳖的四条腿撑住了天的四个角，杀死了兴风作浪的黑龙，用很多芦灰来阻止洪水。于是水退了，大火熄了，天朗气清，人民得救了。

还有一个神话，是说东海之外、甘水之间，有一个羲和国，国君叫帝俊，他的妻子就是羲和。这羲和就是太阳神，她生养了十个太阳，在一个叫“甘渊”的大湖里给她的太阳儿子洗澡，常常搅海翻波，湖中彩虹斑斓，美不胜收。

后人根据以上的两个神话故事，提炼出“补天浴日”的成语。

画龙点睛

【释义】把龙整个画好后，再点上眼睛。比喻说话做文章，在关键地方用一两句话点明要旨，使内容更加生动有力。泛指办事要突出重点。

【出处】唐·张彦远《历代名画记》。

南朝梁代，有一位名画家叫张僧繇，擅长画山水佛像，刻画勾勒，十分传神。某一次，他给金陵安乐寺作壁画，画了四条龙，活灵活现，但都不画眼睛。观画的人不知这是什么用意，便去询问究竟。他认真地说："如果添上眼睛，它们都会飞走，这样，我岂不是白画了？"

许多人都以为张僧繇是空口说大话，听了他的解释，露出一脸的不相信。没法，他只得重研彩墨，挥笔点睛。刚点完第二条，忽然天上电光闪闪，雷声大作，观画的人吓得四散躲避，待围拢来再看时，只见墙上只留下两条未及点睛的龙，另外两条，已在雷电交加中腾空而去了。

此成语出自《历代名画记》，原文是："金陵安乐寺四白龙，不点眼睛。每云：'点睛即飞去。'"这自然是个传说，是用一种夸张的手法，来赞扬张僧繇绘画才能的杰出。不过由这段传说，却产生了"画龙点睛"这一成语。

金屋藏娇

【释义】娇：原指汉武帝之表姐阿娇，后泛指美貌女子。比喻男子秘密纳妾。

【出处】汉·班固《汉武故事》。

西汉时，武帝刘彻的姑母、馆陶长公主刘嫖嫁给陈婴之孙，生了一个女儿小名叫阿娇，阿娇长得活泼可爱，亲友们都非常喜欢她。

那时，刘彻也才几岁大，一天到姑母家玩，长公主很喜欢这个聪明的侄子，便把他抱到自己膝盖上，逗他说："儿呵，你要不要媳妇？”说着，指着身边侍立的一个女子：“要她做你的妻子吗？”刘彻说：“不要。”

长公主身边侍奉的人有一大堆，公主一个个指过去问刘彻，刘彻把头摇得跟拨浪鼓似的，都说不要。最后，公主指着阿娇问要不要，刘彻马上笑着说：“如果娶到阿娇做媳妇，我就造最漂亮的房子给她住（金屋藏娇）。”

长大后，刘彻果然娶阿娇为妻，并册封为皇后。

虎口余生

【释义】从老虎口中剩下生命，形容侥幸地度过难关，得以生存。

【出处】元·脱脱等《宋史》。

宋朝年间，浙江湖州西山下住着一个名叫朱泰的年轻人。

冬天，一个寒冷的早晨，朱泰拿起斧子，准备上山砍柴卖钱，但母亲见屋外朔风凛冽，不肯让儿子出门去。朱泰请母亲放心，说罢，顶着刺骨的寒风走出茅房。

朱泰干了半天，觉得有些累了，便在一块石头上坐下来。才休息了一会儿，忽听背后传来一阵心惊胆战的吼叫，只见一头斑斓猛虎从一片矮树丛中窜出来，向他扑来。朱泰已吓出了一身冷汗，正要逃走，那猛虎早张开血盆大口，朱泰见已没有退路，举起斧子死拼，猛虎却一口咬住了他的大腿。

朱泰大叫一声：“娘啊，儿不能服侍您了！”然后闭着眼睛等死。过了很长一段时间，寒风把昏迷在地的朱泰吹醒，朱泰挣扎着爬起来，发现自己的大腿上鲜血还在汩汩地流，而那只猛虎已经不见了。朱泰忽然瞥见自己砍柴用的那把斧子掉在一边，上面沾满了虎血！原来，正当那猛虎咬住朱泰的一瞬间，朱泰感到一阵剧痛，手一扬，那把斧子落下来正好砸在猛虎的头上，猛虎吓了一大跳，丢下即将入口的美餐慌忙逃走了。

朱泰回到家，把这件事对母亲说了，母亲流着泪说：“孩子，你真是虎口余生啊！”

姗姗来迟

【释义】姗姗：走路缓慢从容的样子。比喻来得很晚。

【出处】汉·班固《汉书·孝武李夫人传》。

汉武帝刘彻有个妃子，叫李夫人。不仅容貌美丽，而且擅长歌舞，所以武帝非常宠爱她。不幸的是她红颜薄命，年纪很轻就命归黄泉。武帝十分悲痛，时常思念她。

当时，有个名叫少翁的方士来到京城长安。此人自称有招魂的本领，能将死者的魂魄召来与亲人相见。武帝大喜，立即要他招李夫人的魂。

少翁取来李夫人生前穿过的衣服，并叫人腾出一间干净的房间。然后选定了一个晚上，点起灯烛，张起帷帐，请武帝在另一帷帐里坐等。他进入帷帐后，喷水念咒作起法来。闹了好长时间，武帝才隐隐约约地看到一个身材苗条的女子缓缓地走来，她好像是李夫人，在帷帐里端坐了一会，又慢慢地踱来踱去。

武帝越看越发现她像李夫人，不觉看出了神。再转眼一看，里面已经没有人了。他心中又激起一阵悲痛，当即作了一首小词：“是邪，非邪？立而望之，偏何姗姗其来迟？”

其大意是：“究竟是你不是你？我只能站立着在远处看你。你为什么这么迟才缓缓而来？”

驷马高车

【释义】驾驭四匹马的高贵车子，指显贵人所乘的马车。

【出处】汉·班固《汉书·于定国传》。

西汉时，有个叫于公的人在东海郡当狱吏，他为人清正廉明，执法公正无私，经他判的案子，没有人喊冤叫屈。

东海郡有一个少妇，十分孝顺，婆母劝她改嫁，她就是不肯。婆母有一次对邻居说："我这媳妇为了侍奉我吃了不少苦，我已老了，她还年轻，怎么能再拖累她呢？"不久，婆母就上吊自杀了。婆母的女儿怀疑是孝妇谋害的，到衙门告状。太守接到报案，没有详细调查核实，就轻率地认定该女子有罪，判处她死刑。

于公明察暗访，认为该女子奉养婆母十余年，任劳任怨，是出了名的孝妇，不可能谋害婆母。希望太守慎重处理，太守不理会于公的意见，不肯改判。

孝妇被处决后，东海郡连续三年不下一滴雨。新一任太守上任后，对这儿久旱不雨十分奇怪。

于公告诉他："有一女子的婆母自杀，前任太守不调查清楚，就判她有罪，将她处死。她死后连年大旱，大概是老天也为她鸣冤呢。"

太守听说后很重视，翻出案卷，重新审理，弄清了真相，亲自到她的坟头祭奠，替她平反昭雪。这件冤案的昭雪轰动了郡里，老百姓议论纷纷，更敬重于公。于公家院子的大门坏了，郡里的工匠来修缮。老百姓希望他子孙兴旺，建议于公将门修得又高又阔，可以通过驾四匹马的高盖车（驷马高车）。于公也认为自己公正廉明，将来定能光耀门庭。

于公的儿子于定国从小跟他学法律，先在郡里当狱吏，后来一直升到廷尉。他办案十分审慎细心，案情若有疑点，不轻易下结论。多称赞他说："于定国做廷尉，天下老百姓知道他们不会遭冤枉。"

于定国任廷尉十八年，后来升任丞相。皇上赐给他驷马高车以及黄金六十斤，死后被谥为安侯。于家果然门庭荣耀，十分显赫。

面如土色

【释义】脸色如泥土一般颜色。形容人惊恐、紧张或气愤到了极点，脸上没有血色。

【出处】明·冯梦龙《警世通言》。

南宋有个秀才叫俞良，自幼喜读诗文。他二十五岁时参加科举考试，临行前吩咐家人：“但得一官半职即便回来。”途中，由于身染重病，钱物用尽，只得卖掉毛驴做盘缠，脚蹬草鞋，身背书囊，步行八千里路赶到杭州。本想暂歇在孙婆开的客店里，考中便离去，谁知应考的结果金榜无名。此时他身无分文，又无颜面返乡，每日只求得几碗酒以酒消愁，一到天黑就到店里安歇了。

日子长了，孙婆不肯收留，情愿送他两贯钱打发他离店。俞良思量：日子实难混下去，不如用这两贯钱买些酒肉，吃饱后跳下西湖做个饱鬼，结束一生了事。于是他来到西湖边丰乐楼饮酒。酒足饭饱后，忽又想起要留名于后世，就一边说着：我只要显名在这楼上叫后人知道我，一边就磨得浓墨、蘸得饱笔，含泪写了鹊桥仙词一首，下面写上锦里秀才俞良作。写罢，正待自尽时，酒保一把抱住他，嚷道：“你自杀了，还要连累我店中！”后来就索性派人送他仍回到孙婆店去。孙婆见他又回来了，骂不绝口。俞良此时只好装作醉酒不敢作声。

一天夜里，太上皇忽得一梦：游西湖时见两条黑气冲天。次日早晨，他找来圆梦先生，先生说是有一贤人流落此地，口吐怨气冲天，托梦于太上皇的。太上皇听了立即出城到西湖，当他来到丰乐楼上，见到俞良作的鹊桥仙词，认定此人正是梦中的贤人，便差地方官追到孙婆店里。差官来到店门前，二话没说，先用绳索套住孙婆，本想说：“太上皇圣旨要唤俞良火速回奏。”因走得过急，口中只连唤：“俞良，俞良！”孙婆以为被俞良所告，惊得面如土色，双膝跪下只是磕头。

俞良被接入宫，身着紫衣软带、纱帽皂靴。太上皇忙说：“你有如此才能，不远千里而来，应举不中是主司之过，今封你为官，答应你衣锦还乡的要求。”当下御笔亲书六句：“锦里俞良，妙有辞章，高才不遇，落魂堪伤，敕赐高官，衣锦还乡。”

挥戈反日

【释义】戈：古兵器，将戈一挥，使太阳返回来。比喻无比的威力。

【出处】汉·刘安等《淮南子·览冥训》。

传说，周武王率领诸侯讨伐殷纣王。大队人马从孟津（今河南省孟县南）逆流而上，勇武的战士赤膊握桨，齐力划水，战船破浪前进。船儿终于靠上岸，战士们跳下船，勇猛地向岸上的敌军冲杀。

战地上，旌旗飘扬，杀声四起，战斗非常激烈。周武王的部下鲁阳公率军与敌兵交战，双方打得难解难分。鲁阳公愈战愈勇，独自闯进敌群，东奔西突，敌人望风披靡，可眼看就要打垮敌人的时候，太阳落下西山，暮色降临了。这对胜利的一方不利，因为敌军可趁黑暗逃脱，于是，鲁阳公举起长戈，向日挥舞，吼声如雷，太阳又跃回西山，倒退了三个星座，大地恢复了光明（挥戈反日），鲁阳公也终于歼灭了敌军。

封豕长蛇

【释义】封：大。豕：猪。像大猪般贪婪，像长蛇般凶狠。比喻强暴的侵略者。

【出处】佚名《山海经》、汉·刘安等《淮南子》。

传说，上古时代，荒山野林里到处有凶猛的毒蛇恶兽，伤害人畜。“封豕”和“长蛇”，便是那时著名的两害。

所谓“封豕”，也叫“封豨”，是一种大野猪，据说出在桑林地方，有长牙、利爪，力气比牛还大，非常可怕。至于“长蛇”也叫“修蛇”，据说有的长蛇百来丈长，脊梁上还长着刺一般的鬣毛，叫声像敲梆子；有的红头白身，叫起来“哞哞”的像牛吼。又据说，洞庭湖有一条巨蟒，人们叫它“巴蛇”，黑身子，青脑袋，曾经一口吞下了一头大象。

那时，有一个善于射箭的勇士，名叫后羿，他要为民除害，便赶到桑林去，把封豕射死，又到各处去，把长蛇消灭了。

由于有这段神话，后来人们就用“封豕长蛇”四字来比喻强暴的侵略者。

侯门如海

【释义】王公贵族的门庭像大海那样深邃。形容有权势的人家的宅第宏大或门庭森严。

【出处】南宋·计有功《全唐纪事》。

唐朝时候有一个诗人，名叫崔郊，他家里有个婢女，叫端丽，人长得秀丽俊美，又会弹琴唱歌，因而崔郊非常喜爱她。可是后来崔郊家道中落，只好把端丽卖给连帅，得回四十一万钱。

端丽到了连帅家中，住在深宅大院里。崔郊很想念端丽，打算去看看她，可是帅府门前戒备森严，不许闲人进入，崔郊无计可施。在过寒食节那天，端丽在院子里招待客人，正巧崔郊站在墙外的马上，隔墙向院内张望。他一眼望到心爱的端丽，又喜又悲。回到家以后，他思绪万千，提笔作了一首诗：

公子王孙逐后尘，
绿珠垂泪滴罗巾。
侯门一入深如海，
从此萧郎是路人。

后来，有人把崔郊写的这首诗，告诉了连帅。连帅就把崔郊找来，让他将端丽领回，成全了这一对有情人。

“萧郎”，过去泛指女人爱恋的男子。形容情人分手后竟像过路人一样不相认识了，叫做“萧郎陌路”。

独占鳌头

【释义】鳌头：宫殿门前石阶上巨鳌的浮雕。科举时代，考中第一名的状元要站在鳌头前面。形容在各种竞争中获得第一。

【出处】清·问竹主人、入迷道人《三侠五义》。

宋仁宗时，经包拯提议加试恩科。这加试恩科的文书发到湖广，惊动了湖广武昌府江夏县南安善村的范仲禹。范仲禹虽是个有学问之人，却家道艰难，勉强糊口度日。

一天，范仲禹在文人雅会上听到了加试恩科的消息，回家后便闷闷不乐。他对妻子说："今日与同窗会聚，他们一个个装束行李，准备起程，参加恩科考试，他们说，我们都想前去赶考，何况是你范兄呢！范兄如果也到京赴考，必定是鳌头独占，考中状元的了！而我们家如此贫穷，哪有钱支付我进京赶考呢？因此扫兴而归。"

后来，范仲禹在老朋友刘洪义的资助下来到京都，十分顺利。包拯当主考官，公正无私。范仲禹连考了三场，很是满意。范仲禹趁考毕候榜之际，一家三口同去岳母家万全山。不料因一时找不到岳母家的住宅，范妻白玉莲被威烈侯葛登云抢去，儿子被老虎叼走，范仲禹虽高中状元，却被葛登云家乱棍打疯。经历了一番磨难，后经开封府包公审理，案子方才水落石出。范仲禹照旧金榜题名，夫妻团聚，而葛登云则被包拯用虎头铡处决。

举案齐眉

【释义】把端饭的盘子举得高高的与眉毛齐平。形容夫妻互敬互爱。

【出处】南朝·宋·范晔《后汉书·梁鸿传》。

东汉时，有个名叫梁鸿的穷书生，依靠勤奋进入当时的最高学府——太学。

梁鸿完成学业后，回到了家乡。他一点也没有太学生的架子，还是像农民一样下地干农活。

县里有个孟大爷非常有钱，他什么都满意，就是女儿不肯出嫁。有一次，孟大爷生气地问道："你已经三十岁了，难道一辈子不嫁人？"

女儿回答说：“除非像梁鸿那样的人，我才会嫁给他！”

孟大爷听了，赶紧托人去向梁鸿传达女儿的心意。梁鸿觉得孟小姐很合适，就央人去求婚，孟家自然马上答应。

不久，梁鸿便和孟小姐成了亲，可是一连七天，梁鸿却不与新娘子说一句话。孟小姐十分奇怪，猜不透他为什么这样，便跪着问他这是为什么。

梁鸿不能不开口了，开诚布公地说：“我想娶的是生活俭朴的妻子，这样才能跟我一块儿种庄稼，过隐居生活。现在你穿的是绫罗绸缎，戴的是金银珠宝，这哪里是我所希望的呢？”

孟小姐说：“我身上穿的是婚礼服。但我知道你的心思，所以，早就准备了粗布衣服麻布鞋，何必为此操心呢？”说完，她退到内室，摘去首饰，换上粗布衣服，挎一只筐子出来。

梁鸿见了，高兴地说：“这才是我的好妻子！”

说罢，他高兴地给妻子起了个名字：孟光。

后来，他们搬到了吴中，故意投奔到富翁皋伯通那里，向他借了一间房子住了下来。梁鸿天天出去给人家舂米或者种地，孟光在家里纺纱织布。

每天当梁鸿回家的时候，孟光就托着放有饭菜的盘子，恭恭敬敬地送到梁鸿的面前。为了表示对丈夫的尊敬，她不仰视他，并且每次总是把盘子托得跟眉头平齐。梁鸿也总是很有礼貌地双手接过盘子。

一次，皋伯通看到了他俩互敬互爱的情景，知道梁鸿不是平常的庄稼人，就把他一家接到自己家院里，并且供给他们吃的和穿的，让梁鸿安心读书做文章。不久，梁鸿病死了，孟光才带着儿子回到老家去。

秦镜高悬

【释义】秦朝王宫里高悬着一面镜子。指能够明察是非、判案正确的法官。

【**出处**】汉·刘歆《西京杂记》卷三。

在秦朝的咸阳宫中，收藏着无数的珍品宝物，其中有一面方镜，宽四尺，高五尺九寸，正反两面都十分明亮。人直立对镜，镜内的人影却是倒立的；如果抚摩着胸口来照，可以清楚地照见五脏，体内有病的人，可以照出病在什么地方。如果谁有坏心歹意，也能在一照之下看得清清楚楚。据说秦始皇就常常利用这面镜子，来考察宫中嫔妃、侍卫等人是否忠贞，倘若发现心胆慌张乱跳的人，就立即逮捕审讯，加罪惩处。

这个传说，载《西京杂记》。原文是："有方镜，广四尺，高五尺九寸，表里有明。人直来照之，影则倒见。以手扪心而来，则见肠胃五脏，历然无碍。人有疾病在内，则掩心而照之，则知病之所在。又女子有邪心，则胆张心动。秦始皇常以照宫人，胆张心动者杀之。"当然，这绝不会是事实。《西京杂记》的编著者似乎预料到读者要追问他：这面神奇的镜子现在在哪里？所以他说：可惜后来这宝贝流失了。当刘邦和项羽先后攻入咸阳的时候，刘邦倒还好，把咸阳宫的珍宝，全部封存了起来，可是项羽领兵来到，把珍宝从刘邦手中夺走了不少。这面神奇的镜子，就在那时候不知弄到哪里去了。

由于这一传说，就产生了"秦镜"这个成语。对善于明察是非、判案公正无私的法官，人们就赞誉为"秦镜"，例如"秦镜高悬"。以前的衙门里的大堂上，总要挂着"秦镜高悬"的匾额，以表明判案正确。

倾国倾城

【**释义**】形容绝色的女子。

【**出处**】汉·班固《汉书·孝武李夫人传》。

汉代音乐家李延年既善于唱歌，又能创作歌曲。汉武帝时，他是宫中的乐师，很受武帝喜爱。

有一天，李延年在汉武帝面前一边唱歌，一边跳舞。他唱道：“北方有佳人，绝世而独立，一顾倾人城，再顾倾人国。宁不知倾城与倾国，佳人难再得！”

汉武帝对这首歌很感兴趣，他问道：“世界上真能有这样的绝代佳人吗？”

武帝的姐姐平阳公主说道：“李延年的妹妹，就是这样的佳人。”

汉武帝命人把李延年的妹妹带进宫中，一看，果然是个绝代佳人。汉武帝把她留在身边，封她为李夫人，对她非常宠爱。

李夫人原来是个歌伎，她进宫时间不久，便得病而死。汉武帝非常怀念她，让人为她画像，又让术士为她招魂，想和她再见一面。因为想念李夫人，汉武帝写了不少诗歌，抒发对李夫人的感情，如《悼李夫人赋》、《李夫人歌》等。

“倾国倾城”的成语就是从李延年的歌中概括出来的。

狼子野心

【释义】 狼子：狼崽子，具有难以驯服的残忍本性。比喻残酷的人本性难改。

【出处】 春秋·左丘明《左传·宣公四年》。

春秋时期，子文和子良兄弟二人都在楚国做官，子文是令尹，子良是司马。有一年，子良的夫人生了一个儿子，起名叫子越。子文看过这个孩子以后，就对弟弟说：“子越这个孩子，长得像熊、虎一样，可是哭起来好像豺狼叫唤。俗话说狼子野心，我看子越是条狼，必须杀掉，不然我们的家族恐怕会被他灭掉！”

子良听了不以为然，不忍心杀掉自己的孩子。因此，子越安全地活下来，长大了。但子文始终认为子越活着是十分不吉利的，他在临死的时候，把全家族人都找来，对大家说：“将来如果子越当了官，你们要及早离开楚国，免得遭难！”

子文死后，他的儿子子扬做了令尹；子良的儿子子越则做了司马。不久，一个叫贾的人替子越杀死了子扬。子越当上了令尹，而贾自己当上了司马，后来他又被子越杀死了。

这年秋天，子越带兵攻打楚王，经过几次决战，终于被楚王打败。

害群之马

【释义】比喻危害集体的人。

【出处】战国·庄周《庄子·徐无鬼》。

有一次，轩辕黄帝要到具茨山（今河南省境内）会见大隗，走到了襄城（今河南省襄城县一带），他忽然迷了路，恰巧遇见一个放马的男孩。

轩辕问道："你知道具茨山在哪儿吗？"

男孩答道："知道。"

他又问道："你知道大隗住在哪儿吗？"

男孩回答："知道。"

黄帝很高兴，说道："小孩你真不简单，不但知道具茨山，还知道大隗的住处。让我再问问你，你可知道怎样治理天下吗？"

男孩说："治理天下也没什么了不起。我前几年独自游历天下，当时还生着病，有位长辈告诫我说：'你游览襄城野外，要注意日出而游，日入而息。'现在我身体好多了，打算游历更远的地方。所谓治理天下，只不过如此而已。我还有什么可说的？"

小孩在这里并没有说出什么来，但他说话口齿伶俐。黄帝见男孩十分聪明，坚持问他到底如何治理天下，小孩无奈，便回答说："所谓治理天下的人，难道与放马的人有什么不同的地方吗？只不过是把危害马群的坏马驱逐出去而已。"

黄帝对牧童的回答非常满意，称牧童为"天师"，恭敬地向牧童拜了几拜，然后离去。

乘龙佳婿

【释义】乘龙：比喻得婿如龙。称赞别人的女婿好。

【出处】汉·刘向《历仙传》。

春秋时期，秦穆公有个女儿名叫弄玉，生得花容月貌。她擅长吹笙，秦穆公十分疼爱她，一心想给她找一个如意郎君。

有一天夜里，弄玉梦见一位英俊男子骑着彩凤，吹着玉箫，来到她绣楼前的阳台上。那男子温柔地对弄玉说："我住在太华山上，玉帝特叫我前来与你成婚，时间定在八月十五中秋节那一天。"说罢，又拿出玉箫吹起来，曲调美妙极了。

第二天一起身，弄玉就把自己做的梦告诉了秦穆公，秦穆公很高兴，立刻派人到太华山去，果然找到了那个骑彩凤吹玉箫的男子，他名叫萧史。萧史被带到秦宫，穆公见了十分满意，就叫他吹箫，那乐曲如仙乐一般，这天正好是中秋节，弄玉和萧史就成了婚。婚后，他们生活得非常和美、幸福。

半年后的一天夜晚，萧史和弄玉正在阳台上吹奏箫、笙，忽然飞来一条赤龙，停在萧史身旁。接着，又飞来一只彩凤，栖在弄玉身边。萧史见状，便对弄玉说："我本是天上神仙，因为与你有姻缘，才来同你婚配。但我不能长留人间，必须回天上去了。"弄玉不忍心与丈夫分手，夫妻就一起去向秦穆公告别。秦穆公不敢违背天意，只好放行了。于是，萧史乘着赤龙（乘龙佳婿），弄玉乘着彩凤，双双腾空而去。

高山流水

【释义】比喻知音难得，也可指乐曲高深，不易懂。

【出处】战国·列御寇《列子·汤问》。

春秋时，楚国的伯牙从小就喜爱音乐。他年轻时，跟随很有声望的琴师成连学弹"七弦琴"。伯牙专心学琴，有时也练习作曲，整整学了三年，弹琴的水平很一般，作出的曲子也很平淡。一次，伯牙创作一首反映海上狂风暴雨的曲子，苦思冥想了好几天，也找不到动听的旋律，觉得非常苦恼。成连老师便把他带到鲁国登州城外的蓬莱岛上，自己则寻找老师方子春去了。伯牙每天练练琴，看看海景，觉得心旷神怡，欢畅异常。

一天，他从海滩散步回家，突然天空乌云翻滚，狂风怒号，一会儿又电光闪闪，雷声隆隆，下起倾盆大雨；风声、雷声、雨声、浪声和松涛声混在一起，交织成一支雄伟而美妙的乐曲。动人的情景激发了伯牙的创作热情。他奔到住处，取出七弦琴，一首反映海上狂风暴雨的乐曲创作出来了。此后，伯牙潜心作曲，创作出许多优美的乐曲。其中他最满意的是《高山流水》。但是，人们虽然爱听这个曲子，却不能理解它的含义。

后来，伯牙遇到了一个能听懂优秀乐曲的人，名叫钟子期。一次，伯牙向钟子期弹起了这首曲子。他全神贯注，脑子里全是高山的形象。钟子期闭上眼睛，屏息凝神，细听琴音。当他弹完一个段落后，钟子期赞叹说："真妙啊，气势磅礴，就像挺拔雄伟的泰山！"

伯牙没有答话，继续弹下去。这时，他脑子里全是流水的形象。这时的琴音一会儿高一会儿低，琴声停止后余音袅袅不绝。钟子期深情地说："真妙啊，我看见了烟波浩渺、宽广无边的江河流水啊！"

伯牙激动地说："你真是我的知音啊！"

分手时两人相约，一年后的今天再到这里来相会。但到了那一天，钟子期并没有来。几经打听，伯牙才知道，钟子期在不久前去世了。伯牙带了琴到他墓地，伏在地上号啕大哭。伯牙想：钟子期是自己的知音，在这个世界上，只有他才懂得我的音乐，现在他已故去，再弹琴作曲又有什么意义呢？在极度悲痛之中，伯牙将琴高高举起，朝地上狠狠摔去。

这就是成语"高山流水"的由来。

家徒四壁

【释义】徒：只、仅。家里只有四面墙壁。形容家里贫穷，没有财产。

【出处】汉·司马迁《史记·司马相如列传》。

汉代时的一天，临邛（今四川邛崃县）富户卓王孙家大摆酒宴，高朋满座，喜气洋洋。

中午时分，仆人报告说临邛县令和司马相如来了。司马相如是当地有名的才子，人虽穷，但名气不小。司马相如身骑白马，紧随县令的马车后，丰姿俊逸，器宇清秀，踞鞍凝眸，举止文雅，所有的宾客无不倾慕他的风采。

在酒宴中，县令递给相如一张琴，说："我听说您爱好琴艺，请拿着消遣吧。"

相如躬身辞谢。他听说主人美貌的女儿卓文君新近守寡在家，他早就仰慕文君的才貌，心想：何不趁此机会借琴传情呢？他便脸朝县令，抚琴轻弹，乐声四起，缠绵的曲调倾诉的却是对文君的思慕。弹完了两首曲子，众人无不拍手称好。爱好音乐的卓文君，此时正在隔壁偷看司马相如，不由得脸上泛起红晕。灵犀一点，琴心相通，一种来自女儿心底的喜悦涌起。

卓文君是个颇有见识、敢作敢为的女子，当晚便私奔相如住处，相如与她一同赶着车子回到成都。打开家门，屋内空空如也，只有四面灰墙立在那儿，别无他物（家徒四壁），但是，他们两人你心我心并作一心，却是世上最富有的。

唯我独尊

【释义】只有自己最了不起。形容极端狂妄自大。

【出处】佚名《阿含经》。

释迦牟尼是佛教的创始人。释迦牟尼的意思是"释迦族的圣人"。他是古印度北部迦毗罗卫国（今尼泊尔境内）净饭王的儿子。

传说他二十九岁时痛感人世间生、老、病、死的各种苦恼，不满当时婆罗门的神权统治及其创世说教，于是放弃王族生活，出家修道。经过六年苦行，开始成道，在鹿野传教。以后一直在中印度各地游行教化，获得很多信徒。他八十岁时，于拘尸那城附近的娑罗双树下逝世。

佛教徒对释迦牟尼非常崇拜，佛经为了把他神化，说他从右肋出生，出生以后马上就能独立地走七步路，向周围看了一番，左手指天，右手指地，大声宣告："天上天下，唯我独尊。"

此成语出自《阿含经》，原文是："遍观四方，举手而言：'天上天下，唯我独尊。'"

捭阖纵横

【释义】捭阖：开合。纵横：合纵连横的简称，是战国时策士游说的方法。比喻外交上的分化争取手段。

【出处】佚名《鬼谷子·捭阖第一》。

在嵩山南麓，洧水和颍水的上游，有一处纵深的山谷，这里道路崎岖蜿蜒，古木参天，密林中时时传出野兽的叫声。一天，山道上走来一个书生，他向一个正在山崖旁砍柴的人打听鬼谷子的下落。

那砍柴的正好是鬼谷先生的大弟子、来自郑国雍丘的张仪，书生则是家住洛阳郊区伊阙的苏秦。当时列国纷争，诸侯各霸一方，正值用人之际，张仪、苏秦心怀大志，都希望在政治舞台上一显身手，有所作为。隐居嵩山深处鬼谷的王诩，起先是周天子的侍臣，后来诸侯势力扩大，他就离开洛阳，避居鬼谷，虽然王诩无心于名利，但因为他智高虑深，博学多才，所以即使离群索居，还是有好些如同张仪、苏秦那样想有所作为的青年人，不远千里来投奔他门下学艺。世人不知其名，都称他为鬼谷先生。

苏秦来到鬼谷，行弟子之礼之后，就跟其他门人一道聆听鬼谷子讲学。

鬼谷先生独坐讲席，用深沉的语调缓缓宣讲："鬼谷之学共有《捭阖》、《反应》、《揣》、《摩》、《权》、《谋》等十二篇和《本经阴符》七篇。其中以《捭阖》为本。'捭'者开也，'阖'者闭也。诸位意欲在七国争雄的局面中干一番事业，先要明'捭阖'。当世人主间，虽有贤、不肖、智愚、勇怯的差别，但是嗜欲满溢是他们共有的心病，你们可以明白地以'利'来诱导他们，这就是'捭'；私下以'谋'来启发他们，这就是'阖'。运用'捭阖'之道，不能一成不变，宜'纵横反复'，捭中有阖，阖中有捭……"

日后苏秦挟"捭阖纵横"之术，游说六国，合纵抗秦，令强秦不敢西出函谷关达十五年之久。张仪继苏秦之后，挟"连横"之术，为秦国瓦解了六国同盟，各个击破，终于奠定了大一统的基础。

崩城之哭

【释义】哭声感天动地，把城墙都哭崩塌了。

【出处】汉·刘向《列女传·齐杞梁妻》。

春秋时，一次，齐庄公率兵攻打邻近的莒国，初战失利。晚上，齐庄公召集将领商议作战计划，有位叫杞梁殖的将军自告奋勇，请求带一支奇兵从小路直插莒国的都城，打它个措手不及。齐庄公同意了，于是杞梁殖当夜就率军出发，直扑莒国的都城。

杞梁殖没想到，莒国军民对此早有防备，他刚率军来莒国都城外，几万名莒军早已严阵以待，把他们团团围住。结果杞梁殖全军覆没。

齐庄公听到杞梁殖兵败身亡的消息，不得不率军退出了莒国，回到都城临淄。

不久，莒国为了表示与齐国和好，派人送回了杞梁殖的尸骸。杞梁殖的妻子闻讯后，赶到城外去迎接。她抚尸恸哭，悲恸欲绝，过路的人见了，没有一个人不流下同情的泪水。

她在城下整整哭了十天，突然一声巨响，年久失修的临淄城墙崩坍了一角。当时的人都说，这城墙是给杞梁殖的妻子哭坍的（崩城之哭）。

到了北宋年间，有人把杞梁殖改成了万喜良，杞梁殖妻改成了孟姜女，这个故事便演变成“孟姜女哭坍长城”的民间传说。

梨园子弟

【释义】梨园：唐玄宗教习歌舞艺人的地方。意指演员。

【出处】唐·杜甫《观公孙大娘弟子舞剑器行》。

唐玄宗很喜欢音乐，有一次，他叫一位大臣给他讲一个关于音乐的故事。大臣想了想后说：

在春秋时代，宋王为了攻打齐国，准备造一个练武场。在修筑墙壁时，宋王忽然想起：人们都说音乐会使人解除疲劳，假如果真如此，我叫民工们一面筑墙，一面听音乐，不是可以既消除疲劳又加快了筑墙的速度了吗？宋王就叫歌唱家癸为民工们演唱。癸是个著名的抒情歌曲演唱家，他为民工们演唱了一首又一首优美抒情的歌。他唱得动听极了。民工们沉浸在悠扬的歌声中，手中的活儿也忘记干了。

宋王虽然糊涂，可大臣们着急了，又不敢直接告诉宋王，怎么办呢？这时有一位大臣对宋王说：“臣有一位老师名叫射稽，他的歌唱本领比癸要高明。”宋王听了很高兴，就请射稽到工地去演唱。射稽一到工地就唱起了有力的劳动号子，铿锵有力的劳动号子应和着人们的劳动节奏，民工们越干越欢，个个汗流浃背。宋王一见恼火了：“射稽的歌声哪能同癸比，你看把民工都累成这样，还能筑墙吗？”大臣忙笑着说：“大王请人为民工唱歌，是为了加快筑墙的进度，你看射稽唱歌时筑的墙比癸唱歌时筑的墙，进度要增加一倍多呢？”

唐玄宗听到这里，心想：为什么不可以成立一个音乐学校，多培养一些音乐人才，让音乐发挥更大的作用呢？

于是，在唐玄宗的策划下，音乐学校建立了。音乐学校开始表演了，演奏的是《霓裳羽衣曲》。乐曲声不断，鼓掌声一阵又一阵，乐得唐玄宗再也坐不住了，亲自为学生们指挥起来。音乐学校开学以后，唐玄宗常来看学生上课，并作些曲子让学生演奏，还常为学生们分析作品呢。

因为这所学校叫梨园，后来老百姓就把这些音乐学校的学生们称为“皇家梨园子弟”，把演戏的艺人们统统称为“梨园子弟”。

望洋兴叹

【释义】望洋：仰视的样子。兴叹：发出感叹。指在伟大的事物面前，感到自己力量渺小。今多比喻做事力量不够或缺乏条件而感到无可奈何。

【出处】战国·庄周《庄子·秋水》。

秋天，大大小小河流的洪水汇集进了黄河，原来狭窄的河道，现在变得非常宽广。河神冯夷见此高兴起来，自言自语地说：“多么宽阔啊！难道天下的水都流进来了吗？”一时兴起，顺着浑浊河水滚滚东流，它要看看自己究竟有多么壮观。冯夷不知不觉竟流进了北海，它抬头望去，只见北海的水面波浪翻滚，辽阔无边，直连着天的尽头，它又回头望了望顺流而来的黄河，相比之下，就像一条小小的溪流。

这时，北海之神若劈波而来，它对冯夷说：“欢迎，欢迎！”冯夷看到若高大的样子，一下子不好意思起来。它对着若茫然地发出感叹说：“先前总认为天下谁都比不上我，今天到了北海，才知道我算什么呢？仔细想来，不知天下有多少道德高尚的人在嘲笑我呢！”

此成语出自《庄子·秋水》，原文是：“秋水时至，百川灌河，泾流之大，两涘渚崖之间，不辨牛马。于是焉……河伯始旋其面目，望洋向若而叹。”

感恩图报

【释义】感受别人的恩情而想报答。

【出处】汉·司马迁《史记·伍子胥列传》。

春秋吴国大将伍子胥，决定要攻灭郑国。郑国的许多大臣主张发动全国老百姓，跟吴军拼个你死我活。郑定公说："谁能使伍子胥退兵，寡人必定重重地奖赏他。"可是大家知道伍子胥文武双全，有勇有谋，所以命令发出了三天，竟没有人来应征。

到了第四天的早上，有个打鱼的小伙子来见郑定公，说他有方法使伍子胥退兵。郑定公问他要多少兵车。他说："不用兵车，也不用粮草，光凭我这根划船的桨，就能够把好几万的吴国兵马打退。"

郑定公也只得"死马当活马医"，让他去试试。那个打鱼的人胳肢窝里夹着一根桨，到吴国兵营里去见伍子胥。他一边唱着，一边敲着那根桨打着拍子。他唱着：

芦中人，芦中人；
渡过江，谁的恩？
宝剑上，七星文；
还给你，还在身。
你今天，得意了；
可记得，渔丈人。

伍子胥吓了一跳问他："你是谁呀？"

打鱼的人说："你没瞧见我手里拿着的玩意儿吗？我爸爸全靠这根桨过日子，他当初也是靠这根桨救了你的命。"

伍子胥这时才想起当年自己芦花渡口逃难的情形，十分感激那个打鱼的老大爷救命之恩，不由得掉下眼泪来。

打鱼人又说："我们国君下了命令说：'谁能够请将军退兵，就有重赏。'不知将军肯不肯看在我死去爸爸的情面上，饶了郑国，也让我能得些奖赏。"

伍子胥带着感激的口吻说："我能够有这么一天，完全是你父亲的恩德。我哪能把他忘了呢？"说完就下令退兵了，此举真是感恩图报啊！

望梅止渴

【释义】看到酸梅就解了渴。比喻用空想的办法来慰藉自己。

【出处】南朝·宋·刘义庆《世说新语·假谲》。

曹操带兵攻打张绣时，行军中路过一个没有水源的地方，曹操派人四下找水。可是这里是一片荒原，没有河，也没有井，根本找不到水喝。曹操又命令士兵就地挖井，挖了半天，也见不到一滴水。

曹操心想：要想个办法让大家走出荒原才行！他灵机一动，想出了一个办法。于是他站在高处，大声对将士们说："前边不远有一大片梅林，梅子又多又大，咱们到那儿去吃梅子吧！"

听曹操这么一说，将士们马上想到了梅子的酸味，人人嘴里都流出不少口水，这样就不那么渴得难受了。曹操趁此机会赶紧整顿队伍，继续前进，终于带领大军走出了这片大荒原，赶到了目的地。

此成语出自《世说新语·假谲》，原文是："魏武行役失汲道，军皆渴，乃令曰：'前有大梅林，甘酸可以解渴。'士卒闻之，口皆出水，乘此得及前源。"

绿叶成荫

【释义】女子已嫁，儿女成行，有如小树长成大树，绿叶成荫，果实满枝。比喻年华已逝。

【出处】宋·计有功《唐诗纪事》。

唐朝时候，有一个名诗人叫杜牧，他的祖父杜佑曾做过两朝大官，家学渊源，他从小便有才名。长大后，他的诗情豪迈，语句惊人，当时的人将他与杜甫相比，称杜甫为"大杜"、杜牧为"小杜"。

太和末年，杜牧在湖州（今浙江湖州）游览，见一老婆婆带了一个年少女子行过，那女子只有十多岁，样子生得非常美丽，是个倾国倾城的佳人，杜牧对她动了情意，向老婆婆下聘，约以十年为期，到时他不来，便由老婆婆自己做主处理她的婚姻。

后来，在好友周墀做宰相时，杜牧要求调职到湖州当刺史，可是他到湖州时，已经相隔十四年了，他所聘的女子已经结婚三年，生了两个孩子。杜牧非常遗憾，便作了首叹花诗：

自是寻春去较迟，
不须惆怅怨芳时。
狂风落尽深红色，
绿叶成荫子满枝。

愚公移山

【释义】决心大，不断地干，大山也可搬走。比喻再大的困难也阻挡不了意志坚决的人。

【出处】战国·列御寇《列子·汤问》。

传说很早以前，在冀州以南、河阳以北有两座大山，一座是太行山，一座是王屋山，山高万丈，方圆有七百里。

在山的北面，住着一位叫做愚公的老汉，年纪快九十岁了。他家的大门，正对着这两座大山，进出很不方便。愚公很恼火，下定决心把这座大山挖掉。

有一天，他召集了全家老小，对他们说："这两座大山，挡住了我们的出路，咱们大家一起努力，把它挖掉，你们看好不好？"

他的妻子提出了疑问："像太行、王屋这么高大的山，挖出来的那些石头、泥土往哪里送呢？"

大家说："这好办，把泥土、石块扔到渤海边上就行了！"

第二天天刚亮，愚公就带领全家老小开始挖山。

他的邻居是个寡妇，她有一个七八岁的小儿子，也跑来帮忙。

黄河边上住着一个老汉，这人很精明，人们管他叫智叟。他看到愚公他们一年到头，辛辛苦苦地挖山运土不止，觉得很可笑，就去劝告愚公："你这个人可真傻，这么大岁数了，还能活几天？用尽你的力气，也拔不了山上的几根草，怎么能搬开这么大的山呢？"

愚公深深地叹口气说："我看你这人自以为聪明，其实是顽固得很，还不如寡妇小孩呢！不错，我是老了，活不了几年了，可是，我死了还有儿子，儿子又生孙子，孙子又生儿子；子子孙孙，世世代代，一直传下去，是无穷无尽的，可是这两座山却不会再长高了，我们为什么不能把它们挖平呢！"

愚公的精神感动了上帝，上帝派神仙将两座山背走了。

霓裳羽衣

【释义】 本意是珍贵的丝绸和羽毛织成的衣服。后成为一种舞蹈和乐曲的代称。形容精美无比使人如入仙境的音乐、舞蹈。

【出处】 宋·李昉等《太平广记·卷二十二录·逸史》。

唐代开元年间，有一年中秋佳节，唐玄宗在皇宫中遥望碧空，尽情地欣赏那一轮明月。方士罗公远便讨好地问道："陛下是否愿意到月中游览一番？"

唐玄宗很乐意，罗公远便取出身边的拐杖，用力向空中掷去，拐杖到了天上，顿时化成一座银色的大桥。罗公远请唐玄宗踏桥登月。月宫前面宽广的庭院里，几百名身穿雪白丝绸衣服的仙女翩翩起舞，舞姿轻柔，有一支舞曲尤为动人。罗公远告诉说："这是天上的仙乐，叫霓裳羽衣。"唐玄宗暗暗记下了乐谱。

回到皇宫，唐玄宗召乐师按记下的乐谱、声调作出了《霓裳羽衣》曲。唐玄宗最宠爱的杨贵妃按他月中所见，穿上雪白的衣裙，轻舒广袖，跳起了《霓裳羽衣》舞。仙乐、美女、舞蹈使唐玄宗陶醉不已，以至终日沉湎其中，几乎忘了治理国事。